We are extremely satisfied with Voces de Hispanoamérica, *and* Voces de España *seems to be its logical Peninsular counterpart.*

—**Santiago Juan-Navarro,** Florida International University

The organization and structure of the texts and exercises lend themselves to a wide variety of teaching and learning styles of the professor and the students.

—**Kern Lunsford,** Lynchburg College

The best Spanish literature that a student could buy.

—**Andrew S. Wiseman,** Cedarville College

Voces de España *responds positively to the changes in curriculum toward a more Cultural Studies approach.*

—**Ann E. Hardcastle,** Wake Forest University

I applaud the authors' intent to give special attention to the representation of women writers.

—**Carlos Jerez-Farrandans,** University of Notre Dame

Finally there is an anthology that addresses the needs of a course on the history of Spanish literature in the university classroom of the 21st century. Voces de España: Antología literaria *fills a weary gap in the constellation of college level textbooks. Especially welcome is the consistent inclusion of women writers and their situation, redressing their invisible status in previous textbook anthologies. The objectives expressed in the preface are convincing and realized to the fullest extent.*

—**Claudia Routon,** University of North Dakota

Finally! A good, reliable, readable and comprehensive anthology of Spanish literature, which covers canonical and noncanonical works and authors from the early jarchas to Manuel Rivas. It is a welcome book because it brings together sensible introductions to the historical and literary movements, questions for pre-reading and classroom discussion, suggestions for written papers, and short bibliographies for further reading. The text themselves are complete, not fragments of longer works. Nothing like it exists for the college classroom.

—**David T. Gies,** University of Virginia

This text will definitely cover the need for a comprehensive introduction to Spanish lit.

—**Alberto Prieto-Calixto,** Rollins College

I think the book does an impressive job of maintaining the delicate balance between the so-called canonical works and including, albeit sporadically, works which tend outside the canon. This is especially true with regard to the inclusion of female writers throughout Spain's literary history.

—**Salvatore Poeta,** Villanova University

VOCES

DE
España

VOCES
DE
Española

Antología literaria

Francisca Paredes Méndez
WESTERN WASHINGTON UNIVERSITY

Mark Harpring
UNIVERSITY OF PUGET SOUND

José Ballesteros
SAINT MARY'S COLLEGE OF MARYLAND

THOMSON
HEINLE

Australia / Canada / Mexico / Singapore / Spain / United Kingdom / United States

Voces de España
Paredes Méndez, Harpring, Ballesteros

Publisher: *Janet Dracksdorf*

Acquisitions Editor: *Helen Richardson*

Development Editor: *Ignacio Ortiz-Monasterio*

Production Project Managers:
Diana Baczynskyj, Karen Stocz

Senior Assistant Editor: *Heather Bradley*

Marketing Manager: *Lindsey Richardson*

Marketing Assistant: *Rachel Bairstow*

Manufacturing Manager: *Marcia Locke*

Compositor: *G&S Book Services*

Project Manager: *Jamie Armstrong*

Photography Manager: *Sheri Blaney*

Permissions Manager: *Bob Kauser*

Photo Researcher: *Billie Porter*

Cover Designer: *Diane Levy*

Printer: *Quebecor World*

Cover Image: © *Kindra Clineff/Index Stock Imagery*

For more information contact Thomson Heinle, 25 Thomson Place, Boston, Massachusetts 02210 USA, or you can visit our Internet site at http://www.thomson.com

For permission to use material from this text or product, submit a request online at http://www.thomsonrights.com

Any additional questions about permissions can be submitted by email to thomsonrights@thomson.com

ISBN: 0-7593-9666-3

Library of Congress Control Number
2004110348

Credits appear on pages 733–735, which constitute a continuation of the copyright page.

Indice de Materias

III El siglo XX en España: El largo camino hacia la libertad y la democracia

499

Preface

Voces de España is a literary anthology geared toward students at the fifth-semester or higher level and will introduce them to the major writers and literary movements in Spain from the Middle Ages through the twenty-first century. Scholars increasingly view literature as one element of a larger cultural project that evolved throughout the history of Spain, and *Voces de España* addresses literature in relation to this development. Throughout history, the notion of what it means to be a Spaniard has been in flux, and national identity has always been at the core of social, political, intellectual, and cultural discussions in Spain. We believe that literature has contributed greatly to this ongoing national debate. Not only do literary works reflect the changing ideas and attitudes toward Spanish identity, they have also played a pivotal role in the creation and transformation of this identity. Thus, the role of literature in shaping the nation is at the center of *Voces de España.*

The selections included in this anthology are primarily canonical. Those works that do not form part of the canon illustrate the text's main focus and give voice to a cultural perspective that has been ignored in more traditional studies, such as that of women writers. While many of the canonical works overlap with texts found in other anthologies, *Voces de España* does not treat literature as an isolated cultural artifact. Students will not only study texts in relation to Spain's various literary movements, they will also gain an appreciation for these movements as contributors to the nation-building project and will learn how these currents are simultaneously expressions of this plan. Students will gain an understanding of the major characteristics of Spain's literary movements, as they do when using traditional anthologies, yet they will additionally discover *why* these movements emerged and *how* this phenomenon relates to other cultural and historical events of the time period—a question that other anthologies do not answer.

Voces de España is designed to be a flexible text for use in one-semester courses as well as yearlong courses, thus making it accessible for virtually every institution.

Features of *Voces de España*

Voces de España offers the following features:

- Introductions to each historical period and to each author
- **Preguntas de pre-lectura** that prepare students for each selection and establish connections with previous readings
- **Preguntas de comprensión** and **Preguntas de análisis** that guide students from an understanding of the plot to their own interpretation of the selected work
- Possible topics for written papers
- Bibliographic references
- Annotated reading selections for comprehension of difficult vocabulary
- Glossary of literary and cultural terms
- Website with supplemental cultural information

Text Organization

The works included in this anthology are divided into three sections:

1. Inicios históricos y la España imperial
2. Los siglos XVIII y XIX: El progreso hacia la modernidad
3. El siglo XX en España: El largo camino hacia la libertad y la democracia

Each section is subdivided into two or three parts, thus making *Voces de España* flexible enough for use in one-semester or two-semester courses (or courses divided into trimesters). The introduction to each subsection focuses on the historical and sociocultural forces that shaped the literature of that time period. Detailed information on specific literary movements and their characteristics are presented in the introductions to individual works so that these features are fresh when the student begins to read each selection.

Criteria for Selection of Literary Works

This anthology presents a selection of works that are recognized by critics, specialists, and readers as the most outstanding in the history of Spanish literature. *Voces* also includes a series of texts and authors that have until now been largely ignored by other anthologies. *Voces* strikes a balance between male and female writers and also articulates the diversity and dynamism that have characterized Spanish culture and literature from its origins. As in all endeavors of this kind, one of the biggest challenges that authors and editors face is the limitation on the number of writers and texts that can be presented while still producing a pedagogically sound book that fully represents the richness of Spanish literature.

Along with its inclusion of both canonical and noncanonical words, *Voces* primarily presents complete texts. We believe students need access to a complete text to fully capture its significance in a given literary movement and its dialogue with a particular social and historical context. For this reason, we have on occasion chosen a less familiar text that is short enough to present in its entirety rather than excerpts from the author's more familiar work. In certain cases, however, when complete texts could not be included, omissions are indicated by an ellipsis within brackets [...].

Acknowledgments

We are grateful to Raquel Chang-Rodríguez and Malva E. Filer for allowing us to use *Voces de Hispanoamérica* as the model for this anthology. Our thanks to the Thomson Heinle family for their patience and support, including Helen Richardson, Ignacio Ortiz-Monasterio, and all the others involved in the production of *Voces de España*. We would also like to thank David T. Gies of the University of Virginia for reviewing the entire program. Likewise, we express our appreciation to those who reviewed various parts of our manuscript and whose thoughtful comments were invaluable in refining the anthology:

Raysa E. Amador, *Adelphi University*
Anne E. Hardcastle, *Wake Forest University*
Carlos Jerez-Farrán, *University of Notre Dame*
Kern Lunsford, *Lynchburg College*
Charlene Merithew, *Assumption College*
Santiago Juan-Navarro, *Florida International University*
Jeffrey Oxford, *University of North Texas*
Salvatore Poeta, *Villanova University*
Alberto Prieto-Calixto, *Rollins College*
Claudia Routon, *University of North Dakota*
Andrew S. Wiseman, *Cedarville University*

We would also like to give special thanks to our website contributors:

Monserrat Alás-Brun, *University of Florida*
María Di Francisco, *Ithaca College*
Maryanne Leone, *University of Kansas*

Inicios históricos y la España imperial

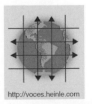

Inicios históricos de España

■

(Siglo IX–Siglo XIV)

1.1 Inicios históricos culturales

1.1.1 Íberos, celtas, tartesios y sus colonizadores El desarrollo cultural en lo que hoy es España se inició con los íberos. Éstos, agricultores, pescadores y cazadores, se establecieron en la costa este y sur de la Península. Alrededor del año 1000 a.C. los celtas inmigraron desde el norte para habitar la meseta central y el occidente de la Península. La mezcla de ciertas tribus celtas con íberos tuvo como resultado otro grupo racial denominado celtíbero, que perduró hasta la conquista romana. En el sur se encontraban los tartesios, cuyo desarrollo como pueblo cesó debido a las colonizaciones cartaginesas alrededor del 300 a.C.

Cartago no fue la única cultura colonizadora de la Península. Los avances en la navegación, promovidos por rutas de comercio mediterráneas, permitieron que tanto fenicios (s. XI–V a.C.) como griegos (s. VII–III a.C.) establecieran importantes puertos, donde su cultura influyó a los moradores de esos territorios.

1.1.2 El Imperio Romano Varias características que hasta hoy se consideran como parte fundamental de la sociedad española fueron impuestas por los romanos, que comenzaron su conquista peninsular en el siglo III a.C. Los romanos trajeron consigo el latín, lengua de la que proceden la mayoría de las lenguas peninsulares, incluyendo el castellano, el gallego y el catalán, entre otras. Además, los nuevos conquistadores trajeron consigo un código legal, el derecho romano, cuyos rasgos se pueden observar en el sistema jurídico peninsular actual.

El emperador romano Teodosio (379–395 d.C.) impuso el cristianismo como religión oficial en el Imperio Romano. En la Península, su práctica fue fomentada por historias que aseguraban que los apóstoles Santiago y San Pablo habían predicado en esta región. No sólo creció el número de cristianos en la España romana, sino que la población entera fue en aumento. Otros cambios importantes fueron los avances en el área de la producción agrícola y el establecimiento de centros urbanos.

1.2 Los visigodos

El dominio político romano comenzó a sufrir graves ataques a manos de grupos de origen germánico en el siglo IV. Estos pueblos bárbaros—nombre romano atribuido a pueblos que tenían lenguas y sistemas políticos diferentes de los usados por romanos y griegos—atacaron la Península en diferentes oleadas. Primero se establecieron los vándalos y alanos. Luego, con apoyo romano, entraron los visigodos y, para 429 a.C., lograron imponerse frente al resto de los grupos. Los visigodos rigieron la Península Ibérica hasta 711, cuando perdieron la mayor parte de su territorio frente a los árabes.

1.2.1 Intentos de unificación El período visigodo suele caracterizarse como la época donde se inician los procesos de unificación cultural que, de no haber sido interrumpidos por la invasión musulmana, hubieran permitido un desarrollo más semejante al de otras regiones europeas. Bajo los visigodos, en 476 a.C., Hispania logró independizarse de Roma. Esta hegemonía les permitió a los visigodos establecer sus propias normas sociales, aunque muchas de éstas se vieran influenciadas por las características de la cultura hispanorromana.

Otra característica que facilitó el proceso de unificación fue la adopción del catolicismo por el rey visigodo Recaredo en 589 a.C. Este cambio de fe, realizado en el Concilio de Toledo III, marcó el inicio de la unión entre el poder político y el religioso. Además, la adopción de la religión de los hispanorromanos creó un ambiente más permeable para la unificación de los invasores con los viejos habitantes de la Península. Esta unión fue confirmada políticamente cuando en el siglo VII el rey Recesvinto (649–672) promulgó el *Liber judiciorum,* que incluye como súbditos indistintos tanto a visigodos como a hispanorromanos.

1.2.2 El último rey visigodo Los árabes entraron en la Península en el año 711 y derrotaron al rey Rodrigo. La derrota y desaparición del rey provocaron una serie de leyendas. Una de ellas se encuentra dentro de los romances de esta antología. Curiosamente, en los romances del Rey Rodrigo (s. XV–XVI) se observa la pérdida del reino como el resultado de los deseos sexuales de Rodrigo por una mujer prohibida. El padre de ésta se venga apoyando a los árabes. Esta representación permite al lector ver las interpretaciones populares y legendarias de la pérdida de España ante los árabes. También permite observar cómo la mujer surge como una fuente de deseo dañino, característica que se ve dentro de varios ejemplos en la literatura canónica española.

1.3 La cultura árabe en la Península

Después de esta invasión, varios grupos culturales compartieron el espacio peninsular. Entre éstos se encontraban los árabes, los judíos y los descendientes de visigodos e hispanorromanos. Los primeros se establecieron en la Península en el siglo VIII. Para el año 755 la región conquistada por los árabes, o *moros,* se convirtió en una entidad política independiente. Por varios siglos, a pesar de sufrir varios cambios de organización política y territorial, la cultura árabe en la Península creó centros urbanos de un desarrollo cultural inimaginable para otras ciudades europeas. Para el siglo X, Córdoba se había convertido en uno de los centros culturales más adelantados de Europa, con miles de edificios, decenas de bibliotecas, baños públicos, calles iluminadas, etc. La vida cultural en estos centros urbanos reflejaba los adelantos árabes en áreas como la medicina, el arte, la arquitectura y la filosofía, entre otros.

1.3.1 La cultura hispanoárabe   La sociedad hispanoárabe incluía importantes divisiones culturales. Árabes, hispanoárabes, mozárabes—cristianos que vivían en tierras conquistadas—y judíos desarrollaron lazos comunes, a pesar de tener diferentes niveles de libertad y participación dentro de la cultura reinante. Aunque estas relaciones no siempre estuvieron libres de conflicto o discriminación, tuvieron un gran impacto en el desarrollo social de la cultura peninsular. Uno de los ejemplos de la hibridez cultural entre estos grupos se observa en la creación de las jarchas. Estas composiciones poéticas escritas en grafías árabes, pero fonéticamente comprensibles para un hablante de hispanorromance—lengua de los habitantes hispanovisigodos durante la conquista—, muestran interés de parte de los poetas árabes por capturar la diversidad lingüística de su sociedad.

1.4 La Reconquista

El período entre 718 y 1492 se resume con una palabra: Reconquista. Las fechas marcan la primera victoria sobre los moros en Covadonga y el triunfo de los Reyes Católicos en Granada, el último territorio árabe. Los árabes fueron perdiendo el poder en la Península poco a poco, pero no había, inicialmente, una guerra dividida entre dos bandos, luchando por la permanencia o expulsión de los invasores. En realidad, la coexistencia social, política y económica de las diferentes culturas creó alianzas y discordias en el campo de batalla que no siempre estaban basadas en la recuperación de territorios. Parte del espíritu de la Reconquista se encuentra caracterizado en el poema épico *El cantar de mío Cid* (s. XIII).

1.4.1 Los reinos cristianos   En los reinos cristianos, que incluyen León, Castilla-Navarra, Aragón y Barcelona, la religión cristiana jugó un papel importantísimo, con influencia de tipo social, político y cultural. Los reyes durante esta época utilizaron la ayuda de órdenes monásticas para reorganizar sus diferentes territorios en expansión. Esta intervención fortaleció la participación sociopolítica de los religiosos. El aporte ideológico de estas órdenes fue incalculable durante la Reconquista, al promover el concepto de que los conflictos entre moros y cristianos eran representativos de una guerra santa entre la fe cristiana y el islam.

1.4.1.1 La sociedad en la España cristiana   La sociedad dentro de la Península variaba según la zona o región. Sin embargo, había ciertos rasgos comunes. En general, la sociedad se dividía entre nobles, hombres libres y siervos. La clase privilegiada estaba dividida entre nobleza alta—los hombres que tenían la función de consejeros—y nobleza baja—los guerreros. En la clase superior se encontraban también los clérigos más poderosos del territorio. Aunque la pertenencia a esta clase social podía ser por concesión real, el énfasis en la herencia como base del poder social fue muy importante durante toda esta época. En los centros urbanos de los reinos se encontraban hombres libres, dedicados al comercio o a la industria, quienes participaban en el gobierno de sus ciudades por medio de municipios. También el clero bajo pertenecía a esta segunda categoría de clase social. Finalmente, los siervos, clase prácticamente esclavizada, estaban en poder de otro individuo de rango superior.

1.4.1.2 *El desarrollo cultural y los religiosos* Durante la época medieval el predominio cultural de las órdenes monásticas caracterizó el desarrollo intelectual y artístico de la época. Por ejemplo, uno de los cambios establecidos enfatizaba una fuerte devoción a la Virgen María. La madre de Cristo era vista como defensora de los devotos y símbolo de la bondad y superioridad moral del cristianismo ante otras religiones. Ejemplos artísticos de esta devoción se encuentran en varios de los textos medievales, logrando su mayor expresión en *Los milagros de Nuestra Señora* de Gonzalo de Berceo (s. XIII). En la obra, María es elogiada por su pudor y está caracterizada como una heroína que doma bestias salvajes, resucita muertos y avisa de complots judíos. En esta obra observamos características que demuestran el deseo del autor de divertir e indoctrinar a un público local sobre los beneficios de reverenciar a la Virgen por su capacidad de ayudar a sus seguidores o castigar a los infieles. Además, su público femenino, aunque hacer milagros estaba fuera de su alcance, por lo menos podría emular a la madre de Cristo en su abstinencia sexual. Con obras como la anterior los eclesiásticos intentaban proyectar sus doctrinas hasta los aspectos más privados de la cultura hispana.

1.4.1.3 *El desarrollo cultural y Alfonso X* También en el siglo XIII, otro aporte importante en literatura mariana, o sea sobre la Virgen María, son las *Cántigas de Santa María* del rey Alfonso X, el Sabio. El rey Alfonso X, que rigió entre 1252 y 1284, también redactó obras sobre astronomía, historia y derecho. Para éstas usó la colaboración de judíos, moros y cristianos. Una de sus contribuciones más importantes son las *Siete partidas,* un texto jurídico que recoge una gran parte del pensar erudito y social de la época.

1.4.2 El hombre ideal y seres inferiores El discurso cultural durante el medioevo muestra interés en la representación textual de personas o grupos de personas con un fin didáctico. Estas representaciones presentan y enfatizan atributos morales, intelectuales o físicos. Otras muestran ejemplos de mal comportamiento que el público debe rechazar por su bien personal, social y religioso. Estas caracterizaciones van dando al lector de estos textos una idea de la construcción de una persona ideal dentro de la sociedad versus otros individuos cuyas inferioridades deben ser controladas por su capacidad de debilitar moralmente a la sociedad.

1.4.2.1 *El hombre* El hombre ideal de la época está caracterizado por su nobleza, por su servicio al rey y por su contribución intelectual, religiosa o militar en la Reconquista. Se ha mencionado el ejemplo del Cid. Durante el siglo XIV aparecen las obras de Juan Manuel, entre ellas *El Conde Lucanor,* cuyo fin didáctico es demostrar cómo se debe usar el poder. En el siglo XV las "Coplas por la muerte de su padre" de Jorge Manrique elogian las actividades sociales y militares del padre del poeta, cuya fama queda grabada en la conciencia colectiva de los españoles hasta hoy.

1.4.2.2 La mujer La situación de la mujer varía dentro de los diferentes niveles sociales. Sin embargo, su naturaleza suele ser representada en los textos clásicos y de la época como moral, intelectual y físicamente inferior. Las únicas opciones para la mayoría de mujeres nobles eran el matrimonio y el convento. El matrimonio en la época funcionaba como una herramienta social que creaba alianzas familiares con el fin de mantener las conexiones necesarias requeridas para regir sobre otras clases. La reproducción dentro de estas alianzas tenía dos fines: la producción de un heredero varón o la producción de una mujer que pueda servir a los padres de la manera que se ha explicado anteriormente. Para casar a una hija había que proveerla con una dote, con algún tipo de riqueza, que la hiciera un buen partido. Las mujeres que no servían a sus padres para estas alianzas, porque ya se había dotado y logrado el propósito social con otra hija, debían ir al convento.

Además de la importancia social de la mujer como esposa y madre se observa durante la época mucha ansiedad sobre el control de la sexualidad femenina. Aunque para los hombres el concubinato era aceptable, las mujeres podían pagar hasta con su vida por satisfacer sus deseos sexuales antes del matrimonio o fuera del mismo. Parte de esta ansiedad viene del hecho de que eran ellas las encargadas de la reproducción de los futuros herederos de los reinos y del poder. Esto hacía que las mujeres generalmente pasaran sus vidas en reclusión, ya fuera en el convento o en el matrimonio. El interés por este tema se ve en la mayoría de las producciones literarias. Éstas continuamente presentan o una imagen completamente idealizada de la mujer y de su vida, o ejemplos donde las características de la mujer se utilizan para enfatizar los efectos sociales negativos de sus debilidades naturales.

1.4.2.3 Moros y judíos Muchos textos muestran algunas de las actitudes hacia estas minorías durante la época. Las representaciones de estos seres también varían, desde idealizaciones hasta críticas que intentan subrayar a los descendientes de árabes como naturalmente inferiores. En realidad, a pesar de las quejas de varios religiosos cristianos, unos 600.000 mudéjares—árabes en las zonas cristianas—vivían en los reinos durante la Reconquista. Éstos ocupaban sus propias comunidades, donde practicaban el islam y la mayoría se dedicaba o a la agricultura o al trabajo manual y artesanal. Su existencia, sin embargo, no estaba libre de conflictos y su segregación era obvia. Varias prohibiciones, como imposiciones que intentaban controlar las relaciones sexuales entre diferentes culturas o que prohibían que los cristianos consultaran a médicos mudéjares, hacen obvio el deseo de refrenar las interacciones existentes entre las culturas.

Para la comunidad judía, el fanatismo religioso que experimentaba la Península en rumbo a la edad moderna creaba graves peligros, ataques y masacres. A pesar de lograr importantes avances culturales durante el medioevo y de tener cargos importantes en varios reinados, especialmente en el de Alfonso X, en el siglo XIV los judíos se vieron atacados de una manera u otra por representantes del poder social y religioso y por el vulgo. Algunos historiadores piensan que la población de casi 50.000 judíos se redujo en un cuarenta por ciento durante el siglo XIV. Esta discriminación será oficializada cuando los Reyes Católicos expulsan a los judíos en 1492.

LAS JARCHAS

Siglo IX–Siglo XII

Dentro de un ambiente multilingüe y multirracial en la España musulmana, entre los siglos IX y XII floreció un nuevo tipo de poesía. La *muwashaha* era una creación poética en árabe o en hebreo, cuyo tema estaba construido tomando como base algunos versos que aparecían al final del poema. Este último grupo de versos, o *jarcha*, estaba escrito con caracteres de escritura árabe, pero utilizando dialectos coloquiales de la Península Ibérica. Varias transliteraciones han demostrado que las jarchas utilizan el hispano-romance, uno de los idiomas hablados en el territorio peninsular durante la ocupación árabe, y para muchos representan uno de los orígenes de la literatura española.

La inclusión de jarchas dentro de las muwashaha es significativa ya que refleja el interés de los poetas árabes o hebreos en la variedad cultural de la España medieval. Estos textos demuestran la permeabilidad que existe entre los diversos grupos étnicos de España durante los siglos bajo el control musulmán. El uso del árabe o el hebreo y el hispano-romance, al crear la muwashaha con la jarcha, subraya la importancia del arte como medio que no sólo refleja las realidades culturales de España, sino que sirve como *locus,* o lugar, de coexistencia.

El transliterar, transcribir e interpretar la jarcha al español moderno impide un análisis poético formal; sin embargo, estas cancioncillas son una gran fuente temática. Un elemento interesante de las jarchas es que el hablante de estos versos suele ser una mujer. Aunque la mayoría de jarchas fueron escritas por hombres, generalmente son las mujeres las que protagonizan, en primera persona, las jarchas. En varias jarchas eróticas o amorosas los poetas crean momentos en que invitan al lector a convivir sicológicamente con ellas. Esta construcción de personajes y ambientes femeninos demuestra un interés de los autores en abarcar la complejidad del amor, sea carnal o emocional, desde varias perspectivas distintas.

Finalmente, el estudio de las jarchas es reciente en comparación al de otros textos medievales. En 1948 aparece el primer estudio. Las transliteraciones e interpretaciones han ido surgiendo y siguen desarrollándose. Aunque existen varios críticos que no están convencidos del todo sobre la calidad de varias de las transliteraciones, la mayoría arguye que existen suficientes fuentes que demuestran la importancia de la jarcha dentro de las letras peninsulares.

A continuación se encuentra un ejemplo del proceso de interpretación de una jarcha. Este proceso se inicia con una transliteración de caracteres árabes a grafías latinas, luego una trascripción y finalmente una interpretación.

Esta jarcha se encuentra en una muwashaha de Yehuda Halevi (1075–1140). Fue transliterada e interpretada por R. Menéndez Pidal en "Cantos románicos andalusíes continuadores de una lírica latina vulgar" (*Boletín de la Real Academia Española* 31 [1951]: 187–207) y en *Crestomatía del español medieval* (Madrid: Gredos, 1965).

1. Transliteración de caracteres árabes a grafías latinas:

> garyd bos 'y yrmn'ls
> km kntnyr 'mw mali
> sin 'lh byb non bbr'yw
> 'dbl'ry dmnd'ry.

2. Trascripción:

> Garid vos, ay yermanillas,
> com contener a mieu male
> sin el habib non vivréyu
> adovarei demandari.

3. Interpretación:

> Decid vosotras, ¡ay hermanillas![1]
> ¡cómo resistir a mi pena!
> Sin el amigo no podré vivir;
> volaré en su busca.

■ Preguntas de pre-lectura

1. Las jarchas generalmente presentan un dilema amoroso. ¿Este es un tema típico del arte? ¿Usted conoce otras expresiones artísticas (novela, pintura, música, cine, etc.) que presentan alguna perspectiva sobre este tema?
2. ¿En qué se diferencia la poesía de otros géneros? ¿Qué limitaciones impone este género al artista? ¿Por qué un artista escogería este género en comparación con otros?
3. Según la introducción al capítulo, ¿cómo son las características raciales de la sociedad en la Península Ibérica durante los siglos IX–XII?
4. ¿Qué importancia cultural tuvieron los árabes durante estos siglos en la Península?

Las Jarchas

1.

No quiere el mercader de collares, madre,
prestarme alhajas.[2]
El cuello blanco verá al aire mi dueño:[3]
no verá joyas.

---

[1] hermanitas. [2] joyas. [3] persona deseada, amada o amante.

2.

Este desvergonzado, madre, este alborotado [4]
me toma por fuerza
y no veo yo el porvenir.

3.

Decidme
cómo mi dueño, oh gentes,
míralo por dios,
no me da su medicina.

4.

Tanto amar, tanto amar,
amigo, tanto amar,
enfermaron ojos antes alegres
y que ahora sufren tan grandes males.

5.

¡Ay moreno, ay consuelo [5] de los ojos!
¿Quién podrá soportar la ausencia
amigo mío?

6.

¡Alba [6] de mi fulgor! [7]
¡Alma de mi alegría!
No estando el espía
esta noche quiero amor.

7.

¡Ven a mi lado, amigo!
Has de saber que
tu huída es una fea acción
Anda únete conmigo.

8.

Busca darme gusto.
No hay que adelantarse.
Ir despacio es regla.
Que debe guardarse.

---

[4] agitado.   [5] alivio de pena.   [6] luz del día antes
de salir el sol.   [7] resplandor.

9.

¡No me muerdas, amigo! ¡No,
no quiero al que hace daño!
El corpiño[8] [es] frágil. ¡Basta!
A todo me niego.

■ Preguntas de comprensión

1. ¿Quién habla en las jarchas? ¿Es importante saber o no la identidad específica del/de la hablante?
2. ¿A quién(es) hablan las hablantes en las jarchas anteriores?
3. ¿Cómo agruparía algunas de estas jarchas según el tratamiento que hacen de temas comunes?

■ Preguntas de análisis

1. ¿Cómo representan los temas en las jarchas la simplicidad o complejidad de los poetas medievales árabes ante el tema de las relaciones interpersonales?
2. ¿Las jarchas tipifican negativamente a la mujer con características tradicionales y/o estereotípicas o de alguna manera contribuyen a una visión más compleja de la mujer? Explique su respuesta con ejemplos.
3. ¿En qué sentido son las jarchas representativas de la variedad cultural de España durante la ocupación arábiga en la Península? ¿Hay algunos temas en las jarchas que consideran esta diversidad?

■ Temas para informes escritos

1. Las jarchas como ejemplo de la diversidad cultural de la España medieval
2. La representación de la mujer dentro de las jarchas
3. El amor como tema principal de las jarchas

■ Bibliografía mínima

Frenk Alatorre, Margit. *Las jarchas mozárabes y los comienzos de la lírica española*. México: Colegio de México, 1975.

Galmés de Fuentes, Alvaro. *Las jarchas mozárabes: forma y significado*. Barcelona: Grijalbo Mondadori, 1994.

García Gómez, Emilio. *Las jarchas romances de la serie árabe en su marco; edición en caracteres latinos, versión española en calco rítmico y estudio de 43 moaxajas andaluzas*. Madrid: Sociedad de Estudios y Publicaciones, 1965.

---

[8] blusa de mujer sin mangas.

El cantar de mío Cid

Siglo XIII

El texto medieval castellano más antiguo es el *El cantar de mío Cid*. El poema reúne tanto las características literarias como culturales de la España de los siglos XI y XII. El manuscrito más antiguo del poema (s. XIV) hace referencia a una versión escrita por Per Abbat en 1207. Aunque algunos estudiosos piensan que Per Abbat es el autor, la mayoría propone que su versión es una copia y que el poema es anónimo.

Los que ven el poema como anónimo lo clasifican como perteneciente al *mester de juglaría*. Mester significa arte u oficio. Juglaría viene de juglar, o cantor popular. Es decir, es el arte de cantar en público. Durante la Edad Media los juglares tenían el oficio de memorizar obras que luego recitaban para una audiencia. El énfasis oral en el aprendizaje y la reproducción de este tipo de obras ha impedido el conocimiento específico de sus creadores originales. Otra característica del mester de juglaría es que la informalidad y popularidad de este tipo de intercambio artístico permite, desde el punto de vista poético, una versificación menos pulida y bastante variada.

El cantar del mío Cid es una epopeya. *La Ilíada* y *La Odisea* son ejemplos clásicos de epopeyas. Una epopeya, o poema épico, es un poema extenso que relata los sucesos heroicos de un individuo o un grupo. El protagonista de la epopeya puede ser legendario o histórico. Otro rasgo importante de la epopeya es que las acciones heroicas del personaje central promueven las características culturales y religiosas importantes de la colectividad específica de donde proviene la historia.

El cantar del mío Cid es una epopeya que narra la vida de Rodrigo Díaz de Vivar (c. 1043–1099), un noble que vive en Vivar, Burgos, con su esposa e hijas. Sus enemigos lo acusan falsamente de robar dinero al rey de Castilla y León, Alfonso VI (1065–1109), por lo cual es desterrado. Durante su destierro, el Cid, con la ayuda de moros y cristianos, reconquista tierras ocupadas por los moros y envía presentes al rey para que éste lo perdone. Durante la obra el Cid se destaca no sólo por su nobleza de espíritu, sino además por sus hazañas heroicas.

Durante estas batallas, sus acciones perspicaces y su liderazgo son la fuente de su fama. El mismo apodo de "El Cid Campeador" muestra que varias de las culturas que habitaban la Península le reconocían sus habilidades. Cid viene de *Sidi*, o señor, según lo llamaban los moros. Campeador significa gran guerrero o triunfante. De acuerdo con la visión que la obra nos quiere presentar de Rodrigo Díaz de Vivar, éste era respetado tanto por moros como por cristianos. A la vez, su importancia está ligada al encuentro histórico de estas dos culturas.

Cuando el Rey ya ha perdonado al Cid y éste se encuentra en compañía de sus hijas y esposa, el énfasis temático del poema cambia para mostrar un protagonista más preocupado en asuntos familiares y sociales. Tanto por su nobleza, como por su riqueza, las hijas del Cid presentan un gran partido matrimonial para los infantes de Carrión, quienes terminan casándose con ellas. Lamentablemente, los yernos del Cid no sólo demuestran cobardía, sino que al final ultrajan y abandonan a las hijas.

En la etapa final del poema el Cid vuelve a demostrar su perspicacia, pero no personalmente con las armas sino con los instrumentos legales de la corte. Para restaurar su honor, se prepara una lid, o pelea, supervisada por el Rey, entre hombres fieles al Cid y hombres de Carrión. Las acciones justas del rey en este caso crean la imagen de un soberano que responde a las expectativas de sus vasallos fieles. Ganan los partidarios del Cid, los matrimonios entre las hijas y los infantes se deshacen y las hijas se casan con los príncipes de Navarra y Aragón. Los triunfos militares y sociales le permiten al Cid vivir tranquilamente hasta su muerte.

■ Preguntas de pre-lectura

1. Algunas epopeyas presentan las habilidades de héroes históricos. ¿Usted conoce alguna historia popular de algún héroe nacional de su país de origen? ¿Quién escribió esa historia? ¿Cómo la aprendió? ¿Es toda la historia verdad o hay momentos inverosímiles o exagerados? ¿Qué características heroicas enfatiza esa historia? ¿Son esas características ejemplos de comportamiento en su país? ¿En qué género literario está compuesta esa historia?
2. Durante el período medieval, ¿cuál sería el beneficio de poner una historia de este tipo en verso?
3. *El cantar de mío Cid* presenta al Cid como un noble español ideal. Según el texto el Cid es ejemplar como militar, esposo, padre, cristiano y noble. Durante la época medieval, ¿cómo sería un militar ideal?, ¿un esposo ideal?, etc.
4. ¿Las características anteriores son universales y/o eternas o varían según las condiciones histórico-culturales? ¿Hay procesos históricos particulares en la España medieval que influirían en estas categorías sociales?

El Cantar de mío Cid

1

El Cid convoca a sus vasallos; éstos se destierran con él (Sigue el relato de la Crónica de Veinte Reyes y se continúa con versos de una Refundición del Cantar.— *Adios del Cid a Vivar* (aquí comienza el manuscrito de Per Abbat).

[Enbió por sus parientes e sus vasallos e díxoles[1] cómmo el re le mandava sallir de toda su tierra, e que le non dava[2] de plazo más de nueve días, e que quería saber dellos[3] quáles querían ir con él o quáles fincar.[4]
"e los que conmigo fuéredes[5]—De dios ayades[6] buen grado,
5 e los que acá fincáredes[7]—quiéreme ir vuestro pagado".
Entonçes fabló Álvar Fáñez—su primo cormano:[8]
"convusco[9] iremos, Çid,—por yermos e por poblados,

---

[1] les dijo. [2] daba. [3] de ellos. [4] quedarse.   [8] hermano. [9] contigo.
[5] se van. [6] tengan. [7] se quedan.

ca nunca vos fallesceremos [10]—en quanto seamos sanos
convusco despenderemos—las mulas e los cavallos
10 e los averes e los paños
siempre vos [11] serviremos—como leales vasallos."
Entonçe otorgaron todos—quanto dixo don Álvaro,
mucho gradesçio [12] mio Çid—quanto allí fue razonado...
      Mio Çid movio [13] de Vivar—pora Burgos adeliñado, [14]
15 assí dexa sus palaçios—yermos e desheredados.
De los sos [15] ojos—tan fuertemientre llorando,
tornava la cabeça—i estávalos catando. [16]
Vío puertas abiertas—e uços sin cañados, [17]
alcándaras vázias [18]—sin pielles e sin mantos
20 e sin falcones [19]—e sin adtores [20] mudados.
Sospiró mio Çid,—ca mucho avié grandes cuidados.
Fabló mio Çid—bien e tan mesurado:
"grado a ti, señor padre, [21]—que estás en alto!
Esto me an buoloto [22]—mios enemigos malos."

2

Agüeros en el camino de Burgos

      Allí pienssan de aguijar, [23]—allí sueltan las riendas.
A la exida de Bivar, [24]—ovieron la corneja [25] diestra,
e entrando a Burgos—oviéronla siniestra. [26]
Meçió [27] mio Çid los ombros [28]—y engrameo la tiesta: [29]
5 "albricia, [30] Álvar Fáñez,—ca echados somos de tierra!
mas a grand ondra [31]—*tornaremos a Castiella.*" [32]

3

El Cid entra en Burgos

      Mio Çid Roy Díaz,—por Burgos entróve, [33]
en sue conpaña—sessaenta pendones: [34]
exien [35] lo veer—mugieres e varones,
burgeses e burgesas, [36]—por las finiestras sone, [37]
5 plorando [38] de los ojos,—tanto avien [39] el dolore.
De las sus bocas—todos dizían una razóne:
"Dios, qué buen vasallo,—si oviesse [40] buen señore!"

---

[10] te fallaremos. [11] te. [12] agradeció. [13] salió.
[14] encaminándose. [15] sus. [16] contemplando.
[17] puertas sin candados. [18] vacías las perchas.
[19] halcones. [20] azores: tipo de ave como
el halcón. [21] loado sea Dios. [22] a esto me
reducen. [23] pican a sus caballos para que
tomen velocidad. [24] salida de Vivar.
[25] vieron la corneja: cuervo negro considerado
un mal agüero. [26] la vieron a la izquierda.
[27] encogió. [28] hombros. [29] sacudió la cabeza.
[30] albricias: expresión de júbilo. [31] honra.
[32] retornaremos a Castilla. [33] entra.
[34] en compañía de sesenta banderas militares.
[35] salen. [36] burgaleses y burgalesas: personas
de Burgos. [37] por sus ventanas. [38] llorando.
[39] tienen. [40] tuviese.

4

Nadie hospeda al Cid.—Sólo una niña le dirige la palabra para mandarle alejarse.—
El Cid se ve obligado a acampar fuera de la población, en la glera.

Conbidar le ien de grado,[41]—mas niguno non osava:
el rey don Alfonso—tanto avie[42] le grand saña.[43]
Antes de la noche—en Burgos dél entró su carta,
con grand recabdo[44]—e fuertemientre seellada:[45]
5 que a mio Çid Roy Díaz—que nadi nol diessen[46] posada,
e aquel que gela diesse—sopiesse vera palabra[47]
que perderie los averes[48]—e más los ojos de la cara,
e aún demás—los cuerpos e las almas.
Grande duelo avien—las ventes[49] cristianas;
10 ascóndense[50] de mio Çid,—ca nol[51] osan dezir nada.
El Campeador—adeliñó[52] a su posada;
así commo llegó a la puerta,—fallóla[53] bien çerrada,
por miedo del rey Alfons,[54]—que assí lo pararan:
que si non la quebrantás,—que non gela abriessen por nada.[55]
15 Los de mio Çid—a altas voces llaman,
los de dentro—non les querién tornar palabra.
Aguijó[56] mio Çid,—a la puerta se llegaua,[57]
sacó el pie del estribera,—una ferídal dava;[58]
non se abre la puerta,—ca bien era çerrada.
20 Una niña de nuef[59] años—a ojo se parava:[60]
"Ya Campeador,—en buena cinxiestes[61] espada!
El rey lo ha vedado,[62]—anoch dél entró[63] su carta,
con grant recabdo—e fuertemientre seellada.
Non vos osariemos—abrir nin coger por nada;
25 si non, perderiemos—los averes e las casas,
a aún demás—los ojos de las caras.
Çid, en el nuestro mal—vos non ganades nada:
mas el Criador vos vala[64]—con todas sus vertudes[65] santas."
Esto la niña dixo[66]—e tornós pora[67] su casa.
30 Ya lo vede el Çid—que del rey non avie graçia.
Partiós dela puerta,—por Burgos aguijaua,
llegó a Santa María,—luego descavalga;[68]
fincó los inojos,[69]—de coraçón rogava;
La oración fecha,—luego cavalgava;
35 salió por la puerta—e Arlançón[70] passava.
Cabo Burgos essa villa—en la glera[71] posava,

---

[41] les gustaría hospedarlo.   [42] tiene.   [43] ira.
[44] cuidado.   [45] fuertemente sellada o cerrada.
[46] nadie le hospedara.   [47] el que le hospeda sepa
que.   [48] los bienes, sus posesiones.   [49] tienen
las gentes.   [50] huyen.   [51] no se atreven.
[52] se dirigió.   [53] la encontró.   [54] Alfonso.
[55] sin romperla no se puede abrir.

[56] pico a su caballo.   [57] se acercó.
[58] dio una patada.   [59] nueve.   [60] se acerca.
[61] ceñir: sacar para usar.   [62] prohibido.
[63] llegó.   [64] sírvate.   [65] virtudes.   [66] dijo.
[67] regresó para.   [68] baja del caballo.
[69] se hincó.   [70] el río Arlazón.   [71] el arenal.

fincava la tienda—e luego descavalgava.
Mio Çid Roy Díaz,—el que en buena cinxo[72] espada,
posó en la glera—quando nol coge nadi en casa;
40 derredor dél—una buena conpaña.
Assí posó mio Çid—commo si fosse[73] en montaña.
Velada l'an conpra[74]—dentro en Burgos la casa
de todas cosas—quantas son de vianda;[75]
nol osarien vender—al menos dinarada.[76]

5

Martín Antolínez viene de Burgos a proveer de víveres al Cid

Martín Antolínez,—el Burgalés conplido,[77]
a mio Çid e alos sos—abásteles[78] de pan e de vino;
non lo conpra,—ca[79] el se lo avie consigo;
de todo conducho[80]—bien los ovo[81] bastidos.
5 Pagós mio Çid—el Campeador conplido
e todos los otros—que van a so çervicio.
Fabló[82] Martín Antolínez,—odredes[83] lo que a dicho:
"ya Canpeador,—en buen ora fostes[84] nacido!
esta noch yagamos[85]—e vayámosnos al matino,
10 ca acusado seré—de lo que vos he seruido,[86]
en ira del rey Alffons—yo seré metido.
Si con vusco escapo[87]—sano o vivo,
aún cerca o tarde el rey—querer m'a por amigo;
si non, quanto dexo—no lo preçio un figo."[88]

28

Temor de los moros

Por todas essas tierras—ivan los mandados,[89]
que el Campeador mio Çid—allí avie poblado,[90]
venido es a moros,—exido es de cristianos;[91]
en la su vezindad—non se treven[92] ganar tanto.
5 Alegrando se va mio Çid—con todos sos vasallos;
el castiello[93] de Alcocer—en paria va entrando.[94]

31

Clemencia del Cid con los moros

"Oid a mí, Álvar Fáñez—e todos los cavalleros!
En este castiello—gran aver avemos preso;[95]
los moros yazen muertos,—de bivos[96] pocos veo.

---

[72] ciñó: de ceñir. [73] si fuera. [74] le niegan hacer sus compras. [75] alimentos. [76] dinero. [77] cumplido. [78] a los suyos les da. [79] ya que. [80] de todo lo traído. [81] tuvo. [82] habló. [83] escuchad. [84] fuiste. [85] quedémonos. [86] servido.

[87] vosotros escapo. [88] si no lo que tengo y soy no vale nada. [89] las noticias. [90] ha poblado, ha conquistado. [91] va a tierra de moros y las puebla para cristianos. [92] atreven. [93] castillo. [94] le paga tributo. [95] hemos ganado mucho. [96] vivos.

Los moros e las moras—vender non los podremos,
5 que los descabeçemos—nada non ganaremos;
cojámoslos de dentro,—ca el señorío tenemos;
posaremos en sus casas—e dellos nos serviremos."[97]

95

Los cristianos salen a batalla.—Derrota de Yúcef.—Botín extraordinario.—El Cid
saluda a su mujer y sus hijas.—Dota a las dueñas de Jimena.—Reparto del botín.

Salidos son todos armados—por las torres de Quarto,
mio Çid a los sos vassallos—tan bien los acordando.[98]
Dexan[99] a las puertas—omnes de gran recabdo.
Dio salto mio Çid—en Bavieca el so[100] cavallo;
5 de todas guarnizones[101]—muy bien es adobado.[102]
La seña sacan fuera,—de Valençia dieron salto,
quatro mill menos treinta—con mio[103] Çid van a cabo
a los çinquaenta mill—vanlos ferir de grado;[104]
Álbar Alvaroz e Minaya—entráronles del otro cabo.
10 Plogo[105] al Criador—e ovieron de arrancarlos.
Mio Çid empleó la lança,—al espada metió mano,
atantos mata de móros—que non fueron contados;
por el cobdo ayuso[106] la sangre destellando.[107]
Al rey Yúcef—tres golpes le ovo dados,[108]
15 saliósle del sol espada—ca muchol andido el cavallo,
metiósle en Gujera,—un castiello palaçiano;[109]
mio Çid el de Bivar—fasta allí llegó en alcanço
con otros quel[110] consiguen—de sos buenos vasallos.
Desd' allí se tornó—el que en buen ora nasco,[111]
20 mucho era alegre—de lo que an caçado;[112]
allí preçió a Bavieca—de la cabeça fasta a cabo.[113]
Toda esta ganancia—en su mano a rastado.
Los çinquaenta mill[114]—por cuenta fuero' notados:
non escaparon—mas di çiento e quatro.
25 Mesnadas de mio Çid—robado an el campo;
entre oro e plata—fallaron tres mill marcos,
de las otras ganançias—non avía recabdo.
Alegre era mio Çid—e todos sus vasallos,
que Dios les ovo merçed—que vençieron el campo;
30 quando el rey de Marruecos—assí lo an arrancado,[115]
dexó Álbar Fáñez—por saber todo recabdo;
con cient cavalleros—a Valençia es entrado;
fronzida[116] trahe la cara,—que era desarmado,
assí entró sobre Bavieca,—el espada en la mano.

---

[97] haremos sirvientes de ellos.
[98] ha aconsejado, organizado.   [99] dejan.
[100] su.   [101] tropas.   [102] provisto.   [103] con el.
[104] herir de grado.   [105] rogó.   [106] codo.

[107] brota.   [108] le dio.   [109] castillo palaciano.
[110] que el.   [111] nació.   [112] han logrado.
[113] hasta la cola.   [114] cincuenta mil.
[115] ganado.   [116] fruncida, con mala cara.

35   Reçibienlo las dueñas—que lo están esperando;
mio Çid fincó antellas,—tovo la rienda al cavallo:
"A vos me omillo,[117] dueñas,—grant prez vos he gañado:[118]
vos teniendo Valençia—e yo vençí el campo;
esto Dios se lo quiso—con todos los sos[119] santos,
40 quando en vuestra venida—tal ganançia nos han dado
"Veedes[120] el espada sangrienta—e sudiendo el cavallo:
con tal cum esto[121]—se vençen moros del campo,
Rogad al Criador—que vos biva algunt año,[122]
entraredes en prez,—e besarán vuestras manos."
45 Esto dixo mio Çid—diçiendo del cavallo.
Quandol[123] vieron de pie—que era descavalgado,[124]
las dueñas[125] e las fijas,[126]—e la mugier que vale algo
delant el Campeador—los inojos fincaron:
"Somos en vuestra merçed,—e bivades[127] muchos años!"
50   En buelta con él—entraron al palaçio,
e ivan posar con él—en unos preçiosos escaños.[128]
"Ya mugier doña Ximena,—nom lo aviedes rogado?
Estas dueñas que aduxiestes—que vos sirven tanto,
quiérolas casar—con aquestos mis vassallos;
55 a cada una dellas—doles dozientos marcos,
que lo sepan en Castiella,—a quién sirvieron tanto.
Lo de vuestras fijas—venir se a más por espacio."
Levantáronse todas—e besáronle las manos,
grant fo[129] el alegría—que fo por el palaçio.
60 Commo lo dixo el Çid,—assí lo han acabado.
      Minaya Álbar Fáñez—fuera en el campo,
con todas estas yentes—escriviendo e contando;
entre tiendas e armas—e vestidos preçiados[130]
tanto fallan[131] ellos desto—que mucho es sobejano.[132]
65 Quiérovos[133] dezir—lo que es más granado:[134]
non pudieron saber la cuenta—de todos los cavallos,
que andan arriados[135]—e non ha qui tomallos;
los moros de las tierras—ganado se an y algo;[136]
maguer[137] de todo esto,—el Campeador contado
70 de los buenos e otorgados—cayéronle[138] mill cavallos;
quando a mio Çid—cayeron tantos,
los otros bien pueden—fincar[139] pagados.
Tanta tienda[140] preciada—e tanto tendal[141] obrado,
que a ganado mio Çid—con todos sos vasallos!
75 La tienda del rey de Marruecos,—que de las otras es cabo,

---

[117] humillo.   [118] le he ganado un gran premio.
[119] sus.   [120] ved.   [121] así.   [122] que me de vida
y salud y serán honradas.   [123] cuando.
[124] bajado del caballo.   [125] mujeres responsables
por el cuidado de las hijas y esposa del Cid.
[126] hijas.   [127] vive.   [128] asientos.   [129] gran.

[130] preciosos, caros.   [131] encuentran.
[132] hay de sobra, cantidades.   [133] os quiero
decir.   [134] ganado.   [135] sueltos.   [136] han ganado
algo.   [137] aunque.   [138] obtuvo.   [139] quedan.
[140] armazón mora para vivir o comercio.
[141] postes decorados.

dos tendales la sufren,[142]—con oro son labrados;
mandó mio Çid—*el Campeador contado,*
que fita soviesse[143] la tienda,—e non la tolliesse dent[144] cristiano:
"Tal tienda commo esta,—que de Marruecos ha passado
80 enbiar la quiero—a Alfonsso el Castellano
que croviesse[145] sus nuevas—de mio Çid que avíe algo."
    Con aquestas riquezas tantas—a Valençia son entrados.
El obispo don Jerome—caboso coronado,[146]
quando es farto[147] de lidiar—con amas las sus manos
85 non tiene en cuenta—los moros que ha matados;
lo que cadié[148] a él—mucho era sobejano;
mio Çid don Rodrigo,—el que en buen ora nasco,
de toda su quinta—el diezmo[149] l'a mandado.

128

Los viajeros entran en el reino de Castilla.—Duermen en el robledo de Corpes.—
A la mañana quédanse solos los infantes con sus mujeres y se preparan a maltratarlas.—
Ruegos inútiles de doña Sol.—Crueldad de los infantes.

    Entrados son los ifantes[150]—al robredo de Corpes,
los montes son altos,—las ramas pujan con las nuoves,[151]
e las bestias fieras—que andan aderredor.[152]
Fallaron un vergel—con una linpia fuont;[153]
5 mandan fincar[154] la tienda—ifantes de Carrión,
con quantos que ellos traen—i yazen essa noch,
con sus mugieres[155] en braços—demuéstranles amor;
¡mal gelo cunplieron—quando salie de sol![156]
    Mandaron cargar las azémilas[157] con averes *a nombre,*
10 cogida an la tienda—do albergaron[158] de noch,
adelant eran idos—los de criazón:[159]
assí lo mandaron—ifantes de Carrión,
que non i fincás[160] ninguno,—mugier nin varón,
si non amas sus mugieres—don Elvira e doña Sol:
15 deportar[161] se quieren con ellas—a todo su sabor.
    Todos eran idos,—ellos quatro solos son,
tanto mal comidieron[162]—ifantes de Carrión:
"Bien lo creades,—don Elvira e doña Sol,
aquí seredes escarnidas[163]—en estos fieros montes.
20 Oy[164] nos partiremos,—e dexadas[165] seredes de nos;
non abredes part[166]—en tierras de Carrión.
Irán aquestos mandados—al Çid Campeador;

---

[142] la sostienen.   [143] la dejen.   [144] no la toque.
[145] atestiguar.   [146] buen sacerdote.   [147] harto,
cansado.   [148] corresponde.   [149] la décima parte.
[150] infantes.   [151] tocan las nubes.   [152] alrededor.
[153] limpia fuente.   [154] poner.   [155] mujeres.

[156] cumplieron cuando sale el sol.   [157] mulas y
cargamento.   [158] pasaron.   [159] criados.
[160] encuentras.   [161] portarse mal, abusarlas
físicamente.   [162] planearon.   [163] burladas.
[164] hoy.   [165] abandonadas.   [166] serán parte.

nos vengaremos aquesta—por la del león."[167]
Allí les tuellen[168]—los mantos e los pellicones,[169]
25 páranlas en cuerpos—y en camisas y çiclatones.[170]
Espuelas tienen calçadas—los malos traydores,
en mano prenden las çinchas—fuertes e duradores.
Quando esto vieron las dueñas,—fablava doña Sol:
"Por Dios vos rogamos,—don Díago e don Ferrando, *nos!*
30 dos espadas tenedes—fuertes y tajadores,
al una dizen Colada—e al otra Tizón,[171]
cortando las cabeças,—mártires seremos nos.
Moros e cristianos—departirán[172] desta razón,
que por lo que nos mereçemos—no lo prendemos nos,
35 Atan malos enssienplos—non fagades sobre nos:[173]
si non fuéremos majadas,—abiltaredes a vos;
retraer vos lo an—en vistas o en cortes."
        Lo que ruegan las dueñas—non les ha ningún pro.[174]
Essora le conpieçan a dar[175]—ifantes de Carrión;
40 con las çinchas corredizas—májanlas tan sin sabor;[176]
con las espuelas agudas,—don ellas an mal sabor,
ronpien las camisas e las carnes—a ellas amas a dos:
linpia salie la sangre—sobre los çiclatones.
Ya lo sienten ellas—en los sos coraçones.
45   ¡Quál ventura serie ésta,—si ploguiese al Criador,
que assomasse essora—el Çid Campeador!
        Tanto las majaron—que sin cosimente[177] son;
sangrientas en las camisas—e todos los çiclatones.
Cansados son de ferir—ellos amos a dos,
50 ensayando amos[178]—quál dará mejores colpes.
Ya non pueden fablar—don Elvira e doña Sol,
por muertas las dexaron—en el robredo de Corpes.

■ Preguntas de comprensión

1. ¿Por qué llora el Cid al comienzo de la obra?
2. ¿Cuál es la actitud de los residentes de Burgos cuando llega el Cid? ¿Le ayudan? ¿Por qué?
3. ¿Cuál es la actitud de los moros cuando el Cid llega al castillo de Alcocer?
4. ¿Qué deciden hacer los españoles con los moros después de tomar el castillo?
5. ¿Cómo derrota el Cid a Yúsuf?
6. ¿De qué le habla el Cid a su esposa Ximena cuando se encuentran en Valencia?
7. ¿Cómo ultrajan los infantes a las hijas del Cid?

---

[167] la del león: referencia a un capítulo anterior donde El Cid amansa a un león mientras los infantes, asustados, se esconden. Ellos culpan al Cid por la vergüenza que les causa su propia cobardía.   [168] quitan.   [169] pieles.
[170] vestidos de seda.

[171] Colada, Tizón: nombres de las espadas.
[172] se opondrán.   [173] no hagan de nosotras malos ejemplos.   [174] no les ayuda.
[175] en ese momento les comienzan a pegar.
[176] les pegan de mala gana.   [177] conocimiento, desmayadas.   [178] comparando ambos.

■ Preguntas de análisis

1. ¿Quién habla en el poema? ¿Es omnisciente el hablante? ¿Usted cree que todos los hechos de los que él habla son hechos históricos? ¿Por qué?
2. Si *El cantar de mío Cid* es un ejemplo de mester de juglaría, ¿cuáles son las características formales de este tipo de poesía? ¿Dónde hay rima?
3. ¿Cómo se va construyendo el personaje del Cid? ¿Cómo lo describiría Ud. físicamente? ¿Qué elementos incluiría en una representación visual del Cid?
4. Al pensar en el contexto medieval español, ¿cuáles son las características particulares del Cid que lo han destacado como un héroe histórico? ¿Cuáles de estas particularidades son universales? ¿Cuáles son específicas a la realidad histórica española?
5. ¿Cómo representa *El cantar de mío Cid* la variedad cultural de España durante el período medieval? ¿Qué posición plantea el poema en cuanto a la diversidad racial y cultural en la Península?
6. ¿De qué manera participa la mujer en la acción de la obra? Si la epopeya muestra la actitud ideal de un héroe nacional o regional, ¿qué actitud o papel promueve para la mujer?

■ Temas para informes escritos

1. Las características que hacen del Cid un personaje importante para la historia de España
2. *El cantar de mío Cid* como obra representativa de la variedad cultural de la época
3. La participación de la mujer dentro de la obra

■ Bibliografía mínima

Barton, Simon, and Richard Fletcher. *The World of El Cid: Chronicles of the Spanish Reconquest: Selected Sources.* Manchester: Manchester University Press, 2000.

Deyermond, Alan. *Cantar de mío Cid y la épica medieval española.* Barcelona: Sirmio, 1987.

Graf, Eric. "Apellative, Cultural and Geopolitical Liminality in the *Poema de mío Cid*". *Hispanofila* 132 (2001): 1–12.

Martínez Diez, Gonzalo. *El Cid Histórico.* Barcelona: Planeta, 1999.

Menéndez Pidal, Ramón. *En torno al poema del Cid.* Barcelona: EDHASA, 1970.

Mirrer, Louise. "Representing 'Other' Men: Muslims, Jews, and Masculine Ideals in Medieval Castilian Epic and Ballad". *Medieval Masculinities: Regarding Men in the Middle Ages.* Eds. Clara Lees and Thelma Fenster. Minneapolis: University of Minnesota, 1994. 169–86.

GONZALO DE BERCEO

¿1180–1247?

Gonzalo de Berceo nació a fines del siglo XII en Berceo, La Rioja. Fue clérigo agregado al monasterio de San Millán de la Cogolla. Berceo es el primer poeta español que conocemos por nombre. Escribió varias obras, todas ellas de tema religioso, que fueron transmitidas en forma manuscrita. Entre estas se encuentran tres vidas de santos, tres poemas dedicados a la Virgen María y otros poemas e himnos con diferentes temas religiosos.

Berceo representa un ejemplo del ambiente estudioso, intelectual y artístico de los monasterios del medioevo español. La poesía de Berceo pertenece al *mester de clerecía*. Esta poesía fue desarrollada durante el siglo XIII por clérigos y otros letrados. El mester de clerecía propone un distanciamiento erudito con respecto a las características vulgares del mester de juglaría. En lo formal la erudición debe demostrarse por medio del uso de la cuaderna vía, con el uso de estrofas con versos de catorce sílabas—llamados también versos alejandrinos. Estos versos están divididos en dos hemistiquios, o partes, de siete sílabas y tienen una sola rima consonante.

Es más problemático notar una clara diferenciación temática entre los mesteres de juglaría y de clerecía, que en sus características formales. No basta decir que uno se ocupaba de temas religiosos y el otro no, pues no es el caso. También, hay que considerar que tanto para juglares como para poetas eruditos, el público solía ser el mismo.

Los Milagros de Nuestra Señora, de Gonzalo de Berceo, es un buen ejemplo del uso del mester de clerecía para un consumo bastante general. En este caso la cuaderna vía demuestra erudición, pero la temática demuestra un interés en promocionar la fe popular en la Virgen María. Para este fin Berceo emplea su conocimiento erudito sobre obras latinas de índole milagrosa o piadosa de una manera apetecible para su público oyente. Emplea tanto tácticas retóricas doctas como convenciones encontradas en textos juglarescos.

Entre las convenciones anteriores se encuentra la habilidad de presentar temas moralizantes enmarcados dentro de situaciones cotidianas, familiares y amenas para los oyentes. Dentro de un contexto cotidiano, Berceo humaniza a muchos de sus personajes, cuyas características suelen ser bastante tangibles para su público. Para los lectores u oyentes el resultado final habría sido un texto bastante placentero que demostraba la potencia bondadosa de la Virgen María y los beneficios de rendirle culto.

El texto en sí, presentado aquí en su lenguaje original, cuenta con una introducción alegórica y veinticinco episodios. En la introducción, Gonzalo de Berceo se presenta como el hablante del poema e indica que se encuentra en un paraíso semejante al que le esperaría en la próxima vida. Es grato el lugar, tan cómodo que decide desnudarse. Berceo indica que:

> Nunca trobé e en sieglo logar tan delitoso,
> Nin sombra tan temprada, ni olor tan sabroso
> Descargue mi ropiella por iazer más vicioso
> Póseme a la sombra de un arbor fermoso.

Desde este *locus amoenus,* o lugar ameno, Berceo presenta a la Virgen María e indica los grandes hechos heroicos de la Virgen María a lo largo de la historia bíblica. La presentación de la heroína aparece así:

> En esta romeria avemos un buen prado,[1]
> En qui trova repaire[2] tot romeo[3] cansado,
> La Virgin Gloriosa, madre del buen criado,
> Del qual otro ninguno egual non fué trobado.[4]

> Esti prado fue siempre verde en onestat,[5]
> Ca nunca ovo macula[6] la su virginidat,
> Post partum et in partu fue Virgen de verdat,
> Illesa, in corrupta en entegredat.[7]

Finalmente Berceo sitúa los acontecimientos de su obra en el contexto español. A pesar de que el hablante se encuentra en un paraíso, y que los hechos bíblicos que menciona suceden en tierras lejanas, el autor enfatiza que el público será testigo de sus hazañas en la misma España:

> En Espanna cobdicio[8] de luego empezar:
> En Toledo la magna, un famado[9] logar,
> Ca non sé de qual cabo[10] empieze a contar,
> Ca más son que arenas en riba[11] de la mar.

Terminada la presentación, se comienzan los ejemplos de cómo la Virgen María obra milagros que salvan a sus devotos. A continuación se encuentra uno de los episodios.

■ Preguntas de pre-lectura

1. *Los Milagros de Nuestra Señora* presenta situaciones donde la Virgen María salva a devotos o castiga a infieles. ¿Usted conoce otras historias que narran eventos milagrosos? ¿Cuáles son las fuentes de esas historias? ¿Dónde las escuchó o leyó? ¿En qué género están compuestas esas historias? ¿Fueron escritas con un público específico en mente?

2. La fe religiosa es un tema que ha sido y es trasmitido por muchos géneros artísticos como la pintura, la música y la literatura, para alcanzar a un público masivo. ¿Usted puede recordar ejemplos contemporáneos de este fenómeno? ¿Piensa que la poesía durante el período medieval sería una buena forma de comunicar masivamente estos temas? ¿Por qué?

---

[1] terreno para pastar el ganado.
[2] encuentra descanso.   [3] peregrino.
[4] encontrado.   [5] honestamente.

[6] estuvo manchada.   [7] engendrada, concebida.
[8] deseo.   [9] famoso.   [10] por cuál lado.
[11] las riberas.

3. ¿Cuánta influencia tiene la Iglesia Católica en la vida social, cultural y política del período medieval? ¿Cómo ejerce este poder en esta época?

4. Durante el medioevo existe bastante diversidad racial, cultural y religiosa dentro de la Península. ¿Qué tensiones surgen durante el período con relación a esta diversidad? Desde una perspectiva religiosa, ¿cómo eran las relaciones entre musulmanes, judíos y cristianos?

Los Milagros de Nuestra Señora

LOS JUDÍOS DE TOLEDO

En Toledo la noble, que es arzobispado,
Un dia de grand festa[12] por agosto mediado,
Festa de la Gloriosa Madre del buen Criado,
Conteció un miraclo grand[13] e mui sennalado.
5   Sedie el arzobispo, un leal coronado,[14]
En medio de la missa sobrel altar sagrado:
Udiendola grand pueblo, pueblo bien adobado,[15]
La eglesia bien plena,[16] el coro bien poblado.
    Las gentes mui devotas sedien[17] en oracion
10 Como omnes[18] que quieren ganar de Dios perdon:
Udieron[19] una voz de grand tribulacion
Por ond fo[20] perturbada toda la procession.
    Fablólis[21] voz del cielo dolient e querellosa:
"Oid,—dixo—cristianos, una estranna cosa:
15 La gent de iudaismo, sorda e cegaiosa,[22]
Nunqua contra don Cristo non fo más porfiosa.
    Secundo que nos dizen las sanctas Escripturas,
Fizieron en don Cristo mui grandes travesuras:
Taiava essa cuita a mí las assaduras:[23]
20 Mas en ellos quebraron todas las sus locuras.
    Nin se dolien del Fijo que mal non merecie,
Nin de la Madre suya que tal cuita[24] vidie:
Pueblo tan descosido[25] que tal mal comedie,
Qui al tal li fiziesse, nul tuerto non farie.[26]
25   Los que mala nazieron falssos e traidores,
Agora me renuevan los antigos[27] dolores,
En grand priesa me tienen e en malos sudores,
En cruz está mi Fijo luz de los peccadores.
    Otra vez crucifigan[28] al mi caro Fijuelo,[29]
30 Non entendrie ninguno quand grand es el mi duelo,[30]
Criasse en Toledo un amargo maiuelo,[31]
Non se crió tan malo nunqua en esti suelo."

---

[12] fiesta. [13] gran milagro. [14] buen servidor.
[15] dispuesto. [16] llena. [17] estaban.
[18] hombres. [19] oyeron. [20] por lo que.
[21] le habló. [22] los judíos ciegos y sordos.
[23] esa aflicción la siento en las entrañas.

[24] aflicción. [25] desabrido.
[26] ni ciego lo haría. [27] antiguos.
[28] crucifican. [29] hijo. [30] dolor.
[31] grupo de personas que tienen un plan funesto, un complot.

Udieron esta voz toda la clereçia,
E muchos de los legos de la mozaravia,[32]
35 Entendieron que era voz de Sancta Maria,
Que façien[33] contra ella los iudios[34] follia.

Fabló el arzobispo que la missa cantava,
Escuchólo el pueblo que cerca li estava:[35]
"Creed,—disso—conceio,[36] que la voz que fablava,
40 Prende mui grand superbia, por en se querellava.[37]

Sepades que iudios fazen alguna cosa,
En contra Jesu Cristo, fijo dela Gloriosa:
Por essa cuita anda la madre querellosa,
Non es esta querella baldrera nin mintrosa.[38]

45 Conviento e conceio,[39] quantos aqui seedes,
Meted mientes en esto e no lo desdennedes:
Si la cosa buscaredes, batuda[40] hallaredes,
Desta malfetria[41] derecho tomaredes.

Vaiamos a las casas, esto no lo tardemos,
50 De los rabís[42] maiores, ca algo hallaremos:
Desemos las iantares,[43] ca bieu las cobraremos;
Si non, de la Gloriosa mal rebtados seremos."

Movieronse los pueblos, toda la clereçia,
Fueron a mui grand priesa[44] pora la iuderia,
55 Guiólos Jesu Cristo e la Virgo Maria,
Fo luego escubierta la su alevosia.

Fallaron enna casa del raví más onrrado
Un grand cuerpo de cera como omne[45] formado,
Como don Cristo sóvo,[46] sedie crucifigado,
60 Con grandes clavos preso, grand plaga[47] al costado.

Quanta fonta[48] fizieron en el nuestro Sennor,
Alli la fazien toda, por nuestra desonor:
Recabdaronlos[49] luego, mas non con grand savor:
Qual fazien tal prisieron,[50] grado al Criador.

65 Fueron bien recabd'ados los que prender podieron,
Dieronlis iantar mala[51] qual ellos merecieron:
Ili fizieron tu autem,[52] mala muerte prisieron,
Depues lo entendieron, que mal seso fiçieron.[53]

Qui a Sancta Maria quisiere afontar,
70 Como estos ganaron, assin deven ganar;
Mas pensemos la nos de servir e honrrar,
Ca nos a el su ruego en cabo a prestar.

---

[32] religiosos mosárabes.   [33] hacían.
[34]judíos mal.   [35] que cerca estaba.
[36] aconsejó.   [37] soberbia y por eso se quejaba.
[38] sin importancia.   [39] les aconsejo.
[40] rastro, pista.   [41] fechoría.   [42] rabíes.

[43] lloros.   [44] rápidamente.   [45] hombre.
[46] estuvo.   [47] lanza.   [48] faltas.   [49] los mataron.
[50] como ellos hacían se les hizo a ellos.
[51] les dieron castigo como para llorar.
[52] aunque.   [53] hicieron.

■ Preguntas de comprensión

1. ¿Dónde y cuándo sucede la acción?
2. ¿Qué oyen los que escuchaban misa?
3. ¿Qué dice esta voz sobre los judíos?
4. ¿Quiénes escuchan esta voz?
5. ¿De quién es la voz?
6. ¿Qué recomienda hacer el arzobispo?
7. ¿Por qué van a la casa de los rabíes?
8. ¿Qué les sucede a los judíos?

■ Preguntas de análisis

1. ¿Quién habla en el poema? ¿Es omnisciente el hablante? ¿Usted cree que todos los hechos de los que él habla son verdaderos? ¿Por qué?
2. ¿Cómo está escrito el poema desde el punto de vista formal? Utilice un segmento de *Los Milagros de Nuestra Señora* para mostrar los rasgos formales del mester de clerecía.
3. ¿Cómo caracteriza Berceo a los judíos de Toledo? ¿Cómo se representa el judaísmo en la obra? Según el texto, ¿hicieron bien los cristianos en matar a los judíos? ¿Por qué?
5. ¿Cómo se va construyendo el personaje de la Virgen en el ejemplo? ¿Quiénes merecen su ayuda y quiénes su castigo?
6. Al pensar en el contexto medieval español, ¿cuál sería la importancia social de escribir un texto como *Los Milagros de Nuestra Señora* para un público popular? ¿Cómo se beneficiaría la Iglesia de este tipo de obra? ¿Y la sociedad en general?
7. ¿Qué posición presenta *Los Milagros de Nuestra Señora* en cuanto a la variedad cultural y religiosa de España durante el período medieval? ¿El texto trata temas que plantean esta realidad?
8. Si las mujeres eran consideradas como inferiores durante la época medieval, ¿cuáles son las características culturales y religiosas que permiten que la Virgen sea una heroína? ¿La caracterización de este personaje promueve nuevas posibilidades sociales para la mujer de la época o simplemente enfatiza el valor individual del personaje religioso?

■ Temas para informes escritos

1. El uso de la literatura para inculcar ideas religiosas
2. La caracterización de minorías religiosas
3. La Virgen María como personaje representativo de la mujer durante la época

■ Bibliografía mínima

Gariano, Carmelo. *Análisis estilístico de* Los Milagros de Nuestra Señora. Madrid: Gredos, 1965.

Gerli, Michael. Introducción. *Los Milagros de Nuestra Señora* de Gonzalo de Berceo. Madrid: Cátedra, 1985. 1–55.

————. "Poet and Pilgrim: Discourse, Language, Imagery, and Audience in Berceo's *Milagros de Nuestra Señora*". *Hispanic Medieval Studies in Honor of Samuel G. Armistead*. Madison: Hispanic Seminary of Medieval Studies, 1992. 139–51.

Sánchez Jiménez, Antonio. "Milagros fronterizos: ignorancia y libertinaje clericales y el público de los *Milagros de Nuestra Señora*". *Neophilologus* 85.4 (2001): 535–53.

Wilkins, Heanon. "El judío y el diablo como 'otro' en los *Milagros de Nuestra Señora*". *Letras* 40–41 (1999–2000): 13–18.

JUAN RUIZ, ARCIPRESTE DE HITA

Siglo XIV

Existe muy poca información sobre el Arcipreste de Hita y casi toda proviene de su misma obra, *El libro de buen amor.* Las ediciones más tempranas de la obra son de 1330 y 1343. Se desconocen sus fechas de nacimiento y muerte. Esta laguna de información y el hecho de que la obra está compuesta como si fuese una autobiografía, ha creado una multitud de interpretaciones sobre las intenciones de Juan Ruiz al escribir de los temas centrales de *El libro de buen amor.*

Los temas mismos son parte de un debate social y religioso que existe hasta nuestros días en muchas culturas. Dentro de la obra el autor yuxtapone el amor espiritual a Dios, el buen amor al amor carnal, el loco amor. El autor crea un texto que cuenta las aventuras eróticas de un personaje llamado Arcipreste. Aunque en una introducción Juan Ruiz incluye el fin moral y didáctico de su obra, la mayor parte del texto está dedicada al denominado loco amor. Esta característica podría demostrar una posible hipocresía de parte del autor hacia estos temas. Sin embargo, varios estudiosos concuerdan en que el público medieval estaría acostumbrado a un personaje que representara tanto lo mundano como lo celestial. Un ejemplo de este tipo de caracterización se puede observar en "El sacristán impúdico" de Berceo, por ejemplo, donde existe un sacristán que a pesar de morir por sus deseos de tener relaciones sexuales, es salvado por la Virgen María gracias a su devoción. Aunque hay obvias diferencias entre la concepción del pecado entre ambos autores, los dos muestran en sus textos una unión de lo profano y lo sagrado para divertir y moralizar a su público.

La impudicia es uno de los temas centrales que trata Juan Ruiz. En la obra el lector encuentra un grupo de personajes que transgreden códigos morales. Sin embargo, el hecho de poner en escena estas transgresiones, aunque sea con un fin didáctico, permite al lector evaluar la importancia social de dichas normas de comportamiento, ya sea para cuestionarlas o para afirmar su validez social o espiritual. El mismo Juan Ruiz parece estar al tanto de la posibilidad de las diversas interpretaciones de su texto al describir momentos donde diferentes grupos o individuos interpretan de una manera completamente diferente los signos que intercambian.

A pesar del tema profano, la obra demuestra la erudición de su creador. Se observa en la obra la influencia de obras clásicas y bíblicas, entre otras. Una de las obras más señaladas como fuente al hablar de *El libro de buen amor* es el *Ars Amatorio* del poeta clásico Ovidio. También en su poética, Juan Ruiz expone destreza al usar una gran variedad de modelos poéticos.

El libro de buen amor es además una gran fuente cultural donde se observan elementos cotidianos de la vida española del siglo XIV. Ya sean estos elementos históricamente reales o simplemente parte de las percepciones imaginarias comunes de la época, la obra permite al lector echar un vistazo a la compleja red social de la España medieval. En la obra Juan Ruiz entrega al lector pequeños trocitos de la diversidad cultural dentro de la Península. La obra refleja la vida del campo, costumbres judías y arábigas y algunas costumbres cotidianas dentro de los conventos, por ejemplo.

A continuación se encuentran varios segmentos de la obra de Juan Ruiz. Éstos se inician con la petición que hace el Arcipreste a Dios. Luego se puede ver una explicación del deseo sexual por parte del Arcipreste, seguido por una pelea entre éste y el personaje Amor. Se podrá observar también un segmento donde se ve la participación de una vieja, Trotaconventos, quien ayuda al Arcipreste a conseguir varias mujeres. Finalmente, se presentan las quejas del Arcipreste ante la muerte de la vieja.

■ Preguntas de pre–lectura

1. ¿Cuál es la relación entre el hablante de un poema y el autor? ¿Son la misma persona? ¿Cuando un poema usa la primera persona hay que dar por sentado siempre que es la autobiografía real del autor?
2. ¿Cuáles son las consecuencias morales si *El libro de buen amor* es una autobiografía verdadera del autor? ¿Cuáles son las consecuencias si el uso del nombre Arcipreste y el uso de la primera persona son simplemente tácticas literarias?
3. ¿Le parece apropiado que los religiosos del medioevo se preocupen de temas tanto divinos como mundanos? ¿Por qué?
4. El poder de influencia social y cultural de la Iglesia Católica durante el período medieval es indiscutible. ¿Por qué piensa Ud. que era importante para la Iglesia controlar las actividades personales de la sociedad?

El libro de buen amor

AQUÍ DIZE DE CÓMO EL AÇIPRESTE ROGÓ A DIOS QUE LE DIESE GRAÇIA QUE PODIESE FAZER ESTE LIBRO

Dios Padre e Dios Fijo e Dios Spíritu Santo,
el que nasçió de Virgen, esfuerçe nos de tanto
que sienpre lo loemos[1] en prosa e en canto;
sea de nuestras almas cobertura e manto.
5   El que fizo[2] el çielo, la tierra e la mar,
El me done su graçia e me quiera alunbrar,[3]
que pueda de cantares un librete rimar,
que los que lo oyeren puedan solaz tomar.[4]
    Tú, Señor e Dios mío que el omne[5] formeste,
10 enforma e ayuda a mí, el tu açipreste,
que pueda fazer libro de buen amor aqueste,
que los cuerpos alegre e a las almas preste.[6]

---

[1] alabemos.   [2] hizo.   [3] alumbrar, dar luz.
[4] consolarse.   [5] hombre.   [6] sirva.

Si queredes, señores, oír un buen solaz,
ascuchad el romançe, sosegadvos[7] en paz;
15 non vos diré mentira en quanto en él yaz,[8]
ca por todo el mundo se usa e se faz.[9]

E porque mejor sea de todos escuchado,
fablarvos he por trobas[10] e por cuento rimado:
es un dezir fermoso e saber sin pecado,
20 razón más plazentera, fablar más apostado.[11]

Non tengades que es libro de neçio devaneo,[12]
nin creades que es chufa[13] algo que en él leo:
ca, segund buen dinero yaze en vin correo,[14]
ansí en feo libro está saber non feo.

25 El axenuz,[15] de fuera negro más que caldera,
es de dentro muy blanco más que la peñavera;
blanca farina está so negra cobertera,[16]
açúcar dulçe e blanco está en vil cañavera.

So la espina está la rosa, noble flor,
30 en fea letra está saber de grand dotor;[17]
como so mala cana yaze buen bevedor,
ansí mal tabardo[18] está el buen amor.

Porque de todo bien es comienço e raíz
la Virgen Santa María, por ende yo, Juan Ruiz,
35 Açipreste de Fita, d'ella primero fiz
cantar de los sus gozos siete, que ansí diz: [...]

AQUÍ DIZE DE CÓMO SEGUND NATURA LOS OMNES E LAS OTRAS ANIMALIAS QUIEREN AVER CONPAÑÍA CON LAS FENBRAS

Como dize Àristótiles, cosa es verdadera,
el mundo por dos cosas trabaja: la primera,
por aver mantenencia; la otra cosa era
por aver juntamiento con fenbra[19] plazentera.

5 Si lo dexies' de mío, sería de culpar;
dízelo grand filósofo, non só yo de reptar:[20]
de lo que dize el sabio non devemos dubdar,
ca por obra se prueva el sabio e su fablar.

Que diz verdat el sabio clarame[n]te se prueva:
10 omnes, aves, animalias, toda bestia de cueva
quieren segund natura conpaña[21] sienpre nueva,
e mucho más el omne que toda cosa que s'mueva. [...]

"Fasta el *quod parasti* non las quieres dexar,
ante faciem omnium sábeslas alexar,
15 *ad gloriam plebis tu[a]e* fázeslas abaxar,
'*Salve, Regina*', dizes, si de ti se han de quexar.

---

[7] quedaos. [8] está. [9] faz. [10] trovas.
[11] a propósito. [12] vanidades. [13] fruta golosa.
[14] vino espeso. [15] tipo de semilla negra de la
que se hace harina. [16] cubierta. [17] doctor.
[18] abrigo. [19] hembra. [20] cambiar.
[21] compañía.

AQUÍ FABLA DE LA PELEA QUE OVO EL ARÇIPRESTE CON DON AMOR

"Con açidïa traes estos males atantos,
muchos otros pecados, antojos e espantos;
non te pagas de omnes castos nin dinos,[22] santos;
a los tuyos das obras de males e quebrantos.

5   "El que tu obra trae es mi[n]troso[23] e perjuro,
por conplir tus deseos fázeslo erege[24] duro:
más cree tus lisonjas el neçio hadeduro[25]
que non la fe de Dios: ¡vete, yo te conjuro!

     "Non te quiero, Amor nin Cobdiçio, tu fijo;
10 fázesme andar de balde[26] dízesme: "Digo, digo";
tanto más me aquexas[27] quanto yo más aguijo:
no m'val tu vanagloria[28] un vil grano de mijo.

     "Non has miedo nin vergüença de rey nin de reïna,
múdaste do te pagas cada día aína;[29]
15 huésped eres de muchos, non duras so cortina:
como el fuego andas de veçina en veçina. [...]

     "Tiene omne su fija;[30] de coraçón amada,
loçana[31] e fermosa, de muchos deseada,
ençerrada e guardada e con viçios criada:
20 do coida[32] tener algo, en ella non tien' nada.

     "Cóidansela casar, como las otras gentes,
porque se onren[33] d'ella su padre e sus parientes;
como mula camuça[34] aguza rostro e dientes,
remeçe[35] la cabeça, a diablos tiene mientes.[36]

25   "Tu le ruis[37] a la oreja e dasle mal consejo
que faga tu mandado e siga tu trebejo:[38]
los cabellos en rueda, el peinde e el espejo,
que aquel Mingo Oveja[39] non es d'ella parejo.

     "El coraçón le tornas de mill guisas a la ora:
30 si oy casar la quieren, cras de otro se enamora;
a las vezes en saya, otras en alcandora,[40]
remírase la loca do tu locura mora.[41]

     "El que más a ti cree anda más por mal cabo:
a ellos e a ellas, a todos das mal ramo,
35 de pecado dañoso, de ál[42] non te alabo;
tristeza e flaqueza, ál de ti non recabdo.

     "Das muerte perdurable a las almas que fieres,[43]
das muchos enemigos al cuerpo que requieres,
fazes perder la fama al que más amor dieres,[44]
40 a Dios pierde e al mundo, Amor, el que más quieres.

---

[22] digno.   [23] mentiroso.   [24] hereje.
[25] cabezadura.   [26] de gana.   [27] enfadas.
[28] vanidad.   [29] presto, rápidamente.
[30] hija.   [31] saludable.   [32] cuida.   [33] honren.
[34] gamuza.   [35] mueve.   [36] advertencias.

[37] hablas.   [38] trabajo.   [39] nombre que connota un hombre manso e inocente.   [40] prendas de vestir de mujeres.   [41] está.   [42] por eso.
[43] hieres.   [44] das.

"Estruyes[45] las personas, los averes estragas,
almas, cuerpos e algos como huerco[46] las tragas,
de todos tus vasallos fazes neçios fadragas;
prometes grandes cosas, poco e tarde pagas.

45   "Eres muy grand gigante al tienpo del mandar,
eres enano chico quando lo has de dar;
luego de grado mandas, bien te sabes mudar:
tarde das e amidos,[47] bien quieres demandar.

   "De la loçana fazes muy loca e muy boba;
50 fazes con tu grand fuego como faze la loba:
al más astroso lobo, al enatío ajoba,[48]
aquél da de la mano e de aquél se encoba[49]

   "Ansí muchas fermosas contigo se enartan,[50]
con quien se les antoja, con aquél se apartan:
55 quier feo, quier natío,[51] aguisado non catan;
quanto más a ti creen, tanto peor baratan.

   "Fazes per muger fea perder omne apuesto,
piérdes' por omne torpe dueña de grant repuesto;[52]
plázete con qualquier do el ojo as puesto:
60 pien te pueden dezir "antojo" por denuesto.[53]

   "Natura as de diablo: adoquier que tú, mores,[54]
fazes temblar los omnes e mudar las colores,
perder seso e fabla, sentir muchos dolores,
traes los omnes çiegos, que creen en tus loores.[55]

65   "A bretador semejas quando tañe su brete:[56]
canta dulçe, con engaño, al ave pone abeite[57]
fasta que le echa el laço quando el pie dentro mete:
assegurando matas; ¡quítate de mí vete!

ENSIENPLO DEL MUR TOPO E DE LA RANA

   "Contesçe cada día a tus amigos contigo,
como contesçió al topo que quiso ser amigo
de la rana pintada quando l' levó consigo:
entiende bien la fabla e por qué te lo digo. [...]"

DE LAS FIGURAS DEL ARÇIPRESTE

   "Señora", diz la vieja, "yo l' veo a menudo:
el cuerpo ha bien largo, mienbros grandes, trefudo,[58]
la cabeça non chica, velloso, pescoçudo.
el cuello non muy luengo, cabelprieto,[59] orejudo,
5   "las çejas apartadas, prietas como carbón,
el su andar enfiesto,[60] bien como de pavón,

---

[45] destruyes.   [46] hueco.   [47] pronto.
[48] carga al nativo.   [49] se aprovecha.
[50] hartan.   [51] nativo.   [52] puesto.
[53] mentiroso.   [54] donde sea que vivas.

[55] halagos.   [56] hace sonar su brete:
artefacto de castigo, cepo de hierro.
[57] llama la atención.   [58] grueso.
[59] cabello negro.   [60] enhiesto, derecho.

el paso sosegado[61] e de buena razón;
la su nariz es luenga:[62] esto le desconpón;[63]
    "las ençías bermejas[64] e la fabla tunbal,
10 la boca non pequeña, labros al comunal,[65]
más gordos que delgados, bermejos como coral,
las espaldas bien grandes, las muñecas atal.[66]
    "Los ojos ha pequeños, es un poquillo baço;[67]
los pechos delanteros, bien trefudo el braço,
15 bien conplidas las piernas; el pie, chico pedaço:[68]
señora, d'él non vi más, por su amor vos abraço.[69]
    "Es ligero, valiente, bien mançebo de días,[70]
sabe los instrumentos e todas juglarías,[71]
doñeador alegre, ¡par las capatas[72] mías!:
20 tal omne como éste no es en todas erías."
    A la dueña mi vieja tan bien que la enduxo:[73]
"Señora, diz la fabla del que de feria fuxo:
la merca de tu uço Dios es que te la aduxo;[74]
¡amad, dueñas, amalde tal omne qual debuxo![75]
25   "Sodes monjas guardadas, deseosas, loçanas;
los clérigos cobdiçiosos desean las ufanas:
todos nadar desean, los peçes e las ranas...
a pan de quinçe días, fanbre[76] de tres semanas."
    Díxol Doña Garoça: "Verme he, dame espaçio"
30 "¡A la he",[77] diz la vieja, "amor non sea laçio;
quiero ir a dezírgelo—¡yuy!, ¡cómo me engraçio!—;
yo l' faré cras que venga aquí, a este palaçio."
    La dueña dixo: "Vieja, ¡guárdem' Dios de tus mañas!
Ve, dil que venga cras ante buenas conpañas:
35 fablarme ha buena fabla, non burlas nin picañas,[78]
e dil que non me diga de aquestas tus fazañas."[79]
    Vino mi leal vieja, alegre plazentera;
ante del "¡Dios vos salve"!, dixo la mensajera:
"Sé que el que al lobo enbía, ¡a la fe!, carne espera,
40 la buena corredera ansí faze[80] carrera.
    "Amigo, ¡Dios vos salve!, ¡folgad!,[81] ¡sed plazentero!
Cras dize que vayades fablarla, non señero
mas catad no l' digades chufas de pitoflero,[82]
que las monjas no s' pagan del abad fazañero.[83]
45   "Lo que cunple al fecho, aquesto le dezit;[84]
lo que cras le fablardes, vos oy lo comedit;[85]
a la misa, mañana, vos en buena ora it:
enamorad la monja e luego vos venit."[86]

---

[61] tranquilo. [62] larga. [63] descompone.   [75] como te lo dibujo. [76] hambre. [77] la tengo.
[64] rojas. [65] comunes. [66] también. [67] bajo.   [78] tonterías. [79] hazañas. [80] hace. [81] holgad.
[68] pedazo. [69] la abrazo. [70] joven. [71] historias,   [82] ensimismado. [83] alguien que hace hazañas.
poemas. [72] zapatillas. [73] indujo. [74] presento.   [84] dices. [85] planeas. [86] vienes.

Yo l' dixe: "Trotaconventos, ruégote, mi amiga,
50 que lieves esta carta ante que gelo [87] yo diga,
e si en la respuesta no t' dixiere [88] enemiga,
puede ser que de la fabla [89] otro fecho se siga."

Levól una mi carta a la missa de prima, [90]
tróxom' [91] buena respuesta de la fermosa rima;
55 guardas tenié la monja más que la mi esgrima,
pero de buena fabla vino la buena çima. [92]

En el nonbre de Dios fui a misa de mañana,
vi estar a la monja en oración: loçana,
alto cuello de garça, color fresco de grana:
60 desaguisado [93] fizo quien le mandó vestir lana.

¡Valme, Santa María!, mis manos me aprieto;
¿quién dio a blanca rosa ábito, velo prieto?
Más valdrié [94] a la fermosa tener fijos e nieto
que atal velo prieto nin que ábitos çiento. [95]

65 Pero que sea errança contra Nuestro Señor
el pecado de monja a omne doñeador,
¡ay Dios!, ¡e yo lo fuese aqueste pecador,
que feziese [96] penitencia d'este fecho [97] error!

Oteóme de unos ojos que paresçían candela: [98]
70 yo sospiré por ellos, diz mi coraçón: "¡Hela!" [99]
Fuime para la dueña, fablóme e fabléla,
enamoróm' la monja e yo enamoréla.

Resçibióme la dueña por su buen servidor;
sienpre le fui mandado e leal amador;
75 mucho de bien me fizo con Dios en linpio amor:
en quanto ella fue biva, Dios fue mi güiador.

Con mucha oración a Dios por mí rogava,
con la su abstinençia mucho me ayudava;
la su vida muy linpia en Dios se deleitava:
80 en locura del mundo nunca se trabajava.

Para tales amores son las religïosas,
para rogar a Dios con obras pïadosas,
que para amor del mundo mucho son peligrosas,
e son las escuseras perezosas, mintrosas.

85 Atal [100] fue mi ventura que, dos meses pasados,
murió la buena dueña: ove nuevos cuidados;
a morir han los onbres, que son o serán nados: [101]
¡Dios perdone su alma e los nuestros pecados!

Con el mucho quebranto fiz aquesta endecha: [102]
90 con pesar e tristeza non fue tan sotil [103] fecha;
emiéndela todo omne e quien buen amor pecha, [104]
que yerro e malfecho [105] emienda non desecha.

---

[87] se lo.   [88] dijere.   [89] habla.   [90] primera.   [97] hecho.   [98] fuego.   [99] la tengo.   [100] así.
[91] me trajo.   [92] premio.   [93] sin pensar.   [101] nada.   [102] arreglo.   [103] sutil.   [104] siente.
[94] valdría.   [95] cien hábitos.   [96] hiciese.   [105] malhecho.

En quáles instrumentos non convienen los cantares de Arávigo

Después fiz muchas cánticas,[106] de dança e troteras,
para judías e moras e para entenderas,[107]
para en instrumentos comunales maneras:
el cantar que non sabes, oílo a cantaderas.[108]
5   Cantares fiz algunos, de los que dizen ciegos,
e para escolares que andan nocherniegos,[109]
e para muchos otros por puertas andariegos,[110]
caçurros e de burlas: non cabrién en diez pliegos. [...]
Díze[lo] un filósofo, en su libro se nota,
10 que pesar e tristeza el engenio enbota:[111]
e yo con pesar grande non puedo dezir gota,[112]
porque Trotaconventos ya non anda nin trota.
Assí fue, ¡mal pecado!, que mi vieja es muerta:
murió a mí serviendo, lo que me desconuerta;[113]
15 non sé cómo lo diga: que mucha buena puerta
me fue después çerrada, que antes me era abierta.

■ Preguntas de comprensión

1. ¿Qué le pide el Arcipreste a Dios?
2. ¿Qué quiere decir el verso "ansí en feo libro está saber non feo"?
3. ¿Qué dice Aristóteles sobre el comportamiento del hombre?
4. ¿Qué tono tiene el hablante hacia el Amor?
5. ¿Cómo arruina el amor a las hijas?
6. ¿Qué otras consecuencias sociales tiene el amor?
7. ¿Quién está hablando al comienzo del segmento?
8. ¿Cómo es físicamente el Arcipreste?
9. ¿Qué talentos tiene el Arcipreste?
10. ¿Qué oficio tiene la dueña?
11. ¿Hace la dueña lo que le pide la vieja Trotaconventos?
12. ¿Qué relación establecen la dueña y el Arcipreste?
13. ¿Qué le sucede a la dueña?
14. ¿Por qué el Arcipreste canta a judías y a moras?
15. ¿Qué le sucede a Trotaconventos?

■ Preguntas de análisis

1. ¿Quién habla en el poema? ¿Es omnisciente el hablante? ¿Usted cree que todos los hechos de los que él habla son verdaderos? ¿Por qué?
2. ¿Cómo se caracteriza al hablante del primer segmento en comparación al resto de la obra? ¿Son similares en su actitud hacia el buen y el loco amor?

---

[106] canciones.   [107] entendidas.   [110] pasean por puertas.   [111] afecta.
[108] escúchalo.   [109] salen por la noches.   [112] nada.   [113] desconcierta.

3. ¿Cómo caracteriza Juan Ruiz a las mujeres de su obra? ¿Qué oficios tienen? ¿Qué espacios familiares o sociales ocupan?
4. ¿Cómo se va construyendo el deseo dentro de la obra? ¿Qué formas diferentes toma?
5. En el contexto medieval español, ¿cuál sería la importancia social de escribir un texto como *El libro de buen amor* para un público vulgar? ¿Cómo se beneficiaría la Iglesia o la sociedad en general con este tipo de obra? ¿Juan Ruiz logra sus propósitos didácticos?
6. ¿Qué actitud toma *El libro de buen amor* ante la variedad cultural de España durante el período medieval?
7. Cabe notar la importancia de la vieja Trotaconventos dentro del mundo que construye Juan Ruiz. ¿Qué función social cumple dentro de la obra? ¿Cómo es en relación a otras mujeres en la obra o a otras mujeres importantes en las obras medievales anteriores? Desde un punto de vista social, ¿es completamente negativo este personaje o tiene ciertas cualidades positivas?

■ Temas para informes escritos

1. *El libro de buen amor* como obra didáctica
2. La caracterización de la mujer dentro de la obra
3. La variedad cultural dentro de la obra

■ Bibliografía mínima

Brownlee, Marina Scordilis. *The Status of the Reading Subject in the Libro de buen amor.* Chapel Hill: University of North Carolina Press, 1985.

Eisenberg, Daniel. "Juan Ruiz's Heterosexual 'Good Love'". *Queer Iberia: Sexualities, Cultures, and Crossings from the Middle Ages to the Renaissance.* Eds. Josiah Blackmore and Gregory S. Hutcheson. Durham: Duke University Press, 1999. 250–74.

Márquez Villanueva, Francisco. *Orígenes y sociología del tema celestinesco.* Barcelona: Anthropos, 1993.

Miguel, Nicasio Salvador. "Introducción y notas". *Libro de buen amor* de Juan Ruiz, Arcipreste de Hita. Madrid: Espasa Calpe, 1988. 9–35.

Ruiz, Juan. *Libro de buen amor.* Eds. Nicasio Salvador Miguel y Jaques Joset. Madrid: Espasa Calpe, 1988.

JUAN MANUEL

1282–1349

Don Juan Manuel perteneció a los rangos más altos de la nobleza medieval española. Fue sobrino de Alfonso X, llamado *El Sabio* por su interés en la producción intelectual, científica y jurídica. Durante su vida Juan Manuel participó en los oficios de la corte de Fernando IV (1285–1312) y Alfonso XI de Castilla (1312–1350). Colaboró también en varios encuentros armados donde defendió sus derechos nobiliarios, inclusive en contra del rey Alfonso XI. Sus contribuciones dentro de la cultura política hacen de él uno de los personajes históricos más importantes del siglo XIV español.

Don Juan Manuel también sobresalió en el campo de las letras. Escribió muchas obras de carácter didáctico entre las que se destacan el *Libro del caballero y el escudero,* el *Libro de los Estados* y el *Libro de Patronio o conde Lucanor.* Las características comunes de estos textos demuestran un interés del autor en temas didácticos cuya función es educar a la nobleza para gobernar. Para este fin Juan Manuel describe los comportamientos ideales que deben tener varios miembros de la alta sociedad. Las obras de Juan Manuel se refieren a casi todas las facetas de la vida del noble, desde su higiene personal, hasta cómo gobernar bien.

Este fin didáctico aparece también a lo largo de *El conde Lucanor,* en cuyo prólogo el autor comenta el propósito de educar a sus lectores. La técnica discursiva más importante que emplea el autor es el *exemplum,* o ejemplo. En la obra el autor presenta la conversación entre un noble, el conde Lucanor, y su consejero, Patronio. El conde le pide consejos a Patronio sobre cuestiones políticas, morales y personales. Patronio, para responder al conde, narra una historia cuyo ejemplo contesta la pregunta inicial. Cada ejemplo termina con una moraleja que el autor indica que ha escrito gracias a las sabias palabras en el intercambio entre Patronio y el conde Lucanor. El texto completo narra cincuenta ejemplos diferentes.

Desde un punto de vista literario, *El conde Lucanor* (1335) introduce en Europa la prosa novelística. Cabe notar que el libro se adelanta al *Decamerone* de Bocaccio de 1353 y a los *Canterbury Tales* (1387–1400) de Chaucer. Además existe dentro de la obra un interés en la importancia de la escritura misma. Para varios estudiosos, este énfasis en el arte de escribir refleja una conciencia de escritor nueva dentro de las letras peninsulares. Ésta se irá desarrollando hasta brotar claramente en el Renacimiento.

En cuanto a las fuentes de *El conde Lucanor* se puede observar una influencia bastante diversa. Las fábulas clásicas serían un tipo de fuente, al igual que textos cristianos. Sin embargo, el lector también nota un interés en ejemplos de diversas culturas, que se manifiesta en el uso de fuentes arábigas, entre otras. A continuación se encuentra uno de estos ejemplos.

■ Preguntas de pre-lectura

1. ¿Cuál es la función de los "ejemplos" dentro de la literaria? ¿Por qué se interesan los autores en estos temas?

2. Ya ha podido observar varias obras con fines didácticos. ¿Qué propósito tienen estas obras? ¿Cómo logran este propósito? ¿Cómo mantienen la atención del público?

3. Las obras de Juan Manuel tienen como propósito el instruir a los lectores para ser mejores líderes, ciudadanos e individuos. ¿Puede recordar otras obras conocidas, de otras culturas o épocas, que tienen el mismo propósito? ¿Existen hoy en día libros que tienen este fin? ¿Cómo son? ¿Quiénes los escribieron?

4. Las obras de Juan Manuel muestran un interés en el comportamiento de las clases privilegiadas de la España medieval. ¿Cuáles son las características de estas clases? ¿Cómo se diferencian de la gente común?

El Conde Lucanor

ENXEMPLO I

De lo que conteció a un moro rey de Córdoba

Fablaba un día el conde Lucanor con Patronio, su consejero, en esta manera:

—Patronio, vos sabedes que yo soy muy cazador, y he fecho[1] muchas cazas nuevas, que nunca fizo[2] otro home, y aun he fecho y añadido en los capillos y en las pigüelas[3] algunas cosas muy aprovechosas que nunca fueron fechas, y ahora
5 los que quieren decir mal de mí fablan como en escarnijo[4] en alguna manera, y cuando loan al Cid Ruy Díaz[5] o al conde Ferrand González[6] de cuantas lides que ficieron, o al santo y bienaventurado rey don Ferrando,[7] cuantas buenas conquistas fizo, loan a mí diciendo que fiz muy buen fecho, porque añadí en los capillos y en las pigüelas. Y porque yo entiendo que este alabamiento[8] más se me torna en
10 denuesto[9] que en alabamiento, ruégovos que me aconsejedes en qué manera faré, porque no me escarnezcan[10] por la buena obra que fiz.

—Señor conde—dijo Patronio—, para que vos sepades[11] lo que vos cumple de facer en esto, placerme y a que sopiésedes lo que conteció a un moro que fue rey de Córdoba.
15 El conde le preguntó cómo fuera aquello. Patronio le dijo así:

—Hubo en Córdoba un rey moro que hubo nombre Alhaquime, y comoquier que mantenía bien asaz[12] su reino, no se trabajó de facer otra cosa honrada nin de gran fama de las que suelen y deben hacer los reyes. Ca non tan solamente son los reyes tenudos de guardar sus reinos, mas los que buenos quieren
20 ser, conviene que tales obras fagan porque con derecho acrecienten sus reinos y fagan en guisa[13] que en su vida sean muy más loados[14] de las gentes y después de su muerte finquen[15] buenas fazañas[16] de las obras que ellos hobieron fecho. E este

---

[1] hecho. [2] hizo. [3] artefactos para la caza con halcón. [4] expresión de desprecio. [5] héroe de la Reconquista. [6] héroe de la Reconquista. [7] héroe de la Reconquista. [8] alabanza, celebrar los actos. [9] injuria, crítica negativa. [10] desprecien. [11] sepas. [12] de buena manera, bien. [13] en tal manera. [14] elogiados. [15] se den cuenta, señalen. [16] hazañas, buenos actos.

rey non se trabajaba de esto, sinon de comer y de folgar[17] y de estar en su casa vicioso.[18] Y acaeció que, estando un día que tañían[19] ante él un estormento[20] de que
25 se pagaban mucho los moros, que ha[21] nombre albogón,[22] e el rey paró mientes y
entendió que non facía tan buen son como era menester, y tomó el albogón y añadió en él un forado[23] a la parte de yuso,[24] en derecho de los otros forados, y denden[25] en adelante facía al albogón muy mejor son que fasta entonces facía. E como
quiera que aquello era bien fecho para aquella cosa, pero que non era tan gran fe
30 cho como convenía de facer al rey. E las gentes, en manera de escarnio, comenzaron a loar aquel fecho, y decían cuando llamaban a alguno en arábigo: *A hede ziat*
Alhaquime, que quiere decir: "Este es el añadimiento del rey Alhaquime". Esta palabra fue sonada tanto por la tierra fasta que lo hobo[26] de oír el rey, y preguntó por
qué decían las gentes aquesta palabra. E comoquier que ge lo quisieran negar y en
35 cubrir, tanto los afinco[27] que ge lo hobieron a decir. E desque esto oyó, tomó ende
gran pesar;[28] pero, como era muy buen rey, non quiso facer mal a los que decían
aquesta palabra, mas puso en su corazón de facer otro añadimiento, de que por
fuerza hobiesen las gentes a loar el su fecho. E entonce, porque la su mezquita[29]
de Córdoba non era acabada, añadió en ella aquel rey toda la labor que y men
40 guava, y acabóla. Y esta fue la mejor y más complicada y más noble mezquita que
los moros habían en España. E, loado Dios, es ahora iglesia y llámanla Santa María
de Córdoba, y ofrecióla el santo rey don Fernando a Santa María cuando ganó a
Córdoba de los moros. E desque aquel hobo acabado la mezquita y fecho aquel tan
buen añadimiento, dijo: que pues fasta entonces lo habían a escarnio, retrayén
45 dole[30] del añadimiento que ficiera en el albogón, que tenía que de allí adelante le
habrían de loar con razón del añadimiento que ficiera en la mezquita de Córdoba,
y fue después muy loado. Y el loamiento que fasta entonces le facían escarneciéndole, fincó después por loa, y hoy día dicen los moros, cuando quieren loar algún
buen hecho. "Este es el añadimiento del rey Alhaquime". E vos, señor conde, si
50 tomades pesar o cuidades que vos loan por escarnecer del añadimiento que fecistes en los capillos y en las pigüelas y en las otras cosas de caza que vos fecistes,
guisa de facer algunos fechos granados[31] e nobles que les pertenece de facer a los
grandes homes. E por fuerza las gentes habrán de loar a los vuestros buenon fechos, así como loan ahora por escarnio en el añadimiento que fecistes de la caza.
55 E el conde tovo éste por buen consejo, y fízolo así, e fallóse de ello muy bien.
E porque don Juan entendió que éste era buen enxemplo, fízolo escribir en
este libro, y fizo estos versos, que dicen así:

Si algun bien ficieres que chico asaz fuere,
Fazlo granado, que el bien nunca muere.

■ Preguntas de comprensión

1. ¿Quiénes hablan al principio del ejemplo?
2. ¿Por qué es admirado el conde?

---

[17] holgar.   [18] de *vicio:* afecto o hábito
característico de una vida no productiva.
[19] tocaban.   [20] instrumento.   [21] tiene.
[22] tipo de gaita mora.   [23] horado: hueco o
agujero.   [24] en la parte de abajo.

[25] desde ese momento.   [26] lo hubo.
[27] se los pidió.   [28] pesó mucho, le dio mucha
pena.   [29] edificio religioso musulmán.
[30] absolviéndolo.   [31] mejores, escogidos.

3. ¿Cómo son los logros del conde en la caza en relación a los logros históricos del Cid?
4. ¿Qué piensa la gente de los logros del conde?
5. ¿Qué tipo de rey es Alhaquime?
6. ¿Cómo actúa este rey?
7. ¿Qué hace el rey con el albogón?
8. ¿Por qué la gente no lo respeta?
9. ¿Qué hace el rey para reparar su fama?
10. ¿Qué le aconseja Patronio al Conde Lucanor?

■ Preguntas de análisis

1. ¿Quién sería el público ideal para este tipo de ejemplo?
2. ¿Cómo compararía la obra de Juan Manuel en relación a otras obras medievales didácticas que Ud. ha leído? ¿Son del mismo género literario? ¿Hablan de los mismos temas? ¿Tienen en mente al mismo público?
3. El tema de la Reconquista de territorios ocupados por árabes es un fenómeno constante durante la Edad Media en España. ¿Puede encontrar en el primer ejemplo la mención de personajes o situaciones que aluden a la Reconquista?
4. ¿Cómo representa Juan Manuel a los moros?

■ Temas para informes escritos

1. *El conde Lucanor* como manual para el buen gobierno
2. Las responsabilidades de la nobleza según la obra
3. La Reconquista como tema en *El conde Lucanor*

■ Bibliografía mínima

Deyermond, Alan. "Editors, Critics, and *El conde Lucanor*". *Romance-Philology* 31 (1978): 618–30.

Dunn, Peter. "Framing the Story, Framing the Reader: Two Spanish Masters". *Modern Language Review* 91.1 (1996): 94–106.

González Casanovas, Roberto. "Male Bonding as Cultural Construction in Alfonso X, Ramon Llull, and Juan Manuel". *Queer Iberia: Sexualities, Cultures, and Crossings from the Middle Ages to the Renaissance.* Eds. Josiah Blackmore, Gregory Hutcheson. Durham: Duke, 1999. 157–92.

Rivera Gloeckner, Nydia. "What Women Heard in Medieval Spanish Tales". *Models in Medieval Iberian Literature and their Modern Reflections: Convivencia as Structural, Cultural, and Sexual Ideal.* Ed. Judy B. McInnis. Newark: Juan de la Cuesta, 2002. 135–54.

Vicente Pedraza, Miguel. *La representación del cuerpo de la nobleza en la sociedad imaginada de Don Juan Manuel. El Libro de los Estados en su contexto.* León: Universidad de León, 1995.

LOS CANCIONEROS

Siglo XIV–Siglo XVI

Durante los siglos XIV y XV el interés en la poesía se convierte en un elemento principal del ambiente refinado en las cortes peninsulares, donde la poesía era escrita, escuchada, leída e intercambiada. Además, muchos de estos poemas eran recopilados en manuscritos y libros llamados *cancioneros*. Estos compendios, a veces con una organización básica, a veces no, suelen incluir diversas composiciones poéticas de varios autores. Aunque hoy en día existen cincuenta cancioneros que se han conservado, todavía no sabemos mucho de la mayoría de los poetas cuya obra se encuentra dentro de ellos.

Formalmente los cancioneros son bastante variables, aunque son muy comunes la *canción*, el *decir* y la *serranilla*. Estas estructuras, similares en su versificación, difieren en su enunciación. El *decir* debe ser recitado, mientras que la *canción* y la *serranilla* deben ser cantadas. En cuanto al género poético, tanto la *canción* como el *decir* se usan para crear poesía narrativa y lírica y la *serranilla* se caracteriza por ser un poema narrativo.

Temáticamente los cancioneros presentan poemas que enfatizan cuestiones religiosas, morales y satírico-políticas. Sin embargo, el tema predilecto de los poetas de cancionero es el amor. El espacio amoroso creado por estos poetas suele tener características bastante definidas. En este tipo de poemas generalmente se observa que el amor o deseo del hablante no es correspondido por el sujeto a quien está dedicada la composición. El poema muchas veces sitúa al lector en el momento en que el amante examina verbalmente la imposibilidad de lograr lo deseado. El amor no correspondido es descrito como una enfermedad, como la muerte, como una cárcel para el hablante. Este concepto del sentimiento amoroso, que tiene sus orígenes en los poetas provenzales del siglo XI y XII y que desarrollan los poetas españoles, es conocido como el *amor cortés*. Otras fuentes importantes son la literatura gallego-portuguesa y la poesía italiana.

Los cancioneros más estudiados son el *Cancionero de Baena*, el *Cancionero de palacio*, el *Cancionero de Stúñiga* y el *Cancionero General*, que fueron compuestos entre 1425 y 1511. Cada uno de éstos refleja las características artísticas de su propio lugar de origen y de su época. Los cancioneros también son un excelente ejemplo del desarrollo cultural de la Península. Se encuentra en ellos la afirmación del castellano como lengua perteneciente a los aristócratas. También, en algunas de las obras, se puede encontrar características filosóficas que reflejan tendencias renacentistas.

Los ejemplos a continuación incluyen obras de varios autores bastante conocidos por su obra poética, y una obra anónima presente por su valor temático y cultural. El primer poeta es Alfonso Alvarez de Villasandino (¿1340–1425?), quien escribió varias obras contenidas en el *Cancionero de Baena*. Villasandino escribió tanto en castellano como en gallego. Juan de Mena (1411–1456) fue secretario de Juan II. Es conocido por su obra "Laberinto de fortuna" (1444), obra en la que critica la sociedad del siglo XV. Mena es conocido como el primer letrado de tiempo completo en España ya que se dedicó netamente a la literatura. A diferencia de Mena, Iñigo López de Mendoza, el Marqués de Santillana (1398–1458), representa el soldado escritor. López de Mendoza, además de ser un prolífico escritor, luchó en varias confrontaciones contra los musulmanes. La escritura de mujeres poetas está representada por un poema de Florencia Pinar. Algunos estudios de su poesía sugieren un tono erótico que podría enfatizar la existencia de un doble sentido sensual dentro de la poesía del amor cortés. Esta sensualidad cuestiona la postura de que el amor cortés fue siempre un amor púdico.

■ Preguntas de pre-lectura

1. ¿Usted conoce medios de comunicación que compilan arte, música o literatura actual? ¿Qué medio comunicativo utilizan? ¿Libro, disco, la red...? ¿Para qué público son estas compilaciones? ¿Quién escoge las obras? ¿Qué características comunes tienen las obras?
2. ¿Cómo se ha caracterizado el amor en la poesía medieval?
3. ¿Cuál es la relación que existe entre la poesía medieval y su función social?
4. ¿Cómo se caracteriza a la mujer en la poesía medieval? ¿Existen otros grupos sociales dentro de la Península que son parte de la temática poética de la época?

Poema de Villasandino*

Quien de linda se enamora
atender deve perdón,
en casso que sea mora.

El amor e la ventura[1]
5 me fizieron ir mirar[2]
muy graciosa criatura
de linaje de Aguar;[3]
quien fablare verdat[4] pura,
bien puede dezir que non
10 tiene talle de pastora.

Linda rossa muy suave
vi plantada en un vergel,[5]
puesta so secreta llave,
de la liña de Ismael:[6]

15 maguer sea cossa grave,
con todo mi coraçón
la rescibo por señora.

Mahomad[7] el atrevido
ordenó que fuese tal,
20 de asseo[8] noble, complido,
alvos[9] pechos de cristal;
de alabaste[10] muy broñido
devié ser con grant razón
lo que cubre su alcandora.[11]

25 Dióle tanta fermosura
que lo non puedo dezir;
cuantos miran su figura
todos la aman servir;[12]

---

*Este poema suele atribuirse a Villasandino ya que se encuentra junto a sus poemas en el *Cancionero de Baena;* sin embargo, se ha notado que el poema en el cancionero no tiene rúbrica, es decir, no está firmado. Se incluye aquí por su riqueza en temas culturales y sociales.

[1] buena suerte.   [2] ver.   [3] Agar: esclava de Abraham. Madre del padre de los árabes, Ismael.   [4] verdad.   [5] jardin.   [6] ver nota 3.
[7] Mahoma principal profeta del Islam.
[8] limpieza.   [9] blancos.   [10] mármol.
[11] camisa.   [12] la quieren servir.

con lindeza e apostura
30 vence a todas cuantas son
de alcuña[13] donde mora[14]

Non sé hombre tan guardado
que viese su resplandor,

que non fuesse conquistado
35 en un punto de su amor;
por haver tal gasajado[15]
yo pornía[16] en condición
la mi alma pecadora.

Poema de Joan De Mena

¡Oh rabiosas temptaciones![17]
datme un poco de vagar,[18]
en que me pueda quexar
de tantas tribulaciones
5 cuantas sufro padesciendo
e he sufrido penando,
atantas vezes muriendo
que la mi vida qu' atiendo,
ya la maldigo llorando.

10 Ven por mí, muerte maldita,
pereçosa en tu venida,
porque pueda dar finida[19]
a la mi cuita[20] infinita;
rasga del todo la foia[21]
15 do son escriptos[22] mis días,
e del mi cuerpo despoja[23]
la vida que tanto enoja
las tristes querellas[24] mías.

Por amar desamo[25] a mí
20 e eres tú tanto querida;
pues quieres muerte por vida,
muriera cuando nací:
o me quisieran do quiero,
o no naciera en el mundo,
25 o, pues tanto mal espero,
fuera el día postrimero[26]
aquel que me fue segundo.

Si el nacer fuera en mi mano,
yo más quisiera no ser
30 que haver sido e nacer
para morir tan temprano;
ca ninguna malandança[27]
no me diera tanta guerra,
ni la bienaventurança[28]
35 me pusiera en esperança,
si antes fuera yo so[29] tierra.

Poema de Marqués de Santillana

Moça[30] tan fermosa[31]
non vi en la frontera,
com' una vaquera
de la Finojosa.[32]

5 Faziendo la vía[33]
del Calatraveño
a Santa María,
vencido del sueño
por tierra fragosa[34]
10 perdí la carrera,[35]

do vi la vaquera[36]
de la Finojosa.

En un verde prado
de rosas e flores,
15 guardando ganado
con otros pastores,
la vi tan graciosa
que apenas creyera
que fuesse vaquera
20 *de la Finojosa.*

---

[13] linaje.   [14] de morar o vivir.   [15] por haberme hospedado.   [16] pondría.   [17] tentaciones.
[18] andar.   [19] acabada.   [20] pena.   [21] hoja.
[22] donde están escritos.   [23] se deshace de.
[24] quejas, penas.   [25] me dejo de amar.

[26] último.   [27] desventura.   [28] buena ventura, suerte.   [29] sobre.   [30] mujer joven.   [31] hermosa.
[32] Hinojosa: provincia de Córdoba. En la Sierra.
[33] en el camino de.   [34] espesa.   [35] perdí el camino, me perdí.   [36] pastora.

Non creo las rosas
de la primavera
sean tan fermosas
nin de tal manera.
25 Fablando sin glosa,[37]
si antes supiera
de aquella vaquera
de la Finojosa,

non tanto mirara
30 su mucha beldad,[38]
porque me dexara[39]
en mi libertad.

Mas dixe: "Donosa[40]
(por saber quién era),
35 ¿dónde es[41] la vaquera
de la Finojosa?"

Bien como riendo,
dixo: "Bien vengades,
que ya bien entiendo
40 lo que demandades:
non es desseosa[42]
de amar, nin lo espera,
aquessa vaquera
de la Finojosa."

Poema de Florencia Pinar

D'estas aves su nación[43]
es cantar con alegría,
y de vellas[44] *en prisión*
siento yo grave passión,
5 *sin sentir nadie la mía.*

Ellas lloran que se vieron
sin temor de ser cativas,[45]

y a quien eran más esquivas[46]
essos mismos las prendieron.[47]
10 Sus nombres mi vida son,
que va perdiendo alegría,
y de vellas en prisión
siento yo grave passión,
sin sentir nadie la mía.

Poema anónimo

Soy garridilla[48] e pierdo sazón[49]
por malmaridada;[50]
tengo marido en mi coraçón
que a mí agrada.

5 Ha que soy suya
bien cinco o seis años,
que nunca d'él huve
camisa ni paños;[51]
açotes, palmadas,[52]
10 y muchos susaños[53]
y mal governada.[54]

Ni quiere que quiera,
ni quiere querer,
ni quiere que vea,

15 ni quiere veer,[55]
mas diz[56] el villano
que cuando él s'aduerme[57]
que esté desvelada.[58]

Estó de su miedo
20 la noche despierta,
de día no oso[59]
ponerme a la puerta,
assí que mesquina[60]
biviendo soy muerta,
25 y no soterrada.[61]

Desd' el día negro
que le conocí,
con cuantos servicios

---

[37] directamente, sinceramente.   [38] belleza.
[39] dejara.   [40] mujer con dones.   [41] está.
[42] no desea.   [43] naturaleza.   [44] verlas.
[45] cautivas.   [46] difíciles de atrapar.
[47] atraparon.   [48] dispuesta con buen gusto.

[49] sabor.   [50] mal casada.   [51] telas, ropa.
[52] abusos físicos.   [53] sus años.   [54] mantenida,
cuidada.   [55] ver.   [56] dice.   [57] se duerme.
[58] sin poder dormirse.   [59] me atrevo.
[60] miserable.   [61] enterrada.

y honras quel fiz,[62]
30 amarga me vea
si nunca le vi
la cara pagada.

Assí Dios me preste
la vida y salut,[63]
35 que nunca un besillo
me dio con virtut,[64]
en todos los días
de mi joventut[65]
que fui desposada.[66]

40 Que bien que mal sufro
mis tristes passiones,
aunque me tienten
diez mil tentaciones,
mas ya no les puedo

45 sofrir quemazones[67]
a suegra y cuñada.

Mas si yo quisiesse
trocar[68] mal por mal,
mancebos muy lindos
50 de muy gran caudal
me darán pelote,
mantillo y brial[69]
por enamorada.

Con toda mi cuita,[70]
55 con toda mi fiel,
cuando yo veo
mancebo novel,
más peno amarga
y fago por él
60 que Roldán[71] por su spada.

■ Preguntas de comprensión

Villasandino

1. ¿Quién es la deseada?
2. ¿Qué juegos de palabras crea el autor con la palabra *mora*?
3. ¿Cómo se caracteriza a la mora del poema?

Mena

1. ¿A quién se dirige el hablante?
2. ¿Por qué quiere morir?
3. ¿Cuál es la causa de su pena?
4. ¿Por qué desea nunca haber nacido?

M. de Santillana

1. ¿Qué está haciendo el hablante cuando ve a la vaquera?
2. ¿Con qué la compara?
3. ¿A quién le pregunta sobre la vaquera?
4. ¿Quién le contesta?

Pinar

1. ¿Cómo reflejan las aves las emociones de la hablante?
2. ¿Cuál es la importancia de caracterizar a las aves como *esquivas* para entender el significado del poema?

---

[62] hice. [63] salud. [64] virtud. [65] juventud.
[66] soltera. [67] insultos. [68] cambiar.
[69] prendas de mujer. [70] pena.

[71] Héroe medieval, sobrino de Carlomagno.
Se creía que su espada Durandarte tenía
poderes especiales.

Anónimo: *Malmaridada*

1. ¿Hace cuántos años que está casada la mujer?
2. ¿Cómo es su relación con su marido?
3. ¿Qué piensa esta mujer acerca de la institución del matrimonio?

■ Preguntas de análisis

1. ¿Cómo se diferencian estos poemas formalmente entre sí o comparados con poemas anteriores?
2. ¿Cómo se caracteriza el amor o el deseo en esta poesía? ¿El amor es positivo o negativo para los hablantes? ¿Es casto?
3. ¿Cómo se establece el tono en los poemas? ¿Todos son serios? ¿Hay humor? ¿Qué técnicas usan los autores para crear sus ambientes emocionales?
4. ¿Cómo se caracteriza a la mujer en los poemas escritos por hombres? ¿Usted piensa que estas representaciones son ejemplos de un mayor respeto por la mujer o demuestran nuevamente una marginación de la mujer? ¿Por qué?
5. ¿Cómo se caracteriza a las mujeres hablantes en el poema anónimo de la "malmaridada" y en el poema de Florencia Pinar? ¿Cómo son en relación a otras mujeres en los poemas escritos por hombres? ¿Estas características dan una idea homogénea en cuanto a una percepción general de la mujer en el siglo XV?
6. La presencia de moros es constante durante la literatura de la Edad Media. ¿Cómo trata Villasandino este tema en relación a otros autores? ¿Cómo representa a la mora? ¿Cómo se compara el uso de este tema a ejemplos de otros autores?

■ Temas para informes escritos

1. La caracterización del amor dentro de los poemas de *Cancionero*
2. La representación de la mujer dentro de la poesía cancioneril
3. La variedad cultural de España representada en los cancioneros

■ Bibliografía mínima

Alonso, Alvaro. "Introducción". *Poesía de Cancionero*. Madrid: Cátedra, 1986. 245–246.

Deyermond, Alan. "Baena, Santillana, Resende and the Silent Century of Portuguese Court Poetry". *Bulletin of Hispanic Studies* 59 (1982): 198–210.

Gerli, E. Michael. "'La religión de amor' y el antifeminismo en las letras castellanas del siglo XV". *Hispanic Review* 49 (1981): 65–68.

Irastortza, Teresa. "La caracterización de la mujer a través de su descripción física en cuatro cancioneros del siglo XV". *Anales de literatura española* 5 (1986–1987): 189–218.

Poesía de Cancionero. Ed. Alvaro Alonso. Madrid: Cátedra, 1986. 253–268.

Whinnom, Keith. *La poesía amatoria de la época de los Reyes Católicos*. Durham: University of Durham, 1981.

JORGE MANRIQUE

¿1440–1479?

Jorge Manrique nació, probablemente, en Paredes de Navas. Como don Juan Manuel, perteneció a una familia muy privilegiada. Por el lado materno su linaje lo hace parte de la familia real Trastámara; por el paterno, perteneció a la familia Mendoza, una de las más poderosas de la época. Tuvo varios cargos importantes durante su vida, entre otros el de Caballero de la Orden de Santiago y Comendador de Montizón. Jorge Manrique participó en las luchas por el poder. Apoyó a Fernando en contra de Enrique IV y luego apoyó a Isabel la Católica. Murió por las lesiones que sufrió en un enfrentamiento militar en 1479.

Jorge Manrique, otro ejemplo del noble militar y escritor, se dedicó a las letras. Los estudiosos señalan el hecho de que su padre también se interesó en ambos campos, al igual que su tío Diego Gómez Manrique, pues ambos fueron combatientes y poetas. La obra poética de Jorge Manrique incluye obras amorosas, satíricas y morales. De todas éstas, la más elogiada es la denominada "Coplas por la muerte de su padre", escrita después de la muerte de su padre, Rodrigo, en 1476.

La obra es una elegía; es decir, le presenta al lector las características que hicieron al difunto Rodrigo un ser ejemplar. Para lograr este propósito el autor se sirve de varias convenciones del repertorio poético medieval. Dos de estas son el uso temático del *ubi sunt*, o ¿dónde están?, y el uso de la muerte como un personaje que lleva a los seres humanos al otro mundo. Sin embargo, lo original de la obra de Jorge Manrique es la manera en que emplea estas convenciones. El *ubi sunt*, por ejemplo, generalmente se emplea para recordar a los grandes o privilegiados de una época pasada o histórica, pero Manrique se sirve de personajes de la historia inmediata de España. También hace de la muerte, representada generalmente como grotesca o desagradable, un personaje más dócil frente a su padre. Su estilo directo es otra característica elogiada por los lectores de las *Coplas*. La erudición de la obra puede verse en algunas referencias clásicas, pero su estilo es bastante elemental, lo cual humaniza el mensaje.

Estructuralmente, el poema está compuesto de coplas de pie quebrado: dos versos de ocho sílabas seguidos por uno de cuatro. La rima es abc, abc. La estructura temática del poema lo divide en tres partes. La primera parte habla de la muerte en términos bastante abstractos. La segunda habla de la vida y muerte de varios personajes históricos españoles. La tercera habla de la vida y muerte de Rodrigo Manrique.

Culturalmente, el texto de Jorge Manrique presenta al lector algunos de los cambios importantes dentro de la percepción de la vida en la Península. El énfasis que Manrique da a la historia política inmediata del siglo XV muestra un interés por elevar las hazañas de los españoles a un nivel universal. Esto se pone en relieve al comparar a Rodrigo con personajes históricos clásicos. Además vuelven a surgir los moros dentro de esta obra, pero no necesariamente para ensalzar la trama o mostrar la coexistencia de los varios grupos de la Península, sino para mostrar una etapa más fervorosa de la Reconquista.

■ Preguntas de pre-lectura

1. ¿Qué estructuras poéticas ha estudiado Ud. hasta ahora en autores anteriores? Según la introducción, ¿en qué se diferencia la obra de Manrique con respecto a las formas anteriores?
2. ¿Son la fama y la muerte temas típicos dentro del arte? ¿Conoce obras de arte o musicales que enfaticen estos temas? ¿Estas obras enfatizan la fama del artista o de otras personas?
3. En las religiones que promulgan la idea de la vida después de la muerte, ¿cuál es la relación entre la vida y la muerte? ¿Cómo se compara la vida terrenal con la vida celestial o infernal en esta cultura? ¿Cómo se gana uno una vida eterna buena o mala?
4. Si la religión católica, como otras, prescribe un buen comportamiento moral y espiritual para que el ser humano goce de una vida eterna y celestial después de la muerte, ¿cuáles serían los actos con los cuales los miembros de la nobleza española ganarían una vida eterna en la época en que se escriben las *Coplas*? ¿Serían los mismos para otros estratos de la sociedad? ¿Estos actos varían según el contexto social o político de una sociedad o son siempre los mismos?

Coplas por la muerte de su padre

Recuerde[1] el alma dormida,
abive el seso e despierte,
contemplando
cómo se passa[2] la vida,
5 cómo se viene la muerte,
tan callando;[3]
cuán presto se va el plazer,
cómo, después de acordado,
da dolor,
10 cómo, a nuestro parescer,
cualquiere tiempo passado
fue mejor.

Pues si vemos lo presente
cómo en un punto s'es ido[4]
15 e acabado,
si juzgamos sabiamente,
daremos lo non venido
por passado.

Non se engañe nadi,[5] no,
20 pensando que ha de durar
lo que espera
más que duró lo que vio,
pues que todo ha de passar
por tal manera.

25 Nuestras vidas son los ríos
que van a dar en la mar,
qu'es[6] el morir;
allí van los señoríos[7]
derechos a se acabar
30 e consumir;
allí los ríos caudales,
allí los otros medianos
e más chicos,
e llegados, son iguales
35 los que viven por sus manos
e los ricos.

---

[1] despierte.   [2] pasa.
[3] silenciosamente.   [4] es ido.

[5] nadie.   [6] que es.
[7] grandes estados, reinos.

INVOCACIÓN

Dexo las invocaciones
de los famosos poetas
y oradores;
non curo de sus fictiones,[8]
5 que traen yervas secretas
sus sabores;
Aquél sólo m'encomiendo,[9]
Aquél sólo invoco yo
de verdad,
10 que en este mundo viviendo,
el mundo non conoció
su deidad.[10]

Este mundo es el camino
para el otro, qu'es morada[11]
15 sin pesar;
mas cumple tener buen tino[12]
para andar esta jornada
sin errar;
partimos cuando nascemos,
20 andamos mientra vivimos,
y llegamos
al tiempo que fenecemos;[13]
assí que cuando morimos,
descansamos.

25 Este mundo bueno fue
si bien usásemos d'él
como devemos,
porque, segund[14] nuestra fe,
es para ganar aquél
30 que atendemos.
Aun aquel Fijo[15] de Dios,
para sobirnos[16] al cielo,
descendió
a nascer acá entre nos,[17]
35 y a vivir en este suelo
do[18] murió.

Si fuesse en nuestro poder
hazer la cara hermosa
corporal,
40 como podemos hazer

el alma tan gloriosa
angelical,
¡qué diligencia tan viva
toviéramos toda hora,
45 e tan presta,
en componer la cativa,[19]
dexándonos la señora
descompuesta!

Ved de cuán poco valor
50 son las cosas tras que andamos
y corremos,
que, en este mundo traidor,
aun primero que muramos
las perdemos:
55 d'ellas deshaze la edad,
d'ellas casos desastrados[20]
que acaecen,[21]
d'ellas, por su calidad,
en los más altos estados
60 desfallescen.

Dezidme: la hermosura,
la gentil frescura y tez[22]
de la cara,
la color e la blancura,
65 cuando viene la vejez,
¿cuál se para?[23]
Las mañas[24] e ligereza
e la fuerça corporal
de juventud,
70 todo se torna graveza
cuando llega al arraval[25]
de senectud.[26]

Pues la sangre de los godos,
y el linaje e la nobleza
75 tan crescida,
¡por cuántas vías e modos
se pierde su grand alteza
en esta vida!
Unos, por poco valer,
80 por cuán baxos e abatidos
que los tienen;
otros que, por non tener,

---

[8] ficciones.   [9] me entrego.   [10] divinidad.
[11] casa, estancia.   [12] habilidad, cuidado.
[13] morimos.   [14] según.   [15] hijo.   [16] subirnos.
[17] nosotros.   [18] donde.   [19] cautiva del cuerpo.

[20] hechos desastre.   [21] suceden.
[22] color.   [23] ¿cómo se pone?
[24] habilidades.   [25] extremo.
[26] vejez.

con oficios non devidos
se mantienen.

85 Los estados e riqueza,
que nos dexen a deshora
¿quién lo duda?;
non les pidamos firmeza
pues son d'una señora
90 que se muda:[27]
que bienes son de Fortuna
que rebuelven con su rueda
presurosa,
la cual non puede ser una,
95 ni estar estable ni queda[28]
en una cosa.

Pero digo qu'acompañen
e lleguen fasta la fuessa[29]
con su dueño:
100 por esso non nos engañen,
pues se va la vida apriessa[30]
como sueño;
e los deleites d'acá[31]
son, en que nos deleitamos,
105 temporales,
e los tormentos d'allá,[32]
que por ellos esperamos,
eternales.

Los plazeres e dulçores
110 d'esta vida trabajada
que tenemos,
non son sino corredores,[33]
e la muerte, la celada[34]
en que caemos.
115 Non mirando a nuestro daño,
corremos a rienda suelta
sin parar;
desque[35] vemos el engaño
e queremos dar la buelta[36]
120 no hay lugar.

Esos reyes poderosos
que vemos por escripturas

ya pasadas,
con casos tristes, llorosos,
125 fueron sus buenas venturas
trastornadas;
assí que no hay cosa fuerte,
que a papas y emperadores
e perlados,[37]
130 assí los trata la Muerte
como a los pobres pastores
de ganados.

Dexemos a los troyanos,[38]
que sus males non los vimos,
135 ni sus glorias;
dexemos a los romanos,[39]
aunque oímos e leímos
sus hestorias,[40]
non curemos[41] de saber
140 lo d'aquel siglo passado
qué fue d'ello;
vengamos a lo d'ayer,
que tan bien es olvidado
como aquello.

145 ¿Qué se hizo el rey don Joan?[42]
Los Infantes d'Aragón,[43]
¿qué se hizieron?
¿Qué fue de tanto galán,
qué de tanta invinción[44]
150 que truxeron?[45]
¿Fueron sino devaneos,[46]
qué fueron sino verduras
de las eras,[47]
las justas e los torneos,
155 paramentos, bordaduras
e cimeras?[48]

¿Qué se hizieron las damas,
sus tocados[49] e vestidos,
sus olores?
160 ¿Qué se hizieron las llamas
de los fuegos encendidos
d'amadores?

---

[27] que cambia. [28] quieta. [29] tumba. [30] a prisa.
[31] de acá. [32] de allá. [33] perros de caza.
[34] trampas. [35] desde que. [36] vuelta. [37] prela-
dos. [38] habitantes de Troya. [39] habitantes de
Roma. [40] historias. [41] no interesemos.

[42] Juan II (1398–1479): reinado caracterizado
por su riqueza y elegancia. [43] los Infantes de
Aragón se levantaron en contra de Juan II.
[44] creación. [45] trajeron. [46] pasatiempos vanos.
[47] épocas. [48] diferentes adornos. [49] peinados.

¿Qué se hizo aquel trobar,[50]
las músicas acordadas
165 que tañían?
¿Qué se hizo aquel dançar
aquellas ropas chapadas[51]
que traían?

Pues el otro su heredero,
170 don Anrique,[52] ¡qué poderes
alcançava![53]
¡Cuán blando, cuán halaguero[54]
el mundo con sus plazeres
se le dava![55]
175 Mas verás cuán enemigo,
cuán contrario, cuán cruel
se le mostró;
haviéndole seido[56] amigo,
¡cuán poco duró con él
180 lo que le dio!

Las dádivas[57] desmedidas,
los edeficios reales
llenos d'oro,
las baxillas tan fabridas,[58]
185 los enriques e reales[59]
del tesoro,
los jaezes,[60] los cavallos
de sus gentes e atavíos[61]
tan sobrados,
190 ¿dónde iremos a buscallos?[62]
¿qué fueron sino rocíos
de los prados?

Pues su hermano[63] el inocente,
qu'en su vida sucessor
195 le fizieron,
¡qué corte tan excelente
tuvo e cuánto grand señor
le siguieron!
Mas, como fuesse mortal,
200 metióle la Muerte luego
en su fragua,[64]

¡Oh, juizio divinal,[65]
cuando más ardía el fuego,
echaste agua!

205 Pues aquel grand condestable,[66]
maestre que conoscimos
tan privado,
non cumple que d'él se hable,
mas sólo cómo lo vimos
210 degollado.
Sus infinitos tesoros,
sus villas e sus lugares,
su mandar,
¿qué le fueron sino lloros?,
215 ¿qué fueron sino pesares
al dexar?[67]

E los otros dos hermanos,
maestres tan prosperados
como reyes,
220 qu'a los grandes e medianos
truxieron[68] tan sojuzgados[69]
a sus leyes;
aquella prosperidad,
qu'en tan alto fue subida
225 y ensalzada,
¿qué fue sino claridad
que cuando más encendida
fue amatada?[70]

Tantos duques excelentes,
230 tantos marqueses e condes
e varones
como vimos tan potentes,
di, Muerte, ¿dó los escondes
e traspones?[71]
235 E las sus claras hazañas
que hizieron en las guerras
y en las pazes,[72]
cuando tú, cruda, t'ensañas,
con tu fuerça[73] las atierras[74]
240 e desfazes.

---

50 trovar: componer.   51 bordadas.
52 Enrique IV (1425–1474): hijo de Juan II.
53 alcanzaba.   54 lleno de halagos.   55 daba.
56 sido.   57 regalos excesivos.   58 vajillas tan
labradas.   59 tipos de monedas.   60 adornos
ecuestres.   61 adornos.   62 buscarlos.
63 El infante Alfonso. Fue proclamado rey
en 1465 y murió en 1468, cuando tenía 14 años.
64 fuego.   65 divino.   66 Alvaro de Luna:
Condestable de Juan II. Murió en 1453.
67 dejar.   68 hicieron.   69 sujetos.   70 apagada.
71 transpones: cambiar de sitio.   72 paces.
73 fuerza.   74 aterras.

Las huestes[75] inumerables,
los pendones, estandartes[76]
e vanderas,
los castillos impugnables,
245 los muros e valuartes[77]
e barreras
la cava[78] honda, chapada,
o cualquier otro reparo,
¿qué aprovecha?
250 Cuando tú vienes airada,
todo lo passas de claro
con tu flecha.

Aquél de buenos abrigo,
amado por virtuoso
255 de la gente,
el maestre don Rodrigo
Manrique, tanto famoso
e tan valiente;
sus hechos grandes e claros
260 non cumple que los alabe,
pues los vieron,
ni los quiero hazer caros,[79]
pues qu'el mundo todo sabe
cuáles fueron.

265 Amigo de sus amigos,
¡qué señor para criados
e parientes!
¡Qué enemigo d'enemigos!
¡Qué maestro d'esforçados
270 e valientes!
¡Qué seso para discretos!
¡Qué gracia para donosos!
¡Qué razón!
¡Qué benino a los sujetos!
275 ¡A los bravos e dañosos,
qué león!

En ventura, Octaviano;[80]
Julio César en vencer
e batallar;
280 en la virtud, Africano;
Aníbal en el saber

e trabajar;
en la bondad, un Trajano;
Tito en liberalidad
285 con alegría;
en su braço, Abreliano;
Marco Atilio en la verdad
que prometía.

Antoño Pío en clemencia;
290 Marco Aurelio en igualdad
del semblante;
Adriano en elocuencia;
Teodosio en humanidad
e buen talante.
295 Aurelio Alexandre fue
en deciplina e rigor
de la guerra;
un Costantino en la fe,
Camilo en el grand amor
300 de su tierra.

Non dexó grandes tesoros,
ni alcançó muchas riquezas
ni baxillas;
mas fizo guerra a los moros,
305 ganando sus fortalezas
en sus villas;
y en las lides[81] que venció,
cuántos moros e cavallos
se perdieron;
310 y en este oficio ganó
las rentas[82] e los vasallos
que le dieron.

Pues por su honra y estado,
en otros tiempos pasados
315 ¿cómo s'huvo?[83]
Quedando desmamparado,
con hermanos e criados
se sostuvo.
Después que fechos famosos
320 fizo en esta misma guerra
que hazía,
fizo tratos tan honrosos

---

[75] tropas.   [76] insignias militares.   [77] valuarte: fortificación.   [78] prisión.   [79] sacar en cara.   [80] En las siguientes dos estrofas se encuentra una lista de personajes históricos de la época clásica. El mismo poema explica sus cualidades.   [81] batallas.   [82] impuestos.   [83] lo hizo.

que le dieron aun más tierra
que tenía.

325 Estas sus viejas hestorias,
que con su braço pintó
en joventud,
con otras nuevas victorias
agora las renovó
330 en senectud.
Por su grand habilidad,
por méritos e ancianía
bien gastada,
alcançó la dignidad
335 de la grand Cavallería
del Espada.[84]

E sus villas e sus tierras,
ocupadas de tiranos[85]
las halló;
340 mas por cercos e por guerras
e por fuerça de sus manos
las cobró.
Pues nuestro rey natural,
si de las obras que obró
345 fue servido,
dígalo el de Portogal,
y en Castilla quien siguió
su partido.

Después de puesta la vida
350 tantas vezes por su ley
al tablero;[86]
después de tan bien servida
la corona de su rey
verdadero;
355 después de tanta hazaña
a que non puede bastar
cuenta cierta,
en la su villa d'Ocaña
vino la muerte a llamar
360 a su puerta,

diziendo: "Buen cavallero,
dexad el mundo engañoso

e su halago;
vuestro corazón d'azero[87]
365 muestre su esfuerço famoso
en este trago;
e pues de vida e salud
fezistes tan poca cuenta
por la fama,
370 esfuércese la virtud
para sofrir esta afruenta[88]
que vos llama.

"Non se vos haga tan amarga
la batalla temerosa
375 qu'esperáis,
pues otra vida más larga
de la fama gloriosa
acá dexáis;
aunqu'esta vida d'honor
380 tampoco non es eternal
ni verdadera;
mas, con todo, es muy mejor
que la otra temporal,
perescedera.[89]

385 "El bivir qu'es perdurable
non se gana con estados
mundanales,
ni con vida delectable
donde moran los pecados
390 infernales;
mas los buenos religiosos
gánanlo con oraciones
e con lloros;
los cavalleros famosos,
395 con trabajos e aflicciones[90]
contra moros.

"E pues vos, claro varón,
tanta sangre derramastes
de paganos,
400 esperad el galardón
que en este mundo ganastes
por las manos;
e con esta confiança

---

[84] Orden de Santiago. [85] se refiere a la
ocupación temporal de las tierras de Rodrigo
por Alfonso V de Portugal. [86] por su religión.

[87] de acero. [88] sufrir esta afrenta. [89] que
termina. [90] aflicciones.

e con la fe tan entera
405 que tenéis,
partid con buena esperança,
qu'estotra vida tercera
ganaréis."

[RESPONDE EL MAESTRE]

"Non tengamos tiempo ya
en esta vida mesquina
por tal modo,
que mi voluntad está
5 conforme con la divina
para todo;
e consiento en mi morir
con voluntad plazentera,
clara e pura,
10 que querer hombre vivir
cuando Dios quiere que muera,
es locura.

[DEL MAESTRE A JESÚS]

"Tú que, por nuestra maldad,
tomaste forma servil[91]
e baxo[92] nombre;

Tú, que a tu divinidad
5 juntaste cosa tan vil
como es el hombre;
Tú, que tan grandes tormentos
sofriste sin resistencia
en tu persona,
10 non por mis merescimientos,
mas por tu sola clemencia
me perdona."

FIN

Assí, con tal entender,
todos sentidos humanos
conservados,
cercado[93] de su mujer
5 y de sus hijos e hermanos
e criados,
dio el alma a quien ge la dio
(el cual la ponga en el cielo
en su gloria),
10 que aunque la vida perdió,
dexónos harto consuelo
su memoria.

■ Preguntas de comprensión

1. ¿Qué le pide el autor al alma y al seso?
2. ¿Por qué dice el poeta que nuestras vidas son como ríos?
3. ¿Cómo se caracteriza el mundo?
4. ¿Qué dice el hablante sobre la belleza y la juventud?
5. ¿Qué dice sobre la sangre noble?
6. ¿Por qué habla de la fortuna como una rueda?
7. ¿Qué le sucede al ser humano como consecuencia de los deleites y el placer?
8. ¿Cómo afecta la muerte a los poderosos?
9. ¿Qué personajes históricos españoles menciona el poema?
10. ¿Cómo caracteriza el poema la vida de los reyes españoles?
11. ¿Cómo cambia el tono del poema al hablar sobre Rodrigo Manrique?
12. ¿Cómo se caracteriza a este personaje?
13. ¿Qué tipo de actos llevó a cabo este personaje?
14. ¿Cómo personifica el autor a la Muerte?
15. ¿Cómo es la interacción entre la Muerte y Rodrigo Manrique?
16. Según la Muerte, ¿a qué se deben dedicar los caballeros famosos?
17. ¿Tiene una muerte placentera Rodrigo Manrique?

---

[91] de hombre.   [92] bajo.   [93] rodeado.

■ Preguntas de análisis

1. Utilice los seis primeros versos para demostrar la versificación de las *Coplas*.
2. ¿Cómo compararía al hablante en relación a otros poetas?
3. ¿Cómo se caracteriza la lujuria de los personajes de la obra?
4. ¿Cómo caracteriza Jorge Manrique a las mujeres de su obra? ¿Qué espacios familiares o sociales ocupan? ¿Cómo se compara su caracterización aquí con la de los poemas de amor cortés en los cancioneros?
5. ¿Cómo se representa el *ubi sunt* en la obra?
6. ¿Cómo relaciona Jorge Manrique el tema universal de la muerte con un contexto específicamente español? ¿Cómo se caracteriza este contexto?
7. ¿Cómo aborda la obra de Manrique el tema de la Reconquista? ¿Cómo representa a los moros? ¿Cómo se compara el uso de este tema a ejemplos de otros autores?
8. ¿Qué papel tiene el hombre noble en el poema? ¿Cómo se caracteriza a los hombres? ¿Estas características dan una idea de la percepción de la nobleza en el siglo XV?

■ Temas para informes escritos

1. La caracterización del hombre noble ideal
2. La relación entre la Reconquista y el deber social y religioso
3. La representación de la vida personal, familiar y pública en las *Coplas*

■ Bibliografía mínima

Alonso, Alvaro. "Jorge Manrique". *Poesía de Cancionero*. Madrid: Cátedra, 1986. 245–246.

Dunn, Peter. "Themes and Images in the *Coplas por la muerte de su padre* of Jorge Manrique". *Medium Aevum 23* (1964): 169–83.

Domínguez, Frank. "Body and Soul: Jorge Manrique's *Coplas por la muerte de su Padre*". *Hispania 84.1* (2001): 145–156.

Gilman, Stephen. "Tres relatos de la muerte en las *Coplas de Jorge Manrique*". *La poesía medieval*. Madrid: Castalia, 1989.

Manrique, Jorge. "[Coplas] De don Jorge Manrique por la muerte de su padre". *Poesía de Cancionero*. Ed. Alvaro Alonso. Madrid: Cátedra, 1986. 253–268.

España imperial

(1492–1700)

2.1 Unificación y expansión bajo los Reyes Católicos (1479–1517)

Los Reyes Católicos, Isabel de Castilla y Fernando de Aragón, promovieron una serie de procesos que consolidaron política, económica y culturalmente la Península. Esta consolidación estuvo marcada por cambios en el ambiente político y religioso impuestos con el fin de fortalecer el papel de la monarquía como fuente máxima de poder. Estos intentos de unificación fueron vigorizados por varios hechos históricos importantes. La conquista de Granada en 1492 permitió que España recuperase los últimos territorios en manos árabes. En el mismo año se inició también la campaña imperial de España gracias a su contacto con América. Esta etapa representa para España una época ideal y gloriosa. Ya en el siglo XVI se crean obras como Fuenteovejuna de Lope de Vega que idealizan esta época y los procesos políticos y judiciales de los Reyes Católicos.

Socialmente este período se caracterizó por la manera en que varios grupos apoyaron estos procesos de unificación, o reaccionaron ante ellos. El intercambio de poder entre la Iglesia y la monarquía tuvo como resultado fenómenos como la Inquisición—mecanismo de vigilia y castigo para los individuos que por sus actos o fe cuestionaron el orden que se deseaba establecer. Además, las presiones hacia los que interfirieron con este orden se hicieron cada vez más fuertes. Grupos como los judíos o los moros, que intermitentemente gozaron de algunas libertades durante períodos anteriores, fueron expulsados durante el reinado de Fernando e Isabel.

Intelectualmente el período se vio influenciado, en parte, por las ideas del renacimiento italiano. De éstas, el humanismo es la que tiene mayor impacto. Dentro de la producción cultural del período se puede observar cómo el pensador español moldea estas influencias extranjeras de actitud revisionista conforme a un ambiente local donde se enfatiza lo espiritual y lo nacional.

2.1.1 Unificación política   Los procesos de unificación política de los Reyes Católicos se llevaron a cabo en varios niveles de organización social y territorial. Su mismo matrimonio consolidó la interdependencia de los reinos de Castilla y de Aragón, disminuyendo las discordias entre ambos reinos. Los Reyes Católicos mantuvieron las instituciones tradicionales del poder. Por ejemplo, las cortes medievales siguieron funcionando y en las ciudades se mantuvieron los fueros, tipos de leyes locales. El uso de estas bases tradicionales de poder daba cierta independencia a las diferentes regiones, pero a la vez se crearon nuevas entidades que se encargaron de consolidar el poder de la monarquía. En las cortes, por ejemplo, aparecen corregidores, nombrados por los Reyes para participar en los procesos y decisiones de estas instituciones. También se observa la creación de consejos, compuestos en su mayoría por letrados elegidos por los Reyes, que fueron disminuyendo el poder de las cortes. Legislativamente la monarquía impuso estándares para la actividad comercial, agrícola y ganadera en la Península. Los proyectos militares de los Reyes en el extranjero contribuyeron a la formación de un ejército permanente. Para el establecimiento del orden nacional se creó también una guardia denominada Gente de Ordenanza.

2.1.2 Unificación religiosa   La religión sirvió a los Reyes Católicos para solidificar sus propósitos de centralización en la Península. Políticamente los Reyes ejercieron poder sobre la Iglesia al recibir del Papa el derecho de elegir a las autoridades más importantes de la institución eclesiástica en España. Los religiosos elegidos por los Reyes iniciaron una reforma espiritual que se veía promovida culturalmente por la Reconquista y políticamente por los deseos centralizadores de la monarquía. A un nivel popular la inculcación moral y religiosa de las masas se vio auspiciada por prácticas evangelizadoras de predicadores que se hicieron populares en el siglo XV y que proclamaban la necesidad de una reforma espiritual.

2.1.2.1 *La Inquisición*   Quizás la institución más representativa de la integración de la política y la religión de la España de los Reyes Católicos es la Inquisición. En 1478 el Papa autorizó la incorporación de este tribunal dentro de la sociedad española. La Inquisición es conocida más que nada por su participación en actos que tenían como fin comprobar la fe católica de un individuo. Desde 1480, la Inquisición se encargó de "descubrir" aquellos ciudadanos que se habían convertido al catolicismo pero que, supuestamente, practicaban en secreto otras religiones. Estos falsos conversos podían ser gravemente castigados. Políticamente la Inquisición fue otro ejemplo de la centralización del poder de los Reyes ya que, a diferencia de instituciones semejantes en otras regiones de Europa, en España los Reyes, y no el Papa, tenían directa autoridad sobre ésta.

2.1.3 Grupos minoritarios   Los grupos minoritarios de mayor relevancia social y política durante el reinado de los Reyes Católicos fueron los judíos y los árabes. Ambos son ejemplos de la creciente intolerancia religiosa dentro de la España de los Reyes. Las prácticas religiosas de ambos grupos, cuyas culturas habían contribuido tanto al desarrollo intelectual y cultural de la Península, fueron sancionadas gravemente.

Al reconquistar Granada los Reyes les habían otorgado a los mudéjares—nombre otorgado a los árabes conquistados—el derecho de practicar su religión y costumbres. La presión eclesiástica ante estas prácticas creó un ambiente de intolerancia en Granada que promulgaba la conversión de los mudéjares. Los conversos llamados moriscos, al igual que los mudéjares, sufrieron repetidos abusos que fueron la causa de manifestaciones en 1499. Las represalias a estas quejas se formalizaron en 1502 cuando se estableció que los musulmanes debían aceptar la fe cristiana o salir de la Península.

Los judíos sufrieron la misma pena al ser expulsados en 1492. Miles de familias judías abandonaron la Península al rechazar la conversión. Los daños que causó la expulsión en el ámbito económico e intelectual fueron incalculables. A los conversos que permanecieron en la Península se les otorgó el nombre de cristianos nuevos, pero fueron vigilados constantemente para que las autoridades se asegurasen de que se mantenían fieles a su nueva fe. La imagen del cripto-judío, es decir del converso que sigue practicando su antigua religión, se repite a lo largo de la literatura de este y el siguiente período histórico como muestra de la ansiedad sentida socialmente por estas diferencias culturales. Para la mayoría cristiana, el cripto-judío fue el representante social por excelencia del engaño y del pecado. Durante esta época se enfatiza la "limpieza de sangre," actitud en la que se favorece a individuos que demuestran ser viejos cristianos.

2.1.4 El renacimiento y el humanismo   Culturalmente, durante la época de los Reyes Católicos, las élites intelectuales de la Península fueron afectadas por el renacimiento italiano. Dentro de este movimiento sobresale como actitud filosófica el humanismo. Éste enfatiza un interés en la producción cultural clásica de griegos y romanos. Sobresale en Europa, debido a estas tendencias, un nuevo interés en la reinterpretación de estos textos, que enfatizan las habilidades y el valor del individuo. También, el lujo y el refinamiento cultural pasan a ser importantes características de la vida del intelectual. Artísticamente la belleza se basa en normas clásicas que representan, según estos pensadores, los moldes ideales para el potencial humano. Escritores italianos como Francesco Petrarca (1304–1374) pasan a ser imitados tanto formal como temáticamente.

Otro fenómeno importante dentro del renacimiento fue el interés de los pensadores italianos en el comportamiento del individuo dentro de su sociedad. Escritores como Maquiavelo (1469–1527) o Baltasar de Castiglione (1478–1529) crearon textos cuyo fin fue inculcar a sus lectores el comportamiento ideal que corresponde a su rango o a sus objetivos dentro de la sociedad. Castiglione captura un ambiente cultural y educativo que no se basa en la educación del monasterio, sino de la corte. En otras partes, pensadores como Erasmo de Róterdam (1466–1536) satirizaron a la sociedad y su retraso intelectual.

El humanismo es importado a la Península gracias a estadías de pensadores españoles en Italia. A pesar de las características clásicas paganas, en España el humanismo se desarrolló dentro de un contexto cultural que a la vez enfatizaba la obediencia a las instituciones eclesiásticas y sus prácticas. Desde esta perspectiva, el humanismo español intentó reformar la vida intelectual dentro de la Península sin cuestionar la autoridad religiosa. Dos de los grandes humanistas españoles son Antonio de Nebrija (1441–1522) y Juan Luis Vives (1492–1540). Nebrija escribe la primera gramática castellana en lengua vulgar, publicada en 1492. Juan Luis Vives dedica parte de su obra al comportamiento del individuo dentro de la sociedad.

En ciertas obras renacentistas se puede observar un interés en la actitud del individuo frente a un contexto urbano, diferente al interés medieval. Esto es ejemplificado en textos como *La Celestina* o *El Lazarillo de Tormes*. En las obras cuyo contexto no es contemporáneo se enfatizan temas relacionados con el desarrollo emocional o psíquico del individuo. Los romances históricos son un gran ejemplo del caso anterior. Estas obras, tan populares durante el siglo XVI, muestran un interés específico en los procesos psicológicos y emocionales de sus protagonistas.

2.1.5 El discurso humanista y los roles del hombre y de la mujer de los siglos XVI–XVII El énfasis en el individuo dentro del humanismo creó una serie de discursos que explicaban cuál debía ser el papel del hombre y de la mujer dentro de la sociedad. Para el hombre se prescribía un control sobre su propia persona. Este "buen gobierno" personal se debía extender sobre su familia, ya que un hombre que regía bien a su familia tenía las dotes necesarias para regir la sociedad. El ejercicio de poder, para él, comenzaba en el hogar.

Estos discursos también repartían los papeles sociales que cada uno debía representar. La nueva fe en las habilidades del hombre privilegiado lo animaba a prepararse para los cargos sociales que tenía que desempeñar. En la mayoría de los casos la mujer siguió siendo vista como un ser defectuoso y peligroso para el orden social. Según la misoginia intelectual de la época—basada en textos clásicos, religiosos y de índole popular—las debilidades intelectuales y emocionales de la mujer hacían de ella un ser no propicio para ejercer responsabilidades sociales afuera del hogar.

La educación se dividía entonces según los espacios sociales que hombre y mujer debían ocupar. El hombre debía prepararse para poder dominar el mundo exterior. La mujer, en cambio, era instruida para ocuparse de las responsabilidades del hogar. Además, la función reproductora de la mujer la hacía portadora de la honra familiar. La caracterización de la mujer como débil ante la tentación, poniendo en peligro esta honra familiar, promovió su encerramiento dentro del hogar del padre o el del marido. Estas circunstancias seguían prescribiendo para la mujer dos instituciones básicas: el convento o el matrimonio. Esta actitud hacia la mujer perduró a lo largo de la ascensión imperial de España. El declive imperial de la misma a lo largo del siglo XVII sólo aumentó los discursos que situaban a la mujer como fuente del mal. Esta actitud produjo algunas respuestas por parte de las mujeres de la época. Este proto-feminismo se puede observar en toda la obra de María Zayas y específicamente en el "Prólogo" a sus *Novelas amorosas*.

2.2 Los Habsburgos

Durante los siglos XVI y XVII, España llegó a su máximo esplendor imperial. Los historiadores suelen dividir el período según qué reyes Habsburgos estaban en el poder ya que cada uno de ellos aplicó su propio estilo de gobierno y tuvo que lidiar con circunstancias históricas diferentes. En este período, la España imperial vive la prosperidad política durante el siglo XVI y su decadencia en el XVII. A pesar del declive político, este último siglo es testigo de un auge artístico en la Península que se ha denominado *Siglo de Oro*.

2.2.1 Carlos V (1517–1555) Carlos V fue nieto de los Reyes Católicos y del emperador Maximiliano de Austria. Al obtener el trono en 1517 su imperio abarcaba la mayor parte de Europa. Al iniciar su reinado Carlos V era visto como un rey extranjero, por lo cual se sublevaron varias comunidades en contra de él entre 1516 y 1521. Las sublevaciones hicieron que el rey hiciera de Castilla el centro de su gobierno. Otra dificultad a la que se tuvo que enfrentar Carlos V fue la reforma protestante iniciada por Martín Lutero (1483–1546) y otros pensadores durante el siglo XVI. Las diferencias entre el bando católico y los reformistas hicieron imposible la creación de una doctrina que incorporase ambas actitudes hacia la religión cristiana. La reacción católica a los separatistas se ha denominado *Contrarreforma,* y fue oficializada en 1545 durante el Concilio de Trento. Este concilio, convocado por el Papa y auspiciado por el emperador Carlos V, involucró a centenares de autoridades católicas, quienes establecieron diversas maneras de luchar contra los reformistas. La posición de Carlos V como protector del catolicismo se vio a lo largo de su reinado en varias campañas militares en contra de príncipes luteranos de Europa. Además, España se vio involucrada en guerras contra Francia y el Imperio Turco. Mientras se llevaban a cabo estas campañas en el Viejo Mundo, el Nuevo era objeto de grandes conquistas.

El liderazgo de España en los eventos anteriores hace del reinado de Carlos V un momento fundamental dentro de la historia nacional española. En este período se solidifican las ideas espirituales y políticas de los españoles de la época. Su destino de grandeza se ve caracterizado tanto en su defensa del catolicismo como en el dominio de nuevos y antiguos territorios en varias partes del mundo.

2.2.2 Felipe II (1555–1598)   La grandeza imperial de España y sus convicciones espirituales y culturales fueron subrayadas durante casi todo el reinado de Felipe II. En este momento la religión jugó un papel importante en varias de las intervenciones militares de España. Las fuerzas de Felipe II intervinieron en Francia y en los Países Bajos en contra de reformistas religiosos. Su triunfo más glorioso ocurrió en Lepanto en 1571, donde luchó contra los turcos. Este y otros conflictos anteriores contra infieles, además de ansiedades sobre la alianza de los moriscos con turcos, crearon dentro de la Península un ambiente extremadamente difícil para esta minoría. En Andalucía, oficialmente, se les negó practicar su cultura, hecho que tuvo como resultado la sublevación de Alpujarras en 1571.

La derrota más devastadora para los españoles del siglo XVII sucedió al tratar de derrocar Felipe II a la reina Isabel de Inglaterra, debido al apoyo de ésta a los protestantes en varias partes de Europa. Por esta razón, y por su apoyo a piratas que incomodaban gravemente el comercio entre España y sus colonias, Felipe II creó la Armada Invencible, que fue vencida en 1588 por flotas inglesas.

2.2.3 Felipe III (1598–1621), Felipe IV (1621–1665) y Carlos II (1665–1700)
El reinado de Felipe III es visto como el inicio del declive imperial de España. Este rey suele ser caracterizado como melancólico y con tendencias hacia los placeres carnales. Los historiadores ven la corrupción que existe dentro de su gobierno como reflejo de esta falta de buen gobierno personal. En el ámbito internacional continuaron las guerras contra los ingleses. España luchó en Flandes y además participó en la guerra de Treinta Años (1618–1621) a favor de los católicos. El fervor religioso español y la intolerancia cultural provocaron la expulsión de los moriscos en 1609. La participación de éstos en la agricultura e industria peninsular era de suma importancia para la economía regional y nacional, y su expulsión fue devastadora para el desarrollo de la economía regional.

Felipe IV ha sido juzgado como un líder más interesado en diversiones cortesanas que en el regimiento de un imperio que comenzaba a sentir graves limitaciones. Aunque su actitud permitió la continuación del florecimiento cultural que fue el Siglo de Oro, su política tuvo graves consecuencias. Su brazo derecho, el Conde Duque de Olivares, involucró a España en varias intervenciones militares en Italia, Flandes y Alemania. Intervino España nuevamente en la guerra de Treinta Años. El absolutismo del gobierno creó varias sublevaciones en la Península. Cataluña se sublevó entre 1640 y 1652 y Portugal lo hizo en 1668, cuando logró su independencia.

El reinado de los Habsburgos, que se inicia con la grandeza del Emperador Carlos V, se termina con el enfermizo Carlos II (1665–1700). Éste, al no dejar un heredero, permitió el cambio a la dinastía de los Borbones.

2.3 Las élites

Con Carlos V y Felipe II la nobleza perdió poder político ya que éstos preferían usar a letrados o a nobles de menor importancia para las responsabilidades más importantes de la monarquía. Un texto que representa la frágil posición del noble en la sociedad de la época es *El celoso extremeño* de Miguel de Cervantes. Esta situación cambió durante las monarquías de Felipe III, Felipe IV y Carlos II, cuando la nobleza llegó a recuperar los puestos más importantes de esos respectivos gobiernos. En general la nobleza se dividía en varios niveles. El rango más alto pertenecía a descendientes de príncipes que eran los seres más privilegiados. Luego venían los duques, condes y marqueses. La capa inferior de la nobleza era la de los hidalgos, que gracias a las rentas de alguna propiedad no trabajaban. Estos tampoco pagaban impuestos. Aparte de la pureza de sangre, la pertenencia a la nobleza baja se podía o comprar o lograr gracias al servicio a la monarquía. La compra de estos privilegios sociales causó tensiones sociales ya que ponía en juego la importancia de la pureza de sangre como una de las bases para estratificar a la sociedad.

El tema de los linajes se encuentra en varios ejemplos de la literatura satírica del siglo XVII. Calderón de la Barca subraya este tema en su entremés *La casa de los linajes*, donde un noble, quien desprecia a la gente que carece de sangre noble, es acosado por la misma.

2.3.1 El clero   El clero también formó una clase social importante dentro de la Península. Este grupo tuvo importantes divisiones. Las élites eclesiásticas gozaban del poderío y la riqueza que la iglesia había ido acumulando. Los privilegios que brindaba la pertenencia a este grupo lo hizo una opción bastante popular para seres privilegiados que habían perdido los medios para sustentarse. Muy diferentes fueron los privilegios del clero bajo, cuya vida se caracterizaba por la austeridad.

2.3.2 La limpieza de sangre   Uno de los dilemas sociales más importantes de la España de los siglos XVI y XVII fue el de la limpieza de sangre. Este sistema pretendía dividir a la sociedad entre cristianos nuevos y viejos. Los cristianos nuevos eran conversos cuyo linaje era de origen judío. Este período fue testigo de la existencia de estatutos de limpieza de sangre, que daban mayores privilegios a cristianos viejos. Tanto judíos conversos como otras minorías fueron víctimas de estos estatutos y otros abusos debido a las ansiedades de una población que desconfiaba de cualquier rasgo cultural diferenciador, especialmente religioso.

2.4 La Contrarreforma

La importancia de la religión católica durante esta época en España era exacerbada por su posición ante la reforma religiosa en el resto de Europa. La Contrarreforma produjo varios discursos sociales que funcionaron para asegurar el catolicismo dentro de la Península. En España se auspició y promovió el arte religioso con el fin de fomentar la fe católica peninsular. La poesía de Fray Luis de León y la de San Juan de la Cruz son un ejemplo de este tipo de arte. Además, los conflictos políticos exteriores en contra de reformistas religiosos crearon un ambiente interno donde la espiritualidad personal se vio ligada a las campañas militares afuera de la Península. Este fervor se ve representado en los escritos autobiográficos de Santa Teresa de Jesús quien de niña expresó deseos de morir luchando contra infieles en el extranjero.

2.5 Reacciones artísticas ante el declive español

Uno de los temas más importantes en los discursos culturales durante los siglos XVI y XVII es el del desengaño. En un nivel simple, el desengaño demuestra que las apariencias engañan. Al iniciar España su declive imperial, los pensadores españoles empezaron a confiar menos en la capacidad del individuo de discernir las complejidades de la realidad. Esta capacidad del individuo, que había sido base fundamental para el humanismo, es cuestionada al sentir que el ser humano tiene graves limitaciones ante los procesos que lo rodean. Dentro de las expresiones culturales de la época, el papel del intelectual es descubrir este desengaño para su público o reflejarlo al utilizar formatos que intentan confundir los sentidos. El tema del desengaño está presente en varias de las grandes obras artísticas de la época. En éstas, los autores descubren los peligros de confiar demasiado en las apariencias culturales o sociales o, por medio de representaciones complejas, intentan reflejar los procesos del engaño mismo.

2.6 El Siglo de Oro en España

El arte español, como todo arte nacional moderno, está caracterizado por el diálogo estilístico entre influencias extranjeras, la cultura autóctona y la individualidad de cada artista. Lo mismo sucede con el arte de los siglos XV–XVII. Tradicionalmente los críticos han dividido esta época artística en España basándose en dos estilos italianizantes diferentes: el renacentista y el barroco. La influencia de estos estilos en todos los géneros es irrefutable, pero la manera en que los artistas españoles interpretan y moldean estas tendencias hace que el arte de este período sea único e incomparable. En la literatura, la arquitectura y la pintura se observa un proceso donde las tendencias de estética clásica del renacimiento dan lugar a un arte más recargado, más suntuoso. En las artes plásticas la representación de la realidad sigue siendo importante, pero se exalta el momento por medio de la decoración, la luz y la expresión de los personajes, para agitar los sentidos. En España, por el proceso de declive imperial en el siglo XVII, este proceso se ve acompañado de un pesimismo que refuta completamente la confianza en el individuo que predicaba el Renacimiento. Otra característica importante del Barroco español es su coincidencia con la Contrarreforma. Las tendencias de este nuevo estilo sirvieron los anhelos de inculcación de la Iglesia. La monarquía española también utilizó los favores de varios artistas para representar su grandiosidad.

2.6.1 La arquitectura Varias obras artísticas captan los procesos estéticos que surgieron en la Península durante el Siglo de Oro. Una obra maestra de la arquitectura es El Escorial, construido durante el reinado de Felipe II. Este convento muestra la influencia de la arquitectura italiana que triunfa sobre un estilo más decorativo llamado "plateresco". La arquitectura del siglo siguiente demostró una transformación decorativa barroca dentro de edificios que ya habían sido construidos con tendencias renacentistas.

2.6.2 La pintura Varios "grandes" de la pintura universal pertenecen a este período cultural de España. Durante el reinado de Felipe II surge la figura de "el Greco", Dominico Theotocópoli (1541–1614). Dentro de los varios períodos de este autor se observa una progresión hacia tendencias barrocas. El pintor más importante de la época fue Diego Velázquez, quien fue pintor de la corte de Felipe IV. Su obra maestra, *Las meninas,* es considerada una de las primeras obras del arte "moderno" por su complejidad visual y temática.

2.6.3 La literatura Durante la época, se observa en la literatura un proceso de cambio temático que va desde la seguridad renacentista en el ser humano y su capacidad de controlar el mundo que lo rodea, hasta un completo desengaño de esta seguridad. Formalmente, el Renacimiento literario español muestra tendencias italianizantes, como los sonetos de Garcilaso de la Vega, por ejemplo, y tradicionales, como el romance. Uno de los rasgos formales de la literatura barroca es el recargamiento del lenguaje, llamado "culteranismo", que llega a su clímax en la poesía de Luis de Góngora. También existe el "conceptismo", o uso de expresiones difíciles e ingeniosas para crear un concepto específico, que se encuentra genialmente elaborado en la poesía de Francisco de Quevedo.

ROMANCES (SIGLO XV–XVI)

El romance es una de las composiciones poéticas más importantes dentro de la literatura escrita en castellano. Los romances surgieron en la Península y luego se difundieron por el mundo. Son fáciles de reconocer pues son poemas narrativos de versos octosílabos. Estos tienen rima asonante en los versos pares mientras que los versos impares son libres o sin rima. Las influencias formales de los romances probablemente son épicas aunque también existen ciertos rasgos que los asemejan a las jarchas.

El romance puede haber surgido alrededor del siglo XIII y sigue siendo usado hoy en día. Probablemente tuvo su origen en composiciones épicas más largas. Al ir perdiendo su popularidad estas composiciones largas, la población y los juglares comenzaron a enfocarse solamente en ciertos fragmentos. Estos fragmentos fueron la única parte que se reprodujo en futuros recitales del texto, perdiéndose el resto del poema épico. Los fragmentos a veces fueron alterados. Además, los juglares crearon otros romances que eran cada vez más líricos. Esta hipótesis, originaria del estudioso Ramón Menéndez Pidal (1869–1968), suele ser bastante aceptada, aunque sigue siendo sólo una hipótesis. La explicación también subraya el auge del romance como un fenómeno popular, aunque poco a poco este interés fue penetrando en las cortes, haciéndose popular entre la nobleza. Para la segunda mitad del siglo XVI el romance ya era parte del repertorio poético de los poetas eruditos.

La mayor cantidad de información sobre estos textos la encontramos en los siglos XV y XVI. En estos siglos el lector puede encontrar folios individuales—manuscritos o impresos—y compilaciones impresas de varios romances en cancioneros. No sólo aparecen romances en el *Cancionero General* de 1511, sino que se crean compendios solamente de romances, como las cinco ediciones a lo largo del siglo del *Cancionero de romances*, así como la publicación de la *Silva de varios romances*, alrededor de 1551.

Los romances suelen clasificarse según su tema. Existen, entre otros, romances religiosos, históricos, fronterizos—que describen encuentros entre españoles y moros—, carolingios—que incorporan hazañas del emperador Carlomagno—, caballerescos y líricos. Los romances se caracterizan por tener un narrador que no participa en la acción, una ausencia de didactismo explícito y una representación bastante personal de los personajes y diálogos. Existe también el uso de símbolos, de sueños o de imágenes que sirven como agüeros para crear ambientes y significados en el poema. La fragmentación de los poemas se enfatiza con finales que suelen ser ambiguos o abruptos.

Uno de los aspectos más subrayados por los lectores de romances españoles es su capacidad de reflejar emocional y sicológicamente la esencia histórico-cultural de lo español. Algunos también han mencionado un tono nacionalista dentro de varios romances. Así, esté uno de acuerdo o no con estas posturas, el romance tradicional parece intentar humanizar o personalizar hechos históricos que crean, hasta cierto punto, una conexión íntima entre el lector y los protagonistas. Para algunos lectores los hechos históricos en los romances forman parte de su interpretación de lo que significa "ser español". Estos lectores ven el romance como parte de su propia esencia cultural.

■ Preguntas de pre-lectura

1. ¿Qué características narrativas han tenido los hablantes en lecturas anteriores? ¿Participan de la acción o simplemente narran?
2. ¿Usted puede comparar ejemplos de arte que se consideran como eruditos con ejemplos de arte popular? ¿Qué ejemplos de arte conoce que en algún momento fueron arte popular?
3. ¿Qué relación existe entre los cambios políticos y sociales y la producción artística de un determinado lugar? ¿Se influencian mutuamente?
4. ¿Cuáles son los cambios políticos y sociales del siglo XV y XVI en España? ¿Usted piensa que estos cambios afectaron las sensibilidades artísticas de la época? ¿Cómo?

ROMANCES HISTÓRICOS

Estos romances narran la pérdida de territorio español a manos de los moros en 711. Según la historia, el rey Rodrigo no pudo resistir la belleza de la Cava Florinda, hija del gobernador de Ceuta, el conde Julián. Rodrigo viola a la Cava, quien le pide a su padre que se vengue. El conde incita a los moros a conquistar la Península.

Romance nuevamente rehecho de la fatal desenvoltura de la Cava Florinda

De una torre de palacio
se salió por un postigo[1]
la Cava[2] con sus doncellas
con gran fiesta y regocijo.[3]
5   Metiéronse en un jardín
cerca de un espeso ombrío[4]
de jazmines y arrayanes,[5]
de pámpanos y racimos.[6]
Junto a una fuente que vierte
10 por seis caños de oro fino
cristal y perlas sonoras
entre espadañas y lirios,[7]

reposaron las doncellas
buscando solaz[8] y alivio
15 al fuego de mocedad[9]
y a los ardores de estío.[10]
Daban al agua sus brazos,
y tentada de su frío,
fué la Cava la primera
20 que desnudó sus vestidos.
En la sombreada alberca
su cuerpo brilla tan lindo
que al[11] de todas las demás
como sol ha escurecido.

---

[1] puerta falsa.   [2] mujer aborrecida, prostituta.
[3] alegría.   [4] umbrío.   [5] tipos de plantas conocidas por su frescura, su perfume y su belleza.   [6] partes de la vid.   [7] tipos de flores.
[8] placer.   [9] juventud.   [10] verano.   [11] que al cuerpo de... .

25   Pensó la Cava estar sola,
pero la ventura quiso
que entre unas espesas yedras
la miraba el rey Rodrigo.
     Puso la ocasión el fuego
30 en el corazón altivo,[12]
y amor, batiendo sus alas,
abrasóle de improviso.
     De la pérdida de España
fué aquí funesto principio

35 una mujer sin ventura
y un hombre de amor rendido.
     Florinda perdió su flor,
el rey padeció el castigo;
ella dice que hubo fuerza,
40 él que gusto consentido.
     Si dicen quién de los dos
la mayor culpa ha tenido,
digan los hombres: la Cava,
y las mujeres: Rodrigo.

El reino perdido

     Las huestes[13] de don Rodrigo
desmayaban y huían
cuando en la octava batalla
sus enemigos vencían.
5 Rodrigo deja sus tiendas
y del real[14] se salía,
solo va el desventurado,
sin ninguna compañía;
el caballo, de cansado,
10 ya moverse no podía,
camina por donde quiere
sin que él le estorbe la vía.
El rey va tan desmayado
que sentido no tenía;
15 muerto va de sed y hambre,
de velle[15] era gran mancilla;[16]
iba tan tinto de sangre
que una brasa[17] parecía.
Las armas lleva abolladas,[18]
20 que eran de gran pedrería;
la espada lleva hecha sierra
de los golpes que tenía;
el almete[19] de abollado
en la cabeza se hundía;
25 la cara llevaba hinchada
del trabajo que sufría.
     Subióse encima de un cerro,
el más alto que veía;
desde allí mira su gente
30 cómo iba de vencida;

de allí mira sus banderas
y estandartes[20] que tenía,
cómo están todos pisados
que la tierra los cubría;
35 mira por los capitanes,
que ninguno parescía;
mira el campo tinto[21] en sangre,
la cual arroyos corría.
Él, triste de ver aquesto,
40 gran mancilla en sí tenía,
llorando de los sus ojos
desta manera decía:
"Ayer era rey de España,
hoy no lo soy de una villa;
45 ayer villas y castillos,
hoy ninguno poseía;
ayer tenía criados
y gente que me servía,
hoy no tengo ni una almena[22]
50 que pueda decir que es mía.
¡Desdichada fué la hora,
desdichado fué aquel día
en que nací y heredé
la tan grande señoría,
55 pues lo había de perder
todo junto y en un día!
¡Oh muerte!, ¿por qué no vienes
y llevas esta alma mía
de aqueste cuerpo mezquino,[23]
60 pues se te agradecería?"

---

[12] soberbio.   [13] ejército.   [14] reino.   [15] verle.
[16] vergüenza.   [17] leña incandescente.
[18] hundidas, deformadas.   [19] casco.

[20] insignias militares.   [21] rojo.   [22] tipo de muro.
[23] miserable.

ROMANCES FRONTERIZOS

De una morilla de bel catar

Yo me era mora Moraima,
morilla de un bel catar;[24]
cristiano vino a mi puerta,
cuitada[25] por me engañar.
5 Hablóme en algarabía,[26]
como aquel que la bien sabe:
—Ábrasme[27] la puerta, mora,
sí Alá te guarde de mal.
—¿Cómo te abriré, mezquina,[28]
10 que no sé quién te serás?
—Yo soy el moro Mazote,

hermano de la tu madre,
que un cristiano dejo muerto,
tras mí venía el alcalde:
15 si no me abres tú, mi vida,
aquí me verás matar.
Cuando esto oí, cuitada,
comencéme a levantar;
vistiérame[29] una almejía,[30]
20 no hallando mi brial,[31]
fuérame para la puerta
y abríla de par en par.

■ Preguntas de comprensión

Romance nuevamente rehecho

1. ¿Cómo se caracteriza la escena?
2. ¿Cómo es la Cava?
3. ¿Cómo se caracteriza el deseo?
4. ¿Qué pasa entre la Cava y el rey Rodrigo?
5. ¿Quién tiene la culpa del dilema del poema?
6. ¿El título representa bien el poema?
7. Cava, o Al Acaba, significa prostituta en árabe. ¿Cómo cambia el significado del poema al saber que se usa este nombre para hablar de la hija del infante Julián?

El reino perdido

1. ¿Dónde y cómo se encuentra el rey Rodrigo?
2. ¿Qué símbolos se utilizan para representar la derrota individual y colectiva de España?
3. ¿Qué técnicas se usan para establecer el tono?

De una morilla

1. ¿Quién habla en el poema?
2. ¿Quiénes participan en el diálogo?
3. ¿Cómo trata de engañar el cristiano a la mora?

---

[24] de un bello mirar: con una mirada bella o bella al mirar.   [25] preocupada, ansiosa.   [26] lengua árabe.   [27] ábreme.   [28] miserable.   [29] me vestí.   [30] manto pequeño usado por los árabes.   [31] camisa.

4. ¿Para qué quiere entrar en la casa el cristiano?
5. ¿Cuál es el propósito del poema?

■ Preguntas de análisis

1. ¿Cómo son los hablantes de los romances en comparación con otras composiciones poéticas que hemos visto?
2. ¿Usted catalogaría los romances anteriores como poesía culta o vulgar? ¿Por qué?
3. ¿Existe una moraleja en los romances? ¿Cuál es su función?
4. ¿Cómo se tratan los temas amorosos o eróticos en estos poemas? ¿Cómo se comparan con los cancioneros?
5. ¿Cómo reflejan el pasado estos poemas? ¿Cómo son los personajes y cuál es su posición en cuanto a este pasado?
6. ¿Cómo se caracteriza a la mujer? ¿Piensa Ud. que estas representaciones son ejemplos de un mayor respeto por la mujer o muestran nuevamente marginación?
7. ¿Cómo son las mujeres protagonistas de los romances? ¿Se puede generalizar o depende del tema del romance? Utilice ejemplos específicos en sus respuestas.
8. ¿Qué actitud o tono se presenta en los romances hacia los moros? ¿Esta actitud es similar a la que presentan otras obras que Ud. ha visto? ¿Piensa que en las letras españolas siempre se ofrece la misma caracterización de los moros o que ésta varía?
9. ¿Qué tono, en general, presentan los romances anteriores? ¿Permiten estos romances hacer generalizaciones sobre un determinado ambiente político o social? ¿Tiene implicaciones sicológicas o emocionales el ambiente que se puede observar en estos poemas?

■ Temas para informes escritos

1. El romance como tipo de poema que recoge parte de la esencia de lo que significa ser español
2. La caracterización de los moros en los romances
3. La participación de personajes femeninos en el romance

■ Bibliografía mínima

Díaz Roig, Mercedes. *Estudios y notas sobre el romancero.* México City: Colegio de México, 1986.

Irastortza, Teresa. "La caracterización de la mujer a través de su descripción física en cuatro cancioneros del siglo XV". *Anales de literatura española* 5 (1986–1987): 189–218.

Menéndez Pidal, Ramón. *Flor nueva de Romances Viejos.* México: Espasa Calpe, 1990.

Poesía de Cancionero. Ed. Alvaro Alonso. Madrid: Cátedra, 1986. 253–268.

Rodríguez Puértolas, Rodrigo. "Estudio preliminar". *Romancero.* Madrid: Akal, 1992. 5–69.

Victorio Martínez, Juan. "'Ay de Alhama': A propósito de los Romances Fronterizos". *Medioevo y literatura I–IV: Actas del congreso de la Asociación Hispánica de Literatura Medieval.* Granada: Universidad de Granada, 1995.

Whinnom, Keith. *La poesía amatoria de la época de los Reyes Católicos.* Durham: University of Durham, 1981.

LA CELESTINA

1499

Una de las obras que más enfatiza los procesos culturales en desarrollo hacia una nueva visión de la existencia del ser humano durante los siglos XV y XVI en España es *La Comedia* o *Tragicomedia de Calisto y Melibea,* más conocida como *La Celestina.* Estas variedades en los títulos de la obra son representativas de las ambigüedades que han caracterizado su interpretación desde su aparición durante los últimos años del siglo XV hasta hoy en día. Esta complejidad se ve acentuada por las diferentes ediciones que tenemos de *La Celestina.* Las ediciones más tempranas varían en número de actos, omiten a veces el autor e incluyen o excluyen prólogos, argumentos y títulos.

En general, los estudiosos concuerdan en que fue Fernando de Rojas (¿1470?– 1541) quien creó por lo menos parte de la obra, ya que su nombre aparece en algunas ediciones tempranas. Dentro de varias de éstas se encuentra un segmento de la obra denominada "Carta a un su amigo," donde el autor explica que encontró una parte del texto escrito por otro autor y que luego él lo terminó. Lo que sabemos de Rojas es que nació en Puebla de Montalbán y fue bachiller en leyes. Además, fue alcalde de Talavera. También se menciona que el suegro de Rojas le pidió ayuda legal al escritor ante la Inquisición y que ésta se la negó por ser Rojas converso, o cristiano nuevo. Ésta no fue la única vez que la Inquisición agravió su vida, pues su padre fue condenado por la misma.

Desde el punto de vista formal, el texto, de fuentes tanto clásicas como peninsulares, está escrito como comedia, es decir, se parece a una obra de teatro. Cuenta con actos, está compuesta por el diálogo entre varios personajes y tiene *apartes,* o sea, momentos en que los personajes hablan y su mensaje sólo es percibido por el público, no por el resto de los personajes. A este diálogo se suelen sumar prólogos, títulos y argumentos para cada acto que tienen la función de explicar o guiar la lectura. Hoy en día las ediciones más serias de *La Celestina* suelen presentar las particularidades de varias ediciones de la obra para que el lector observe las diferencias entre cada versión. Los críticos han buscado la respuesta a varias de las ambigüedades de la obra en los diferentes títulos o introducciones, pero a menudo estos elementos suelen ser contradictorios al comparar una edición con otra.

Uno de los temas más debatidos sobre *La Celestina* es el propósito de la obra. Rojas menciona un fin didáctico y, a la vez, sus deseos de entretener a los lectores. Sin embargo, mientras va creciendo la popularidad de la obra en el siglo XVI los cambios hechos en diversas ediciones parecen enfatizar una lectura más didáctica. Estas ansiedades por parte de quienes participan en la publicación del texto indican que la lectura de *La Celestina* a menudo se disfrutaba por su tratamiento de temas eróticos.

Los personajes principales de la historia son Calisto, Melibea, Celestina, Sempronio, Pármeno, Elicia, Areúsa, Pleberio, Alisa y Lucrecia. Una breve descripción de estos personajes apunta hacia los temas importantes de *La Celestina*. Al estar cazando un día, Calisto entra en el jardín de Melibea y se enamora inmediatamente. Melibea rechaza las alabanzas cortesanas de Calisto. Éste regresa a casa, donde se queja ante Sempronio, su criado. Sempronio intenta convencer a Calisto de la inferioridad de las mujeres, para disuadirlo de enamorarse. Las alabanzas que hace Calisto de Melibea provocan en Sempronio tanto burla como aborrecimiento. Para aliviar el mal de Calisto, Sempronio propone utilizar a la Celestina, una vieja alcahueta, para que Calisto pueda seducir a Melibea. Pármeno, otro sirviente de Calisto, intenta desanimarlo ya que él conoce desde joven a la vieja y sabe de su peligrosidad. Pármeno se mantiene fiel a su amo hasta que Celestina usa los favores sexuales de Areúsa, una prostituta, para hacerle cambiar de idea. Celestina mantiene la confianza de Sempronio, promoviendo su relación con Elicia, otra prostituta, y prometiéndole parte del pago que le dará Calisto. Celestina logra entrar en casa de Melibea, gracias a la aparente ingenuidad de su madre Alisa, quien le permite a la vieja hablar con su hija. Después de un par de visitas a Melibea, y haciendo uso de brujería, Celestina consigue que la joven sienta una atracción sexual por Calisto. Éste entra una noche al jardín de Melibea, donde los amantes tienen relaciones sexuales. Calisto le paga a Celestina con una cadena de oro. Tanto Pármeno como Pleberio visitan a Celestina para reclamar su parte del pago y ella se lo niega. Ellos matan a Celestina y al huir de la justicia, mueren. Durante una segunda visita de Calisto a Melibea, el joven escucha un ruido en la calle y, al salir a ver qué sucede, se cae y muere. Melibea sube a una torre en su casa y, después de contarle la historia a su padre, Pleberio, se suicida saltando de la torre hacia Calisto.

Desde una perspectiva literaria, cultural y social uno de los temas más importantes es la invalidación de códigos sociales y literarios del mundo medieval frente a un nuevo contexto cultural. Dentro del contexto urbano, capitalista e individualista que se presenta en la obra, el amor cortés, los valores del feudalismo, inclusive los nexos familiares tradicionales, tal y como son presentados en la obra, no pueden triunfar. Otro de los temas más discutidos es la representación de la mujer, no sólo en el personaje de Celestina, sino también en el resto de los personajes femeninos de la obra, quienes en su mayoría participan activamente en el desarrollo de ésta. La participación de las mujeres en la obra como individuos en control de su propio deseo y destino cuestiona algunas de las actitudes misóginas de la época.

A continuación se encuentran algunas secciones importantes de la obra: uno de los títulos, el argumento del primer acto, dos partes del primer acto—que incluye el primer encuentro entre los amantes, la reacción de Calisto ante Sempronio y la descripción que hace Pármeno de Melibea—y el acto veinte, donde se suicida Melibea.

■ **Preguntas de pre-lectura**

1. ¿Cuáles son las características del amor cortés? ¿Qué relación implica esta manera de describir el amor o el deseo? ¿Le parece realista?
2. ¿Cómo altera el título la interpretación de un texto?

3. ¿Qué géneros literarios ha visto Ud. hasta ahora? ¿El género que escoge el artista es una característica importante al interpretar una obra? ¿Por qué?

4. ¿Es el amor entre jóvenes un tema típico del arte? ¿Recuerda algunos ejemplos? ¿Qué características temáticas tienen este tipo de obras? ¿Cambia la percepción del amor según el contexto histórico?

5. ¿Cuál es la función social de las obras anteriores? ¿Son populares? ¿Son incitantes o atrevidas?

6. ¿Qué función social tiene la Trotaconventos en *El libro de buen amor*? ¿Habría la misma necesidad de tener un personaje similar durante el renacimiento español?

La Celestina

ARGUMENTO DEL PRIMER AUTO DESTA COMEDIA

Entrando Calisto una huerta empos dun falcon[1] suyo, halló y a Melibea, de cuyo amor preso, començóle[2] de hablar; de la qual rigorosamente despedido, fue para su casa muy sangustiado.[3] Habló con un criado suyo llamado Sempronio, el qual, después de muchas razones, le endereçó[4] a una vieja llamada Celestina, en cuya casa tenia el mesmo criado una enamorada llamada Elicia, la qual, viniendo Sempronio a casa de Celestina con el negocio de su amo, tenia a otro consigo llamado Crito, al qual escondieron. Entretanto que Sempronio estava negociando con Celestina, Calisto stava razonando con otro criado suyo, por nombre Pármeno; el qual razonamiento dura hasta que llega Sempronio y Celestina a casa de Calisto. Pármeno fue conocido de Celestina, la qual mucho le dize de los fechos[5] y conoscimiento de su madre, induziéndole a amor y concordia de Sempronio.

CALISTO, MELIBEA, SEMPRONIO, CELESTINA, ELICIA, CRITO, PÁRMENO

Calisto. En esto veo, Melibea, la grandeza de Dios.

Melibea. ¿En qué, Calisto?

Calisto. En dar poder a natura[6] que de tan perfecta hermosura te dotasse,[7] y hazer a mí, inmérito, tanta merced que verte alcançasse,[8] y en tan conveniente lugar, que mi secreto dolor manifestarte pudiesse. Sin duda, incomparablemente es mayor tal galardón[9] que el servicio, sacrificio, devoción y obras pías[10] que por este lugar alcançar yo tengo a Dios offrecido ni otro poder mi voluntad humana puede cumplir. ¿Quién vido[11] en esta vida cuerpo glorificado de ningún hombre como agora el mío? Por cierto, los gloriosos santos que se deleytan[12] en la visión divina no gozan más que yo agora[13] en el acatamiento[14] tuyo. Mas, o triste, que en esto deferimos, que ellos puramente se glorifican sin temor de caer de tal bienaventurança,[15] y yo, misto, me alegro con recelo del esquivo tormento que tu absencia me ha de causar.

---

[1] halcón. [2] le comenzó. [3] angustiado.
[4] encargó. [5] hechos. [6] naturaleza.
[7] diese. [8] alcanzase. [9] premio.

[10] piadosas. [11] vio. [12] deleitan.
[13] ahora. [14] en verte.
[15] buena aventura, buena suerte.

Melibea.	¿Por gran premio tienes éste, Calisto?
Calisto.	Téngolo por tanto, en verdad, que si Dios me diesse en el cielo la silla sobre sus santos, no lo ternía[16] por tanta felicidad.
Melibea.	Pues, ¡aún más ygual[17] galardón te daré yo, si perseveras!
Calisto.	¡O bienaventuradas orejas mías que indignamente tan gran palabra avéys oýdo![18]
Melibea.	Más desventuradas de que me acabes de oýr,[19] porque la paga será tan fiera[20] qual [la] meresce tu loco atrevimiento, y el intento de tus palabras [Calisto] ha seýdo[21] *como* de ingenio de tal hombre como tú aver de salir[22] para se perder en la virtud de tal mujer como yo. ¡Vete, vete de ay,[23] torpe! que no puede mi paciencia tolerar que haya subido en coraçón humano conmigo el ilícito amor comunicar su deleyte.
Calisto.	Yré como aquel contra quien solamente la adversa Fortuna pone su studio con odio cruel.
	¡Sempronio, Sempronio, Sempronio! ¿Dónde está este maldicto?[24]
Sempronio.	Aquí stoy,[25] señor, curando destos[26] cavallos.
Calisto.	Pues, ¿cómo sales de la sala?
Sempronio.	Abatióse el girifalte y vínele a endereçar[27] en el alcándara.
Calisto.	¡Ansí[28] los diablos te ganen!, ansí por infortunio arrebatado perezcas,[29] o perpetuo intolerable tormento consigas, el qual en grado inconparablemente a la penosa y desastrada muerte que spero traspassa.[30] ¡Anda, anda, malvado!, abre la cámara y endereça la cama.
Sempronio.	Señor, luego hecho es.
Calisto.	Cierra la ventana y dexa[31] la tiniebla acompañar al triste y al desdichado la ceguedad. Mis pensamientos tristes no son dignos de luz. ¡O bienaventurada muerte aquella que desseada a los afligidos viene! ¡O si viniéssedes[32] agora, Crato y Galieno,[33] médicos, sentiríades mi mal. ¡O piadad[34] telestial, inspira en el plebérico coraçón, por que sin esperança de salud no embíe[35] el spíritu perdido con el desastrado Píramo y de la desdichada Tisbe![36]
Sempronio.	¿Qué cosa es?

---

[16] tenía. [17] igual. [18] habéis oído. [19] oír.
[20] feroz. [21] sido. [22] haber salido. [23] ahí.
[24] maldito. [25] estoy. [26] cuidando a estos.
[27] Sempronio explica que un girifalte, un tipo de ave de rapiña, se ha caído de una percha y el criado ha ido a ponerlo en su puesto. [28] Así. [29] violentamente mueras. [30] espero traspase. [31] deja.
[32] vinieses. [33] médicos de la época clásica.

[34] piedad. [35] envíe. [36] Amantes de la IV Metamorfosis de Ovidio. En la historia las familias de estos vecinos les prohiben verse. Deciden encontrarse en las afueras de la ciudad. Píramo encuentra a Tisbe herida y piensa que ha muerto. Creyéndola muerta, se suicida. La amante despierta y al ver a Píramo muerto, decide suicidarse con la misma daga.

Calisto. ¡Vete de aý! No me hables, si no quiçá,[37] ante del tiempo de mi raviosa[38] muerte, mis manos causarán tu arrebatado fin.

Sempronio. Yré,[39] pues solo quieres padecer tu mal.

Calisto. ¡Ve con el diablo!

Sempronio. No creo según pienso, yr conmigo el que contigo queda.

(¡O desventura, o súbito mal! ¿Quál fue tan contrario acontescimiento que ansí tan presto[40] robó el alegría deste hombre, y lo que peor es, junto con ella el seso? ¿Dexarle[41] he solo, o entraré allá? Si le dexo matarse ha; si entra allá, matarme ha. Quédese, no me curo.[42] Más vale que muera aquél a quien es enojosa la vida, que no yo, que huelgo[43] con ella. Aunque por ál no desseasse bivir sino por ver [a] mi Elicia, me deveria[44] guardar de peligros. Pero si se mata sin otro testigo, yo quedo obligado a dar cuenta de su vida. Quiero entrar. Mas puesto que entre, no quiere consolación ni consejo. Assaz es señal mortal no querer sanar. Con todo quiérole dexar un poco desbrave, madure,[45] que oýdo he dezir que es peligro abrir o apremiar las postemas[46] duras, porque más se enconan.[47] Esté un poco, dexemos llorar al que dolor tiene, que las lágrimas y sospiros[48] mucho desenconan el coraçón dolorido! Y aun si delante me tiene, más conmigo se encenderá, que el sol más arde donde puede reverberar. La vista a quien objecto[49] no se antepone cansa y quando aquél es cerca, agúzase. Por esso quiérome soffrir[50] un poco, si entretanto se matare, muera. Quiçá con algo me quedaré que otro no [lo] sabe, con que mude el pelo malo. Aunque malo es esperar salud en muerte ajena. Y quiçá me engaña el diablo, y si muere, matarme han, y yrán[51] alla la soga y el calderón.[52] Por otra parte, dizen los sabios que es grande descanso a los afligidos tener con quien puedan sus cuytas[53] llorar, y que la llaga interior más empece. Pues en estos extremos en que stoy perplexo,[54] lo más sano es entrar y sofrirle[55] y consolarle, porque si possible es sanar sin arte ni aparejo, más ligero es guarecer[56] por arte y por cura.)

Calisto. ¡Sempronio!

Sempronio. ¿Señor?

Calisto. Dame acá el laúd.[57]

Sempronio. Señor, vesle aquí.

Calisto. ¿Quál dolor puede ser tal,
que se yguale[58] con mi mal?

Sempronio. Destemplado está esse laúd.

---

[37] quizá. [38] rabiosa. [39] iré. [40] rápido. [41] dejarle. [42] convenzo. [43] de *holgar*. [44] debería. [45] se tranquilice. [46] absceso. [47] inflaman. [48] suspiros. [49] objeto. [50] sufrir. [51] irán. [52] caldero: balde para recoger agua de un poso. [53] penas. [54] perplejo. [55] sufrirle. [56] refugiarse. [57] instrumento de cuerdas. [58] iguale.

Calisto. ¿Cómo templará el destemplado? ¿Cómo sentirá el armonía aquel que consigo está tan discorde, aquel en quien la voluntad a la razón no obedece? Quien tiene dentro del pecho aguijones,[59] paz, guerra, tregua, amor, enemistad, injurias, peccados, sospechas, todo a una causa. Pero tañe y canta la más triste canción que sepas.

Sempronio. Mira Nero[60] de Tarpeya
a Roma cómo se ardía;
gritos dan niños y viejos
y él de nada se dolía.

Calisto. Mayor es mi fuego, y menor la piedad de quien yo agora[61] digo.

Sempronio. (No me engaño yo, que loco está este mi amo.)

Calisto. ¿Qué estás murmurando, Sempronio?

Sempronio. No digo nada.

Calisto. Di lo que dizes; no temas.

Sempronio. Digo que ¿cómo puede ser mayor el fuego que atormenta un bivo[62] que el que quemó tal ciudad y tanta multitud de gente?

Calisto. ¿Cómo? Yo te lo diré; mayor es la llama que dura ochenta años que la que en un día passa, y mayor la que mata un ánima[63] que la que quemó cient mil cuerpos. Como de la aparencia a la existencia, como de lo bivo a lo pintado, como de la sombra a lo real, tanta diferencia ay del fuego que dizes al que me quema. Por cierto si el de purgatorio es tal, más querría que mi spíritu fuesse con los de los brutos animales que por medio de aquél yr a la gloria de los santos.

Sempronio. (Algo es lo que digo; a más ha de yr este hecho. No basta loco, sino herege.[64])

Calisto. ¿No te digo que hables alto quando hablares? ¿Qué dizes?

Sempronio. Digo que nunca Dios quiera tal, que es especie de heregia[65] lo que agora dixiste.

Calisto. ¿Por qué?

Sempronio. Porque lo que dizes contradize la christiana[66] religión.

Calisto. ¿Qué a mí?

Sempronio. ¿Tú no eres christiano?

Calisto. ¿Yo? Melibeo só, y a Melibea adoro, y en Melibea creo, y a Melibea amo.

Sempronio. Tú te lo dirás. Como Melibea es grande, no cabe en el corazón de mi amo, que por la boca le sale a borbollones. No es más menester; bien sé de qué pie coxqueas;[67] yo te sanaré.

Calisto. Increýble[68] cosa prometes.

---

[59] espinos.   [60] Nero: Emperador de Roma (58–64).   [61] ahora.   [62] vivo.   [63] alma.   [64] hereje.   [65] herejía.   [66] cristiana.   [67] cojeas.   [68] increíble.

Sempronio.	Antes fácil. Que el comienço de la salud es conocer hombre la dolencia del enfermo.
Calisto.	¿Quál consejo puede regir lo que en sí no tiene orden ni consejo?
Sempronio.	(¡Ha, ha ha! ¿Éste es el fuego de Calisto: éstas son sus congoxas?[69] Como si solamente el amor contra él assestara sus tiros. ¡O soberano Dios, quán altos son tus misterios, quánta premia pusiste en el amor, que es necessaria turbación en el amante! Su límite pusiste por maravilla. Paresce al amante que atrás queda; todos passan, todos rompen, pungidos y esgarrochados[70] como ligeros toros, sin freno saltan por las barreras. Mandaste al hombre por la mujer dexar[71] el padre y la madre. Agora no sólo aquello, mas a ti y a tu ley desamparan, como agora Calisto. Del qual no me maravillo, pues los sabios, los santos, los profetas por él te olvidaron.)
Calisto.	¡Sempronio!
Sempronio.	¿Señor?
Calisto.	No me dexes.[72]
Sempronio.	(De otra temple está esta gayta.)
Calisto.	¿Qué te paresce de mi mal?
Sempronio.	Que amas a Melibea.
Calisto.	¿Y no otra cosa?
Sempronio.	Harto mal es tener la voluntad en un solo lugar cativa.[73]
Calisto.	Poco sabes de firmeza.
Sempronio.	La perseverancia en el mal no es constancia mas dureza o pertinacia la llaman en mi tierra. Vosotros los filósophos de Cupido llamalda como quisiéredes.
Calisto.	Torpe cosa es mentir el que enseña a otro, pues que tú te precias de loar[74] a tu amiga Elicia.
Sempronio.	Haz tú lo que bien digo y no lo que mal hago.
Calisto.	¿Qué me repruevas?
Sempronio.	Que sometes la dignidad del hombre a la imperfeción[75] de la flaca mujer.
Calisto.	¿Mujer? ¡O grossero! ¡Dios, Dios!
Sempronio.	¿Y assí lo crees, o burlas?
Calisto.	¿Que burlo? Por dios la creo, por dios la confesso, y no creo que hay otro soberano en el cielo aunque entre nosotros mora.[76]
Sempronio.	(¡Ha, ha, ha! ¿Oýstes qué blasfemia? ¿Vistes qué ceguedad?)
Calisto.	¿De qué te ríes?
Sempronio.	Ríome, que no pensava que havía[77] peor invención de peccado que en Sodoma.

---

[69] quejas. [70] heridos y arrancados. [74] elogiar. [75] imperfección.
[71] dejar. [72] dejes. [73] cautiva. [76] viva. [77] anteriormente.

Calisto. ¿Cómo?

Sempronio. Porque aquéllos procuraron abbominable uso con los ángeles no conoscidos, y tú con el que confiessas ser Dios.

Calisto. ¡Maldito seas! Que hecho me has reýr, lo que no pensé ogaño.[78]

Sempronio. ¿Pues qué? Toda tu vida avías[79] de llorar?

Calisto. Sí.

Sempronio. ¿Por qué?

Calisto. Porque amo a aquélla ante quien tan indigno me hallo, que no la espero alcançar.[80]

Sempronio. (¡O pusillánime,[81] o fi[82] de puta! ¡Qué Nembrot, que magno Alexandre;[83] los quales no sólo del señorío del mundo, mas del cielo se juzgaron ser dignos!)

Calisto. No te oý[84] bien esso que dixiste. Torna,[85] dilo, no procedas.

Sempronio. Dixe[86] que tú, que tienes más coraçón[87] que Nembrot ni Alexandre, desesperas de alcançar una mujer, muchas de las quales en grandes estados constituýdas[88] se sometieron a los pechos y resollos de viles azemileros,[89] y otras a brutos animales. ¿No has leýdo de Pasife con el toro, de Minerva con el can?[90]

Calisto. No lo creo, hablillas[91] son.

Sempronio. Lo de tu abuela con el ximio,[92] ¿hablilla fue? Testigo es el cuchillo de tu abuelo.

Calisto. ¡Maldito sea este necio, y qué porradas[93] dize!

Sempronio. ¿Escozióte? Lee los ystoriales,[94] estudia los filósofos, mira los poetas. Llenos están los libros de sus viles y malos enxemplos, y de las caýdas[95] que levaron[96] los que en algo, como tú, las reputaron. Oye a Salomón[97] do dize que las mujeres y el vino hazen a los hombres renegar. Conséjate con Séneca y verás en qué las tiene. Escucha al Aristóteles, mira a Bernardo. Gentiles, judíos, christianos y moros, todos en esta concordia están. Pero lo dicho y lo que dellas dixiere no te contezca[98] error de tomarlo en común; que muchas ovo y ay santas, virtuosas y notables cuya resplandesciente corona quita el general vituperio. Pero destas otras, ¿quién te contaría sus mentiras, sus tráfagos, sus cambios, su liviandad, sus lagrimillas, sus alteraciones, sus osadías? Que todo lo que piensan osan[99] sin deliberar: sus dessimulaciones,[100] su lengua, su engaño, su olvido, su desamor, su ingratitud, su inconstancia, su testimoniar, su negar, su rebolver, su presunción, su vanagloria, su abatimiento, su locura, su desdén, su

---

[78] hogaño: en este año. No lo había pensado. [79] habías. [80] alcanzar. [81] cobarde. [82] hijo. [83] Nembrod fue constructor de la torre de Babel. Alejandro Magno se conocía como un ejemplo de la terquedad y el orgullo. [84] oí. [85] repite. [86] dije. [87] corazón. [88] constituidas. [89] respiros excitados de hombres torpes.

[90] mitos que subrayan relaciones sexuales con animales. [91] cuentos. [92] simio. [93] tonterías. [94] las historias. [95] caídas. [96] sufrieron. [97] Salomón... Pleberio se basa en textos sagrados, filosóficos y populares para denigrar a la mujer. [98] no se te ocurra. [99] se atreven. [100] disimulaciones.

sobervia, su subjeción, su parlería, su golosina, su luxuria y su-
ziedad,[101] su miedo, su atrevimiento, sus hechizerías, sus en-
baymientos, sus escarnios, su deslenguamiento, su desver-
güença, su alcahuetería. Considera qué sesito está debaxo de
aquellas grandes y delgadas tocas, qué pensamientos so aquellas gorgueras,[102] so aquel fausto,[103] so aquellas largas y autori-
zantes ropas, qué imperfición, qué alvanares[104] debaxo de tem-
plos pintados. Por ellas es dicho: arma del diablo, cabeça de
peccado,[105] destrución de paraýso.[106] ¿No has rezado en la fes-
tividad de San Juan, do dize: [las mugeres y el vino hazen (a) los
hombres renegar do dize:] ésta es la mujer, antigua malicia que
a Adam echó de los deleytes de paraýso, ésta el linaje humano
metió en el infierno; a ésta menospreció Helías propheta, etc.?

Calisto. Di pues, esse Adam, esse Salomón, esse David, esse Aristóteles,
esse Vergilio, essos que dizes, como se sometieron a ellas, ¿soy
más que ellos?

Sempronio. A los que las vencieron querría que remedasses,[107] que no a los
que dellas fueron vencidos. Huve de sus engaños. ¿Sabes qué
hazen? Cosas, que es diffícil[108] entenderlas. No tienen modo, no
razón, no intención. Por rigor encomiençan[109] el ofrecimiento
que de sí quieren hazer. A los que meten por los agujeros, de-
nuestan[110] en la calle; conbidan, despiden, llaman, niegan, señalan amor, pronuncian enemiga, ensáñanse presto, apazíguanse
luego, quieren que adevinen[111] lo que quieren. ¡O qué plaga, o
qué enojo, o qué fastío[112] es conferir con ellas, más de aquel
breve tiempo, que aparejadas son a deleyte!

Calisto. ¿Vees? Mientras más me dizes y más inconvenientes me pones,
más las quiero. No sé qué se es.

Sempronio. No es este juyzio[113] para moços, según veo, que no se saben a
razón someter; no se saben administrar. Miserable cosa es pensar ser maestro el que nunca fue discípulo.

Calisto. Y tú, ¿qué sabes? ¿Quién te mostró esto?

Sempronio. ¿Quién? Ellas, que desque se descubren, ansí pierden la ver-
güença,[114] que todo esto y aún más a los hombres manifiestan.
Ponte pues en la medida de honrra; piensa ser más digno de lo
que te reputas. Que cierto, peor estremo es dexarse hombre caer
de su merescimiento, que ponerse en más alto lugar que deve.

Calisto. Pues ¿quién yo para esso?

Sempronio. ¿Quién? Lo primero eres hombre y de claro ingenio,[115] y más, a
quien la natura dotó de los mejores bienes que tuvo, conviene a
saber: hermosura, gracia, grandeza de miembros, fuerça, lige-

---

[101] suciedad.   [102] tocas, gorgueras: prendas
decorativas de vestir.   [103] soberbia.
[104] albañar: canal de salida de inmundicias.
[105] cabeza de pecado.   [106] paraíso.

[107] que hicieses lo mismo que.   [108] difícil.
[109] comienzan.   [110] insultan.   [111] adivinen.
[112] hastío: asco.   [113] juicio.   [114] vergüenza.
[115] inteligencia.

reza, y allende desto,[116] fortuna medianamente partió contigo lo suyo en tal quantidad que los bienes que tienes de dentro con los de fuera resplandecen.[117] Porque sin los bienes de fuera, de los quales la fortuna es señora, a ninguno acacsse en esta vida ser bienaventurado, y más, a constellación de todos eres amado.[118]

Calisto. Pero no de Melibea, y en todo lo que me has gloriado,[119] Sempronio, sin proporción ni comparación se aventaja Melibea. Miras la nobleza y antigüedad de su linaje, el grandíssimo patrimonio, el excelentíssimo ingenio, las resplandecientes virtudes, la altitud y ineffable gracia, la soberana hermosura, de la qual te ruego me dexes hablar un poco, por que aya[120] algún refrigerio.[121] Y lo que te dixere será de lo descobierto,[122] que si de lo occulto yo hablarte sopiera,[123] no nos fuera necessario altercar tan miserablemente estas razones.

Sempronio. (¡Qué mentiras y qué locuras dirá agora este cativo de mi amo!)

Calisto. ¿Cómo es esso?

Sempronio. Dixe que digas, que muy gran plazer avré[124] de lo oýr. (¡Assí te medre Dios, como me será agradable esse sermón!).

Calisto. ¿Qué?

Sempronio. Que assí me medre[125] Dios, como me será gracioso de oýr.

Calisto. Pues porque ayas plazer, yo lo figuraré por partes mucho por estenso.[126]

Sempronio. (¡Duelos tenemos! Esto es tras lo que yo andava.[127] De passarse avrá[128] ya esta importunidad.)[129]

Calisto. Comienço por los cabellos. ¿Vees tú las madexas[130] del oro delgado que hilan en Aravia?[131] Más lindas son y no replandeçen menos; su longura[132] hasta el postrero[133] assiento de sus pies; después crinados y atados con la delgada cuerda, como ella se los pone, no ha más menester[134] para convertir los hombres en piedras.

Sempronio. (¡Más en asnos![135])

Calisto. ¿Qué dizes?

Sempronio. Dixe que essos tales no serían cerdas[136] de asno.

Calisto. ¡Veed qué torpe[137] y qué comparación!

Sempronio. (¿Tu cuerdo?)

Calisto. Los ojos verdes, rasgados, las pestañas luengas,[138] las cejas delgadas y alcadas,[139] la nariz mediana, la boca pequeña, los dientes menudos[140] y blancos, los labrios colorados y grossezuelos,[141]

---

[116] además de. [117] brillan. [118] por todos eres amado. [119] glorificado. [120] tenga. [121] me desahogue. [122] descubierto. [123] supiera. [124] habré. [125] ayude. [126] extenso. [127] andaba. [128] habrá.

[129] problema. [130] madejas. [131] Arabia. [132] largura. [133] la parte de atrás. [134] necesidad. [135] burros. [136] pelos. [137] tonto. [138] largas. [139] alzadas. [140] pequeños. [141] labios rojos y gruesos.

el torno del rostro poco más luengo que redondo, el pecho alto, la redondeza y forma de las pequeñas tetas, ¿quién te la podría figurar? Que se despereza[142] el hombre quando las mira. La tez lisa, lustroza, el cuero suyo escureçe[143] la nieve, la color mezclada, qual ella la escogió para sí.

Sempronio. (¡En sus treze[144] está este necio!).

Calisto. Las manos pequeñas en mediana manera, de dulce carne acompañadas, los dedos luengos, las uñas en ellos largas y coloradas, que pareçen rubíes entre perlas. Aquella proporción que veer yo no pude, no sin dubda por el bulto de fuera juzgo incomparablemente ser mejor que la que Paris juzgó entre las tres diesas.[145]

Sempronio. ¿Has dicho?

Calisto. Quan brevemente pude.

Sempronio. Puesto que sea todo esso verdad, por ser tú hombre, eres más digno.

Calisto. ¿En qué?

Sempronio. En que ella es imperfecta, por el qual defeto[146] dessea y apetece a ti y a otro menor que tú. ¿No as leýdo el filósofo[147] do dize: ansí como la materia apetece a la forma, ansí la mujer al varón?

Calisto. O triste, ¿y quándo[148] veré yo esso entre mí y Melibea?

Sempronio. Possible es, y aún que la aborrezcas[149] quanto agora la amas; podrá ser alcançándola, y viéndola con otros ojos, libres del engaño en que agora estás.

Calisto. ¿Con qué ojos?

Sempronio. Con ojos claros.

Calisto. Y agora, ¿con qué la veo?

Sempronio. Con ojos de allinde, con que lo poco pareçe mucho y lo pequeño grande. Y por que no te desesperes, yo quiero tomar esta empresa de complir tu desseo.

Calisto. ¡O, Dios te dé lo que desseas! Que glorioso me es oýrte, aunque no espero que lo as de hazer.

Sempronio. Antes lo haré cierto.

Calisto. Dios te consuele. El jubón de brocado[150] que ayer vestí, Sempronio, vístelo tú.

Sempronio. Prospérete Dios por éste (y por muchos más que me darás. De la burla yo me llevo lo mejor; con todo, si destos aguijones me da, traérgela[151] he hasta la cama. Bueno ando; házelo esto que me dio mi amo, que sin merced, imposible es obrarse bien ninguna cosa.)

---

[142] se desespera.   [143] oscurece.   [144] trece años.   [146] defecto.   [147] referencia a Aristóteles.
[145] Lo que no pude ver por estar tapado, me parecer ser mejor que la de Venus.   [148] cuando.   [149] odies.   [150] vestidura de seda entretejida con oro o plata.   [151] la he de traer.

Calisto.	No seas agora negligente.
Sempronio.	No lo seas tú, que impossible es hazer siervo[152] diligente el amo perezoso.
Calisto.	¿Cómo as pensado de hazer esta piedad?
Sempronio.	Yo te lo diré. Días ha grandes que conozco en fin desta vezindad una vieja barbuda que se dize Celestina, hechizera, astuta, sagaz en quantas maldades hay. Entiendo que passan de cinco mil virgos los que se han hecho y desecho por su autoridad en esta cibdad. A las duras peñas promeverá y provocará a luxuria, si quiere.[153]
Calisto.	¿Podríala[154] yo hablar?
Sempronio.	Yo te la traeré hasta acá; por esso, aparéjate.[155] Seyle[156] gracioso, seyle franco; estudia, mientras voy yo, a le dezir tu pena, tan bien como ella te dará el remedio.
Calisto.	¿Y tardas?
Sempronio.	Ya voy; quede Dios contigo.
Calisto.	Y contigo vaya. ¡O todopoderoso, perdurable Dios, tú que guías los perdidos, y los reyes orientales por el estrella precedente a Bethleén truxiste y en su patria los reduxiste,[157] númilmente te ruego que guíes a mi Sempronio, en manera que convierta mi pena y tristeza en gozo, y yo indigno meresca venir en el desseado fin. [...]
Celestina.	Llama.
Sempronio.	Tha, tha, tha.[158]
Calisto.	¡Pármeno!
Pármeno.	¿Señor?
Calisto.	¿No oyes, maldito sordo?
Pármeno.	¿Qué es, señor?
Calisto.	A la puerta llaman; corre.
Pármeno.	¿Quién es?
Sempronio.	Abre a mí y a esta dueña.
Pármeno.	Señor, Sempronio y una puta vieja alcoholada[159] davan aquellas porradas.[160]
Calisto.	¡Calla, calla, malvado que es mi tía; corre, corre, abre! Siempre lo vi que por fuyr[161] nombre de un peligro, cae en otro mayor. Por encubrir yo este hecho de Pármeno, a quien amor o fidelidad o temor pusieran freno, cay[162] en indignación désta que, no tiene menor poderío ên mi vida que Dios.

---

152 criado.   153 La Celestina quirúrgicamente reconstruye a mujeres para que puedan aparentar que no han sido desvirgadas. A la vez la Celestina negocia los intercambios sexuales de la ciudad.   154 le podría hablar. 155 alístate.   156 sele.   157 trajiste y redujiste. 158 golpes en la puerta.   159 maquillada los ojos de negro.   160 golpes.   161 huir.   162 caí.

Pármeno.   ¿Por qué, señor, te matas? ¿Por que, senor, te congoxas?[163] ¿Y tú piensas que es vituperio[164] en las orejas désta el nombre que la llamé? No lo creas, que ansí se glorifica en lo oýr, como tú quando dizen: "Diestro cavallero es Calisto." Y demás, desto es nombrada, y por tal título conoscida. Si entre cient mugeres va y alguno dize "¡Puta vieja!", sin ningún empacho luego buelvo[165] la cabeça y responde con alegre cara. En los combites, en las fiestas, en las bodas, en las confradías, en los mortuorios,[166] en todos los ayuntamientos de gentes, con ella passan tiempo. Si passa por los perros, aquello suena su ladrido; si está cerca las aves, otra cosa no cantan; si cerca los ganados, balando[167] lo pregonan;[168] si cerca las bestias, rebuznando dizen: "Puta vieja!", las ranas de los charcos otra cosa no suelen mentar. Si va entre los herreros, aquello dizen sus martillos; carpinteros y armeros, herradores, caldereros, arcadores, todo officio de instrumento forma en el ayre[169] su nombre. Cántanla los carpinteros, péynanla los peynadores, texedores;[170] labradores en las huertas, en las aradas, en las viñas, en las segadas con ella passan el afán cotidiano; al perder en los tableros, luego suenan sus loores.[171] Todas cosas que son hazen, a doquiera que ella está, el tal nombre representan. ¡O qué comedor de huevos assados era su marido![172] Qué quieres más, sino que, si una piedra topa con otra, luego suena "Puta vieja!"

Calisto.   Y tú, ¿cómo lo sabes y la conosces?

Pármeno.   Saberlo has. Días grandes son passados que mimadre, mujer pobre, morava[173] en su vezindad, la qual rogada por esta Celestina, me dio a ella por serviente, aunque ella no me conosce, por lo poco que la serví y por la mudança[174] que la edad ha hecho.

Calisto.   ¿De qué la sirvías?

Pármeno.   Señor, yva[175] a la plaça y traýale de comer y acompañávala; suplía en aquellos menesteres que mi tierna fuerça bastava. Pero de aquel poco tiempo que la serví, recogía la nueva memoria lo que la vieja no ha podido quitar. Tiene esta buena dueña al cabo[176] de la cibdad, allá cerca de las tenerías,[177] en la cuesta del río, una casa apartada, medio caýda, poco compuesta y menos abastada.[178] Ella tenía seys officios, conviene [a] saber: labrandera, perfumera, maestra de hazer afeytes[179] y de hazer virgos, alcahueta y un poquito hechizera. Era el primero officio cobertura de los otros, so color del qual muchas moças destas sirvientes entravan en su casa a labrarse[180] y a labrar camisas y

---

163 angustias.   164 afrenta.   165 vuelve.
166 entierros.   167 sonidos que hacen ciertos
animales.   168 anuncian.   169 aire.
170 tejedores.   171 alabanzas.
172 cornudo por las infidelidades de Celestina.

173 moraba: vivía.   174 mudanza: cambio.
175 iba.   176 al margen.   177 curtidurías:
lugar donde se trabajan pieles.
178 mal tenida, pobre.   179 costurera.
180 coserse, a reponer sus virgos.

gorgueras y otras muchas cosas. Ninguna venía sin torrezno, trigo, harina, o jarro de vino y de las otras provisiones que podían a sus amas hurtar;[181] y aún otros hurtillos de más qualidad allí se encubrían. Assaz era amiga de studiantes y despenseros y moços de abades.[182] A éstos vendía ella aquella sangre innocente de las cuytadillas,[183] la qual ligeramente aventuravan en esfuerço de la restitución que ella les prometía. Subió su hecho a más: que por medio de aquellas, comunicava con las más encerradas, hasta traer a execución[184] su propósito, y aquestas en tiempo honesto, como estaciones, processiones de noche, missas del gallo, missas del alva, y otras secretas devociones. Muchas encubiertas[185] vi entrar en su casa; tras ellas hombres descalços,[186] contritos, y reboçados,[187] desatacados, que entravan allí a llorar sus peccados. ¡Qué tráfagos, si piensas, tráya! Hazíase física de niños; tomaba estambro[188] de unas casas; dávalo a hilar en otras, por achaque de entrar en todas. Las unas, "¡Madre acá!", las otras, "¡Madre acullá! ¡Cata[189] la vieja! ¡Ya viene el ama!" de todas muy conoscida. Con todos estos affanes, nunca passava sin missa ni bíspras ni dexava monasterios de frayles ni de monjas; esto porque allí hazía ella sus aleluyas y conciertos. Y en su casa hazía[190] perfumes, falsava estoraques, menjuý, ánimes, ámbar, algalia, polvillos, almizcles, mosquetes.[191] Tenía una cámara llena de alambiques, de redomillas, de barrilejos de barro, de vidrio, de arambre, de estaño, hechos de mil faciones; hazía solimán, afeyte cosido, argentadas, bujelladas, cerillas, llanillas, unturillas, lustres, lucentores, clarimientes, alvalines y otras aguas de rostro, de rassuras de gamones, de corteza, de spantalobos, de taraguntia, de hieles, de agraz, de mosto, destillados y açucarados. Adelgasava[192] los cueros con çumos de limones, con turvino, con tuétano de corço y de garça, y otras confaciones. Sacaba agua[s] para oler, de rosas, de azaar, de jasmín, de trébol, de madresel via y clavellinas, mosquatados y almizcladas, polvorizadas con vino. Hazía lexías[193] para enruviar, de sarmientos, de carrasca, de centeno, de maurrubios, con salitre, con alumbre y millifolia y otras diversas cosas. Y los untes y mantecas que tenía, es fastío de dezir:[194] de vaca, de osso, de cavallos y de camellos, de culebra y de conejo, de vallena, de garça, y de alcaraván, y de gamo, y de gato montés, y de texón, de harda, de herizo, de nutria. Aparejos[195] para baños, esto es una maravilla; de las yervas y raýzes que tenía en el techo de su casa colgadas; mançanilla y romero, malvaviscos, culantrillo, coronillas, flor de saúco y de mostaza, spliego y laurel blanco,

[181] robar. [182] estudiantes, despenseros y mozos de superiores de monasterios. [183] jóvenes desventuradas. [184] ejecución. [185] mujeres cubiertas. [186] religiosos. [187] cubiertos. [188] hilo. [189] ve. [190] hacía.

[191] *Y...tenía. Este segmento incluye una lista de los ingredientes que la Celestina utiliza en sus oficios. [192] Adelgazaba. [193] Hacía tintes. [194] uno se cansa de decir. [195] Ingredientes.

tortarosa y gramonilla, flor salvaje y higueruela, pico de oro y hojatinta. Los azeytes[196] que sacava para el rostro no es cosa de creer: de storaque, y de jazmín, de limón, de pepitas, de violetas, de benjuy, de alfócigos, de piñones, de granillo, de açufayfes, de neguilla, de altramuces, de arvejas, y de carillas, y de yerva paxarera; y un poquillo de bálsamo tenía ella en una redomilla[197] que guardava para aquel rascuño[198] que tiene por las narizes. Esto de los virgos, unos hazía de bexiga y otros curava de punto. Tenía en un tabladillo, en una caxuela pintada, unas agujas delgadas y peligeros, y hilos de seda encerados, y colgadas allí raízes de hojaplasma y fuste sanguino, cebolla albarrana y cepacavallo.[199] Hazía con esto maravillas: que, quando vino por aquí el embaxador[200] francés, tres vezes vendió por virgen una criada que tenía.

Calisto. ¡Assí pudiera ciento!

Pármeno. ¡Sí, santo Dios! Y remediava por caridad muchas huérfanas y erradas que se encomendavan[201] a ella. Y en otro apartado tenía para remediar amores y para se querer[202] bien: tenía huessos de coraçón de cierno, lengua de bívora, cabeças de codornizes, sesos de asno, tela de cavallo, mantillo de niño, hava morisca, guija marina, soga de ahorcado, flor de yedra, spina de erizo, pie de texón, granos de helecho; la piedra del nido del águila, y otras mil cosas.[203] Venían a ella muchos hombres y mujeres, y a unos demandava el pan do mordían, a otros, de su ropa; a otros, de sus cabellos, a otros, pintava en la palma letras con acafrán,[204] a otros, con bermellón, a otros dava unos coraçones[205] de cera, llenos de agujas quebradas, y a otras cosas en barro y en plomo fechas, muy espantables a ver. Pintava figuras, dezía palabras en tierra. ¿Quién te podrá dezir lo que esta vieja hazía? Y todo era burla y mentira.

Calisto. Bien está, Pármeno; déxalo para más oportunidad. Assaz soy de ti avisado; téngotelo en gracia. No nos detengamos, que la necessidad deshecha la tardanca. [...]

ARGUMENTO DEL *VEYNTENO* AUTO

Lucrecia llama a la puerta de la cámara[206] de Pleberio. Pregúntale Pleberio lo que quiere. Lucrecia le da priessa que vaya a ver a su hija Melibea. Levantado Pleberio, va a la cámara de Melibea. Consuélala, preguntando qué mal tiene. Finge Melibea dolor del coraçón. Embía Melibea a su padre por algunos estrumentos músicos. Sube ella y Lucrecia en una torre. Embía de sí a Lucrecia; cierra tras ella la puerta. Llé-

---

[196] aceites. [197] vasija pequeña. [198] lastimado.
[199] *Esto...cepacavallo.* Este segmento incluye una lista de los utiles necesarios para reconstruir virgos. [200] embajador. [201] encomendaban.

[202] quererse. [203] *Y...cosas.* Este segmento incluye una lista de los ingredientes que la Celestina utiliza para hacer hechizos, brujería. [204] azafrán. [205] corazones. [206] cuarto.

gasse su padre al pie de la torre. Descúbrele Melibea todo el negocio que avía pas-
sado. En fin, déxase cae[207] de la torre abaxo.

Pleberio. ¿Qué quieres, Lucrecia? ¿Qué quieres tan presurosa? ¿Qué pides con tanta importunidad[208] y poco sossiego?[209] ¿Qué es lo que mi hija ha sentido? ¿Qué mal tan arrebatado puede ser, que no aya yo tiempo de me vestir, ni me des aun spacio a me levantar?

Lucrecia. Señor, apressúrate mucho si la quieres ver biva;[210] que ni su mal conozco de fuerte ni a ella ya de desfigurada.

Pleberio. *Vamos presto; anda allá, entra adelante, alça[211] esta antepuerta y abre bien essa ventana, por que la pueda ver el gesto con claridad.* ¿Qué es esto, hija mía? ¿Qué dolor y sentimiento es el tuyo? ¿Qué novedad es ésta? ¿Qué poco esfuerço[212] es éste? Mírame, que soy tu padre; hábla*me por Dios;* [conmigo, cuéntame la causa de tu arrebatada pena. ¿Qué has? ¿Qué sientes? ¿Qué quieres? Háblame, mírame], dime la razón de tu dolor, por que presto sea remediado; no quieras embiarme con triste postrimeria[213] al sepulcro. Ya sabes que no tengo otro bien sino a ti. Abre essos alegres ojos y mírame.

Melibea. ¡Ay, dolor!

Pleberio. ¿Qué dolor puede ser, que yguale[214] con ver yo el tuyo? Tu madre está sin seso[215] en oýr tu mal; no pudo venir a verte de turbada. Esfuerça tu fuerça,[216] abiva tu coraçón, aréziate[217] de manera que puedas tú conmigo yr a visitar a ella. Dime, ánima mía, la causa de tu sentimiento.

Melibea. Peresció mi remedio.

Pleberio. Hija, mi bien amada y querida del viejo padre; por Dios no te ponga desesperación el cruel tormiento[218] desta tu enfermedad y passión, que a los flacos coraçones el dolor los arguye. Si tú me cuentas tu mal, luego será remediado, que ni faltarán medicinas ni médicos ni sirvientes para buscar tu salud, agora consista en yervas o en piedras o palabras o esté secreta en cuerpos de animales. Pues no me fatigues más; no me atormentes; no me hagas salir de mi seso; y dime ¿qué sientes?

Melibea. Una mortal llaga[219] en medio del coraçón que no me consiente hablar; no es ygual a los otros males; menester es sacarle para ser curada, que está an lo más secreto dél.

Pleberio. Temprano cobraste los sentimientos de la vejez. La moçedad[220] toda suele ser plazer y alegría, enemiga de enojo. Levántate

---

[207] se bota.   [208] no oportuno.   [209] quietud.
[210] viva.   [211] alza.   [212] esfuerzo.
[213] últimos momentos.   [214] iguale.

[215] perdió la cabeza.   [216] fuerza.
[217] toma fuerzas.   [218] tormento.
[219] herida.   [220] mocedad.

de aý; vamos a ver los frescos ayres[221] de la ribera. Alegrarte as con tu madre; descansará tu pena. Cata, si huyes de plazer, no ay cosa más contraria a tu mal.

Melibea. Vamos donde mandares. Subamos, señor, al açutea[222] alta, por que desde allí goze de la deleytosa vista de los navíos; por ventura afloxará algo mi congoxa.

Pleberio. Subamos, y Lucrecia con nosotros.

Melibea. Mas, si a ti plazerá, padre mío, mandar traer algún instrumento de cuerdas con que se sufra mi dolor o tañiendo o cantando, de manera que, aunque aquexe por una parte la fuerça de su accidente, mitigarlo han por otra los dulçes sones[223] y alegre armonía.

Pleberio. Esso, hija mía, luego es hecho; yo lo voy a mandar aparejar.

Melibea. Lucrecia, amiga, muy alto es esto; ya me pesa por dexar la compañía de mi padre; baxa[224] a él y dile que se pare al pie desta torre, que le quiero dezir una palabra que se me olvidó que hablasse a mi madre.

Lucrecia. Ya voy, señora.

Melibea. De todos soy dexada;[225] bien se ha adereçado[226] la manera de mi morir; algún alivio siento en ver que tan presto seremos juntos yo y aquel mi querido y amado Calisto, Quiero cerrar la puerta, por que ninguno suba a me estorvar[227] mi muerte; no me impidan la partida; no me atajen el camino por el qual en breve tiempo podré visitar en este día al que me visitó la passada noche. Todo se ha hecho a mi voluntad; buen tiempo terné para contar a Pleberio mi señor la causa de mi ya acordado fin. Gran sinrazón hago a sus canas; gran ofensa a su vejez; gran fatiga le acarreo con mi falta; en gran soledad le dexo. *Y caso por mi morir a mis queridos padres sus dias se diminuyessen, ¿quién dubda que no aya bavido otros más crueles contra sus padres?. Bursia, rey de Bitinia, sin ninguna razón, no aquexándole pena como a mí, mató su proprio padre. Tolomeo, rey de Egipto, a su padre y madre y bermanos y mujer, por gozar de una mançeba. Orestes a su madre Clistenestra. El cruel emperador Nero a su madre Agripina por sólo su plazer bizo matar. Éstos son dignos de culpa, éstos son verdaderos parricidas, que no yo; que con mi pena, con mi muerte, purgo la culpa que de su dolor se me puede poner. Otros mucbos crueles ovo que mataron hijos y bermanos, debaxo de cuyos yerros el mío no pareçerá grande. Philipo. rey de Macedonia; Herodes rey de Judea; Constantino emperador de Roma; Laodice, reyna de Capadocia, y Medea, la nigromantesa. Todos éstos mataron hijos queridos y amados sin ninguna razón, quedando sus personas a salvo. Finalmente me occurre aquella gran crueldad de Phrates, rey de los Partos, que por que no quedasse successor después*

---

[221] aires.   [222] azotea.   [223] ritmos.   [224] baja.
[225] dejada.   [226] aderezado.   [227] estorbarme.

dél, mató a Orode, su viejo padre, y a su único hijo y treynta herma-
nos suyos. Éstos fueron delictos dignos de culpable culpa, que guar-
dando sus personas de peligro, matavan sus mayores y descendientes
y bermanos. Verdad es que, aunque todo esto assí sea, no havía de
remedarlo en los que mal hizieron.[228] Pero no es más en mi mano.
Tú, Señor, que de mi habla eres testigo, ves mi poco poder, ves
quán cativa tengo mi libertad, quán presos mis sentidos de tan
poderoso amor del muerto cavallero,[229] que priva al que tengo
con los bivos padres.

Pleberio.   Hija mía Melibea, ¿qué hazes sola? ¿Qué es tu voluntad dezirme?
¿Quieres que suba allá?

Melibea.   Padre mío, no pugnes[230] ni trabajes por venir donde yo estó,
que estorvarás la presente habla que te quiero hazer. Lastimado
serás brevemente con la muerte de tu única hija. Mi fin es llegado; llegado es mi descanso y tu passión; llegado es mi alivio
y tu pena; llegada es mi acompañada hora y tu tiempo de soledad. No havrás, honrrado padre, menester instrumentos para
aplacar[231] mi dolor, sino campanas para sepultar mi cuerpo. Si
me escuchas sin lágrimas, oyrás la causa desesperada de mi for-
çada y alegre partida. No la interrumpas con lloro ni palabras,
si no, quedarás más quexoso en no saber por qué me mato, que
doloroso por verme muerta. Ninguna cosa me preguntes ni res-
pondas más de lo que de mi grado dezirte quisiere,[232] porque
quando el corazón está embargado de passión, están cerrados
los oýdos al consejo. Y en tal tiempo las fructuosas palabras, en
lugar de amansar, acrescientan la saña.[233] Oye, padre viejo, mis
últimas palabras, y si como yo spero,[234] las recibes, no culparás
mi yerro.[235] Bien ves y oyes este triste y doloroso sentimiento
que toda la cibdad[236] haze. Bien *oyes* este clamor[237] de campanas, este alarido de gentes, este aullido de canes[238] este [grande]
strépito de armas. De todo esto fue[239] yo [la] causa. Yo cobrí de
luto y xergas[240] en este día quasi la mayor parte de la cibdadana
cavallería,[241] yo dexé [hoy] muchos sirvientes descubiertos de
señor; yo quité muchas raciones y limosnas a pobres y enver-
gonçantes.[242] Yo fui ocasion que los muertos toviessen compañía del más acabado hombre que en gracias nació. Yo quité a los
vivos el dechado[243] de gentileza, de invenciones galanas, de atavíos y bordaduras, de habla, de andar, de cortesía, de virtud. Yo
fui causa que la tierra goze[244] sin tiempo el más noble cuerpo y
más fresca juventud que al mundo era en nuestra edad criada.
Y porque estarás spantado[245] con el son de mis no acostumbra-

---

[228] *Y...hizieron*. Este segmento incluye varios
Exempla de Petrarca donde hijos matan a
sus padres, o sea de hijos parricidas.
[229] caballero.   [230] luches.   [231] amansar,
disminuir.   [232] quiero decirte.   [233] ira.

[234] espero.   [235] error.   [236] ciudad.   [237] voz
lastimosa.   [238] perros.   [239] fui.   [240] telas.
[241] los caballeros de la ciudad.   [242] personas
que piden caridad.   [243] ejemplo.   [244] goce.
[245] espantado.

dos delictos,[246] te quiero más aclarar el hecho. Muchos días son passados, padre mío, que penava[247] por mi amor un cavallero que se llamava Calisto, el qual tú bien conosciste. Conosciste assimismo sus padres y claro linaje; sus virtudes y bondad a todos eran manifiestas. Era tanta su pena de amor y tan poco el lugar para hablarme, que descubrió su passión a una astuta y sagaz mujer que lamavan[248] Celestina. La qual, de su parte venida a mí, sacó mi secreto amor de mi pecho; descobría a ella lo que a mi querida madre encobría; tovo manera cómo ganó mi querer. Ordenó cómo su desseo y el mío oviessen[249] effecto. Si él mucho me amava, no bivió engañado. Concertó el triste concierto de la dulce y desdichada execución[250] de su voluntad. Vencida de su amor, dile entrada en tu casa. Quebrantó con scalas[251] las paredes de tu huerto; quebrantó mi propósito; perdí mi virginidad. *Del qual deleytoso yerro de amor gozamos quasi un mes. Y como esta passada noche viniesse según era acostumbrado,* a la buelta de su venida, como de la fortuna mudable stoviesse dispuesto y ordenado según su desordenada costumbre, como las paredes eran altas, la noche scura,[252] la scala delgada, los sirvientes que trayá no diestros en aquel género de servicio *y él baxava pressuroso a ver un ruydo que con sus criados sonava en la calle, con el gran ímpetu que levava*[253] no vido bien los passos, puso el pie en vazío y cayó, y de la triste cayda sus más escondidos sesos quedaron repartidos por las piedras y paredes. Cortaron las hadas sus hilos; cortáronle sin confessión su vida; cortaron mi sperança;[254] cortaron mi gloria; cortaron mi compañía. Pues ¿qué crueldad sería, padre mío, muriendo él despeñado, que biviesse yo penada? Su muerte conbida[255] a la mía. Combídame y fuerça que sea presto, sin dilación; muéstrame que ha de ser despeñada[256] por seguille en todo. No digan por mí "a muertos y a ydos".[257] I assí contentarle he en la muerte, pues no tove tiempo en la vida. O mi amor y señor, Calisto, espérame; ya voy; detente si me speras. No me incuses[258] la tardança que hago, dando esta última cuenta a mi viejo padre, pues le devo mucho más. O padre mío muy amado, ruégote, si amor en esta passada y penosa vida me as tenido, que sean juntas nuestras sepulturas; juntas nos hagan nuestras obsequias. Algunas consolatorias palabras te diría antes de mi agradable fin, coligidas[259] sacadas de aquellos antigos libros que [tú], por más aclarar mi ingenio, me mandavas leer, sino que ya la dañada memoria con la gran turbación me las ha perdido y aun porque veo tus lágrimas malsofridas[260] deçir por tu arrugada haz.[261] Salúdame a mi cara y amada madre. Sepa de ti largamente la triste razón porque muero. Gran plazer llevo de no la ver pre-

---

[246] delitos. [247] sentía pena. [248] llamaban.
[249] tuviesen. [250] ejecución. [251] escalas.
[252] oscura. [253] llevaba. [254] esperanza.

[255] convida. [256] precipitada. [257] "a muertos y a idos, pocos amigos". [258] culpes. [259] unidas, recogidas. [260] malsufridas. [261] faz: cara.

sente. Toma, padre viejo, los dones de tu vegez, que en largos días largas se sufren tristezas. Recibe las arras[262] de tu senectud antigua; recibe allá tu amada hija. Gran dolor llevo de mí, mayor de ti, muy mayor de mi vieja madre. Dios quede contigo y con ella; a Él offrezco mi alma. Pon tú en cobro[263] este cuerpo que allá baxa.

■ Preguntas de comprensión

Primer Acto: Calisto con Melibea, Sempronio y Calisto

1. ¿Qué sucede durante el primer encuentro entre Calisto y Melibea?
2. ¿Cómo describe sus emociones Calisto?
3. ¿Cómo reacciona Melibea a lo que dice Calisto?
4. ¿Cómo le describe Calisto su mal a Sempronio?
5. ¿Qué actitud toma Sempronio ante lo que dice Calisto?
6. ¿Qué quiere decir Calisto cuando dice "Melibeo soy"?
7. ¿Qué opina Sempronio sobre las mujeres?
8. ¿En qué se basan sus argumentos?
9. ¿Cómo describe Calisto a Melibea?
10. ¿Qué decide hacer Sempronio por Calisto?

Primer Acto: Pármeno describe a Celestina

1. ¿Cuáles son los oficios de Celestina?

Acto 20

1. ¿Qué tipos de ejemplos utiliza Melibea para hablarle a su padre sobre su pena?
2. ¿Qué le cuenta Melibea a su padre?
3. ¿Cómo caracteriza Melibea a Calisto?
4. ¿Qué hace Melibea al final del acto?

■ Preguntas de análisis

1. ¿Cómo describiría Ud. el género de la obra?
2. ¿Cómo son tratados los temas del amor cortés en la obra?
3. ¿Cómo se caracteriza a los personajes?
4. ¿Cómo utiliza el autor fuentes literarias o históricas en la obra?
5. Algunas personas criticaron la obra por tratar de temas profanos. ¿Cómo piensa que los jóvenes nobles de la época hubieran reaccionado? ¿Habrían reaccionado de la misma manera que sus padres? ¿Por qué?
6. ¿Cómo se representa a Melibea en los segmentos que ha leído? ¿Qué espacio social ocupa? ¿Es rebelde o sumisa? ¿Qué consecuencias tienen sus acciones? ¿Es el fin de la joven justo?

---

[262] recompensa.   [263] a salvo.

7. En *El libro de buen amor* aparece un personaje con una profesión similar a la de Celestina. ¿Son parecidos estos personajes o diferentes? ¿Qué actitud muestran los textos hacia estos personajes? ¿Qué función social tiene este tipo de personaje? ¿Tiene Celestina poder dentro de la sociedad? ¿Es necesariamente negativo todo lo que hace?

■ Temas para informes escritos

1. La función social de la obra *La Celestina*
2. La mujer dentro de la obra
3. El personaje de Celestina como dañino o benéfico para la sociedad

■ Bibliografía mínima

Botta, Patricia. "Itinerarios urbanos en *La Celestina* de Fernando de Rojas". *Ce* 18.2 (1994): 113–131.

Dunn, Peter, N. *Fernando de Rojas*. Boston: Twayne, 1965.

Gerli, Michael E. "Dismembering the Body Politic: Vile Bodies and Sexual Underworlds in *Celestina*". *Queer Iberia: Sexualities, Cultures, and Crossings, from the Middle Ages to the Renaissance*. Eds. Josiah Blackmore and Gregory S. Hutcheson. Durham: Duke, 1999. 369–93.

Gilman, Stephen. *The Spain of Fernando de Rojas: The intellectual and social landscape of La Celestina*. Princeton: University Press, 1972.

Lida de Malkiel, María Rosa. *La originalidad artística de La Celestina*. Buenos Aires: EUDEBA, 1962.

Rojas, Fernando de. *La Celestina*. Ed. Dorothy S. Severin. Madrid: Espasa Calpe, 1991.

Severin, Dorothy S. Introducción. *La Celestina*. Madrid: Cátedra, 1991. 10–64.

Whinnom, Keith. "The Relationship of the Early Editions of the *Celestina*". *ZRP* 82 (1966): 22–40.

GARCILASO DE LA VEGA

1501–1536

© *The Granger Collection*

Las historias literarias de España suelen mencionar que el inicio de la poesía renacentista en la Península tiene lugar cuando el embajador de Venecia, Andrea Navagero, en 1526, le sugiere al poeta Juan Boscán (1490–1542) que escriba poemas utilizando estructuras italianas. Boscán no sólo aceptó la sugerencia de Navagero, sino que pidió colaboración a su amigo toledano Garcilaso de la Vega (1501–1536), quien incorporó el nuevo estilo y estructuras en su arte. La habilidad poética de Garcilaso promovió la popularidad del nuevo estilo y lo convirtió en uno de los autores más celebrados del Renacimiento español.

La vida de Garcilaso de la Vega, como la de otros escritores españoles de la época, se ve dividida entre los oficios de la guerra y los de la literatura. Como hombre de armas Garcilaso formó parte de varias campañas militares de Carlos V. Su servicio le ganó el hábito militar de la Orden de Santiago, uno de los honores sociales más grandes, en 1523. Luego de haber sido desterrado por Carlos V, por presenciar el matrimonio ilegal de su sobrino, participó en campañas militares en Nápoles, Túnez y Francia, donde perdió la vida.

Por el interés que Garcilaso mostró en escribir versos que tratan del amor, su activa vida amorosa ha sido minuciosamente estudiada. A pesar de estar casado, se suele sugerir que parte de la inspiración erótica de Garcilaso tenía como fuente a la portuguesa Isabel Freire, quien sirvió en la corte de Isabel de Portugal. Además tuvo otras amantes y con una, Guiomar Carrillo, tuvo un hijo.

La obra poética completa de Garcilaso de la Vega comprende 40 sonetos, cuatro canciones, una oda, dos elegías, una epístola clásica y tres églogas. Las obras de Garcilaso fueron publicadas varias veces en el siglo XVI (1543, 1574, 1580). En sus obras se puede ver tanto las nuevas influencias renacentistas, como algunos rasgos de los cancioneros poéticos de la época. En la influencia renacentista se presentan los rasgos de autores clásicos como Virgilio y Ovidio, además de formas poéticas italianas como el soneto, por ejemplo. Se observa la influencia del italiano Francesco Petrarca (1304–74), de quien vienen directamente las descripciones físicas de las mujeres en la poesía española renacentista. También se puede notar el uso de descripciones paradójicas para describir emociones. Petrarca, en parte, es conocido por el uso de sintaxis latina en sonetos en italiano, característica que adoptan los petrarquistas que escribieron en castellano.

Una de las formas que adopta Garcilaso es el soneto. Éste está compuesto por 14 versos, divididos en dos cuartetos y dos tercetos. Los versos del soneto son de arte mayor, es decir que deben tener más de ocho sílabas. Los sonetos de Garcilaso eran de versos endecasílabos—de once sílabas. Otra forma poética que trabaja Garcilaso es la *estancia*—que se compone de series de versos de once y siete sílabas que se repiten. Con estas influencias Garcilaso se convierte en un excelente ejemplo del renacimiento poético español. Él introduce en la Península una poesía nueva por su erotismo y por su uso de temas mitológicos y bucólicos. Uno de sus temas predilectos es la ausencia del ser deseado. Estos lamentos generalmente suceden en lugares idealizados, ya sean lugares encontrados en los textos clásicos o espacios localizados en la Península.

■ Preguntas de pre-lectura

1. ¿Usted conoce algunos mitos clásicos? ¿Por qué existen estos mitos? ¿Qué representan?
2. ¿Ha leído alguna vez un soneto? ¿Quién era el autor? ¿Cuál era el tema? ¿Qué características formales tiene el soneto?
3. En las obras poéticas que ha leído sobre el amor, ¿qué actitud suelen tener los hablantes hacia el ser deseado?
4. Uno de los temas principales en Garcilaso enfatiza la frustración de no poder disfrutar de la presencia de la mujer deseada. ¿Es un tema común en el arte? ¿Puede Ud. recordar ejemplos en el cine o en la música?
5. La descripción física de la mujer amada es otro elemento típico dentro de la literatura renacentista. ¿Existen patrones del tipo de mujer u hombre que se consideran bellos? ¿Cómo se dictaminan estos patrones? ¿Son universales y eternos o varían según el contexto?
6. ¿Qué fue el *Renacimiento*? ¿Cuál es su importancia histórico-cultural para Europa o el resto del mundo? ¿Por qué es visto este período como una nueva etapa en la historia del mundo occidental?

Soneto 1

Cuando me paro a contemplar mi 'stado[1]
y a ver los pasos por dó[2] me han traído,
hallo; según por do anduve perdido,
que a mayor mal pudiera haber llegado;
5   mas cuando del camino 'stó[3] olvidado,
a tanto mal no sé por dó he venido;
sé que me acabo, y más he yo sentido
ver acabar comigo mi cuidado.[4]
    Yo acabaré, que me entregué sin arte
10 a quien sabrá perderme y acabarme
si quisiere, y aún sabrá querello;[5]
    que pues mi voluntad puede matarme,
la suya, que no es tanto de mi parte,
pudiendo, ¿qué hará sino hacello?[6]

Soneto 10

¡Oh dulces prendas[7] por mi mal halladas
dulces y alegres cuando Dios quería,
juntas estáis en la memoria mía
y con ella en mi muerte conjuradas![8]
5   ¿Quién me dijera, cuando las pasadas
horas qu'en tanto bien por vos me vía,
que me habíades de ser en algún día
con tan grave dolor representadas?
    Pues en una hora junto me llevastes
10 todo el bien que por términos[9] me distes,
lleváme junto el mal que me dejastes;
    si no, sospecharé que me pusistes
en tantos bienes porque deseastes
verme morir entre memorias tristes.

Soneto 23

En tanto que de rosa y d'azucena[10]
se muestra la color en vuestro gesto,[11]
y que vuestro mirar ardiente, honesto,
con clara luz la tempestad serena;

---

[1] estado. [2] donde. [3] estoy. [4] preocupación.
[5] quererlo. [6] hacerlo. [7] partes de alguien,
objetos de alguien. [8] hacer un juramento en
contra de algo o alguien. [9] poco a poco.
[10] flor blanca muy olorosa. [11] cara

5   y en tanto que'l cabello, que'n la vena [12]
del oro s'escogió, con vuelo presto
por el hermoso cuello blanco, enhiesto, [13]
el viento mueve, esparce y desordena:
   coged de vuestra alegre primavera
10 el dulce fruto antes que'l tiempo airado [14]
cubra de nieve la hermosa cumbre:
   Marchitará la rosa el viento helado,
todo lo mudará la edad ligera
por no hacer mudanza en su costumbre.

■ Preguntas de comprensión

Soneto 1

1. ¿Qué significa la palabra "stado" en el primer verso?
2. ¿A quién se refiere la palabra "quien" en el décimo verso?
3. ¿Qué anticipa el hablante sobre las acciones de la otra persona mencionada en el soneto?
4. ¿Qué tono tiene el poema? ¿Es siempre el mismo o cambia entre las estrofas?

Soneto 10

1. ¿Qué significado tiene en el poema la palabra *prenda*?
2. ¿Con quién se relacionan las *prendas*?
3. ¿Por qué dice el hablante que va a morir?
4. ¿Qué recuerdos tiene el hablante?
5. ¿De qué memorias dice el hablante que va a morir?

Soneto 23

1. ¿Qué representan las flores del primer verso?
2. ¿Con qué contrastes caracteriza el hablante a la mujer del poema?
3. ¿Cómo describe a la mujer del poema?
4. ¿Cómo desarrolla el tema del *carpe diem*?

■ Preguntas de análisis

1. ¿Cómo se diferencian formalmente estos poemas de obras anteriores? ¿Qué estructuras utiliza Garcilaso y de dónde vienen?
2. ¿Qué técnicas utiliza Garcilaso para describir a las mujeres en sus poemas? ¿Cómo es la mujer típica en un poema de Garcilaso?
3. ¿Cómo son los hablantes de Garcilaso? ¿Qué actitud tienen hacia el mundo, hacia la mujer y hacia ellos mismos?

---

[12] lugar en la tierra donde se encuentra el metal.
[13] erguido. [14] con ira.

4. ¿Cómo utiliza el autor fuentes literarias o históricas en la obra?
5. ¿Cómo representa el amor Garcilaso? ¿Qué nos muestran los poemas de Garcilaso sobre las nociones del amor durante el siglo XVI?
6. ¿Cómo son las mujeres de la poesía de Garcilaso en relación a la mujer del siglo XVI? ¿Representan a esa mujer o son una proyección de la mujer ideal?
7. ¿Las preocupaciones de los hablantes de Garcilaso son características de alguna clase social en particular? ¿Quién sería el público ideal para estas obras, los nobles o la gente común? ¿Por qué?

■ Temas para informes escritos

1. La influencia italianizante en la obra de Garcilaso de la Vega
2. Las preocupaciones temáticas y sociales de los hablantes de la poesía de Garcilaso
3. La caracterización de la mujer en la obra de Garcilaso

■ Bibliografía mínima

Blecua, José Manuel. *Sobre la poesía de la edad de oro*. Madrid: Gredos, 1970.

Cruz, Anne J. "Arms Versus Letters: The Poetics of War and the Career of the Poet in Early Modern Spain". *European Literary Early Careers: The Author from Antiquity to the Renaissance*. Eds. Fred de Armas and Patrick Chenney. Toronto: U. of Toronto, 2002. 186–205.

Heiple, Daniel L. *Garcilaso de la Vega and the Italian Renaissance*. Pennsylvania: Penn State Press, 1994.

Lida de Malkiel, María Rosa. *La tradición clásica en España*. Barcelona: Ariel, 1962.

Rivers, Elías L. "Garcilaso de la Vega and the Italian Renaissance: Texts and Contexts". *Caliope* 2.1 (1996): 100–08.

———. Introducción. *Poesía Lírica del Siglo de Oro*. Madrid: Cátedra, 1999. 9–24.

La narrativa renacentista y
La vida de Lazarillo de Tormes

1554

Los siglos XV y XVI en España marcan un importante momento para el desarrollo de la prosa. Durante estos siglos surgen varios tipos de ficciones narradas cuyas características en común permiten catalogarlas en grupos comunes. El género novelesco de estos siglos suele dividirse en novelas sentimentales, novelas moriscas, novelas bizantinas, novelas de caballería, novelas pastoriles y novelas picarescas.

La novela sentimental tiene sus inicios durante la primera mitad del siglo XV. *Cárcel de amor*, de Diego de San Pedro, publicada en 1492, es la obra más importante de este subgénero que se caracteriza por presentar temas relacionados con el amor cortés. Esta novela, como los poemas de amor cortés, presenta en su discurso los efectos emocionales y sicológicos del amor hacia el ser deseado.

Otros subgéneros que surgen durante el período son la novela morisca y la novela bizantina. De la primera el único representante es *El Abencerraje*, anónimo, del siglo XV, que idealiza las relaciones fronterizas entre moros y cristianos, así como el amor entre moros. La novela bizantina, en cambio, lidia con la separación de amantes, quienes no se vuelven a reunir sino después de una serie de infortunios y adversidades. La obra más célebre de este subgénero no surge hasta el siglo XVII, con la publicación de *Los trabajos de Persiles y Segismunda* de Miguel de Cervantes.

Las novelas de caballería también tienen un tema amoroso central, pero el protagonista es un caballero andante que prueba su valor y honra a su amada batallando. Algunas de estas batallas suceden con otros caballeros. Otras ocurren con seres fantásticos como dragones y monstruos. Las novelas de caballería fueron bastante populares durante el siglo XVI y XVII. Su material amoroso causaba curiosidad y deleite en algunos lectores, mientras que otros las veían como viciosas. Hay que recordar que uno de los temas principales de una de las obras más famosas de la literatura mundial, *Don Quijote de la Mancha*, de Miguel de Cervantes, es justamente la lectura de novelas de caballería. La novela de caballería más reconocida es el *Amadís de Gaula*, de Garci Rodríguez de Montalvo, publicada por primera vez en España en 1508 y que tendría influencia directa en *Don Quijote*.

Otro tipo de narración de gran popularidad, especialmente en la vida de la corte, es la novela pastoril. Este subgénero, de fuentes clásicas y de importación italiana, evita la caracterización del amor en su propio contexto histórico y social. Para lograr este fin el autor sitúa la acción en lugares utópicos, donde la naturaleza se encuentra siempre en perfecta armonía. Este mundo es habitado por pastores y pastoras, cuyo refinamiento social es propio de los mismos cortesanos renacentistas, quienes, lejos de contextos mundanos, están libres para contemplar y expresar sus emociones. El ser deseado es siempre la inspiración para estos intercambios y las complejas emociones de los protagonistas contrastan con la armonía natural que los rodea. En España la novela pastoril por excelencia es *Los siete libros de la Diana,* de Jorge Montemayor, escrita en 1559. Su popularidad durante la época es significativa ya que muestra el interés de los lectores en contemplar las complejidades del amor fuera de un contexto cultural restrictivo.

El Lazarillo

La vida de Lazarillo de Tormes se publicó en 1554. A diferencia de los subgéneros anteriores, la obra presenta temas enmarcados en el mismo contexto social en el que nace. El mundo en el que se desarrolla *El Lazarillo* refleja muchas de las realidades del contexto cultural de la España del siglo XVI. La obra también se diferencia en que su personaje principal, Lázaro de Tormes, representa la vida de un ser marginado por su pobreza y rango social y no los rasgos de las élites eruditas o cortesanas de la mayoría de las obras anteriores.

Como subgénero narrativo *El Lazarillo* representa la primera obra picaresca de Europa. Otras obras picarescas que surgen después de ésta son *La vida de Guzmán de Alfarache* (1599) de Mateo de Alemán y *La vida del Buscón* (1626) de Francisco de Quevedo. Estas obras se distinguen por contar la historia de un *pícaro* que, al encontrarse sin las posibilidades económicas para subsistir por sí solo, pasa al servicio de otro personaje que se encarga de su bienestar. Sus servicios no son remunerados justamente y el pícaro sufre una serie de abusos que varían desde la malnutrición hasta castigos físicos brutales. Debido a las injusticias que sufre el pícaro debe vivir de sus picardías, engañando a otros para poder subsistir. Mientras el pícaro va descubriendo los defectos de sus amos, la sociedad empieza a caracterizarse como una donde reina la corrupción impulsada por la necesidad de ganarse la vida de alguna manera. Dentro de esta sociedad todas las apariencias engañan, pero son tan importantes estas apariencias que sirven a los malhechores para sacar algún beneficio.

En parte, la sociedad entera está representada por los mismos amos del pícaro. Un ciego, un clérigo, un escudero y un arcipreste sirven para representar todos los estratos sociales. Todos ellos se sirven de la percepción de esta posición social para sacar algún provecho. Los beneficios varían desde unos bastante benignos y comprensibles, como simplemente poder subsistir, hasta otros de mayor gravedad moral, como exigir placeres sexuales de una sirvienta casada. Al final de la obra el lector observa que la corrupción moral y económica es una característica de todos los estratos sociales.

Las necesidades del pícaro bajo estas condiciones lo impulsan a subsistir como puede y muchas veces aprende de sus "maestros" que las posibilidades para ganarse la vida honradamente son tan limitadas que hay que recurrir al engaño. Es decir que parte de las aventuras del pícaro le sirven como un aprendizaje con el cual se va dando cuenta de la hipocresía y corrupción social.

A pesar de esta caracterización pesimista de la sociedad, uno de los rasgos importantes de la novela picaresca es el humor. Por medio de descripciones autobiográficas de varios pícaros, por las venganzas de los pícaros con los amos o por el distanciamiento del sufrimiento del pícaro por medio de un narrador en tercera persona, se logra provocar la risa del lector.

En el caso específico de *El Lazarillo* el lector se encuentra con una obra anónima autobiográfica que relata la vida de Lázaro de Tormes. Los estudiosos han concordado en que la obra se trata de una autobiografía ficticia, ya que las características discursivas de la obra muestran un conocimiento de técnicas y fuentes que requerirían una erudición más avanzada que la de un ser marginal sin los beneficios de una educación. Entre estas técnicas se observan aplicaciones de la retórica, de la autobiografía y de las cartas de relación, por ejemplo. Las fuentes incluyen obras clásicas como el *Asno de Oro,* de Apuleyo, *La Lozana Andaluza* y cuentos folclóricos.

A pesar de estas fuentes literarias el autor sitúa la acción dentro de un marco específico. Menciones históricas contextualizan la obra en el primer cuarto del siglo XVI. La vida del protagonista ocurre en ciudades españolas como Toledo y Salamanca. Además se representan personas, costumbres y dificultades sociales que cualquier lector contemporáneo a la publicación de la obra hubiese reconocido.

Al comienzo de la obra, igual que al final, Lázaro se refiere a su autobiografía como un "caso". Este "caso" lo escribe para el lector explícito, "Vuestra Merced", quien le ha pedido información a Lázaro. El protagonista decide escribir su autobiografía para explicarle su situación. El final de la obra es bastante irónico. En éste, Lazarillo ha llegado a ocupar un puesto más estable en la sociedad como pregonador de vinos y se ha casado con la criada de un Arcipreste. La pareja se encuentra bajo el amparo económico del arcipreste que según las "malas lenguas" del pueblo, tiene relaciones sexuales con la esposa de Lazarillo.

A continuación se encuentra el primer episodio de la novela, que narra los primeros años de la vida de Lázaro al igual que la relación con su primer amo. En las secciones que no se incluyen, Lázaro pasa por las manos de otros amos, con los cuales sufre muchos desvaríos y problemas.

■ Preguntas de pre-lectura

1. ¿Cuáles son los propósitos de una autobiografía? ¿Cuáles serían las dificultades de escribir una autobiografía ficticia que divierta al público, pero que no se burle del protagonista hasta el punto de no parecer autobiográfica?
2. ¿Usted conoce otras obras artísticas que presentan un protagonista que se va de casa para vivir varias aventuras? ¿Son representados como héroes estos protagonistas o representan un tipo de antihéroe?
3. *El Lazarillo* trata temas sociales del siglo XVI. Socialmente, ¿cómo está dividida la España de este siglo?
4. ¿Cómo se presenta la España real de los siglos XV y XVI en otros textos que ha leído? ¿Éstos intentan evadir la realidad española? ¿Hay textos que expresan estas realidades directamente?

La vida de Lazarillo de Tormes

TRATADO PRIMERO

Cuenta Lázaro su vida y cúyo hijo fue

Pues sepa Vuestra Merced ante todas cosas que a mí llaman Lázaro de Tormes, hijo de Tomé Gonzáles y de Antona Pérez, naturales de Tejares, aldea de Salamanca. Mi nascimiento fue dentro del río Tormes, por la cual causa tomé el sobre-

nombre,[1] y fue desta manera: mi padre, que Dios perdone, tenía cargo de proveer
5 una molienda de una aceña que está ribera de aquel río, en la cual fue molinero[2]
más de quince años; y estando mi madre una noche en la aceña, preñada[3] de mí,
tomóle el parto y parióme[4] allí; de manera que con verdad me puedo decir nas-
cido en el río.

Pues siendo yo niño de ocho años, achacaron[5] a mi padre ciertas sangrías
10 mal hechas en los costales de los que allí a moler venían, por lo cual fue preso, y
confesó, y no negó, y padesció persecución por justicia. Espero en Dios que está
en la Gloria, pues el Evangelio los llama bienaventurados. En este tiempo se hizo
cierta armada contra moros, entre los cuales fue mi padre, que a la sazón estaba
desterrado por el desastre ya dicho, con cargo de acemilero[6] de un caballero que
15 allá fue; y con su señor, como leal criado, fenesció[7] su vida.

Mi viuda madre, como sin marido y sin abrigo se viese, determinó arri-
marse a los buenos por ser uno dellos, y vínose a vivir a la ciudad, y alquiló
una casilla, y metióse a guisar de comer a ciertos estudiantes, y lavaba la ropa
a ciertos mozos de caballos del Comendador de la Magdalena; de manera que
20 fue frecuentando las caballerizas. Ella y un hombre moreno,[8] de aquellos que
las bestias curaban,[9] vinieron en conoscimiento. Este algunas veces se venía a
nuestra casa, y se iba a la mañana; otras veces de día llegaba a la puerta, en
achaque[10] de comprar huevos, y entrábase en casa. Yo, al principio de su entrada, pesábame con él y habíale miedo, viendo el color y mal gesto que te-
25 nía; mas de que vi que con su venida mejoraba el comer, fuile queriendo bien,
porque siempre traía pan, pedazos de carne, y en el invierno leños,[11] a que nos
calentábamos.

De manera que, continuando la posada y conversación, mi madre vino a
darme un negrito muy bonito, el cual yo brincaba y ayudaba a calentar. Y acuér-
30 dome que estando el negro de mi padrastro trebajando[12] con el mozuelo, como
el niño via[13] a mi madre y a mí blancos, y a él no, huía dél con miedo para mi
madre, y señalando con el dedo decía: "¡Madre, coco!"[14] Respondió él riendo:
"¡Hideputa!"[15]

Yo, aunque bien mochacho,[16] noté aquella palabra de mi hermanico,[17] y dije
35 entre mí: "¡Cuántos debe de haber en el mundo que huyen de otros porque no se
veen a sí mesmos!"[18]

Quiso nuestra fortuna que la conversación del Zaide, que así se llamaba,
llegó a oídos del mayordomo, y hecha pesquisa, hallóse que la mitad por medio
de la cebada que para las bestias le daban hurtaba;[19] y salvados, leña, almohazas,
40 mandiles, y las mantas y sábanas de los caballos hacía perdidas,[20] y cuando otra
cosa no tenía, las bestias desherraba,[21] y con todo esto acudía[22] a mi madre para
criar a mi hermanico. No nos maravillemos de un clérigo ni fraile porque el uno
hurta de los pobres, y el otro de casa para sus devotas y para ayuda de otro tanto,
cuando a un pobre esclavo el amor le animaba a esto.
45 Y probósele cuanto digo y aun más, porque a mí, con amenazas, me pregun-

---

[1] apellido.   [2] persona que trabaja en un
molino.   [3] embarazada.   [4] dio a luz.
[5] culparon.   [6] encargado de cuidar mulas.
[7] terminó.   [8] negro, de ascendencia africana.
[9] cuidaban.   [10] con la excusa.   [11] madera
para quemar.   [12] trabajando.   [13] veía.

[14] figura imaginaria que causa miedo o espanto
a los niños.   [15] hijo de puta.   [16] muchacho.
[17] pequeño hermano.   [18] mismos.
[19] robaba.   [20] hacía como que se perdían.
[21] quitaba las herraduras.
[22] lo usaba para ayudar.

taban, y como niño respondía y descubría cuanto sabía con miedo, hasta ciertas herraduras que por mandado de mi madre a un herrero vendí.

Al triste de mi padrastro azotaron y pringaron,[23] y a mi madre pusieron pena por justicia, sobre el acostumbrado centenario,[24] que en casa del sobredicho
50 Comendador no entrase ni al lastimado Zaide en la suya acogiese.[25]

Por no echar la soga tras el caldero,[26] la triste se esforzó y cumplió la sentencia; y por evitar peligro y quitarse de malas lenguas, se fue a servir a los que al presente vivían en el mesón de la Solana; y allí, padesciendo mil importunidades,[27] se acabó de criar mi hermanico hasta que supo andar, y a mí hasta ser buen mozuelo,
55 que iba a los huéspedes por vino y candelas y por lo demás que me mandaban.

En este tiempo vino a posar al mesón un ciego, el cual, paresciéndole que yo sería para adestralle,[28] me pidió a mi madre, y ella me encomendó a él diciéndole cómo era hijo de un buen hombre, el cual, por ensalzar la fe, había muerto en la de los Gelves,[29] y que ella confiaba en Dios no saldría peor hombre que mi padre, y
60 que le rogaba me tratase bien y mirase por mí, pues era huérfano. Él respondió que así lo haría y que me recibía no por mozo, sino por hijo. Y así, le comencé a servir y adestrar a mi nuevo y viejo amo.

Como estuvimos en Salamanca algunos dias, paresciéndole a mi amo que no era la ganancia a su contento,[30] determinó irse de allí, y cuando nos hubimos[31] de
65 partir yo fui a ver a mi madre, y ambos llorando, me dio su bendición y dijo:

—Hijo, ya sé que no te veré más; procura de ser bueno, y Dios te guíe; criado te he y con buen amo te he puesto, válete por ti.

Y así, me fui para mi amo, que esperándome estaba.

Salimos de Salamanca, y llegando a la puente, está a la entrada della un ani-
70 mal de piedra, que casi tiene forma de toro, y el ciego mandóme que llegase cerca del animal, y allí puesto, me dijo:

—Lázaro, llega[32] el oído a este toro y oirás gran ruido dentro dél.

Yo simplemente llegué, creyendo ser ansí; y como sintió que tenía la cabeza par[33] de la piedra, afirmó recio la mano y diome una gran calabazada[34] en el dia-
75 blo del toro, que más de tres días me duró el dolor de la cornada, y díjome:

—Necio,[35] aprende, que el mozo del ciego un punto ha de saber más que el diablo.

Y rió mucho la burla.

Parescióme que en aquel instante desperté de la simpleza en que, como niño,
80 dormido estaba. Dije entre mí: "Verdad dice éste, que me cumple avivar el ojo y avisar,[36] pues solossoy,[37] y pensar cómo me sepa valer."

Comenzamos nuestro camino, y en muy pocos días me mostró jerigonza;[38] y como me yiese de buen ingenio, holgábase mucho y decía: "Yo oro ni plata no te lo puedo dar; mas avisos para vivir muchos te mostraré." Y fue ansí, que, después
85 de Dios, éste me dio la vida, y siendo ciego me alumbró y adestró[39] en la carrera[40] de vivir.

Huelgo[41] de contar a Vuestra Merced estas niñerias para mostrar cuánta

---

[23] pringar: castigo basado en quemar el cuerpo del culpable.   [24] cien latigazos.   [25] quedase.
[26] balde.   [27] infortunios.   [28] servirle de guía.
[29] batalla en 1510.   [30] estaba ganando lo suficiente.   [31] estábamos a punto de partir.

[32] acerca.   [33] al lado.   [34] golpe en el cuerno.
[35] tonto.   [36] poner atención y avivarme.
[37] estoy solo.   [38] lenguaje de los ciegos.
[39] aclaró y entrenó.   [40] camino.
[41] me tomo el tiempo.

virtud sea saber los hombres subir siendo bajos, y dejarse bajar siendo altos cuánto[42] vicio.

90   Pues tornando al bueno de mi ciego y contando sus cosas, Vuestra Merced sepa que desde que Dios crió el mundo, ninguno formó más astuto ni sagaz.[43] En su oficio era un águila: ciento y tantas oraciones sabía de coro; un tono bajo, reposado y muy sonable, que hacía resonar la iglesia donde rezaba; un rostro humilde y devoto, que con muy buen continente[44] ponía cuando rezaba, sin hacer gestos ni 95 visaies con boca ni ojos como otros suelen hacer. Allende[45] desto, tenía otras mil formas y maneras para sacar el dinero. Decía saber oraciones para muchos y diversos efectos: para mujeres que no parían, para las que estaban de parto, para las que eran malcasadas, que sus maridos las quisiesen bien. Echaba pronósticos a las preñadas si traían hijo o hija. Pues en caso de medicina, decía que Galeno no supo 100 la mitad que él para muela, desmayos, males de madre.[46] Finalmente, nadie le decía padecer alguna pasión, que luego no le decía: "Haced esto, haréis estotro, cosed[47] tal yerba, tomad tal raiz." Con esfo andábase todo el mundo tras él, especialmente mujeres, que cuanto les decía, creían. Déstas sacaba él grandes provechos con las artes que digo, y ganaba más en un mes que cien ciegos en un año.

105   Mas también quiero que sepa Vuestra Merced que con todo lo que adquiría y tenía, jamás tan avariento ni mezquino[48] hombre no vi, tanto que me mataba a mí de hambre, y así no me demediaba[49] de lo necesario. Digo verdad: si con mi sotileza y buenas mañas no me supiera remediar, muchas veces me finara[50] de hambre; mas con todo su saber y aviso le contaminaba[51] de tal suerte, que siem-110 pre, o las más veces, me cabía lo más y mejor. Para esto le hacía burlas endiabladas, de los cuales contaré algunas, aunque no todas a mi salvo.

    Él traía el pan y todas las otras cosas en un fardel[52] de lienzo que por la boca se cerraba con una argolla de hierro y su candado y su llave, y al meter de todas las cosas y sacallas,[53] era con tan gran vigilancia y tanto por contadero, que no bas-115 tara hombre en todo el mundo hacerle menos una migaja. Mas yo tomaba aquella laceria[54] que él me daba, la cual en menos de dos bocados era despachada. Después que cerraba el candado y se descuidaba, pensando que yo estaba entendiendo en otras cosas, por un poco de costura, que muchas veces del un lado del fardel descosía y tornaba a coser sangraba el avariento fardel, sacando no por tasa pan, mas 120 buenos pedazos, torreznos y longaniza. Y ansí buscaba conveniente tiempo para rehacer, no la chaza,[55] sino la endiablada falta[56] que el mal ciego me faltaba.[57]

    Todo lo que podía sisai[58] y hurtar traía en medias blancas; y cuando le mandaban rezar y le daban blancas, como él carecía de vista, no había el que se la daba amagado con ella, cuando yo la tenía lanzada en la boca y la media aparejada, que 125 por presto que el echaba la mano, ya iba de mi cambio aniquilada en la mitad del justo precio.[59] Quejábaseme el mal ciego porque al tiento luego conocía y sentía que no era blanca entera, y decía:

    —¿Qué diablo es esto, que después que comigo estás no me dan sino medias blancas, y de antes una blanca y un maravedí hartas veces me pagaban? ¡En ti debe 130 estar esta desdicha!

---

[42] por el.   [43] perspicaz.   [44] contenido.   [54] pequeña cantidad.   [55] la hazaña.
[45] además.   [46] utero.   [47] cocina.   [48] miserable.   [56] el truco, el mal.   [57] me hacía.   [58] robar.
[49] daba la mitad.   [50] me consumiera.   [51] atacaba   [59] debido al cambio que yo hacía el ciego solo
con engaños.   [52] bolsa.   [53] sacarlas.   recibía la mitad.

También él abreviaba el rezar y la mitad de la oración no acababa, porque me tenía mandado que, en yéndose el que la mandaba rezar, le tirase por cabo del capuz.[60] Yo así lo hacía. Luego él tornaba a dar voces, diciendo: "¿Mandan rezar tal y tal oración?", como suelen decir.

135   Usaba poner cabe sí un jarrillo de vino cuando comíamos, y yo, muy de presto, le asía y daba un par de besos callados y tornábale a su lugar. Mas turóme[61] poco, que en los tragos conocía la falta, y por reservar su vino a salvo, nunca después desamparaba el jarro, antes lo tenía por el asa asido. Mas no había piedra imán que así trajese a sí como yo con una paja larga de centeno, que para aquel
140 menester tenía hecha, la cual metiéndola en la boca del jarro, chupando el vino lo dejaba a buenas noches.[62] Mas como fuese el traidor tan astuto, pienso que me sintió, y dende en adelante mudó propósito, y asentaba su jarro entre las piernas, y atapábale con la mano, y ansí bebía seguro.

     Yo, como estaba hecho[63] al vino, moría por él: y viendo que aquel remedio
145 de la paja no me aprovechaba ni valía, acordé en el suelo del jarro hacerle una fuentecilla y agujero sotil,[64] y delicadamente con una muy delgada tortilla de cera[65] taparlo, y al tiempo de comer, fingiendo haber frio, entrábame entre las piernas del triste ciego a calentarme en la pobrecilla lumbre que teníamos, y al calor della luego derretida la cera (por ser muy poca), comenzaba la fuentecilla a desti-
150 larme en la boca, la cual yo de tal manera ponía, que maldita la gota se perdía. Cuando el pobreto[66] iba a beber, no hallaba nada. Espantábase, maldecíase, daba al diablo el jarro y el vino, no sabiendo qué podía ser.

     —No diréis, tío, que os lo bebo yo—decia—, pues no le quitáis de la mano.

     Tantas vueltas y tientos[67] dio al jarro, que halló la fuente, y cayó en la burla;
155 mas así lo disimuló como si no lo hubiera sentido. Y luego otro día, teniendo yo rezumando mi jarro como solía, no pensando el daño que me estaba aparejado ni que el mal ciego me sentía, sentéme como solía. Estando recibiendo aquellos dulces tragos, mi cara puesta hacia el cielo, un poco cerrados los ojos por mejor gustar el sabroso licor, sintió el desesperado ciego que agora tenía tiempo de tomar
160 de mí venganza, y con toda su fuerza, alzando con dos manos aquel dulce y amargo jarro, le dejó caer sobre mi boca, ayudándose, como digo, con todo su poder,[68] de manera que el pobre Lázaro, que de nada desto se guardaba, antes, como otras veces, estaba descuidado y gozoso, verdaderamente me pareció que el cielo, con todo lo que en él hay, me había caído encima.

165   Fue tal el golpecillo, que me desatinó y sacó de sentido, y el jarrazo tan grande, que los pedazos dél se me metieron por la cara, rompiéndomela por muchas partes, y me quebró los dientes, sin los cuales hasta hoy día me quedé. Desde aquella hora quise mal al mal ciego; y aunque me queria y regalaba y me curaba,[69] bien vi que se había holgado del cruel castigo. Lavóme con vino las roturas que
170 con los pedazos del jarro me había hecho, y sonriéndose decía:

     —¿Qué te parece, Lázaro? Lo que te enfermó te sana y da salud.

     Y otros donaires, que a mi gusto no lo eran.

     Ya que estuve medio bueno de mi negra trepa y cardenales, considerando que a pocos golpes tales el cruel ciego ahorraría[70] de mí, quise yo ahorrar dél; mas

---

[60] caperuza, capucha.   [61] me duró.   [66] pobre.   [67] tocando el jarro para ver si hay
[62] lo acababa.   [63] acostumbrado.   algún agujero.   [68] fuerza.   [69] cuidaba.
[64] sutil, pequeño.   [65] pedazo de cera.   [70] me mataría.

175 no lo hice tan presto por hacello más a mi salvo y provecho. Y aunque yo quisiera asentar mi corazón y perdonalle el jarrazo, no daba lugar el maltratamiento que el mal ciego dende allí adelante me hacía, que sin causa ni razón me hería, dándome coxcorrones y repelándome.[71] Y si alguno le decía por qué me trataba tan mal, luego contaba el cuento del jarro, diciendo:

180 —¿Pensaréis que este mi mozo es algún inocente? Pues oíd si el demonio ensayara[72] otra tal hazaña.

Santiguándose los que lo oían, decían:

—¡Mirá quién pensara de un muchacho tan pequeño tal ruindad!

Y reían mucho el artificio, y decíanle:

185 —Castigaldo, castigaldo, que de Dios lo habréis.

Y él, con aquello, nunca otra cosa hacía.

Y en esto, yo siempre le llevaba por los peores caminos, y adrede,[73] por le hacer mal y daño; si había piedras, por ellas; si lodo, por lo más alto, que aunque yo no iba por lo más enjuto, holgábame a mí de quebrar un ojo por quebrar dos al que

190 ninguno tenía. Con esto siempre con el cabo alto del tiento[74] me atentaba el colodrillo,[75] el cual siempre traía lleno de tolondrones[76] y pelado de sus manos; y aunque yo juraba no lo hacer con malicia, sino por no hallar mejor camino, no me aprovechaba ni me creía, mas tal era el sentido y el grandísimo entendimiento del traidor. [...]

195 Mas por no ser prolijo, dejo de contar muchas cosas, así graciosas como de notar, que con este mi primer amo me acaescieron,[77] quiero decir el despidiente[78] y; con él, acabar. Estábamos en Escalona, villa del duque della, en un mesón, y diome un pedazo de longaniza que le asase. Ya que la longaniza[79] había pringa do y comídose las pringadas, sacó un maravedí de la bolsa y mandó que fuese por él

200 de vino a la taberna. Púsome el demonio el aparejo delante los ojos, el cual como suelen decir, hace al ladrón, y fue que había cabe el fuego un nabo pequeño, larguillo y ruinoso y tal, que por no ser para la olla, debió ser echado allí.

Y como al presente nadie estuviese sino él y yo solos, como me vi con apetito goloso, habiéndome puesto dentro el sabroso olor de la longaniza (del cual sola-

205 mente sabía que había de gozar), no mirando qué me podría suceder, pospuesto todo el temor por cumplir con el deseo, en tanto que el ciego sacaba de la bolsa el dinero, saqué la longaniza, y, muy presto, metí el sobredicho nabo en el asador, el cual, mi amo dándome el dinero para el vino, tomó y comenzó a dar vueltas al fuego, queriendo asar al que de ser cocido por sus deméritos, había escapado.[80]

210 Yo fui por el vino, con el cual no tardé en despachar la longaniza; y cuando vine, hallé al pecador del ciego que tenía entre dos rebanadas apretado el nabo, al cual aún no había conoscido por no lo haber tentado con la mano. Como tomase las rebanadas y mordiese en ellas, pensando también llevar parte de la longaniza, hallóse en frío con el frío nabo; alteróse y dijo:

215 —¿Qué es esto, Lazarillo?

—¡Lacerado de mí!—dije yo—. ¿Si queréis a mí echar algo?[81] ¿Yo no vengo de traer el vino? Alguno estaba ahí, y por burlar haría esto.

---

[71] pegándome y halándome el pelo.
[72] intentara.   [73] a propósito.
[74] palo con el que el ciego se guía.
[75] la cabeza.   [76] golpes, moretones.

[77] sucedieron.   [78] como nos llegamos a despedir.   [79] pedazo de tripa angosta llena de carne de picada.   [80] se refiere al nabo.
[81] ¿Me quieres echar la culpa?

—No, no—dijo él—, que yo no he dejado el asador de la mano. No es posible.

220 Yo torné a jurar y perjurar que estaba libre de aquel trueco y cambio; mas poco me aprovechó, pues a las astucias del maldito ciego nada se le escondía. Levantóse y asióme[82] por la cabeza y llegóse a olerme. Y como debió sentir el huelgo,[83] a uso de buen podenco, por mejor satisfacerse de la verdad y con la gran agonía que llevaba, asiéndome con las manos, abríame la boca más de su derecho 225 y desatentadamente[84] metía la nariz, la cual él tenía luenga[85] y afilada, y a aquella sazón, con el enojo, se había augmentado un palmo,[86] con el pico de la cual me llegó a la gulilla.[87]

Y con esto, y con el gran miedo que tenía, y con la brevedad del tiempo, la negra longaniza aún no había hecho asiento en el estómago, y lo más principal, 230 con el destiento de la cumplidísima nariz medio cuasi ahogándome, todas estas cosas se juntaron, y fueron causa que el hecho y golosina se manifestase y lo suyo fuese vuelto a su dueño; de manera que antes que el mal ciego sacase de mi boca su trompa, tal alteración sintió mi estómago, que le dio con el hurto en ella, de suerte que su nariz y la negra mal maxcada[88] longaniza a un tiempo salieron de 235 mi boca.

¡Oh gran Dios, quién estuviera aquella hora sepultado, que muerto ya lo estaba! Fue tal el coraje del perverso ciego, que, si al ruido no acudieran, pienso no me dejara con la vida. Sacáronme de entre sus manos, dejándoselas llenas de aquellos pocos cabellos que tenía, arañada la cara y rascuñado el pescuezo[89] 240 y la garganta. Y esto bien lo merescía, pues por su maldad me venían tantas persecuciones.

Contaba el mal ciego a todos cuantos allí se allegaban mis desastres,[90] y dábales cuenta una y otra vez, así de la del jarro como de la del racimo, y agora de lo presente. Era la risa de todos tan grande, que toda la gente que por la calle pasaba 245 entraba a ver la fiesta; mas con tanta gracia y donaire recontaba el ciego mis hazañas, que aunque yo estaba tan maltratado y llorando, me parescía que hacía sinjusticia[91] en no se las reír.

Y en cuanto esto pasaba, a la memoria me vino una cobardía y flojedad que hice por que me maldecía, y fue no dejalle sin narices, pues tan buen tiempo tuve 250 para ello, que la meitad del camino estaba andado: que, con sólo apretar los dientes, se me quedaran en casa, y con ser de aquel malvado, por ventura lo retuviera mejor mi estómago que retuvo la longaniza, y no paresciendo ellas pudiera negar la demanda. Pluguiera a Dios que lo hubiera hecho, que eso fuera así que así.

Hiciéronnos amigos la mesonera y los que allí estaban, y con el vino que para 255 beber le había traído laváronme la cara y la garganta. Sobre lo cual discantaba[92] el mal ciego donaires, diciendo:

—Por verdad, más vino me gasta este mozo en lavatorios al cabo del año que yo bebo en dos.[93] A lo menos, Lázaro, eres en más cargo al vino que a tu padre, porque él una vez te engendró, mas el vino mil te ha dado la vida.

260 Y luego contaba cuántas veces me había descalabrado y arpado[94] la cara, y con vino luego sanaba.

---

[82] me cogió.   [83] aliento.   [84] groseramente.

[85] larga.   [86] que había aumentado.   [87] epiglotis.

[88] mascada.   [89] rasguñado el cuello.

[90] mis desgracias.   [91] injusticias.   [92] comentaba.

[93] usa más vino en lavatorios en un año del que yo bebo en dos.   [94] pegado y rasguñado.

—Yo te digo—dijo—que si un hombre en el mundo ha de ser bienaventurado con vino, que serás tú.

Y reían mucho, los que me lavaban, con esto, aunque yo renegaba. Mas el pronóstico del ciego no salió mentiroso, y después acá muchas veces me acuerdo de aquel hombre, que sin duda debía tener espíritu de profecía, y me pesa de los sinsabores que le hice, aunque bien se lo pagué, considerando lo que aquel día me dijo salirme tan verdadero como adelante Vuestra Merced oirá.

Visto esto y las malas burlas que el ciego burlaba de mí, determiné, de todo en todo dejalle, y como lo traía pensado y lo tenía en voluntad, con este postrer juego que me hizo, afirmélo más. Y fue ansí, que luego otro día salimos por la villa a pedir limosna y había llovido mucho la noche antes; y porque el día también llovía, y andaba rezando debajo de unos portales que en aquel pueblo había, donde no nos mojamos; mas como la noche se venía, y el llover no cesaba, díjome el ciego:

—Lázaro, esta agua es muy porfiada,[95] y cuanto la noche más cierra, más recia; acojámonos a la posada con tiempo.

Para ir allá, habíamos de pasar un arroyo que con la mucha agua iba grande. Yo le dije:

—Tío, el arroyo va muy ancho; mas si queréis, yo veo por donde travesemos más aína[96] sin nos mojar, porque se estrecha allí mucho, y saltando pasaremos a pie enjuto.

Parescióle buen consejo, y dijo:

—Discreto eres, por esto te quiero bien. Llévame a ese lugar donde el arroyo se ensangosta, que agora es invierno y sabe mal el agua, y más llevar los pies mojados.

Yo, que vi el aparejo[97] a mi deseo, saquéle de bajo de los portales, y llevéle derecho a un pilar o poste de piedra que en la plaza estaba, sobre el cual y sobre otros cargaban saledizos[98] de aquellas casas, y dígole:

—Tío, éste es el paso más angosto que en el arroyo hay.

Como llovía recio y el triste se mojaba, y con la priesa que llevábamos de salir del agua, que encima de nos caía, y lo más principal, porque Dios le cegó aquella hora el entendimiento (fue por darme dél venganza), creyóse de mí[99] y dijo:

—Ponme bien derecho y salta tú el arroyo.

Yo le puse bien derecho enfrente del pilar, y doy un salto y póngome detrás del poste como quien espera tope de toro y díjele:

—¡Sús! Saltá todo lo que podáis, porque deis deste cabo del agua.[100]

Aun apenas lo había acabado de decir, cuando se abalanza[101] el pobre ciego como cabrón,[102] y de toda su fuerza arremete, tomando un paso atrás de la corrida para hacer mayor salto, y da con la cabeza en el poste, que sonó tan recio como si diera con una gran calabaza, y cayó luego para atrás, medio muerto y hendida[103] la cabeza.

—¿Cómo, y olistes la longaniza y no el poste? ¡Olé! ¡Olé! —le dije yo.

Y déjole en poder de mucha gente que lo había ido a socorrer, y tomo la puerta de la villa en los pies de un trote, y antes que la noche viniese di comigo en Torrijos. No supe más lo que Dios dél hizo, ni curé[104] de lo saber.

---

95 que no cesa, no para de llover.   96 pronto.
97 la situación.   98 piezas para construcción.

99 me creyó.   100 lado.   101 lanza.   102 como una cabra.   103 rota.   104 cuidé.

■ **Preguntas de comprensión**

Tratado primero

1. ¿A qué se dedican los padres de Lázaro?
2. ¿Cómo murió su padre?
3. ¿Qué decide hacer la madre de Lázaro?
4. ¿Qué hacía la madre de Lázaro en la ciudad?
5. ¿Cómo ayuda a Lázaro la relación de su madre con Zaide?
6. ¿Qué hacía Zaide para ayudar a su nueva familia?
7. ¿Cómo es castigado Zaide?
8. ¿Por qué se va Lázaro con el ciego?
9. ¿Qué aprende Lázaro en el incidente con el toro?
10. ¿Cómo se gana la vida el ciego?
11. ¿Comparte el ciego sus ganancias con Lázaro?
12. ¿Qué hace Lázaro para subsistir?
13. ¿Cómo le roba Lázaro al ciego?
14. ¿Cómo es castigado Lázaro cuando lo descubren?

■ **Preguntas de análisis**

1. ¿Cómo se estructura la acción en los tratados que Ud. ha leído? ¿Cómo caracterizaría una novela picaresca según esta estructura?
2. ¿Cómo utiliza el autor el humor en la obra? ¿Qué función tiene este humor?
3. ¿Cómo crea el autor un mundo verosímil? ¿Qué hace el autor para representar un mundo que sería reconocible para un lector del siglo XVI?
4. ¿Cómo se representa la vida de familia en esta obra? Si la familia es un núcleo social, ¿qué representa la vida familiar del joven Lázaro? ¿Cómo es representada la vida familiar al final de la novela?
5. ¿Qué postura asume la novela hacia individuos que están marginados dentro de la sociedad (Zaide, la madre viuda, el ciego, el mismo Lazarillo)? ¿Son todos estos individuos igual de corruptos? ¿Qué diferencias hay?
6. ¿Cómo plantea esta obra renacentista temas como el honor, la religión, el servicio y las clases superiores, es decir, temas que se tratan en la literatura a lo largo del período medieval? ¿Cómo se cuestiona la fe en estos valores en la novela?

■ **Temas para informes escritos**

1. La violencia en *El Lazarillo*
2. La vida familiar en la obra
3. Los ideales morales y sociales y la sociedad presentada en la obra

■ **Bibliografía mínima**

Blecua, Alberto. Introducción. *La vida de Lazarillo de Tormes*. Madrid: Castalia, 1984. 7–70.
Casalduero, Joaquín. *Estudios de literatura española*. Madrid: Gredos, 1958.
Cruz, Anne J. "The Abjected Femenine in the *Lazarillo de Tormes*". *Crítica Hispánica* 19.1–2 (1999): 99–109.

Fra-Molinero, Baltasar. "El negro Zaide: Marginación social y textual en el *Lazarillo de Tormes*". *Hispania* 76.1 (1996): 20–29.

Gil Albarellos, Susana. *Amadís de Gaula y el género caballeresco en España*. Valladolid: Universidad de Valladolid, 1999.

González Roviria, Javier. *La novela bizantina de la Edad de oro*. Madrid: Gredos, 1996.

Lida de Malkiel, María Rosa. "Función del cuento popular en el *Lazarillo de Tormes*". *Actas del Primer Congreso Internacional de Hispanistas*. Oxford: Oxford, 1964. 349–359.

López Estrada, Francisco. "Introducción". *El Abencerraje: novela y romancero*. Madrid: Cátedra, 1993. 13–17.

Rallo, Asunción. "Introducción". *La Diana*. De Jorge Montemayor. Madrid: Cátedra, 1999. 11–99.

FRAY LUIS DE LEÓN

1527–1591

Fray Luis de León es uno de los máximos representantes del humanismo peninsular. Dedicó su vida a la traducción de textos griegos, latinos y hebreos al castellano, a la enseñanza y a la literatura. Nació en 1527 en Belmonte, Cuenca, de una familia influyente de conversos. En 1543 entra en el convento agustino de San Pedro, en Salamanca, donde profesó. Fray Luis obtuvo una licenciatura en teología de la Universidad de Salamanca. En la Universidad de Alcalá estudió hebreo. Fue catedrático en la Universidad de Salamanca desde 1561.

En 1572 la Inquisición encarceló a Fray Luis por haber escrito una versión en castellano del "Cantar de los cantares", pues la traducción escrita a las lenguas vulgares del texto sagrado estaba prohibida durante esta época. Además se le acusaba de criticar una versión latina de la *Biblia* donde encontraba errores. Según Fray Luis, la versión hebrea de la Biblia representaba una versión superior a la de San Jerónimo. Fray Luis estuvo en la cárcel hasta 1576. En 1579 y 1582 Fray Luis volvió a tener problemas con la Inquisición. Su trabajo como reformador de la orden agustiniana le permitió asumir cargos cada vez más importantes. En 1591 se le otorgó el puesto Vicario General de Castilla. Luego, mientras cumplía con sus cargos como provincial de los Agustinos, murió en Madrigal de las Altas Torres.

En la escritura de Fray Luis se observa una fusión entre su capacidad como hombre de letras y sus tendencias moralistas y espirituales. Fray Luis escribió tanto prosa como poesía. Después de haber escrito la *Exposición del Cantar de los Cantares*, Fray Luis escribió *De los nombres de Cristo*, completado en 1585. Fray Luis escribió este texto en castellano para instruir a los lectores peninsulares en cuestiones bíblicas.

Fray Luis también participa en la instrucción de la mujer cristiana. Para este fin escribe *La perfecta casada* (1583). Este texto prescribe para la mujer de clase alta el comportamiento ideal para el bien de la familia y de la sociedad. Existen recomendaciones para casi todos los ámbitos de la vida de la mujer. Fray Luis indica que las consecuencias de un comportamiento que no refleje lo prescrito por la *Biblia* son corrosivas para el bien personal y social. A pesar de subrayar la gran variedad de las responsabilidades de la mujer dentro de las vidas familiares del siglo XVI, y abogar por la educación de la mujer para estos fines, algunos críticos concuerdan en que *La perfecta casada* es un texto que reproduce discursos que promulgan la marginación de la mujer al negarle todo espacio público que no sea la casa o el convento. Otra obra en prosa importante de Fray Luis fue la *Exposición del Libro de Job*, que no vio la luz hasta el siglo XVIII.

La obra poética de Fray Luis no fue publicada durante su vida. Los estudiosos han encontrado que sus obras están influenciadas por la poesía clásica, además de la filosofía espiritual que las caracteriza. Sus poemas muestran un equilibrio entre los estudios humanistas del autor y la búsqueda de la serenidad espiritual individual. Para este fin Fray Luis emplea varios elementos—siendo el más importante la naturaleza—que tienen la función de contrastar esta serenidad interna con el mundo exterior que se presenta como dañino y caótico. Uno de los temas que se observan en la obra de Fray Luis y de otros poetas religiosos es el misticismo. Los poetas místicos escriben que por medio de la contemplación se puede lograr que el alma del individuo se una con la de Dios.

■ Preguntas de pre-lectura

1. ¿Es la religión un tema que se repite en la literatura? ¿Usted conoce obras literarias que son a la vez obras religiosas?
2. ¿Qué propósito tienen las obras de arte que son religiosas?
3. ¿Es la religión una característica importante de la sociedad en la que vive Fray Luis? ¿Puede dar ejemplos de instituciones que subrayan esta importancia?
4. ¿Qué importancia tuvo el humanismo dentro de la Península durante el Renacimiento?
5. ¿Ha leído textos que subrayan la corrupción dentro de la sociedad española? ¿Cuáles son?

Vida retirada

¡Qué descansada vida
la del que huye el mundanal ruïdo,
y sigue la escondida
senda[1] por donde han ido
5 los pocos sabios que en el mundo han sido!
Que no le enturbia el pecho
de los soberbios grandes el estado,
ni del dorado[2] techo
se admira, fabricado
10 del sabio moro, en jaspes sustentado.[3]
No cura[4] si la fama
canta con voz su nombre pregonera;[5]
no cura si encarama[6]
la lengua lisonjera[7]
15 lo que condena la verdad sincera.
¿Qué presta[8] a mi contento
si soy del vano dedo señalado,
si en busca de este viento
ando desalentado[9]
20 con ansias vivas, y mortal cuidado?

---

[1] camino. [2] de oro.
[3] referencia a una columna decorada del jaspe, un tipo de piedra.

[4] no importa. [5] de pregonar: anunciar.
[6] alabar. [7] deleitosa. [8] contribuye.
[9] desanimado.

¡Oh, campo! ¡Oh, monte! ¡Oh, río!
¡Oh, secreto seguro, deleitoso!
Roto casi el navío,
a vuestro almo[10] reposo
25   huyo de aqueste mar tempestuoso.
        Un no rompido sueño,
un día puro, alegre, libre quiero;
no quiero ver el ceño[11]
vanamente severo
30   del que la sangre sube o el dinero.
        Despiértenme las aves
con su cantar süave no aprendido,
no los cuidados graves
de que es siempre seguido
35   quien al ajeno arbitrio[12] está atenido.[13]
        Vivir quiero conmigo;
gozar quiero del bien que debo al cielo,
a solas, sin testigo,
libre de amor, de celo,
40   de odio, de esperanzas, de recelo.
        Del monte en la ladera[14]
por mi mano plantado tengo un huerto,
que con la primavera,
de bella flor cubierto,
45   ya muestra en esperanza el fruto cierto.
        Y como codiciosa[15]
de ver y acrecentar su hermosura,
desde la cumbre airosa
una fontana pura
50   hasta llegar corriendo se apresura;
        y luego, sosegada,[16]
el paso entre los árboles torciendo,
el suelo de pasada
de verdura vistiendo,
55   y con diversas flores va esparciendo.
        El aire el huerto orea,[17]
y ofrece mil olores al sentido;
los árboles menea[18]
con un manso ruido,
60   que del oro y del cetro[19] pone olvido.
        Ténganse su tesoro
los que de un flaco leño se confían;
no es mío ver el lloro
de los que desconfían
65   cuando el cierzo[20] y el ábrego[21] porfían.

---

[10] santo, digno.   [11] señal de enfado que hace la cara.   [12] voluntad.   [13] sujeto.   [14] declive de un monte.   [15] deseosa.   [16] pacificada.   [17] da aire.   [18] mueve.   [19] vara que simboliza el poder del emperador o rey.   [20] aire septentrional.   [21] ábrego: viento del sur.

La combatida antena
cruje, y en ciega noche el claro día
se torna; al cielo suena
confusa vocería,
70 y la mar enriquecen a porfía.

A mí una pobrecilla
mesa, de amable paz bien abastada,
me baste; y la vajilla,
de fino oro labrada,[22]
75 sea de quien la mar no teme airada.

Y mientras miserable-
mente se están los otros abrasando
con sed insacïable
del no durable mando,
80 tendido yo a la sombra esté cantando,

a la sombra tendido,
de yedra y lauro[23] eterno coronado,
puesto el atento oído
al son dulce acordado,
85 del plectro[24] sabiamente meneado.

Noche serena

Cuando contemplo el cielo
de innumerables luces adornado,
y miro hacia el suelo,
de noche rodeado,
5 en sueño y en olvido sepultado,[25]

el amor y la pena
despiertan en mi pecho un ansia ardiente;
despiden larga vena
los ojos hechos fuente;
10 la lengua dice al fin con voz doliente:

"Morada de grandeza,
templo de claridad y hermosura:
mi alma que a tu alteza
nació, ¿qué desventura
15 la tiene en esta cárcel baja, escura?[26]

"¿Qué mortal desatino
de la verdad aleja ansí el sentido,
que de tu bien divino
olvidado, perdido,
20 sigue la vana sombra, el bien fingido?[27]

"El hombre está entregado
al sueño, de su suerte no cuidando;

---

[22] trabajada.   [23] laurel.   [24] púa para tocar un instrumento de cuerdas o, poéticamente, inspiración.   [25] enterrado.   [26] oscura.
[27] fingir: pretender.

y con paso callado
el cielo, vueltas dando,
25 las horas del vivir le va hurtando.[28]
        "¡Ay!, despertad, mortales!
Mirad con atención en vuestro daño.
¿Las almas inmortales,
hechas a bien tamaño,
30 podrán vivir de sombra y solo engaño?
        "¡Ay!, levantad los ojos
a aquesta celestial eterna esfera:
burlaréis los antojos[29]
de aquesa lisonjera[30]
35 vida, con cuanto teme y cuanto espera.
        "¿Es más que un breve punto
el bajo y torpe suelo, comparado
a aqueste gran trasunto,[31]
do vive mejorado
40 lo que es, lo que será, lo que ha pasado?
        "Quien mira el gran concierto
de aquestos resplandores[32] eternales,
su movimiento cierto,
sus pasos desiguales
45 y en proporción concorde tan iguales:
        "la luna cómo mueve
la plateada rueda, y va en pos[33] de ella
la luz do el saber llueve,
y la graciosa estrella
50 de Amor la sigue reluciento[34] y bella;
        "y cómo otro camino
prosigue el sanguinoso[35] Marte airado,
y el Júpiter benino,
de bienes mil cercado,
55 serena el cielo con su rayo amado;
        "rodéase en la cumbre
Saturno, padre de los siglos de oro;
tras dél la muchedumbre[36]
del reluciente coro
60 su luz va repartiendo y su tesoro:
        "¿quién es el que esto mira
y precia la bajeza de la tierra,
y no gime[37] y suspira
por romper lo que encierra
65 el alma y de estos bienes la destierra?
        "Aquí vive el contento,
aquí reina la paz; aquí, asentado

---

[28] robando. [29] deseos. [30] deleitosa.
[31] traslado. [32] resplandor: brillo. [33] detrás.

[34] brillante. [35] de sangre, rojo. [36] gentío.
[37] aúlla.

en rico y alto asiento,
está el Amor sagrado,
70 de glorias y deleites rodeado.
        "Inmensa hermosura
aquí se muestra toda, y resplandece
clarísima luz pura,
que jamás anochece;
75 eterna primavera aquí florece.
        "¡Oh, campos verdaderos!
¡Oh, prados con verdad dulces y amenos!
¡Riquísimos mineros!
¡Oh, deleitosos senos!
80 ¡Repuestos valles, de mil bienes llenos!"

■ Preguntas de comprensión

"Vida retirada"

1. ¿Qué tipo de vida es ideal para el hablante?
2. ¿Por qué no vale la pena preocuparse de los bienes materiales o de los privilegios sociales?
3. ¿Qué es el "mar tempestuoso"?
4. ¿Con qué se contrasta el mar?
5. ¿Cómo es el "huerto" del hablante?
6. ¿Cuáles son los deseos del hablante en contraste con los de otros seres de la sociedad?

"Noche serena"

1. ¿Qué observa el hablante al cominezo del poema?
2. ¿Por qué siente ansia el hablante?
3. ¿Prefiere el cielo o la tierra? ¿Por qué?
4. ¿Cómo se caracterizan el cielo y la tierra en la tercera estrofa?
5. ¿Qué dice el hablante sobre la condición del hombre?
6. ¿Qué consejos les da a los mortales?
7. ¿Dónde se encuentra el hablante al final del poema?
8. ¿Cuál es su estado emocional?

■ Preguntas de análisis

1. ¿Cómo se desarrolla la imagen del barco en la "Vida retirada"?
2. ¿Qué función tienen los elementos naturales en ambos poemas?
3. ¿Cómo se contrasta la vida terrenal y materialista con una vida más espiritual?
4. ¿Hay varios niveles de vida espiritual en la poesía de Fray Luis?
5. ¿Cómo describiría Ud. la sociedad de la que se quieren escapar los hablantes de Fray Luis? ¿Cómo se compara esta sociedad materialista con el contexto histórico de la España del siglo XVI?
6. ¿Estos poemas tienen un fin didáctico? ¿Por qué?

■ Temas para informes escritos

1. El uso de la naturaleza en la poesía de Fray Luis
2. La crítica social y el ideal espiritual
3. El didactismo artístico religioso y la Contrarreforma española

■ Bibliografía mínima

Concha, Víctor de la, y Javier San José Lera, eds. *Fray Luis de León: historia, humanismo y letras.* Salamanca: Universidad de Salamanca, 1996.

Emilie, Bergmann. "The Exclusion of the Feminine in the Cultural Discourse of the Golden Age: Juan Luis Vives and Fray Luis de Leon". *Religion, Body, and Gender in Early Modern Spain.* Ed. Alain Saint-Saens. San Francisco: Mellen Research, 1992. 124–36.

Holz, Karl. "Fray Luis de León y la Inquisición". *Insula* 46.593 (1991): 5–9.

Lorenzo, Pedro de. *Fray Luis de León.* Madrid: EMESA, 1970.

Rivers, Elias ed. *Renaissance and Baroque Poetry of Spain.* Illinois: Waveland, 1966.

Sanabre, Ricardo. *Estudios sobre Fray Luis de León.* Salamanca: Universidad de Salamanca, 1998.

Swietlicki, Catherine. *Spanish Christian Cabala: The Works of Luis de León, Santa Teresa de Jesús and San Juan de la Cruz.* Columbia: University of Missouri, 1986.

SANTA TERESA DE JESÚS

1515—1582

© *Archivo Iconografico, S.A./CORBIS*

Teresa de Cepeda y Ahumada, mejor conocida como Santa Teresa de Jesús, nació en 1515 en Avila. Tuvo dos hermanas y nueve hermanos. Su madre, de origen noble, murió a los treinta y tres años de edad. Su padre fue hijo de converso. Esta ascendencia conversa, judía, de Santa Teresa suele ser citada por los estudiosos como una de las probables fuentes de su fervor religioso.

Desde pequeña mostró un interés en la religión. En su autobiografía menciona el deseo de pelear hasta la muerte contra moros infieles. Antes de los veinte años entró al convento Carmelita de Avila. Desde el claustro luchó por varias reformas que proponían una mayor austeridad eclesiástica. Fue fundadora de varios conventos y monasterios. Su importancia fue reconocida por la Iglesia Católica durante su vida y después de su muerte, al ser canonizada en 1622.

Las biografías contemporáneas de la vida de Santa Teresa la caracterizan como una mujer bastante extrovertida y valiente. En estas descripciones se compara mucho su carácter con el de un hombre. Su energía, dedicación e inteligencia, además de sus grandes habilidades físicas, rompían con los códigos preestablecidos para el comportamiento femenino y, por eso, era necesario la virilización del personaje.

Santa Teresa desarrolló varios géneros literarios que incluyeron el epistolar, la poesía, la autobiografía y textos didácticos y moralizantes. El canon literario

115

español reconoce como obra maestra *Las moradas o Castillo interior*. Dentro de esta obra Santa Teresa describe los pasos del misticismo. Esta práctica busca, por medio de la contemplación, la unión del alma del individuo con Dios. El resultado de esta unión suele ser o el éxtasis del individuo o la toma de conciencia de alguna revelación espiritual. En la España del siglo XVI, la ansiedad por la reforma protestante crea un ambiente donde el misticismo es visto como amenaza para el monopolio espiritual de la Iglesia católica. Varios místicos, entre ellos mujeres beatas, son perseguidos por la Inquisición, que ve a la mayoría de estas personas como engañadas por el demonio. Un ejemplo del aspecto controvertido de estas prácticas se observa al notar que la obra de Santa Teresa fue incautada por la Inquisición y no se permitió su publicación hasta algunos años después de la muerte de la autora.

Uno de los textos que explica la inclinación de Santa Teresa hacia la fe católica y el misticismo es su autobiografía, titulada *Libro de la vida*. Este libro, escrito en 1560 y reproducido varias veces hasta ser publicado en 1586, recoge la variedad genérica y temática de la obra de Santa Teresa. Genéricamente el texto incorpora lo autobiográfico, lo doctrinal y lo epistolar, al referirse directamente Santa Teresa a sus confesores. Los temas varían según la etapa de vida que narra la santa y se pueden dividir en la autobiografía de la autora, los pasos del camino místico y la fundación de los monasterios San José, entre otros.

A continuación se incluyen dos segmentos del *Libro de la vida*. En ellos Santa Teresa narra varias características importantes de su juventud que permiten al lector ver cómo la santa se va desarrollando espiritualmente para terminar sirviendo a Dios. Dentro de estos capítulos se puede observar la fe y el carácter fuerte de la autora. Esta fortaleza espiritual del personaje cuestiona la caracterización de la mujer como representante de la tentación y debilidad dentro de la sociedad patriarcal del siglo XVI.

■ Preguntas de pre-lectura

1. ¿Cuál es el propósito de escribir una autobiografía?
2. ¿Usted ha visto ejemplos de escritura que se presentan al lector como una autobiografía? ¿Qué características se subrayan en estos otros ejemplos?
3. ¿Cuál es la importancia del contexto histórico-religioso peninsular en el que vivía Teresa de Jesús?
4. ¿Cómo se caracteriza a la mujer durante esta época? ¿Cómo son caracterizadas las minorías religiosas?

Libro de la vida

Capítulo 1

En que trata cómo comenzó el Señor a despertar esta alma en su niñez a cosas virtuosas, y la ayuda que es para esto serlo los padres

1. El tener padres virtuosos y temerosos de Dios me bastara, si yo no fuera tan ruin, con lo que el Señor me favorecía para ser buena. Era mi padre aficionado

a leer buenos libros, y ansí los tenía de romance[1] para que leyesen sus hijos, éstos.
Con el cuidado que mi madre tenía de hacernos rezar y ponernos en ser devotos
5 de nuestra Señora y de algunos santos, comenzó a despertarme, de edad—a mi
parecer—de seis u siete años.

2. Ayudávame no ver en mis padres favor sino para[2] la virtud. Tenían
muchas.

Era mi padre hombre de mucha caridad con los pobres y piadad[3] con los
10 enfermos, y aún con los criados; tanta, que jamás se pudo acabar[4] con él tuviese
esclavos, porque los havía gran piadad; y estando una vez en casa una de un su[5]
hermano, la regalava como a sus hijos; decía que, de que no era libre, no lo podía
sufrir de piadad. Era de gran verdad. Jamás nadie le vio jurar ni murmurar. Muy
honesto en gran manera.

15 3. Mi madre también tenía muchas virtudes, y pasó la vida con grandes enfermedades. Grandísima honestidad: con ser de harta[6] hermosura, jamás se entendió que diese ocasión a que ella hacía caso de ella; porque, con morir de treinta
y tres años, ya su traje[7] era como de persona de mucha edad. Muy apacible y de
harto entendimiento. Fueron grandes los travajos que pasaron el tiempo que vi-
20 vió. Murió muy cristianamente.

4. Éramos tres hermanas y nueve hermanos. Todos parecieron a sus padres—por la bondad de Dios—en ser virtuosos, si no fui yo, aunque era la más
querida de mi padre. Y antes que comenzase a ofender a Dios, parece tenía alguna
razón; porque yo he[8] lástima cuando me acuerdo las buenas inclinaciones que el
25 Señor me havía dado y cuán mal me supe aprovechar de ellas.

5. Pues mis hermanos ninguna cosa me desayudavan a servir a Dios. Tenía
uno casi de mi edad (juntávamo nos entrambos a leer vidas de Santos), que era el
que yo más quería aunque a todos tenía gran amor y ellos a mí. Como vía[9] los mar-
tirios que por Dios las santas pasavan, parecíame compravan muy barato el ir a
30 gozar de Dios, y deseava yo mucho morir ansí, no por amor que yo entendiese
tenerle, sino por gozar tan en breve de los grandes bienes que leía haver en el cielo,
y juntávame con este mi hermano a tratar qué medio havría para esto. Concertá-
vamos irnos a tierra de moros, pidiendo por amor de Dios, para que allá nos des-
cabezasen.[10] Y paréceme que nos dava el Señor ánimo en tan tierna edad, si vié-
35 ramos algún medio, sino que el tener padres nos parecía el mayor embarazo.
Espantávanos mucho el decir que pena y gloria era para siempre, en lo que leía-
mos. Acaecíanos[11] estar muchos ratos tratando de esto y gustávanos de decir muchas veces: ¡para siempre, siempre, siempre! En pronunciar esto mucho rato era el
Señor servido me quedase en esta niñez imprimido el camino de la verdad.

40 6. De que vi que era imposible ir adonde me matasen por Dios, ordenáva-
mos ser ermitaños; y en una huerta que había en casa procurávamos, como podíamos, hacer ermitas, puniendo unas pedrecillas, que luego se nos caían, y ansí no
hallávamos remedio en nada para nuestro deseo; que ahora me pone devoción ver
cómo me dava Dios tan presto lo que yo perdí por mi culpa. Hacía limosna como
45 podía, y podía poco. Procuraba soledad para rezar mis devociones, que eran hartas, en especial el rosario, de que mi madre era muy devota, y ansí nos hacía serlo.

---

[1] castellano. [2] inclinación solo a. [3] piedad. [5] su. [6] mucha. [7] parecer. [8] tengo. [9] veía.
[4] se pudo dar fin a que: nunca se pudo encontrar. [10] cortasen la cabeza. [11] nos pasaba.

Gustava mucho, cuando jugava con otras niñas, hacer monesterios,[12] como que éramos monjas; y yo me parece deseava serlo, aunque no tanto como las cosas que he dicho.

50   7.   Acuérdome que cuando murió mi madre, quedé yo de edad de doce años, poco menos. Como yo comencé a entender lo que havía perdido, afligida fuime a una imagen de Nuestra Señora y supliquéla fuese mi madre, con muchas lágrimas. Paréceme que, aunque se hizo con simpleza, que me ha valido; porque conocidamente he hallado a esta Virgen soberana en cuanto me he encomendado
55 a Ella y, en fin, me ha tornado a sí. Fatígame[13] ahora ver y pensar en qué estuvo el no haver yo estado entera en los buenos deseos que comencé.

       8.   ¡Oh Señor mío! Pues parece tenéis determinado que me salve, plega a Vuestra Majestad sea ansí; y de hacerme tantas mercedes como me havéis hecho, ¿no tuviérades por bien—no por mi ganancia,[14] sino por vuestro acatamiento[15]—
60 que no se ensuciara tanto posada adonde tan continuo havíades de morar? Fatígame, Señor, aun decir esto, porque sé que fue mía toda la culpa, porque no me parece os quedó a Vos nada por hacer, para que desde esta edad no fuera toda vuestra. Cuando voy a quejarme de mis padres, tampoco puedo; porque no vía en ellos sino todo bien y cuidado de mi bien.

65   Pues pasando de esta edad, que comencé a entender las gracias de naturaleza que el Señor me havía dado—que sigún decían eran muchas—, cuando por ellas le havía de dar gracias, de todas me comencé a ayudar para ofenderle, como ahora diré.

Capítulo 2

Trata cómo fue perdiendo estas virtudes, y lo que importa en la niñez tratar con personas virtuosas

       1.   Paréceme que comenzó a hacerme mucho daño lo que ahora diré. Considero algunas veces cuán mal lo hacen los padres que no procuran que vean sus hijos siempre cosas de virtud de todas maneras; porque, con serlo tanto mi madre, como he dicho, de lo bueno no tomé tanto—en llegando a uso de razón—ni casi
5 nada, y lo malo me dañó mucho. Era aficionada a libros de cavallerías, y no tan mal tomava este pasatiempo como yo le tomé para mí, porque no perdía su lavor,[16] sino desenvolvíemenos[17] para leer en ellos. Y por ventura lo hacía para no pensar en grandes travajos que tenía, y ocupar sus hijos que no anduviesen en otras cosas perdidos. De esto le pesava tanto a mi padre, que se havía de tener aviso[18] a que
10 no lo viese. Yo comencé a quedarme en costumbre de leerlos, y aquella pequeña falta que en ella vi, me comenzó a enfriar los deseos y comenzar a faltar en lo demás; y parecíame no era malo, con gastar muchas horas de el día y de la noche en tan vano ejercicio, aunque ascondida[19] de mi padre. Era tan estremo lo que en esto me embevía, que, si no tenía libro nuevo no me parece tenía contento.

15   2.   Comencé a traer galas y a desear contentar en parecer bien, con mucho cuidado de manos y cavello, y olores y todas las vanidades que en esto podía tener, que eran hartas, por ser muy curiosa. No tenía mala intención, porque no qui-

---

[12] monaterios.   [13] me molesta.   [17] nos desenvolvíamos.   [18] cuidado.
[14] bien.   [15] obediencia.   [16] trabajo.   [19] escondida.

siera yo que nadie ofendiera a Dios por mí. Duróme mucha curiosidad de limpieza demasiada, y cosas que me parecía a mí no eran ningún pecado, muchos años. Ahora veo cuán malo devía ser.

Tenía primos hermanos algunos, que en casa de mi padre no tenían otros cabida para entrar, que era muy recatado, y pluguiera a Dios que lo fuera de éstos también; porque ahora veo el peligro que es tratar, en la edad que se han de comenzar a criar virtudes, con personas que no conocen la vanidad de el mundo, sino que antes despiertan para meterse en él. Eran casi de mi edad, poco mayores que yo; andávamos siempre juntos; teníanme gran amor, y en todas las cosas que les dava contento los sustentava plática, y oía sucesos de sus aficiones y niñerías nonada buenas; y lo que peor fue, mostrarse el alma a lo que fue causa de todo su mal.

3. Si yo huviera de aconsejar, dijera a los padres que en esta edad tuviesen gran cuenta con las personas que tratan sus hijos; porque aquí está mucho mal, que se va nuestro natural antes a lo peor que a lo mijor. Ansí me acaeció a mi, que tenía una hermana de mucha más edad que yo, de cuya honestidad y bondad—que tenía mucha—de ésta no tomava nada, y tomé todo el daño de una parienta que tratava mucho en casa. Era de tan livianos tratos, que mi madre la havía mucho procurado desviar que tratase en casa (parece adevinava el mal que por ella me havía de venir), y era tanta la ocasión que havía para entrar, que no havía podido.

4. A esta que digo, me aficioné a tratar. Con ella era mi conversación y pláticas, porque me ayudava a todas las cosas de pasatiempo que yo quería, y aun me ponía en ellas y dava parte de sus conversaciones y vanidades. Hasta que traté con ella, que fue de edad de catorce años, y creo que más (para tener amistad conmigo —digo—y darme parte de sus cosas), no me parece havía dejado a Dios por culpa mortal ni perdido el temor de Dios, aunque le tenía mayor de la honra. Éste tuvo fuerza para no la perder del todo, ni me parece por ninguna cosa del mundo en esto me podía mudar, ni havía amor de persona de él que a esto me hiciese rendir. ¡Ansí tuviera fortaleza en no ir contra la honra de Dios, como me la dava mi natural para no perder en lo que me parecía a mí está la honra del mundo! Y no mirava que la perdía por otras muchas vías. ¡En querer ésta vanamente tenía estremo! Los medios que eran menester para guardarla no ponía ninguno; sólo para no perderme del todo tenía gran miramiento.

Mi padre y hermana sentían mucho esta amistad; reprendíanmela muchas veces. Como no podían quitar la ocasión de entrar ella en casa, no les aprovechavan sus diligencias, porque mi sagacidad para cualquier cosa mala era mucha.

5. Espántame algunas veces el daño que hace una mala compañía, y si no huviera pasado por ello, no lo pudiera creer. En especial en tiempo de mocedad deve ser mayor el mal que hace. Querría escarmentasen en mí los padres para mirar mucho en esto. Y es ansí, que de tal manera me mudó esta conversación, que de natural y alma virtuoso, no me dejó casi ninguna, y me parece me imprimía sus condiciones ella y otra que tenía la mesma manera de pasatiempos.

Por aquí entiendo el gran provecho que hace la buena compañía; y tengo por cierto que, si tratara en aquella edad con personas virtuosas, que estuviera entera en la virtud; porque si en esta edad tuviera quien me enseñara a temer a Dios, fuera tomando fuerzas el alma para no caer. Después, quitado este temor del todo, quedóme sólo el de la honra, que en todo lo que hacía me traía atormentada. Con

65 pensar que no se havía de saber, me atreavía[20] a muchas cosas bien[21] contra ella y contra Dios.

6. Al principio dañáronme las cosas dichas—a lo que me parece—, y no devía ser suya la culpa, sino mía; porque después mi malicia para el mal bastava, junto con tener criadas, que para todo mal hallava en ellas buen aparejo;[22] que si

70 alguna fuera en aconsejarme bien, por ventura me aprovechara; mas el interese las cegava, como a mí la afeción[23]. Y pues nunca era inclinada a mucho mal—porque cosas deshonestas naturalmente las aborrecía—, sino a pasatiempos de buena conversación; mas puesta en la ocasión, estava en la mano el peligro, y ponía en él a mi padre y hermanos. De los cuales me libró Dios de manera que se parece bien

75 procurava contra mi voluntad que del todo no me perdiese, aunque no pudo ser tan secreto que no huviese harta quiebra de mi honra y sospecha en mi padre. Porque no me parece havía tres meses que andava en estas vanidades, cuando me llevaron a un monesterio que havía en este lugar, adonde se criavan personas semejantes, aunque no tan ruines en costumbres como yo; y esto con tan gran disi-

80 mulación, que sola yo y algún deudo[24] lo supo, porque, aguardaron a coyuntura que no parecía novedad: porque, haverse mi hermana casado y quedar sola sin madre, no era bien.

7. Era tan demasiado el amor que mi padre me tenía y la mucha disimulación mía, que no havía creer tanto mal de mí, y ansí no quedó en desgracia con-

85 migo. Como fue breve el tiempo, aunque se entendiese algo, no devía ser dicho con certinidad;[25] porque, como yo temía tanto la honra, todas mis diligencias eran en que fuese secreto, y no mirava que no podía serlo a quien todo lo ve. ¡Oh Dios mío, qué daño hace en el mundo tener esto en poco y pensar que ha de haver cosa secreta que sea contra Vos! Tengo por cierto que se escusarían grandes males si en-

90 tendiésemos que no está el negocio en guardarnos de los hombres, sino en no nos guardar de descontentaros a Vos.

8. Los primeros ocho días sentí mucho, y más la sospecha que tuve se havía entendido la vanidad mía, que no de estar allí; porque ya yo andava cansada, y no dejava de tener gran temor de Dios cuando le ofendía, y procurava confesarme

95 con brevedad.

Traía un desasosiego, que en ocho días—y aun creo menos—estava muy más contenta que en casa de mi padre. Todas lo estavan conmigo, porque en esto me dava el Señor gracia, en dar contento adondequiera que estuviese, y ansí era muy querida. Y puesto que yo estava entonces ya enemiguísima de ser monja,

100 holgávame de ver tan buenas monjas, que lo eran mucho las de aquella casa, y de gran honestidad y relisión y recatamiento.

9. Aun con todo esto, no me dejava el demonio de tentar, y buscar los de fuera cómo me desasosegar con recaudos. Como no havía lugar, presto se acabó, y comenzó mi alma a tornarse a acostumbrar en el bien de mi primera edad y vi la

105 gran merced que hace Dios a quien pone en compañía de buenos. Paréceme andava Su Majestad mirando y remirando por dónde me podía tornar a Sí. ¡Bendito seáis Vos, Señor, que tanto me havéis sufrido! Amén.

Una cosa tenía, que parece me podía ser alguna disculpa—si no tuviera tantas culpas—, y es que era el trato con quien por vía de casamiento me parecía

---

[20] atrevía. [21] muy. [22] compañía. [23] afición.
[24] conocido. [25] certeza.

110 podía acabar en bien; y informada de con quien me confesava y de otras personas, en muchas cosas me decían no iva contra Dios.

10.   Dormía una monja con las que estávamos seglares, que por medio suyo parece quiso el Señor comenzar a darme luz, como ahora diré.

■ Preguntas de comprensión

Capítulo 1

1. ¿Cómo educan los padres de Santa Teresa a sus hijos?
2. ¿Cómo alude Santa Teresa a la bondad de su padre?
3. ¿Cómo caracterizaría Ud. la vida de la madre de Santa Teresa?
4. ¿Cómo demuestran Teresa y su hermano su fervor religioso?
5. ¿A quién se dirige Santa Teresa en el penúltimo párrafo?

Capítulo 2

1. ¿Qué característica negativa demuestra la madre?
2. ¿Cómo afectan los libros de caballería a Santa Teresa?
3. ¿Qué opina Santa Teresa sobre las buenas o malas influencias amistosas durante su adolescencia?
4. ¿Por qué termina Santa Teresa en un monasterio?

■ Preguntas de análisis

1. ¿Cómo se describe la familia de descendencia conversa de Santa Teresa?
2. ¿Cómo se reflejan los intereses religiosos de Santa Teresa en su infancia?
3. ¿Qué características tiene la madre de Santa Teresa? ¿Es ella una influencia positiva o negativa en la vida de Santa Teresa? Explique su respuesta.
4. ¿Cómo se caracteriza a otras mujeres en esta obra?
5. ¿Cómo se trata el tema de la literatura o la lectura en los capítulos 1 y 2?

■ Temas para informes escritos

1. La representación de la familia de Santa Teresa
2. La mujer como buen o mal ejemplo de comportamiento en el *Libro de vida*
3. *Libro de vida* como un texto ejemplar de la contrarreforma

■ Bibliografía mínima

Bataillon, Marcel. "Santa Teresa lectora de libros de caballerías". *Varia lección de clásicos españoles*. Madrid: Gredos, 1964. 21–23.

Bilinkoff, Jodi. *The Avila of Saint Teresa: Religious Reform in a Sixteenth-Century City*. Ithaca: Cornell University Press, 1989.

Steggink, Otger. "Introducción". *Libro de vida*. De Santa Teresa de Jesús. Madrid: Castalia, 1991. 7–89.

Teresa de Jesús, Santa. *Libro de vida*. Ed. Otger Steggink. Madrid: Castalia, 1991.

Weber, Alison. "St. Teresa, Demonologist". *Culture and Control in Counter-Reformation Spain*. Eds. Anne J. Cruz and Mary Elizabeth Perry. Minneapolis: University of Minnesota, 1992. 171–95.

SAN JUAN DE LA CRUZ

1541–1591

Juan de Yepes y Alvarez, más conocido como San Juan de la Cruz, nació en Fontiveros, Avila. Los estudiosos de su vida concuerdan en la humildad económica de su familia y algunos también mencionan la posibilidad de una ascendencia conversa. Al trasladar con su familia a Medina del Campo, estudió en un colegio de jesuitas. Durante esta época cuidó a enfermos en un hospital. En 1563 entró en el convento carmelita de Medina del Campo. San Juan se ordenó sacerdote en 1567 mientras estudiaba en la Universidad de Salamanca. Al regresar a Medina del Campo, conoció a Santa Teresa, quien lo apoyó en la reforma de la orden carmelita masculina. Este rechazo a las normas de la orden le costó a San Juan varios meses de prisión en un convento de Toledo, del que escapó en 1568. Un ambiente favorable dentro de una rama de la orden carmelita permitió que San Juan sirviera en varios cargos importantes por algunos años. Sin embargo, la inestabilidad de estos ambientes pronto hizo que San Juan se viese desfavorecido. Fue desplazado a un convento de Sierra Morena, desde donde recibió comunicado de su traslado a Indias, cargo que no cumplió por su muerte en 1591.

La vida de San Juan de la Cruz estuvo caracterizada por la constante lucha por la reforma espiritual de su orden. La búsqueda de la humildad material se ve también reflejada en sus textos literarios. En éstos se puede observar que la falta de complicaciones materiales permite al ser humano contemplar a Dios. San Juan es poeta místico por excelencia. Su obra literaria representa los procesos de la mística.

La publicación de sus obras, muchas veces representaciones de la unidad del alma con Dios, muestra un clarísimo ejemplo del uso de la literatura, durante la Contrarreforma, para promulgar la fe católica. Dentro de este contexto, el escritor místico tiene la oportunidad de compartir con los lectores el éxtasis de entregarse a Dios completamente. La escritura de los autores místicos se convierte en una herramienta espiritual que intenta confrontar los retos que sufre la Iglesia Católica durante las reformas religiosas del siglo XVI. Sin embargo, los representantes del poder eclesiástico no siempre estuvieron a favor de las tendencias místicas. En el caso de San Juan, su desdén por el materialismo y su indiferencia por la jerarquía católica fueron causa de marginación. Además, surge nuevamente el peligro del místico, quien puede lograr una conexión directa, individual, con Dios, sin necesidad de la mediación de la Iglesia o un interlocutor religioso.

En el ámbito de las letras, San Juan fue principalmente poeta. Escribió prosa, pero ésta suele glosar algunos de sus textos poéticos más importantes. Estos textos tenían el fin de explicar el sentido espiritual y religioso de sus poemas, cuyo lenguaje a veces no hace explícito el tema religioso. San Juan escribió poemas menores, entre ellos romances, canciones y glosas, todos escritos en formas métricas cortas. Los poemas mayores—"Noche oscura del alma" y "Aunque es de noche"—tratan sobre la búsqueda y unión del alma con Dios. Sus poemas fueron publicados póstumamente en el siglo XVI.

■ **Preguntas de pre-lectura**

1. ¿Cuál es el propósito de escribir poesía? ¿Cuáles son algunos de los temas típicos de este género literario?
2. ¿Existen otros poetas que escriben sobre temas religiosos? ¿Quiénes son estos poetas? ¿Cómo abordan el tema de la religión?
3. ¿Cómo podría ayudar la poesía a la Contrarreforma religiosa en España?
4. El misticismo busca la unión del alma del individuo con Dios. Esta unión causa un éxtasis en los místicos que la sienten. ¿Usted ha leído otros poemas donde el autor intenta describir intensos sentimientos? ¿De qué temas tratan esos poemas? ¿Sería la descripción del amor una buena manera de expresar un sentimiento que es imposible de describir con palabras?

Noche oscura del alma

En una noche obscura,
con ansias, en amores inflamada,
¡oh dichosa ventura!,
salí sin ser notada,
5 estando ya mi casa sosegada.[1]

A[e]scuras y segura
por la secreta escala,[2] disfrazada,
¡oh dichosa ventura!,
a escuras y en celada,[3]
10 estando ya mi casa sosegada.

En la noche dichosa,
en secreto, que nadie me veía,
ni yo miraba cosa,
sin otra luz y guía
15 sino la que en el corazón ardía.

Aquesta me guiaba
más cierto[4] que la luz del mediodía
adonde me esperaba
quien yo bien me sabía,
20 en parte donde nadie parecía.

¡Oh noche, que guiaste!
¡Oh noche, amable más que el alborada!
¡Oh noche que juntaste
Amado con amada,
25 amada en el Amado transformada!

---

[1] tranquila.   [2] escalera.   [3] a escondidas.
[4] mejor.

En mi pecho florido,
que entero para él solo se guardaba,
    allí quedó dormido,
    y yo le regalaba,
30 y el ventalle[5] de cedros aire daba.

    El aire del almena,[6]
cuando yo sus cabellos esparcía,
    con su mano serena
    en mi cuello hería,
35 y todos mis sentidos suspendía.

    Quedéme y olvidéme,
el rostro recliné sobre el Amado;
    cesó todo, y dexéme,[7]
    dexando mi cuidado
40 entre las azucenas[8] olvidado.

Cántico espiritual

    ¡Que bien sé yo la fonte[9] que mana[10] y corre,
    aunque es de noche!

    Aquella eterna fonte está escondida.
¡Que bien sé yo do tiene su manida,[11]
5   aunque es de noche!

    Su origen no le sé, pues no le tiene
mas sé que todo origen della viene,
    aunque es de noche

    Sé que no puede ser cosa tan bella,
10 y que cielos y tierra beben della,
    aunque es de noche.

    Bien sé que suelo en ella no se halla,[12]
que ninguno puede vadealla,[13]
    aunque es de noche.

15   Su claridad nunca es escurecida,
y sé que toda luz de ella es venida,
    aunque es de noche.

    Sé ser tan caudalosas sus corrientes,
que infiernos, cielos riegan, y a las gentes,
20   aunque es de noche.

---

[5] abanico. [6] la parte más alta de los muros.   posiblemente, viene de *manar*. [12] encuentra.
[7] me dejé. [8] tipo de flor blanca y perfumada.   [13] cambiar la dirección de su corriente.
[9] fuente. [10] brota. [11] madriguera, o

El corriente que nace desta fuente
bien sé que es tan capaz y tan potente,
    aunque es de noche.

Aquesta eterna fuente está escondida
25 en este vivo pan por darnos vida,
    aunque es de noche.

Aquí se está llamando a las criaturas
porque desta agua se harten,[14] aunque a escuras,
    porque es de noche.

30 Aquesta viva fuente que deseo,
en este pan de vida yo la veo,
    aunque es de noche.

■ Preguntas de comprensión

Noche oscura del alma

1. ¿Cómo se caracteriza la noche a lo largo del poema?
2. ¿Quiénes son los personajes que participan en el encuentro?
3. ¿Quién habla en el poema?
4. ¿Qué tipo de encuentro tienen los personajes del poema?
5. ¿Cómo se siente al final la hablante?

Cántico espiritual

1. ¿Cómo se caracteriza la "fonte" a lo largo del poema?
2. ¿Qué otras palabras se repiten?
3. ¿Qué función cumple la noche en la obra?
4. ¿Cuáles de los cinco sentidos son utilizados por el hablante para percibir la "fonte"?
5. ¿Qué relación hay entre el pan y la "fonte" en la novena estrofa?

■ Preguntas de análisis

1. En general, ¿qué tipo de lenguaje utiliza San Juan? ¿Es simple y fácil de entender o complejo y dificultoso? ¿Por qué?
2. ¿Qué símbolos se repiten en estos poemas? ¿Puede sacar algunas conclusiones sobre el significado simbólico de algunas palabras en las obras de San Juan?
3. ¿Qué situaciones o sensaciones del mundo terrenal utiliza San Juan para describir ocurrencias del mundo divino?
4. ¿Qué tipo de versificación tienen estos poemas? ¿Diría que es compleja?
5. ¿A qué propósito social o religioso servirían estos poemas durante la Contrarreforma en España? ¿Piensa que estos poemas ayudan a la lucha ideológica contra los reformistas protestantes? ¿Por qué?

---

[14] llenen.

6. San Juan enfatizó siempre que sus poemas con tema amoroso debían ser interpretados desde una postura religiosa. ¿Qué tipo de control tiene la opinión del autor sobre el público lector? ¿Se puede decir, según los ejemplos anteriores, que San Juan escribió poesía amorosa? Explique su respuesta. ¿Con qué fin escribió esa poesía?

■ Temas para informes escritos

1. El uso de elementos de la naturaleza en los poemas de San Juan
2. La Contrarreforma española y la poesía de San Juan
3. La relación entre el erotismo y la religiosidad en la obra de San Juan

■ Bibliografía mínima

Alonso, Dámaso. *La poesía de San Juan de la Cruz*. Madrid: Aguilar, 1958.

Herrero, Angel. "El amador y la voz femenina en el 'Cántico Espiritual'". *Hispanic Review* 66.1 (1998): 21–34.

Lida, María Rosa de Malkiel. "La poesía de San Juan de la Cruz". *Revista de Filología Hispánica* 5 (1943): 377–95.

Murphy, John. "St. John of the Cross and the Philosophy of Religion: Love of God and the Conceptual Parameters of a Mystical Experience". *Mystics Quarterly* 22.4 (1996): 163–86.

Salinas, Pedro. *Reality and the Poet in Spanish Poetry*. Baltimore: John Hopkins, 1966.

Vázquez, Luis. "San Juan de la Cruz". *Siete siglos de autores Españoles*. Ed. Theo Reichenberger. Kassel: Reichenberger, 1991. 75–77.

LOPE DE VEGA

1562–1637

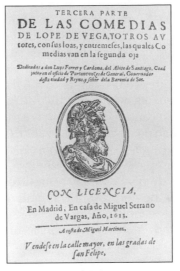

TERCERA PARTE
DE LAS COMEDIAS
DE LOPE DE VEGA, Y OTROS AV
tores, con sus loas, y entremeses, las quales Co
medias van en la segunda oja

*Dedicadas a don Luys Ferrer y Cardona, del Abito de Santiago, Coad
jutor en el oficio de Portantvozes de General, Gouernador
desta ciudad y Reyno, y señor dela Baronia de Sot.*

CON LICENCIA,

En Madrid, En casa de Miguel Serrano
de Vargas, Año, 1613.

A costa de Miguel Martinez,

*Vendese en la calle mayor, en las gradas de
san Felipe,*

© *Bettmann/CORBIS*

Una de las figuras más sobresalientes de la literatura española, tanto por la calidad y cantidad de su obra literaria como por sus aventuras y desventuras personales, fue Félix Lope de Vega Carpio. Gran parte de los datos autobiográficos del autor se encuentran en su poesía y no son pocos los debates entre estudiosos sobre la veracidad de los mismos. A pesar de esto, los estudios comparativos entre características autobiográficas en la obra del autor y otros documentos históricos pueden dar una imagen más precisa de la vida de Lope.

Lope nació en Madrid, de una familia relativamente humilde. Según el autor, su padre fue bordador de alfombras. Se suele mencionar también la posibilidad de que Lope proviniera de una familia conversa, pero el caso no está resuelto. Parte de su educación se realizó en la Compañía de Jesús, en Alcalá de Henares y, tal vez, en Salamanca. A pesar de haber cursado por varios años en la universidad no obtuvo ningún título. El resto de la vida de Lope está marcada por sus turbulentas relaciones amorosas que no sólo afectaron su vida personal y pública, sino que se volvieron fuente de sus creaciones más emotivas.

Un ejemplo de estos amoríos conflictivos fue el que tuvo con Elena Osorio, conocida como Filis en la obra del poeta. Ella era hija de un empresario teatral llamado Jerónimo Velázquez. Elena estaba casada y Lope se convirtió en su amante. Al parecer Lope compraba la aprobación del padre de Elena por medio de la entrega de sus comedias. Después de algunos años de amorío, Elena aceptó los favores de amantes más ricos. La desilusión de Lope lo llevó a escribir varias sátiras sobre la familia Velázquez. En 1587, al quejarse la familia a las autoridades, Lope fue encarcelado y desterrado de Madrid durante varios años.

Lope se casó y enviudó dos veces. El escritor se casó por segunda vez en 1598. Entre 1595 y 1608, sin embargo, tuvo un gran amorío con Micaela Luján, mujer casada, conocida como Celia o Camila Lucinda en sus versos. Los amantes engendraron 5 hijos. La segunda esposa de Lope murió en 1613.

A pesar de que en 1614 Lope decidió ordenarse sacerdote, siguió disfrutando de los favores del sexo opuesto. El último gran amor de su vida fue Marta de Nevares. Aunque casada, Marta—Amarilis o Marcia Leonarda en la obra del poeta—mantuvo relaciones con Lope hasta su muerte en 1632.

Otro hecho importante en la vida de Lope es su alistamiento en la Armada invencible de Felipe II, que fue derrotada por los ingleses en 1588. También tuvo responsabilidades importantes como secretario del Duque de Alba. Como sacerdote llegó a tener una capellanía. Murió en 1637.

Lope escribió una gran cantidad de obras en varios géneros por lo que se ha ganado el apodo de "monstruo de la naturaleza". Escribió varias novelas, entre ellas la novela pastoril *La Arcadia* (1598), y la novela dialogada *La Dorotea* (1632). Su obra poética cultivó la épica, la poesía religiosa y la amorosa, entre otras. Además escribió centenas de obras para ser puestas en escena. Hasta hoy, más de cuatrocientas comedias, nombre común durante la época para las obras de teatro de larga duración, se atribuyen a Lope. En este género Lope fue creador de un arte que intentaba conmover a un público más común y no sólo a la nobleza. En su poema "Arte nuevo de hacer comedias", Lope propuso las características dramáticas de este nuevo arte.

La mayoría de sus obras teatrales muestran los rasgos que defendió en su "Arte nuevo". Las obras se encuentran escritas en verso, con el predominio del octosílabo. Sus textos se dividen en tres actos y los temas son bastante variados, pero con resonancia local o nacional para el público español contemporáneo a Lope. Algunos de los temas son la religión, la historia antigua, eventos históricos en Europa y temas inspirados por la mitología. En contextos puramente españoles se encuentran las obras de enredos inventados y también existen obras que destacan algún aspecto del pasado español, ya sea legendario o histórico. Las comedias más celebradas de Lope son *Peribáñez y el comendador de Ocaña* (¿1609?), *El mejor alcalde el rey* (¿1620?), *El caballero de Olmedo* (¿1615?) y *Fuenteovejuna* (¿1611?).

A continuación se presentan algunos fragmentos de *Fuenteovejuna*. En esta última obra—escrita entre 1612 y 1614—Fernán Gómez de Guzmán, comendador de Fuenteovejuna, trata injustamente a los pueblerinos, maltratando a todos y abusando sexualmente de las mujeres. Él desea aprovecharse de una mujer humilde llamada Laurencia pero Frondoso, su enamorado, lo impide. Fernán Gómez se va del pueblo, ya que tiene que pelear contra las fuerzas de los Reyes Católicos porque él apoya a Juana la Beltraneja, quien busca el trono real. Como es sabido, los Reyes salen vencedores de estas contiendas. Fernán Gómez de Guzmán vuelve derrotado a Fuenteovejuna y ve que los jóvenes Laurencia y Frondoso se están casando para evitar que el comendador abuse de ella. Fernán Gómez detiene la boda, apalea al padre de Laurencia y rapta a Laurencia. El pueblo no sabe qué hacer. Finalmente, aparece Laurencia después de haber sido violada y anima al pueblo a vengarse del comendador y restaurar su honra perdida por el ultraje. El pueblo se rebela y mata al comendador. Los reyes mandan a un juez para saber quién lo mató. Con este fin se tortura a diversos ciudadanos, pero todos responden que "Fuenteovejuna" lo mató. Al final, los reyes se dan cuenta de que no obtendrán una respuesta. Admirados por la actitud de lo pueblerinos, los monarcas deciden que el pueblo pasará a depender directamente de ellos mismos.

■ Preguntas de pre-lectura

1. ¿En qué se diferencia una obra de teatro de otros géneros? ¿Qué elementos la hacen diferente?
2. ¿Usted conoce relatos populares o históricos de su país que muestran la valentía de algún grupo de personas? ¿Existen representaciones artísticas de estas historias? ¿Estas historias muestran características típicas de su país de origen?
3. El contexto de *Fuenteovejuna* es el de la España de los Reyes Católicos. ¿Cuál es la importancia de este período para la historia española? ¿Qué características culturales españolas son representativas de este período?

Los personajes de la obra se encuentran celebrando la boda de Laurencia y Frondoso. El comendador llega a Fuenteovejuna después de haber perdido una batalla en Ciudad Real en contra de las fuerzas de los Reyes Católicos.

Fuenteovejuna

Salen el Comendador, Flores, Ortuño y Cimbranos.

Comendador.	Estése la boda queda,[1] y no se alborote nadie.
Juan Rojo.	No es juego aqueste, señor, y basta que tú lo mandes. ¿Quieres lugar ? ¿Cómo vienes con tu belicoso alarde?[2] ¿Venciste? Mas ¿qué pregunto?
Frondoso.	¡Muerto soy! ¡Cielo, libradme!
Laurencia.	Huye por aquí, Frondoso.
Comendador.	Eso no; prendedle,[3] atadle.
Juan Rojo.	Date, muchacho, a prisión.
Frondoso.	Pues, ¿quieres tú que me maten?
Juan Rojo.	¿Por qué?
Comendador.	No soy hombre yo que mato sin culpa a nadie;

---

[1] parad la boda. [2] demostración agresiva.
[3] cogedle.

que si lo fuera, le hubieran
pasado de parte a parte
esos soldados que traigo.
Llevarle mando a la cárcel,
donde la culpa que tiene
sentencie su mismo padre.

Pascuala.   Señor, mirad que se casa.

Comendador.   ¿Qué me obliga a que se case?
¿No hay otra gente en el pueblo?

Pascuala.   Si os ofendió perdonadle,
por ser vos quien sois.

Comendador.   No es cosa,
Pascuala, en que yo soy parte.
Es esto contra el maestre
Téllez Girón,[4] que Dios guarde;
es contra toda su orden,
es su honor, y es importante
para el ejemplo, el castigo;
que habrá otro día quien trate
de alzar el pendón contra él,
pues ya sabéis que una tarde
al comendador mayor
(¡qué vasallos tan leales!)
puso una ballesta al pecho.

Esteban.   Supuesto que el disculparle
ya puede tocar a un suegro,
no es mucho que en causas tales
se descomponga[5] con vos
un hombre, en efecto, amante;
porque si vos pretendéis
su propia mujer quitarle,
¿qué mucho que la defienda?

Comendador.   Majadero[6] sois, alcalde.

Esteban.   Por vuestra virtud, señor.

Comendador.   Nunca yo quise quitarle
su mujer, pues no lo era.

Esteban.   Si quisistes... —Y esto baste;
que reyes hay en Castilla
que nuevas órdenes hacen
con que desórdenes quitan.
Y harán mal cuando descansen
de las guerras, en sufrir

---

[4] Rodrigo Téllez Girón: Maestro de la Orden
de Calatrava.   [5] te ofenda.   [6] irrespetuoso.

en sus villas y lugares
a hombres tan poderosos
por traer cruces tan grandes;
póngasela el rey al pecho,
que para pechos reales
es esa insignia y no más.

Comendador. ¡Hola! La vara[7] quitadle.

Esteban. Tomad, señor, norabuena.

Comendador. Pues con ella quiero dalle,[8]
como a caballo brioso.[9]

Esteban. Por señor os sufro, Dadme

Pascuala. ¡A un viejo de palos das![10]

Laurencia. Si le das porque es mi padre,
¿qué vengas en él de mí?

Comendador. Llevarla, y haced que guarden
su persona diez soldados.
(*Vase él y los suyos.*)

Esteban. Justicia del cielo baje.
(*Vase.*)

Pascuala. Volvióse en luto la boda.
(*Vase.*)

Barrildo. ¿No hay aquí un hombre que hable?

Mengo. Yo ya tengo mis azotes,[11]
que aun se ven los cardenales[12]
sin que un hombre vaya a Roma.
Prueben otros a enojarle.

Barrildo. Hablemos todos.

Juan Rojo. Señores,
aquí todo el mundo calle.
Como ruedas de salmón
me puso los atabales.[13]
[...]

El comendador apalea a Esteban, padre de Laurencia y alcalde de Fuenteo-vejuna. Luego rapta a su hija y la viola. Lucrecia aparece en escena después de que los hombres del pueblo se reúnen para discutir su situación.

Sale Laurencia, desmelenada.[14]

Laurencia. Dejadme entrar, que bien puedo
en consejo de los hombres;
que bien puede una mujer,

---

[7] símbolo del poder del alcalde. [8] dadle.
[9] bravo. [10] pegas con un palo. [11] latigazos.
[12] moretones. [13] tipo de instrumento de percusión. [14] despeinada.

si no a dar voto a dar voces.
¿Conocéisme?

Esteban.   ¡Santo cielo!
¿No es mi hija?

Juan.   ¿No conoces
A Laurencia?

Laurencia.   Vengo tal,
que mi diferencia os pone
en contingencia quién soy.

Esteban. ¡Hija mía!

Laurencia.   No me nombres
tu hija.

Esteban.   ¿Por qué, mis ojos?
¿Por qué?

Laurencia.   Por muchas razones,
y sean las principales,
porque dejas que me roben
tiranos sin que me vengues,
traidores sin que me cobres.
Aun no era yo de Frondoso,
para que digas que tome,
como marido, venganza;
que aquí por tu cuenta corre;
que en tanto que de las bodas
no haya llegado la noche,
del padre, y no del marido,
la obligación presupone;
que en tanto que no me entregan
una joya, aunque la compre,
no ha de correr por mi cuenta
las guardas ni los ladrones.
Llevóme de vuestros ojos
a su casa Fernán Gómez:
la oveja al lobo dejáis,
como cobardes pastores.
¿Qué dagas no vi en mi pecho?
¡Qué desatinos enormes,
qué palabras, qué amenazas,
y qué delitos atroces,
por rendir mi castidad
a sus apetitos torpes![15]
Mis cabellos, ¿no lo dicen?
¿No se ven aquí los golpes,

---

[15] salvajes, bárbaros.

de la sangre y las señales?
¿Vosotros sois hombres nobles?
¿Vosotros padres y deudos?
¿Vosotros, que no se os rompen
las entrañas[16] de dolor,
de verme en tantos dolores?
Ovejas sois, bien lo dice
de Fuente Ovejuna el nombre.
Dadme unas armas a mí,
pues sois piedras, pues sois bronces,
pues sois jaspes, pues sois tigres...
—Tigres no, porque feroces
siguen quien roba sus hijos,
matando los cazadores
antes que entren por el mar
y por sus ondas se arrojen.
Liebres cobardes nacistes;
bárbaros sois, no españoles.
Gallinas, ¡vuestras mujeres
sufrís que otros hombres gocen!
Poneos ruecas[17] en la cinta.
¿Para qué os ceñís[18] estoques?
¡Vive Dios, que he de trazar[19]
que solas mujeres cobren
la honra de estos tiranos,
la sangre de estos traidores,
y que os han de tirar piedras,
hilanderas, maricones,
amujerados, cobardes,
y que mañana os adornen
nuestras tocas y basquiñas,[20]
solimanes y colores![21]
A Frondoso quiere ya,
sin sentencia, sin pregones,
colgar el comendador
del almena[22] de una torre;
de todos hará lo mismo;
y yo me huelgo, medio-hombres,
por que quede sin mujeres
esta villa honrada, y torne
aquel siglo de amazonas,
eterno espanto del orbe.

Esteban.   Yo, hija, no soy de aquellos
que permiten que los nombres

---

[16] vísceras.   [17] instrumento para hilar.   [20] prendas de vestir femeninas.   [21] cosméticos.
[18] sacáis.   [19] hacer.   [22] parte más alta de un muro.

	con esos títulos viles. Iré solo, si se pone todo el mundo contra mí.
Juan.	Y yo, por más que me asombre la grandeza del contrario.
Regidor.	Muramos todos.
Barrildo.	Descoge un lienzo al viento en un palo, y mueran estos inormes.[23]
Juan.	¿Qué orden pensáis tener?
Mengo.	Ir a matarle sin orden. Juntad el pueblo a una voz; que todos están conformes en que los tiranos mueran.
Esteban.	Tomad espadas, lanzones, ballestas, chuzos[24] y palos.
Mengo.	¡Los reyes nuestros señores vivan!
Todos.	¡Vivan muchos años!
Mengo.	¡Mueran tiranos traidores!
Todos.	¡Traidores tiranos mueran! *(Vanse todos.)*
Laurencia.	Caminad, que el cielo os oye. —¡Ah, mujeres de la villa! ¡Acudid, por que se cobre vuestro honor, acudid todas! [...]

El pueblo decide vengar los abusos del comendador.

Comendador.	Pueblo, esperad.
Todos.	Agravios nunca esperan.
Comendador.	Decídmelos a mí, que iré pagando a fe de caballero esos errores.
Todos.	¡Fuente Ovejuna! ¡Viva el rey Fernando! ¡Mueran malos cristianos y traidores!
Comendador.	¿No me queréis oír? Yo estoy hablando; yo soy vuestro señor.
Todos.	Nuestros señores son los Reyes Católicos.
Comendador.	Espera.
Todos.	¡Fuente Ovejuna, y Fernán Gómez muera!

---

[23] enormes.   [24] tipo de arma.

Vanse, y salen las mujeres armadas.

Laurencia.   Parad en este puesto de esperanzas
soldados atrevidos, no mujeres.

Pascuala.   ¿Los que mujeres son en las venganzas,
en él beban su sangre es bien que esperes?

Jacinta.   Su cuerpo recojamos en las lanzas.

Pascuala.   Todas son de esos mismos pareceres.

Esteban   *(Dentro.)*
¡Muere, traidor comendador!

Comendador.   Ya muero.
¡Piedad, Señor, que en tu clemencia espero!
[...]

El juez que fue mandado a Fuenteovejuna regresa a contarles a los Reyes
Católicos lo sucedido allí.

Sale el Juez.

Juez.   A Fuente Ovejuna fu[i]
de la suerte que has mandado,
y con especial cuidado
y diligencia asistí.
        Haciendo averiguación
del cometido delito,
una hoja no se ha escrito
que sea en comprobación;
        porque conformes a una,
con un valeroso pecho,
en pidiendo quién lo ha hecho,
responden: "Fuente Ovejuna".
        Trescientos he atormentado[25]
con no pequeño rigor,
y te prometo, señor,
que más que esto no he sacado.
        Hasta niños de diez años
al potro[26] arrimé, y no ha sido
posible haberlo inquirido
ni por halagos ni engaños.
        Y pues tan mal se acomoda
el poderlo averiguar,
o los has de perdonar,
o matar la villa toda.
        Todos vienen ante ti
para más certificarte:
de ellos podrás informarte.

Rey.   Que entren, pues vienen, les di.

---

[25] torturado.   [26] instrumento de tortura.

Salen los dos Alcaldes, Frondoso, las mujeres y los villanos que quisieren.

Laurencia.	¿Aquestos los reyes son?
Frondoso.	Y en Castilla poderosos.
Laurencia.	Por mi fe, que son hermosos: ¡bendígalos San Antón!
Isabel.	¿Los agresores son éstos?

Esteban.	Fuente Ovejuna, señora,
	 que humildes llegan agora
	 para serviros dispuestos.
	   La sobrada tiranía
	 y el insufrible rigor
	 del muerto comendador,
	 que mil insultos hacía,
	   fué el autor de tanto daño.
	 Las haciendas nos robaba
	 y las doncellas forzaba,
	 siendo de piedad extraño.

Frondoso.	Tanto, que aquesta zagala,[27]
	 que el cielo me ha concedido,
	 en que tan dichoso he sido
	 que nadie en dicha me iguala,
	   cuando conmigo casó,
	 aquella noche primera,
	 mejor que si suya fuera,
	 a su casa la llevó;
	   y a no saberse guardar
	 ella, que en virtud florece,
	 ya manifiesto parece
	 lo que pudiera pasar.

Mengo.	¿No es ya tiempo que hable yo?
	 Si me dais licencia, entiendo
	 que os admiréis, sabiendo
	 del modo que me trató.
	   Porque quise defender
	 una moza de su gente,
	 que con término insolente
	 fuerza la querían hacer,
	   aquel perverso Nerón,[28]
	 de manera me ha tratado,
	 que el reverso me ha dejado
	 como rueda de salmón.

---

[27] mujer valiente.   [28] Nerón (37–68): emperador
romano conocido por sus injusticias.

Tocaron mis atabales
tres hombres con tal porfía,
que aun pienso que todavía
me duran los cardenales.
    Gasté en este mal prolijo,
por que el cuero se me curta,
polvos de arrayán y murta
más que vale mi cortijo.

Esteban.   Señor, tuyos ser queremos.
Rey nuestro eres natural,
y con título de tal
ya tus armas puesto habemos.
    Esperamos tu clemencia,
y que veas, esperamos,
que en este caso te damos
por abono la inocencia.

Rey.   Pues no puede averiguarse
el suceso por escrito,
aunque fué grave el delito,
por fuerza ha de perdonarse.
    Y la villa es bien se quede
en mí, pues de mí se vale,
hasta ver si acaso sale
comendador que la herede.

Frondoso.   Su majestad habla, en fin,
como quien tanto ha acertado.
Y aquí, discerto senado,
FUENTE OVEJUNA da fin.

■ Preguntas de comprensión

1. ¿Qué está celebrando el pueblo de Fuenteovejuna al comienzo de la lectura?
2. ¿Cómo reacciona el comendador al ver la boda?
3. ¿Cómo reacciona Esteban?
4. ¿Cómo castiga el comendador a Esteban?
5. ¿Qué dice Esteban sobre los Reyes Católicos?
6. ¿Qué les dice Laurencia a los hombres del pueblo?
7. ¿Por qué deben vengarse?
8. ¿Con qué compara a los hombres del pueblo?
9. ¿Cómo reaccionan los hombres?
10. ¿Cómo termina la vida del comendador?
11. ¿Qué dice el juez de lo que sucedió en Fuenteovejuna?
12. ¿Cómo reacciona el pueblo ante la tortura del juez?
13. ¿Qué quejas presentan los de Fuenteovejuna al Rey?
14. ¿Qué le pide Esteban al Rey?
15. ¿Cómo termina la obra?

■ Preguntas de análisis

1. ¿Qué rasgos formales tiene esta comedia? ¿Qué versificación usa Lope? ¿Qué rima?
2. ¿Cuáles son los personajes importantes? ¿Cómo se los caracteriza?
3. ¿Cómo se representa la jerarquía en la obra?
4. ¿Qué errores y abusos comete el comendador a lo largo de la obra?
5. ¿Las mujeres en esta obra tienen papeles importantes? ¿Quiénes son las más importantes? ¿Qué representan? ¿Cómo actúan?
6. Para el público contemporáneo a Lope esta obra representaría una parte del pasado histórico español. ¿Cómo se caracteriza este pasado en la obra? ¿Le parece a Ud. realista? ¿Está idealizado?

■ Temas para informes escritos

1. La violencia en la obra
2. El honor, la venganza y la mujer
3. El período de los Reyes Católicos según la obra

■ Bibliografía mínima

Blecua, José Manuel. "Lope de Vega poeta". *Lecciones de literatura universal: siglos XII a XX*. Ed. Jordi Llovet. Madrid: Cátedra, 1996. 285–293.

Blue, William R. "The Politics of Lope's Fuenteovejuna". *Hispanic Review* 59.3 (1991): 295–315.

Casalduero, Joaquín. "Fuenteovejuna". *Estudios sobre el teatro español*. Madrid: Gredos, 1972.

Entrambasaguas, Joaquín de. *Lope de Vega en su tiempo*. Barcelona: Teide, 1961.

Lázaro Carreter, Fernando. "Félix Lope de Vega Carpio". *Diccionario de literatura española e hispanoamericana*. Dir. Ricardo Gullón. Madrid: Alianza, 1993. 1711–15.

Maravall, José Antonio. *Teatro y literatura en la sociedad barroca*. Madrid: Seminarios y Ediciones, 1972.

Ruggiero, Michael. "Fernán Gómez de Guzmán, Protagonist of Fuenteovejuna". *Bulletin of the Comediantes* 47.1 (1995): 5–19.

Simerka, Bárbara. "Homosociality and Dramatic Conflict: a Reconsideration of Early Modern Spanish Comedy". *Hispanic Review* 70.4 (2002): 521–533.

MIGUEL DE CERVANTES Y SAAVEDRA

1547–1616

© The Mary Evans Picture Library

Uno de los autores más celebrados en el mundo de las letras es Miguel de Cervantes. Cervantes es conocido sobre todo por su obra *El ingenioso hidalgo Don Quijote de la Mancha*, más conocida como *Don Quijote* (1605, 1614). Esta obra, según varios literatos y filósofos, representa artística y culturalmente un paso decisivo de la cultura occidental hacia la modernidad.

Cervantes nació en Alcalá de Henares en 1547. Fue hijo de cirujano. Existe entre algunos estudiosos la teoría de que Cervantes fue converso. La ocupación de su padre Rodrigo Cervantes sustenta esta teoría, ya que el oficio de cirujano solía ser practicado típicamente por cristianos nuevos. De la madre de Cervantes, Leonor de Cortinas, se sabe muy poco. De joven, Cervantes vivió junto a su familia en Valladolid, Córdoba, Sevilla y Madrid. Se cree que estudió en un colegio de jesuitas en Sevilla y, posiblemente, continuó sus estudios en Salamanca. En Madrid fue alumno de un celebrado humanista llamado Juan López de Hoyos.

En su juventud, el escritor sufrió varios infortunios. En 1569 Cervantes viajó a Italia acompañando al Cardenal Giulio Acquaviva. En este viaje visitó Florencia y Roma. En 1570 inició su carrera como soldado. En 1571 participó en la batalla de Lepanto, en Grecia. En esta batalla fuerzas cristianas se enfrentaron a los turcos por el control del Mediterráneo occidental. La victoria de los cristianos, liderada por los españoles, fue interpretada por éstos como un ejemplo de su grandiosidad imperial. Durante la batalla Cervantes fue herido y perdió para siempre el movimiento de su mano izquierda. A pesar de estas lesiones, al año siguiente, Cervantes demostró su valentía militar al luchar en Túnez y La Goleta. En 1575, al regresar a España, fue apresado por corsarios turcos. Cervantes estuvo en cautiverio en Argel hasta 1580, cuando se pagó un rescate por él.

Una vez en libertad, Cervantes regresó a Madrid donde se encontró con varias adversidades económicas. En 1584 se casó, por motivos económicos, con Catalina de Salazar. Los problemas económicos del autor se fueron agravando a lo largo de la década a pesar de sus intentos de salir adelante. En 1587 Cervantes viajó a Andalucía para ejercer nuevas responsabilidades. Las dificultades administrativas de estos cargos provocaron varios fiascos que produjeron diversos encarcelamientos de Cervantes. Durante estos encarcelamientos nació *Don Quijote*. En 1606 Cervantes volvió a Madrid, donde ingresó en la Hermandad de Esclavos del Santísimo Sacramento y en la Orden Tercera de San Francisco. Cervantes murió en Madrid en 1616.

La influencia del humanismo en Cervantes es indiscutible. Su pasión por la lectura se manifiesta en casi todas sus obras. En éstas, por medio de citas y referencias, el lector es testigo de las obras que formaron el repertorio intelectual y literario del escritor. En sus textos se observa una lectura profunda de textos clásicos grecolatinos, de varios autores sagrados y de otra literatura en boga durante la época.

Cervantes escribió en varios géneros literarios. Su poesía se ve influenciada por la obra de Garcilaso. Sus obras principales son: *Canto a Calíope* (1585), *Epístola a Mateo Vázquez* (1577), y *Viaje del Parnaso* (1614). También escribió poesía tradicional que forma parte de sus obras teatrales y en prosa. La obra dramática de Cervantes incluye varios entremeses, las obras teatrales *El cerco de Numancia* y *El trato de Argel*, y la colección *Ocho comedias y ocho entremeses* (1615).

El género que mejor trabajó Cervantes fue la prosa. Su obra en prosa abarca varios de los subgéneros populares durante el Siglo de Oro. En *La Galatea* Cervantes experimenta con la novela pastoril; en *Los trabajos de Persiles y Sigismunda* (1617), con la bizantina.

El ingenioso hidalgo Don Quijote de la Mancha es una obra maestra de la literatura universal. La novela cuenta la historia de un hidalgo que pierde el uso de razón por leer libros de caballería como el *Amadís de Gaula*. Este decide convertirse en caballero andante y salir en búsqueda de aventuras. Lo acompaña su escudero, Sancho. La novela se inicia ridiculizando a Don Quijote, pero su locura se va humanizando hasta el punto de que el lector siente piedad por el hombre al final de la obra. Una característica importante es el humor a lo largo de toda la novela. La acción de *Don Quijote* sucede en ámbitos contemporáneos a los lectores del siglo XVII. Por eso, la apariencia del personaje principal y los valores de la caballería tienen un tono bastante anticuado para la época. Por esta razón muchas personas ven la novela como la expresión artística del desarrollo de la sociedad desde una época de instituciones y valores medievales—la caballería, el honor, etc.—a una moderna, donde las relaciones personales están basadas en los intereses materiales de los individuos. Esta interpretación se origina durante el Romanticismo, cuando se comienza a leer la novela como una obra con trascendencia histórica donde se contrasta el materialismo del mundo con el idealismo de Don Quijote. A partir de esta época, los temas del *Don Quijote* han afectado a los pensadores más importantes de España. Para muchos españoles, incluyendo a Miguel de Unamuno (1864–1936), por ejemplo, Don Quijote representa a un héroe nacional que lucha, inútilmente, por los valores de un pasado más noble.

Las *Novelas ejemplares* fueron publicadas en 1613. Esta obra es una colección de novelas cortas al estilo italiano de Giovanni Boccaccio, Giraldi Cinthio o Bandello. Cervantes toma este género y lo españoliza, pues muchos de los temas tienen un contexto español. Es cierto, entonces, lo que dice en el prólogo de las novelas al mencionar: "Yo soy el primero que he novelado en lengua castellana". Los temas de las novelas van desde temas realistas hasta otros bastante idealizados. Uno de los grandes debates que ha surgido de las novelas es el de su "ejemplaridad". Algunos críticos encuentran que las novelas no son ejemplares por el mensaje moral que llevan, pero sí por ser un nuevo género literario en la Península. Es dentro de esta colección donde encontramos la novela *El celoso extremeño*.

■ Preguntas de pre-lectura

1. ¿Usted ha leído varios ejemplos de prosa? ¿Cuáles son algunas de las características que diferencian la prosa de otros géneros literarios?
2. ¿Cuáles serían las diferencias entre una novela corta y una novela? ¿Existen hoy en día ejemplos de narrativa que sean más cortos que una novela? ¿Cuáles son?
3. ¿Piensa ústed que en una colección de novelas cortas el lector debe considerar cada novela individualmente o debe relacionar las diferentes novelas de la obra total? ¿Por qué?
4. *El celoso extremeño* describe la situación política y social de España como un imperio. ¿Cuáles son algunas de las características que distinguen a España como imperio durante los siglos XVI y XVII?
5. ¿Cuál es la situación de la mujer en esta misma época?
6. ¿Cómo se caracteriza a otros grupos sociales como los nobles, la gente común y las minorías raciales?

El celoso extremeño

No ha[1] muchos años que de un lugar de Extremadura salió un hidalgo, nacido de padres nobles, el cual, como un otro Pródigo, por diversas partes de España, Italia y Flandes anduvo gastando así los años como la hacienda; y al fin de muchas peregrinaciones, muertos ya sus padres y gastado su patrimonio,[2] vino a
5 parar a la gran ciudad de Sevilla, donde halló ocasión muy bastante[3] para acabar de consumir lo poco que le quedaba. Viéndose, pues, tan falto de dineros, y aun no con muchos amigos, se acogió[4] al remedio a que otros muchos perdidos en aquella ciudad se acogen, que es el pasarse a las Indias, refugio y amparo de los desesperados de España, iglesia de los alzados,[5] salvoconducto de los homicidas,
10 pala[6] y cubierta de los jugadores a quien llaman *ciertos* los peritos en el arte, añagaza[7] general de mujeres libres, engaño común de muchos y remedio particular de pocos.

---

[1] hace. [2] herencia.
[3] conveniente. [4] refugió.

[5] personas que han quebrado económicamente.
[6] cubierta. [7] señuelo.

En fin, llegado el tiempo en que una flota se partía para Tierrafirme,[8] acomodándose con el almirante della, aderezó su matalotaje[9] y su mortaja de esparto,[10] y embarcándose en Cádiz, echando la bendición a España, zarpó[11] la flota, y con general alegría dieron las velas al viento, que blando y próspero soplaba, el cual en pocas horas les encubrió la tierra y les descubrió las anchas y espaciosas llanuras del gran padre de las aguas, el mar Océano.

Iba nuestro pasajero pensativo, revolviendo en su memoria los muchos y diversos peligros que en los años de su peregrinación había pasado, y el mal gobierno que en todo el discurso de su vida había tenido; y sacaba de la cuenta que a sí mismo se iba tomando una firme resolución de mudar[12] manera de vida, y de tener otro estilo en guardar la hacienda que Dios fuese servido de darle, y de proceder con más recato[13] que hasta allí con las mujeres.

La flota estaba como en calma cuando pasaba consigo esta tormenta Felipo de Carrizales, que éste es el nombre del que ha dado materia a nuestra novela. Torno[14] a soplar el viento, impeliendo con tanta fuerza los navíos, que no dejó a nadie en sus asientos; y así, le fue forzoso a Carrizales dejar sus imaginaciones y dejarse llevar de solos los cuidados que el viaje le ofrecía; el cual viaje fue tan próspero, que sin recebir algún revés[15] ni contraste llegaron al puerto de Cartagena. Y por concluir con todo lo que no hace a nuestro proposito, digo que la edad que tenía Felipo cuando pasó a las Indias sería de cuarenta y ocho años, y en veinte que en ellas estuvo, ayudado de su industria y diligencia, alcanzó a tener más de ciento y cincuenta mil pesos ensayados.[16]

Viéndose, pues, rico y próspero, tocado del natural deseo que todos tienen de volver a su patria, pospuestos grandes intereses que se le ofrecían, dejando el Pirú,[17] donde había granjeado tanta hacienda, trayéndola toda en barras de oro y plata, y registrada, por quitar inconvenientes, se volvió a España. Desembarcó en Sanlúcar; llegó a Sevilla, tan lleno de años como de riquezas; sacó sus partidas sin zozobras,[18] buscó sus amigos: hallólos todos muertos; quiso partirse a su tierra, aunque ya había tenido nuevas que ningún pariente le había dejado la muerte. Y si cuando iba a Indias, pobre y menesteroso, le iban combatiendo muchos pensamientos, sin dejarle sosegar[19] un punto en mitad de las ondas del mar, no menos ahora en el sosiego de la tierra le combatían, aunque por diferente causa: que si entonces no dormía por pobre, ahora no podía sosegar de rico; que tan pesada carga es la riqueza al que no está usado a tenerla ni sabe usar della, como lo es la pobreza al que continuo[20] la tiene. Cuidados acarrea el oro y cuidados la falta dél; pero los unos se remedian con alcanzar alguna mediana cantidad, y los otros se aumentan mientras más parte se alcanzan.

Contemplaba Carrizales en sus barras, no por miserable, porque en algunos años que fue soldado aprendió a ser liberal, sino en, lo que había de hacer dellas, a causa que tenerlas en ser[21] era cosa infrutuosa, y tenerlas en casa, cebo para los codiciosos y despertador para los ladrones.

Habíase muerto en él la gana de volver al inquieto trato[22] de las mercancías y parecíale que, conforme a los años que tenía, le sobraban dineros para pasar la vida, y quisiera pasarla en su tierra y dar en ella su hacienda a tributo,[23] pasando

---

[8] Indias. [9] comida. [10] cama. [11] salió. [17] Perú. [18] problemas. [19] descansar.
[12] cambiar. [13] cuidado. [14] volvió. [20] continuadamente. [21] sin invertirlas.
[15] inconveniente. [16] monedas de plata. [22] trabajo. [23] rentas.

en ella los años de su vejez en quietud y sosiego, dando a Dios lo que podía, pues
había dado al mundo más de lo que debía. Por otra parte, consideraba que la estrecheza de su patria era mucha y la gente muy pobre, y que el irse a vivir a ella era
60 ponerse por blanco[24] de todas las importunidades que los pobres suelen dar al
rico que tienen por vecino, y más cuando no hay otro en el lugar a quien acudir
con sus miserias. Quisiera tener a quien dejar sus bienes después de sus días, y con
este deseo tomaba el pulso a su fortaleza, y parecíale que aún podía llevar la carga
del matrimonio; y en viniéndole este pensamiento, le sobresaltaba[25] un tan gran
65 miedo, que así se le desbarataba y deshacía como hace a la niebla el viento; porque
de su natural condición era el más celoso hombre del mundo, aun sin estar casado,
pues con sólo la imaginación de serlo le comenzaban a ofender los celos, a fatigar[26]
las sospechas y a sobresaltar las imaginaciones, y esto con tanta eficacia y vehemencia, que de todo en todo propuso de no casarse.
70   Y estando resuelto en esto, y no lo estando en lo que había de hacer de su
vida, quiso su suerte que pasando un día por una calle, alzase los ojos y viese a
una ventana puesta una doncella,[27] al parecer de edad de trece o catorce años, de
tan agradable rostro y tan hermosa que, sin ser poderoso para defenderse, el buen
viejo Carrizales rindió la flaqueza[28] de sus muchos años a los pocos de Leonora,
75 que así era el nombre de la hermosa doncella. Y luego, sin más detenerse, comenzó
a hacer un gran montón[29] de discursos, y hablando consigo mismo decía:
    —Esta muchacha es hermosa, y a lo que muestra la presencia desta casa, no
debe de ser rica; ella es niña: sus pocos años pueden asegurar mis sospechas.
Casarse he[30] con ella; encerrarela y haréla a mis mañas,[31] y con esto no tendrá otra
80 condición que aquella que yo le enseñare. Y no soy tan viejo que pueda perder la
esperanza de tener hijos que me hereden. De que tenga dote[32] o no no hay para
qué hacer caso, pues el cielo me dio para todos y los ricos no han de buscar en sus
matrimonios hacienda, sino gusto[33] que el gusto alarga la vida y los disgustos entre los casados la acortan. Alto, pues: echada está la suerte, y ésta es la que el cielo
85 quiere que yo tenga.
    Y así hecho este soliloquio, no una vez, sino ciento, al cabo de algunos días
habló con los padres de Leonora, y supo como, aunque pobres, eran nobles; y dán-
doles cuenta de su intención y de la calidad de su persona y hacienda, les rogo[34]
le diesen por mujer a su hija. Ellos le pidieron tiempo para informarse de lo que
90 decía, y que él también le tendría para enterarse ser verdad lo que de su nobleza
le habían dicho. Despidiéronse, informáronse las partes, y hallaron ser ansí lo que
entrambos dijeron; y, finalmente, Leonora quedó por esposa de Carrizales, ha-
biéndola dotado primero en veinte mil ducados: tal estaba de abrasado el pecho
del celoso viejo. El cual apenas dio el sí de esposo, cuando de golpe le embistió un
95 tropel[35] de rabiosos celos, y comenzó sin causa alguna a temblar y a tener mayores
cuidados que jamás había tenido. Y la primera muestra que dio de su condición
celosa fue no querer que sastre[36] alguno tomase la medida a su esposa de los muchos vestidos que pensaba hacerle, y así, anduvo mirando cuál otra mujer tendría,
poco más o menos, el talle y cuerpo de Leonora, y halló una pobre, a cuya medida

---

[24] víctima.   [25] sentía.   [26] molestar.   [27] estado de
la mujer antes de casarse; también se puede
referir a la virginidad de la mujer.   [28] debilidad.
[29] cantidad.   [30] me casaré.   [31] a mi manera.

[32] dinero que la familia de la novia contribuye
al matrimonio.   [33] placer.   [34] suplicó.
[35] le atacaron.   [36] persona que confecciona
vestidos.

100 hizo hacer una ropa, y probándosela su esposa halló que le venía bien, y por aquella medida hizo los demás vestidos, que fueron tantos y tan ricos, que los padres de la desposada tuvieron por más dichosos en haber acertado con tan buen yerno para remedio suyo y de su hija. La niña estaba asombrada de ver tantas galas, a causa que las que ella en su vida se había puesto no pasaban de una saya de raja
105 y una ropilla de tafetán.[37]

La segunda señal que dio Felipo fue no querer juntarse con su esposa hasta tenerle puesta casa aparte, la cual aderezó[38] en esta forma: compró una en doce mil ducados, en un barrio principal de la ciudad, que tenía agua de pie[39] y jardín con muchos naranjos; cerró todas las ventanas que miraban a la calle, y dióles vista
110 al cielo, y lo mismo hizo de todas las otras de casa. En el portal de la calle, que en Sevilla llaman *casapuerta*, hizo una caballeriza para una mula, y encima della un pajar y apartamiento donde estuviese el que había de curar[40] della, que fue un negro viejo y eunuco; levantó las paredes de las azuteas de tal manera que el que entraba en la casa había de mirar al cielo por línea recta, sin que pudiesen ver otra
115 cosa; hizo torno que de la casapuerta respondía al patio.

Compró un rico menaje para adornar la casa, de modo que por tapicerías, estrados y doseles[41] ricos mostraba ser de un gran señor; compró, asimismo, cuatro esclavas blancas, y herrólas en el rostro, y otras dos negras bozales.[42]

Concertóse con un despensero que le trujese[43] y comprase de comer, con
120 condición que no durmiese en casa ni entrase en ella sino hasta el torno,[44] por el cual había de dar lo que trujese. Hecho esto, dio parte de su hacienda a censo,[45] situada en diversas y buenas partes, otra puso en el banco, y quedóse con alguna, para lo que se le ofreciese. Hizo asimismo llave maestra para toda la casa, y encerró en ella todo lo que suele comprarse en junto y en sus sazones, para la provisión
125 de todo el año; y teniéndolo todo así aderezado y compuesto, se fue a casa de sus suegros y pidió a su mujer, que se la entregaron no con pocas lágrimas, porque les pareció que la llevaban a la sepultura.[46]

La tierna Leonora aún no sabía lo que la había acontecido, y así, llorando con sus padres, les pidió su bendición, y despidiéndose de ellos, rodeada de sus es-
130 clavas y criadas, asida[47] de la mano de su marido, se vino a su casa, y en entrando en ella les hizo Carrizales un sermón a todas, encargándoles la guarda[48] de Leonora y que por ninguna vía ni en ningún modo dejasen entrar a nadie de la segunda puerta adentro, aunque fuese al negro eunuco. Y a quien más encargó la guarda y regalo de Leonora fue a una dueña de mucha prudencia y gravedad, que
135 recibió como para aya[49] de Leonora y para que fuese superintendente de todo lo que en la casa se hiciese y para que mandase a las esclavas y a otras dos doncellas de la misma edad de Leonora, que para que se entretuviese con las de sus mismos años asimismo había recebido.

Prometióles que las trataría y regalaría a todas de manera que no sintiesen su
140 encerramiento, y que los días de fiesta, todos, sin faltar ninguno, irían a oír misa; pero tan de mañana, que apenas tuviese la luz lugar de verlas. Prometiéronle las criadas y esclavas de hacer todo aquello que les mandaba, sin pesadumbre, con prompta[50] voluntad y buen ánimo. Y la nueva esposa, encogiendo los hombros,

---

[37] textiles comunes, humildes. [38] organizó.
[39] corriente. [40] cuidar. [41] salas alfombradas y cortinas. [42] que no hablan bien el castellano.
[43] trajese. [44] el otro lado de la puerta.
[45] rentas. [46] tumba. [47] cogida.
[48] el cuidado. [49] criar, cuidar. [50] buena.

bajó la cabeza y dijo que ella no tenía otra voluntad que la de su esposo y señor, a
145 quien estaba siempre obediente.

Hecha esta prevención y recogido el buen extremeño en su casa, comenzó
a gozar como pudo los frutos del matrimonio, los cuales a Leonora, como no tenía experiencia de otros, ni eran gustosos ni desabridos; y así, pasaba el tiempo
con su dueña, doncellas y esclavas, y ellas, por pasarle mejor, dieron en ser go-
150 losas, y pocos días se pasaban sin hacer mil cosas a quien la miel y el azúcar hacen sabrosas. Sobrábales para esto en grande abundancia lo que había menester,[51]
y no menos sobraba en su amo la voluntad de dárselo, pareciéndole que con ello
las tenía entretenidas y ocupadas, sin tener lugar donde ponerse a pensar en su
encerramiento.

155 Leonora andaba a lo igual con sus criadas, y se entretenía en lo mismo que
ellas, y aun dio con su simplicidad en hacer muñecas y en otras niñerías, que
mostraban la llaneza[52] de su condición y la terneza de sus años; todo lo cual era
de grandísima satisfacción para el celoso marido, pareciéndole que había acertado
a escoger la vida mejor que se la supo imaginar y que por ninguna vía la industria
160 ni la malicia humana podían perturbar su sosiego. Y así, sólo se desvelaba en traer
regalos a su esposa y en acordarle le pidiese todos cuantos le viniesen al pensamiento, que de todos sería servida.

Los días que iba a misa, que, como está dicho, era entre dos luces,[53] venían
sus padres, y en la iglesia hablaban a su hija, delante de su marido, el cual les daba
165 tantas dádivas[54] que, aunque tenían lástima a su hija por la estrecheza en que vivía, la templaban con las muchas dádivas que Carrizales, su liberal yerno, les daba.

Levantábase de mañana y aguardaba a que el despensero viniese, a quien de
la noche antes, por una cédula[55] que ponían en el torno, le avisaban lo que había
de traer otro día; y en viniendo el despensero, salía de casa Carrizales, las más ve-
170 ces a pie, dejando cerradas las dos puertas, la de la calle y la de en medio, y entre
las dos quedaba el negro.

Íbase a sus negocios, que eran pocos, y con brevedad daba la vuelta, y, encerrándose, se entretenía en regalar a su esposa y acariciar[56] a sus criadas, que todas
le querían bien, por ser de condición llana y agradable, y, sobre todo, por mos-
175 trarse tan liberal con todas.

Desta manera pasaron un año de noviciado,[57] y hicieron profesión en aquella vida, determinándose de llevarla hasta el fin de las suyas; y así fuera si el sagaz[58] perturbador del género humano no lo estorbara, como ahora oiréis.

Dígame ahora el que se tuviere por más discreto y recatado[59] qué más pre-
180 venciones para su seguridad podía haber hecho el anciano Felipo, pues aun no
consintió que dentro de su casa hubiese algún animal que fuese varón.[60] A los ratones della jamás los persiguió gato, ni en ella se oyó ladrido de perro; todos eran
del género femenino. De día pensaba, de noche no dormía; él era la ronda y centinela[61] de su casa y el Argos[62] de lo que bien quería. Jamás entró hombre de la
185 puerta adentro del patio. Con sus amigos negociaba en la calle. Las figuras de los
paños que sus salas y cuadras adornaban, todas eran hembras, flores y boscajes.
Toda su casa olía a honestidad, recogimiento y recato: aun hasta en las consejas

---

[51] necesidad. [52] simplicidad. [53] en la
oscuridad. [54] regalos. [55] una lista. [56] regalar.
[57] año que un religioso pasa antes de profesarse.

[58] perspicaz. [59] cuidadoso.
[60] de sexo masculino. [61] guardia.
[62] ser mitológico que tiene cien ojos.

que en las largas noches de invierno, en la chimenea, sus criadas contaban, por estar él presente, en ninguna ningún género[63] de lascivia se descubría. La plata de
las canas del viejo a los ojos de Leonora parecían cabellos de oro puro, porque el
amor primero que las doncellas tienen se les imprime en el alma como el sello en
la cera. Su demasiada guarda le parecía advertido recato; pensaba y creía que lo
que ella pasaba pasaban todas las recién casadas. No se desmandaban sus pensamientos a salir de las paredes de su casa, ni su voluntad deseaba otra cosa más
de aquella que la de su marido quería; sólo los días que iba a misa veía las calles,
y esto era tan de mañana, que, si no era al volver de la iglesia, no había luz para
mirallas.

No se vio monasterio tan cerrado, ni monjas más recogidas, ni manzanas de
oro tan guardadas; y con todo esto, no pudo en ninguna manera prevenir ni excusar de caer en lo que recelaba; a lo menos, en pensar que había caído.

Hay en Sevilla un género de gente ociosa y holgazana,[64] a quien comúnmente
mente suelen llamar gente de barrio. Estos son los hijos de vecino de cada colación,[65] y de los más ricos della; gente baldía,[66] atildada[67] y meliflua[68] de la cual
y de su traje y manera de vivir, de su condición y de las leyes que guardan entre
sí, había mucho que decir; pero por buenos respectos se deja.

Uno destos galanes, pues, que entre ellos es llamado *virote*, mozo soltero,
que a los recién casados llaman *mantones*, asestó a mirar la casa del recatado Carrizales, y viéndola siempre cerrada le tomó gana de saber quién vivía dentro; y
con tanto ahínco[69] y curiosidad hizo la diligencia que de todo vino a saber lo que
deseaba.

Supo la condición del viejo, de la hermosura de su esposa y el modo que tenía en guardarla; todo lo cual le encendió el deseo de ver si sería posible expuñar,[70]
por fuerza o por industria, fortaleza tan guardada. Y comunicándolo con dos virotes y un mantón sus amigos, acordaron que se pusiese por obra, que nunca para
tales obras faltan consejeros y ayudadores.

Dificultaban el modo que se tendría para intentar tan dificultosa hazaña;
y habiendo entrado en bureo[71] muchas veces, convinieron en esto: que fingiendo
Loaysa, que así se llamaba el virote, que iba fuera de la ciudad por algunos días,
se quitase de los ojos de sus amigos, como lo hizo; y hecho esto, se puso unos calzones de lienzo limpio y camisa limpia; pero encima se puso unos vestidos tan rotos y remendados, que ningún pobre en toda la ciudad los traía tan astrosos.[72]
Quitóse un poco de barba que tenía, cubrióse un ojo con un parche, vendóse una
pierna estrechamente, y arrimándose a dos muletas se convirtió en un pobre tu-
llido tal,[73] que el más verdadero estropeado no se le igualaba.

Con este talle se ponía cada noche a la oración a la puerta de la casa de Carrizales, que ya estaba cerrada, quedando el negro, que Luis se llamaba, cerrado
entre las dos puertas. Puesto allí Loaysa, sacaba una guitarrilla algo grasienta y
falta de algunas cuerdas, y como él era algo músico, comenzaba a tañer[74] algunos
sones[75] alegres y regocijados, mudando la voz por no ser conocido. Con esto, se
daba priesa a cantar romances de moros y moras, a la loquesca,[76] con tanta gracia,
que cuantos pasaban por la calle se ponían a escucharle, y siempre, en tanto que

---

[63] tipo. [64] vaga. [65] parroquia. [66] desocupada.
[67] vestida pomposamente. [68] habladora.
[69] gana. [70] saquear. [71] consulta.

[72] andrajosos. [73] persona que ha perdido el
movimiento de uno de sus miembros. [74] tocar.
[75] canciones, ritmos. [76] a manera de locos.

cantaba, estaba rodeado de muchachos; y Luis el negro, poniendo los oídos por entre las puertas, estaba colgado de la música del virote, y diera un brazo por poder abrir la puerta y escucharle más a su placer; tal es la inclinación que los negros tienen a ser músicos. Y cuando Loaysa quería que los que le escuchaban le dejasen, dejaba de cantar y recogía su guitarra y, acogiéndose a sus muletas, se iba.

235

Cuatro o cinco veces había dado música al negro (que por solo él la daba), pareciéndole que por donde se había de comenzar a desmoronar[77] aquel edificio había y debía ser por el negro; y no le salió vano su pensamiento, porque llegándose una noche, como solía, a la puerta, comenzó a templar su guitarra, y sintió que el negro estaba ya atento, y llegándose al quicio[78] de la puerta, con voz baja dijo:

240

—¿Será posible, Luis, darme un poco de agua, que padezco de sed y no puedo cantar?

—No —dijo el negro—, porque no tengo la llave desta puerta, ni hay agujero por donde pueda dárosla.

245

—Pues ¿quién tiene la llave? —preguntó Loaysa.

—Mi amo —respondió el negro—, que es el más celoso hombre del mundo. Y si él supiese que yo estoy ahora aquí hablando con nadie, no sería más mi vida. Pero ¿quién sois vos que me pedís el agua?

250

—Yo —respondió Loaysa— soy un pobre estropeado de una pierna, que gano mi vida pidiendo por Dios a la buena gente; y juntamente con esto, enseño a tañer a algunos morenos y a otra gente pobre, y ya tengo tres negros, esclavos de tres veinticuatros,[79] a quien he enseñado de modo que pueden cantar y tañer en cualquier baile y en cualquier taberna, y me lo han pagado muy rebien.

255

—Harto mejor os lo pagara yo —dijo Luis— a tener lugar de tomar licion,[80] pero no es posible, a causa que mi amo, en saliendo por la mañana, cierra la puerta de la calle, y cuando vuelve hace lo mismo, dejándome emparedado entre dos puertas.

260

—Por Dios, Luis —replicó Loaysa, que ya sabía el nombre del negro—, que si vos diésedes traza a que yo entrase algunas noches a daros lición, en menos de quince días os sacaría tan diestro en la guitarra que pudiésedes tañer sin vergüenza alguna en cualquiera esquina; porque os hago saber que tengo grandísima gracia en el enseñar, y más que he oído decir que vos tenéis muy buena habilidad, y a lo que siento y puedo juzgar por el órgano de la voz, que es atiplada,[81] debéis de cantar muy bien.

265

—No canto mal —respondió el negro—; pero ¿qué aprovecha, pues no sé tonada alguna si no es la de *La estrella de Venus* y la de *Por un verde prado*, y aquella que ahora se usa, que dice:

270

A los hierros de una reja
la turbada mano asida?

—Todas ésas son aire —dijo Loaysa— para las que yo os podría enseñar, porque sé todas las del moro Abindarráez, con las de su dama Jarifa, y todas las que se cantan de la historia del gran sofí Tomunibeyo, con las de la zarabanda a lo divino, que son tales, que hacen pasmar a los mismos portugueses; y esto enseño

275

---

[77] destruir.   [78] marco.   [79] regidores.   [80] lección.
[81] aguda.

con tales modos y con tanta facilidad, que aunque no os deis priesa a aprender, apenas habréis comido tres o cuatro moyos[82] de sal cuando ya os veáis músico corriente y moliente en todo género de guitarra.

A esto suspiró el negro y dijo:

280 —¿Qué aprovecha todo eso, si no sé cómo meteros en casa?

—Buen remedio —dijo Loaysa—: procurad vos tomar las llaves a vuestro amo, y yo os daré un pedazo de cera, donde las imprimiréis de manera que queden señaladas las guardas en la cera; que por la afición que os he tomado, yo haré que un cerrajero amigo mío haga las llaves, y así podré entrar dentro de noche y

285 enseñaros mejor que al preste Juan de las Indias,[83] porque veo ser gran lástima que se pierda una tal voz como la vuestra, faltándole el arrimo de la guitarra; que quiera que sepáis, hermano Luis, que la mejor voz del mundo pierde de sus quilates[84] cuando no se acompaña con el instrumento, ora sea de guitarra o clavicímbano,[85] de órganos o de arpa; pero el que más a vuestra voz le conviene es

290 el instrumento de la guitarra, por ser el más mañero[86] y menos costoso de los instrumentos.

—Bien me parece eso —replicó el negro—; pero no puede ser, pues jamás entran las llaves en mi poder, ni mi amo las suelta de la mano de día, y de noche duermen debajo de su almohada.

295 —Pues haced otra cosa, Luis —dijo Loaysa—, si es que tenéis gana de ser músico consumado; que si no la tenéis, no hay para qué cansarme en aconsejaros.

—¿Y cómo si tengo gana? —replicó Luis—. Y tanta, que ninguna cosa dejaré de hacer, como sea posible salir con ella, a trueco[87] de salir con ser músico.

—Pues ansí es —dijo el virote—, yo os daré por entre estas puertas, ha-

300 ciendo vos lugar quitando alguna tierra del quicio; digo que os daré unas tenazas y un martillo, con que podáis de noche quitar los clavos de la cerradura de loba[88] con mucha facilidad, y con la misma volveremos a poner la chapa de modo que no se eche de ver que ha sido desclavada; y estando yo dentro, encerrado con vos en vuestro pajar, o a donde dormís, me daré tal priesa a lo que tengo de hacer, que

305 vos veáis aún más de lo que os he dicho, con aprovechamiento de mi persona y aumento de vuestra suficiencia. Y de lo que hubiéremos de comer no tengáis cuidado, que yo llevaré matalotaje para entrambos y para más de ocho días; que discípulos tengo yo y amigos que no me dejarán mal pasar.

—De la comida —replicó el negro— no habrá de que temer, que con la ra-

310 ción que me da mi amo y con los relieves[89] que me dan las esclavas sobrará comida para otros dos. Venga ese martillo y tenazas que decís, que yo haré por junto a este quicio lugar por donde quepa, y le volveré a cubrir y tapar con barro; que puesto que dé algunos golpes en quitar la chapa, mi amo duerme tan lejos desta puerta que será milagro, o gran desgracia nuestra, si los oye.

315 —Pues a la mano de Dios —dijo Loaysa—: que de aquí a dos días tendréis, Luis, todo lo necesario para poner en ejecución nuestro virtuoso propósito; y advertid en no comer cosas flemosas, porque no hacen ningún provecho, sino mucho daño a la voz.

---

[82] medida de trigo.   [83] Personaje fabuloso de la Edad Media; a veces es rey de Etiopía.   [84] su riqueza.

[85] instrumento similar al clavicordio.   [86] con maña, con perspicacia.   [87] a cambio.   [88] muy guardada.   [89] colación.

—Ninguna cosa me enronquece[90] tanto —respondió el negro— como el vino; pero no me lo quitaré yo por todas cuantas voces tiene el suelo.

—No digo tal —dijo Loaysa—, ni Dios tal permita. Bebed, hijo Luis, bebed, y buen provecho os haga, que el vino que se bebe con medida jamás fue causa de daño alguno.

—Con medida lo bebo —replicó el negro—: aquí tengo un jarro que cabe una azumbre justa y cabal;[91] éste me llenan las esclavas, sin que mi amo lo sepa, y el despensero, a solapo, me trae una botilla, que también cabe justas dos azumbres, con que se suplen las faltas del jarro.

—Digo —dijo Loaysa— que tal sea mi vida como eso me parece, porque la seca garganta, ni gruñe[92] ni canta.

—Andad con Dios —dijo el negro—; pero mirad que no dejéis de venir a cantar aquí las noches que tardáredes en traer lo que habéis de hacer para entrar acá dentro, que ya me comen los dedos por verlos puestos en la guitarra.

—Y ¡cómo si vendré! —replicó Loaysa—. Y aun con tonadicas[93] nuevas.

—Eso pido —dijo Luis—; y ahora no me dejéis de cantar algo, porque me vaya a acostar con gusto; y en lo de la paga, entienda el señor pobre que le he de pagar mejor que un rico.

—No reparo en eso —dijo Loaysa—; que según yo os enseñare, así me pagaréis, y por ahora escuchad esta tonadilla, que cuando esté dentro veréis milagros.

—Sea en buen hora —respondió el negro.

Y acabado este largo coloquio, cantó Loaysa un romancito agudo, con que dejó al negro tan contento y satisfecho, que ya no veía la hora de abrir la puerta.

Apenas se quitó Loaysa de la puerta, cuando, con más ligereza que el traer de sus muletas prometía, se fue a dar cuenta a sus consejeros[94] de su buen comienzo, adivino del buen fin que por él esperaba. Hallólos, y contó lo que con el negro dejaba concertado, y otro día hallaron los instrumentos, tales, que rompían cualquier clavo como si fuera de palo.

No se descuidó el virote de volver a dar música al negro, ni menos tuvo descuido el negro en hacer el agujero por donde cupiese lo que su maestro le diese, cubriéndolo de manera que a no ser mirado con malicia y sospechosamente no se podía caer en el agujero.

La segunda noche le dio los instrumentos Loaysa, y Luis probó sus fuerzas, y casi sin poner alguna se halló rompidos[95] los clavos, y con la chapa de la cerradura en las manos, abrió la puerta, y recogió dentro a su Orfeo y maestro, y cuando le vio con sus dos muletas, y tan andrajoso,[96] y tan fajada su pierna, quedó admirado. No llevaba Loaysa el parche en el ojo, por no ser necesario, y así como entró, abrazó a su buen discípulo y le besó en el rostro, y luego le puso una gran bota de vino en las manos y una caja de conserva y otras cosas dulces, de que llevaba unas alforjas bien proveídas. Y dejando las muletas, como si no tuviera mal alguno, comenzó a hacer cabriolas,[97] de lo cual se admiró más el negro, a quien Loaysa dijo:

—Sabed, hermano Luis, que mi cojera y estropeamiento no nace de enfer-

---

[90] hace daño a la voz.   [91] *azumbre* es una medida exacta: dos litros y 16 mililitros.   [92] sonido que hace un animal enfadado.   [93] pequeñas tonadas.   [94] los otros virotes.   [95] rotos.   [96] pobre, fachoso.   [97] saltos.

medad, sino de industria, con la cual gano de comer pidiendo por amor de Dios, y ayudándome della y de mi música paso la mejor vida del mundo, en el cual todos aquellos que no fueren industriosos y tracistas[98] morirán de hambre; y esto lo 365 veréis en el discurso de nuestra amistad.

—Ello dirá —respondió el negro—; pero demos orden de volver esta chapa a su lugar, de modo que no se eche de ver su mudanza.

—En buen hora —dijo Loaysa.

Y sacando clavos de sus alforjas, asentaron la cerradura de suerte que estaba 370 tan bien como de antes, de lo cual quedó contentísimo el negro; y subiéndose Loaysa al aposento que en el pajar tenía el negro, se acomodó lo mejor que pudo.

Encendió luego Luis un torzal[99] de cera y, sin más aguardar, sacó su guitarra Loaysa, y tocándola baja y suavemente, suspendió al pobre negro de manera que estaba fuera de sí escuchándole. Habiendo tocado un poco, sacó de nuevo cola- 375 ción y diola a su discípulo, y, aunque con dulce, bebió con tan buen talante de la bota, que le dejó más fuera de sentido que la música. Pasado esto, ordenó que luego tomase lición Luis, y como el pobre negro tenía cuatro dedos de vino sobre los sesos,[100] no acertaba traste; y con todo eso, le hizo creer Loaysa que ya sabía por lo menos dos tonadas; y era lo bueno que el negro se lo creía, y en toda la noche no 380 hizo cosa que tañer que la guitarra destemplada y sin las cuerdas necesarias.

Durmieron lo poco que de la noche les quedaba, y a obra de las seis de la mañana bajó Carrizales y abrió la puerta de en medio, y también la de la calle, y estuvo esperando al despensero, el cual vino de allí a un poco, y dando por el torno la comida se volvió a ir, y llamó al negro, que bajase a tomar cebada[101] para 385 la mula, y su ración; y en tomándola, se fue el viejo Carrizales, dejando cerradas ambas puertas, sin echar de ver lo que en la de la calle se había hecho, de que no poco se alegraron maestro y discípulo.

Apenas salió el amo de casa, cuando el negro arrebató la guitarra y comenzó a tocar de tal manera, que todas las criadas le oyeron, y por el torno le 390 preguntaron:

—¿Qué es esto, Luis? ¿De cuándo acá tienes tú guitarra, o quién te la ha dado?

—¿Quién me la ha dado? —respondió Luis—. El mejor músico que hay en el mundo, y el que me ha de enseñar en menos de seis días más de seis mil sones.

—¿Y dónde está ese músico? —preguntó la dueña.

395 —No está muy lejos de aquí —respondió el negro—; y si no fuera por vergüenza y por el temor que tengo a mi señor, quizá os le enseñara luego, y a fe que os holgásedes de verle.

—¿Y adónde puede él estar que nosotras le podamos ver —replicó la dueña—, si en esta casa jamás entró otro hombre que nuestro dueño?

400 —Ahora bien —dijo el negro—, no os quiero decir nada hasta que veáis lo que yo sé y él me ha enseñado en el breve tiempo que he dicho.

—Por cierto —dijo la dueña— que, si no es algún demonio el que te ha de enseñar, que yo no sé quién te pueda sacar músico con tanta brevedad.

—Andad —dijo el negro—, que lo oiréis y lo veréis algún día.

405 —No puede ser eso —dijo otra doncella—, porque no tenemos ventanas a la calle para poder ver ni oír a nadie.

---

[98] alguien que hace trazas.   [99] vela.
[100] estaba borracho.

[101] tipo de grano que sirve de alimento para animales.

—Bien está —dijo el negro—; que para todo hay remedio si no es para excusar la muerte; y más si vosotras sabéis o queréis callar.

—¡Y cómo que callaremos, hermano Luis! —dijo una de las esclavas—. Callaremos más que si fuésemos mudas;[102] porque te prometo, amigo, que me muero por oír una buena voz, que después que aquí nos emparedaron,[103] ni aun el canto de los pajaros habemos oído.

Todas estas pláticas[104] estaba escuchando Loaysa con grandísimo contento, pareciéndole que todas se encaminaban a la consecución[105] de su gusto y que la buena suerte había tomado la mano en guiarlas a la medida de su voluntad.

Despidiéronse las criadas con prometerles el negro que cuando menos se pensasen las llamaría a oír una buena voz; y con temor que su amo volviese y le hallase hablando con ellas, les dejó y se recogió a su estancia y clausura. Quisiera tomar lición, pero no se atrevió a tocar de día, por que su amo no le oyese; el cual vino de allí a poco espacio, y cerrando las puertas según su costumbre, se encerró en casa. Y al dar aquel día comer por el torno al negro, dijo Luis a una negra, que se lo daba, que aquella noche, después de dormido el amo, basajen todas al torno a oír la voz que les había prometido, sin falta alguna. Verdad es que antes que dijese esto había pedido con muchos ruegos a su maestro fuese contento de cantar y tañer aquella noche al torno, por que él pudiese cumplir la palabra que había dado de hacer oír a las criadas una voz extremada, asegurándole que sería en extremo regalado por todas ellas. Algo se hizo de rogar el maestro de hacer lo que él más deseaba; pero al fin dijo que haría lo que su buen discípulo pedía, sólo por darle gusto, sin otro interés alguno.

Abrazóle el negro y diole un beso en el carrillo,[106] en señal del contento que le había causado la merced prometida, y aquel día dio de comer a Loaysa tan bien como si comiera en su casa, y aun quizá mejor, pues pudiera ser que en su casa le faltara.

Llegóse la noche, y en la mitad della, o poco menos, comenzaron a cecear[107] en el torno, y luego entendió Luis que era la cáfila,[108] que había llegado, y llamando a su maestro, bajaron del pajar, con la guitarra bien encordada y mejor templada. Preguntó Luis quién y cuántas eran las que escuchaban. Respondiéronle que todas, sino su señora, que quedaba durmiendo con su marido, de que le pesó a Loaysa; pero con todo eso, quiso dar principio a su designio y contentar a su discípulo, y tocando mansamente[109] la guitarra, tales sones hizo, que dejó admirado al negro y suspenso el rebaño[110] de las mujeres que le escuchaba.

Pues ¿qué diré de lo que ellas sintieron cuando oyeron tocar el *Pésame dello* y acabar con el endemoniado son de la zarabanda.[111] nuevo entonces en España? No quedó vieja por bailar, ni moza que no se hiciese pedazos, todo a la sorda y con silencio extraño, poniendo centinelas y espías si el viejo despertaba. Cantó asimismo Loaysa coplicas de la seguida, con que acabó de echar el sello al gusto de las escuchantes, que ahincadamente[112] pidieron al negro les dijese quién era tan milagroso músico. El negro les dijo que era un pobre mendigante, el más galán y gentil hombre que había en toda la pobrería de Sevilla.

Rogáronle que hiciese de suerte que ellas le viesen, y que no le dejase ir en

---

[102] personas que no pueden hablar.   [107] a llamar.   [108] el grupo.   [109] suavemente.
[103] encerraron.   [104] conversaciones.   [110] grupo.   [111] bailes populares de la época.
[105] conseguir.   [106] la mejilla.   [112] con ahínco.

quince días de casa, que ellas le regalarían muy bien y darían cuanto hubiese menester.[113] Preguntáronle qué modo había tenido para meterle en casa. A esto no
respondió palabra; a lo demás dijo que para poderle ver hiciesen un agujero pequeño en el torno, que después lo taparían con cera; y que a lo de tenerle en casa,
que él lo procuraría.

Habólas también Loaysa, ofreciéndoseles a su servicio, con tan buenas razones, que ellas echaron de ver que no salían de ingenio de pobre mendigante.
Rogáronle que otra noche viniese al mismo puesto; que ellas harían con su señora que bajase a escucharle, a pesar del ligero[114] sueño de su señor, cuya ligereza no nacía de sus muchos años, sino de sus muchos celos. A lo cual dijo Loaysa
que si ellas gustaban de oírle sin sobresalto del viejo, que él les daría unos polvos
que le echasen en el vino, que le harían dormir con pesado sueño más tiempo del
ordinario.

—¡Jesús, valme —dijo una de las doncellas—, y si eso fuese verdad, qué
buena ventura se nos habría entrado por las puertas, sin sentillo y sin merecello![115]
No serían ellos polvos de sueño para él, sino polvos de vida para todas nosotras y
para la pobre de mi señora Leonora, su mujer, que no le deja a sol ni a sombra ni
la pierde de vista un solo momento. ¡Ay, señor mío de mi alma, traiga esos polvos,
así Dios le dé todo el bien que desea! Vaya y no tarde; tráigalos, señor mío, que yo
me ofrezco a mezclarlos en el vino y a ser la escanciadora,[116] y pluguiese a Dios
que durmiese el viejo tres días con sus noches, que otros tantos tendríamos nosotras de gloria.

—Pues yo los trairé —dijo Loaysa—; y son tales, que no hacen otro mal ni
daño a quien los toma si no es provocarle un sueño pesadísimo.

Todas le rogaron que los trujese con brevedad, y quedando de hacer otra
noche con una barrena[117] el agujero en el torno y de traer a su señora para que le
viese y oyese, se despidieron; y el negro, aunque era casi el alba,[118] quiso tomar lición, la cual le dio Loaysa, y le hizo entender que no había mejor oído que el suyo
en cuantos discípulos tenía: ¡y no sabía el pobre negro, ni lo supo jamás, hacer un
cruzado![119]

Tenían los amigos de Loaysa cuidado de venir de noche a escuchar por entre las puertas de la calle y ver si su amigo les decía algo o si había menester alguna cosa; y haciendo una señal que dejaron concertada, conoció Loaysa que estaban a la puerta, y por el agujero del quicio les dio breve cuenta del buen término
en que estaba su negocio, pidiéndoles encarecidamente buscasen alguna cosa que
provocase a sueño, para dárselo a Carrizales, que él había oído decir que había
unos polvos para este efeto. Dijéronle que tenían un médico amigo que les daría
el mejor remedio que supiese, si es que le había; y animándole a proseguir la empresa y prometiéndole de volver la noche siguiente con todo recaudo, apriesa[120]
se despidieron.

Vino la noche, y la banda de las palomas acudió al reclamo de la guitarra.
Con ellas vino la simple Leonora, temerosa y temblando de que no despertase su
marido; que aunque ella, vencida deste temor, no había querido venir, tantas cosas
le dijeron sus criadas, especialmente la dueña, de la suavidad de la música y de la

---

[113] quisiese.   [114] liviano.
[115] sentirlo, sin merecerlo.   [116] servidora.
[117] instrumento para hacer agujeros.

[118] la mañana.   [119] una postura sencilla de
guitarra.   [120] de prisa.

495 gallarda disposición del músico pobre (que, sin haberle visto, le alababa y le subía sobre Absalón [121] y sobre Orfeo), que la pobre señora, convencida y persuadida
dellas, hubo de hacer lo que no tenía ni tuviera jamás en voluntad. Lo primero que
hicieron fue barrenar el torno para ver al músico, el cual no estaba ya en hábitos
de pobre, sino con unos calzones grandes de tafetán leonado, a la marineresca; un
500 jubón de lo mismo con trencillas de oro, y una montera de raso de la misma color,
con cuello almidonado, con grandes puntas y encaje; que de todo vino proveído
en las alforjas, imaginando que se había de ver en ocasión que le conviniese mudar de traje.

Era mozo y de gentil disposición y buen parecer; y como había tanto tiempo
505 que todas tenían hecha la vista a mirar al viejo de su amo, parecióles que miraban a un ángel. Poníase una al agujero para verle, y luego otra; y por que le pudiesen ver mejor, andaba el negro paseándole el cuerpo de arriba abajo con el
torzal de cera encendido. Y después que todas le hubieron visto, hasta las negras
bozales, tomó Loaysa la guitarra, y cantó aquella noche tan extremadamente, que
510 las acabó de dejar suspensas y atónitas [122] a todas, así la vieja como a las mozas, y
todas rogaron a Luis diese orden y traza como el señor su maestro entrase allá
dentro, para oírle y verle de más cerca y no tan por brújula como por el agujero, y
sin el sobresalto de estar tan apartadas de su señor, que podía cogerlas de sobresalto [123] y con el hurto [124] en las manos, lo cual ni sucedería ansí si le tuviesen es-
515 condido dentro.

A este contradijo su señora con muchas veras, diciendo que no se hiciese la
tal cosa ni la tal entrada, porque le pesaría en el alma, pues desde allí le podían ver
y oír a su salvo y sin peligro de su honra.

—¿Qué honra? —dijo la dueña—. El Rey tiene harta. [125] Estése vuesa merced
520 encerrada con su Matusalén, y déjenos a nosotras holgar como pudiéremos.
Cuanto más, que este señor parece tan honrado, que no querrá otra cosa de nosotras más de lo que nosotras quisiéremos.

—Yo, señoras mías —dijo a esto Loaysa—, no vine aquí sino con intención
de servir a todas vuesas mercedes con el alma y con la vida, condolido [126] de su
525 no vista clausura y de los ratos que en este estrecho genero de vida se pierden.
Hombre soy yo, por vida de mi padre, tan sencillo, tan manso y de tan buena
condición, y tan obediente, que no haré más que aquello que se me mandare; [127] y
si cualquiera de vuesas mercedes dijere: "Maestro, siéntese aquí; maestro, pásese
allí; echáos acá pasaos acullá", así lo haré como el más doméstico y enseñado
530 perro que salta por el Rey de Francia.

—Si eso ha de ser así —dijo la ignorante Leonora—, ¿qué medio se dará para
que entre acá dentro el señor maeso?

—Bueno —dijo Loaysa—; vuesas mercedes pugnen [128] por sacar en cera la
llave desta puerta de en medio; que yo haré que mañana en la noche venga hecha
535 otra tal, que nós pueda servir.

—En sacar esa llave —dijo una doncella— se sacan las de toda la casa, porque es llave maestra.

—No por eso será peor—replicó Loaysa.

—Así es verdad —dijo Leonora—: Pero ha de jurar este señor, primero, que

---

[121] conocido por su hermosura viril.   [124] robo.   [125] suficiente.   [126] con dolor.
[122] sin poder hablar.   [123] de sorpresa.   [127] me mandéis.   [128] intentad.

540 no ha de hacer otra cosa cuando esté acá dentro sino cantar y tañer cuando se lo mandaren, y que ha de estar encerrado y quedito[129] donde le pusiéremos.

—Sí juro —dijo Loaysa.

—No vale nada ese juramento —respondió Leonora—: que ha de jurar por vida de su padre, y ha de jurar la cruz, y besalla que lo veamos todas.

545 —Por vida de mi padre juro —dijo Loaysa—, y por esta señal de cruz, que la beso con mi boca sucia.

Y haciendo la cruz con dos dedos, la besó tres veces.

Esto hecho, dijo otra de las doncellas:

—Mire, señor, que no se le olvide aquello de los polvos, que es el *tuáutem*[130]
550 de todo.

Con esto cesó la plática de aquella noche, quedando todos muy contentos del concierto. Y la suerte, que de bien en mejor encaminaba los negocios de Loaysa, trujo a aquellas horas, que eran las dos después de la media noche, por la calle a sus amigos, los cuales, haciendo la señal acostumbrada, que era tocar una trompa
555 de París,[131] Loaysa los habló y les dio cuenta del término en que estaba su pretensión, y les pidió si traían los polvos, o otra cosa, como se la había pedido, para que Carrizales durmiese.

Díjoles asimismo lo de la llave maestra. Ellos le dijeron que los polvos, o un ungüento,[132] vendría la siguiente noche, de tal virtud que, untados los pulsos y las
560 sienes con él, causaba un sueño profundo, sin que dél se pudiese despertar en dos días si no era lavándose con vinagre todas las partes que se habían untado; y que se les diese la llave en cera, que asimismo la harían hacer con facilidad. Con esto se despidieron, y Loaysa y su discípulo durmieron lo poco que de la noche les quedaba, esperando Loaysa con gran deseo la venidera, por ver si se le cumplía la
565 palabra prometida de la llave. Y puesto que el tiempo parece tardío y perezoso a los que en él esperan, en fin, corre a las parejas con el mismo pensamiento, y llega el término que quiere, porque nunca para ni sosiega.

Vino, pues, la noche y la hora acostumbrada de acudir al torno, donde vinieron todas las criadas de casa, grandes y chicas, negras y blancas porque to-
570 das estaban deseosas de ver dentro de su serrallo[133] al señor músico; pero no vino Leonora, y preguntando Loaysa por ella, le respondieron que estaba acostada con su velado, el cual tenía cerrada la puerta del aposento donde dormía, con llave, y después de haber cerrado se la ponía debajo de la almohada, y que su señora les había dicho que, en durmiéndose el viejo, haría por tomarle la llave maestra y
575 sacarla en cera, que ya llevaba preparada y blanda, y que de allí a un poco habían de ir a requerirla por una gatera.[134]

Maravillado quedó Loaysa del recato del viejo; pero no por esto se le desmayó el deseo; y estando en esto oyó la trompa de París. Acudió al puesto; halló a sus amigos, que le dieron un botecico de ungüento de la propiedad que le habían
580 significado: tomólo Loaysa, y díjoles que esperasen un poco, que les daría la muestra de la llave. Volvióse al torno y dijo a la dueña, que era la que con más ahínco mostraba desear su entrada, que se lo llevase a la señora Leonora, diciéndole la propiedad que tenía y que procurase untar a su marido con tal tiento que no lo sin-

---

[129] quieto.   [130] lo imprescindible.   [133] harén.   [134] agujero en las paredes para gatos.
[131] birimbao.   [132] pomada.

tiese, y que vería maravillas. Hízolo así la dueña, y, llegándose a la gatera, halló
585 que estaba Leonora esperando tendida en el suelo de largo a largo, puesto el rostro en la gatera. Llegó la dueña y, tendiéndose de la misma manera, puso la boca en el oído de su señora, y con voz baja le dijo que traía el ungüento y de la manera que había de probar su virtud. Ella tomó el ungüento, y respondió a la dueña como en ninguna manera podía tomar la llave a su marido, porque no la tenía de-
590 bajo de la almohada, como solía, sino entre los dos colchones y casi debajo de la mitad de su cuerpo; pero que dijese al maeso[135] que si el ungüento obraba como él decía, con facilidad sacarían la llave todas las veces que quisiesen, y ansí, no sería necesario sacarla en cera. Dijo que fuese a decirlo luego, y volviese a ver lo que el ungüento obraba, porque luego luego le pensaba untar a su velado.[136]
595   Bajó la dueña a decirlo al maeso Loaysa, y él despidió a sus amigos, que esperando la llave estaban. Temblando y pasito, y casi sin osar despedir el aliento de la boca, llegó Leonora a untar los pulsos del celoso marido, y asimismo le untó las ventanas de las narices, y cuando a ellas le llegó le parecía que se estremecía, y ella quedó mortal, pareciéndole que la había cogido en el hurto. En efeto, como mejor
600 pudo le acabó de untar todos los lugares que le dijeron ser necesarios, que fue lo mismo que haberle embalsamado para la sepultura.[137]
    Poco espacio tardó el alopiado[138] ungüento en dar manifiestas señales de su virtud, porque luego comenzó a dar el viejo tan grandes ronquidos, que se pudieran oír en la calle; música a los oídos de su esposa más acordada que la del maeso
605 de su negro; y aún mal segura de lo que veía, se llegó a él y le estremeció[139] un poco, y luego más, y luego otro poquito más, por ver si despertaba; y a tanto se atrevió, que le volvió de una parte a otra, sin que despertase. Como vio esto, se fue a la gatera de la puerta y, con voz no tan baja como la primera, llamó a la dueña, que allí la estaba esperando, y le dijo:
610   —Dame albricias,[140] hermana, que Carrizales duerme más que un muerto.
    —¿Pues a qué aguardas a tomar la llave, señora? —dijo la dueña—. Mira que está el músico aguardándola más ha de una hora.
    —Espera, hermana, que ya voy por ella —respondió Leonora.
    Y volviendo a la cama, metió la mano por entre los colchones y sacó la llave
615 de en medio dellos, sin que el viejo lo sintiese; y tomándola en sus manos, comenzó a dar brincos de contento, y sin más esperar abrió la puerta y la presentó a su dueña, que la recibió con la mayor alegría del mundo.
    Mandó Leonora que fuese a abrir al músico y que le trujese a los corredores, porque ella no osaba quitarse de allí, por lo que podía suceder; pero que ante to-
620 das cosas hiciese que de nuevo ratificase[141] el juramento que había hecho de no hacer más de lo que ellas le ordenasen, y que si no le quisiese confirmar y hacer de nuevo, en ninguna manera le abriesen.
    —Así será —dijo la dueña—; y a fe que no ha de entrar si primero no jura y rejura y besa la cruz seis veces.
625   —No le pongas tasa —dijo Leonora—; bésela él, y sean las veces que quisiere; pero mira que jure la vida de sus padres y por todo aquello que bien quiere, porque con esto estaremos seguras y nos hartaremos de oírle cantar y tañer, que

---

[135] al maestro.   [136] esposo.   [137] para enterrarle.   [139] sacudió.   [140] felicitadme.
[138] que proviene del opio.   [141] repitiese.

en mi ánima que lo hace delicadamente. Y anda, no te detengas más, por que no se nos pase la noche en pláticas.

630   Alzóse las faldas la buena dueña, y con no vista ligereza se puso en el torno, donde estaba toda la gente de casa esperándola; y habiéndoles mostrado la llave que traía, fue tanto el contento de todas, que la alzaron en peso, como a catredático,[142] diciendo: "¡Viva, viva!", y más cuando les dijo que no había necesidad de contrahacer la llave, porque según el untado viejo dormía, bien se podían aprove-
635 char de la de casa todas les veces que la quisiesen.

     —¡Ea, pues, amiga —dijo una de las doncellas—, ábrase esa puerta y entre este señor, que ha mucho que aguarda, y démonos un verde[143] de música que no haya más que ver!

     —Más ha de haber que ver —replicó la dueña—: que le hemos de tomar ju-
640 ramento, como la otra noche.

     —Él es tan bueno —dijo una de las esclavas—, que no reparará en juramentos.

     Abrió a esto la dueña la puerta, y teniéndola entreabierta llamó a Loaysa, que todo lo había estado escuchando por el agujero del torno; el cual, llegándose
645 a la puerta, quiso entrarse de golpe; mas poniéndole la dueña la mano en el pecho, le dijo:

     —Sabrá vuesa merced, señor mío, que, en Dios y en mi conciencia todas las que estamos dentro de las puertas desta casa somos doncellas como las madres que nos parieron, excepto mi señora; y aunque yo debo de parecer de cuarenta
650 años, no teniendo treinta cumplidos, porque les faltan dos meses y medio, también lo soy, mal pecado; y si acaso parezco vieja, corrimientos, trabajos y desabrimientos echan un cero a los años, y a veces dos, según se les antoja. Y siendo esto ansí, como lo es, no sería razón que a trueco de oír dos, o tres, o cuatro cantares nos pusiésemos a perder tanta virginidad como aquí se encierra; porque hasta esta
655 negra, que se llama Guiomar, es doncella. Así es que, señor de mi corazón, vuesa merced nos ha de hacer primero que entre en nuestro reino un muy solene juramento de que no ha de hacer más de lo que nosotras le ordenaremos; y si le parece que es mucho lo que se le pide, considere que es mucho más lo que se aventura. Y si es que vuesa merced viene con buena intención, poco le ha de doler el jurar,
660 que al buen pagador no le duelen prendas.

     —Bien y rebién ha dicho la señora Marialonso —dijo una de las doncellas—; en fin, como persona discreta y que está en las cosas como se debe; y si es que el señor no quiere jurar, no entre acá dentro.

     A esto dijo Guiomar la negra, que no era muy ladina:[144]

665   —Por mí, más que nunca jura, entre con todo diablo; que aunque más jura, si aca estás, todo olvida.

     Oyó con gran sosiego Loaysa la arenga[145] de la señora Marialonso, y con grave reposo y autoridad respondió:

     —Por cierto, señoras hermanas y compañeras mías, que nunca mi intento
670 fue, es, ni será otro que daros gusto y contento en cuanto mis fuerzas alcanzaren, y así, no se me hará cuesta arriba este juramento que me piden; pero quisiera yo

---

[142] durante la época existía la práctica de alzar a los académicos que lograban la cátedra.   [143] hartémonos.   [144] no hablaba bien el castellano.   [145] discurso artificioso.

que se fiara algo de mi palabra, porque dada de tal persona como yo soy, era lo mismo que hacer una obligación guarentigia;[146] y quiero hacer saber a vuesa merced que debajo del sayal hay ál,[147] y que debajo de mala capa suele estar un buen bebedor. Mas para que todas estén seguras de mi buen deseo, determino de jurar como católico y buen varón; y así, juro por la intemerata eficacia, donde más santa y largamente se contiene, y por las entradas y salidas del santo Líbano monte, y por todo aquello que en su proemio encierra la verdadera historia de Carlomagno, con la muerte del gigante Fierabrás, de no salir ni pasar del juramento hecho y del mandamiento de la más mínima y desechada destas señoras, so pena que si otra cosa hiciere o quisiere hacer, desde ahora para entonces y desde entonces para ahora lo doy por nulo y no hecho ni valedero.[148]

Aquí llegaba con su juramento el buen Loaysa, cuando una de las dos doncellas, que con atención le había estado escuchando, dio una gran voz diciendo:

—¡Este sí que es juramento para enternecer las piedras! ¡Mal haya yo si más quiero que jures, pues con sólo lo jurado podías entrar en la misma sima de Cabra!

Y asiéndole de los gregüescos, le metió dentro, y luego todas las demás se le pusieron a la redonda. Luego fue a dar las nuevas a su señora, la cual estaba haciendo centinela al sueño de su esposo, y cuando la mensajera le dijo que ya subía el músico se alegró y se turbó en un punto y preguntó si había jurado. Respondióle que sí, y con la más nueva forma de juramento que en su vida había visto.

—Pues si ha jurado —dijo Leonora—, asido le tenemos. ¡Oh, qué avisada que anduve en hacelle que jurase!

En esto llegó toda la caterva[149] junta, y el músico en medio, alumbrándolos el negro y Guiomar la negra. Y viendo Loaysa a Leonora, hizo muestras de arrojársele a los pies para besarle los manos. Ella, callando, y por señas le hizo levantar, y todas estaban como mudas, sin osar hablar, temerosas que su señor las oyese; lo cual considerado por Loaysa, les dijo que bien podían hablar alto, porque el ungüento con que estaba untado su señor tenía tal virtud que, fuera de quitar la vida, ponía a un hombre como muerto.

—Así lo creo yo —dijo Leonora—; que si así no fuera, ya él hubiera despertado veinte veces, según le hacen de sueño sus muchas indisposiciones; pero después que le unté, ronca como un animal.

—Pues eso es así —dijo la dueña—, vámonos a aquella sala frontera, donde podremos oír cantar aquí al señor y regocijarnos un poco.

—Vamos —dijo Leonora—; pero quédese aquí Guiomar por guarda, que nos avise si Carrizales despierta.

A lo cual respondió Guiomar:

—¡Yo, negra, quedo; blancas, van: Dios perdone a todas!

Quedóse la negra; fuéronse a la sala, donde había un rico estrado, y cogiendo al señor en medio, se sentaron todas. Y tomando la buena Marialonso una vela, comenzó a mirar de arriba abajo al bueno del músico, y una decía: "¡Ay, qué copete[150] que tiene tan lindo y tan rizado!" Otra: "¡Ay, qué blancura de dientes! ¡Mal año para piñones mondados que más blancos ni más lindos sean!" Otra: "¡Ay, qué ojos tan grandes y tan rasgados! Y por el siglo de mi madre que son

---

[146] garantía.   [147] otra cosa.   [148] *Juro...valedero:* Juramento ridículo hecho por Loaysa en el que entreteje partes de un discurso legal formal y temas míticos y ficticios. En realidad es como si no hubiese jurado por nada.
[149] multitud.   [150] pelo.

verdes, que no parecen sino que son de esmeraldas!" Ésta alababa la boca, aquélla
los pies, y todas juntas hicieron dél una menuda anatomía y pepitoria.[151] Sola
Leonora callaba, y le miraba, y le iba pareciendo de mejor talle que su velado.[152]
En esto, la dueña tomó la guitarra, que tenía el negro, y se la puso en las manos de
720 Loaysa, rogándole que la tocase y que cantase unas coplillas que entonces andaban muy validas en Sevilla, que decían:

> Madre, la mi madre,
> guardas me ponéis

Cumplióle Loaysa su deseo. Levantáronse todas, y se comenzaron a hacer peda-
725 zos bailando. Sabía la dueña las coplas, y cantólas con más gusto que buena voz,
y fueron éstas:

> Madre, la mi madre,
> guardas me ponéis,
> *que si yo no me guardo,*
730 *no me guardaréis.*
>
> Dicen que está escrito,
> y con gran razón,
> ser la privación
> causa de apetito;
735 crece en infinito
> encerrado amor;
> por eso es mejor
> que no me encerréis;
> *que si yo,* etc.
>
740 Si la voluntad
> por sí no se guarda,
> no la harán guarda
> miedo o calidad:
> romperá, en verdad,
745 por la misma muerte,
> hasta hallar la suerte
> que vos no entendéis;
> *que si yo,* etc.
>
> Quien tiene costumbre
750 de ser amorosa,
> como mariposa
> se irá tras su lumbre,
> aunque muchedumbre
> de guardas le pongan,
755 y aunque más propongan

---

[151] Referencia a las diversas partes corporales
de Loaysa que las mujeres encuentran deseosas.
La pepitoria es una sopa que se hace con una
variedad de ingredientes. Metafóricamente
hablando, las mujeres hacen una sopa de las
partes del cuerpo de Loaysa que sus ojos
consumen.

[152] mas apuesto que su marido.

de hacer lo que hacéis;
que si yo, etc.

      Es de tal manera
la fuerza amorosa,
760   que a la más hermosa
la vuelve en quimera:
el pecho de cera,
de fuego la gana,
las manos de lana,
765   de fieltro[153] los pies;
que si yo no me guardo,
mal me guardaréis.

Al fin llegaban de su canto y baile el corro de las mozas, guiado por la buena dueña, cuando llegó Guiomar, la centinela, toda turbada, hiriendo de pie y de
770 mano como si tuviera alferecía,[154] y, con voz entre ronca y baja, dijo:

¡Despierto señor, señora; y, señora, despierto señor, y levantas y viene!

Quien ha visto banda de palomas estar comiendo en el campo sin miedo lo que ajenas manos sembraron, que al furioso estrépito[155] de disparada escopeta se azora y levanta, y olvidada del pasto, confusa y atónita cruza por los aires, tal
775 se imagine que quedó la banda y corro de las bailadoras, pasmadas y temerosas, oyendo la no esperada nueva que Guiomar había traído; y procurando cada una su disculpa y todas juntas su remedio, cuál por una y cuál por otra parte, se fueron a esconder por los desvanes y rincones de la casa, dejando solo al músico el cual, dejando la guitarra y el canto, lleno de turbación,[156] no sabía qué hacerse.
780   Torcía Leonora sus hermosas manos; abofeteábase[157] el rostro, aunque blandamente, la señora Marialonso; en fin, todo era confusión, sobresalto y miedo. Pero la dueña, como más astuta y reportada, dio orden que Loaysa se entrase en un aposento suyo, y que ella y su señora se quedarían en la sala, que no faltaría excusa que dar a su señor si allí las hallase.
785   Escondióse luego Loaysa, y la dueña se puso atenta a escuchar si su amo venía, y no sintiendo rumor alguno, cobró ánimo, y poco a poco, paso ante paso, se fue llegando al aposento donde su señor dormía, y oyó que roncaba como primero, y asegurada de que dormía, alzó las faldas y volvió corriendo a pedir albricias a su señora del sueño de su amo, la cual se las mandó de muy entera
790 voluntad.

No quiso la buena dueña perder la coyuntura[158] que la suerte le ofrecía de gozar, primero que todas, las gracias que ésta se imaginaba que debía tener el músico; y así, diciéndole a Leonora que esperase en la sala en tanto que iba a llamarlo la dejó y se entró donde él estaba, no menos confuso que pensativo, esperando las
795 nuevas de lo que hacía el viejo untado. Maldecía la falsedad del ungüento y quejábase de la credulidad de sus amigos y del poco advertimiento que había tenido en no hacer primero la experiencia en otro antes de hacerla en Carrizales.

En esto llegó la dueña, y le aseguró que el viejo dormía a más y mejor. Sosegó

---

[153] tipo de tela hecha de lana.   [154] tipo de enfermedad que causa convulsiones.   [155] ruido.   [156] confusión.   [157] se pegaba.   [158] la oportunidad.

el pecho y estuvo atento a muchas palabras amorosas que Marialonso le dijo, de
800 las cuales coligió la mala intención suya, y propuso en sí de ponerla por anzuelo
para pescar a su señora. Y estando los dos en sus pláticas, las demás criadas, que
estaban escondidas por diversas partes de la casa, una de aquí y otra de allí, volvieron a ver si era verdad que su amo había despertado; y viendo que todo estaba
sepultado en silencio, llegaron a la sala donde habían dejado a su señora, de la
805 cual supieron el sueño de su amo; y preguntándole por el músico y por la dueña,
les dijo dónde estaban, y todas, con el mismo silencio que habían traído, se llegaron a escuchar por entre las puertas lo que entrambos trataban.

No faltó de la junta Guiomar la negra; el negro sí, porque así como oyó que
su amo había despertado, se abrazó con su guitarra y se fue a esconder en su pa-
810 jar, y, cubierto con la manta de su pobre cama, sudaba y trasudaba de miedo; y con
todo eso, no dejaba de tentar las cuerdas de la guitarra: tanta era (encomendado
él sea a Satanás) la afición que tenía a la música.

Entreoyeron las mozas los requiebros de la vieja, y cada una le dijo el nombre de las Pascuas;[159] ninguna la llamó vieja que no fuese con su epitecto[160] y ad-
815 jetivo de hechicera y de barbuda, de antojadiza y de otros que por buen respecto
se callan; pero lo que más risa causara a quien entonces las oyera, eran las razones
de Guiomar la negra, que, por ser portuguesa y no muy ladina, era extraña la gracia con que la vituperaba.[161] En efeto, la conclusión de la plática de los dos fue que
él condecendería con la voluntad della cuando ella primero le entregase a toda su
820 voluntad a su señora.

Cuesta arriba se le hizo a la dueña ofrecer lo que el músico pedía; pero a
trueco[162] de cumplir el deseo que ya se le había apoderado del alma y de los huesos y medula del cuerpo, le prometiera los imposibles que pudieran imaginarse.
Dejóle, y salió a hablar a su señora; y como vio su puerta rodeada de todas las cria-
825 das, les dijo que se recogiesen a sus aposentos, que otra noche habría lugar para
gozar con menos o con ningún sobresalto del músico, que ya aquella noche el al-
boroto les había aguado el gusto.

Bien entendieron todas que la vieja se quería quedar sola; pero no pudieron dejar de obedecerla, porque las mandaba a todas. Fuéronse las criadas, y ella
830 acudió a la sala a persuadir a Leonora acudiese a la voluntad de Loaysa, con una
larga y tan concertada arenga, que pareció que de muchos días la tenía estudiada.
Encarecióle[163] su gentileza, su valor, su donaire y sus muchas gracias. Pintóle de
cuánto más gusto le serían los abrazos del amante mozo que los del marido viejo,
asegurándole el secreto y la duración del deleite, con otras cosas semejantes a
835 éstas, que el demonio le puso en la lengua, llenas de colores retóricos, tan demons-
trativos y eficaces, que movieran no sólo el corazón tierno y poco advertido de la
simple e incauta Leonora, sino el de un endurecido mármol. ¡Oh dueñas, nacidas
y usadas en el mundo para perdición de mil recatadas[164] y buenas intenciones!
¡Oh, luengas y repulgadas tocas, escogidas para autorizar las salas y los estrados
840 de señoras principales, y cuán al revés de lo que debíades usáis de vuestro casi
ya forzoso oficio! En fin, tanto dijo la dueña, tanto persuadió la dueña, que Leonora se rindió, Leonora se engañó y Leonora se perdió, dando en tierra con todas

---

[159] malas palabras, injurias.   [162] a cambio.   [163] exageró.
[160] epíteto.   [161] insultaba.   [164] modestas.

las prevenciones del discreto Carrizales, que dormía el sueño de la muerte de su honra.

845 Tomó Marialonso por la mano a su señora, y casi por fuerza, preñados de[165] Tagrimas los ojos, la llevó donde Loaysa estaba, y echándoles la bendición con una risa falsa de demonio, cerrando tras sí la puerta, los dejó encerrados, y ella se puso a dormir en el estrado, o, por mejor decir, a esperar su contento de recudida. Pero como el desvelo de las pasadas noches la venciese, se quedó dormida en el 850 estrado.

Bueno fuera en esta sazón preguntar a Carrizales, a no saber que dormía, que adónde estaban sus advertidos recatos, sus recelos, sus advertimientos, sus persuasiones, los altos muros de su casa, el no haber entrado en ella, ni aun en sombra, alguien que tuviese nombre de varón, el torno estrecho, las gruesas pare- 855 des, las ventanas sin luz, el encerramiento notable, la gran dote en que a Leonora había dotado, los regalos continuos que la hacía, el buen tratamiento de sus cria- das y esclavas, el no faltar un punto a todo aquello que él imaginaba que habían menester, que podían desear. Pero ya queda dicho que no había para qué pregun- társelo, porque dormía más de aquello que fuera menester; y si él lo oyera y acaso 860 respondiera, no podía dar mejor respuesta que encoger los hombros y enarcar[166] las cejas y decir: "¡Todo aqueso derribó por los fundamentos la astucia, a lo que yo creo, de un mozo holgazán y vicioso, y la malicia de una falsa dueña, con la inad- vertencia de una muchacha rogada y persuadida." Libre Dios a cada uno de tales enemigos, contra los cuales no hay escudo de prudencia que defienda ni espada 865 de recato que corte.

Pero, con todo esto, el valor de Leonora fue tal, que en el tiempo que más le convenía, le mostro contra las fuerzas villanas de su astuto engañador, pues no fueron bastantes a venceria, y él se canso en balde,[167] y ella quedó vencedora, y en- trambos dormidos. Y, en esto, ordenó el cielo que, a pesar del ungüento, Carrizales 870 despertase, y como tenía costumbre, tentó la cama por todas partes, y no hallando en ella a su querida esposa saltó de la cama despavorido y atónito, con más lige- reza y denuedo que sus muchos años prometían. Y cuando en el apossento no ha- lló a su esposa, y le vio abierto y que le faltaba la llave de entre los colchones, pensó perder el juicio. Pero, reportándose un poco, salió al corredor, y de allí, andando pie 875 ante pie por no ser sentido,[168] llegó a la sala donde la dueña dormía, y viéndola sola, sin Leonora, fue al aposento de la dueña, y abriendo la puerta muy quedo vio lo que nunca quisiera haber visto. vio lo que diera por bien empleado no tener ojos para verlo. Vio a Leonora en brazos de Loaysa, durmiendo tan a sueño suelto como si en ellos obrara la virtud del ungüento y no en el celoso anciano.

880 Sin pulsos quedó Carrizales con la amarga vista de lo que miraba; la voz se le pegó a la garganta, los brazos se le cayeron de desmayo, y quedó hecho una es- tatua de mármol frío; y aunque la cólera[169] hizo su natural oficio, avivándole los casi muertos espíritus, pudo tanto el dolor, que no le dejó tomar aliento. Y, con todo eso, tomara la venganza que aquella grande maldad requería si se hallara con 885 armas para poder tomarla; y así, determinó volverse a su aposento a tomar una daga, y volver a sacar las manchas de su honra con sangre de sus dos enemigos, y

---

[165] llenos de. [166] hacer arcos. [167] de gana.
[168] escuchado. [169] ira.

aun con toda aquella de toda la gente de su casa. Con esta determinación honrosa y necesaria volvió, con el mismo silencio y recato que había venido, a su estancia, donde le apretó el corazón tanto el dolor y la angustia que, sin ser poderoso a otra cosa, se dejó caer desmayado sobre el lecho.

Llegóse en esto el día, y cogió a los nuevos adúlteros enlazados en la red de sus brazos. Despertó Marialonso, y quiso acudir por lo que, a su parecer, le tocaba; pero viendo que era tarde, quiso dejarlo para la venidera noche. Alborotóse Leonora viendo tan entrado el día, y maldijo su descuido y el de la maldita dueña, y las dos, con sobresaltados pasos, fueron donde estaba su esposo, rogando entre dientes al cielo que le hallasen todavía roncando; y cuando le vieron encima de la cama callando, creyeron que todavía obraba la untura,[170] pues dormía, y con gran regocijo se abrazaron la una a la otra. Llegóse Leonora a su marido, y asiéndole de un brazo le volvió de un lado a otro, por ver si despertaba sin ponerles en necesidad de lavarle con vinagre, como decían era menester para que en sí volviese. Pero con el movimiento volvió Carrizales de su desmayo, y dando un profundo suspiro, con una voz lamentable y desmayada dijo:

—¡Desdichado de mí, y a qué tristes términos me ha traído mi fortuna!

No entendió bien Leonora lo que dijo su esposo; mas como le vio despierto y que hablaba, admirada de ver que la virtud del ungüento no duraba tanto como habían significado, se llegó a él, y poniendo su rostro con el suyo, teniéndole estrechamente abrazado, le dijo:

—¿Qué tenéis, señor mío, que me parece que os estáis quejando?

Oyó la voz de la dulce enemiga suya el desdichado viejo, y abriendo los ojos desencasadamente, como atónito y embelesado, los puso en ella, y con grande ahinco, sin mover pestaña la estuvo mirando una gran pieza,[171] al cabo de la cual le dijo:

—Hacedme placer, señora, que luego luego enviéis a llamar a vuestros padres de mi parte, porque siento no sé qué en el corazón, que me da grandísima fatiga, y temo que brevemente me va a quitar la vida, y querríalos ver antes que me muriese.

Sin duda creyó Leonora ser verdad lo que su marido le decía, pensando antes que la fortaleza del ungüento, y no lo que había visto, le tenía en aquel trance; y respondiéndole que haría lo que la mandaba, mandó al negro que luego al punto fuese a llamar a sus padres, y abrazándose con su esposo, le hacía las mayores caricias que jamás le había hecho, preguntándole qué era lo que sentía, con tan tiernas y amorosas palabras como si fuera la cosa del mundo que más amaba. Él la miraba con el embelesamiento que se ha dicho, siéndole cada palabra o caricia que le hacía una lanzada que le atravesaba el alma.

Ya la dueña había dicho a la gente de casa y a Loaysa la enfermedad de su amo, encareciéndoles que debía de ser de momento,[172] pues se le había olvidado de mandar cerrar las puertas de la calle cuando el negro salió a llamar a los padres de su señora; de la cual embajada[173] asimismo se admiraron, por no haber entrado ninguno dellos en aquella casa después que casaron a su hija.

En fin, todos andaban callados y suspensos, no dando en la verdad de la causa de la indisposición de su amo, el cual de rato en rato, tan profunda y dolorosamente suspiraba, que con cada suspiro parecía arrancársele el alma.

---

[170] ungüento. [171] un buen tiempo.
[172] de importancia. [173] mandado.

Lloraba Leonora por verle de aquella suerte, y reíase él con una risa de persona que estaba fuera de sí, considerando la falsedad de sus lágrimas.

935 En esto llegaron los padres de Leonora, y como hallaron la puerta de la calle y la del patio abiertas y la casa sepultada en silencio y sola, quedaron admirados con no pequeño sobresalto. Fueron al aposento de su yerno, y halláronle, como se ha dicho, siempre clavados los ojos en su esposa, a la cual tenía asida de las manos, derramando los dos muchas lágrimas; ella, con no más ocasión de verlas derramar

940 a su esposo; él, por ver cuán fingidamente[174] ella las derramaba.

Así como sus padres entraron, habló Carrizales, y dijo:

—Siéntense aquí vuesas mercedes, y todos los demás dejen desocupado este aposento,[175] y sólo quede la señora Marialonso.

Hiciéronlo así, y quedando solos los cinco, sin esperar que otro hablase, con

945 sosegada voz, limpiándose los ojos, desta manera dijo Carrizales:

—Bien seguro estoy, padres y señores míos, que no será menester traeros testigos para que me creáis una verdad que quiero deciros. Bien se os debe acordar, que no es posible se os haya caído de la memoria, con cuánto amor, con cuán buenas entrañas, hace hoy un año, un mes, cinco días y nueve horas que me entre-

950 gastes a vuestra querida hija por legítima mujer mía. Tambien sabéis con cuánta liberalidad la doté, pues fue tal la dote que más de tres de su misma calidad se pudieran casar con opinión de ricas. Asimismo se os debe acordar la diligencia que puse en vestirla y adorarla de todo aquello que ella se acertó a desear y yo alcancé a saber que le convenía. Ni más ni menos habéis visto, señores cómo, lle-

955 vado de mi natural condición y temeroso del mal de que, sin duda, he de morir, y experimentado por mi mucha edad en los extraños y varios acaescimientos del mundo, quise guardar esta joya, que yo escogí y vosotros me disteis, con el mayor recato que me fue posible. Alcé las murallas desta casa, quité la vista a las ventanas de la calle, doblé las cerraduras de las puertas, púsele torno, como a monas-

960 terio; desterré perpetuamente della todo aquello que sombra o nombre de varón tuviese. Dile criadas y esclavas que la sirviesen; ni les negué a ellas ni a ella cuanto quisieron pedirme; hicela mi igual; comuniquéle mis más secretos pensamientos; entreguéle toda mi hacienda. Todas éstas eran obras para que, si bien lo considerara, yo viviera seguro de gozar sin sobresalto lo que tanto me había costado y ella

965 procurara no darme ocasión a que ningún género de temor celoso entrara en mi pensamiento. Mas como no se puede prevenir con diligencia humana el castigo que la voluntad divina quiere dar a los que en ella no ponen del todo en todo sus deseos y esperanzas, no es mucho que yo quede defraudado en las mías y que yo mismo haya sido el fabricador del veneno que me va quitando la vida. Pero

970 porque veo la suspensión en que todos estáis, colgados de las palabras de mi boca, quiero concluir los largos preámbulos desta plática con deciros en una palabra lo que no es posible decirse en millares[176] dellas. Digo, pues, señores, que todo lo que he dicho y hecho ha parado en que esta madrugada hallé a ésta, nacida en el mundo para perdición de mi sosiego y fin de mi vida —y ésto, señalando a su es-

975 posa—, en los brazos de un gallardo mancebo, que en la estancia desta pestífera[177] dueña ahora está encerrado.

Apenas acabó estas últimas palabras Carrizales cuando a Leonora se le cubrió el corazón, y en las mismas rodillas de su marido se cayó desmayada.

---

[174] en engaño.   [175] cuarto.   [176] miles.
[177] de *peste*.

Perdió la color Marialonso, y a las gargantas de los padres de Leonora se les atra-
980 vesó un nudo que no les dejaba hablar palabra. Pero prosiguiendo adelante Carrizales, dijo:

—La venganza que pienso tomar desta afrenta no es ni ha de ser de las que
ordinariamente suelen tomarse, pues quiero que, así como yo fui estremado en lo
que hice, así sea la venganza que tomaré, tomándola de mí mismo como del más
985 culpado en este delito; que debiera considerar que mal podían estar ni compade-
cerse en uno los quince años desta muchacha con los casi ochenta míos. Yo fui el
que, como el gusano de seda, me fabriqué la casa donde muriese, y a ti no te culpo
¡oh niña mal aconsejada! —y diciendo esto se inclinó y besó el rostro de la desmayada Leonora; no te culpo digo, porque persuasiones de viejas taimadas [178] y re-
990 quiebros [179] de mozos enamorados fácilmente vencen y triunfan del poco ingenio
que los pocos años encierran. Mas por que todo el mundo vea el valor de los quilates [180] de la voluntad y fe con que te quise, en este último trance de mi vida quiero
mostrarlo de modo que quede en el mundo por ejemplo, si no de bondad, al
menos de simplicidad jamás oída ni vista; y así, quiero que se traiga luego aquí un
995 escribano, para hacer de nuevo mi testamento, en el cual mandaré doblar la dote
a Leonora y le rogaré que después de mis días, que serán bien breves, disponga su
voluntad, pues lo podrá hacer sin fuerza, a casarse con aquel mozo, a quien nunca
ofendieron las canas deste lastimado viejo; y así verá que, si viviendo, jamás salí
un punto de lo que pude pensar ser su gusto, en la muerte hago lo mismo, y quiero
1000 que le tenga con el que ella debe de querer tanto. La demás hacienda mandaré a
otras obras pías, y a vosotros, señores míos, dejaré con que podáis vivir honradamente lo que de la vida os queda. La venida del escribano sea luego, porque la pasión que tengo me aprieta de manera, que a más andar me va acortando los pasos
de la vida.

1005 Esto dicho, le sobrevino un terrible desmayo, y se dejó caer tan junto de Leonora, que se juntaron los rostros: ¡extraño y triste espectáculo para los padres, que
a su querida hija y a su amado yerno miraban! No quiso la mala dueña esperar a
las reprehensiones que pensó le darían los padres de su señora, y así, se salió del
aposento y fue a decir a Loaysa todo lo que pasaba, aconsejándole que luego al
1010 punto se fuese de aquella casa, que ella tendría cuidado de avisarle con el negro
lo que sucediese, pues ya no había puertas ni llaves que lo impidiesen. Admiróse
Loaysa con tales nuevas, y tomando el consejo, volvió a vestirse como pobre y
fuese a dar cuenta a sus amigos del extraño y nunca visto suceso de sus amores.

En tanto, pues, que los dos estaban transportados, el padre de Leonora en-
1015 vió a llamar a un escribano amigo suyo, el cual vino a tiempo que ya habían vuelto
hija y yerno en su acuerdo. Hizo Carrizales su testamento en la manera que había
dicho, sin declarar el yerro de Leonora, más de que por buenos respectos le pedía
y rogaba se casase, si acaso él muriese, con aquel mancebo [181] que él la había dicho
en secreto. Cuando esto oyó Leonora, se arrojó a los pies de su marido y, saltán-
1020 dole el corazón en el pecho, le dijo:

—Vivid vos muchos años, mi señor y mi bien todo, que puesto caso que
no estáis obligado a creerme ninguna cosa de las que os dijere, sabed que no os he
ofendido sino con el pensamiento.

---

[178] viejas astutas.   [179] cortejos.   [180] el peso,
riqueza.   [181] joven.

Y comenzando a disculparse y a contar por extenso la verdad del caso, no
1025 pudo mover la lengua, y volvió a desmayarse. Abrazóla así desmayada el lastimado viejo; abrazáronla sus padres; lloraron todos tan amargamente, que obligaron y aun forzaron a que en ellas les acompañase el escribano que hacía el testamento, en el cual dejó de comer a todas las criadas de casa, horras las esclavas y el
1030 negro, y a la falsa de Marialonso no le mandó otra cosa que la pagà de su salario;
mas, sea lo que fuere, el dolor le apretó de manera, que al seteno[182] día le llevaron
a la sepultura.

Quedó Leonora viuda, llorosa y rica; y cuando Loaysa esperaba que cum-
pliese lo que ya él sabía que su marido en su testamento dejaba mandado, vio que
1035 dentro de una semana se entró[183] monja en uno de los más recogidos monasterios
de la ciudad. Él, despechado y casi corrido, se pasó a las Indias. Quedaron los padres de Leonora tristísimos, aunque se consolaron con lo que su yerno les había
dejado y mandado por su testamento. Las criadas se consolaron con lo mismo, y
las esclavas y esclavo, con la libertad; y la malvada de la dueña, pobre y defrau-
1040 dada de todos sus malos pensamientos.

Y yo quedé con el deseo de llegar al fin deste suceso, ejemplo y espejo de lo
poco que hay que fiar de llaves, tornos y paredes cuando queda la voluntad libre,
y de lo menos que hay que confiar de verdes y pocos años, si les andan al oído
exhortaciones[184] destas dueñas de monjil[185] negro y tendido y tocas[186] blancas y
1045 luengas.[187] Sólo no sé qué fue la causa que Leonora no puso más ahínco en des-
culparse y dar a entender a su celoso marido cuán limpia y sin ofensa había quedado en aquel suceso; pero la turbación le ató[188] la lengua, y la priesa que se dio a
morir su marido no dio lugar a su disculpa.

■ Preguntas de comprensión

1. ¿A qué clase social pertenece Carrizales?
2. ¿Por qué se va a las Indias?
3. ¿Cómo se caracteriza el Nuevo Mundo?
4. ¿En qué piensa Carrizales durante el viaje?
5. ¿Qué decide hacer con su dinero al volver de Indias?
6. ¿Qué sintió Carrizales en cuanto se casó?
7. ¿Cuándo vivirá con Leonora?
8. ¿Cómo es la casa que construye?
9. ¿Quién vivirá en esta casa con Leonora?
10. ¿Cómo reaccionan los suegros?
11. ¿Cómo se caracteriza la vida de las mujeres en la casa?
12. ¿Cómo se siente Leonora en esta casa?
13. ¿Qué tipo de persona es Loaysa?
14. ¿Cómo engaña Loaysa a Luis?
15. ¿Cómo reaccionan las mujeres a la música que toca Loaysa?
16. ¿Qué deciden hacer las mujeres para que Leonora escuche a Loaysa?
17. ¿Cómo se viste Loaysa para impresionar a las mujeres?
18. ¿Cómo le ayudan a Loaysa sus amigos?

---

[182] séptimo.   [183] se hizo.
[184] incitaciones.

[185] hábito de monja.   [186] prendas.
[187] largas.   [188] amarró.

19. ¿Qué hace Leonora para que Carrizales no despierte?
20. ¿Qué le hacen jurar las mujeres a Loaysa?
21. ¿Cómo reaccionan las mujeres frente al músico?
22. ¿Qué quiere hacer la dueña Marialonso con Loaysa?
23. ¿Qué plan tiene Loaysa?
24. ¿Cómo convence la dueña a Leonora para que se junte con Loaysa?
25. ¿Por qué no tuvieron relaciones sexuales Leonora y Loaysa?
26. ¿Qué ve Carrizales al despertarse?
27. ¿Decide Carrizales vengarse? ¿Por qué?
28. ¿Qué deja dicho en su testamento?
29. ¿Cómo terminan los personajes principales al final de la obra?

■ Preguntas de análisis

1. ¿Cómo es el narrador de esta obra? ¿Es sabio y conocedor? ¿Es fidedigno? ¿Qué relación tiene con el relato? ¿Participa en la acción?
2. Si tomara *El celoso extremeño* como ejemplo, ¿qué características diría Ud. que tiene una novela? ¿Es igual o diferente a lo que Ud. conoce por novela? ¿En qué se parece o diferencia de *La Celestina*?
3. Describa a los personajes principales de la obra. ¿Qué rasgos los distinguen?
4. En términos generales, ¿cómo se caracteriza la nobleza en la obra?
5. La honra y la mujer son temas de mucha importancia en la sociedad de la época. ¿Cómo se desarrollan en la novela?
6. ¿Cómo se representa la diversidad cultural de España en la obra?
7. ¿Cuál es la función de las canciones en la obra?
8. ¿Qué tienen en común Carrizales y Loaysa?
9. ¿Qué función tienen los temas religiosos?

■ Temas para informes escritos

1. La caracterización de las diferentes clases sociales en la obra
2. El comportamiento y la diversidad de las mujeres en la obra
4. El tema de la libertad y el cautiverio en *El celoso extremeño*

■ Bibliografía mínima

Casalduero, Joaquín. *Sentido y forma de las novelas ejemplares*. Madrid: Gredos, 1962.

Cervantes, Miguel de. "El celoso extremeño". *Novelas Ejemplares*. Ed. Harry Seiber. Madrid: Cátedra, 1995.

Clarmurro, William. *Beneath the Fiction: The Contrary Worlds of Cervantes' Novelas Ejemplares*. Cervantes and His Time. New York: Peter Lang, 1997.

Fernández, James D. "The Bonds of Patrimony: Cervantes and the New World". *PMLA* 109.5 (1994): 969–81.

Pedraza, Felipe B., y Milagros Rodríguez. "Miguel de Cervantes: biografía, poesía y novela". *Manual de literatura española: III. Barroco: Introducción, prosa y poesía*. Pamplona: Cénlit, 1980. 93–206.

Perry, Mary E. *Gender and Disorder in Early Modern Seville*. Princeton: Princeton UP, 1990.

MARÍA DE ZAYAS Y SOTOMAYOR

1590–¿1661?

En realidad, son muy pocos los datos que existen sobre la vida de María de Zayas. A pesar de que la crítica literaria ha mostrado un gran interés en su obra en los últimos años, se sigue sabiendo muy poco de ella. Los estudiosos suponen que fue hija de don Fernando de Zayas y Sotomayor y María de Barasa. Los cargos del supuesto padre de Zayas sugieren a que la autora viajó con su familia a Valladolid, donde vivió por algún tiempo. También parece haber vivido en Nápoles mientras su padre sirvió allí al séptimo duque de Lemos, don Pedro Fernández de Castro. La referencia de Nápoles en algunos de sus escritos ha servido a ciertos críticos para hacer esta conexión; sin embargo, este dato no es un hecho irrefutable. La publicación de sus obras en Zaragoza también ha hecho a otros investigar su estancia en dicha ciudad, pero también en este caso se carece de evidencia tangible. Inclusive su muerte está rodeada de incógnitas, pues a partir de la publicación de su segunda colección de novelas, en 1647, el único dato biográfico que tenemos de Zayas son dos partidas de defunción en Madrid—una en 1661 y otra en 1669—, en las que se hace constar la defunción de personas con el mismo nombre.

Si la biografía de la autora se caracteriza por su vaguedad, su bibliografía muestra una constante participación en ámbitos literarios peninsulares, incluyendo el homenaje a Lope de Vega en 1636. La obra de la autora demuestra su interés en la poesía, el teatro y, en su género más destacado, la novela corta. Los letrados de la época conocieron antes su prosa que sus versos. Sus poemas suelen ser alabanzas a letrados y políticos contemporáneos. Admiradora de Lope de Vega, también escribió comedias, de las que sólo sobrevive el manuscrito de una denominada *Traición en la amistad*.

Zayas escribió dos colecciones de novelas, *Novelas amorosas y ejemplares. Honesto y entretenido sarao*, publicada por primera vez en Zaragoza en 1637, y *Desengaños amorosos. Parte segunda del sarao y entretenimiento honesto*, obra publicada en 1647 en Barcelona. Zayas utiliza como fuente para sus novelas breves el *Decameron*, de Boccaccio. La autora también se sirve de la popularidad del género en la Península, fomentada por varios escritores peninsulares incluyendo el mismo Miguel de Cervantes en sus *Novelas ejemplares*.

Cada colección está enmarcada en el mismo contexto, que funciona como instrumento narrativo. En este contexto se encuentran las personas de la nobleza que están en casa de Lisis, quien sufre porque su amor no es correspondido. En la reunión los diez nobles, cinco de cada sexo, se turnan para narrar historias con el fin de aliviar la pesadumbre de la dueña de la casa.

Las historias, o novelas, que narran los personajes son bastante diversas, pero temáticamente tienen como rasgos comunes la presentación de mujeres protagonistas que sufren varias desventuras por las injusticias que se cometen en contra de ellas. Algunas de las circunstancias o características de los enredos amorosos son bastante imaginativos. Sin embargo, existe en la prosa de Zayas un tipo de realismo que seguramente haría el sufrimiento de estas mujeres bastante palpable para un público contemporáneo a la autora. Esta característica se basa en el uso de un contexto similar al del público de la época y, también, en un énfasis en el desarrollo psicológico de los personajes. Además, el uso de la sensualidad y de la sexualidad en algunas novelas invita al lector a participar en ambientes íntimos. En el pasado las normas sociales no aprobaban que una mujer tratara este tipo de temas. Surgieron por ello interesantes discursos críticos, que calificaban su obra como morbosa e intolerable.

Es posible que parte de esta intolerancia surja por la manera en que los temas relacionados con el amor cambian de tono entre las *Novelas amorosas* y los *Desengaños*. En *Desengaños* el lector se encuentra con que las reacciones de los personajes son más violentas y sangrientas, tanto las de los personajes que las sufren como las de aquéllos que están en su favor o en su contra. Las adversidades a las que se somete a las protagonistas en la segunda colección son muchas veces insufribles y a menudo son degradaciones y castigos físicos verdaderamente chocantes. El final de esta segunda colección subraya la idea del desengaño de la mujer en un ambiente de misoginia que la limita, pues Lisis, sorprendiendo a todos, decide entrar en un convento para evadir los problemas que afronta la mujer en la sociedad de la época.

Esta conclusión muestra, hasta cierto punto, la frustración que Zayas debe haber sentido en cuanto a las posibilidades sociales para la mujer de su tiempo. Al final de la obra se encasilla a la protagonista dentro de los parámetros sociales prescritos para la mujer: el matrimonio o el convento. Las novelas de Zayas plantean cómo los prejuicios en contra de la mujer crean situaciones muy injustas que perjudican a todos los personajes.

Estos prejuicios negativos con respecto a la mujer se encontraban presentes en todos los niveles. La misoginia en España influyó hasta a los más doctos, incluyendo a Fray Luis de León o al humanista Juan Luis Vives. Estos y muchos otros, durante el Siglo de Oro español, abogaban discursivamente por una educación que fomentara la sumisión de la mujer. Es en contra de estos discursos que Zayas parece escribir el prólogo a sus *Novelas amorosas*.

■ Preguntas de pre-lectura

1. ¿Cuál es la función de un prólogo en un texto? ¿Qué suele expresar el autor en éste?
2. ¿Qué entiende Ud. por feminismo? ¿Conoce textos que hablan sobre la emancipación de la mujer? ¿Cómo reacciona la mayoría de la sociedad ante estos textos? ¿Algunos son más aceptados por la gente común? ¿Por qué?
3. ¿Cómo se ha caracterizado a la mujer en los textos que ha leído anteriormente? ¿Es una persona intelectualmente capaz o es sólo un objeto bello? Explique su repuesta.
4. ¿Cuáles son los espacios sociales que puede o debe ocupar la mujer durante este período?

Novelas amorosas

AL QUE LEYERE

Quién duda, lector mío, que te causará admiración que una mujer tenga despejo,[1] no sólo para escribir un libro, sino para darle a la estampa,[2] que es el crisol donde se averigua la pureza de los ingenios; porque hasta que los escritos se rozan en las letras de plomo,[3] no tienen valor cierto, por ser tan fáciles de engañar los
5   sentidos, que la fragilidad de la vista suele pasar por oro macizo[4] lo que a la luz del fuego es solamente un pedazo de bronce afeitado.[5] Quién duda, digo otra vez, que habrá muchos que atribuyan a locura esta virtuosa osadía de sacar a luz mis borrones,[6] siendo mujer, que, en opinión de algunos necios, es lo mismo que una cosa incapaz; pero cualquiera, como sea no más de buen cortesano,[7] ni lo tendrá
10   por novedad ni lo murmurará por desatino; porque si esta materia de que nos componemos los hombres y las mujeres, ya sea una trabazón[8] de fuego y barro, o ya una masa de espíritus y terrones,[9] no tiene más nobleza en ellos que en nosotras, si es una misma la sangre, los sentidos, las potencias y los órganos por donde se obran sus efetos[10] son unos mismos, la misma alma que ellos, porque las almas
15   ni son hombres ni mujeres; ¿qué razón hay para que ellos sean sabios y presuman que nosotras no podemos serlo? Esto no tiene a mi parecer más respuesta que su impiedad o tiranía en encerrarnos, y no darnos maestros; y así, la verdadera causa de no ser las mujeres doctas no es defecto del caudal, sino falta de la aplicación, porque si en nuestra crianza como nos ponen el cambray, en las almohadillas y los
20   dibuxos en el bastidor,[11] nos dieran libros y preceptores,[12] fuéramos tan aptas para los puestos y para las cátedras como los hombres, y quizá más agudas por ser de natural más frío, por consistir en humedad el entendimiento, como se ve en las respuestas de repente y en los engaños de pensado, que todo lo que se hace con maña,[13] aunque no sea virtud, es ingenio; y cuando no valga esta razón para nues-
25   tro crédito, valga la experiencia de las historias, y veremos lo que hicieron las que por algún accidente trataron de buenas letras, para que ya que no baste para disculpa de mi ignorancia, sirva para exemplar[14] de mis atrevimientos. De Argentaria, esposa del poeta Lucano, refiere él mismo que le ayudó en la corrección de los tres libros de *La Farsalia,* y le hizo muchos versos que pasaron por suyos. Te-
30   mistoclea, hermana de Pitágoras, escribió un libro doctísimo de varias sentencias. Diotima fué venerada de Sócrates por eminente. Aspano hizo muchas leciones de opinión en las academias. Eudoxa dexó escrito un libro de consejos políticos. Cenobia, un epítome de la *Historia Oriental.* Y Cornelia, mujer de Africano, unas epístolas familiares con suma elegancia,[15] y otras infinitas de la antigüedad y de nues-
35   tros tiempos, que paso en silencio y por no alargarme, porque ya tendrás noticias de todo, aunque seas lego[16] y no hayas estudiado. Y que después que hay *Polianteas* en latín, y *Sumas morales* en romance, los seglares[17] y las mujeres pueden ser

---

[1] claridad.   [2] publicar.   [3] referencia a la imprenta.   [4] sólido.   [5] decorado.   [6] manchas de tinta.   [7] persona que pertenece a la corte.   [8] unión.   [9] pedazos de tierra.   [10] efectos.   [11] materiales y objetos utilizados para bordar.

[12] maestros.   [13] perspicacia.   [14] ejemplar.
[15] *De Argentaria...elegancia:* Este segmento incluye una lista de mujeres doctas de la antigüedad que contribuyeron a las letras occidentales.
[16] letrado.   [17] no pertenecientes al clero.

letrados. Pues si esto es verdad, ¿qué razón hay para que no tengamos promptitud para los libros? y más si todas tienen mi inclinación, que en viendo cualquiera
40 nuevo o antiguo, dexo la almohadilla y no sosiego hasta que le paso.[18] Desta inclinación nació la noticia, de la noticia el buen gusto; y de todo hacer versos, hasta escribir estas novelas, o por ser asunto más fácil o más apetitoso, que muchos libros sin erudición suelen parecer bien en fe del sujeto; y otros llenos de sutilezas se venden, pero no se compran, porque la materia no es importante o es desabrida.
45 No es menester[19] prevenirte de la piedad que debes tener, porque si es bueno, no harás nada en alabarle, y si es malo, por la parte de la cortesía que se le debe a cualquiera mujer, le tendrás respeto. Con mujeres no hay competencias, quien no las estima es necio, porque las ha menester; y quien las ultraja ingrato, pues falta al reconocimiento del hospedaje que le hicieron en la primer jornada.[20] Y así, pues,
50 no has de querer ser descortés, necio, villano, ni desagradecido. Te ofrezco este libro muy segura de tu bizarría,[21] y en confianza de que si te desagradare, podías disculparme con que nací mujer, no con obligaciones de hacer buenas novelas, sino con muchos deseos de acertar a servirte. Vale.

■ Preguntas de comprensión

1. ¿A qué tipo de persona dirige Zayas el prólogo?
2. ¿Por qué debe estar admirado el lector?
3. ¿Por qué es una locura que la autora quiera publicar sus novelas?
4. ¿Qué es la mujer según "algunos necios"?
5. ¿Cómo arguye Zayas que son iguales los hombres a las mujeres?
6. Según Zayas, ¿es posible que las mujeres sean tan capaces como los hombres?
7. ¿Cómo caracteriza Zayas la vida de la mujer?
8. ¿Cómo arguye Zayas que la mujer es físicamente capaz para el estudio?
9. ¿Qué tipo de ejemplos da Zayas para probar su hipótesis?
10. ¿Por qué el lector debe tener piedad de la autora?

■ Preguntas de análisis

1. De acuerdo a la época ¿a qué tipo de persona está dedicado este prólogo? ¿Cuál sería la interpretación de un hombre o de una mujer? ¿Por qué?
2. ¿Qué estructura tiene el prólogo? ¿Se puede dividir en secciones diferentes? ¿Qué función tiene cada parte?
3. ¿Es completamente contestatario el prólogo? ¿Existe algún juego retórico para suavizar el mensaje de la autora? ¿Cuál es?
4. ¿Cómo intenta comprobar Zayas la igualdad del hombre y la mujer? ¿Qué argumentos utiliza?
5. ¿Cómo caracteriza Zayas a las personas que ven como inferior a la mujer?

---

[18] lo termino.   [19] necesario.   [20] referencia al embarazo.   [21] tu gallardía.

■ Temas para informes escritos

1. La caracterización de la mujer como un ser igualmente capacitado que el hombre
2. La igualdad entre los sexos
3. María de Zayas y el feminismo

■ Bibliografía mínima

Bergman, Emilie. "The Exclusion of the Feminine in the Cultural Discourse of the Golden Age: Juan Luis Vives and Fray Luis de Leon". *Religion, Body and Gender in Early Modern Spain*. Ed. Alain Saint-Saens. San Francisco: Melen Research UP, 1991.

Brownlee, Marina S. *The Cultural Labyrinth of María de Zayas*. Philadelphia: U of Pennsylvania P, 2000.

El Saffar, Ruth. *Rapture Encaged: the Suppression of the Feminine in Western Culture*. London: Routledge, 1994.

Greer, Margaret Rich. *María de Zayas Tells Baroque Tales of Love and the Cruelty of Men*. Philadelphia: U of Pennsylvania P, 2000.

Perry, Mary E. "Crisis and Disorder in the World of María de Zayas y Sotomayor". *María de Zayas*. Ed. Amy R. Williamsen and Judith Whitenack. London: Associated UP, 1995.

Zayas, María de. *Novelas amorosas y ejemplares*. Madrid: Aldus, 1948.

LUIS DE GÓNGORA Y ARGOTE

1561–1627

© Burstein Collection/CORBIS

Para muchos, Góngora es el máximo representante de la poesía española del siglo XVII. En sus poemas demuestra un ingenio incomparable. Su manejo del lenguaje le permitió crear un nuevo estilo poético que influyó a la mayoría de sus contemporáneos literarios. Como muchos de los escritores del barroco español, utiliza sus versos para subrayar la decadencia que percibe en la sociedad que lo rodea.

Góngora nació en Córdoba en 1561, en una familia noble. Su padre era juez de bienes confiscados para la Inquisición. Como en el caso de otros escritores de la época, existe la posibilidad de que su ascendencia haya sido judía, a pesar de haber pasado pruebas de limpieza de sangre para asumir uno de sus varios cargos religiosos. Góngora realizó estudios en Salamanca de 1576 a 1580, aparentemente sin recibir título alguno. La carrera eclesiástica de Góngora se inició a los catorce años, cuando recibió órdenes menores. Sus responsabilidades en la Iglesia le permitieron viajar por la Península. Durante uno de sus viajes, en 1609, se detuvo en Madrid, donde escribió sus dos obras maestras: *Fábula de Polifemo y Galatea* y *Soledades*. Góngora se estableció en Madrid en 1617. A los 55 años se ordenó sacerdote para cumplir el cargo de capellán real en la corte de Felipe III. En Madrid formó parte de los círculos literarios más importantes. La afición al juego y el apoyo económico que les daba a sus familiares causaron problemas económicos para el autor. En 1626 sufrió de un ataque cerebral. Góngora volvió a su ciudad natal, donde murió en 1627.

La poesía de Góngora se divide típicamente en versos de arte menor, versos cortos como los romances y letrillas, y poemas de arte mayor, versos de más de ocho sílabas, como el soneto, por ejemplo. Los temas en sus poemas encajan dentro de las categorías de la época: poemas de crítica social, amorosos, religiosos, heroicos, pastoriles, mitológicos, etc. Sin embargo, el estilo en que Góngora presenta estos temas es innovador para la época. Inmediatamente después de difundirse *Polifemo* los contemporáneos de Góngora manifiestan la originalidad de su estilo. Las innovaciones de Góngora se conocen como "gongorismos" y el movimiento que él inicia, "culteranismo." El culteranismo se caracteriza por el tipo de lenguaje y la manera en que se usa. Éste suele ser culto, rebuscado e innovador, hasta el punto de inventar palabras. Se enfatiza la sonoridad de la palabra. También se implementa un lenguaje relacionado con el mundo de la pintura. Además, Góngora crea metáforas más complejas, no descifrables a primera vista. Las hipérboles en los poemas se intensifican. Quizás el recurso más representativo de la poesía culta de Góngora y de sus seguidores fue el hipérbaton. Esta técnica se basa en cambiar el orden común de las palabras dentro de las oraciones. Fue uno de los recursos más parodiados por los poetas más críticos de la poesía de Góngora, como Lope de Vega y Francisco de Quevedo.

A continuación se presentan una letrilla de sátira social, dos sonetos que abordan temas relacionados con la belleza femenina, y algunas estrofas de *Polifemo*. Este último tiene como fuente *Las Metamorfosis* de Ovidio, un texto poético clásico donde se tratan temas mitológicos. El poema original tiene sesenta y tres octavas—estrofas de ocho versos endecasílabos—que cuentan la trágica historia del triángulo amoroso entre el cíclope gigante Polifemo y los amantes Acis y Galatea. Polifemo, celoso del amor que Galatea siente por Acis, lo mata. Galatea, para mantener vivo el recuerdo de su amado, lo convierte en río. Las octavas que se presentan aquí describen al gigante.

■ Preguntas de pre-lectura

1. ¿Cómo se caracterizan los poemas petrarquistas o renacentistas? ¿Cómo es la poesía de Garcilaso, por ejemplo? ¿Qué temas trata? ¿Cómo definiría Ud. su estilo?
2. ¿Qué cambios culturales ocurren en España durante el reinado de Felipe III y Felipe IV? ¿Cómo cambia la pintura o la literatura dentro de este marco social?
3. ¿Qué cambios propone la poesía de Góngora? ¿Cómo se comparan estos cambios con los de otros géneros artísticos de la época, como la pintura o la arquitectura?

Letrilla

Dineros son calidad,

   ¡verdad!

Más ama quien más suspira,

   ¡mentira!

5   Cruzados[1] hacen cruzados,[2]
escudos[3] pintan escudos,[4]
y tahures[5] muy desnudos
con dados ganan condados;
ducados[6] dejan ducados,[7]
10   y coronas Majestad,

   ¡verdad!

Pensar que uno sólo es dueño
de puertas de muchas llaves,
y afirmar que penas graves
15   las paga un mirar risueño,[8]
y entender que no son sueño
las promesas de Marfira,

   ¡mentira!

Todo se vende este día,
20   todo el dinero lo iguala;
la Corte vende su gala,
la guerra su valentía;
hasta la sabiduría
vende la Universidad,

25   *¡verdad!*

En Valencia muy preñada
y muy doncella[9] en Madrid,
cebolla en Valladolid
y en Toledo mermelada,
30   puerta[10] de Elvira en Granada,
y en Sevilla doña Elvira,

   ¡mentira!

No hay persona que hablar deje
al necesitado en plaza;
35   todo el mundo le es mordaza,[11]
aunque él por señas se queje;
que tiene cara de hereje
y aun fe la necesidad,

   ¡verdad!

40   Siendo como un algodón,
nos jura que es como un hueso,
y quiere probarnos eso
con que es su cuello almidón,[12]
goma su copete,[13] y son
45   sus bigotes alquitira,[14]

   ¡mentira!

Cualquiera que pleitos trata,
aunque sean sin razón,
deje el río Marañón,[15]
50   y entre el río de la Plata;[16]
que hallará corriente grata
y puerto de claridad,

   ¡verdad!

Siembra en una artesa[17] berros
55   la madre, y sus hijas todas
son perras de muchas bodas,[18]
y bodas de muchos perros;
y sus yernos rompen hierros
en la toma de Algecira,[19]

60   *¡mentira!*

---

[1] monedas.   [2] caballero que participa en una. cruzada.   [3] moneda de oro.   [4] compran su nobleza, representada por un escudo familiar. [5] jugadores.   [6] los ducados (un tipo de moneda). [7] permiten ganarse el título de duque.   [8] alegre. [9] virgen.   [10] criada.   [11] le impide hablar. [12] material suave y elegante.   [13] peinado. [14] otro tipo de goma.   [15] río español.

[16] río en las Indias.   [17] caja.   [18] de *perrillo de muchas bodas;* van a muchas fiestas.   [19] Se refiere al cerco formado alrededor de villa de Algeciras por las tropas de Alfonso XI de Castilla en los años de 1343 y 1344. Góngora hace referencia a los cañonazos que sufrieron los cristianos a manos de los árabes. En pocas palabras, llama a los yernos, musulmanes.

Soneto 86

(AMOROSO)

De pura honestidad templo sagrado
cuyo bello cimiento[20] y gentil muro
de blanco nácar y alabastro duro
fue por divina mano fabricado;
5   pequeña puerta de coral preciado,
claras lumbreras[21] de mirar seguro,
que a la esmeralda fina el verde puro
habéis para viriles usurpado;
     soberbio techo, cuyas cimbrias[22] de oro,
10 al claro sol, en cuanto en torno gira,
ornan[23] de luz, coronan de belleza;
     ídolo bello a quien humilde adoro:
oye piadoso[24] al que por ti suspira,
tus himnos canta y tus virtudes reza.

Soneto 166

Mientras por competir con tu cabello,
oro bruñido[25] al sol relumbra en vano;
mientras con menosprecio en medio el llano
mira tu blanca frente el lilio bello;
5   mientras a cada labio, por cogello,[26]
siguen más ojos que al clavel temprano:
y mientras triunfa con desdén lozano[27]
del luciente cristal tu gentil cuello:
     goza cuello, cabello, labio y frente,
10 antes que lo que fue en tu edad dorada[28]
oro, lilio, clavel, cristal luciente,
     no sólo en plata o vïola troncada[29]
se vuelva, mas tú y ello juntamente
en tierra, en humo, en polvo, en sombra, en nada.

Fábula de Polifemo y Galatea

[...]

5

Guarnición tosca de este escollo[30] duro
troncos robustos son, a cuya greña[31]
menos luz debe, menos aire puro

---

[20] parte del edificio que está en la tierra.
[21] abertura de donde proviene luz.
[22] miembro de moldura largo y angosto.
[23] adornan. [24] con piedad.
[25] brillante. [26] cogerlo.
[27] indiferencia orgullosa.
[28] de oro. [29] violeta cortada.
[30] peñasco. [31] cabellera mal compuesta.

la caverna profunda, que a la peña;
5   caliginoso[32] lecho, el seno obscuro
ser de la negra noche nos lo enseña
infame turba de nocturnas aves,
gimiendo[33] tristes y volando graves.

6

De este, pues, formidable de la tierra
bostezo, el melancólico vacío
a Polifemo, horror de aquella sierra,
bárbara choza[34] es, albergue umbrío[35]
5   y redil[36] espacioso donde encierra
cuanto las cumbres[37] ásperas cabrío[38]
de los montes, esconde: copia bella
que un silbo[39] junta y un peñasco[40] sella.

7

Un monte era de miembros eminente
este (que, de Neptuno hijo fiero,
de un ojo ilustra el orbe de su frente,
émulo[41] casi del mayor lucero)
5   cíclope a quien el pino más valiente,
bastón,[42] le obedecía, tan ligero,
y al grave peso junco[43] tan delgado,
que un día era bastón y otro cayado.[44]

8

Negro el cabello, imitador undoso[45]
de las obscuras aguas del Leteo.[46]
al viento que lo peina proceloso,[47]
vuela sin orden, pende[48] sin aseo;
5   un torrente es su barba impetuoso,[49]
que (adusto[50] hijo de este Pirineo)
su pecho inunda, o tarde, o mal, o en vano
surcada aun de los dedos de su mano.

9

No la Trinacria[51] en sus montañas, fiera
armó de crüeldad, calzó de viento,
que redima[52] feroz, salve[53] ligera,
su piel manchada de colores ciento:
5   pellico[54] es ya la que en los bosques era

---

[32] denso.   [33] sonido que expresa dolor y pena.
[34] casa hecha de paja.   [35] oscuro.   [36] potrero.
[37] picos de las montañas.   [38] grupo de cabras.
[39] silbido.   [40] piedra grande.   [41] copia.
[42] vara que sirve para apoyarse.   [43] bastón.

[44] vara que usan los pastores.   [45] con ondas.
[46] uno de los ríos de Hades en la mitología
griega.   [47] tormentoso.   [48] cuelga.   [49] violento.
[50] melancólico.   [51] Sicilia.   [52] de redimir,
rescatar.   [53] de salvar.   [54] vestido de pieles.

mortal horror al que con paso lento
los bueyes a su albergue[55] reducía,
pisando la dudosa luz del día.
[...]

∎ Preguntas de comprensión

Letrilla

1. Según el primer verso, ¿cuál es el tema de la obra?
2. ¿Cuál es el significado del segundo verso?
3. ¿Qué ejemplos de materialismo o corrupción da Góngora en el poema?
4. ¿Las mujeres en el poema son dignas de admiración? ¿Por qué sí o por qué no?
5. ¿Cómo caracteriza Góngora el matrimonio en la última estrofa?
6. ¿Qué niveles sociales critica Góngora en el poema?

Soneto 86

1. ¿Qué tipo de edificio construyen las imágenes del poema?
2. ¿Qué otra imagen surge a través de la lectura?
3. ¿Qué proceso o recurso poético se usa para convertir el templo en una mujer?
4. ¿Qué comparaciones hace específicamente el final del poema entre la devoción religiosa y la devoción a una mujer? ¿Por qué?

Soneto 166

1. ¿A quién se dirige el hablante del poema?
2. ¿Cómo se compara a la persona del poema con la naturaleza? ¿Son iguales?
3. ¿Qué recomienda el hablante?
4. ¿Cómo terminará la vida de la protagonista del poema? ¿Es posible evitar ese fin?

Polifemo (octavas 5–9)

1. ¿Cómo es la cueva de Polifemo?
2. ¿Qué colores utiliza el autor para describir el ambiente?
3. ¿Cómo se describe, físicamente, a Polifemo?
4. ¿Es común la sintaxis que utiliza Góngora en el poema? ¿Se puede reordenar la sintaxis para hacerla más comprensible?

∎ Preguntas de análisis

1. ¿Le parece compleja la poesía de Góngora? ¿Cuáles son las características que contribuyen a esta dificultad? ¿Son todos los poemas igualmente complejos o existen algunos que no lo son?

---

[55] amparo.

2. ¿Cómo se caracteriza a la sociedad española en la letrilla? ¿Cómo puedes relacionar esta caracterización con el contexto histórico de Góngora?

3. ¿Existen rasgos amorosos o sentimentales dentro de la poesía de Góngora? Si Ud. piensa que sí, ¿cuáles son? Si piensa que no, ¿qué plantean sus poemas en cuanto a las relaciones entre sexos?

4. ¿Qué características se pueden observar en el uso del lenguaje en *Polifemo* que hacen del poema algo innovador en las letras peninsulares durante la época de Góngora? ¿Cómo compararía Ud. esta poesia con la poesía de otros autores del Siglo de Oro?

■ Temas para informes escritos

1. La crítica social y el declive español en la poesía de Góngora
2. El culteranismo y la *Fábula de Polifemo y Galatea*
3. El desengaño y la mujer

■ Bibliografía mínima

Alonso, Dámaso. *Estudios y ensayos gongorinos.* Madrid: Gredos, 1970.

Ciplijauskaité, Biruté. "Introducción biografía y crítica". *Sonetos completos de Luis de Góngora.* Madrid: Castalia, 1989. 3–23.

Lorca, Federico García. "La imagen poética de Don Luis de Góngora". *Obras completas 4ª ed.* Madrid: Atlas, 1960. 65–88.

Pedraza, Felipe B., y Milagros Rodríguez. "Góngora y los poetas cultos". *Manual de literatura española: III. Barroco: Introducción, prosa y poesía.* Pamplona: Cénlit, 1980. 425–540.

Rabin, Lisa. "Speaking to Silent Ladies: Images of Beauty and Politics in Poetic Portraits of Women from Petrarch to Sor Juana Inés de la Cruz". *MLN* 112.2 (1997): 147–65.

Rivers, Elias, ed. *Renaissance and Baroque Poetry of Spain.* Illinois: Waveland, 1966.

FRANCISCO DE QUEVEDO Y VILLEGAS

1580–1645

© *a.g.e. fotostock America*

Quevedo nació en Madrid en 1580. Fue el tercero de seis hijos. Su padre era escribano real y su madre perteneció a la corte. Su ascendencia, a diferencia de varios de los autores más destacados del Siglo de Oro, es, sin duda, la de un cristiano viejo. Un hecho importante en la niñez de Quevedo fue la muerte de su padre cuando el autor tenía sólo seis años. Al morir éste, la madre de Quevedo pasó a servir a una de las hijas de Felipe III. Desde entonces el autor empieza a vivir una vida de palacio.

Algunos biógrafos de Quevedo suelen mencionar sus peculiaridades físicas cuando hablan de los factores que pueden haber influenciado la personalidad del autor. Estas peculiaridades eran la miopía, para la que usaba anteojos, y una deformación de las piernas que le obligaba a torcer sus pies hacia adentro. Estas deficiencias eran resaltadas por los enemigos de Quevedo que lo apodaban "pata coja", "cuatro ojos", o, el apodo más creativo, "antigocoxo"—por usar anteojos y ser cojo. Esta marginación del escritor puede haber contribuido al pesimismo existencial de algunas de sus obras y a la vehemencia de sus críticas personales y sociales.

Quevedo estudió en el colegio de la Compañía de Jesús, en Madrid. En 1596 inició sus estudios en la universidad de Alcalá, donde obtuva una licenciatura en arte, en 1600. En la universidad llegó a dominar las lenguas clásicas y el francés.

Durante los primeros años del nuevo siglo Quevedo disfrutó de la vida de palacio, donde comenzó su actividad literaria. En 1606 regresó a Madrid con la corte de Felipe III, donde participó activamente en el ambiente literario de la capital. Durante esta época escribió una de sus obras maestras, *Los sueños*. La segunda década del siglo XVII fue para Quevedo una de intensa producción literaria y varios cargos políticos. Quevedo sirvió al duque de Osuna, virrey de Nápoles. El nombramiento de Osuna a este cargo fue controversial y la política del duque no fue bien recibida ni en Madrid ni en Italia. La muerte de Felipe III en 1621 deterioró la situación del duque y de Quevedo. El primero fue encarcelado y el escritor confinado en la Torre de Juan Abad hasta 1622.

Quevedo se casó a los 54 años pero se separó de su esposa casi inmediatamente. Durante el reinado de Felipe IV intentó ganarse la confianza del brazo derecho del rey, el conde-duque de Olivares. Esta relación fue tensa y se desmoronó al ser encerrado Quevedo en el convento San Marcos de León en 1639, donde estuvo por cuatro años. La razón del encarcelamiento parece haber sido un poema escrito por Quevedo en contra del conde-duque. Un año más tarde muere en Villanueva de los Infantes.

Francisco de Quevedo fue testigo del declive imperial de España. Durante su vida, España sufrió acontecimientos históricos devastadores para la moral nacional. Cuando el autor contaba con ocho años, España ve su grandeza cuestionada al ser derrotada la Armada invencible. En 1597 tiene lugar el cisma entre la Iglesia de Roma y lo que será el protestantismo y triunfa éste en los Países Bajos. El reinado de Felipe III se ve consumido por la inflación y la corrupción en todo nivel social. El estancamiento político, social y económico de España fue insuperable para Felipe IV y el conde-duque de Olivares. Durante su reinado ocurren revueltas en Cataluña y Andalucía. Además, Portugal y Holanda se independizan de España.

El pesimismo y existencialismo causados por esta lamentable situación nacional se sienten en casi toda la obra de Quevedo—menos quizá en la poesía amorosa, donde Quevedo demuestra un idealismo inusual. Sus obras son abundantes y abarcan varios géneros. Entre lo más sobresaliente se incluyen la novela picaresca *La vida del Buscón* (1603), *Los sueños* (1627)—textos fantásticos de tipo satírico-moral—y varios poemas satíricos, morales, religiosos, amorosos o laudatorios que circularon durante la vida del autor y que fueron publicados póstumamente. Quevedo también escribió varias obras filosóficas e históricas.

El escritor incorpora las tendencias poéticas de su época por medio del conceptismo. Este estilo, cuyo origen filosófico está en la Edad Media, se basa en que todas las cosas que son del mundo, por compartir esta característica, tienen correspondencias que el pensador puede ir descubriendo. Para los conceptistas una característica de la lectura debe ser la búsqueda de estas ingeniosas correspondencias. Por eso, como el culteranismo, se manifiesta en una consciente complicación de los elementos poéticos. La diferencia entre ambos es que el culteranismo utiliza cambios en el lenguaje, generalmente por medio de la latinización de las palabras o del hipérbaton, para lograr esta complicación ingeniosa. El conceptismo, en cambio, busca crear una poesía más compleja por medio de la interrelación de los temas explícitos e implícitos del poema.

Para los conceptistas, las dificultades de la poesía debían resultarse por medio de pensamientos complejos que surgían al leer los versos y no por el uso de un lenguaje oscuro y la manipulación del orden de la frase. Estas diferencias se hacen más claras si observamos un soneto donde Quevedo parodia a su archienemigo poético, Góngora. Aquí se puede notar cómo los conceptistas percibían el culteranismo. Nótese la exageración de palabras inventadas, el uso del hipérbaton y la burla a las palabras pictóricas típicas de los culteranistas.

¿Qué captas, noturnal,[1] en tus canciones,
Góngora bobo, con crepuscurallas,[2]
si cuando anhelas más garcivolallas,[3]
las repitilizas[4] más y subterpones?[5]
Microcósmote[6] Dios de inquiridiones,[7]
y quieres te investiguen por medallas[8]
como priscos[9] estigmas o antiguallas,[10]
por desitinerar[11] vates[12] tirones.[13]
Tu forasteridad[14] es tan eximia,[15]
que te ha de detractar el que te rumia,[16]
pues ructas[17] viscerable[18] cacoquimia,[19]
farmacofolorando[20] como numia,[21]
si estomacabundancia[22] das tan nimia,[23]
metamorfoseando el arcadumia.[24]

Los poemas a continuación captan varios de los temas importantes en la poesía de Quevedo. En ellos se puede observar su interés por crear una poesía que desafía al intelecto del lector para que logre captar el desarrollo del concepto del poema. En otros poemas se observa al Quevedo satírico, pesimista y existencial, producto de su tiempo.

■ Preguntas de pre-lectura

1. ¿Cómo se caracteriza el arte durante la época renacentista? ¿Cuáles son los rasgos de la poesía renacentista? ¿Qué características tiene, por ejemplo, la poesía de Garcilaso? ¿Qué cambios poéticos introducen poetas barrocos como Góngora y Quevedo?
2. ¿Cuál es la diferencia entre conceptismo y culteranismo? ¿Tienen algo en común estos estilos?
3. ¿Qué relación existe entre el arte de un período determinado y los conflictos sociales y culturales durante la época en que se crea ese arte? ¿Cree Ud. que el arte responde de alguna manera a estos conflictos? ¿Recuerda en obras actuales que responden a conflictos sociales?
4. ¿Cómo describiría Ud. la época social y política en que vivió Quevedo?
5. ¿Qué importancia tiene el tema del desengaño durante el Siglo de Oro español?

---

[1] nocturnal.   [2] hacerlas crepusculares.
[3] garcivolarlas: hacerlas como el vuelo de una garza.   [4] darles características de reptiles.
[5] sobrepones.   [6] te hago microcosmos.
[7] de pedantes.   [8] por buenos versos.
[9] duraznos.   [10] antigüedades.
[11] descaminar.   [12] adivinanzas.

[13] novicias.   [14] tu extrañeza.   [15] excelente.
[16] masticar por segunda vez, como las vacas.
[17] eruptas.   [18] de *visceras*, o entrañas.
[19] caca + alquimia = cacoquimia.
[20] mezclando fármacos.   [21] sobrenatural.
[22] abundancia estomacal.   [23] excesiva.
[24] de arcada, inicio del vómito.

Soneto 29

SALMO XVII

Miré los muros de la patria mía,
si un tiempo fuertes, ya desmoronados,
de la carrera de la edad cansados,
por quien caduca[25] ya su valentía.

5   Salíme al campo; vi que el sol bebía
los arroyos del yelo desatados,
y del monte quejosos los ganados,
que con sombras hurtó[26] su luz al día.

       Entré en mi casa; vi que, amancillada,[27]
10 de anciana habitación era despojos;
mi báculo,[28] más corvo y menos fuerte.

       Vencida de la edad sentí mi espada,
y no hallé cosa en que poner los ojos
que no fuese recuerdo de la muerte.

Soneto 471

AMOR CONSTANTE MÁS ALLÁ DE LA MUERTE

Cerrar podrá mis ojos la postrera[29]
sombra que me llevare el blanco día,
y podrá desatar esta alma mía
hora a su afán ansioso lisonjera;[30]

5   mas no, de esotra parte, en la ribera,
dejará la memoria, en donde ardía:
nadar sabe mi llama la agua fría,
y perder el respeto a ley severa.

       Alma a quien todo un dios prisión ha sido,
10 venas que humor a tanto fuego han dado,
medulas que han gloriosamente ardido:

       su cuerpo dejará, no su cuidado;
serán ceniza, mas tendrá sentido;
polvo serán, mas polvo enamorado.

Letrilla satírica

PODEROSO CABALLERO ES DON DINERO

Madre, yo al oro me humillo;
él es mi amante y mi amado,
pues, de puro enamorado,

---

[25] declina.   [26] robó.   [27] deslustrada, manchada.
[28] bastón.   [29] última.   [30] halagadora.

de contino anda amarillo;[31]
5 que pues, doblón o sencillo,
hace todo cuanto quiero,
poderoso caballero
es don Dinero.

Nace en las Indias honrado,
10 donde el mundo le acompaña;
viene a morir en España,
y es en Génova enterrado.
Y pues quien le trae al lado
es hermoso, aunque sea fiero,[32]
15 *poderoso caballero*
es don Dinero.

Es galán y es como un oro,
tiene quebrado el color,
persona de gran valor,
20 tan cristiano como moro.
Pues que da y quita el decoro
y quebranta cualquier fuero,[33]
poderoso caballero
es don Dinero.

25 Son sus padres principales,
y es de nobles descendiente,
porque en las venas de Oriente
todas las sangres son reales;
y pues es quien hace iguales
30 al duque y al ganadero,[34]
poderoso caballero
es don Dinero.

Mas ¿a quién no maravilla
ver en su gloria sin tasa
35 que es lo menos de su casa
doña Blanca de Castilla?
Pero, pues da al bajo silla
y al cobarde hace guerrero,
poderoso caballero
40 *es don Dinero.*

Sus escudos de armas nobles
son siempre tan principales,
que sin sus escudos reales
no hay escudos de armas dobles;
45 y pues a los mismos robles[35]
da codicia su minero,
poderoso caballero
es don Dinero.

Por importar en los tratos
50 y dar tan buenos consejos,
en las casas de los viejos
gatos le guardan de gatos.
Y pues él rompe recatos[36]
y ablanda al juez más severo,
55 *poderoso caballero*
es don Dinero.

Y es tanta su majestad
(aunque son sus duelos hartos),
que con haberle hecho cuartos,[37]
60 no pierde su autoridad;
pero, pues da calidad
al noble y al pordiosero,[38]
poderoso caballero
es don Dinero.

65 Nunca vi damas ingratas
a su gusto y afición,
que a las caras de un doblón
hacen sus caras baratas;
y pues las hace bravatas[39]
70 desde una bolsa de cuero,
poderoso caballero
es don Dinero.

Más valen en cualquier tierra
(¡mirad si es harto sagaz!)[40]
75 sus escudos en la paz
que rodelas[41] en la guerra.
Y pues al pobre le entierra
y hace proprio al forastero,
poderoso caballero
80 *es don Dinero.*

---

[31] color relacionado con el oro, pero también con la enfermedad. [32] feo o feroz. [33] regla, ley. [34] el que cuida ganado. [35] tipo de árbol. [36] modestias. [37] dividir en cuatro. [38] al que pide caridad. [39] provocaciones. [40] perspicaz. [41] broqueles, tipo de escudo.

■ Preguntas de comprensión

Soneto 29

1. ¿Cómo describe el hablante su patria?
2. ¿Cómo se caracteriza la naturaleza?
3. ¿Cómo refleja la casa el estado emocional del hablante?
4. ¿Qué representan la espada y el báculo en el poema?

Soneto 471

1. ¿Cómo personifica el hablante la muerte en el poema?
2. ¿Cómo desafía el hablante a la muerte?
3. ¿Qué imágenes corporales aparecen en el poema?
4. ¿Persistirá el amor después de la muerte del hablante? ¿Cómo?

Letrilla: Poderoso caballero es don Dinero

1. ¿Quién habla en el poema?
2. ¿A quién se dirige el hablante?
3. ¿Cómo está personificado el dinero en el poema?
4. ¿Cuál es el origen del caballero?
5. ¿Qué tipo de influencias sociales tiene el caballero?
6. ¿Cómo afecta a las personas que no son nobles?
7. ¿Qué efecto tiene sobre las mujeres?
8. ¿Cómo afecta a los forasteros?

■ Preguntas de análisis

1. ¿Se pueden encontrar en estos poemas juegos verbales ingeniosos o inter-relaciones de conceptos que Ud. podría caracterizar como conceptistas? ¿Dónde se encuentran? ¿Cómo se desarrolla el concepto a lo largo del poema?
2. ¿Qué símbolos utiliza Quevedo en el soneto 29 para representar la vida del hablante? ¿Tienen estos símbolos un significado universal? ¿Cuál es su importancia simbólica en el marco del declive imperial de España en el siglo XVII?
3. ¿Los poemas que abordan el tema de la muerte ayudan al lector a llegar a una conclusión sobre la posición que tiene Quevedo en general ante la vida? ¿Cómo se caracteriza la muerte? ¿Qué es lo único que puede sobrevivir a la muerte?
4. ¿Qué piensa sobre la sociedad el hablante de "Poderoso caballero es don Dinero"? ¿Cómo se representa la posición imperial de España? ¿Es el dinero algo que beneficia a la sociedad o que la perjudica?
5. ¿Cómo afecta el dinero a las divisiones sociales tradicionales entre nobleza y pueblo bajo? ¿Cómo afectaría esta nueva influencia social de dinero a los privilegios sociales de un noble, cristiano viejo?

■ Temas para informes escritos

1. Comparaciones y contrastes entre el conceptismo y el culteranismo
2. El declive español del Siglo XVII y la poesía de Quevedo
3. La diversidad cultural y la moralidad en la poesía de Quevedo

■ Bibliografía mínima

Clamurro, William. *Language and Ideology in the Prose of Quevedo.* Newark: Juan de la Cuesta, 1991.

Collard, Andrée M. *Nueva poesía: conceptismo, culteranismo en la crítica española.* Madrid: Castalia, 1967.

Pedraza, Felipe B., y Milagros Rodríguez. "Quevedo: Obra poética y estilo". *Manual de literatura española: III. Barroco: Introducción, prosa y poesía.* Pamplona: Cénlit, 1980. 683–755.

Rivers, Elias, ed. *Renaissance and Baroque Poetry of Spain.* Illinois: Waveland, 1966.

Schwartz Lerner, Lía. *Metáfora y sátira en la obra de Quevedo.* Madrid: Taurus, 1984.

PEDRO CALDERÓN DE LA BARCA

1600–1681

© *Bettmann/CORBIS*

El prestigio del teatro peninsular del siglo XVII no sería el mismo sin la abundante obra de Pedro Calderón de la Barca (1600–1681) quien se distinguió tanto por sus representaciones en los corrales, o escenarios públicos, de Madrid como por las de palacio. Calderón nació en Madrid. Su familia perteneció a la nobleza mediana, pues su padre fue escribano del Consejo y Contaduría Mayor de Hacienda. En 1615 murió su padre y Calderón quedó huérfano, puesto que su madre había muerto en 1610. A pesar de estos graves obstáculos, Calderón se educó en el Colegio Imperial de los Jesuitas. Luego, en Alcalá, estudió lógica y retórica. En Salamanca, de 1615 a 1620, estudió derecho.

Calderón destacó ya como escritor en 1622 cuando ganó un importante certamen poético. En 1623 sus obras fueron puestas en escena en los corrales. En 1625 encontramos al dramaturgo viviendo de lo que escribe, con obras representadas también en palacio. A esta joven edad Calderón se convirtió en el dramaturgo oficial de la corte.

Durante la década de los 30 Calderón representó algunas de sus comedias más importantes e inició su producción de autos sacramentales. Dedicó las últimas dos décadas de su vida al perfeccionamiento de estas obras dramáticas de índole religiosa. Entre 1638 y 1642 su carrera como escritor sufrió una interrupción, pues Calderón participió en campañas militares a favor de la monarquía en la liberación de Fuenterrabía, en la guerra de Cataluña, en Lérida y Tarragona.

En 1647 Calderón tuvo un hijo. No se conoce nada sobre la madre y los biógrafos suponen una muerte cercana al nacimiento del bebé. Calderón asumió la responsabilidad del pequeño, a quien crió como si fuera su sobrino. En 1651 Calderón reconoció su paternidad y se ordenó como sacerdote. En 1653 obtuvo la capellanía de los Reyes Nuevos de Toledo. Ejerció sus nuevos cargos en Toledo, pero sus viajes a Madrid fueron numerosos ya que se encargaba de la puesta en escena de sus obras. Estos viajes causaron varias quejas de sus colegas, quienes pensaban que estas actividades interferían con sus cargos religiosos.

En 1663 Calderón regresó a Madrid como capellán de honor de Felipe III. En el mismo año entró a la Congregación de Presbíteros y en 1666 fue nombrado capellán mayor de la congregación. Durante los últimos años Calderón continuó su producción de autos de diversos temas. En esta época de su vida sufrió algunos problemas económicos, que finalmente se resolvieron al ser ayudado por la monarquía. Calderón murió en Madrid en 1681.

La obra de Calderón sobresale por su variedad y calidad. Su primera obra, *Amor, honor y poder* (1623), representa un ejemplo de sus comedias cortesanas. También escribió comedias de enredo amoroso, como *La dama duende* (1629). Escribió dramas históricos, como *El alcalde de Zalamea* (1630), bíblicos, legendarios y mitológicos. Entre estos dramas se encuentran sus dramas de honor, como *El médico de su honra* (1637) o *El pintor de su deshonra* (1645). Escribe también varios autos sacramentales, entre los que se destaca *El gran teatro del mundo,* representado por primera vez en 1649.

Una de las obras dramáticas más importantes es *La vida es sueño* (1637). En ésta Calderón desarrolla varios temas, entre ellos la libertad humana, el origen del hombre y la desconfianza en los sentidos como base para el desengaño. El desarrollo de éstos es constante a lo largo de su carrera literaria. Calderón utiliza la escenografía, fórmulas paradójicas y la antítesis para demostrar a los espectadores lo ilusoria que puede ser la percepción de la realidad. Las "realidades" que Calderón crea en sus obras se desintegran constantemente. Sus personajes muestran, a menudo, las tensiones entre lo que perciben como real y el desengaño de esta percepción. El resultado es una desconfianza en los sentidos que termina en un hondo pesimismo sobre las capacidades del ser humano.

Esta cosmovisión, o forma de percibir la realidad, de Calderón es compartida por la mayoría de los autores del barroco español. El hecho de que Calderón no haya tenido los mismos problemas políticos que sus homólogos—los encarcelamientos de Quevedo por motivos políticos, por ejemplo—demuestra el poder que tuvo el declive imperial español sobre la obra de los grandes pensadores del siglo XVII. En otras palabras, los problemas sociales y políticos y su resultado, el pesimismo, se infiltraron en la mente de todos los grandes pensadores de la época sin importar si éstos gozaban o no de la constante simpatía de los representantes del poder. Lo que surge a causa de este pesimismo es la representación de ambientes complejos e ilusorios donde los roles sociales se confunden y los signos que ordenaban el mundo se caducan.

Estas son las características del entremés de Calderón que se presenta a continuación. Los entremeses eran obras dramáticas humorísticas que se representaban entre los actos de las comedias con el fin de mantener interesado al público. En este caso Calderón utiliza la sátira—una composición escrita o un dicho que ridiculiza o censura alguna situación—para mostrar humorísticamente algunas tensiones sociales urbanas contemporáneas al autor.

■ Preguntas de pre-lectura

1. ¿Qué tipo de obras que ridiculizan a la sociedad conoce ústed? ¿Las ha leído, visto en la televisión, el cine, el teatro? ¿Qué situaciones representan? ¿Qué función social cumplen estas obras?
2. ¿Qué obras literarias de España ha leído que tienen como propósito criticar la sociedad en la que viven los autores? ¿Qué temas suelen criticar?
3. ¿Cómo está estratificada la sociedad de la época? ¿En qué se basa esta división?

La casa de los linajes

Personas

Don Lesmes	Un Negro
Don Tristán	Un Moro
Juana	Un Barbero
Don Gil	Un Hombre
Un Sastre	Una Trapera[2]
Un Zurdo	Una Mondonguera[3]
Una Dueña	Vecinos
Un Corcovado[1]	

Calle con entrada a la Casa de los Linajes. Salen Don Lesmes y Don Tristán.

D. Lesmes.   Don Tristán, ¿dónde vais tan enojado?

D. Tristán.   A matar o morir desesperado,
don Lesmes, voy: y pues que sois mi amigo,
y no acaso os busqué, venid conmigo;
porque tengo de entrar en cierta casa
no muy segura.

D. Lesmes.   Sepa lo que os pasa,
y a lo que voy también.

D. Tristán.   Ya habéis sabido
que a un mal gusto rendido
(que amor tal vez a lo peor inclina),
a Juanilla pasé de mantellina[4]
a manto; a tafetán, de bocacíes;[5]
de tú a don, de ramplón a ponlevíes,[6]

---

[1] persona que tiene una deformación en la espalda.   [2] persona que recoge y vende trapos viejos.   [3] personaje que hace mondongo, un plato a base de intestinos.   [4] pequeño manto.   [5] de una tela barata a una tela más fina hecha de lana.   [6] de un zapato tosco a uno fino.

de picote a sedilla,[7]
y de lámpara, al fin, a lamparilla.
Ésta pues, picarona,
en habiendo dejado mi persona
tan pobre como veis, y de mal talle,
me ha puesto de patitas en la calle.[8]

D. Lesmes.   ¿Y deso os ofendéis? Pues ¿qué fregona[9]
en viéndose alhajada,[10] no desea
no ver a quien la vio, porque la vea
quien no la vio?

D. Tristán.   En efecto, yo he sabido
el galán, y no sólo me ha ofendido
ella, pero él también, porque sabía
el ser ya doña Juana cosa mía.
Y así, voy a buscarle
con ánimo siquiera de matarle,
si a mi justa querella[11]
donación entre vivos no hace della.
Sé que vive en la casa
que desta calle a esotra calle pasa
cuyo corral es todo aposentillos[12]
llenos de vecinillos;[13]
por cuyas varias gentes,
de oficios y de estados diferentes,
tratos, usos, naciones y lenguajes,
la Casa se llamó de los Linajes
Y por si acaso en mi semblante[14] nota
algo la vecindad y se alborota,
no es bien hallarme solo: y pues mi amigo
sois y es esta la casa, entrad conmigo.

D. Lesmes.   A todo trance tengo
de estar con vos; que con quien vengo, vengo.

Lléganse a la puerta de la Casa de los Linajes.

D. Tristán.   Pues quedaos a esta puerta.

D. Lesmes.   ¿Con qué orden?

D. Tristán.   De no más que estar alerta.
Aquel es que en el patio se pasea.

D. Lesmes.   Alerta quedo, y lo que fuere sea.
(*Éntranse.*)

Patio en la Casa de los Linajes.

Sale Don Gil.

---

[7] de una tela áspera a la seda.   [8] me ha dejado.   [12] pequeños aposentos, viviendas.   [13] chusma, gente de clase baja.   [14] rostro.
[9] lavandera.   [10] enjoyada.   [11] queja.

> *D. Gil.* Hermosa Juana mía,
> si me dijiste que hoy tu amor vendría
> a verme, ¿cómo tarda?
> Mas ¿cuándo no tardó bien que se aguarda?

Salen Don Tristán y Don Lesmes: éste se queda a la puerta acechando.

> *D. Tristán.* Mucho me huelgo de haberos
> hallado, señor don Gil.

> *D. Gil.* No estaba perdido yo;
> y si pensasteis que sí,
> hubiéraisme pregonado,[15]
> y supiérades de mí.

> *D. Tristán.* Ya lo hubiera hecho, a pensar
> que había de hallar...

> *D. Gil.*   Decid.

> *D. Tristán.* Quien diera por vos de hallazgo
> un solo maravedí.
> Esto no es del caso. Vamos
> a lo que lo es.

> *D. Gil.*   Proseguid.

> *D. Tristán.* Yo a la Juanilla de ayer,
> doña Juana de hoy, serví;
> y sabiendo vos que era
> la dama de aqueste arfil,[16]
> me la habéis soplado.[17]

> *D. Gil.*   Pues
> ¿de qué os quejáis, si advertís
> que la dama que no come,
> se sopla?

> *D. Tristán.*   Aunque eso sea así.
> Quizá porque ella al Tristán
> dejó la hacienda en el tris;[18]
> con todo, vengo a saber
> si acción tan baja, tan vil,
> haberse hecho con un sastre
> pudiera.

Sale un Sastre, cosiendo.

> *Sastre.*   ¿Qué es lo que oí?
> Pues ¿qué tienen, seor[19] hidalgo,
> los sastres, para decir
> que no se hiciera con vos
> lo que con ellos?

---

[15] llamado.   [16] pieza de ajedrez.   [17] quitado, ganado.   [18] en la nada, en muy poco.   [19] señor.

D. Gil.   Oíd:
que este caballero habla
conmigo.

Sastre.   También de mí;
y vive Dios que si cojo
una vara de medir[20]...

D. Tristán. ¡Vara de medir, picaño![21]
Vos debéis de presumir
que con algún zurdo[22] habláis.

Sale un Zurdo, rebozado, con la espada a zurdas.

Zurdo. ¿Y qué tienen, me decid,
los zurdos, para que no
deba el mismo Belianis[23]
hablar muy cortés con ellos?

D. Tristán. ¿Qué han de tener más, si vi
que aun menos derechos son
que un corcovado.

Sale un Corcovado.

Corcovado.   Mentís:
que un corcovado no puede
ser derecho; un zurdo sí.

D. Tristán. ¡Mentís a mí!
     (Danse de palos.)

D. Gil.   ¡Deteneos!

D. Tristán. ¿Qué es detenerme, si oí
lo que no sufriera un negro?

Sale un Negro.

Negro. Lo neglo, ¿sa gente ruin
que sufliera lo que vos
no pudiérades suflir?[24] [*Dale.*]

D. Tristán. ¡Vive Dios, que si del turco
hablara, creo que aquí
el turco se apareciera!

Sale un Moro.

Moro. ¿Qué vos del turco decir?
El turco ser gente noble;
que estar cativo[25] y servir,

---

[20] regla. [21] pícaro. [22] Los zurdos se consideraban personas con deficiencias morales. [23] Belianis de Grecia: personaje de una novela de caballería. [24] sufriera; sufrir. El autor se burla de la manera de pronunciar del personaje. [25] dices del turco; turco es; está cautivo. El autor se burla de la forma de conjugar del extranjero.

y más a siniora duca,
no ser infamia. [*Dale.*]

D. Gil.   Advertid
que estoy aquí yo... Y teneos
vos.

D. Tristán.   Sí haré, pues me impedís;
mas no me las pele[26] yo,
aunque viva años cien mil,
en bacía[27] de barbero
(que es el potro[28] más civil
del hombre), hasta que de todos
me vengue.

Sale un Barbero, y tras él un Hombre, con paños y bacía, como que está haciéndose la barba.

Barbero.   ¿Qué llego a oír?
¿Qué es eso de civil potro,
caballero?

Hombre.   Hombre, no así
a media barba me dejes.

Barbero.   ¿Vos sabéis lo que os decís?
¡Metáfora de verdugo
con barberos!

D. Tristán.   Acudid,
don Lesmes: ved que cercado
me veo de gente ruin.[29]

D. Lesmes.   (*Sin moverse de su puesto.*)
Dejaos dar; que alerta estoy,
que es lo que me toca a mí.

D. Gil.   Baste estar yo de por medio
a vuestros cuartos os id.

Todos.   Agradezca a Dios estar
por medio el señor don Gil.

Vanse el Sastre, el Zurdo, el Corcovado, el Negro, el Moro, el Barbero y el Hombre que salió tras él.

D. Gil.   Ya estamos solos: ahora
vuestro duelo proseguid.

D. Tristán.   Digo, pues, que yo a Juanilla...

Sale Juana.

Juana.   ¿Quién dijo Juanilla aquí?
Pero ¿quién había de ser

---

[26] me aguanto.   [27] vasija.   [28] caballo joven.
[29] despreciable.

sino un hombrecillo vil
de pocas obligaciones,
sin urbanidad y sin
cortesanía ni modo,
hombre pobretón, en fin,
que ignora que doña Juana
me suelen llamar a mí?

D. Tristán.   Pues ¿no te acuerdas, Juanilla,
de que yo te conocí
hija de una mondonguera?

Sale una Mondonguera.

Mondonguera.   Cuando aqueso fuese así,
¿hay persona de más sangre
que una mondonguera? Di,
deslenguado[30]... Pero yo
sabré vengarme de ti.

D. Tristán.   ¿Eres víbora o serpiente?
Y agradece no decir
dueña, que es más venenoso
animal.

Sale una Dueña.

Dueña.   Hombre civil,
¿dueñas tomas en la boca?
¡A mi mano has de morir!
(*Aráñanle[31] las tres.*)

D. Tristán.   Aquesto es peor. ¡Don Lesmes!
A socorrerme venid.

D. Lesmes.   Dejaos dar: alerta estoy,
que es lo que me toca a mí.

D. Tristán.   ¿Oyes, pícara trapera?...

Sale una Trapera.

Trapera.   ¿Qué tienen que ver, decid,
las traperas, bribonazo,[32]
con vuestro duelo?

D. Tristán.   ¡Ay de mí!
Si cuanto fuere nombrando,
al instante ha de venir,
a nadie ya nombraré.

Juana.   Hará bien. Y pues aquí
tan defendida me hallo
en el poder de don Gil

---

[30] que habla demasiado e insulta.   [31] lo hieren
con las uñas.   [32] pícaro.

> no me canse. Y porque advierta
> lo que tiene contra sí...
> *(Canta.)*
>
> ¡Ah de los Linajes!

Dentro.

Voces.	¿Qué quieres?
Juana.	Salid,

> salid, porque vea,
> si me da en seguir,
> que en defensa mía
> tiene contra sí
> la gente que encierra
> un patio en Madrid.

Salen los de antes y otros vecinos y cantan.

> Salid, porque vea,
> si la da en seguir,
> la gente que encierra
> un patio en Madrid.

■ Preguntas de comprensión

1. ¿Qué estratos sociales ve representados en la lista de personajes?
2. ¿Qué tipo de relación tienen don Lesmes y don Tristán?
3. ¿Cuál es el dilema de don Tristán?
4. ¿Qué dice don Lesmes en contra de las mujeres fregonas?
5. ¿Qué quiere hacer don Tristán con respecto a su situación?
6. ¿Cómo se caracteriza la casa donde vive Juanilla?
7. ¿Quién es don Gil?
8. ¿Qué relación tiene don Gil con Juanilla?
9. ¿Por qué aparece el resto de los personajes?
10. ¿Cómo reaccionan los otros personajes a los insultos de don Tristán?
11. ¿Cómo describe Juanilla a don Tristán?
12. ¿Qué decide hacer al final don Tristán?
13. ¿Cuál es la moraleja al final del entremés?

■ Preguntas de análisis

1. ¿Qué elementos utiliza Calderón para caracterizar el rango social de sus personajes?
2. ¿Qué niveles sociales se ven representados en el entremés? Explique su respuesta.
3. En la sociedad del siglo XVII, ¿qué significa ser noble? ¿Cómo se relacionan los otros personajes con los nobles? ¿Sus relaciones se basan en el respeto? Explique su repuesta. ¿Cómo se relacionan los nobles entre sí?
4. ¿Cómo se caracteriza el amor en la obra?

5. ¿Por qué se puede decir que la casa de la obra representa un microcosmos de la sociedad española del siglo XVII?
6. ¿Qué imagen de la sociedad del siglo XVII plantea Calderón en la obra?

■ Temas para informes escritos

1. La tensión entre clases sociales en la obra
2. Los propósitos de la sátira en la literatura del Siglo de Oro
3. La España del siglo XVII según *La casa de los linajes*

■ Bibliografía mínima

Bataillon, Marcel. "Ensayo de explicación del auto sacramental". *Varia lección de clásicos españoles.* Madrid: Gredos, 1964. 1183–205.

Blue, William R. *Spanish Comedy and the Historical Contexts in the 1620's.* Pennsylvania: Pennsylvania State, 1996.

Calderón de la Barca, Pedro. "La casa de los linajes". *Entremeses, Jácaras y Mojigangas.* Ed. Evangelina Rodríguez y Antonio Tordera. Madrid: Castalia, 1982. 279–89.

Pedraza, Felipe B., y Milagros Rodríguez. "Calderón de la Barca: personalidad, dramas, y comedias". *Manual de literatura española: III. Barroco: Introducción, prosa y poesía.* Pamplona: Cénlit, 1980. 345–521.

Rodríguez, Evangelina, y Antonio Tordera, eds. "Introducción, biografía y crítica". *Entremeses, jácaras y mojigangas,* de Pedro Calderón de la Barca. Madrid: Castalia, 1982. 9–82.

Los siglos XVIII y XIX:
El progreso hacia
la modernidad

El siglo XVIII

3.1 La historia del siglo XVIII

3.1.1 El reino de Felipe V Cuando el rey Carlos II murió sin descendencia directa en el año 1700, el trono pasó a Felipe V, nieto de su hermana y Luis XIV de Francia. Aunque Felipe V fue reconocido y aceptado como rey por casi todas las naciones europeas, cuando Luis XIV lo nombró también heredero del trono francés, las preocupaciones de estas naciones frente al engrandecimiento del poder francés dieron paso a la Guerra de Sucesión, que duró hasta el año 1714. Al firmar los tratados de Utrecht y de Rastadt, que pusieron fin a la guerra, los españoles sacrificaron una gran parte de sus territorios, incluyendo Sicilia, Milán, Luxemburgo, Gibraltar y Menorca.

El reino de Felipe V se caracterizó por una doble política. En asuntos exteriores, España siguió la política de Francia, mientras los ministros españoles se ocupaban de las cuestiones internas. Aunque los historiadores tienden a considerar el reino de Felipe V como un período sin progreso, debido a las pérdidas que España sufrió en la guerra, durante estos años se pusieron los cimientos de una política de centralismo que se solidificó a lo largo del siglo, formando así las bases de un nacionalismo moderno que se siguió desarrollando aún en el siglo XIX.

3.1.2 Los años de conflicto y progreso Los años 1746 a 1778 fueron marcados por grandes adelantos culturales y materiales para España. El reinado de Fernando VI (1746–1759) es considerado uno de los más prósperos y tranquilos en casi doscientos años, debido a la política de neutralidad que mantuvo el rey con respecto a los demás países europeos. Durante el corto reinado de Felipe VI, España gozó de avances en las comunicaciones, la agricultura y la industria.

Cuando Carlos III heredó el trono en 1759, continuó la política de su hermano, Fernando VI. El "despotismo ilustrado"—imposición de reformas por medio del ejercicio absoluto del poder de la monarquía—que caracterizó a su reinado permitió que las ideas francesas de la Ilustración siguieran influyendo en la nación. Aunque el reinado de Carlos III es considerado uno de los más positivos del siglo XVIII debido al alto nivel de reconstrucción que se llevó a cabo, no estuvo exento de problemas y conflictos. La alianza con Francia culminó en dos guerras contra Inglaterra en las que España perdió la Florida, aunque recobró Menorca. Además, la postura ilustrada del reinado causó graves conflictos entre los tradicionalistas, opuestos a la influencia extranjera, y los reformadores, que buscaban el progreso por medio de ideas francesas más avanzadas. En 1767, por ejemplo, Carlos III expulsó a los sacerdotes jesuitas de España, iniciando así el primer ataque abierto por parte del gobierno a los intereses de la Iglesia española.

3.1.3 La problemática alianza con Francia El siglo XVIII termina con el reino de Carlos IV (1788–1808). A diferencia de sus antecesores, Carlos IV era bastante inepto para gobernar. Durante los primeros años de su reinado compartió el poder con su esposa, María Luisa, pero más tarde fueron la reina y los ministros los que gobernaron en España. El ministro más conocido del reinado de Carlos IV fue Manuel Godoy, el favorito de la reina, quien gozó del poder hasta la ocupación de los franceses bajo Napoleón Bonaparte en 1808.

Aunque en principio Godoy se opuso a los cambios que ocurrieron en Francia con la revolución de 1789, más tarde se empecinó en formar una alianza con Francia. Varias guerras contra Inglaterra siguieron a esta alianza. En 1805, la batalla contra las fuerzas inglesas en el cabo de Trafalgar, en el sur de España, marcó la conclusión del poder marítimo de los españoles.

3.2 La Ilustración

3.2.1 Un nuevo concepto del mundo El siglo XVIII es considerado la Edad de la Razón o de la Ilustración. En muchos países europeos, las ideas ilustradas, con énfasis en la razón, empezaron a reemplazar las teorías divinas sobre el conocimiento. Así, la experiencia, la observación y los sentidos se favorecían como medios de alcanzar la verdad. La cultura se sometió a un concepto secular de la existencia en que la teología fue rechazada como un medio por el cual se podía conocer el mundo. La revelación ya no valía como fuente de conocimiento; en cambio, la investigación científica y la lógica se privilegiaban en la búsqueda de la verdad. Al mismo tiempo, las ideas ilustradas ponían énfasis en el individuo, afirmando la igualdad de todos y proponiendo la existencia de derechos naturales inherentes a cada persona. Este movimiento cultural tuvo un doble propósito: extender el saber—o iluminar—a todos y fomentar el progreso y la modernización de la nación.

3.2.2 La Ilustración española Cuando las ideas ilustradas se infiltraron en España, enfrentaron la resistencia del catolicismo y las creencias contrarreformistas. Aunque el pueblo y la nobleza, aún apegados al pasado barroco, rechazaron las ideas de la Ilustración, muchos pensadores y, lo que es más importante, los políticos relacionados con la dinastía de los Borbones, aceptaron estas nuevas ideas. Si en Francia los ilustrados tendieron hacia el radicalismo, en España la Ilustración tomó una postura más moderada; no se cuestionaron el absolutismo de la monarquía ni el dogma religioso. En cambio, la monarquía borbónica, sobre todo

Carlos III, apoyó las ideas ilustradas y la mayoría de los ilustrados siguieron fieles al catolicismo.

3.3 El siglo XVIII: una época de cambios

3.3.1 El contexto europeo Muchos de los cambios que ocurrieron en España durante el siglo XVIII son un eco de los cambios en el continente europeo. Además de la concepción crítica del mundo que nació con la Ilustración, hubo una ola de monarcas absolutistas por toda Europa en este período. En muchos casos, incluso en España, el Estado bajo los "déspotas ilustrados" asumió todos los poderes para iniciar reformas económicas, culturales, sociales y eclesiásticas.

3.3.2 Los cambios en la Península

3.3.2.1 Cambios culturales En España, el Estado desempeñó un papel fundamental en el desarrollo de la educación. Además de impulsar las ciencias y otras disciplinas experimentales, se crearon institutos, academias y escuelas. Fue en el siglo XVIII cuando se fundó la Real Academia Española para conservar la pureza de la lengua castellana, además de la Biblioteca Nacional. El arte y la arquitectura florecieron durante el siglo, y fue entonces cuando se construyeron el famoso Museo del Prado, palacios reales y varios monumentos y fuentes que adornan Madrid hoy en día. A finales del siglo, Francisco de Goya y Lucientes, el único pintor del siglo que se sigue recordando hoy en día, comenzó su carrera. Al mismo tiempo, aumentó el contacto cultural con el extranjero y se establecieron periódicos y revistas para difundir el conocimiento en la Península.

3.3.2.2 La economía y la Iglesia El Estado también impulsó mejoras en la economía, donde las reformas fueron más visibles. Se instituyó una serie de medidas para combatir la decadencia económica del país, causada por vastas zonas despobladas, la falta de un comercio activo y el casi inexistente desarrollo en los sectores agrícolas e industriales. En cuanto a la Iglesia, sus asuntos pasaron a manos de la Corona. Si antes la Iglesia se ocupaba de la educación, el siglo XVIII vio la creación de instituciones públicas que ponían especial interés en las ciencias, desprestigiando las ideas religiosas. Además, como ya se ha mencionado, en 1767 los jesuitas fueron expulsados de la Península. El poder de la Inquisición disminuyó y fue durante este período cuando se planteó la cuestión de la desamortización (la división de las tierras eclesiásticas entre el pueblo).

3.3.3 Los tradicionalistas versus los reformadores En el siglo XVIII, a pesar del fuerte control monárquico se desarrolló una gran tensión entre los varios sectores de la sociedad. Las ideas ilustradas de los reformadores, muchas veces denominados *afrancesados* por su adherencia a ideas francesas, se encontraron ante la resistencia de tradicionalistas. Entre éstos se contaban la aristocracia y el pueblo, aunque los nobles de la capa más baja y la burguesía en formación también se incluían entre los reformadores. Irónicamente, el contacto cultural con el extranjero no siempre tuvo como resultado ideas nuevas o ilustradas. Muchos de los reformadores, aunque favorecían las ideas nuevas, también fomentaron el énfasis en lo español o lo castizo. Como consecuencia, el siglo XVIII, además de iniciar el conflicto entre los tradicionalistas y los reformadores que caracterizó a la nación incluso en el siglo XX, también dio lugar al sentimiento nacionalista que se intensificó en los próximos siglos.

3.4. La literatura

3.4.1 Las nuevas tendencias en la literatura El conflicto entre la tradición y la reforma que caracterizaba el campo político e intelectual se manifestó también en la literatura del siglo XVIII. Aunque había escritores que mantenían su afición a las tendencias barrocas del Siglo de Oro, una nueva generación fue responsable de una literatura de tipo social, escrita por el bien común. Además, la literatura se extendió para incluir casi todas las ramas del conocimiento; es decir, ensayos de carácter enciclopédico que trataban temas médicos, filosóficos y religiosos, entre otros, se incluyeron dentro del campo literario. De hecho, el ensayo y la fábula se cultivaron con más frecuencia por su carácter didáctico. El género novelesco se cultivó con muy poca frecuencia durante el siglo. Aunque la poesía y el teatro de la época se consideran hoy en día de poco valor, en el momento fueron manifestaciones claras del conflicto entre los tradicionalistas y los reformadores.

3.4.2 El neoclasicismo El siglo XVIII es más conocido hoy en día por el movimiento neoclásico, el resultado artístico de la Ilustración con énfasis en la razón y la utilidad. Las producciones neoclásicas, inspiradas por la literatura clásica de Grecia y Roma, enfatizaban la mesura y la razón sobre los sentimientos y, por eso, la poesía fue un género de menor importancia para los neoclásicos. Las obras de este tipo tendían hacia el didactismo y tenían un fin moralizador, de ahí la popularidad del ensayo y de la fábula entre los escritores. Aunque el neoclasicismo se remonta a la publicación de la *Poética* de Ignacio de Luzán en 1737, no fue sino hasta la segunda mitad del siglo cuando esta tendencia cobró fuerza en el mundo literario. Hoy en día, la obra neoclásica más estudiada es el drama *El sí de las niñas* de Leandro Fernández de Moratín, por ser uno de los mejores ejemplos de las tendencias del movimiento.

FRAY BENITO JERÓNIMO FEIJOO

1676–1764

Fray Benito Jerónimo Feijoo nació en la provincia de Orense, de padres de la nobleza gallega. En 1690, a la edad de catorce años, renunció a su herencia y entró en un monasterio. Estudió en Salamanca y luego se trasladó a Oviedo, donde enseñó teología y escritura en la universidad. En la tranquilidad de su celda pasó la mayor parte de su vida buscando el conocimiento a través de sus estudios.

Feijoo fue el ejemplo *par excellence* del enciclopedismo español, género que tenía como fin categorizar información sobre una variedad de temas, y fue el primer escritor en exponer una actitud ilustrada basada en la crítica y la razón frente al conocimiento tradicional. Como los enciclopedistas franceses, Feijoo creía en las posibilidades de progreso a través del ejercicio de la mente humana e inició la organización y clasificación del saber humano para lograr estos avances intelectuales. Entre 1727 y 1739 compuso el *Teatro crítico universal*, seguido por *Cartas eruditas y curiosas* entre 1742 y 1760. Estas dos obras están compuestas de más de doscientas ochenta disertaciones sobre una variedad de temas que se pueden separar en tres categorías: ensayos contra las supersticiones, los que tratan las ciencias y otros sobre temas filosóficos y religiosos. Todos sus escritos se basan en la razón y la experiencia, aunque la información que en ellos había era casi siempre de segunda mano para Feijoo. Los ensayos sobre asuntos científicos tenían mucho valor porque con ellos Feijoo difundió muchas de las teorías hasta entonces no aceptadas sobre las ciencias físicas y naturales, la astronomía y las matemáticas.

A diferencia de los pensadores ilustrados de otros países, Feijoo no desafió nunca la fe religiosa. Aunque defendió su crítica de peregrinaciones, ritos y el culto excesivo a imágenes, entre otras prácticas religiosas, nunca se atrevió a escribir contra el dogma católico. No es que el erudito temiera las consecuencias de tal acción, sino que creía que el dogma no era, ni podía ser, objeto de análisis científico.

A pesar de que la crítica de Feijoo nunca entraba en el terreno de la fe religiosa, sus escritos sobre las ideas anticuadas de muchos pensadores españoles causaron varios escándalos en el siglo XVIII. Los ataques de los tradicionalistas contra Feijoo no cesaron hasta que el rey Fernando VI, un admirador de los escritos del erudito, intervino en 1750 con un decreto real que prohibía que se imprimieran más ataques contra el reformador.

De toda la materia publicada por Feijoo, quizás el ensayo que pudiera haber causado más escándalo fue "Defensa de las mujeres" (1726), que se presenta a continuación. En este ensayo, Feijoo defiende a las mujeres de las opiniones negativas que la sociedad tenía sobre ellas. Además de ser una creación sumamente original para su época, este ensayo se considera como precursor de los escritos feministas que empezaron a publicarse en la segunda mitad del siglo XIX.

■ **Preguntas de pre-lectura**

1. ¿Cómo encaja la obra de Feijoo dentro de las ideas de la Ilustración?
2. ¿Recuerda otros escritores que trataron el tema de la mujer? ¿Qué posturas adoptaron éstos en su tratamiento de la mujer?
3. ¿Cuáles son las características de un argumento eficaz?

Defensa de las mujeres

En grave empeño me pongo. No es ya sólo un vulgo ignorante con quien entro en la contienda: defender a todas las mujeres, viene a ser lo mismo que ofender a casi todos los hombres, pues raro hay que no se interese en la precedencia de su sexo con desestimación del otro. A tanto se ha extendido la opinión común en vi-
5 lipendio[1] de las mujeres, que apenas admite en ellas cosa buena. En lo moral las llena de defectos, y en lo físico de imperfecciones; pero donde más fuerza hace, es en la limitación de sus entendimientos. Por esta razón, después de defenderlas, con alguna brevedad, sobre otros capítulos discurriré más largamente sobre su aptitud para todo género de ciencias y conocimientos sublimes.
10 El falso profeta Mahoma, en aquel mal plantado paraíso, que destinó para sus secuaces,[2] les negó la entrada a las mujeres, limitando su felicidad al deleite de ver desde afuera la gloria que habían de poseer dentro los hombres. Y cierto que sería muy buena dicha de las casadas ver en aquella bienaventuranza, compuesta toda de torpezas, a sus maridos en los brazos de otras consortes, que para este
15 efecto fingió fabricadas de nuevo aquel grande artífice de quimeras. Bastaba para comprender cuánto puede errar el hombre, ver admitido este delirio en una gran parte del mundo.

Pero parece que no se aleja mucho de quien les niega la bienaventuranza a las mujeres en la otra vida, el que les niega casi todo el mérito en ésta. Frecuentí-
20 simamente los más torpes del vulgo representan en aquel sexo una horrible sentina de vicios, como si los hombres fueran los únicos depositarios de las virtudes. Es verdad que hallan a favor de este pensamiento muy fuertes invectivas en infinitos libros; en tanto grado, que uno u otro apenas quieren aprobar ni una sola por buena; componiendo, en la que está asistida de las mejores señas, la modestia en
25 el rosto con la lascivia en la alma [...]. Contra tan insolente maledicencia, el desprecio y la detestación son la mejor apología.[3] No pocos de los que con más frecuencia y fealdad pintan los defectos de aquel sexo, se observa ser los más solícitos en granjear su agrado [...].

No niego los vicios de muchas. ¡Mas ay! si se aclarara la genealogía de sus
30 desórdenes, ¡cómo se hallaría tener su primer origen en el porfiado impulso de individuos de nuestro sexo! Quien quisiere hacer buenas a todas las mujeres, convierta a todos los hombres. Puso en ellas la naturaleza por antemural la vergüenza, contra todas las baterías[4] del apetito; y rarísima vez se le abre a esta muralla la brecha por la parte interior de la plaza.
35 Las declamaciones que contra las mujeres se leen en algunos escritores sa-

---

[1] desprecio.   [2] seguidores.   [3] defensa.
[4] ejércitos.

grados, se deben entender dirigidas a las perversas, que no es dudable las hay; y aun cuando miraran en común al sexo, nada se prueba de allí; porque declaman los médicos de las almas contra las mujeres, como los médicos de los cuerpos contra las frutas, que, siendo en sí buenas, útiles y hermosas, el abuso las hace noci-
40 vas. Fuera de que, no se ignora la extensión que admite la oratoria en ponderar el riesgo, cuando es su intento desviar el daño.

Y díganme los que suponen más vicios en aquel sexo que en el nuestro, ¿cómo componen esto con darle la Iglesia a aquél con especialidad el epíteto de devoto? ¿Cómo, con lo que dicen gravísimos doctores, que se salvarán más muje-
45 res que hombres, aun atendida la proporción a su mayor número? Lo cual no fundan ni pueden fundar en otra cosa, que en la observación de ver en ellas más inclinación a la piedad.

Ya oigo contra nuestro asunto aquella proposición, de mucho ruido y de ninguna verdad, que las mujeres son causa de todos los males; en cuya comproba-
50 ción, hasta los ínfimos de la plebe inculcan a cada paso que la Cava[5] indujo la pérdida de toda España, y Eva la de todo el mundo.

Pero el primer ejemplo absolutamente es falso. El conde don Julián fue quien trajo los moros a España, sin que su hija se lo persuadiese, quien no hizo más que manifestar al padre su afrenta. ¡Desgraciadas mujeres, si en el caso de que un in-
55 solente las atropelle, han de ser privadas del alivio de desahogarse con el padre o con el esposo! Eso quisieran los agresores de semejantes temeridades. Si alguna vez se sigue una venganza injusta, será la culpa, no de la inocente ofendida, sino del que la ejecuta con el acero y del que dio ocasión con el insulto, y así, entre los hombres queda todo el delito.

60 El segundo ejemplo, si prueba que las mujeres en común son peores que los hombres, prueba del mismo modo que los ángeles en común son peores que las mujeres; porque, como Adán fue inducido a pecar por una mujer, la mujer fue inducida por un ángel. No está hasta ahora decidido quién pecó más gravemente, si Adán, si Eva; porque los padres están divididos; y en verdad, que la disculpa que
65 da Cayetano[6] a favor de Eva, de que fue engañada por una criatura de muy superior inteligencia y sagacidad, circunstancia que no ocurrió en Adán, rebaja mucho, respecto de éste, el delito de aquélla.

Pasando de lo moral a lo físico, que es más de nuestro intento, la preferencia del sexo robusto sobre el delicado se tiene por pleito vencido, en tanto grado, que
70 muchos no dudan en llamar a la hembra animal imperfecto, y aun monstruoso, asegurando que el designio de la naturaleza en la obra de la generación siempre pretende varón, y sólo por error o defecto, ya de la materia, ya de la facultad, produce hembra.

¡Oh admirables físicos! Seguiráse de aquí que la naturaleza intenta su propia
75 ruina, pues no puede conservarse la especie sin la concurrencia de ambos sexos. Seguiráse también que tiene más errores que aciertos la naturaleza humana en aquella principalísima obra suya, siendo cierto que produce más mujeres que hombres; ni ¿cómo puede atribuirse la formación de las hembras a debilidad de virtud o defecto de materia, viéndolas nacer muchas veces de padres bien complexiona-

---

[5] La Cava: figura femenina de los romances.
[6] San Cayetano (1480–1547): teólogo italiano

que tuvo un papel importante en la reforma católica.

80 dos y robustos, en lo más florido de su edad? ¿Acaso si el hombre conservara la inocencia original, en cuyo caso no hubiera estos defectos, no habían de nacer algunas mujeres, ni se había de propagar el linaje humano?...

La robustez, que es prenda del cuerpo, puede considerarse contrapesada[7] con la hermosura, que también lo es; y aun muchos le concederán a ésta el exceso.
85 Tendrían razón, si el precio de las prendas se hubiese de determinar precisamente por la lisonja de los ojos; pero debiendo hacer más peso en el buen juicio, para decidir esta ventaja, la utilidad pública, pienso debe ser preferida la robustez a la hermosura. La robustez de los hombres trae al mundo esencialísimas utilidades en las tres columnas que sustentan toda república; guerra, agricultura y mecánica.
90 De la hermosura de las mujeres no sé qué fruto importante se saque, si no es que sea por accidente. Algunos la argüirán de que, bien lejos de traer provechos, acarrea gravísimos daños en amores desordenados que enciende, competencias que suscita, cuidados, inquietudes y recelos que ocasiona en los que están encargados de su custodia.

95 Pero esta acusación es mal fundada como originada de falta de advertencia. En caso que todas las mujeres fuesen feas, en las de menos deformidad se experimentaría tanto atractivo como ahora en las hermosas; y por consiguiente, harían el mismo estrago. La menos fea de todas, puesta en Grecia, sería incendio de Troya, como Helena; y puesta en el palacio del rey don Rodrigo,[8] sería ruina de
100 España, como la Cava. En los países donde las mujeres son menos agraciadas, no hay menos desórdenes, que en aquéllos donde las hay de más gentileza y proporción; y aun en Moscovia, que excede en copia de mujeres bellas a todos los demás reinos de Europa, no está tan desenfrenada la incontinencia como en otros países, y la fe conyugal se observa con mucha mayor exactitud.

105 No es, pues, la hermosura por sí misma autora de los males que le atribuyen. Pero en el caso de la cuestión, doy mi voto a favor de la robustez, la cual juzgo prenda mucho más apreciable que la hermosura. Y así, en cuanto a esta parte, se ponen de bando mayor los hombres: quédales, empero, a salvo a las mujeres replicar, valiéndose de la sentencia de muchos doctos, y recibida de toda una ilus-
110 tre escuela, que reconoce la voluntad por potencia más noble que el entendimiento, la cual favorece su partido; pues si la robustez, como más apreciable, logra mejor lugar en el entendimiento, la hermosura, como más amable, tiene mayor imperio en la voluntad.

La prenda de la constancia, que ennoblece a los hombres, puede contrarres-
115 tarse con la docilidad, que resplandece en las mujeres. Donde se advierte que no hablamos de estas y otras prendas, consideradas formalmente en el estado de virtudes, porque en este sentido no son de la línea física, sino en cuanto están radicadas y como delineadas en el temperamento, cuyo embrión informe es indiferente para el buen y mal uso; y así, mejor se llamarán flexibilidad o inflexibilidad
120 del genio, que constancia o docilidad.

Diráseme que la docilidad de las mujeres declina muchas veces a la ligereza, y yo repongo, que la constancia de los hombres degenera muchas veces en terquedad. Confieso que la firmeza en el buen propósito es autora de grandes bienes,

---

[7] algo que equilibra o modera otra cosa.
[8] el rey don Rodrigo: figura legendaria

responsable por la pérdida de España ante los árabes.

pero no se me puede negar que la obstinación en el malo es causa de grandes ma-
125 les. Si se me arguye que la invencible adherencia al bien o al mal es calidad de los
ángeles, respondo, que sobre no ser eso tan cierto que no lo nieguen grandes teó-
logos, muchas propiedades que en las naturalezas superiores nacen de su excelencia, en las inferiores provienen de su imperfección. Los ángeles, según doctrina
de Santo Tomás,[9] cuanto más perfectos, entienden por menos especies, y en los
130 hombres el corto número de especies es defecto. En los ángeles el estudio sería
tacha de su entendimiento, y a los hombres les ilustra el suyo.

La prudencia de los hombres se equilibra con la sencillez de las mujeres. Y
aun estaba para decir más; porque en realidad, al género humano mucho mejor le
estaría la sencillez, que la prudencia de todos sus individuos. Al siglo de oro nadie
135 le compuso de hombres prudentes, sino de hombres cándidos.

Si se me opone que mucho de lo que en las mujeres se llama candidez, es in-
discreción, repongo yo, que mucho de lo que en los hombres se llama prudencia
es falacia, doblez y alevosía, que es peor. Aun esa misma franqueza indiscreta, con
que a veces se manifiesta el pecho contra las reglas de la razón, es buena conside-
140 rada como señal. Como nadie ignora sus propios vicios, quien los halla en sí de alguna monta, cierra con cuidado a los acechos de la curiosidad los resquicios del
corazón. Quien comete delitos en su casa, no tiene a todas horas la puerta abierta
para el registro. De la malicia es compañera individua la cautela. Quien, pues,
tiene facilidad en franquear el pecho, sabe que no está muy asqueroso. En esta
145 consideración, la candidez de las mujeres siempre será apreciable, cuando arreglada al buen dictamen como perfección, y cuando no, como buena señal...

Pienso haber señalado tales ventajas de parte de las mujeres, que equilibran
y aun acaso superan las calidades en que exceden los hombres. ¿Quién pronun-
ciará la sentencia en este pleito? Si yo tuviese autoridad para ello, acaso daría un
150 corte, diciendo que las calidades en que exceden las mujeres, conducen para hacerlas mejores en sí mismas; las prendas en que exceden los hombres, los constituyen mejores, esto es, más útiles para el público. Pero, como yo no hago oficio de
juez, sino de abogado, se quedará el pleito por ahora indeciso.

Y aun cuando tuviese la autoridad necesaria, sería forzoso suspender la sen-
155 tencia, porque aun se replica a favor de los hombres, que las buenas calidades que
atribuyo a las mujeres, son comunes a entrambos sexos. Yo lo confieso, pero en la
misma forma que son comunes a ambos sexos las buenas calidades de los hombres. Para no confundir la cuestión, es preciso señalar de parte de cada sexo aquellas perfecciones, que mucho más frecuentemente se hallan en sus individuos, y
160 mucho menos en los del otro. Concedo, pues, que se hallan hombres dóciles, cándidos y ruborosos. Añado que el rubor, que es buena señal en las mujeres, aun lo
es mejor en los hombres; porque denota, sobre índole generosa, ingenio agudo; lo
que declaró más de una vez en su *Satiricon* Juan Barclayo,[10] a cuyo sutilísimo ingenio no se le puede negar ser voto de muy especial nota; y aunque no es seña in-
165 falible, yo en esta materia he observado tanto, que ya no espero jamás cosa buena
de muchacho, en quien advierto frente muy osada.

Es así, digo, que en varios individuos de nuestro sexo se observan, aunque

---

[9] Santo Tomás de Aquino (1225–1274).
[10] Juan Barclayo (1582–1621): humanista del

Renacimiento; escribió su *Satiricón* (1603–1607)
contra los jesuitas.

no con la misma frecuencia, las bellas cualidades que ennoblecen al otro. Pero esto en ninguna manera inclina a nuestro favor la balanza, porque hacen igual peso por la otra parte las perfecciones de que se jactan los hombres, comunicadas a muchas mujeres.

De prudencia política sobran ejemplos en mil princesas por extremo hábiles [...]. Ni, dejando otras muchísimas y acercándonos a nuestros tiempos, se olvidará jamás *Isabela de Inglaterra,*[11] mujer en cuya formación concurrieron con igual influjo las tres gracias que las tres furias, y cuya soberana conducta sería siempre la admiración de la Europa, si sus vicios no fueran tan parciales de sus máximas, que se hicieron imprescindibles; y su imagen política se presentará siempre a la posteridad, coloreada, manchada diré mejor, con la sangre de la inocente María Estuarda,[12] reina de Escocia. Ni *Catalina de Médicis,*[13] reina de Francia, cuya sagacidad en la negociación de mantener en equilibrio los dos partidos encontrados de católicos y calvinistas, para precaver el precipicio de la corona, se pareció a la destreza de los volatines, que en alta y delicada cuerda, con el pronto artificioso manejo de los dos pesos opuestos, se aseguran del despeño y deleitan a los circunstantes ostentando el riesgo y evitando el daño. No fuera inferior a alguna de las referidas nuestra católica *Isabela* en la administración del gobierno, si hubiera sido reinante como fue reina. Con todo, no le faltaron ocasiones y acciones en que hizo resplandecer una prudencia consumada. Y aun Laurencio Beyerlink,[14] en su elogio, dice que no se hizo cosa grande en su tiempo, en que ella no fuese la parte o el todo... Por lo menos el descubrimiento del Nuevo Mundo, que fue el suceso más glorioso de España en muchos siglos, es cierto que no se hubiera conseguido, si la magnanimidad de Isabela no hubiese vencido los temores y perezas de Fernando [...].

Llegamos ya al batidero mayor, que es la cuestión del entendimiento, en la cual yo confieso que, si no me vale la razón, no tengo mucho recurso a la autoridad; porque los autores que tocan esta materia (salvo uno u otro muy raro) están tan a favor de la opinión del vulgo, que casi uniformes hablan del entendimiento de las mujeres con desprecio.

A la verdad, bien pudiera responderse a la autoridad de los más de esos libros con el apólogo que a otro propósito trae el siciliano Carducio[15] en sus diálogos sobre la pintura. Yendo de camino un hombre y un león, se les ofreció disputar quienes eran más valientes, si los hombres, si los leones: cada uno daba la ventaja a su especie, hasta que llegando a una fuente de muy buena estructura, advirtió el hombre que en la coronación estaba figurado en mármol un hombre haciendo pedazos a un león. Vuelto entonces a su competidor en tono de vencedor, como quien había hallado contra él un argumento concluyente, le dijo: "Acabarás ya de desengañarte de que los hombres son más valientes que los leones, pues allí ves gemir oprimido y rendir la vida de un león debajo de los brazos de un hombre.

---

[11] Isabela I de Inglaterra (1558–1603): hija de Enrique VIII.   [12] María Estuarda (1542–1587): Fue decapitada por la muerte de su marido y por las intrigas de los ingleses católicos. [13] Catalina de Medicis (1519–1589): reina de Francia quien se considera la instigadora de las Guerras de Religión.   [14] Laurencio Beyerlink (1578–1627): teólogo belga conocido por sus escritos enciclopédicos.   [15] Vicente Carducio (1576–1638): pintor italiano y autor de *Diálogos de la pintura* (1633), una obra que defiende la tradición italiana clásica.

—Bello argumento me traes, respondió sonriéndose el león. Esa estatua otro hombre la hizo; y así, no es mucho que la formase como le estaba bien a su especie. Yo
210 te prometo, que si un león la hubiera hecho, él hubiera vuelto la tortilla, y plantado el león sobre el hombre, haciendo gigote de él para su plato."

Al caso: hombres fueron los que escribieron esos libros, en que se condena por muy inferior el entendimiento de las mujeres. Si mujeres los hubieran escrito, nosotros quedaríamos debajo. Y no faltó alguna que lo hizo, pues *Lucrecia Mari-*
215 *nella*,[16] docta veneciana, entre otras obras que compuso, una fue un libro con este título: *Excelencia de las mujeres, cotejada con los defectos y vicios de los hombres*, donde todo el asunto fue probar la preferencia de su sexo al nuestro. El sabio jesuita Juan de Cartagena dice, que vio y leyó este libro con grande placer en Roma, y yo le vi también en la Biblioteca Real de Madrid. Lo cierto es, que ni ellas ni nosotros po-
220 demos en este pleito ser jueces, porque somos partes; y así, se había de fiar la sentencia a los ángeles, que, como no tienen sexo, son indiferentes.

Y lo primero, aquéllos que ponen tan abajo el entendimiento de las mujeres, que casi le dejan en puro instinto, son indignos de admitirse a la disputa. Tales son los que asientan que a lo más que puede subir la capacidad de una mujer, es a go-
225 bernar un gallinero.

Tal aquel prelado, citado por don Francisco Manuel,[17] en su *Carta y guía de casados*, que decía que la mujer que más sabe, sabe ordenar un arca de ropa blanca. Sean norabuena respetables por otros títulos los que profieren semejantes sentencias, no lo serán por estos dichos, pues la más benigna interpretación que admiten
230 es la de recibirse como hipérboles chistosos. Es notoriedad de hecho que hubo mujeres que supieron gobernar y ordenar comunidades religiosas, y aun mujeres que supieron gobernar y ordenar repúblicas enteras.

Estos discursos contra las mujeres son de hombres superficiales. Ven que por lo común no saben sino aquellos oficios caseros a que están destinadas, y de aquí
235 infieren (aun sin saber que lo infieren de aquí, pues no hacen sobre ello algún acto reflejo) que no son capaces de otra cosa. El más corto lógico sabe que de la carencia del acto a la carencia de la potencia no vale la ilación; y así, de que las mujeres no sepan más, no se infiere que no tengan talento para más.

Nadie sabe más que aquella facultad que estudia, sin que de aquí se pueda
240 colegir, sino bárbaramente, que la habilidad no se extiende a más que la aplicación. Si todos los hombres se dedicasen a la agricultura (como pretendía el insigne Tomás Moro[18] en su *Utopia*), de modo que no supiesen otra cosa, ¿sería esto fundamento para discurrir que no son los hombres hábiles para otra cosa? Entre los drusos,[19] pueblos de la Palestina, son las mujeres, las únicas depositarias de las
245 letras, pues casi todas saben leer y escribir; y en fin, lo poco o mucho que hay de literatura en aquella gente, está archivado en los entendimientos de las mujeres, y oculto del todo a los hombres, los cuales sólo se dedican a la agricultura, a la guerra y a la negociación. Si en todo el mundo hubiera la misma costumbre, tendrían sin duda las mujeres a los hombres por inhábiles para las letras, como hoy

---

[16] Lucrecia Marinella Vacca (1571–1653): escritora italiana quien escribió frecuentemente sobre la figura de la mujer.   [17] Francisco Manuel de Mello (¿1611?–1666): escritor portugués.   [18] Tomás Moro (1478–1535): monje inglés que se hizo político; autor de *Utopia* (1516).   [19] habitantes del Líbano y Siria que profesan una religión derivada del Islam.

250 juzgan los hombres ser inhábiles las mujeres. Y como aquel juicio sería sin duda errado, lo es del mismo modo el que ahora se hace, pues procede sobre el mismo fundamento.

■ Preguntas de comprensión

1. ¿Cómo refleja este ensayo las ideas de la Ilustración?
2. Según Feijoo, ¿qué aspecto femenino se critica con más fuerza en la sociedad?
3. ¿Por qué dicen los estudiosos que se salvarán más mujeres que hombres? ¿A qué conclusión llega Feijoo con base en esta afirmación?
4. ¿Cómo refuta Feijoo los argumentos de aquéllos que culpan a la Cava por la decadencia de España y a Eva por la del mundo?
5. ¿Qué dice Feijoo contra aquellos que creen que la mujer nace "por error o defecto"?
6. ¿Cómo responde Feijoo a aquellos que creen que la hermosura femenina es un exceso?
7. ¿Qué ejemplos da Feijoo de mujeres instruidas en la política?
8. ¿Cuál es el propósito de la fábula del hombre y el león?
9. ¿Cómo concluye la defensa de Feijoo?

■ Preguntas de análisis

1. ¿Cuál es la estructura de los argumentos de Feijoo? ¿Qué elementos en común tienen los argumentos?
2. ¿Se oyen en la actualidad algunas de las acusaciones contra las mujeres que Feijoo refuta? ¿Cuáles son? ¿Qué implica el hecho de que estos argumentos se oigan hoy en día?
3. ¿Por qué son o no son eficaces los argumentos de Feijoo?
4. ¿Qué efecto tienen las afirmaciones de Feijoo de que no tiene autoridad para pronunciar "sentencia en este pleito"?
5. ¿De qué manera es similar o diferente la imagen de la mujer construida en el ensayo de Feijoo a la de otros escritores?

■ Temas para informes escritos

1. La "Defensa de las mujeres" en el contexto de la Ilustración
2. La imagen de la mujer
3. La estructura de "Defensa de las mujeres"

■ Bibliografía mínima

Coughlin, Edward V. "The Polemic on Feijoo's 'Defensa de las mujeres'". *Dieciocho: Hispanic Enlightenment* 9.1–2 (1986): 74–85.

Franklin, Elizabeth M. "Feijoo, Josefa Amar y Borbón, and the Feminist Debate in Eighteenth-Century Spain". *Dieciocho: Hispanic Enlightenment* 12.2 (fall 1989): 188–203.

Llanos M., Bernardita. "Integración de la mujer al proyecto de la Ilustración en España". *Ideologies and Literature: Journal of Hispanic and Lusophone Discourse Analysis* 4.1 (spring 1989): 199–223.

Mestre, Antonio. "Reflexiones sobre el marco político-cultural de la obra del P. Feijoo". *Bulletin Hispanique* 91.2 (July–Dec. 1989): 295–312.

Pérez-Rioja, José Antonio. "Feijoo, un adelantado de la Ilustración española". *Estudios de historia, literatura y arte hispánicos ofrecidos a Rodrigo A. Molina.* Ed. Wayne H. Finke. Madrid: Insula, 1977.

II Simposio sobre el Padre Feijoo y su siglo. Oviedo: Oviedo UP, 1983.

Soufas, C. Christopher. "The Imagination in Feijoo and Jovellanos". *Dieciocho: Hispanic Enlightenment* 22.1 (spring 1999): 77–86.

JOSÉ CADALSO

1741–1782

De todos los escritores del siglo XVIII, quizás ninguno captura mejor las contradicciones de su época que José Cadalso. En la obra de Cadalso se destacan las influencias de la Ilustración, pero al mismo tiempo sus escritos están marcados por una tendencia nacionalista y de defensa de lo español que no encaja con la postura afrancesada de muchos pensadores y escritores del siglo.

Cadalso nació en Cádiz en 1741 y pasó su juventud entre los jesuitas, primero en su ciudad natal y luego en Madrid. Viajó por diferentes países del continente y, a pesar de su carácter mundano y cosmopolita, poseyó una ideología nacionalista sin igual entre sus contemporáneos. Se alistó en las fuerzas militares cuando tenía veintiún años y pasó el resto de su corta vida entre militares. Cadalso murió en una batalla en Gibraltar en 1782.

Cadalso es generalmente considerado un escritor que anticipa el romanticismo por el pesimismo y sentimentalismo de su obra. Una de sus creaciones más populares, *Noches lúgubres,* publicada en 1789 después de su muerte, sigue el intento de un hombre de desenterrar a su amada en tres noches sucesivas. Los estudiosos han abordado esta obra desde dos puntos de vista: el de la relación entre el texto y la vida de su autor, y el texto como precursor romántico. El fastidio, la angustia y el sentimiento fúnebre que penetran este escrito son rasgos que se vieron más tarde en las obras de los románticos más famosos de España, entre ellos José de Espronceda.

Como prosista, destaca su sátira. El militar fue un crítico mordaz de las costumbres españolas. En 1768 fue desterrado por seis meses de Madrid por ser el presunto autor de piezas satíricas. En 1770, cuando el manuscrito del *Calendario manual,* una diatriba contra las damas de la sociedad madrileña, empezó a circular, Cadalso fue acusado de haberla escrito y, como resultado, pasó dos años exiliado en Zaragoza.

El españolismo de Cadalso no asumía una visión positiva de su patria. Otra obra famosa del escritor, *Cartas marruecas,* que también se publicó póstumamente en 1789, es una manifestación de la España decadente que percibía Cadalso. En esta obra, el moro Gazel relata a su maestro Ben-Beley sus experiencias en España en una serie de cartas. La mayoría de las cartas son de Gazel, pero hay algunas de su maestro y también de un amigo del árabe, el español Nuño Núñez. Las cartas profundizan en cuestiones relacionadas con el deterioro de España desde el punto de vista de un extranjero. Critican las costumbres españolas, enfatizando tanto los aspectos positivos como los negativos, e indagan sobre temas como el ascenso social y la mujer y la pedantería, entre otros. La intención objetiva y didáctica de las cartas es muestra de la influencia de la Ilustración en los escritores del si-

glo XVIII, mientras que el pesimismo que muestran anticipa la tendencia romántica del siguiente siglo.

En la "Carta 51" y la "Carta 63" Gazel le escribe a Ben-Beley sobre el significado de la palabra *política*. En ellas, el árabe nota la diferencia entre el significado
de la palabra y el comportamiento de los que profesan ser políticos. Luego, en la
"Carta 74", habla de los atrasos de España en comparación con sus vecinos europeos. Relata la perspectiva de su amigo español Nuño, quien cree que la gloria
nacional se encuentra en el pasado, durante el reinado de Fernando el Católico en
el siglo XV.

▪ Preguntas de pre-lectura

1. ¿Recuerda otras obras en que los árabes desempeñan un papel central?
   ¿Cómo se caracteriza a los árabes en esas obras?
2. En su opinión, ¿qué función sirve el punto de vista extranjero en la crítica de
   un país y sus costumbres?
3. ¿Cómo son las críticas dirigidas hacia su país hoy en día desde una perspectiva extranjera?

Carta 51

De Gazel a Ben-Beley

Una de las palabras cuya explicación ocupa más lugar en el diccionario de
mi amigo Nuño es la voz *política*, y su adjetivo derivado *político*. Quiero copiarte
todo el párrafo; dice así:

"Política viene de la voz griega que significa ciudad, de donde se infiere que
5 su verdadero sentido es la ciencia de gobernar los pueblos, y que los *políticos* son
aquellos que están en semejantes encargos o, por lo menos, en carrera de llegar a
estar en ellos. En este supuesto, aquí acabaría este articulo, pues venero su carácter; pero han usurpado este nombre estos sujetos que se hallan muy lejos de verse
en tal situación ni merecer tal respeto. Y de la corrupción de esta palabra mal apro-
10 piada a estas gentes nace la precisión de extenderme más.

"Políticos de esta segunda especie son unos hombres que de noche no sue-
ñan y de día no piensan sino en hacer fortuna por cuantos medios se ofrezcan. Las
tres potencias del alma racional y los cinco sentidos del cuerpo humano se reducen a una desmesurada ambición en semejantes hombres. Ni quieren, ni entien-
15 den, ni se acuerdan de cosa que no vaya dirigida a este fin. La naturaleza pierde
toda su hermosura en el ánimo de ellos. Un jardín no es fragante, ni una fruta es
deliciosa, ni un campo es ameno, ni un bosque frondoso, ni las diversiones tienen
atractivo, ni la comida les satisface, ni la conversación les ofrece gusto, ni la salud
les produce alegría, ni la amistad les da consuelo, ni el amor les presenta delicia,
20 ni la juventud les fortalece. Nada importan las cosas del mundo en el día, la hora,
el minuto, que no adelantan un paso en la carrera de la fortuna. Los demás hombres pasan por varias alteraciones de gustos y penas; pero éstos no conocen más
que un gusto, y es el de adelantarse, y así tienen, no por pena, sino por tormentos
inaguantables, todas las varias contingencias e infinitas casualidades de la vida

25 humana. Para ellos, todo inferior es un esclavo, todo igual un enemigo, todo superior un tirano. La risa y el llanto en estos hombres son como las aguas del río que han pasado por parajes pantanosos: vienen tan turbias, que no es posible distinguir su verdadero sabor y color. El continuo artificio, que ya se hace segunda naturaleza en ellos, los hace insufribles aun a sí mismos. Se piden cuenta del poco
30 tiempo que han dejado de aprovechar en seguir por entre precipicios el fantasma de la ambición que les guía. En su concepto, el día es corto para sus ideas, y demasiado largo para las de los otros. Desprecian al hombre sencillo, aborrecen al discreto, parecen oráculos al público, pero son tan ineptos que un criado inferior sabe todas sus flaquezas, ridiculeces, vicios y tal vez delitos, según el muy ver-
35 dadero proverbio francés, que *ninguno es héroe con su ayuda de cámara.* De aquí nace revelarse tantos secretos, descubrirse tantas maquinaciones y, en sustancia, mostrarse los hombres ser defectuosos, por más que quieran parecer semidioses."

En medio de lo odioso que es y debe ser a lo común de los hombres el que está agitado de semejante delirio, y que a manera del frenético debiera estar enca-
40 denado porque no haga daño a cuantos hombres, mujeres y niños encuentre por las calles, suele ser divertido su manejo para el que lo ve de lejos. Aquella diversidad de astucias, ardides y artificios es un gracioso espectáculo para quien no la teme. Pero para lo que no basta la paciencia humana es para mirar todas estas máquinas manejadas por un ignorante ciego, que se figura a sí mismo tan incom-
45 prensible como los demás le conocen necio. Creen muchos de éstos que la mala intención puede suplir al talento, a la viveza, y al demás conjunto que se ven en muchos libros, pero en pocas personas.

Carta 63

Gazel a Ben-Beley

Arreglado a la definición de la voz *política* y su derivado *político,* según la entiende mi amigo Nuño, veo un número de hombres que desean merecer este nombre. Son tales, que con el mismo tono dicen la verdad y la mentira; no dan sentido alguno a las palabras *Dios, padre, madre, hijo, hermano, amigo, verdad, obligación, de-*
5 *ber, justicia* y otras muchas que miramos con tanto respeto y pronunciamos con tanto cuidado los que no nos tenemos por dignos de aspirar a tan alto timbre con tan elevados competidores. Mudan de rostro[1] mil veces más a menudo que de vestido. Tienen provisión hecha de cumplidos, de enhorabuenas y de pésame. Poseen gran caudal de voces equivocas; saben mil frases de mucho boato y ningún
10 sentido. Han adquirido a costa de inmenso trabajo cantidades innumerables de ceños, sonrisas, carcajadas, lágrimas, sollozos, suspiros y (para que se vea lo que puede el entendimiento humano) hasta desmayos y accidentes. Viven sus almas en unos cuerpos flexibles y manejables que tienen varias docenas de posturas para hablar, escuchar, admirar, despreciar, aprobar y reprobar, extendiéndose esta pro-
15 funda ciencia teórico-práctica desde la acción más importante hasta el gesto más frívolo. Son, en fin, veletas que siempre señalan el viento que hace, relojes que no-

---

[1] cambiar de expresión.

tan la hora del sol, piedras que manifiestan la ley del metal y una especie de índice general del gran libro de las cortes. ¿Pues cómo estos hombres no hacen fortuna? Porque gastan su vida en ejercicios inútiles y vagos ensayos de su ciencia. ¿De
20 dónde viene que no sacan el fruto de su trabajo? Les falta, dice Nuño, una cosa. ¿Cuál es la cosa que les falta?, pregunto yo. ¡Friolera!,[2] dice Nuño: no les falta más que entendimiento.

Carta 74

GAZEL A BEN-BELEY

Ayer me hallé en una concurrencia en que se hablaba de España, de su estado, de su religión, de su gobierno, de lo que es, de lo que ha sido, de lo que pudiera ser, etc. Admiróme la elocuencia, la eficacia y el amor con que se hablaba, tanto más cuanto noté que excepto Nuño, que era el que menos se explicaba, nin-
5 guno de los concurrentes era español. Unos daban al público los hermosos efectos de sus especulaciones para que esta monarquía tuviese cien navíos de línea en poco más de seis meses; otros, para que la población de estas provincias se duplicase en menos de quince años; otros, para que todo el oro y plata de ambas Américas queden en la península; otros, para que las fábricas de España desbancasen to-
10 das las de Europa; y así de lo demás.

Muchos apoyaban sus discursos con pariedades sacadas de lo que sucede en otro país. Algunos pretendían que no les movía más objeto que el hacer bien a esta nación, contemplándola con dolor atrasada en más de siglo y medio respecto de las otras, y no faltaban algunos que ostentaban su profunda ciencia en estas ma-
15 terias para demostrar con más evidencia la inutilidad de los genios o ingenios españoles, y otros, en fin, por otros varios motivos.

Harto se hizo[3] en tiempo de Felipe V, no obstante sus largas y sangrientas guerras, dijo uno. Tal quedó ello en la muerte de Carlos II, dijo otro. Fue muy desidioso, añadió un tercero, Felipe IV, y muy desgraciado su ministro el condedu-
20 que de Olivares.

—¡Ay, caballeros!—dijo Nuño—: aunque todos ustedes tengan la mejor intención cuando hablan de remediar los atrasos de España, aunque todos tengan el mayor interés en trabajar a restablecerla, por más que la miren con el amor de patria, digámoslo así, adoptiva, es imposible que acierten. Para curar a un enfermo,
25 no bastan las noticias generales de la facultad ni el buen deseo del profesor: es preciso que éste tenga un conocimiento particular del temperamento del paciente, del origen de la enfermedad, de sus incrementos y de sus complicaciones si las hay. Quieren curar toda especie de enfermos y de enfermedades con un mismo medicamento: no es medicina, sino lo que llaman charlatanería,[4] no sólo ridícula en
30 quien la profesa, sino dañosa para quien la usa.

En lugar de todas estas especulaciones y proyectos, me parece mucho más sencillo otro sistema nacido del conocimiento que ustedes no tienen, y se reduce

---

[2] exclamación de sorpresa.   [3] bastante se hizo.
[4] palabrería.

a esto poco: la monarquía española nunca fue tan feliz por dentro, ni tan respetada por fuera, como en la época de morir Fernando el Católico; véase, pues, qué máxi-
35 mas entre las que formaron juntas aquella excelente política han decaído de su antiguo vigor; vuélvase a dar el vigor antiguo, y tendremos la monarquía en el mismo pie en que la halló la casa de Austria. Cortas variaciones respecto el sistema actual de Europa bastan, en vez de todas esas que ustedes han amontonado.

—¿Quién fue ese Fernando el Católico? —preguntó uno de los que había pe-
40 rorado. —¿Quién fue ese? —preguntó otro. —¿Quién, quién? —preguntaron todos los demás estadistas.

—¡Ay, necio de mí! —exclamó Nuño, perdiendo algo de su natural quietud—; ¡necio de mí! que he gastado tiempo en hablar de España con gentes que no saben quién fue Fernando el Católico. Vámonos, Gazel.

■ Preguntas de comprensión

1. ¿Qué significa la palabra "política"? Según Gazel, ¿hay políticos en España que cumplan en la práctica con esta definición?
2. ¿Cómo son los políticos españoles según las observaciones de Gazel en la "Carta 51"?
3. En la "Carta 63," ¿qué críticas hace Gazel de los políticos españoles?
4. Según Nuño, ¿qué es lo que le falta a los políticos?
5. En la "Carta 74," ¿de qué habla el grupo de extranjeros?
6. ¿Qué crítica les dirige a éstos Nuño?
7. ¿Cuál es la solución para los males de España según Nuño?

■ Preguntas de análisis

1. ¿Cómo es la estructura de los argumentos de Gazel?
2. ¿Qué estrategias utiliza para defender su postura en cada carta?
3. ¿En qué se diferencia o asemeja la estructura de los argumentos en las cartas a la de Feijoo en "Defensa de las mujeres"?
4. ¿Cómo representan estas cartas las ideas de la Ilustración?

■ Temas para informes escritos

1. La visión extranjera de España en *Cartas marruecas*
2. Un estudio comparativo de Feijoo y Cadalso
3. Cadalso y la Ilustración española

■ Bibliografía mínima

Bermúdez-Cañete, Federico. "Cadalso en su contexto europeo". *Cuadernos Hispanoamericanos* 389 (Nov. 1982): 263–78.
Camarero, Manuel. "Composición y lectura de las *Cartas marruecas* de Cadalso". *Dieciocho: Hispanic Enlightenment* 23.1 (spring 2000): 133–46.
Demerson, Jorge. "Cadalso y la Ilustración: Un aspecto desatendido". *Dieciocho: Hispanic Enlightenment* 9.1–2 (1986): 101–12.

Glendinning, Nigel. "Ideas políticas y religiosas de Cadalso". *Cuadernos Hispanoamericanos* 389 (Nov. 1982): 247–62.

Scarlett, Elizabeth. "Mapping Out the *Cartas marruecas:* Geographical, Cultural, and Gender Coordinates". *Revista de Estudios Hiapánicos* 33.1 (Jan. 1999): 65–83.

Sebold, Russell P. *Cadalso: El primer romántico europeo de España.* Madrid: Gredos, 1974.

Urzainqui, Inmaculada. "Visiones de las Españas: Feijoo, Cadalso, Ramón de la Cruz y Salas". *Dieciocho: Hispanic Enlightenment* 22.2 (fall 1999): 397–422.

GASPAR MELCHOR DE JOVELLANOS

1744–1811

© *Archivo Iconografico, S.A./CORBIS*

Gaspar Melchor de Jovellanos es la figura más representativa de los conflictos ideológicos del siglo XVIII. Uno de los reformadores más destacados de su período, fue objeto de persecución varias veces en su vida debido al vaivén de la monarquía borbónica entre reforma y tradición.

Jovellanos combinó su carrera literaria con su participación en la política. Inició su carrera literaria en Sevilla, donde escribió poemas y su primera obra de teatro, *El delincuente honrado* (1773). Al llegar a Madrid, se unió a organizaciones reformadoras para las cuales escribió informes sobre una variedad de temas políticos, sociales e históricos. Gozaba de tanta popularidad que en 1788 fue elegido para componer y leer un homenaje en la Real Sociedad de Madrid a la memoria de Carlos III, en el cual resumió los logros del reinado reformador del rey.

Después de la llegada al trono de Carlos IV, Jovellanos fue desterrado a Gijón, en 1790, a causa de sus diferencias con el gobierno. Durante los diez años de su exilio, dedicó su tiempo a la observación de problemas nacionales y sus soluciones, y también fundó un centro de enseñanza secundaria. Más tarde, fue encarcelado en una prisión de Palma de Mallorca por sus acciones reformadoras.

Orador y escritor elocuente, Jovellanos trató una variedad de temas a lo largo de su carrera; se le conocía como economista, escritor político, crítico literario, pedagogo y lingüista. Todos sus escritos, sean sobre agricultura o constitucionalismo, revelan un aire de modernidad sin igual en la producción de sus contemporáneos. Por la amplitud temática de su carrera como escritor, Jovellanos, como Feijoo, es considerado un ejemplo máximo del enciclopedismo español.

Como Cadalso, la obra de Jovellanos anticipó el movimiento romántico. En su obra se ve tanto lo racional como lo sentimental y lo emocional que también caracterizaban la prosa de Cadalso. Al mismo tiempo, Jovellanos fue un escritor satírico y creía que la literatura debía obedecer a propósitos como la moral y la patria, temas más nobles que los amorosos.

"Elogio a Carlos III" es uno de los mejores testimonios de la influencia de la Ilustración en los intelectuales españoles. En él, Jovellanos resume todas las reformas iniciadas bajo Carlos III, además de los obstáculos a los que tuvo que enfrentarse éste en su intento de modernizar la nación. Se habla de la influencia duradera del reinado del monarca, se alude a los derechos del pueblo, se defiende a las mujeres y se enfatiza el papel de Carlos III en fomentar la felicidad y prosperidad de la nación, el propósito central del pensamiento ilustrado.

■ Preguntas de pre-lectura

1. ¿Cuáles son las características de la Ilustración?
2. ¿Piensa que el ensayo sobre hechos históricos se debe considerar como literatura? ¿Por qué?
3. En su opinión, ¿cuál sería la razón para alabar a un monarca muerto hacía diez años? ¿Piensa que un ensayo de este tipo podría ser un arma ideológica? ¿Recuerda ejemplos de su propio país?

Elogio de Carlos III

E aun deben (los reyes) honrar é amar á los maestros de los grandes saberes... por cuyo consejo se mantienen é se enderezan muchas vegadas los reinos.

R. D. Alfonso el Sabio, en la ley 3., título x de la partida II.

ADVERTENCIA DEL AUTOR

Como el primer fin de este elogio fuese manifestar cuanto se había hecho en tiempo del buen rey Carlos III,[1] que ya descansa en paz, para promover en España los estudios útiles, fue necesario referir con mucha brevedad los hechos, y reducir estrechamente las reflexiones que presentaba tan vasto plan. La naturaleza misma del escrito pedía también esta concisión; y de aquí es que algunos juzgasen muy conveniente ilustrar con varias notas los puntos que en él se tocan más rápidamente.

No distaba mucho el autor de este modo de pensar, pero cree, sin embargo; que ni puede ni debe seguirle en esta ocasión, por dos razones para él muy poderosas. Una, que los lectores en cuyo obsequio prefirió éste a otros muchos objetos de alabanza, que podían dar amplia materia al elogio de Carlos III, no habrán menester comentarios para entenderle; y otra, que habiendo merecido que la Real

---

[1] Carlos III (1716–1788): rey de España entre 1759 y 1788.

Sociedad de Madrid, a quien se dirigió, prohijase, por decirlo así, y distinguiese tan generosamente su trabajo, ya no debía mirarle como propio, ni añadirle cosa sobre que no hubiese recaído tan honrosa aprobación. Sale, pues, a luz este elogio tal cual se presentó y leyó a aquel ilustre cuerpo el sábado 8 de noviembre del año pasado; condescendiendo, en obsequio suyo, el autor no sólo a la publicación de un escrito incapaz de llenar el grande objeto que se propuso, sino también a no alterarle, y renunciar al mejoramiento que tal vez pudiera adquirir por medio de una corrección meditada y severa.

Mas si el público, que suele prescindir del mérito accidental cuando juzga las obras dirigidas a su utilidad, acogiese ésta benignamente, el autor se reserva el derecho de mejorarla y de publicarla de nuevo. Entonces procurará ilustrar con algunas notas los puntos relativos a la historia literaria de la economía civil entre nosotros, que son, a su juicio, los que más pueden necesitar de ellas, y aun merecerlas.

Señores: El elogio de Carlos III, pronunciado en esta morada del patriotismo, no debe ser una ofrenda de la adulación, sino un tributo del reconocimiento. Si la tímida antigüedad inventó los panegíricos[2] de los soberanos, no para celebrar a los que profesaban la virtud, sino para acallar a los que la perseguían, nosotros hemos mejorado esta institución, convirtiéndola a la alabanza de aquellos buenos príncipes cuyas virtudes han tenido por objeto el bien de los hombres que gobernaron. Así es que mientras la elocuencia, instigada por el temor, se desentona en otras partes para divinizar a los opresores de los pueblos, aquí, libre y desinteresada, se consagrará perpetuamente a la recomendación de las benéficas virtudes en que su alivio y su felicidad están cifrados. [...]

Si los hombres se han asociado, si han reconocido una soberanía, si le han sacrificado sus derechos más preciosos, lo han hecho sin duda para asegurar aquellos bienes a cuya posesión los arrastraba el voto general de la naturaleza. ¡Oh príncipes! Vosotros fuisteis colocados por el Omnipotente en medio de las naciones para atraer a ellas la abundancia y la prosperidad. Ved aquí vuestra primera obligación. Guardaos de atender a los que os distraen de su cumplimiento; cerrad cuidadosamente el oído a las sugestiones de la lisonja y a los encantos de vuestra propia vanidad, y no os dejéis deslumbrar del esplendor que continuamente os rodea ni del aparato del poder depositado en vuestras manos. Mientras los pueblos afligidos levantan a vosotros sus brazos, la posteridad os mira desde lejos, observa vuestra conducta, escribe en sus memoriales vuestras acciones y reserva vuestros nombres para la alabanza, el olvido o la execración de los siglos venideros.[3]

Parece que este precepto de la filosofía resonaba en el corazón de Carlos III cuando venía de Nápoles a Madrid, traído por la Providencia a ocupar el trono de sus padres. Un largo ensayo en el arte de reinar le enseñará que la mayor gloria de un soberano es la que se apoya sobre el amor de sus súbditos, y que nunca este amor es más sincero, más durable, más glorioso que cuando es inspirado por el reconocimiento. Esta lección, tantas veces repetida en la administración de un reino

---

[2] alabanzas.   [3] futuros.

que había conquistado por sí mismo, no podía serlo menos en el que venía a poseer como una dádiva del cielo.

La enumeración de aquellas providencias y establecimientos con que este benéfico soberano ganó nuestro amor y gratitud ha sido ya objeto de otros más
60 elocuentes discursos. Mi plan me permite apenas recordarlas. La erección de nuevas colonias agrícolas, el repartimiento de las tierras comunales, la reducción de los privilegios de la ganadería, la abolición de la tasa⁴ y la libre circulación de los granos, con que mejoró la agricultura; la propagación de la enseñanza fabril,⁵ la reforma de la policía gremial,⁶ la multiplicación de los establecimientos industria-
65 les, y la generosa profusión de gracias y franquicias sobre las artes en beneficio de la industria; la rotura de las antiguas cadenas del tráfico nacional, la abertura de nuevos puntos al consumo exterior, la paz del Mediterráneo, la periódica correspondencia y la libre comunicación con nuestras colonias ultramarinas en obsequio del comercio; restablecidas la representación del pueblo para perfeccionar el
70 gobierno municipal, y la sagrada potestad de los padres para mejorar el doméstico; los objetos de beneficencia pública distinguidos en odio de la voluntaria ociosidad, y abiertos en mil partes los senos de la caridad en gracia de la aplicación indigente; y sobre todo, levantados en medio de los pueblos estos cuerpos patrióticos, dechado de instituciones políticas, y sometidos a la especulación de su
75 celo todos los objetos del provecho común, ¡qué materia tan amplia y tan gloriosa para elogiar a Carlos III y asegurarle el título de padre de sus vasallos!

Pero no nos engañemos: la senda de las reformas, demasiado trillada, sólo hubiera conducido a Carlos III a una gloria muy pasajera, si su desvelo no hubiese buscado los medios de perpetuar en sus estados el bien a que aspiraba. No se ocul-
80 taba a su sabiduría que las leyes más bien meditadas no bastan de ordinario para traer la prosperidad a una nación, y mucho menos para fijarla en ella. Sabía que los mejores, los más sabios establecimientos, después de haber producido una utilidad efímera y dudosa, suelen recompensar a sus autores con un triste y tardío desengaño. Expuestos desde luego al torrente de las contradicciones, que jamás
85 pueden evitar las reformas, imperfectos al principio por su misma novedad, difíciles de perfeccionar poco a poco, por el desaliento que causa la lentitud de esta operación, pero mucho más difíciles todavía de reducir a unidad, y de combinar con la muchedumbre de circunstancias coetáneas, que deciden siempre de su buen o mal efecto, Carlos previó que nada podría hacer en favor de su nación si
90 antes no la preparaba a recibir estas reformas, si no le infundía aquel espíritu, de quien enteramente penden su perfección y estabilidad.

Vosotros, señores, vosotros, que cooperáis con tanto celo al logro de sus paternales designios, no desconoceréis cuál era este espíritu que faltaba a la nación. Ciencias útiles, principios económicos, espíritu general de ilustración: ved aquí lo
95 que España deberá al reinado de Carlos III.

Si dudáis que en estos medios se cifra la felicidad de un Estado, volved los ojos a aquellas tristes épocas en que España vivió entregada a la superstición y a la ignorancia. ¡Qué espectáculo de horror y de lástima! La religión, enviada desde

---

⁴ tributo.
⁵ perteneciente a la fábrica.

⁶ perteneciente a los que practican una misma profesión.

el cielo a ilustrar y consolar al hombre, pero forzada por el interés a entristecerle
100 y eludirle; la anarquía establecida en lugar del orden; el jefe del Estado tirano o
víctima de la nobleza; los pueblos, como otros tantos rebaños, entregados a la codicia de sus señores; la inteligencia agobiada con las cargas públicas; la opulencia
libre enteramente de ellas, y autorizada a agravar su peso; abiertamente resistidas,
o insolentemente atropelladas las leyes; menospreciada la justicia, roto el freno de
105 las costumbres, y abismados en la confusión y el desorden todos los objetos del
bien y el orden público, ¿dónde, dónde residía entonces aquel espíritu a quien debieron después las naciones su prosperidad? [...]

A tan triste y horroroso estado habían los malos estudios reducido a nuestra
patria, cuando acababa con el siglo XVII la dinastía austriaca. El cielo tenía reser-
110 vada a la de los Borbones la restauración de su esplendor y sus fuerzas. A la entrada del siglo XVIII el primero de ellos pasa los Pirineos, y entre los horrores de
una guerra tan justa como encarnizada, vuelve de cuando en cuando los ojos al
pueblo, que luchaba generosamente por defender sus derechos. Felipe,[7] conociendo que no puede hacerle feliz si no le instruye, funda academias, erige semi-
115 narios, establece bibliotecas, protege las letras y los literatos, y en su reinado de
casi medio siglo le enseña a conocer lo que vale la ilustración.

Fernando,[8] en un período más breve, pero más floreciente y pacífico, sigue
las huellas de su padre; crea la marina, fomenta la industria, favorece la circulación interior, domicilia y recompensa las bellas artes, protege los talentos, y para
120 aumentar más rápidamente la suma de los conocimientos útiles, al mismo tiempo
que envía por Europa muchos sobresalientes jóvenes en busca de tan preciosa
mercancía, acoge favorablemente en España los artistas y sabios extranjeros, y
compra sus luces con premios y pensiones. De este modo se prepararon las sendas
que tan gloriosamente corrió después Carlos III.
125 Determinado este piadoso soberano a dar entrada a la luz en sus dominios,
empieza removiendo los estorbos que podían detener sus progresos. Este fue su
primer cuidado. La ignorancia defiende todavía sus trincheras, pero Carlos aca-
bará de derribarlas. La verdad lidia a su lado, y a su vista desaparecerán del todo
las tinieblas. [...]
130 El hombre, condenado por la Providencia al trabajo, nace ignorante y débil.
Sin luces, sin fuerzas, no sabe dónde dirigir sus deseos, dónde aplicar sus brazos.
Fue necesario el transcurso de muchos siglos y la reunión de una muchedumbre
de observaciones para juntar una escasa suma de conocimientos útiles a la dirección del trabajo, y a estas pocas verdades debió el mundo la primera multiplica-
135 ción de sus habitantes.

Sin embargo, el Criador había depositado en el espíritu del hombre un
grande suplemento a la debilidad de su constitución. Capaz de comprender a un
mismo tiempo la extensión de la tierra, la profundidad de los mares, la altura e in-
mensidad de los cielos; capaz de penetrar los más escondidos misterios de la na-
140 turaleza, entregada a su observación, sólo necesitaba estudiarla, reunir, combinar
y ordenar sus ideas para sujetar el universo a su dominio. Cansado al fin de perderse en la oscuridad de las indagaciones metafísicas, que por tantos siglos habían

---

[7] Felipe V (1683–1746): primer rey borbón en
España y nieto de Luis XIV de Francia; reinó
entre 1700 y 1746. [8] Fernando VI (1713–1769);
rey de España entre 1746 y 1759.

ocupado estérilmente su razón, vuelve hacia sí, contempla la naturaleza, cría las ciencias que la tienen por objeto, engrandece su ser, conoce todo el vigor de su es-
145 píritu y sujeta la felicidad a su albedrío.

Carlos, deseoso de hacer en su reino esta especie de regeneración, empieza promoviendo la enseñanza de las ciencias exactas, sin cuyo auxilio es poco o nada lo que se adelanta en la investigación de las verdades naturales. Madrid, Sevilla, Salamanca, Alcalá ven renacer sus antiguas escuelas matemáticas. Barcelona, Va-
150 lencia, Zaragoza, Santiago y casi todos los estudios generales las ven establecer de nuevo. La fuerza de la demostración sucede a la sutileza del silogismo.[9] El estudio de la física, apoyado ya sobre la experiencia y el cálculo, se perfecciona; nacen con él las demás ciencias de su jurisdicción: la química, la mineralogía y la metalurgia, la historia natural, la botánica; y mientras el naturalista observador
155 indaga y descubre los primeros elementos de los cuerpos, y penetra y analiza todas sus propiedades y virtudes, el político estudia las relaciones que la sabiduría del Criador depositó en ellos para asegurar la multiplicación y la dicha del género humano.

Mas otra ciencia era todavía necesaria para hacer tan provechosa aplicación.
160 Su fin es apoderarse de estos conocimientos, distribuirlos últimamente, acercarlos a los objetos del provecho común y, en una palabra, aplicarlos por principios ciertos y constantes al gobierno de los pueblos. Esta es la verdadera ciencia del Estado, la ciencia del magistrado público. Carlos vuelve a ella los ojos, y la economía civil aparece de nuevo en sus dominios.
165 Había debido ya algún desvelo a su heroico padre en la protección que dispensó a los ilustres ciudadanos que la consagraron sus tareas. Mientras el marqués de Santa Cruz reducía en Turín a una breve suma de preciosas máximas todo el fruto de sus viajes y observaciones, don Jerónimo Uztáriz[10] en Madrid depositaba en un amplio tratado las luces debidas a su largo estudio y profunda medi-
170 tación. Poco después se dedica Zavala a reconocer el estado interior de nuestras provincias y a examinar todos los ramos de la hacienda real, y Ulloa pesa en la balanza de su juicio rectísimo los cálculos y raciocinios de los que le precedieron en tan distinguida carrera. [...]

Estaba reservado a Carlos III aprovechar los rayos de luz que estos dignos
175 ciudadanos habían depositado en sus obras. Estaba reservado el placer de difundirlos por su reino y la gloria de convertir enteramente sus vasallos al estudio de la economía. Sí, buen rey: ve aquí la gloria que más distinguirá tu nombre en la posteridad. El santuario de las ciencias se abre solamente a una porción de ciudadanos, dedicados a investigar en silencio los misterios de la naturaleza para de-
180 clararlos a la nación. Tuyo es el cargo de recoger sus oráculos, tuyo el de comunicar la luz de sus investigaciones; tuyo el de aplicarla al beneficio de tus súbditos. La ciencia económica te pertenece exclusivamente a ti y a los depositarios de tu autoridad. Los ministros que rodean tu trono, constituidos órganos de tu suprema voluntad; los altos magistrados, que la deben intimar al pueblo, y elevar a tu oído
185 sus derechos y necesidades; los que presiden al gobierno interior de tu reino, los que velan sobre tus provincias, los que dirigen inmediatamente tus vasallos deben

---

[9] argumento de tres partes; la última se deduce de las otras dos.

[10] Gerónimo de Uztáriz y Hermiga (1670–1732): economista español.

estudiarla, deben saberla, o caer derrocados a las clases destinadas a trabajar y
obedecer. Tus decretos deben emanar de sus principios, y sus ejecutores deben
respetarlos. Ve aquí la fuente de la prosperidad o la desgracia de los vastos impe-
190 rios que la Providencia puso en tus manos. No hay en ellos mal, no hay vicio, no
hay abuso que no se derive de alguna contravención a estos principios. Un error,
un descuido, un falso cálculo en economía llena de confusión las provincias, de lágrimas los pueblos, y aleja de ellos para siempre la felicidad. Tú, Señor, has pro-
movido tan importante estudio; haz que se estremezcan los que debiendo ilus-
195 trarse con él, lo desprecien o insulten.

Apenas Carlos sube al trono, cuando el espíritu de examen y reforma repa-
san todos los objetos de la economía pública. La acción del gobierno despierta la
curiosidad de los ciudadanos. Renace entonces el estudio de esta ciencia, que ya
por aquel tiempo se llevaba en Europa la principal atención de la filosofía. España
200 lee sus más célebres escritores, examina sus principios, analiza sus obras; se habla,
se disputa, se escribe, y la nación empieza a tener economistas.

Entre tanto una súbita convulsión sobrecoge inesperadamente al gobierno y
embarga toda su vigilancia. ¡Qué días aquellos de confusión y oprobio! Pero un
genio superior, nacido para bien de la España, acude al remedio. A su vista pasa
205 la sorpresa, se restituye la serenidad, y el celo, recobrando su actividad, vuelve a
hervir y se agita con mayor fuerza. Su ardor se apodera entonces del primer
senado del reino e inflama a sus individuos. La timidez, la indecisión, el respeto a
los errores antiguos, el horror a las verdades nuevas y todo el séquito de las preocupaciones huyen o enmudecen, y a su impulso se acelera y propaga el movi-
210 miento de la justicia. No hay recurso, no hay expediente que no se generalice. Los
mayores intereses, las cuestiones más importantes se agitan, se ilustran, se deciden por los más ciertos principios de la economía. La magistratura, ilustrada por
ellos, reduce todos sus decretos a un sistema de orden y de unidad antes desconocido. Agricultura, población, cría de ganados, industria, comercio, estudios, todo
215 se examina, todo se mejora según estos principios; y en la agitación de tan importantes discusiones, la luz se difunde, ilumina todos los cuerpos políticos del reino,
se deriva a todas las clases y prepara los caminos a una reforma general. [...]

Sí, españoles; ved aquí el mayor de todos los beneficios que derramó sobre
vosotros Carlos III. Sembró en la nación las semillas de luz que han de ilustraros,
220 y os desembarazó los senderos de la sabiduría. Las inspiraciones del vigilante ministro que, encargado de la pública instrucción, sabe promover con tan noble y
constante afán las artes y las ciencias, y a quien nada distinguirá tanto en la posteridad como esta gloria, lograron al fin restablecer el imperio de la verdad. En
ninguna época ha sido tan libre su circulación, en ninguna tan firmes sus defen-
225 sores, en ninguna tan bien sostenidos sus derechos. Apenas hay ya estorbos que
detengan sus pasos; y entre tanto que los baluartes levantados contra el error se
fortifican y respetan, el santo idioma de la verdad se oye en nuestras asambleas,
se lee en nuestros escritos y se imprime tranquilamente en nuestros corazones. Su
luz se recoge de todos los ángulos de la tierra, se reúne, se extiende, y muy presto
230 bañará todo nuestro horizonte. Sí, mi espíritu, arrebatado por los inmensos espacios de lo futuro, ve allí cumplido este agradable vaticinio. Allí descubre el simu-
lacro de la verdad sentado sobre el trono de Carlos; la sabiduría y el patriotismo
le acompañan; innumerables generaciones le reverencian y se le postran en derredor; los pueblos beatificados por su influencia le dan un culto puro y sencillo, y en

235 recompensa del olvido con que le injuriaron los siglos que han pasado, le ofrecen los himnos del contento y los dones de la abundancia que recibieron de su mano.

¡Oh vosotros, amigos de la patria, a quienes está encargada la mayor parte de esta feliz revolución!, mientras la mano bienhechora de Carlos levanta el magnífico monumento que quiere consagrar a la sabiduría, mientras los hijos de Mi-
240 nerva[11] congregados en él rompen los senos de la naturaleza, descubren sus íntimos arcanos y abren a los pueblos industriosos un minero inagotable de útiles verdades, cultivad vosotros noche y día el arte de aplicar esta luz a su bien y prosperidad. Haced que su resplandor inunde todas las avenidas del trono, que se difunda por los palacios y altos consistorios[12] y que penetre hasta los más distantes
245 y humildes hogares. Este sea vuestro afán, éste vuestro deseo y única ambición. Y si queréis hacer a Carlos un obsequio digno de su piedad y de su nombre, cooperad con él en el glorioso empeño de ilustrar la nación para hacerla dichosa.

También vosotras, noble y preciosa porción de este cuerpo patriótico, también vosotras podéis arrebatar esta gloria, si os dedicáis a desempeñar el sublime
250 oficio que la naturaleza y la religión os han confiado. La patria juzgará algún día los ciudadanos que le presentéis para librar en ellos la esperanza de su esplendor. Tal vez correrán a servirla en la Iglesia, en la magistratura, en la milicia, y serán desechados con ignominia si no los hubiereis hecho dignos de tan altas funciones. Por desgracia los hombres nos hemos arrogado el derecho exclusivo de instruir-
255 los, y la educación se ha reducido a fórmulas. Pero, pues nos abandonáis el cuidado de ilustrar su espíritu, a lo menos reservaos el de formar sus corazones. ¡Ah! ¿De qué sirven las luces, los talentos, de qué todo el aparato de la sabiduría sin la bondad y rectitud del corazón? Sí, ilustres compañeras, sí, yo os lo aseguro; y la voz del defensor de los derechos de vuestro sexo no debe seros sospechosa; yo os
260 lo repito, a vosotras toca formar el corazón de los ciudadanos. Inspirad en ellos aquellas tiernas afecciones a que están unidos el bien y la dicha de la humanidad; inspiradles la sensibilidad, esta amable virtud que vosotras recibisteis de la naturaleza, y que el hombre alcanza apenas a fuerza de reflexión y de estudio. Hacedlos sencillos, esforzados, compasivos, generosos; pero sobre todo hacedlos aman-
265 tes de la verdad y de la patria. Disponedlos así a recibir la ilustración que Carlos quiere vincular en sus pueblos, y preparadlos para ser algún día recompensa y consolación de vuestros afanes, gloria de sus familias, dignos imitadores de vuestro celo y bienhechores de la nación.

■ Preguntas de comprensión

1. Según Jovellanos, ¿cuál es la mayor obligación de un monarca?
2. ¿Cuáles son algunos de los muchos logros de Carlos III según Jovellanos?
3. ¿Qué hizo Carlos III para preparar al pueblo para las reformas que quería instituir?
4. ¿Cómo era la España del pasado, antes del reinado de Carlos III?
5. ¿Qué papel jugaron los predecesores borbónicos de Carlos III en el progreso nacional?

---

[11] Minerva: diosa de la sabiduría.
[12] ayuntamiento de una ciudad.

6. ¿Cuál debe ser el deseo del pueblo español? Específicamente, ¿qué responsabilidad tienen los hombres en el proyecto de la modernización nacional?
7. ¿Qué papel tienen las mujeres en esta misma empresa?

■ Preguntas de análisis

1. ¿Cuáles son los principios de la Ilustración que Jovellanos enumera en su discurso?
2. ¿Usted piensa que hay un propósito ideológico en el "Elogio"? ¿Cuál es?
3. ¿Piensa que Jovellanos es imparcial en su elogio al monarca? ¿Por qué?
4. ¿De qué manera se puede considerar este discurso como literatura?
5. ¿Qué actitud expresa Jovellanos sobre la mujer? ¿Es parecida a la postura de Feijoo?

■ Temas para informes escritos

1. Jovellanos y la Ilustración
2. El papel de la monarquía en la Ilustración
3. El ensayo como literatura

■ Bibliografía mínima

Caso González, José Miguel. *Jovellanos*. Ed. María Teresa Caso. Barcelona: Ariel, 1998.
Elizalde, Ignacio. "Jovellanos y la reforma de la Ilustración". *Letras de Deusto* 18.41 (May–Aug. 1988): 47–57.
Fernández Álvarez, Manuel. *Jovellanos, el patriota*. Madrid: Espasa-Calpe, 2001.
Hurtado Rodríguez, Florencio. "Jovellanos, ministro de Carlos IV". *Boletín del Real Instituto de Estudios Asturianos*. 48.143 (1994): 141–68.
Polt, John H. R. *Gaspar Melchor de Jovellanos*. New York: Twayne, 1971.
Sánchez Jiménez, Antonio. "¿Elogio o espejo de príncipes? El 'Elogio de Carlos III' de Jovellanos frente al reinado de Carlos IV". *Dieciocho: Hispanic Enlightenment* 25.1 (spring 2002): 39–48.

TOMÁS DE IRIARTE

1750—1791

© a.g.e. fotostock America

Como se puede ver en la obra de Feijoo y de Cadalso, la literatura del siglo XVIII estaba marcada por un fin didáctico. La fábula, un género antiguo que se asocia con Esopo, se popularizó durante este período e, igual que los ensayos de Feijoo y las cartas de Cadalso, se escribía con el fin de enseñar.

Tomás de Iriarte nació en las Islas Canarias en 1750. A los pocos años se trasladó a Madrid y emprendió sus estudios bajo la dirección de Juan de Iriarte, conocido latinista y humanista y tío suyo. Debido a la influencia de éste, la carrera literaria de Iriarte se inició con traducciones de obras clásicas, incluyendo la *Eneida* de Virgilio y el *Arte poética* de Horacio. Su obra más leída, *Fábulas literarias* (1782), defiende los principios neoclásicos en el arte y, a través de los animales que son portavoces de su ideario, critica a los escritores que se apartan de estos principios. Además de escribir fábulas, se dedicó a la poesía y al teatro, aunque con menos éxito.

Félix de Samaniego fue otro cultivador de la fábula. Mientras Iriarte ataca a otros escritores y establece su visión de la literatura en sus fábulas, las de Samaniego son más universales. En sus *Fábulas morales* critica los defectos inherentes a los seres humanos. Estas fábulas fueron escritas para estudiantes de un seminario conocido por su enseñanza ilustrada y se ve en ellas un fin didáctico muy característico de la Ilustración y del movimiento neoclásico. Iriarte, por su intensa participación en la vida literaria del siglo XVIII, tuvo más prestigio que Samaniego. Al declarar en *Fábulas literarias* que él era el único creador de fábulas originales, entró en conflicto con su amigo Samaniego, quien respondió con su propio ataque contra Iriarte en *Observaciones sobre las fábulas literarias.*

Durante el siglo XVIII hubo un debate sobre la dirección que la literatura iba a seguir. Algunos escritores querían continuar la tradición barroca establecida durante el Siglo de Oro. Por otro lado, había escritores que se abrieron a la influencia francesa e intentaron establecer el neoclasicismo como la corriente literaria predominante en España. Este movimiento, que alcanzó su apoteosis en la obra de Leandro Fernández de Moratín al final del siglo, valoraba la literatura clásica de la antigüedad y las reglas en el arte. También tenía un fin didáctico y moralizador, y privilegiaba la razón sobre el sentimiento. Las fábulas que se incluyen aquí tratan varios temas relacionados con la literatura del siglo XVIII y muestran la influencia neoclásica en el pensamiento de Iriarte.

■ Preguntas de pre-lectura

1. ¿Recuerda fábulas de Esopo o de otro fabulista? ¿Cuáles son las moralejas de estas fábulas?
2. ¿Qué función tiene la fábula desde el punto de vista social?
3. Pensando en el arte de hoy (literatura, cine, música popular, etc.), ¿recuerda algunos ejemplos de artistas que critican a otros artistas en sus obras?
4. ¿Recuerda otros escritores que ya ha leído que tenían conflictos entre ellos?

La abeja y los zánganos[1]

Fácilmente se luce con citar y elogiar a los hombres grandes de la Antigüedad; el mérito está en imitarlos.

A tratar de un gravísimo negocio
se juntaron los zánganos un día.
Cada cual varios medios discurría
para disimular su inútil ocio;
5 y, por librarse de tan fea nota
a vista de los otros animales,
aun el más perezoso y más idiota
quería, bien o mal, hacer panales.
Mas como el trabajar les era duro,
10 y el enjambre inexperto
no estaba muy seguro
de rematar la empresa con acierto,
intentaron salir de aquel apuro
con acudir a una colmena vieja,
15 y sacar el cadáver de una abeja
muy hábil en su tiempo y laboriosa;
hacerla, con la pompa más honrosa,

---

[1] el macho de la abeja maestra.

unas grandes exequias funerales,
y susurrar elogios inmortales
20 de lo ingeniosa que era
en labrar dulce miel y blanda cera.
Con esto se alababan tan ufanos,
que una abeja les dijo por despique:
"¿No trabajáis más que eso? Pues, hermanos,
25 jamás equivaldrá vuestro zumbido
a una gota de miel que yo fabrique."

¡Cuántos pasar por sabios han querido
con citar a los muertos que lo han sido!
¡Y qué pomposamente que los citan!
30 Mas pregunto yo ahora: ¿los imitan?

El té y la salvia²

Algunos sólo aprecian la literatura extranjera, y no tienen la menor noticia de la de su nación.

El té, viniendo del imperio chino,
se encontró con la salvia en el camino.
Ella le dijo: "¿Adónde vas, compadre?"
"A Europa voy, comadre,
5 donde sé que me compran a buen precio."
"Yo —respondió la salvia— voy a China,
que allá con sumo aprecio
me reciben por gusto y medicina.
En Europa me tratan de salvaje,
10 y jamás he podido hacer fortuna."
"Anda con Dios. No perderás el viaje,
pues no hay nación alguna
que a todo lo extranjero
no dé con gusto aplausos y dinero."

15 La salvia me perdone,
que al comercio su máxima se opone.
Si hablase del comercio literario,
yo no defendería lo contrario,
porque en él para algunos es un vicio
20 lo que es en general un beneficio;
y español que tal vez recitaría
quinientos versos de Boileau³ y el Taso,⁴
puede ser que no sepa todavía
en qué lengua los hizo Garcilaso.

---

² planta olorosa con propiedades medicinales.
³ Nicholas Boileau-Despreaux (1636–1711): escritor francés.

⁴ Torcuato Tasso (1544–1595): escritor muy conocido del Renacimiento italiano.

El jardinero y su amo

La perfección de una obra consiste en la unión de lo útil y lo agradable.

En un jardín de flores
había una gran fuente,
cuyo pilón servía
de estanque a carpas, tencas y otros peces.

5   Únicamente al riego
el jardinero atiende,
de modo que entretanto
los peces agua en que vivir no tienen.

Viendo tal desgobierno,
10 su amo le reprehende,
pues, aunque quiere flores,
regalarse con peces también quiere;

y el rudo jardinero
tan puntual le obedece,
15 que las plantas no riega
para que el agua del pilón no merme.[5]

Al cabo de algún tiempo
el amo al jardín vuelve;
halla secas las flores,
20 y amostazado[6] dice de esta suerte:

"Hombre, no riegues tanto
que me quede sin peces,
ni cuides tanto de ellos
que sin flores, gran bárbaro, me dejes."

25 La máxima es trillada,
mas repetirse debe:
si al pleno acierto aspiras,
une la utilidad con el deleite.

■ Preguntas de comprensión

1. ¿Cuáles son las moralejas de estas fábulas?
2. En "La abeja y los zánganos", ¿qué quieren hacer los zánganos?
3. ¿Qué hacen realmente? ¿Por qué?
4. En "El té y la salvia", ¿por qué viaja el té a Europa? ¿Por qué va la salvia a China?
5. ¿Qué es lo que no saben con frecuencia los españoles que conocen la literatura extranjera?
6. ¿En "El jardinero y su amo," por qué no está contento el amo con su jardinero?

---

[5] bajar o disminuir.   [6] avergonzado.

■ Preguntas de análisis

1. ¿Piensa que la fábula es un medio eficaz para aprender sobre literatura? ¿Por qué?
2. Con base en las fábulas como conjunto, ¿cuál es la teoría sobre la literatura de Iriarte? ¿Qué características neoclásicas reconoce en las fábulas?
3. ¿Ve alguna semejanza entre la teoría de Iriarte y los escritos de Feijoo o Cadalso?
4. ¿Qué puede lograr el escritor a través de la fábula que no puede lograr con otros géneros, como el ensayo o la poesía, por ejemplo?
5. ¿Por qué piensa Ud. que la fábula, como el ensayo, era un género literario muy popular entre los escritores del neoclasicismo?

■ Temas para informes escritos

1. La fábula en el contexto neoclásico
2. Las fábulas de Iriarte comparadas con las de Esopo u otro fabulista
3. Las semejanzas o diferencias entre Iriarte y otros escritores neoclásicos

■ Bibliografía mínima

Cere, Ronald. "The Theme of Social Protest in the Literary Fables of Tomás de Iriarte". *Bestia: Yearbook of the Beast Fable Society* 1 (May 1989): 93–101.

Cox, R. Merritt. "The Literary Maturation of Tomás de Iriarte". *Romance Notes* 13 (1971): 117–23.

———. *Tomás de Iriarte.* New York: Twayne, 1972.

LEANDRO FERNÁNDEZ DE MORATÍN

1760—1828

Leandro Fernández de Moratín es generalmente considerado el creador de la comedia moderna, y su obra dramática el vínculo entre los siglos XVIII y XIX. Su aportación al escenario español no fue grande pero, como máximo representante del movimiento neoclásico en España, su obra sigue siendo estudiada hoy en día.

Moratín nació en Madrid en 1760, hijo de una de las figuras literarias más conocidas de la época. Su padre Nicolás, un afrancesado, luchó por regenerar el teatro español de acuerdo con los principios franceses del día, y en su hijo se ve la culminación de estos esfuerzos. Moratín hijo gozó del favor del rey José Bonaparte, pero con la derrota de los franceses y la vuelta de Fernando VII después de la Guerra de Independencia, tuvo que huir de España. Murió en París en 1828 donde sus restos permanecieron hasta 1853 cuando fueron devueltos a España.

Moratín es conocido sobre todo como dramaturgo. Sólo escribió cinco comedias y tres traducciones para el teatro. En sus obras originales, Moratín se esforzó, y no sin mucha resistencia por parte de otros, por continuar la tradición neoclásica de su padre y otros afrancesados. Después de la muerte de Pedro Calderón de la Barca en 1681, el teatro nacional del Siglo de Oro había entrado en un período de decadencia, y los neoclásicos dependían de los modelos franceses para regenerar el teatro. La lucha contra el pasado literario español culminó en 1765 cuando los autos sacramentales fueron prohibidos por el régimen reformador, que no valoraba la religiosidad de España. Aunque los dramaturgos neoclásicos gozaban del apoyo de la monarquía, el pueblo español, tan fiel a la tradición, exigió la vuelta al teatro nacional. Por eso, las refundiciones de las comedias del Siglo de Oro y los dramaturgos como Ramón de la Cruz, con sus sainetes que retrataban la vida popular de una manera realista, contaban con el favor del pueblo.

Fue en este ambiente que Moratín empezó su carrera literaria. A pesar de la resistencia popular contra el teatro neoclásico, Moratín triunfó con dos de sus obras, las cuales han tenido una importancia duradera. En 1792 se estrenó *La comedia nueva, o el café,* una representación dramática contra las obras contemporáneas. Fue recibida con éxito a pesar de la oposición de los dramaturgos más populares del día. En 1806 el dramaturgo le ofreció al público su drama *El sí de las niñas,* una obra que aboga por la educación de las jóvenes y que critica el abuso de la autoridad de los padres con respecto al matrimonio de sus hijas.

El sí de las niñas es uno de los ejemplos más importantes de la expresión neoclásica en España. En las obras estudiadas hasta este punto, se han visto dos de las características más destacadas del neoclasicismo: el énfasis en la razón sobre los sentimientos y la intención didáctica de las obras. Es decir, se privilegiaban la mesura y el control sobre fuertes muestras de emoción y, con respecto a lo didáctico, las obras tenían un fin moralizador que favorecía la virtud y la verdad. En cuanto a la estructura, las piezas teatrales neoclásicas seguían las tres unidades de Aristóteles: unidad de tiempo, de lugar y de acción. En general, la trama de una obra de este tipo se basaba en un solo suceso o conflicto, la acción tenía lugar en un solo lugar y en no más de veinticuatro horas.

A pesar de los esfuerzos de Moratín por regenerar el teatro nacional, su carrera dramática se cerró con el estreno de *El sí de las niñas.* Como resultado de su falta de originalidad—cuatro de sus cinco dramas se enfocan en el mismo tema con diferencias únicamente de detalle—y debido a la resistencia de sus contemporáneos, Moratín no pudo engendrar un teatro nacional basado en la reglamentación neoclásica. A pesar de esto, el autor indudablemente abrió el camino a una generación de dramaturgos que iban a ocuparse con éxito de la regeneración teatral durante el período romántico del siglo XIX.

▪ Preguntas de pre-lectura

1. ¿Por qué es el neoclasicismo reflejo de la Ilustración? En las otras obras dieciochescas que ha leído, ¿cómo se manifiesta la tendencia neoclásica?
2. ¿Reconoce Ud. algunas características neoclásicas en alguna obra de teatro (u otra obra) que ya ha leído? ¿De qué manera *no* cabe esta obra dentro del neoclasicismo?
3. ¿Cómo es la imagen de la mujer creada en "Defensa de las mujeres" de Feijoo? Piense en este ensayo al leer *El sí de las niñas* para ver cómo la visión de la mujer en la obra de Moratín se asemeja o difiere de la de Feijoo.

El sí de las niñas

Por Leandro Fernández de Moratín

Personajes

Don Diego	Rita
Don Carlos	Simón
Doña Irene	Calamocha
Doña Francisca	

La escena es en una posada de Alcalá de Henares.[1]

El teatro representa una sala de paso[2] *con cuatro puertas de habitaciones para huéspedes, numeradas todas. Una más grande en el foro, con escalera que conduce al piso bajo de la casa. Ventana de antepecho a un lado. Una mesa en medio, con banco, sillas, etcétera.*

La acción empieza a las siete de la tarde y acaba a las cinco de la mañana siguiente.

---

[1] pueblo situado al este de Madrid.   [2] sala de espera.

ACTO PRIMERO

Escena primera

DON DIEGO, SIMÓN

Sale don Diego de su cuarto. Simón, que está sentado en una silla, se levanta.

D. Diego.	¿No han venido todavía?
Simón.	No, señor.
D. Diego.	Despacio la han tomado por cierto.
Simón.	Como su tía la quiere tanto, según parece, y no la ha visto desde que la llevaron a Guadalajara[3]...
D. Diego.	Sí. Yo no digo que no la viese; pero con media hora de visita y cuatro lágrimas, estaba concluído.
Simón.	Ello también ha sido extraña determinación la de estarse usted dos días enteros sin salir de la posada. Cansa el leer, cansa el dormir... Y sobre todo cansa la mugre del cuarto, las sillas desvencijadas, las estampas del *hijo pródigo,* el ruido de campanillas y cascabeles, y la conversación ronca de carromateros y patanes que no permiten un instante de quietud.
D. Diego.	Ha sido conveniente el hacerlo así. Aquí me conocen todos, y no he querido que nadie me vea.
Simón.	Yo no alcanzo la causa de tanto retiro. Pues ¿hay más en esto que haber acompañado usted a doña Irene hasta Guadalajara, para sacar del convento a la niña y volvernos con ellas a Madrid?
D. Diego.	Sí, hombre, algo más hay de lo que has visto.
Simón.	Adelante.
D. Diego.	Algo, algo... Ello tú al cabo lo has de saber, y no puede tardarse mucho... Mira, Simón, por Dios te encargo que no lo digas... Tú eres hombre de bien, y me has servido muchos años con fidelidad... Ya ves que hemos sacado a esa niña del convento y nos la llevamos a Madrid.
Simón.	Sí, señor.
D. Diego.	Pues bien... Pero te vuelvo a encargar que a nadie lo descubras.
Simón.	Bien está, señor. Jamás he gustado de chismes.
D. Diego.	Ya lo sé, por eso quiero fiarme de ti. Yo, la verdad, nunca había visto a la tal doña Paquita;[4] pero mediante la amistad con su madre, he tenido frecuentes noticias de ella; he leído muchas de las cartas que escribía; he visto algunas de su tía la monja, con quien ha vivido en Guadalajara; en suma, he te-

---

[3] ciudad situada en los alrededores de Madrid.

[4] Francisca; también se le llama Francisquita y currita en esta obra.

nido cuantos informes pudiera desear acerca de sus inclinaciones y su conducta. Ya he logrado verla; he procurado observarla en estos pocos días, y a decir verdad, cuantos elogios hicieron de ella me parecen escasos.

Simón. Sí por cierto... Es muy linda y...

D. Diego. Es muy linda, muy graciosa, muy humilde... Y sobre todo, ¡aquel candor, aquella inocencia! Vamos, es de lo que no se encuentra por ahí... Y talento... Sí, señor, mucho talento... Conque, para acabar de informarte, lo que yo he pensado es...

Simón. No hay que decírmelo.

D. Diego. ¿No? ¿Por qué?

Simón. Porque ya lo adivino. Y me parece excelente idea.

D. Diego. ¿Qué dices?

Simón. Excelente.

D. Diego. ¿Conque al instante has conocido?...

Simón. ¿Pues no es claro?... ¡Vaya!... Dígole a usted que me parece muy buena boda; buena, buena.

D. Diego. Sí, señor... Yo lo he mirado bien, y lo tengo por cosa muy acertada.

Simón. Seguro que sí.

D. Diego. Pero quiero absolutamente que no se sepa hasta que esté hecho.

Simón. Y en eso hace usted bien.

D. Diego. Porque no todos ven las cosas de una manera, y no faltaría quien murmurase, y dijese que era una locura, y me...

Simón. ¿Locura? ¡Buena locura!... ¿Con una chica como ésa, eh?

D. Diego. Pues ya ves tú. Ella es una pobre... Eso sí... Porque, aquí entre los dos, la buena de doña Irene se ha dado tal prisa a gastar desde que murió su marido, que si no fuera por esas benditas religiosas y el canónigo de Castrojeriz,[5] que es también su cuñado, no tendría para poner un puchero a la lumbre... Y muy vanidosa y muy remilgada, y hablando siempre de su parentela y de sus difuntos, y sacando unos cuentos, allá, que... Pero esto no es del caso... Yo no he buscado dinero, que dineros tengo; he buscado modestia, recogimiento, virtud.

Simón. Eso es lo principal... Y sobre todo, lo que usted tiene, ¿para quién ha de ser?

D. Diego. Dices bien... ¿Y sabes tú lo que es una mujer aprovechada, hacendosa, que sepa cuidar de la casa, economizar, estar en todo?... Siempre lidiando con amas, que si una es mala, otra

---

[5] pueblo de la provincia de Burgos.

es peor, regalonas, entremetidas, habladoras, llenas de histérico, viejas, feas como demonios... No, señor, vida nueva. Tendré quien me asista con amor y fidelidad, y viviremos como
unos santos... Y deja que hablen y murmuren y...

Simón. Pero, siendo a gusto de entrambos, ¿qué pueden decir?

D. Diego. No, yo ya sé lo que dirán; pero... Dirán que la boda es des-
igual, que no hay proporción en la edad, que...

Simón. Vamos, que no me parece tan notable la diferencia. Siete u
ocho años, a lo más.

D. Diego. ¡Qué, hombre! ¿Qué hablas de siete u ocho años? Si ella ha
cumplido diez y seis años pocos meses ha.

Simón. Y bien, ¿qué?

D. Diego. Y yo, aunque gracias a Dios estoy robusto y... con todo eso,
mis cincuenta y nueve años no hay quien me los quite.

Simón. Pero si yo no hablo de eso.

D. Diego. Pues ¿de qué hablas?

Simón. Decía que... Vamos, o usted no acaba de explicarse, o yo lo
entiendo al revés... En suma, esta doña Paquita ¿con quién
se casa?

D. Diego. ¿Ahora estamos ahí? Conmigo.

Simón. ¿Con usted?

D. Diego. Conmigo.

Simón. ¡Medrados quedamos!

D. Diego. ¿Qué dices? Vamos, ¿qué?...

Simón. ¡Y pensaba yo haber adivinado!

D. Diego. Pues ¿qué creías? ¿Para quién juzgaste que la destinaba yo?

Simón. Para don Carlos, su sobrino de usted, mozo de talento, in-
struído, excelente soldado, amabilísimo por todas sus circunstancias... Para ése juzgué que se guardaba la tal niña.

D. Diego. Pues no, señor.

Simón. Pues bien está.

D. Diego. ¡Mire usted qué idea! ¡Con el otro la había de ir a casar!... No,
señor; que estudie sus matemáticas.

Simón. Ya las estudia; o por mejor decir, ya las enseña.

D. Diego. Que se haga hombre de valor y...

Simón. ¡Valor! ¿Todavía pide usted más valor a un oficial que en la
última guerra, con muy pocos que se atrevieron a seguirle,
tomó dos baterías, clavó los cañones, hizo algunos prisioneros, y volvió al campo lleno de heridas y cubierto de sangre?... Pues bien satisfecho quedó usted entonces del valor
de su sobrino; y yo le ví a usted más de cuatro veces llorar de

alegría, cuando el rey le premió con el grado de teniente coronel y una cruz de Alcántara.[6]

D. Diego. Sí, señor; todo eso es verdad; pero no viene a cuento. Yo soy el que me caso.

Simón. Si está usted bien seguro de que ella le quiere, si no la asusta la diferencia de la edad, si su elección es libre...

D. Diego. Pues ¿no ha de serlo?... ¿Y qué sacarían con engañarme? Ya ves tú la religiosa de Guadalajara si es mujer de juicio; ésta de Alcalá, aunque no la conozco, sé que es una señora de excelentes prendas; mira tú si doña Irene querrá el bien de su hija; pues todas ellas me han dado cuantas seguridades puedo apetecer... La criada, que la ha servido en Madrid y más de cuatro años en el convento, se hace lenguas de ella; y sobre todo me ha informado de que jamás observó en esta criatura la más remota inclinación a ninguno de los pocos hombres que ha podido ver en aquel encierro. Bordar, coser, leer libros devotos, oír misa y correr por la huerta detrás de las mariposas, y echar agua en los agujeros de las hormigas, éstas han sido su ocupación y sus diversiones... ¿Qué dices?

Simón. Yo nada, señor.

D. Diego. Y no pienses tú que, a pesar de tantas seguridades, no aprovecho las ocasiones que se presentan para ir ganando su amistad y su confianza, y lograr que se explique conmigo en absoluta libertad... Bien que aún hay tiempo... Sólo que aquella doña Irene siempre la interrumpe; todo se lo habla... Y es muy buena mujer, buena...

Simón. En fin, señor, yo desearé que salga como usted apetece.

D. Diego. Sí, yo espero en Dios que no ha de salir mal. Aunque el novio no es muy de tu gusto... ¡Y qué fuera de tiempo me recomendabas al tal sobrinito! ¿Sabes tú lo enfadado que estoy con él?

Simón. Pues ¿qué ha hecho?

D. Diego. Una de las suyas... Y hasta pocos días ha no lo he sabido. El año pasado, ya lo viste, estuvo dos meses en Madrid... Y me costó buen dinero la tal visita... En fin, es mi sobrino, bien dado está; pero voy al asunto. Llegó el caso de irse a Zaragoza[7] a su regimiento... Ya te acuerdas de que a muy pocos días de haber salido de Madrid recibí la noticia de su llegada.

Simón. Sí, señor.

D. Diego. Y que siguió escribiéndome, aunque algo perezoso, siempre con la data de Zaragoza.

---

[6] una orden religioso-militar que se fundó en el siglo XII para combatir a los moros.

[7] ciudad de Aragón.

Simón.	Así es la verdad.
D. Diego.	Pues el pícaro no estaba allí cuando me escribía las tales cartas.
Simón.	¿Qué dice usted?
D. Diego.	Sí, señor. El día tres de julio salió de mi casa, y a fines de septiembre aún no había llegado a sus pabellones... ¿No te parece que para ir por la posta hizo muy buena diligencia?
Simón.	Tal vez se pondría malo en el camino, y por no darle a usted pesadumbre...
D. Diego.	Nada de eso. Amores del señor oficial y devaneos que le traen loco... Por ahí en esas ciudades puede que... ¿Quién sabe? Si encuentra un par de ojos negros, ya es hombre perdido... ¡No permita Dios que me le engañe alguna bribona de estas que truecan el honor por el matrimonio!
Simón.	¡Oh! no hay que temer... Y si tropieza con alguna fullera de amor, buenas cartas ha de tener para que le engañe.
D. Diego.	Me parece que están ahí... Sí. Busca al mayoral, y dile que venga, para quedar de acuerdo en la hora a que deberemos salir mañana.
Simón.	Bien está.
D. Diego.	Ya te he dicho que no quiero que esto se trasluzca, ni... ¿Estamos?
Simón.	No haya miedo que a nadie lo cuente. (*Simón se va por la puerta del foro. Salen por la misma las tres mujeres con mantillas y basquiñas. Rita deja un pañuelo atado sobre la mesa, y recoge las mantillas y las dobla.*)

Escena II

Doña Irene, Doña Francisca, Rita, Don Diego

D.ᴬ Francisca.	Ya estamos acá.
D.ᴬ Irene.	¡Ay, qué escalera!
D. Diego.	Muy bien venidas, señoras.
D.ᴬ Irene.	¿Conque usted, a lo que parece, no ha salido? (*Se sientan doña Irene y don Diego.*)
D. Diego.	No, señora. Luego más tarde daré una vueltecilla por ahí... He leído un rato. Traté de dormir, pero en esta posada no se duerme.
D.ᴬ Francisca.	Es verdad que no... ¡Y qué mosquitos! Mala peste en ellos. Anoche no me dejaron parar[8]... Pero mire usted, mire usted (*Desata el pañuelo y manifiesta algunas cosas de las que indica el*

---

[8] descansar.

diálogo.), cuántas cosillas traigo. Rosarios de nácar, cruces de
ciprés, la regla de San Benito,[9] una pililla de cristal... Mire
usted qué bonita. Y dos corazones de talco... ¡Qué sé yo
cuánto viene aquí!... ¡Ay! y una campanilla de barro bendito
para los truenos... ¡Tantas cosas!

D.ᴬ Irene. Chucherías que la han dado las madres. Locas estaban
con ella.

D.ᴬ Francisca. ¡Cómo me quieren todas! ¡Y mi tía, mi pobre tía lloraba
tanto!... Es ya muy viejecita.

D.ᴬ Irene. Ha sentido mucho no conocer a usted.

D.ᴬ Francisca. Sí, es verdad. Decía, "¿Por qué no ha venido aquel señor?"

D.ᴬ Irene. El padre capellán y el rector de los Verdes nos han venido
acompañando hasta la puerta.

D.ᴬ Francisca. Toma (*Vuelve a atar el pañuelo y se le da a Rita, la cual se va con él
y con las mantillas al cuarto de doña Irene.*), guárdamelo todo
allí, en la excusabaraja. Mira, llévalo así de las puntas... ¡Válgate Dios! ¡Eh! ¡Ya se ha roto la santa Gertrudis de alcorza!

Rita. No importa; yo me la comeré.

Escena III

Doña Irene, Doña Francisca, Don Diego

D.ᴬ Francisca. ¿Nos vamos adentro, mamá, o nos quedamos aquí?

D.ᴬ Irene. Ahora, niña, que quiero descansar un rato.

D. Diego. Hoy se ha dejado sentir el calor en forma.

D.ᴬ Irene. ¡Y qué fresco tienen aquel locutorio! Está hecho un cielo...

D.ᴬ Francisca. Pues con todo (*Sentándose junto a doña Irene.*), aquella monja
tan gorda que se llama la madre Angustias, bien sudaba...
¡Ay, cómo sudaba la pobre mujer!

D.ᴬ Irene. Mi hermana es la que sigue siempre bastante delicadita. Ha
padecido mucho este invierno... Pero vaya, no sabía qué hacerse con su sobrina la buena señora. Está muy contenta de
nuestra elección.

D. Diego. Yo celebro que sea tan a gusto de aquellas personas a quienes
debe usted particulares obligaciones.

D.ᴬ Irene. Sí, Trinidad está muy contenta; y en cuanto a Circuncisión, ya
lo ha visto usted. La ha costado mucho despegarse de ella;
pero ha conocido que siendo para su bienestar, es necesario
pasar por todo... Ya se acuerda usted de lo expresiva que estuvo, y...

---

[9] San Benito: fundador del orden religioso de las
monjas del convento donde vivía Francisca.

D. Diego.	Es verdad. Sólo falta que la parte interesada tenga la misma satisfacción que manifiestan cuantos la quieren bien.
D.ᴬ Irene.	Es hija obediente, y no se apartará jamás de lo que determine su madre.
D. Diego.	Todo eso es cierto, pero...
D.ᴬ Irene.	Es de buena sangre, y ha de pensar bien, y ha de proceder con el honor que la corresponde.
D. Diego.	Sí, ya estoy; pero ¿no pudiera, sin faltar a su honor ni a su sangre?...
D.ᴬ Francisca.	¿Me voy, mamá? (*Se levanta y vuelve a sentarse.*)
D.ᴬ Irene.	No pudiera, no, señor. Una niña bien educada, hija de buenos padres, no puede menos de conducirse en todas ocasiones como es conveniente y debido. Un vivo retrato es la chica, ahí donde usted la ve, de su abuela, que Dios perdone, doña Jerónima de Peralta... En casa tengo el cuadro, ya le habrá usted visto. Y le hicieron, según me contaba su merced, para enviárselo a su tío carnal el padre fray Serapión de San Juan Crisóstomo, electo obispo de Mechoacán.[10]
D. Diego.	Ya.
D.ᴬ Irene.	Y murió en el mar el buen religioso, que fué un quebranto para toda la familia... Hoy es, y todavía estamos sintiendo su muerte; particularmente mi primo don Cucufate, regidor perpetuo de Zamora,[11] no puede oír hablar de su ilustrísima sin deshacerse en lágrimas.
D.ᴬ Francisca.	Válgate Dios, qué moscas tan...
D.ᴬ Irene.	Pues murió en olor de santidad.
D. Diego.	Eso bueno es.
D.ᴬ Irene.	Sí, señor; pero como la familia ha venido tan a menos... ¿Qué quiere usted? Donde no hay facultades... Bien que por lo que puede tronar, ya se le está escribiendo la vida; y ¿quién sabe que el día de mañana no se imprima, con el favor de Dios?
D. Diego.	Sí, pues ya se ve. Todo se imprime.
D.ᴬ Irene.	Lo cierto es que el autor, que es sobrino de mi hermano político el canónigo de Castrojeriz, no la deja de la mano; y a la hora de ésta lleva ya escritos nueve tomos en folio, que comprenden los nueve años primeros de la vida del santo obispo.
D. Diego.	¿Conque para cada año un tomo?
D.ᴬ Irene.	Sí, señor, ese plan se ha propuesto.
D. Diego.	¿Y de qué edad murió el venerable?
D.ᴬ Irene.	De ochenta y dos años, tres meses y catorce días.

---

[10] Michoacán, un estado mexicano.   [11] ciudad en el noreste de España.

D.ª Francisca.   ¿Me voy, mamá?

D.ª Irene.   Anda, vete. ¡Válgate Dios, qué prisa tienes!

D.ª Francisca.   ¿Quiere usted (*Se levanta, y después de hacer una graciosa corte-sía a don Diego, da un beso a doña Irene, y se va al cuarto de ésta.*) que le haga una cortesía a la francesa, señor don Diego?

D. Diego.   Sí, hija mía. A ver.

D.ª Francisca.   Mire usted, así.

D. Diego.   ¡Graciosa niña! ¡Viva la Paquita, viva!

D.ª Francisca.   Para usted una cortesía, y para mi mamá un beso.

Escena IV

Doña Irene, Don Diego

D.ª Irene.   Es muy gitana [12] y muy mona, mucho.

D. Diego.   Tiene un donaire natural que arrebata.

D.ª Irene.   ¿Qué quiere usted? Criada sin artificio ni embelecos de mundo, contenta de verse otra vez al lado de su madre, y mucho más de considerar tan inmediata su colocación, no es maravilla que cuanto hace y dice sea una gracia, y máxime a los ojos de usted, que tanto se ha empeñado en favorecerla.

D. Diego.   Quisiera sólo que se explicase libremente acerca de nuestra proyectada unión, y...

D.ª Irene.   Oiría usted lo mismo que le he dicho ya.

D. Diego.   Sí, no lo dudo; pero el saber que la merezco alguna inclina-ción, oyéndoselo decir con aquella boquilla tan graciosa que tiene, sería para mí una satisfacción imponderable.

D.ª Irene.   No tenga usted sobre ese particular la más leve desconfianza; pero hágase usted cargo de que a una niña no la es lícito decir con ingenuidad lo que siente. Mal parecería, señor don Diego, que una doncella de vergüenza y criada como Dios manda, se atreviese a decirle a un hombre: "Yo le quiero a usted."

D. Diego.   Bien, si fuese un hombre a quien hallara por casualidad en la calle y le espetara ese favor de buenas a primeras, cierto que la doncella haría muy mal; pero a un hombre con quien ha de casarse dentro de pocos días, ya pudiera decirle alguna cosa que... Además, que hay ciertos modos de explicarse...

D.ª Irene.   Conmigo usa de más franqueza... A cada instante hablamos de usted, y en todo manifiesta el particular cariño que a usted le tiene... ¡Con qué juicio hablaba ayer noche después que us-ted se fué a recoger! No sé lo que hubiera dado porque hu-biese podido oírla.

D. Diego.   ¿Y qué? ¿Hablaba de mí?

---

[12] encantadora, simpática.

D.ᴬ Irene.   Y qué bien piensa acerca de lo preferible que es para una criatura de sus años un marido de cierta edad, experimentado,
maduro y de conducta...

D. Diego.   ¡Calle! ¿Eso decía?

D.ᴬ Irene.   No, esto se lo decía yo, y me escuchaba con una atención
como si fuera una mujer de cuarenta años, lo mismo... ¡Buenas cosas la dije! Y ella, que tiene mucha penetración, aunque
me esté mal el decirlo... ¿Pues no da lástima, señor, el ver
cómo se hacen los matrimonios hoy en el día? Casan a una
muchacha de quince años con un arrapiezo de diez y ocho, a
una de diez y siete con otro de veintidós: ella niña, sin juicio
ni experiencia, y él niño también, sin asomo de cordura ni conocimiento de lo que es mundo. Pues, señor, que es lo que yo
digo, ¿quién ha de gobernar la casa? ¿Quién ha de mandar a
los criados? ¿Quién ha de enseñar y corregir a los hijos? Porque sucede también que estos atolondrados de chicos suelen
plagarse de criaturas en un instante, que da compasión.

D. Diego.   Cierto que es un dolor el ver rodeados de hijos a muchos que
carecen del talento, de la experiencia y de la virtud que son
necesarias para dirigir su educación.

D.ᴬ Irene.   Lo que sé decirle a usted es que aún no había cumplido los
diez y nueve cuando me casé de primeras nupcias con mi difunto don Epifanio, que esté en el cielo. Y era un hombre que,
mejorando lo presente, no es posible hallarle de más respeto,
más caballeroso... y al mismo tiempo más divertido y decidor.
Pues, para servir a usted, ya tenía los cincuenta y seis, muy
largos de talle, cuando se casó conmigo.

D. Diego.   Buena edad... No era un niño, pero...

D.ᴬ Irene.   Pues a eso voy... Ni a mí podía convenirme en aquel entonces
un boquirrubio con los cascos a la jineta... No, señor... Y no
es decir tampoco que estuviese achacoso ni quebrantado de
salud, nada de eso. Sanito estaba, gracias a Dios, como una
manzana; ni en su vida conoció otro mal, sino una especie de
alferecía que le amagaba de cuando en cuando. Pero luego
que nos casamos, dió en darle[13] tan a menudo y tan de recio, que a los siete meses me hallé viuda y encinta de una
criatura que nació después, y al cabo y al fin se me murió de
alfombrilla.

D. Diego.   ¡Oiga!... Mire usted si dejó sucesión el bueno de don Epifanio.

D.ᴬ Irene.   Sí, señor, ¿pues por qué no?

D. Diego.   Lo digo porque luego saltan con... Bien que si uno hubiera de
hacer caso... ¿Y fué niño, o niña?

D.ᴬ Irene.   Un niño muy hermoso. Como una plata era el angelito.

---

[13] empezó a atacarlo.

D. Diego.	Cierto que es consuelo tener, así, una criatura, y...
D.ᴬ Irene.	¡Ay, señor! Dan malos ratos, pero ¿qué importa? Es mucho gusto, mucho.
D. Diego.	Yo lo creo.
D.ᴬ Irene.	Sí, señor.
D. Diego.	Ya se ve que será una delicia, y...
D.ᴬ Irene.	¿Pues no ha de ser?
D. Diego.	Un embeleso, el verlos juguetear y reír, y acariciarlos, y merecer sus fiestecillas inocentes.
D.ᴬ Irene.	¡Hijos de mi vida! Veintidós he tenido en los tres matrimonios que llevo hasta ahora, de los cuales sólo esta niña me ha venido a quedar; pero le aseguro a usted que...

Escena V

Simón, Doña Irene, Don Diego

Simón.	(*Sale por la puerta del foro.*) Señor, el mayoral está esperando.
D. Diego.	Dile que voy allá... ¡Ah! Tráeme primero el sombrero y el bastón, que quisiera dar una vuelta por el campo. (*Entra Simón al cuarto de don Diego, saca un sombrero y un bastón, se los da a su amo, y al fin de la escena se va con él por la puerta del foro.*) ¿Conque, supongo que mañana tempranito saldremos?
D.ᴬ Irene.	No hay dificultad. A la hora que a usted le parezca.
D. Diego.	A eso de las seis. ¿Eh?
D.ᴬ Irene.	Muy bien.
D. Diego.	El sol nos da de espaldas... Le diré que venga una media hora antes.
D.ᴬ Irene.	Sí, que hay mil chismes[14] que acomodar.

Escena VI

Doña Irene, Rita

D.ᴬ Irene.	¡Válgame Dios! Ahora que me acuerdo... ¡Rita!... Me le habrán dejado morir. ¡Rita!
Rita.	Señora. (*Sacará Rita unas sábanas y almohadas debajo del brazo.*)
D.ᴬ Irene.	¿Qué has hecho del tordo? ¿Le diste de comer?
Rita.	Sí, señora. Más ha comido que un avestruz. Ahí le puse en la ventana del pasillo.
D.ᴬ Irene.	¿Hiciste las camas?
Rita.	La de usted ya está. Voy a hacer esotras antes que anochezca, porque si no, como no hay más alumbrado que el del candil y no tiene garabato, me veo perdida.

---

[14] cosas.

D.^A Irene.	Y aquella chica ¿qué hace?

D.ᴬ Irene. Y aquella chica ¿qué hace?

Rita. Está desmenuzando un bizcocho, para dar de cenar a don Periquito.

D.ᴬ Irene. ¡Qué pereza tengo de escribir! (*Se levanta y se entra en su cuarto.*) Pero es preciso, que estará con mucho cuidado la pobre Circuncisión.

Rita. ¡Qué chapucerías! No ha dos horas, como quien dice, que salimos de allá, y ya empiezan a ir y venir correos. ¡Qué poco me gustan a mí las mujeres gazmoñas y zalameras! (*Éntrase en el cuarto de doña Francisca.*)

Escena VII

Calamocha. (*Sale por la puerta del foro con unas maletas, látigo y botas; lo deja todo sobre la mesa, y se sienta.*)

¿Conque ha de ser el número tres? Vaya en gracia... Ya, ya conozco el tal número tres. Colección de bichos más abundante, no la tiene el Gabinete[15] de Historia Natural... Miedo me da de entrar... ¡Ay! ¡ay!... ¡Y qué agujetas! Éstas sí que son agujetas... Paciencia, pobre Calamocha, paciencia... Y gracias a que los caballitos dijeron: "No podemos más"; que si no, por esta vez no veía yo el número tres, ni las plagas de Faraón que tiene dentro... En fin, como los animales amanezcan vivos, no será poco... Reventados están... (*Canta Rita desde adentro. Calamocha se levanta desperezándose.*) ¡Oiga!... ¿Seguidillitas?... Y no canta mal... Vaya, aventura tenemos... ¡Ay! ¡qué desvencijado estoy!

Escena VIII

Rita, Calamocha

Rita. Mejor es cerrar, no sea que nos alivien de ropa, y... (*Forcejeando para echar la llave.*) Pues cierto que está bien acondicionada la llave.

Calamocha. ¿Gusta usted de que eche una mano, mi vida?

Rita. Gracias, mi alma.

Calamocha. ¡Calle!... ¡Rita!

Rita. ¡Calamocha!

Calamocha. ¿Qué hallazgo es éste?

Rita. ¿Y tu amo?

Calamocha. Los dos acabamos de llegar.

Rita. ¿De veras?

Calamocha. No, que es chanza. Apenas recibió la carta de doña Paquita, yo no sé adónde fué, ni con quién habló, ni cómo lo dispuso;

---

[15] museo.

sólo sé decirte que aquella tarde salimos de Zaragoza. Hemos venido como dos centellas por ese camino. Llegamos esta mañana a Guadalajara, y a las primeras diligencias nos hallamos con que los pájaros volaron ya. A caballo otra vez, y vuelta a correr y a sudar y a dar chasquidos... En suma, molidos los rocines, y nosotros a medio moler,[16] hemos parado aquí con ánimo de salir mañana... Mi teniente se ha ido al Colegio Mayor a ver a un amigo, mientras se dispone algo que cenar... Ésta es la historia.

Rita. ¿Conque le tenemos aquí?

Calamocha. Y enamorado más que nunca, celoso, amenazando vidas... Aventurado a quitar el hipo[17] a cuantos le disputen la posesión de su Currita idolatrada.

Rita. ¿Qué dices?

Calamocha. Ni más ni menos.

Rita. ¡Qué gusto me das!... Ahora sí se conoce que la tiene amor.

Calamocha. ¿Amor?... ¡Friolera! El moro Gazul fué para él un pelele, Medoro un zascandil, y Gaiferos[18] un chiquillo de la doctrina.

Rita. ¡Ay, cuando la señorita lo sepa!

Calamocha. Pero, acabemos. ¿Cómo te hallo aquí? ¿Con quién estás? ¿Cuándo llegaste? ¿Qué?...

Rita. Yo te lo diré. La madre de doña Paquita dió en escribir cartas y más cartas, diciendo que tenía concertado su casamiento en Madrid con un caballero rico, honrado, bien quisto; en suma, cabal y perfecto, que no había más que apetecer. Acosada la señorita con tales propuestas, y angustiada incesantemente con los sermones de aquella bendita monja, se vió en la necesidad de responder que estaba pronta a todo lo que la mandasen... Pero no te puedo ponderar cuánto lloró la pobrecita, qué afligida estuvo. Ni quería comer, ni podía dormir... Y al mismo tiempo era preciso disimular, para que su tía no sospechara la verdad del caso. Ello es que cuando, pasado el primer susto, hubo lugar de discurrir escapatorias y arbitrios, no hallamos otro que el de avisar a tu amo, esperando que si era su cariño tan verdadero y de buena ley como nos había ponderado, no consentiría que su pobre Paquita pasara a manos de un desconocido, y se perdiesen para siempre tantas caricias, tantas lágrimas y tantos suspiros estrellados en las tapias del corral. A pocos días de haberle escrito, cata el coche de colleras y el mayoral Gasparet con sus medias azules, y la madre y el novio que vienen por ella; recogimos a toda prisa nuestros meriñaques, se atan los cofres, nos despedimos de

---

[16] medio muertos por el cansancio.
[17] matar.

[18] amantes en varias obras de los siglos XV y XVII.

aquellas buenas mujeres, y en dos latigazos llegamos antes de ayer a Alcalá. La detención ha sido para que la señorita visite a otra tía monja que tiene aquí, tan arrugada y tan sorda como la que dejamos allá. Ya la ha visto, ya la han besado bastante una por una todas las religiosas, y creo que mañana temprano saldremos. Por esta casualidad nos...

Calamocha. Sí. No digas más. Pero... ¿Conque el novio está en la posada?

Rita. Ése es su cuarto (*Señalando el cuarto de don Diego, el de doña Irene y el de doña Francisca.*), éste el de la madre, y aquél el nuestro.

Calamocha. ¿Cómo nuestro? ¿Tuyo y mío?

Rita. No por cierto. Aquí dormiremos esta noche la señorita y yo; porque ayer, metidas las tres en ése de enfrente, ni cabíamos de pie, ni pudimos dormir un instante, ni respirar siquiera.

Calamocha. Bien. Adiós. (*Recoge los trastos que puso sobre la mesa, en ademán de irse.*)

Rita. ¿Y adónde?

Calamocha. Yo me entiendo... Pero el novio, ¿trae consigo criados, amigos o deudos que le quiten la primera zambullida que le amenaza?

Rita. Un criado viene con él.

Calamocha. ¡Poca cosa!... Mira, dile en caridad que se disponga, porque está de peligro. Adiós.

Rita. ¿Y volverás presto?

Calamocha. Se supone. Estas cosas piden diligencia; y aunque apenas puedo moverme, es necesario que mi teniente deje la visita y venga a cuidar de su hacienda, disponer el entierro de ese hombre, y... ¿Conque ése es nuestro cuarto, eh?

Rita. Sí. De la señorita y mío.

Calamocha. ¡Bribona!

Rita. ¡Botarate! Adiós.

Calamocha. Adiós, aborrecida. (*Éntrase con los trastos en el cuarto de don Carlos.*)

Escena IX

DOÑA FRANCISCA, RITA

Rita. ¡Qué malo es!... Pero... ¡Válgame Dios, don Félix aquí!... Sí, la quiere, bien se conoce... (*Sale Calamocha del cuarto de don Carlos, y se va por la puerta del foro.*) ¡Oh! por más que digan, los hay muy finos; y entonces, ¿qué ha de hacer una?... Quererlos; no tiene remedio, quererlos... Pero ¿qué dirá la señorita cuando le vea, que está ciega por él? ¡Pobrecita! ¿Pues no sería una lástima que?... Ella es. (*Sale doña Francisca.*)

D.ª Francisca. ¡Ay, Rita!

Rita. ¿Qué es eso? ¿Ha llorado usted?

D.ᴬ Francisca. ¿Pues no he de llorar? Si vieras mi madre... Empeñada está en que he de querer mucho a ese hombre... Si ella supiera lo que sabes tú, no me mandaría cosas imposibles... Y que es tan bueno, y que es rico, y que me irá tan bien con él... Se ha enfadado tanto, y me ha llamado picarona, inobediente... ¡Pobre de mí! Porque no miento ni sé fingir, por eso me llaman picarona.

Rita. Señorita, por Dios, no se aflija usted.

D.ᴬ Francisca. Ya, como tú no lo has oído... Y dice que don Diego se queja de que yo no le digo nada... Harto le digo, y bien he procurado hasta ahora mostrarme contenta delante de él, que no lo estoy por cierto, y reírme y hablar niñerías... Y todo por dar gusto a mi madre, que si no... Pero bien sabe la Virgen que no me sale del corazón. (*Se va oscureciendo lentamente el teatro.*)

Rita. Vaya, vamos, que no hay motivo todavía para tanta angustia... ¡Quién sabe!... ¿No se acuerda usted ya de aquel día de asueto que tuvimos el año pasado en la casa de campo del intendente?

D.ᴬ Francisca. ¡Ay! ¿Cómo puedo olvidarlo?... Pero, ¿qué me vas a contar?

Rita. Quiero decir, que aquel caballero que vimos allí con aquella cruz verde, tan galán, tan fino...

D.ᴬ Francisca. ¡Qué rodeos!... Don Félix. ¿Y qué?

Rita. Que nos fué acompañando hasta la ciudad...

D.ᴬ Francisca. Y bien... Y luego volvió, y le ví, por mi desgracia, muchas veces... mal aconsejada de ti.

Rita. ¿Por qué, señora?... ¿A quién dimos escándalo? Hasta ahora nadie lo ha sospechado en el convento. Él no entró jamás por las puertas, y cuando de noche hablaba con usted, mediaba entre los dos una distancia tan grande que usted la maldijo no pocas veces... Pero esto no es del caso. Lo que voy a decir es, que un amante como aquél no es posible que se olvide tan presto de su querida Paquita... Mire usted que todo cuanto hemos leído a hurtadillas en las novelas no equivale a lo que hemos visto en él. ¿Se acuerda usted de aquellas tres palmadas que se oían entre once y doce de la noche, de aquella sonora,[19] punteada con tanta delicadeza y expresión?

D.ᴬ Francisca. ¡Ay, Rita! Sí, de todo me acuerdo, y mientras viva conservaré la memoria... Pero está ausente... y entretenido acaso con nuevos amores.

Rita. Eso no lo puedo yo creer.

D.ᴬ Francisca. Es hombre al fin, y todos ellos...

---

[19] tipo de guitarra.

Rita.	¡Qué bobería! Desengáñese usted, señorita. Con los hombres y las mujeres sucede lo mismo que con los melones de Año-ver.[20] Hay de todo; la difficultad está en saber escogerlos. El que se lleve chasco en la elección, quéjese de su mala suerte, pero no desacredite la mercancía... Hay hombres muy embusteros, muy picarones; pero no es creíble que lo sea el que ha dado pruebas tan repetidas de perseverancia y amor. Tres meses duró el terrero y la conversación a oscuras, y en todo aquel tiempo, bien sabe usted que no vimos en él una acción descompuesta, ni oímos de su boca una palabra indecente ni atrevida.
D.ᴬ Francisca.	Es verdad. Por eso le quise tanto, por eso le tengo tan fijo aquí... aquí... (*Señalando el pecho.*) ¿Qué habrá dicho al ver la carta?... ¡Oh! Yo bien sé lo que habrá dicho... "¡Válgate Dios! ¡Es lástima! Cierto. ¡Pobre Paquita!..." Y se acabó... No habrá dicho más... Nada más.
Rita.	No, señora, no ha dicho eso.
D.ᴬ Francisca.	¿Qué sabes tú?
Rita.	Bien lo sé. Apenas haya leído la carta se habrá puesto en camino, y vendrá volando a consolar a su amiga... Pero... (*Acercándose a la puerta del cuarto de doña Irene.*)
D.ᴬ Francisca.	¿Adónde vas?
Rita.	Quiero ver si...
D.ᴬ Francisca.	Está escribiendo.
Rita.	Pues ya presto habrá de dejarlo, que empieza a anochecer... Señorita, lo que la he dicho a usted es la verdad pura. Don Félix está ya en Alcalá.
D.ᴬ Francisca.	¿Qué dices? No me engañes.
Rita.	Aquél es su cuarto... Calamocha acaba de hablar conmigo.
D.ᴬ Francisca.	¿De veras?
Rita.	Sí, señora... Y le ha ido a buscar para...
D.ᴬ Francisca.	¿Conque me quiere?... ¡Ay, Rita! Mira tú si hicimos bien de avisarle... Pero ¿ves qué fineza?... ¿Si vendrá bueno? ¡Correr tantas leguas sólo por verme... porque yo se lo mando!... ¡Qué agradecida le debo estar!... ¡Oh! yo le prometo que no se quejará de mí. Para siempre agradecimiento y amor.
Rita.	Voy a traer luces. Procuraré detenerme por allá abajo hasta que vuelvan... Veré lo que dice y qué piensa hacer, porque hallándonos todos aquí, pudiera haber una de Satanás entre la madre, la hija, el novio y el amante; y si no ensayamos bien esta contradanza, nos hemos de perder en ella.

---

[20] expresión que indica incertidumbre.

D.^A Francisca.	Dices bien... Pero no; él tiene resolución y talento, y sabrá determinar lo más conveniente... ¿Y cómo has de avisarme?... Mira que así que llegue le quiero ver.
Rita.	No hay que dar cuidado. Yo le traeré por acá, y en dándome aquella tosecilla seca... ¿me entiende usted?
D.^A Francisca.	Sí, bien.
Rita.	Pues entonces no hay más que salir con cualquiera excusa. Yo me quedaré con la señora mayor; la hablaré de todos sus maridos y de sus concuñados, y del obispo que murió en el mar... Además, que si está allí don Diego...
D.^A Francisca.	Bien, anda; y así que llegue...
Rita.	Al instante.
D.^A Francisca.	Que no se te olvide toser.
Rita.	No haya miedo.
D.^A Francisca.	¡Si vieras qué consolada estoy!
Rita.	Sin que usted lo jure, lo creo.
D.^A Francisca.	¿Te acuerdas, cuando me decía que era imposible apartarme de su memoria, que no habría peligros que le detuvieran, ni dificultades que no atropellara por mí?
Rita.	Sí, bien me acuerdo.
D.^A Francisca.	¡Ah!... Pues mira cómo me dijo la verdad. (*Doña Francisca se va al cuarto de doña Irene; Rita, por la puerta del foro.*)

ACTO SEGUNDO

Escena primera

Teatro oscuro.

DOÑA FRANCISCA

D.^A Francisca.	Nadie parece aún... (*Acércase a la puerta del foro, y vuelve.*) ¡Qué impaciencia tengo!... Y dice mi madre que soy una simple, que sólo pienso en jugar y reír, y que no sé lo que es amor... Sí, diez y siete años y no cumplidos; pero ya sé lo que es querer bien, y la inquietud y las lágrimas que cuesta.

Escena II

DOÑA IRENE, DOÑA FRANCISCA

D.^A Irene.	Sola y a oscuras me habéis dejado allí.
D.^A Francisca.	Como estaba usted acabando su carta, mamá, por no estorbarla me he venido aquí, que está mucho más fresco.
D.^A Irene.	Pero aquella muchacha, ¿qué hace que no trae una luz? Para cualquiera cosa se está un año... Y yo que tengo un genio como una pólvora... (*Siéntase.*) Sea todo por Dios... ¿Y don Diego no ha venido?

D.ᴬ Francisca. Me parece que no.

D.ᴬ Irene. Pues cuenta, niña, con lo que te he dicho ya. Y mira que no gusto de repetir una cosa dos veces. Este caballero está sentido, y con muchísima razón...

D.ᴬ Francisca. Bien; sí, señora, ya lo sé. No me riña usted más.

D.ᴬ Irene. No es esto reñirte, hija mía; esto es aconsejarte. Porque como tú no tienes conocimiento para considerar el bien que se nos ha entrado por las puertas... Y lo atrasada que me coge, que yo no sé lo que hubiera sido de tu pobre madre... Siempre cayendo y levantando... Médicos, botica... Que se dejaba pedir aquel caribe de don Bruno (Dios le haya coronado de gloria) los veinte y los treinta reales por cada papelillo de píldoras de coloquíntida y asafétida... Mira que un casamiento como el que vas a hacer, muy pocas le consiguen. Bien que a las oraciones de tus tías, que son unas bienaventuradas, debemos agradecer esta fortuna, y no a tus méritos ni a mi diligencia... ¿Qué dices?

D.ᴬ Francisca. Yo, nada, mamá.

D.ᴬ Irene. Pues, nunca dices nada. ¡Válgame Dios, señor!... En hablándote de esto no te ocurre nada que decir.

Escena III

RITA, DOÑA IRENE, DOÑA FRANCISCA

Sale Rita por la puerta del foro con luces y las pone encima de la mesa.

D.ᴬ Irene. Vaya, mujer, yo pensé que en toda la noche no venías.

Rita. Señora, he tardado, porque han tenido que ir a comprar las velas. ¡Como el tufo del velón la hace a usted tanto daño!...

D.ᴬ Irene. Seguro que me hace muchísimo mal, con esta jaqueca que padezco... Los parches de alcanfor al cabo tuve que quitármelos; ¡si no me sirvieron de nada! Con las obleas me parece que me va mejor... Mira, deja una luz ahí, y llévate la otra a mi cuarto, y corre la cortina, no se me llene todo de mosquitos.

Rita. Muy bien. (*Toma una luz y hace que se va.*)

D.ᴬ Francisca. (*Aparte a Rita.*) ¿No ha venido?

Rita. Vendrá.

D.ᴬ Irene. Oyes, aquella carta que está sobre la mesa dásela al mozo de la posada para que la lleve al instante al correo... (*Vase Rita al cuarto de doña Irene.*) Y tú, niña, ¿qué has de cenar? Porque será menester recogernos presto para salir mañana de madrugada.

D.ᴬ Francisca. Como las monjas me hicieron merendar...

D.ᴬ Irene. Con todo eso... Siquiera unas sopas del puchero para el abrigo del estómago... (*Sale Rita con una carta en la mano, y hasta el fin de la escena hace que se va y vuelve, según lo indica el diálogo.*) Mira, has de calentar el caldo que apartamos al mediodía, y haznos un par de tazas de sopas, y tráetelas luego que estén.[21]

Rita.	¿Y nada más?
D.ᴬ Irene.	No, nada más... ¡Ah! y házmelas bien caldositas.
Rita.	Sí, ya lo sé.
D.ᴬ Irene.	¡Rita!
Rita.	(¡Otra!) ¿Qué manda usted?
D.ᴬ Irene.	Encarga mucho al mozo que lleve la carta al instante... Pero no, señor, mejor es... No quiero que la lleve él, que son unos borrachones, que no se les puede... Has de decir a Simón que digo yo que me haga el gusto de echarla en el correo; ¿lo entiendes?
Rita.	Sí, señora.
D.ᴬ Irene.	¡Ah! mira.
Rita.	(¡Otra!)
D.ᴬ Irene.	Bien que ahora no corre prisa... Es menester que luego me saques de ahí al tordo y colgarle por aquí, de modo que no se caiga y se me lastime... (*Vase Rita por la puerta del foro.*) ¡Qué noche tan mala me dió!... ¡Pues no se estuvo el animal toda la noche de Dios rezando el Gloria Patri y la oración del Santo Sudario!... Ello por otra parte edificaba, cierto... pero cuando se trata de dormir...

Escena IV

Doña Irene, Doña Francisca

D.ᴬ Irene.	Pues mucho será que don Diego no haya tenido algún encuentro por ahí, y eso le detenga. Cierto que es un señor muy mirado, muy puntual... ¡Tan buen cristiano! ¡Tan atento! ¡Tan bien hablado! ¡Y con qué garbo y generosidad se porta!... Ya se ve, un sujeto de bienes y de posibles... ¡Y qué casa tiene! Como un ascua de oro[22] la tiene... Es mucho aquello. ¡Qué ropa blanca! ¡Qué batería de cocina! ¡Y qué despensa, llena de cuanto Dios crió!... Pero tú no parece que atiendes a lo que estoy diciendo.
D.ᴬ Francisca.	Sí, señora, bien lo oigo; pero no la quería interrumpir a usted.
D.ᴬ Irene.	Allí estarás, hija mía, como el pez en el agua: pajaritas del aire que apetecieras las tendrías,[23] porque como él te quiere tanto, y es un caballero tan de bien y tan temeroso de Dios... Pero mira, Francisquita, que me cansa de veras el que siempre que

---

[21] cuando estén calientes.   [22] limpio.
[23] lo tendrá todo.

te hablo de esto, hayas dado en la flor de no responderme palabra... ¡Pues no es cosa particular, señor!

D.ᴬ Francisca. Mamá, no se enfade usted.

D.ᴬ Irene. ¡No es buen empeño de!... ¿Y te parece a ti que no sé yo muy bien de dónde viene todo eso?... ¿No ves que conozco las locuras que se te han metido en esa cabeza de chorlito?... ¡Perdóneme Dios!

D.ᴬ Francisca. Pero... Pues ¿qué sabe usted?

D.ᴬ Irene. ¿Me quieres engañar a mí, eh? ¡Ay, hija! He vivido mucho, y tengo yo mucha trastienda y mucha penetración para que tú me engañes.

D.ᴬ Francisca. (¡Perdida soy!)

D.ᴬ Irene. Sin contar con su madre... Como si tal madre no tuviera... Yo te aseguro que aunque no hubiera sido con esta ocasión, de todos modos era ya necesario sacarte del convento. Aunque hubiera tenido que ir a pie y sola por ese camino, te hubiera sacado de allí... ¡Mire usted qué juicio de niña éste! Que porque ha vivido un poco de tiempo entre monjas, ya se la puso en la cabeza el ser ella monja también... ¿Ni qué entiende ella de eso, ni qué?... En todos los estados se sirve a Dios, Frasquita; pero el complacer a su madre, asistirla, acompañarla y ser el consuelo de sus trabajos, ésa es la primera obligación de una hija obediente... Y sépalo usted, si no lo sabe.

D.ᴬ Francisca. Es verdad, mamá... Pero yo nunca he pensado abandonarla a usted.

D.ᴬ Irene. Sí, que no sé yo...

D.ᴬ Francisca. No, señora, créame usted. La Paquita nunca se apartará de su madre, ni la dará disgustos.

D.ᴬ Irene. Mira si es cierto lo que dices.

D.ᴬ Francisca. Sí, señora, que yo no sé mentir.

D.ᴬ Irene. Pues, hija, ya sabes lo que te he dicho. Ya ves lo que pierdes, y la pesadumbre que me darás si no te portas en un todo como corresponde... Cuidado con ello.

D.ᴬ Francisca. (¡Pobre de mí!)

Escena V

Don Diego, Doña Irene, Doña Francisca

Sale don Diego por la puerta del foro, y deja sobre la mesa sombrero y bastón.

D.ᴬ Irene. Pues ¿cómo tan tarde?

D. Diego. Apenas salí, tropecé con el rector de Málaga,[24] y el doctor Padilla, y hasta que me han hartado bien de chocolate y bollos

---

[24] provincia en el sur de España.

no me han querido soltar... (*Siéntase junto a doña Irene.*) Y a todo esto, ¿cómo va?

D.ᴬ *Irene.*	Muy bien.
D. *Diego.*	¿Y doña Paquita?
D.ᴬ *Irene.*	Doña Paquita siempre acordándose de sus monjas. Ya la digo que es tiempo de mudar de bisiesto,²⁵ y pensar sólo en dar gusto a su madre y obedecerla.
D.ᴬ *Diego.*	¡Qué diantre! ¿Conque tanto se acuerda de?...
D.ᴬ *Irene.*	¿Qué se admira usted? Son niñas... No saben lo que quieren, ni lo que aborrecen... En una edad, así tan...
D. *Diego.*	No, poco a poco, eso no. Precisamente en esa edad son las pasiones algo más enérgicas y decisivas que en la nuestra, y por cuanto la razón se halla todavía imperfecta y débil, los ímpetus del corazón son mucho más violentos... (*Asiendo de una mano a doña Francisca, la hace sentar inmediata a él.*) Pero de veras, doña Paquita, ¿se volvería usted al convento de buena gana?... La verdad.
D.ᴬ *Irene.*	Pero si ella no...
D. *Diego.*	Déjela usted, señora, que ella responderá.
D.ᴬ *Francisca.*	Bien sabe usted lo que acabo de decirla... No permita Dios que yo la dé que sentir.
D. *Diego.*	Pero eso lo dice usted tan afligida y...
D.ᴬ *Irene.*	Si es natural, señor. ¿No ve usted que?...
D. *Diego.*	Calle usted, por Dios, doña Irene, y no me diga usted a mí lo que es natural. Lo que es natural es que la chica esté llena de miedo, y no se atreva a decir una palabra que se oponga a lo que su madre quiere que diga... Pero si esto hubiese, por vida mía, que estábamos lucidos.
D.ᴬ *Francisca.*	No, señor, lo que dice su merced, eso digo yo; lo mismo. Porque en todo lo que me mande la obedeceré.
D. *Diego.*	¡Mandar, hija mía!... En estas materias tan delicadas los padres que tienen juicio no mandan. Insinúan, proponen, aconsejan; eso sí, todo eso sí; ¡pero mandar!... ¿Y quién ha de evitar después las resultas funestas de lo que mandaron?... Pues ¿cuántas veces vemos matrimonios infelices, uniones monstruosas, verificadas solamente porque un padre tonto se metió a mandar lo que no debiera?... ¿Cuántas veces una desdichada mujer halla anticipada la muerte en el encierro de un claustro, porque su madre o su tío se empeñaron en regalar a Dios lo que Dios no quería? ¡Eh! No, señor, eso no va bien... Mire usted, doña Paquita, yo no soy de aquellos hombres que se disimulan los defectos. Yo sé que ni mi figura ni mi edad

---

²⁵ cambiar de estrategia.

son para enamorar perdidamente a nadie; pero tampoco he creído imposible que una muchacha de juicio y bien criada llegase a quererme con aquel amor tranquilo y constante que tanto se parece a la amistad, y es el único que puede hacer los matrimonios felices. Para conseguirlo no he ido a buscar ninguna hija de familia de estas que viven en una decente libertad... Decente; que yo no culpo lo que no se opone al ejercicio de la virtud. Pero, ¿cuál sería entre todas ellas la que no estuviese ya prevenida en favor de otro amante más apetecible que yo? ¡Y en Madrid! ¡Figúrese usted, en un Madrid!... Lleno de estas ideas me pareció que tal vez hallaría en usted todo cuanto yo deseaba.

D.ᴬ Irene.   Y puede usted creer, señor don Diego, que...

D. Diego.   Voy a acabar, señora, déjeme usted acabar. Yo me hago cargo, querida Paquita, de lo que habrán influído en una niña tan bien inclinada como usted las santas costumbres que ha visto practicar en aquel inocente asilo de la devoción y la virtud; pero si a pesar de todo esto la imaginación acalorada, las circunstancias imprevistas, la hubiesen hecho elegir sujeto más digno, sepa usted que yo no quiero nada con violencia. Yo soy ingenuo; mi corazón y mi lengua no se contradicen jamás. Esto mismo la pido a usted, Paquita: sinceridad. El cariño que a usted la tengo no la debe hacer infeliz... Su madre de usted no es capaz de querer una injusticia, y sabe muy bien que a nadie se le hace dichoso por fuerza. Si usted no halla en mí prendas que la inclinen, si siente algún otro cuidadillo en su corazón, créame usted, la menor disimulación en esto nos daría a todos muchísimo que sentir.

D.ᴬ Irene.   ¿Puedo hablar ya, señor?

D. Diego.   Ella, ella debe hablar, y sin apuntador y sin intérprete.

D.ᴬ Irene.   Cuando yo se lo mande.

D. Diego.   Pues ya puede usted mandárselo, porque a ella la toca responder... Con ella he de casarme, con usted no.

D.ᴬ Irene.   Yo creo, señor don Diego, que ni con ella ni conmigo. ¿En qué concepto nos tiene usted?... Bien dice su padrino, y bien claro me lo escribió pocos días ha, cuando le dí parte de este casamiento. Que aunque no la ha vuelto a ver desde que la tuvo en la pila, la quiere muchísimo; y a cuantos pasan por el Burgo de Osma[26] les pregunta cómo está, y continuamente nos envía memorias con el ordinario.

D. Diego.   Y bien, señora, ¿qué escribió el padrino?... O por mejor decir, ¿qué tiene que ver nada de eso con lo que estamos hablando?

---

[26] pueblo en la provincia de Soria.

D.ª Irene.	Sí, señor, que tiene que ver, sí, señor. Y aunque yo lo diga, le aseguro a usted que ni un padre de Atocha[27] hubiera puesto una carta mejor que la que él me envió sobre el matrimonio de la niña... Y no es ningún catedrático, ni bachiller, ni nada de eso, sino un cualquiera, como quien dice, un hombre de capa y espada,[28] con un empleíllo infeliz en el ramo del viento, que apenas le da para comer... Pero es muy ladino, y sabe de todo, y tiene una labia y escribe que da gusto... Casi toda la carta venía en latín, no le parezca a usted, y muy buenos consejos que me daba en ella... Que no es posible sino que adivinase lo que nos está sucediendo.
D. Diego.	Pero, señora, si no sucede nada, ni hay cosa que a usted la deba disgustar.
D.ª Irene.	Pues ¿no quiere usted que me disguste oyéndole hablar de mi hija en unos términos que?... ¡Ella otros amores ni otros cuidados!... Pues si tal hubiera... ¡Válgame Dios!... la mataba a golpes, mire usted... Respóndele, una vez que quiere que hables, y que yo no chiste.[29] Cuéntale los novios que dejaste en Madrid cuando tenías doce años, y los que has adquirido en el convento al lado de aquella santa mujer. Díselo para que se tranquilice, y...
D. Diego.	Yo, señora, estoy más tranquilo que usted.
D.ª Irene.	Respóndele.
D.ª Francisca.	Yo no sé qué decir. Si ustedes se enfadan.
D. Diego.	No, hija mía; esto es dar alguna expresión a lo que se dice, pero, ¡enfadarnos! no por cierto. Doña Irene sabe lo que yo la estimo.
D.ª Irene.	Sí, señor, que lo sé, y estoy sumamente agradecida a los favores que usted nos hace... Por eso mismo...
D. Diego.	No se hable de agradecimiento; cuanto yo puedo hacer, todo es poco... Quiero sólo que doña Paquita esté contenta.
D.ª Irene.	¿Pues no ha de estarlo? Responde.
D.ª Francisca.	Sí, señor, que lo estoy.
D. Diego.	Y que la mudanza de estado que se la previene no la cueste el menor sentimiento.
D.ª Irene.	No, señor, todo al contrario... Boda más a gusto de todos no se pudiera imaginar.
D. Diego.	En esa inteligencia puedo asegurarla que no tendrá motivos de arrepentirse después. En nuestra compañía vivirá querida y adorada, y espero que a fuerza de beneficios he de merecer su estimación y su amistad.

---

[27] Atocha: sacerdote de la iglesia de Nuestra Señora de Atocha, la patrona de Madrid.   [28] un hombre común.   [29] no abro la boca.

D.ᴬ Francisca.	Gracias, señor don Diego... ¡A una huérfana, pobre, desvalida como yo!...
D. Diego.	Pero de prendas tan estimables, que la hacen a usted digna todavía de mayor fortuna.
D.ᴬ Irene.	Ven aquí, ven... Ven aquí, Paquita.
D.ᴬ Francisca.	¡Mamá! (*Levántase, abraza a su madre, y se acarician mutuamente.*)
D.ᴬ Irene.	¿Ves lo que te quiero?
D.ᴬ Francisca.	Sí, señora.
D.ᴬ Irene.	¿Y cuánto procuro tu bien, que no tengo otro pío sino el de verte colocada antes que yo falte?
D.ᴬ Francisca.	Bien lo conozco.
D.ᴬ Irene.	¡Hija de mi vida! ¿Has de ser buena?
D.ᴬ Francisca.	Sí, señora.
D.ᴬ Irene.	¡Ay, que no sabes tú lo que te quiere tu madre!
D.ᴬ Francisca.	Pues qué, ¿no la quiero yo a usted?
D. Diego.	Vamos, vamos de aquí. (*Levántase don Diego, y después doña Irene.*) No venga alguno y nos halle a los tres llorando como tres chiquillos.
D.ᴬ Irene.	Sí, dice usted bien. (*Vanse los dos al cuarto de doña Irene. Doña Francisca va detrás; y Rita, que sale por la puerta del foro, la hace detener.*)

Escena VI

Rita, Doña Francisca

Rita.	Señorita... ¡Eh! chit... señorita...
D.ᴬ Francisca.	¿Qué quieres?
Rita.	Ya ha venido.
D.ᴬ Francisca.	¿Cómo?
Rita.	Ahora mismo acaba de llegar. Le he dado un abrazo con licencia de usted, y ya sube por la escalera.
D.ᴬ Francisca.	¡Ay, Dios! ¿Y qué debo hacer?
Rita.	¡Donosa pregunta!... Vaya, lo que importa es no gastar el tiempo en melindres de amor... Al asunto... y juicio. Y mire usted que en el paraje en que estamos, la conversación no puede ser muy larga... Ahí está.
D.ᴬ Francisca.	Sí... Él es.
Rita.	Voy a cuidar de aquella gente... Valor, señorita, y resolución. (*Rita se va al cuarto de doña Irene.*)
D.ᴬ Francisca.	No, no, que yo también... Pero no lo merece.

Escena VII

DON CARLOS, DOÑA FRANCISCA

Sale don Carlos por la puerta del foro.

D. Carlos.   ¡Paquita!... ¡Vida mía!... Ya estoy aquí... ¿Cómo va, hermosa, cómo va?

D.ᴬ Francisca.   Bien venido.

D. Carlos.   ¿Cómo tan triste?... ¿No merece mi llegada más alegría?

D.ᴬ Francisca.   Es verdad; pero acaban de sucederme cosas que me tienen fuera de mí... Sabe usted... Sí, bien lo sabe usted... Después de escrita aquella carta, fueron por mí... Mañana a Madrid... Ahí está mi madre.

D. Carlos.   ¿En dónde?

D.ᴬ Francisca.   Ahí, en ese cuarto. (*Señalando al cuarto de doña Irene.*)

D. Carlos.   ¿Sola?

D.ᴬ Francisca.   No, señor.

D. Carlos.   Estará en compañía del prometido esposo. (*Se acerca al cuarto de doña Irene, se detiene y vuelve.*) Mejor... Pero ¿no hay nadie más con ella?

D.ᴬ Francisca.   Nadie más, solos están... ¿Qué piensa usted hacer?

D. Carlos.   Si me dejase llevar de mi pasión y de lo que esos ojos me inspiran, una temeridad... Pero tiempo hay... Él también será hombre de honor, y no es justo insultarle porque quiere bien a una mujer tan digna de ser querida... Yo no conozco a su madre de usted ni... Vamos, ahora nada se puede hacer... Su decoro de usted merece la primera atención.

D.ᴬ Francisca.   Es mucho el empeño que tiene en que me case con él.

D. Carlos.   No importa.

D.ᴬ Francisca.   Quiere que esta boda se celebre así que lleguemos a Madrid.

D. Carlos.   ¿Cuál?... No. Eso no.

D.ᴬ Francisca.   Los dos están de acuerdo, y dicen...

D. Carlos.   Bien... Dirán... Pero no puede ser.

D.ᴬ Francisca.   Mi madre no me habla continuamente de otra materia. Me amenaza, me ha llenado de temor... Él insta por su parte, me ofrece tantas cosas, me...

D. Carlos.   Y usted, ¿qué esperanza le da?... ¿Ha prometido quererle mucho?

D.ᴬ Francisca.   ¡Ingrato!... ¿Pues no sabe usted que?... ¡Ingrato!

D. Carlos.   Sí, no lo ignoro, Paquita... Yo he sido el primer amor.

D.ᴬ Francisca.   Y el último.

D. Carlos.   Y antes perderé la vida, que renunciar al lugar que tengo en ese corazón... Todo él es mío... ¿Digo bien? (*Asiéndola de las manos.*)

D.ª Francisca. ¿Pues de quién ha de ser?

D. Carlos. ¡Hermosa! ¡Qué dulce esperanza me anima!... Una sola palabra de esa boca me asegura... Para todo me da valor... En fin, ya estoy aquí... ¿Usted me llama para que la defienda, la libre, la cumpla una obligación mil y mil veces prometida? Pues a eso mismo vengo yo... Si ustedes se van a Madrid mañana, yo voy también. Su madre de usted sabrá quién soy... Allí puedo contar con el favor de un anciano respetable y virtuoso, a quien más que tío debo llamar amigo y padre. No tiene otro deudo más inmediato ni más querido que yo; es hombre muy rico, y si los dones de la fortuna tuviesen para usted algún atractivo, esta circunstancia añadiría felicidades a nuestra unión.

D.ª Francisca. ¿Y qué vale para mí toda la riqueza del mundo?

D. Carlos. Ya lo sé. La ambición no puede agitar a un alma tan inocente.

D.ª Francisca. Querer y ser querida... Ni apetezco más ni conozco mayor fortuna.

D. Carlos. Ni hay otra... Pero usted debe serenarse, y esperar que la suerte mude nuestra aflicción presente en durables dichas.

D.ª Francisca. ¿Y qué se ha de hacer para que a mi pobre madre no la cueste una pesadumbre?... ¡Me quiere tanto!... Si acabo de decirla que no la disgustaré, ni me apartaré de su lado jamás; que siempre seré obediente y buena... ¡Y me abrazaba con tanta ternura! Quedó tan consolada con lo poco que acerté a decirla... Yo no sé, no sé qué camino ha de hallar usted para salir de estos ahogos.

D. Carlos. Yo le buscaré... ¿No tiene usted confianza en mí?

D.ª Francisca. ¿Pues no he de tenerla? ¿Piensa usted que estuviera yo viva, si esa esperanza no me animase? Sola y desconocida de todo el mundo, ¿qué había yo de hacer? Si usted no hubiese venido, mis melancolías me hubieran muerto, sin tener a quien volver los ojos, ni poder comunicar a nadie la causa de ellas... Pero usted ha sabido proceder como caballero y amante, y acaba de darme con su venida la prueba mayor de lo mucho que me quiere. (*Se enternece y llora.*)

D. Carlos. ¡Qué llanto!... ¡Cómo persuade!... Sí, Paquita, yo solo basto para defenderla a usted de cuantos quieran oprimirla. A un amante favorecido, ¿quién puede oponérsele? Nada hay que temer.

D.ª Francisca. ¿Es posible?

D. Carlos. Nada... Amor ha unido nuestras almas en estrechos nudos, y sólo la muerte bastará a dividirlas.

Escena VIII

RITA, DON CARLOS, DOÑA FRANCISCA

Rita.	Señorita, adentro. La mamá pregunta por usted. Voy a traer la cena, y se van a recoger al instante... Y usted, señor galán, ya puede también disponer de su persona.
D. Carlos.	Sí, que no conviene anticipar[30] sospechas... Nada tengo que añadir.
D.ª Francisca.	Ni yo.
D. Carlos.	Hasta mañana. Con la luz del día veremos a este dichoso competidor.
Rita.	Un caballero muy honrado, muy rico, muy prudente; con su chupa larga, su camisola limpia, y sus sesenta años debajo del peluquín. (*Se va por la puerta del foro.*)
D.ª Francisca.	Hasta mañana.
D. Carlos.	Adiós, Paquita.
D.ª Francisca.	Acuéstese usted, y descanse.
D. Carlos.	¿Descansar con celos?
D.ª Francisca.	¿De quién?
D. Carlos.	Buenas noches... Duerma usted bien, Paquita.
D.ª Francisca.	¿Dormir con amor?
D. Carlos.	Adiós, vida mía.
D.ª Francisca.	Adiós. (*Éntrase al cuarto de doña Irene.*)

Escena IX

DON CARLOS, CALAMOCHA, RITA

D. Carlos.	¡Quitármela! (*Paseándose con inquietud.*) No... Sea quien fuere, no me la quitará. Ni su madre ha de ser tan imprudente que se obstine en verificar este matrimonio repugnándolo su hija... mediando yo... ¡Sesenta años!... Precisamente será muy rico... ¡El dinero! Maldito él sea, que tantos desórdenes origina.
Calamocha.	Pues, señor (*Sale por la puerta del foro.*), tenemos un medio cabrito asado, y... a lo menos parece cabrito. Tenemos una magnífica ensalada de berros, sin anapelos ni otra materia extraña, bien lavada, escurrida y condimentada por estas manos pecadoras, que no hay más que pedir. Pan de Meco, vino de la Tercia[31]... Conque si hemos de cenar y dormir, me parece que sería bueno...
D. Carlos.	Vamos... ¿Y adónde ha de ser?

---

[30] provocar.   [31] dos pueblos que se conocen por su pan y su vino.

Calamocha.	Abajo. Allí he mandado disponer una angosta y fementida mesa, que parece un banco de herrador.
Rita.	¿Quién quiere sopas? (*Sale por la puerta del foro con unos platos, taza, cuchara y servilleta.*)
D. Carlos.	Buen provecho.
Calamocha.	Si hay alguna real moza que guste de cenar cabrito, levante el dedo.
Rita.	La real moza se ha comido ya media cazuela de albondiguillas... Pero lo agradece, señor militar. (*Éntrase al cuarto de doña Irene.*)
Calamocha.	Agradecida te quiero yo, niña de mis ojos.
D. Carlos.	Conque ¿vamos?
Calamocha.	¡Ay! ¡ay! ¡ay!... (*Calamocha se encamina a la puerta del foro, y vuelve; se acerca a don Carlos, y hablan con reserva hasta el fin de la escena, en que Calamocha se adelanta a saludar a Simón.*) ¡Eh! chit, digo...
D. Carlos.	¿Qué?
Calamocha.	¿No ve usted lo que viene por allí?
D. Carlos.	¿Es Simón?
Calamocha.	Él mismo... Pero ¿quién diablos le?...
D. Carlos.	¿Y qué haremos?
Calamocha.	¿Qué sé yo? Sonsacarle, mentir y... ¿Me da usted licencia para que?...
D. Carlos.	Sí; miente lo que quieras. ¿A qué habrá venido este hombre?

Escena X

Simón, Don Carlos, Calamocha

Simón sale por la puerta del foro.

Calamocha.	Simón, ¿tú por aquí?
Simón.	Adiós, Calamocha. ¿Cómo va?
Calamocha.	Lindamente.
Simón.	¡Cuánto me alegro de!...
D. Carlos.	¡Hombre! ¿Tú en Alcalá? ¿Pues qué novedad es ésta?
Simón.	¡Oh, que estaba usted ahí, señorito! ¡Voto a sanes!
D. Carlos.	¡Y mi tío?
Simón.	Tan bueno.
Calamocha.	¿Pero se ha quedado en Madrid, o?...
Simón.	¿Quién me había de decir a mí?... ¡Cosa como ella! Tan ajeno estaba yo ahora de... Y usted de cada vez más guapo... ¿Conque usted irá a ver al tío, eh?
Calamocha.	Tú habrás venido con algún encargo del amo.

Simón.   ¡Y qué calor traje, y qué polvo por ese camino! ¡Ya, ya!

Calamocha.   Alguna cobranza tal vez ¿eh?

D. Carlos.   Puede ser. Como tiene mi tío ese poco de hacienda en Ajalvir[32]... ¿No has venido a eso?

Simón.   ¡Y qué buena maula le ha salido el tal administrador! Labriego más marrullero y más bellaco no le hay en toda la campiña... ¿Conque usted viene ahora de Zaragoza?

D. Carlos.   Pues... Figúrate tú.

Simón.   ¿O va usted allá?

D. Carlos.   ¿Adónde?

Simón.   A Zaragoza. ¿No está allí el regimiento?

Calamocha.   Pero, hombre, si salimos el verano pasado de Madrid, ¿no habíamos de haber andado más de cuatro leguas?

Simón.   ¿Qué sé yo? Algunos van por la posta, y tardan más de cuatro meses en llegar... Debe de ser un camino muy malo.

Calamocha.   (Separándose de Simón.)
             (¡Maldito seas tú, y tu camino, y la bribona que te dió papilla!)

D. Carlos.   Pero aún no me has dicho si mi tío está en Madrid o en Alcalá, ni a qué has venido, ni...

Simón.   Bien, a eso voy... Sí, señor, voy a decir a usted... Conque... Pues el amo me dijo...

Escena XI

Don Diego, Don Carlos, Simón, Calamocha

D. Diego.   (Desde adentro.) No, no es menester; si hay luz aquí. Buenas noches, Rita. (Don Carlos se turba, y se aparta a un extremo del teatro.)

D. Carlos.   (¡Mi tío!)

D. Diego.   ¡Simón! (Sale don Diego del cuarto de doña Irene, encaminándose al suyo; repara en don Carlos, y se acerca a él. Simón le alumbra, y vuelve a dejar la luz sobre la mesa.)

Simón.   Aquí estoy, señor.

D. Carlos.   (¡Todo se ha perdido!)

D. Diego.   Vamos... Pero... ¿quién es?

Simón.   Un amigo de usted, señor.

D. Carlos.   (Yo estoy muerto.)

D. Diego.   ¿Cómo un amigo?... ¿Qué? Acerca esa luz.

D. Carlos.   ¡Tío! (En ademán de besar la mano a don Diego, que le aparta de sí con enojo.)

---

[32] pueblo cerca de Alcalá.

D. Diego.	Quítate de ahí.
D. Carlos.	¡Señor!
D. Diego.	Quítate... No sé cómo no le... ¿Qué haces aquí?
D. Carlos.	Si usted se altera y...
D. Diego.	¿Qué haces aquí?
D. Carlos.	Mi desgracia me ha traído.
D. Diego.	¡Siempre dándome que sentir, siempre! Pero... (*Acercándose a don Carlos.*) ¿Qué dices? ¿De veras ha ocurrido alguna desgracia? Vamos... ¿Qué te sucede?... ¿Por qué estás aquí?
Calamocha.	Porque le tiene a usted ley, y le quiere bien, y...
D. Diego.	A ti no te pregunto nada... ¿Por qué has venido de Zaragoza sin que yo lo sepa?... ¿Por qué te asusta el verme?... Algo has hecho: sí, alguna locura has hecho que le habrá de costar la vida a tu pobre tío.
D. Carlos.	No, Señor, que nunca olvidaré las máximas de honor y prudencia que usted me ha inspirado tantas veces.
D. Diego.	Pues, ¿a qué viniste? ¿Es desafío? ¿Son deudas? ¿Es algún disgusto con tus jefes? Sácame de esta inquietud, Carlos... Hijo mío, sácame de este afán.
Calamocha.	Si todo ello no es más que...
D. Diego.	Ya he dicho que calles... Ven acá. (*Asiendo de una mano a don Carlos, se aparta con él a un extremo del teatro, y le habla en voz baja.*) Dime qué ha sido.
D. Carlos.	Una ligereza, una falta de sumisión a usted. Venir a Madrid sin pedirle licencia primero... Bien arrepentido estoy, considerando la pesadumbre que le he dado al verme.
D. Diego.	¿Y qué otra cosa hay?
D. Carlos.	Nada más, señor.
D. Diego.	Pues ¿qué desgracia era aquella de que me hablaste?
D. Carlos.	Ninguna. La de hallarle a usted en este paraje... y haberle disgustado tanto, cuando yo esperaba sorprenderle en Madrid, estar en su compañía algunas semanas, y volverme contento de haberle visto.
D. Diego.	¿No hay más?
D. Carlos.	No, señor.
D. Diego.	Míralo bien.
D. Carlos.	No, señor... A eso venía. No hay nada más.
D. Diego.	Pero no me digas tú a mí... Si es imposible que estas escapadas se... No, señor... ¿Ni quién ha de permitir que un oficial se vaya cuando se le antoje, y abandone de ese modo sus banderas?... Pues si tales ejemplos se repitieran mucho, adiós disciplina militar... Vamos... Eso no puede ser.

D. Carlos. Considere usted, tío, que estamos en tiempo de paz; que en Zaragoza no es necesario un servicio tan exacto como en otras plazas, en que no se permite descanso a la guarnición... Y en fin, puede usted creer que este viaje supone la aprobación y la licencia de mis superiores; que yo también miro por mi estimación, y que cuando me he venido, estoy seguro de que no hago falta.

D. Diego. Un oficial siempre hace falta a sus soldados. El rey le tiene allí para que los instruya, los proteja y les dé ejemplo de subordinación, de valor, de virtud.

D. Carlos. Bien está; pero ya he dicho los motivos...

D. Diego. Todos esos motivos no valen nada... ¡Porque le dió la gana de ver al tío!... Lo que quiere su tío de usted no es verle cada ocho días, sino saber que es hombre de juicio, y que cumple con sus obligaciones. Eso es lo que quiere... Pero (*Alza la voz, y se pasea inquieto.*) yo tomaré mis medidas para que estas locuras no se repitan otra vez... Lo que usted ha de hacer ahora es marcharse inmediatamente.

D. Carlos. Señor, si...

D. Diego. No hay remedio... Y ha de ser al instante. Usted no ha de dormir aquí.

Calamocha. Es que los caballos no están ahora para correr... ni pueden moverse.

D. Diego. Pues con ellos (*A Calamocha.*) y con las maletas al mesón de afuera. Usted (*A don Carlos.*) no ha de dormir aquí... Vamos (*A Calamocha.*) tú, buena pieza, menéate. Abajo con todo. Pagar el gasto que se haya hecho, sacar los caballos, y marchar... Ayúdale tú... (*A Simón.*) ¿Qué dinero tienes ahí?

Simón. Tendré unas cuatro o seis onzas.[33] (*Saca de un bolsillo algunas monedas, y se las da a don Diego.*)

D. Diego. Dámelas acá. Vamos, ¿qué haces? (*A Calamocha.*) ¿No he dicho que ha de ser al instante? Volando. Y tú (*A Simón.*), ve con él, ayúdale, y no te me apartes de allí hasta que se hayan ido. (*Los dos criados entran en el cuarto de don Carlos.*)

Escena XII

DON DIEGO, DON CARLOS

D. Diego. Tome usted... (*Le da el dinero.*) Con eso hay bastante para el camino... Vamos, que cuando yo lo dispongo así, bien sé lo que me hago... ¿No conoces que es todo por tu bien, y que ha sido un desatino lo que acabas de hacer?... Y no hay que afligirse por eso, ni creas que es falta de cariño... Ya sabes lo que te he

---

[33] moneda de oro.

querido siempre; y en obrando tú según corresponde, seré tu amigo como lo he sido hasta aquí.

D. Carlos. Ya lo sé.

D. Diego. Pues bien, ahora obedece lo que te mando.

D. Carlos. Lo haré sin falta.

D. Diego. Al mesón de afuera. (*A los dos criados, que salen con los trastos del cuarto de don Carlos, y se van por la puerta del foro.*) Allí puedes dormir, mientras los caballos comen y descansan... Y no me vuelvas aquí por ningún pretexto ni entres en la ciudad... ¡Cuidado! Y a eso de las tres o las cuatro, marchar. Mira que he de saber a la hora que sales. ¿Lo entiendes?

D. Carlos. Sí, señor.

D. Diego. Mira que lo has de hacer.

D. Carlos. Sí, señor, haré lo que usted manda.

D. Diego. Muy bien. Adiós... Todo te lo perdono... Vete con Dios... Y yo sabré también cuándo llegas a Zaragoza: no te parezca que estoy ignorante de lo que hiciste la vez pasada.

D. Carlos. Pues ¿qué hice yo?

D. Diego. Si te digo que lo sé, y que te lo perdono, ¿qué más quieres? No es tiempo ahora de tratar de eso. Vete.

D. Carlos. Quede usted con Dios. (*Hace que se va, y vuelve.*)

D. Diego. ¿Sin besar la mano a su tío, eh?

D. Carlos. No me atreví. (*Besa la mano a don Diego, y se abrazan.*)

D. Diego. Y dame un abrazo, por si no nos volvemos a ver.

D. Carlos. ¿Qué dice usted? ¡No lo permita Dios!

D. Diego. ¡Quién sabe, hijo mío! ¿Tienes algunas deudas? ¿Te falta algo?

D. Carlos. No, señor, ahora no.

D. Diego. Mucho es, porque tú siempre tiras por largo... Como cuentas con la bolsa del tío... Pues bien, yo escribiré al señor Aznar para que te dé cien doblones[34] de orden mía. Y mira cómo los gastas. ¿Juegas?

D. Carlos. No, señor, en mi vida.

D. Diego. Cuidado con eso... Conque, buen viaje. Y no te acalores: jornadas regulares y nada más... ¿Vas contento?

D. Carlos. No, señor. Porque usted me quiere mucho, me llena de beneficios, y yo le pago mal.

D. Diego. No se hable ya de lo pasado... Adiós.

D. Carlos. ¿Queda usted enojado conmigo?

---

[34] moneda de oro de poco valor.

D. Diego.	No, no por cierto... Me disgusté bastante, pero ya se acabó... No me des que sentir. (*Poniéndole ambas manos sobre los hombros.*) Portarse como hombre de bien.
D. Carlos.	No lo dude usted.
D. Diego.	Como oficial de honor.
D. Carlos.	Así lo prometo.
D. Diego.	Adiós, Carlos. (*Abrazándose.*)
D. Carlos.	(*Al irse por la puerta del foro.*) (*¡Y la dejo!... ¡Y la pierdo para siempre!*)

Escena XIII

Don Diego

D. Diego.	Demasiado bien se ha compuesto... Luego lo sabrá, enhorabuena... Pero no es lo mismo escribírselo, que... Después de hecho, no importa nada... ¡Pero siempre aquel respeto al tío!... Como una malva es. (*Se enjuga las lágrimas, toma la luz y se va a su cuarto. El teatro queda solo y oscuro por un breve espacio.*)

Escena XIV

Doña Francisca, Rita

Salen del cuarto de doña Irene. Rita sacará una luz y la pone encima de la mesa.

Rita.	Mucho silencio hay por aquí.
D.ᴬ Francisca.	Se habrán recogido ya... Estarán rendidos.
Rita.	Precisamente.
D.ᴬ Francisca.	¡Un camino tan largo!
Rita.	¡A lo que obliga el amor, señorita!
D.ᴬ Francisca.	Sí, bien puedes decirlo: amor... Y yo ¿qué no hiciera por él?
Rita.	Y deje usted,[35] que no ha de ser éste el último milagro. Cuando lleguemos a Madrid, entonces será ella... El pobre don Diego, ¡qué chasco se va a llevar! Y por otra parte, vea usted qué señor tan bueno, que cierto da lástima...
D.ᴬ Francisca.	Pues en eso consiste todo. Si él fuese un hombre despreciable, ni mi madre hubiera admitido su pretensión, ni yo tendría que disimular mi repugnancia... Pero ya es otro tiempo, Rita. Don Félix ha venido, y ya no temo a nadie. Estando mi fortuna en su mano, me considero la más dichosa de las mujeres.
Rita.	¡Ay! ahora que me acuerdo... Pues poquito me lo encargó... Ya se ve, si con estos amores tengo yo también la cabeza... Voy por él (*Encaminándose al cuarto de doña Irene.*)

---

[35] espere.

D.ᴬ Francisca.	¿A qué vas?
Rita.	El tordo, que ya se me olvidaba sacarle de allí.
D.ᴬ Francisca.	Sí, tráele, no empiece a rezar como anoche... Allí quedó junto a la ventana... Y ve con cuidado, no despierte mamá.
Rita.	Sí, mire usted el estrépito de caballerías que anda por allá abajo... Hasta que lleguemos a nuestra calle del Lobo, número siete, cuarto³⁶ segundo, no hay que pensar en dormir... Y ese maldito portón, que rechina que...
D.ᴬ Francisca.	Te puedes llevar la luz.
Rita.	No es menester, que ya sé dónde está. (*Vase al cuarto de doña Irene.*)

Escena XV

Simón, Doña Francisca

Sale Simón por la puerta del foro.

D.ᴬ Francisca.	Yo pensé que estaban ustedes acostados.
Simón.	El amo ya habrá hecho esa diligencia; pero yo todavía no sé en dónde he de tender el rancho... Y buen sueño que tengo.
D.ᴬ Francisca.	¿Qué gente nueva ha llegado ahora?
Simón.	Nadie. Son unos que estaban ahí, y se han ido.
D.ᴬ Francisca.	¿Los arrieros?
Simón.	No, señora. Un oficial y un criado suyo, que parece que se van a Zaragoza.
D.ᴬ Francisca.	¿Quiénes dice usted que son?
Simón.	Un teniente coronel y su asistente.
D.ᴬ Francisca.	¿Y estaban aquí?
Simón.	Sí, señora, ahí en ese cuarto.
D.ᴬ Francisca.	No los he visto.
Simón.	Parece que llegaron esta tarde y... A la cuenta habrán despachado ya la comisión que traían... Conque se han ido... Buenas noches, señorita. (*Vase al cuarto de don Diego.*)

Escena XVI

Rita, Doña Francisca

D.ᴬ Francisca.	¡Dios mío de mi alma! ¿Qué es esto? No puedo sostenerme... ¡Desdichada! (*Siéntase en una silla inmediata a la mesa.*)
Rita.	Señorita, yo vengo muerta. (*Saca la jaula del tordo y la deja encima de la mesa; abre la puerta del cuarto de don Carlos, y vuelve.*)
D.ᴬ Francisca.	¡Ay, que es cierto!... ¿Tú lo sabes también?

---

³⁶ planta.

Rita.	Deje usted, que todavía no creo lo que he visto... Aquí no hay nadie... ni maletas, ni ropa, ni... Pero ¿cómo podía engañarme? Si yo misma los he visto salir.
D.ᴬ Francisca.	¿Y eran ellos?
Rita.	Sí, señora. Los dos.
D.ᴬ Francisca.	Pero ¿se han ido fuera de la ciudad?
Rita.	Si no los he perdido de vista hasta que salieron por Puerta de Mártires... Como está un paso de aquí.
D.ᴬ Francisca.	¿Y es ése el camino de Aragón?
Rita.	Ése es.
D.ᴬ Francisca.	¡Indigno! ¡Hombre indigno!
Rita.	¡Señorita!
D.ᴬ Francisca.	¿En qué te ha ofendido esta infeliz?
Rita.	Yo estoy temblando toda... Pero... Si es incomprensible... Si no alcanzo a discurrir qué motivos ha podido haber para esta novedad.
D.ᴬ Francisca.	¿Pues no le quise más que a mi vida?... ¿No me ha visto loca de amor?
Rita.	No sé qué decir al considerar una acción tan infame.
D.ᴬ Francisca.	¿Qué has de decir? Que no me ha querido nunca, ni hombre de bien... ¿Y vino para esto? ¡Para engañarme, para abandonarme así! (*Levántase y Rita la sostiene.*)
Rita.	Pensar que su venida fué con otro designio no me parece natural... Celos... ¿Por qué ha de tener celos?... Y aun eso mismo debiera enamorarle más... Él no es cobarde, y no hay que decir que habrá tenido miedo de su competidor.
D.ᴬ Francisca.	Te cansas en vano. Di que es un pérfido, di que es un monstruo de crueldad, y todo lo has dicho.
Rita.	Vamos de aquí, que puede venir alguien, y...
D.ᴬ Francisca.	Sí, vámonos... Vamos a llorar... ¡Y en qué situación me deja!... Pero ¿ves qué malvado?
Rita.	Sí, señora, ya lo conozco.
D.ᴬ Francisca.	¡Qué bien supo fingir! ¿Y con quién? Conmigo... ¿Pues yo merecí ser engañada tan alevosamente?... ¿Mereció mi cariño este galardón?... ¡Dios de mi vida! ¿Cuál es mi delito, cuál es? (*Rita coge la luz y se van entrambas al cuarto de doña Francisca.*)

ACTO TERCERO

Escena primera

Teatro oscuro. Sobre la mesa habrá un candelero con vela apagada, y la jaula del tordo. Simón duerme tendido en el banco. Sale don Diego de su cuarto acabándose de poner la bata.

Don Diego, Simón

D. Diego.	Aquí, a lo menos, ya que no duerma no me derretiré... Vaya, si alcoba como ella no se... ¡Cómo ronca éste!... Guardémosle el sueño hasta que venga el día, que ya poco puede tardar... (*Simón despierta, y al oír a don Diego se incorpora y se levanta.*) ¿Qué es eso? Mira no te caigas, hombre.
Simón.	Qué, ¿estaba usted ahí, señor?
D. Diego.	Sí, aquí me he salido, porque allí no se puede parar.
Simón.	Pues yo, a Dios gracias, aunque la cama es algo dura, he dormido como un emperador.
D. Diego.	¡Mala comparación!... Di que has dormido como un pobre hombre, que no tiene ni dinero, ni ambición, ni pesadumbres, ni remordimientos.
Simón.	En efecto, dice usted bien... ¿Y qué hora será ya?
D. Diego.	Poco ha que sonó el reloj de San Justo,[37] y si no conté mal, dió las tres.
Simón.	¡Oh! pues ya nuestros caballeros irán por ese camino adelante echando chispas.
D. Diego.	Sí, ya es regular que hayan salido. Me lo prometió, y espero que lo hará.
Simón.	¡Pero si usted viera qué apesadumbrado le dejé! ¡Qué triste!
D. Diego.	Ha sido preciso.
Simón.	Ya lo conozco.
D. Diego.	¿No ves qué venida tan intempestiva?
Simón.	Es verdad. Sin permiso de usted, sin avisarle, sin haber un motivo urgente... Vamos, hizo muy mal. Bien que por otra parte él tiene prendas suficientes para que se le perdone esta ligereza. Digo... Me parece que el castigo no pasará adelante, ¿eh?
D. Diego.	¡No, qué! No, señor. Una cosa es que le haya hecho volver... Ya ves en qué circunstancias nos cogía... Te aseguro que cuando se fué me quedó un ansia en el corazón. (*Suenan a lo lejos tres palmadas, y poco después se oye que puntean un instrumento.*) ¿Qué ha sonado?
Simón.	No sé. Gente que pasa por la calle. Serán labradores.
D. Diego.	Calla.
Simón.	Vaya, música tenemos, según parece.
D. Diego.	Sí, como lo hagan bien.
Simón.	¿Y quién será el amante infeliz que se viene a puntear a estas horas en ese callejón tan puerco? Apostaré que son amores con la moza de la posada, que parece un mico.

---

[37] iglesia de Alcalá.

D. Diego.	Puede ser.
Simón.	Ya empiezan, oigamos. (*Tocan una sonata*[38] *desde adentro.*) Pues dígole a usted que toca muy lindamente el pícaro del barberillo.
D. Diego.	No; no hay barbero que sepa hacer eso, por muy bien que afeite.
Simón.	¿Quiere usted que nos asomemos un poco, a ver?...
D. Diego.	No, dejarlos. ¡Pobre gente! ¡Quién sabe la importancia que darán ellos a la tal músical! No gusto yo de incomodar a nadie. (*Sale de su cuarto doña Francisca y Rita con ella. Las dos se encaminan a la ventana. Don Diego y Simón se retiran a un lado, y observan.*)
Simón.	¡Señor! ¡Eh!... Presto, aquí a un ladito.
D. Diego.	¿Qué quieres?
Simón.	Que han abierto la puerta de esa alcoba, y huele a faldas que trasciende.
D. Diego.	¿Sí?... Retirémonos.

Escena II

DOÑA FRANCISCA, RITA, DON DIEGO, SIMÓN

Rita.	Con tiento, señorita.
D.^A Francisca.	Siguiendo la pared, ¿no voy bien? (*Vuelven a probar el instrumento.*)
Rita.	Sí, señora... Pero vuelven a tocar... Silencio...
D.^A Francisca.	No te muevas... Deja... Sepamos primero si es él.
Rita.	¿Pues no ha de ser?... La seña no puede mentir.
D.^A Francisca.	Calla... (*Repiten desde adentro la sonata anterior.*) Sí, él es... ¡Dios mío!... (*Acércase Rita a la ventana, abre la vidriera y da tres palmadas. Cesa la música.*) Ve, responde... Albricias, corazón. Él es.
Simón.	¿Ha oído usted?
D. Diego.	Sí.
Simón.	¿Qué querrá decir esto?
D. Diego.	Calla.
D.^A Francisca.	(*Se asoma a la ventana. Rita se queda detrás de ella. Los puntos suspensivos indican las interrupciones más o menos largas que deben hacerse.*) Yo soy... Y ¿qué había de pensar viendo lo que usted acaba de hacer?... ¿Qué fuga es ésta?... Rita (*Apartándose de la ventana, y vuelve después.*), amiga, por Dios, ten cuidado, y si oyeres algún rumor, al instante avísame... ¿Para siempre?

---

[38] melodía.

¡Triste de mí!... Bien está, tírela usted... Pero yo no acabo de entender... ¡Ay, don Félix! nunca le he visto a usted tan tímido... (*Tiran desde adentro una carta que cae por la ventana al teatro. Doña Francisca hace ademán de buscarla, y no hallándola vuelve a asomarse.*) No, no la he cogido; pero aquí está sin duda... ¿Y no he de saber yo hasta que llegue el día los motivos que tiene usted para dejarme muriendo?... Sí, yo quiero saberlo de su boca de usted. Su Paquita de usted se lo manda... Y ¿cómo le parece a usted que estará el mío?... No me cabe en el pecho... diga usted. (*Simón se adelanta un poco, tropieza con la jaula y la deja caer.*)

Rita.	Señorita, vamos de aquí... Presto, que hay gente.
D.ᴬ Francisca.	¡Infeliz de mí!... Guíame.
Rita.	Vamos. (*Al retirarse tropieza Rita con Simón. Las dos se van apresuradamente al cuarto de doña Francisca.*) ¡Ay!
D.ᴬ Francisca.	¡Muerta voy!

Escena III

Don Diego, Simón

D. Diego.	¿Qué grito fué ése?
Simón.	Una de las fantasmas, que al retirarse tropezó conmigo.
D. Diego.	Acércate a esa ventana, y mira si hallas en el suelo un papel... ¡Buenos estamos!
Simón.	(*Tentando por el suelo, cerca de la ventana.*) No encuentro nada, señor.
D. Diego.	Búscale bien, que por ahí ha de estar.
Simón.	¿Le tiraron desde la calle?
D. Diego.	Sí... ¿Qué amante es éste? ¡Y diez y seis años, y criada en un convento! Acabó ya toda mi ilusión.
Simón.	Aquí está. (*Halla la carta, y se la da a don Diego.*)
D. Diego.	Vete abajo, y enciende una luz... En la caballeriza o en la cocina... Por ahí habrá algún farol... Y vuelve con ella al instante. (*Vase Simón por la puerta del foro.*)

Escena IV

Don Diego

D. Diego.	¿Y a quién debo culpar? (*Apoyándose en el respaldo de una silla.*) ¿Es ella la delincuente, o su madre, o sus tías, o yo?... ¿Sobre quién, sobre quién ha de caer esta cólera, que por más que lo procuro, no la sé reprimir?... ¡La naturaleza la hizo tan amable a mis ojos!... ¡Qué esperanzas tan halagüeñas concebí! ¡Qué felicidades me prometía!... ¡Celos!... ¿Yo? ¡En qué edad tengo celos!... Vergüenza es... Pero esta inquietud que yo siento, esta

indignación, estos deseos de venganza, ¿de qué provienen? ¿Cómo he de llamarlos? Otra vez parece que... (*Advirtiendo que suena ruido en la puerta del cuarto de doña Francisca, se retira a un extremo del teatro.*) Sí.

Escena V

RITA, SIMÓN, DON DIEGO

Rita. Ya se han ido... (*Rita observa, escucha, asómase después a la ventana, y busca la carta por el suelo.*) ¡Válgame Dios!... El papel estará muy bien escrito, pero el señor don Félix es un grandísimo picarón... ¡Pobrecita de mi alma! Se muere sin remedio... Nada, ni perros parecen por la calle... ¡Ojalá no los hubiéramos conocido!... ¿Y este maldito papel?... Pues buena la hiciéramos si no pareciese... ¿Qué dirá?... Mentiras, mentiras, y todo mentira.

Simón. Ya tenemos luz. (*Sale con luz. Rita se sorprende.*)

Rita. (¡Perdida soy!)

D. Diego. ¡Rita! ¿Pues tú aquí? (*Acercándose.*)

Rita. Sí, señor, porque...

D. Diego. ¿Qué buscas a estas horas?

Rita. Buscaba... Yo le diré a usted... Porque oímos un ruido tan grande...

Simón. ¿Sí, eh?

Rita. Cierto... Un ruido y... Y mire usted (*Alza la jaula que está en el suelo.*), era la jaula del tordo... Pues la jaula era, no tiene duda... ¡Válgate Dios! ¿Si se habrá muerto? No, vivo está, vaya... Algún gato habrá sido. Preciso.

Simón. Sí, algún gato.

Rita. ¡Pobre animal! ¡Y qué asustadillo se conoce que está todavía!

Simón. Y con mucha razón... ¿No te parece, si le hubiera pillado el gato?...

Rita. Se le hubiera comido. (*Cuelga la jaula de un clavo que habrá en la pared.*)

Simón. Y sin pebre... Ni plumas hubiera dejado.

D. Diego. Tráeme esa luz.

Rita. ¡Ah! Deje usted, encenderemos ésta (*Enciende la vela que está sobre la mesa*), que ya lo que no se ha dormido[39]...

D. Diego. Y doña Paquita, ¿duerme?

Rita. Sí, señor.

---

[39] está a punto de amanecer.

Simón.	Pues mucho es que con el ruido del tordo...
D. Diego.	Vamos. (*Don Diego se entra en su cuarto. Simón va con él, llevándose una de las luces.*)

Escena VI

Doña Francisca, Rita

D.ᴬ Francisca.	(*Saliendo de su cuarto.*) ¿Ha parecido el papel?
Rita.	No, señora.
D.ᴬ Francisca.	¿Y estaban aquí los dos cuando tú saliste?
Rita.	Yo no lo sé. Lo cierto es que el criado sacó una luz, y me hallé de repente, como por máquina,[40] entre él y su amo, sin poder escapar ni saber qué disculpa darles. (*Rita coge la luz, y vuelve a buscar la carta cerca de la ventana.*)
D.ᴬ Francisca.	Ellos eran sin duda... Aquí estarían cuando yo hablé desde la ventana... ¿Y ese papel?
Rita.	Yo no lo encuentro, señorita.
D.ᴬ Francisca.	Le tendrán ellos, no te canses... Si es lo único que faltaba a mi desdicha... No le busques. Ellos le tienen.
Rita.	A lo menos por aquí...
D.ᴬ Francisca.	¡Yo estoy loca! (*Siéntase.*)
Rita.	Sin haberse explicado este hombre, ni decir siquiera...
D.ᴬ Francisca.	Cuando iba a hacerlo, me avisaste, y fué preciso retirarnos... Pero ¿sabes tú con qué temor me habló, qué agitación mostraba? Me dijo que en aquella carta vería yo los motivos justos que le precisaban a volverse; que la había escrito para dejársela a persona fiel que la pusiera en mis manos, suponiendo que el verme sería imposible. Todo engaños, Rita, de un hombre aleve que prometió lo que no pensaba cumplir... Vino, halló un competidor, y diría: "Pues yo ¿para qué he de molestar a nadie, ni hacerme ahora defensor de una mujer?... ¡Hay tantas mujeres! Cásenla... Yo nada pierdo... Primero es mi tranquilidad que la vida de esa infeliz..." ¡Dios mío, perdón!... ¡Perdón de haberle querido tanto!
Rita.	¡Ay, señorita! (*Mirando hacia el cuarto de don Diego.*) Que parece que salen ya.
D.ᴬ Francisca.	No importa, déjame.
Rita.	Pero si don Diego la ve a usted de esa manera...
D.ᴬ Francisca.	Si todo se ha perdido ya, ¿qué puedo temer?... ¿Y piensas tú que tengo alientos para levantarme?... Que vengan, nada importa.

---

[40] magia.

Escena VII

Don Diego, Simón, Doña Francisca, Rita

Simón. Voy enterado, no es menester más.

D. Diego. Mira, y haz que ensillen inmediatamente al *Moro*, mientras tú vas allá. Si han salido, vuelves, montas a caballo, y en una buena carrera que des, los alcanzas... ¿Los dos aquí, eh?... Conque, vete, no se pierda tiempo. (*Después de hablar los dos, inmediatos a la puerta del cuarto de don Diego, se va Simón por la del foro.*)

Simón. Voy allá.

D. Diego. Mucho se madruga, doña Paquita.

D.ᴬ Francisca. Sí, señor.

D. Diego. ¿Ha llamado ya doña Irene?

D.ᴬ Francisca. No, señor... (*A Rita.*) Mejor es que vayas allá, por si ha despertado y se quiere vestir. (*Rita se va al cuarto de doña Irene.*)

Escena VIII

Don Diego, Doña Francisca

D. Diego. ¿Usted no habrá dormido bien esta noche?

D.ᴬ Francisca. No, señor. ¿Y usted?

D. Diego. Tampoco.

D.ᴬ Francisca. Ha hecho demasiado calor.

D. Diego. ¿Está usted desazonada?

D.ᴬ Francisca. Alguna cosa.

D. Diego. ¿Qué siente usted? (*Siéntase junto a doña Francisca.*)

D.ᴬ Francisca. No es nada... Así un poco de... Nada... no tengo nada.

D. Diego. Algo será; porque la veo a usted muy abatida, llorosa, inquieta... ¿Qué tiene usted, Paquita? ¿No sabe usted que la quiero tanto?

D.ᴬ Francisca. Sí, señor.

D. Diego. Pues ¿por qué no hace usted más confianza de mí? ¿Piensa usted que no tendré yo mucho gusto en hallar ocasiones de complacerla?

D.ᴬ Francisca. Ya lo sé.

D. Diego. ¿Pues cómo, sabiendo que tiene usted un amigo, no desahoga con él su corazón?

D.ᴬ Francisca. Porque eso mismo me obliga a callar.

D. Diego. Eso quiere decir que tal vez soy yo la causa de su pesadumbre de usted.

D.ᴬ Francisca. No, señor; usted en nada me ha ofendido... No es de usted de quien yo me debo quejar.

D. Diego.	Pues ¿de quién, hija mía?... Venga usted acá... (*Acércase más.*) Hablemos siquiera una vez sin rodeos ni disimulación. Dígame usted: ¿no es cierto que usted mira con algo de repugnancia este casamiento que se la propone? ¿Cuánto va[41] que si la dejasen a usted entera libertad para la elección, no se casaría conmigo?
D.ᴬ Francisca.	Ni con otro.
D. Diego.	¿Será posible que usted no conozca otro más amable que yo, que la quiera bien, y que la corresponda como usted merece?
D.ᴬ Francisca.	No, señor; no, señor.
D. Diego.	Mírelo usted bien.
D.ᴬ Francisca.	¿No le digo a usted que no?
D. Diego.	¿Y he de creer, por dicha, que conserve usted tal inclinación al retiro en que se ha criado, que prefiera la austeridad del convento a una vida más?...
D.ᴬ Francisca.	Tampoco; no, señor... Nunca he pensado así.
D. Diego.	No tengo empeño de saber más... Pero de todo lo que acabo de oír resulta una gravísima contradicción. Usted no se halla inclinada al estado religioso, según parece. Usted me asegura que no tiene queja ninguna de mí, que está persuadida de lo mucho que la estimo, que no piensa casarse con otro, ni debo recelar que nadie me dispute su mano... Pues ¿qué llanto es ése? ¿De dónde nace esa tristeza profunda, que en tan poco tiempo ha alterado su semblante de usted, en términos que apenas le reconozco? ¿Son éstas las señales de quererme exclusivamente a mí, de casarse gustosa conmigo dentro de pocos días? ¿Se anuncian así la alegría y el amor? (*Vase iluminando lentamente el teatro, suponiéndose que viene la luz del día.*)
D.ᴬ Francisca.	¿Y qué motivos le he dado a usted para tales desconfianzas?
D. Diego.	¿Pues qué? Si yo prescindo de estas consideraciones, si apresuro las diligencias[42] de nuestra unión, si su madre de usted sigue aprobándola, y llega el caso de...
D.ᴬ Francisca.	Haré lo que mi madre me manda, y me casaré con usted.
D. Diego.	¿Y después, Paquita?
D.ᴬ Francisca.	Después... y mientras me dure la vida, seré mujer de bien.
D. Diego.	Eso no lo puedo yo dudar. Pero si usted me considera como el que ha de ser hasta la muerte su compañero y su amigo, dígame usted: estos títulos, ¿no me dan algún derecho para merecer de usted mayor confianza? ¿No he de lograr que usted me diga la causa de su dolor? Y no para satisfacer una

---

[41] ¿Cuánto apuesta?   [42] preparativos.

impertinente curiosidad, sino para emplearme todo en su consuelo, en mejorar su suerte, en hacerla dichosa, si mi conato y mis diligencias pudiesen tanto.

D.ᴬ *Francisca.* ¡Dichas para mí!... Ya se acabaron.

D. *Diego.* ¿Por qué?

D.ᴬ *Francisca.* Nunca diré por qué.

D. *Diego.* Pero ¡qué obstinado, qué imprudente silencio!... Cuando usted misma debe presumir que no estoy ignorante de lo que hay.

D.ᴬ *Francisca.* Si usted lo ignora, señor don Diego, por Dios no finja que lo sabe; y si en efecto lo sabe usted, no me lo pregunte.

D. *Diego.* Bien está. Una vez que no hay nada que decir, que esa aflicción y esas lágrimas son voluntarias, hoy llegaremos a Madrid, y dentro de ocho días será usted mi mujer.

D.ᴬ *Francisca.* Y daré gusto a mi madre.

D. *Diego.* Y vivirá usted infeliz.

D.ᴬ *Francisca.* Ya lo sé.

D. *Diego.* He aquí los frutos de la educación. Esto es lo que se llama criar bien a una niña: enseñarla a que desmienta y oculte las pasiones más inocentes con una pérfida disimulación. Las juzgan honestas luego que las ven instruídas en el arte de callar y mentir. Se obstinan en que el temperamento, la edad ni el genio no han de tener influencia alguna en sus inclinaciones, o en que su voluntad ha de torcerse al capricho de quien las gobierna. Todo se las permite, menos la sinceridad. Con tal que no digan lo que sienten, con tal que finjan aborrecer lo que más desean, con tal que se presten a pronunciar, cuando se lo manden, un *sí* perjuro, sacrílego, origen de tantos escándalos, ya están bien criadas; y se llama excelente educación la que inspira en ellas el temor, la astucia y el silencio de un esclavo.

D.ᴬ *Francisca.* Es verdad... Todo eso es cierto... Eso exigen de nosotras, eso aprendemos en la escuela que se nos da... Pero el motivo de mi aflicción es mucho más grande.

D. *Diego.* Sea cual fuere, hija mía, es menester que usted se anime... Si la ve a usted su madre de esa manera, ¿qué ha de decir?... Mire usted que ya parece que se ha levantado.

D.ᴬ *Francisca.* ¡Dios mío!

D. *Diego.* Sí, Paquita; conviene mucho que usted vuelva un poco sobre sí... No abandonarse tanto... Confianza en Dios... Vamos, que no siempre nuestras desgracias son tan grandes como la imaginación las pinta... ¡Mire usted qué desorden éste! ¡Qué agitación! ¡Qué lágrimas! Vaya, ¿me da usted palabra de presentarse así... con cierta serenidad y... eh?

D.ᴬ Francisca.	Y usted, señor... Bien sabe usted el genio de mi madre. Si usted no me defiende, ¿a quién he de volver los ojos? ¿Quién tendrá compasión de esta desdichada?
D. Diego.	Su buen amigo de usted... Yo... ¿Cómo es posible que yo la abandonase... ¡criatura!... en la situación dolorosa en que la veo? (*Asiéndola de las manos.*)
D.ᴬ Francisca.	¿De veras?
D. Diego.	Mal conoce usted mi corazón.
D.ᴬ Francisca.	Bien le conozco. (*Quiere arrodillarse; don Diego se lo estorba, y ambos se levantan.*)
D. Diego.	¿Qué hace usted, niña?
D.ᴬ Francisca.	Yo no sé... ¡Qué poco merece toda esa bondad una mujer tan ingrata para con[43] usted!... No, ingrata no, infeliz... ¡Ay, qué infeliz soy, señor don Diego!
D. Diego.	Yo bien sé que usted agradece como puede el amor que la tengo... Lo demás todo ha sido... ¿qué sé yo?... una equivocación mía, y no otra cosa... Pero usted, inocente, usted no ha tenido la culpa.
D.ᴬ Francisca.	Vamos... ¿No viene usted?
D. Diego.	Ahora no, Paquita. Dentro de un rato iré por allá.
D.ᴬ Francisca.	Vaya usted presto. (*Encaminándose al cuarto de doña Irene, vuelve y se despide de don Diego besándole las manos.*)
D. Diego.	Sí, presto iré.

Escena IX

Simón, Don Diego

Simón.	Ahí están, señor.
D. Diego.	¿Qué dices?
Simón.	Cuando yo salía de la Puerta, los ví a lo lejos, que iban ya de camino. Empecé a dar voces y hacer señas con el pañuelo; se detuvieron, y apenas llegué y le dije al señorito lo que usted mandaba, volvió las riendas, y está abajo. Le encargué que no subiera hasta que le avisara yo, por si acaso había gente aquí, y usted no quería que le viesen.
D. Diego.	¿Y qué dijo cuando le diste el recado?
Simón.	Ni una sola palabra... Muerto viene. Ya digo, ni una sola palabra... A mí me ha dado compasión el verle así, tan...
D. Diego.	No me empieces ya a interceder por él.
Simón.	¿Yo, señor?
D. Diego.	Sí, que no te entiendo yo... ¡Compasión!... Es un pícaro.

---

[43] hacia.

Simón.	Como yo no sé lo que ha hecho...
D. Diego.	Es un bribón, que me ha de quitar la vida... Ya te he dicho que no quiero intercesores.
Simón.	Bien está, señor. (*Vase por la puerta del foro. Don Diego se sienta, manifestando inquietud y enojo.*)
D. Diego.	Dile que suba.

Escena X

DON CARLOS, DON DIEGO

D. Diego.	Venga usted acá, señorito, venga usted... ¿En dónde has estado desde que no nos vemos?
D. Carlos.	En el mesón de afuera.
D. Diego.	¿Y no has salido de allí en toda la noche, eh?
D. Carlos.	Sí, señor, entré en la ciudad y...
D. Diego.	¿A qué?... Siéntese usted.
D. Carlos.	Tenía precisión de hablar con un sujeto... (*Siéntase.*)
D. Diego.	¡Precisión!
D. Carlos.	Sí, señor... Le debo muchas atenciones, y no era posible volverme a Zaragoza sin estar primero con él.
D. Diego.	Ya. En habiendo tantas obligaciones de por medio... Pero venirle a ver a las tres de la mañana, me parece mucho desacuerdo... ¿Por qué no le escribiste un papel?... Mira, aquí he de tener... Con este papel que le hubieras enviado en mejor ocasión, no había necesidad de hacerle trasnochar, ni molestar a nadie. (*Dándole el papel que tiraron a la ventana. Don Carlos, luego que le reconoce, se le vuelve y se levanta en ademán de irse.*)
D. Carlos.	Pues si todo lo sabe usted, ¿para qué me llama? ¿Por qué no me permite seguir mi camino, y se evitaría una contestación de la cual ni usted ni yo quedaremos contentos?
D. Diego.	Quiere saber su tío de usted lo que hay en esto, y quiere que usted se lo diga.
D. Carlos.	¿Para qué saber más?
D. Diego.	Porque yo lo quiero, y lo mando. ¡Oiga!
D. Carlos.	Bien está.
D. Diego.	Siéntate ahí... (*Siéntase don Carlos.*) ¿En dónde has conocido a esta niña?... ¿Qué amor es éste? ¿Qué circunstancias han ocurrido?... ¿Qué obligaciones hay entre los dos? ¿Dónde, cuándo la viste?
D. Carlos.	Volviéndome a Zaragoza el año pasado, llegué a Guadalajara sin ánimo de detenerme; pero el intendente, en cuya casa de campo nos apeamos, se empeñó en que había de quedarme allí todo aquel día, por ser cumpleaños de su parienta, pro-

metiéndome que al siguiente me dejaría proseguir mi viaje. Entre las gentes convidadas hallé a doña Paquita, a quien la señora había sacado aquel día del convento para que se esparciese un poco... Yo no sé qué ví en ella, que excitó en mí una inquietud, un deseo constante, irresistible, de mirarla, de oírla, de hallarme a su lado, de hablar con ella, de hacerme agradable a sus ojos... El intendente dijo entre otras cosas... burlándose... que yo era muy enamorado, y le ocurrió fingir que me llamaba don Félix de Toledo. Yo sostuve esta ficción, porque desde luego concebí la idea de permanecer algún tiempo en aquella ciudad, evitando que llegase a noticia de usted... Observé que doña Paquita me trató con un agrado particular, y cuando por la noche nos separamos, yo quedé lleno de vanidad y de esperanzas, viéndome preferido a todos los concurrentes[44] de aquel día, que fueron muchos. En fin... Pero no quisiera ofender a usted refiriéndole...

D. Diego. Prosigue.

D. Carlos. Supe que era hija de una señora de Madrid, viuda y pobre, pero de gente muy honrada... Fué necesario fiar de mi amigo los proyectos de amor que me obligaban a quedarme en su compañía; y él, sin aplaudirlos ni desaprobarlos, halló disculpas las más ingeniosas para que ninguno de su familia extrañara mi detención. Como su casa de campo está inmediata a la ciudad, fácilmente iba y venía de noche... Logré que doña Paquita leyese algunas cartas mías; y con las pocas respuestas que de ella tuve, acabé de precipitarme en una pasión que mientras viva me hará infeliz.

D. Diego. Vaya... Vamos, sigue adelante.

D. Carlos. Mi asistente (que, como usted sabe, es hombre de travesura, y conoce el mundo) con mil artificios que a cada paso le ocurrían, facilitó los muchos estorbos que al principio hallábamos... La seña era dar tres palmadas, a las cuales respondían con otras tres desde una ventanilla que daba al corral de las monjas. Hablábamos todas las noches, muy a deshora, con el recato y las precauciones que ya se dejan entender... Siempre fuí para ella don Félix de Toledo, oficial de un regimiento, estimado de mis jefes y hombre de honor. Nunca la dije más, ni la hablé de mis parientes ni de mis esperanzas, ni la dí a entender que casándose conmigo podría aspirar a mejor fortuna; porque ni me convenía nombrarle a usted, ni quise exponerla a que las miras de interés, y no el amor, la inclinasen a favorecerme. De cada vez la hallé más fina, más hermosa, más digna de ser adorada... Cerca de tres meses me detuve allí; pero al fin era necesario separarnos, y una noche funesta

---

[44] invitados.

me despedí, la dejé rendida a un desmayo mortal, y me fuí ciego de amor adonde mi obligación me llamaba... Sus cartas consolaron por algún tiempo mi ausencia triste, y en una que recibí pocos días ha, me dijo cómo su madre trataba de casarla, que primero perdería la vida que dar su mano a otro que a mí; me acordaba mis juramentos, me exhortaba a cumplirlos... Monté a caballo, corrí precipitado el camino, llegué a Guadalajara, no la encontré, vine aquí... Lo demás bien lo sabe usted, no hay para qué decírselo.

D. Diego.   ¿Y qué proyectos eran los tuyos en esta venida?

D. Carlos.   Consolarla, jurarla de nuevo un eterno amor, pasar a Madrid, verle a usted, echarme a sus pies, referirle todo lo ocurrido, y pedirle, no riquezas, ni herencias, ni protecciones, ni... eso no... Sólo su consentimiento y su bendición para verificar un enlace tan suspirado, en que ella y yo fundábamos toda nuestra felicidad.

D. Diego.   Pues ya ves, Carlos, que es tiempo de pensar muy de otra manera.

D. Carlos.   Sí, señor.

D. Diego.   Si tú la quieres, yo la quiero también. Su madre y toda su familia aplauden este casamiento. Ella... y sean las que fueren las promesas que a ti te hizo... ella misma, no ha media hora, me ha dicho que está pronta a obedecer a su madre y darme la mano así que...

D. Carlos.   ¡Pero no el corazón! (*Levántase.*)

D. Diego.   ¿Qué dices?

D. Carlos.   No, eso no... Sería ofenderla... Usted celebrará sus bodas cuando guste; ella se portará siempre como conviene a su honestidad y a su virtud; pero yo he sido el primero, el único objeto de su cariño, lo soy y lo seré... Usted se llamará su marido; pero si alguna o muchas veces la sorprende, y ve sus ojos hermosos inundados en lágrimas, por mí las vierte... No la pregunte usted jamás el motivo de sus melancolías... Yo, yo seré la causa... Los suspiros, que en vano procurará reprimir, serán finezas dirigidas a un amigo ausente.

D. Diego.   ¿Qué temeridad es ésta? (*Se levanta con mucho enojo, encaminándose hacia don Carlos, el cual se va retirando.*)

D. Carlos.   Ya se lo dije a usted... Era imposible que yo hablase una palabra sin ofenderle... Pero acabemos esta odiosa conversación... Viva usted feliz, y no me aborrezca, que yo en nada le he querido disgustar... La prueba mayor que yo puedo darle de mi obediencia y mi respeto, es la de salir de aquí inmediatamente... Pero no se me niegue a lo menos el consuelo de saber que usted me perdona.

D. Diego.   ¿Conque, en efecto, te vas?

D. Carlos.	Al instante, señor... Y esta ausencia será bien larga.
D. Diego.	¿Por qué?
D. Carlos.	Porque no me conviene verla en mi vida... Si las voces que corren de una próxima guerra se llegaran a verificar... entonces...
D. Diego.	¿Qué quieres decir? (*Asiendo de un brazo a don Carlos, le hace venir más adelante.*)
D. Carlos.	Nada... Que apetezco la guerra, porque soy soldado.
D. Diego.	¡Carlos!... ¡Qué horror!... ¿Y tienes corazón para decírmelo?
D. Carlos.	Alguien viene... (*Mirando con inquietud hacia el cuarto de doña Irene, se desprende de don Diego, y hace ademán de irse por la puerta del foro. Don Diego va detrás de él y quiere impedírselo.*) Tal vez será ella... Quede usted con Dios.
D. Diego.	¿Adónde vas?... No, señor, no has de irte.
D. Carlos.	Es preciso... Yo no he de verla... Una sola mirada nuestra pudiera causarle a usted inquietudes crueles.
D. Diego.	Ya he dicho que no ha de ser... Entra en ese cuarto.
D. Carlos.	Pero si...
D. Diego.	Haz lo que te mando. (*Éntrase don Carlos en el cuarto de don Diego.*)

Escena XI

Doña Irene, Don Diego

D.ᴬ Irene.	Conque, señor don Diego, ¿es ya la de vámonos?... Buenos días... (*Apaga la luz que está sobre la mesa.*) ¿Reza usted?
D. Diego.	Sí, para rezar estoy ahora. (*Paseándose con inquietud.*)
D.ᴬ Irene.	Si usted quiere, ya pueden ir disponiendo el chocolate, y que avisen al mayoral para que enganchen luego que... Pero ¿qué tiene usted, señor?... ¿Hay alguna novedad?
D. Diego.	Sí, no deja de haber novedades.
D.ᴬ Irene.	Pues ¿qué? Dígalo usted, por Dios... ¡Vaya, vaya!... No sabe usted lo asustada que estoy... Cualquiera cosa, así, repentina, me remueve toda y me... Desde el último malparto que tuve, quedé tan sumamente delicada de los nervios... Y va ya para diez y nueve años, si no son veinte; pero desde entonces, ya digo, cualquiera friolera me trastorna... Ni los baños, ni caldos de culebra,[45] ni la conserva de tamarindos, nada me ha servido; de manera que...
D. Diego.	Vamos, ahora no hablemos de malos partos ni de conservas... Hay otra cosa más importante de que tratar... ¿Qué hacen esas muchachas?

---

[45] un medicamento.

D.ª Irene.	Están recogiendo la ropa y haciendo el cofre, para que todo esté a la vela, y no haya detención.
D. Diego.	Muy bien. Siéntese usted... Y no hay que asustarse ni alborotarse (*Siéntanse los dos.*) por nada de lo que yo diga; y cuenta, no nos abandone el juicio cuando más lo necesitamos... Su hija de usted está enamorada...
D.ª Irene.	¿Pues no lo he dicho ya mil veces? Sí, señor, que lo está; y bastaba que yo lo dijese para que...
D. Diego.	¡Este vicio maldito de interrumpir a cada paso! Déjeme usted hablar.
D.ª Irene.	Bien, vamos, hable usted.
D. Diego.	Está enamorada; pero no está enamorada de mí.
D.ª Irene.	¿Qué dice usted?
D. Diego.	Lo que usted oye.
D.ª Irene.	Pero ¿quién le ha contado a usted esos disparates?
D. Diego.	Nadie. Yo lo sé, yo lo he visto, nadie me lo ha contado; y cuando se lo digo a usted, bien seguro estoy de que es verdad... Vaya, ¿qué llanto es ése?
D.ª Irene.	¡Pobre de mí! (*Llora.*)
D. Diego.	¿A qué viene eso?
D.ª Irene.	¡Porque me ven sola y sin medios, y porque soy una pobre viuda, parece que todos me desprecian y se conjuran contra mí!
D. Diego.	Señora doña Irene...
D.ª Irene.	Al cabo de mis años y de mis achaques, verme tratada de esta manera, como un estropajo, como una puerca cenicienta, vamos al decir... ¿Quién lo creyera de usted?... ¡Válgame Dios!... ¡Si vivieran mis tres difuntos!... Con el último difunto que me viviera, que tenía un genio como una serpiente...
D. Diego.	Mire usted, señora, que se me acaba ya la paciencia.
D.ª Irene.	Que lo mismo era replicarle que se ponía hecho una furia del infierno; y un día del Corpus, yo no sé por qué friolera, hartó de mojicones a un comisario ordenador, y si no hubiera sido por dos padres del Carmen, que se pusieron de por medio, le estrella contra un poste en los portales de Santa Cruz.[46]
D. Diego.	Pero ¿es posible que no ha de atender usted a lo que voy a decirla?
D.ª Irene.	¡Ay! no, señor, que bien lo sé, que no tengo pelo de tonta, no, señor... Usted ya no quiere a la niña, y busca pretextos para zafarse de la obligación en que está... ¡Hija de mi alma y de mi corazón!

---

[46] iglesia de Madrid.

D. Diego. Señora doña Irene, hágame usted el gusto de oírme, de no replicarme, de no decir despropósitos; y luego que usted sepa lo que hay, llore y gima, y grite, y diga cuanto quiera... Pero entre tanto, no me apure usted el sufrimiento, por amor de Dios.

D.ᴬ Irene. Diga usted lo que le dé la gana.

D. Diego. Que no volvamos otra vez a llorar y a...

D.ᴬ Irene. No, señor, ya no lloro. (*Enjugándose las lágrimas con un pañuelo.*)

D. Diego. Pues hace ya cosa de un año, poco más o menos, que doña Paquita tiene otro amante. Se han hablado muchas veces, se han escrito, se han prometido amor, fidelidad, constancia... Y por último, existe en ambos una pasión tan fina, que las dificultades y la ausencia, lejos de disminuirla, han contribuído eficazmente a hacerla mayor. En este supuesto...

D.ᴬ Irene. Pero ¿no conoce usted, señor, que todo es un chisme inventado por alguna mala lengua que no nos quiere bien?

D. Diego. Volvemos otra vez a lo mismo. No, señora, no es chisme. Repito de nuevo que lo sé.

D.ᴬ Irene. ¿Qué ha de saber usted, señor, ni qué traza tiene eso de verdad? ¡Conque la hija de mis entrañas, encerrada en un convento, ayunando los siete reviernes, acompañada de aquellas santas religiosas!... ¡Ella, que no sabe lo que es mundo, que no ha salido todavía del cascarón, como quien dice!... Bien se conoce que no sabe usted el genio que tiene Circuncisión... ¡Pues bonita es ella para haber disimulado a su sobrina el menor desliz!

D. Diego. Aquí no se trata de ningún desliz, señora doña Irene; se trata de una inclinación honesta, de la cual hasta ahora no habíamos tenido antecedente alguno. Su hija de usted es una niña muy honrada, y no es capaz de deslizarse... Lo que digo es que la madre Circuncisión, y la Soledad, y la Candelaria, y todas las madres, y usted, y yo el primero, nos hemos equivocado solemnemente. La muchacha se quiere casar con otro, y no conmigo. Hemos llegado tarde; usted ha contado muy de ligero con la voluntad de su hija... Vaya, ¿para qué es cansarnos? Lea usted ese papel, y verá si tengo razón. (*Saca el papel de don Carlos y se le da. Doña Irene, sin leerle, se levanta muy agitada, se acerca a la puerta de su cuarto y llama. Levántase don Diego, y procura en vano contenerla.*)

D.ᴬ Irene. ¡Yo he de volverme loca!... ¡Francisquita!... ¡Virgen del Tremedal!ᐟ⁴⁷... ¡Rita! ¡Francisca!

D. Diego. Pero ¿a qué es llamarlas?

---

⁴⁷ invocación asociada con una aparición de la Virgen.

D.ª Irene.	Sí, señor, que quiero que venga, y que se desengañe la pobrecita de quién es usted.
D. Diego.	Lo echó todo a rodar... Esto le sucede a quien se fía de la prudencia de una mujer.

Escena XII

Doña Francisca, Rita, Doña Irene, Don Diego

Salen doña Francisca y Rita de su cuarto.

Rita.	¡Señora!
D.ª Francisca.	¿Me llamaba usted?
D.ª Irene.	Sí, hija, sí; porque el señor don Diego nos trata de un modo que ya no se puede aguantar. ¿Qué amores tienes, niña? ¿A quién has dado palabra de matrimonio? ¿Qué enredos son éstos?... Y tú, picarona... (*A Rita.*) Pues tú también lo has de saber... Por fuerza lo sabes... ¿Quién ha escrito este papel? ¿Qué dice? (*Presentando el papel abierto a doña Francisca.*)
Rita.	(*Aparte a doña Francisca.*) Su letra es.
D.ª Francisca.	¡Qué maldad!... Señor don Diego, ¿así cumple usted su palabra?
D. Diego.	Bien sabe Dios que no tengo la culpa... Venga usted aquí. (*Asiendo de una mano a doña Francisca, la pone a su lado.*) No hay que temer... Y usted, señora, escuche y calle, y no me ponga en términos de hacer un desatino... Déme usted ese papel. (*Quitándola el papel de las manos a doña Irene.*) Paquita, ya se acuerda usted de las tres palmadas de esta noche.
D.ª Francisca.	Mientras viva me acordaré.
D. Diego.	Pues éste es el papel que tiraron a la ventana. No hay que asustarse, ya lo he dicho. (*Lee.*) "Bien mío: si no consigo hablar con usted, haré lo posible para que llegue a sus manos esta carta. Apenas me separé de usted, encontré en la posada al que yo llamaba mi enemigo, y al verle no sé cómo no expiré de dolor. Me mandó que saliera inmediatamente de la ciudad, y fué preciso obedecerle. Yo me llamo don Carlos, no don Félix. Don Diego es mi tío. Viva usted dichosa, y olvide para siempre a su infeliz amigo.—*Carlos de Urbina.*"
D.ª Irene.	¿Conque hay eso?
D.ª Francisca.	¡Triste de mí!
D.ª Irene.	¿Conque es verdad lo que decía el señor, grandísima picarona? Te has de acordar de mí. (*Se encamina hacia doña Francisca, muy colérica y en ademán de querer maltratarla. Rita y don Diego procuran estorbarlo.*)
D.ª Francisca.	¡Madre!... ¡Perdón!
D.ª Irene.	No, señor, que la he de matar.

D. Diego.	¿Qué locura es ésta?
D.ᴬ Irene.	He de matarla.

Escena XIII

Don Carlos, Don Diego, Doña Irene, Doña Francisca, Rita

Sale don Carlos del cuarto precipitadamente; coge de un brazo a doña Francisca, se la lleva hacia el jondo del teatro, y se pone delante de ella para defenderla. Doña Irene se asusta y se retira.

D. Carlos.	Eso no. Delante de mí nadie ha de ofenderla.
D.ᴬ Francisca.	¡Carlos!
D. Carlos.	(*Acercándose a don Diego.*) Disimule usted mi atrevimiento... He visto que la insultaban, y no me he sabido contener.
D.ᴬ Irene.	¿Qué es lo que me sucede? ¡Dios mío! ¿Quién es usted?... ¿Qué acciones son éstas?... ¡Qué escándalo!
D. Diego.	Aquí no hay escándalos. Ése es de quien su hija de usted está enamorada. Separarlos y matarlos, viene a ser lo mismo... Carlos... No importa... Abraza a tu mujer. (*Don Carlos va adonde está doña Francisca; se abrazan, y ambos se arrodillan a los pies de don Diego.*)
D.ᴬ Irene.	¿Conque su sobrino de usted?
D. Diego.	Sí, señora, mi sobrino, que con sus palmadas, y su música, y su papel me ha dado la noche más terrible que he tenido en mi vida... ¿Qué es esto, hijos míos, qué es esto?
D.ᴬ Francisca.	¿Conque usted nos perdona y nos hace felices?
D. Diego.	Sí, prendas de mi alma... Sí. (*Los hace levantar con expresiones de ternura.*)
D.ᴬ Irene.	¿Y es posible que usted se determina a hacer un sacrificio?...
D. Diego.	Yo pude separarlos para siempre, y gozar tranquilamente la posesión de esta niña amable; pero mi conciencia no lo sufre... ¡Carlos!... ¡Paquita! ¡Qué dolorosa impresión me deja en el alma el esfuerzo que acabo de hacer!... Porque, al fin, soy hombre miserable y débil.
D. Carlos.	(*Besándole las manos.*) Si nuestro amor, si nuestro agradecimiento pueden bastar a consolar a usted en tanta pérdida...
D.ᴬ Irene.	¡Conque el bueno de don Carlos! Vaya que...
D. Diego.	Él y su hija de usted estaban locos de amor, mientras usted y las tías fundaban castillos en el aire, y me llenaban la cabeza de ilusiones, que han desaparecido como un sueño... Esto resulta del abuso de la autoridad, de la opresión que la juventud padece; éstas son las seguridades que dan los padres y los tutores, y esto es lo que se debe fiar en EL SÍ DE LAS NIÑAS... Por una casualidad he sabido a tiempo el error en que estaba. ¡Ay de aquellos que lo saben tarde!

D.ª Irene.	En fin, Dios los haga buenos, y que por muchos años se gocen... Venga usted acá, señor, venga usted, que quiero abrazarle. (*Abrázanse don Carlos y doña Irene; doña Francisca se arrodilla y la besa la mano.*) Hija, Francisquita. ¡Vaya! Buena elección has tenido... Cierto que es un mozo muy galán... Morenillo, pero tiene un mirar de ojos muy hechicero.
Rita.	Sí, dígaselo usted, que no lo ha reparado la niña... Señorita, un millón de besos. (*Doña Francisca y Rita se besan, manifestando mucho contento.*)
D.ª Francisca.	Pero ¿ves qué alegría tan grande?... ¡Y tú, como me quieres tanto!... Siempre, siempre serás mi amiga.
D. Diego.	Paquita hermosa (*Abraza a doña Francisca*), recibe los primeros abrazos de tu nuevo padre... No temo ya la soledad terrible que amenazaba a mi vejez... Vosotros (*Asiendo de las manos a doña Francisca y a don Carlos.*) seréis la delicia de mi corazón; y el primer fruto de vuestro amor... sí, hijos, aquél... no hay remedio, aquél es para mí. Y cuando le acaricie en mis brazos podré decir: "A mí me debe su existencia este niño inocente; si sus padres viven, si son felices, yo he sido la causa."
D. Carlos.	¡Bendita sea tanta bondad!
D. Diego.	Hijos, bendita sea la de Dios.

■ Preguntas de comprensión

Acto primero

1. ¿Cómo conoce don Diego a Paquita (Francisca)? ¿Por qué quiere casarse con ella?
2. ¿Cuál es la diferencia de edad entre don Diego y Francisca?
3. ¿Cómo reacciona Francisca al proyecto de su madre y don Diego?
4. ¿Quién es don Carlos y por qué llega a la posada?
5. ¿Por qué se enfada don Diego con don Carlos?

Acto segundo

1. ¿Por qué quiere doña Irene casar a su hija con don Diego?
2. ¿Qué piensa don Diego de la idea de casarse contra la voluntad de Paquita?
3. ¿Por qué está Paquita resignada a casarse con don Diego?
4. Cuando don Diego descubre a su sobrino en la posada, ¿qué le ordena hacer?
5. ¿Qué le comunican Simón y Rita a Paquita sobre don Carlos?

Acto tercero

1. ¿Dónde está la carta que Rita busca?
2. ¿Qué le manda hacer don Diego a Simón?
3. ¿Qué dice don Diego sobre la educación de las niñas?
4. ¿De qué hablan don Diego y don Carlos?

5. ¿Cómo reacciona doña Irene al saber que su hija está enamorada de don Carlos?
6. ¿Cómo termina la obra?

◼ Preguntas de análisis

1. ¿Cuáles son las características neoclásicas relacionadas con el contenido?
2. ¿Cuáles son las características neoclásicas relacionadas con la estructura?
3. ¿Qué función tienen la luz y la oscuridad en esta obra?
4. ¿Qué papel tienen los sirvientes en esta obra? ¿Cómo sería diferente la obra sin los sirvientes?
5. ¿Qué significado tiene el tordo en la obra? ¿Cómo se asocia con el tema de la obra?
6. ¿Se puede interpretar esta obra en un nivel metafórico? ¿Qué representan los personajes? ¿Qué tipo de contraste hay entre tradición y progreso?
7. ¿Qué imagen de la mujer se presenta en esta obra?
8. ¿Es *El sí de las niñas* una obra feminista? ¿Por qué?

◼ Temas para informes escritos

1. *El sí de las niñas* dentro del movimiento neoclásico
2. El papel metafórico de los personajes
3. Una lectura feminista de *El sí de las niñas*

◼ Bibliografía mínima

Andioc, René. *Teatro y sociedad en el Madrid del siglo XVIII.* Madrid: Castalia, 1976.

Dowling, John Clarkson. *Leandro Fernández de Moratín.* New York: Twayne, 1971.

Lázaro Carreter, Fernando. *Moratín en su teatro.* Oviedo: Oviedo UP, 1961.

Llanos M., Bernardita. "Integración de la mujer al proyecto de la Ilustración en España". *Ideologies and Literature: Journal of Hispanic and Lusophone Discourse Analysis* 4.1 (Spring 1989): 199–223.

Pérez Magallón, Jesús. *El teatro neoclásico.* Madrid: Ediciones del Laberinto, 2001.

———. Introduction. *El sí de las niñas.* Barcelona: Editorial Crítica, 2001.

Sánchez, Roberto G. "*El sí de las niñas* o la modernidad disimulada". *Insula: Revista de Letras y Ciencias Humanas* 37.432 (Nov. 1982): 3–4.

El siglo XIX

4.1 La historia del siglo XIX

El siglo XIX es uno de los más caóticos de la historia española. Durante este período, la monarquía fue destronada y restaurada más de una vez, las guerras civiles dividieron a la nación y hubo docenas de pronunciamientos militares—alzamientos militares contra el gobierno, promovidos generalmente por algún jefe del ejército. Además, los asesinatos políticos y las dictaduras militares llegaron a ser eventos comunes a lo largo del siglo. A causa de esta inestabilidad política, la nación española se enfrentó con numerosos obstáculos en sus intentos de modernizarse y ponerse al mismo nivel político y económico que los otros países europeos.

4.1.1 De Carlos IV a Fernando VII   El siglo comenzó con el reino de Carlos IV. A causa de su ineptitud como rey, el poder monárquico se encontraba en manos de su primer ministro, Manuel de Godoy. Bajo el ministerio de Godoy, España sufrió en 1805 la destrucción de su flota a manos de los ingleses en la Batalla de Trafalgar. En 1808, los franceses, bajo el mando de Napoleón Bonaparte, invadieron España, y Carlos IV abdicó a favor de su hijo Fernando VII. Napoleón no quiso reconocer al nuevo rey, e impuso a su hermano José I como rey español.

La guerra contra Francia, que duró seis años, creó un sentido de unión entre los ciudadanos que no se volvió a ver hasta la guerra de 1898, contra los Estados Unidos. Aunque no había un gobierno central, los españoles formaron juntas independientes en las provincias para luchar contra los invasores. También entraron en relaciones diplomáticas con varios países extranjeros, incluso Gran Bretaña. En 1812, las juntas se reunieron y formaron las Cortes de Cádiz para conservar la soberanía nacional y los derechos de Fernando VII. Los representantes redactaron la famosa Constitución de 1812, un documento relativamente liberal para la nación. La constitución aseguraba los derechos individuales—como la seguridad personal y la protección de la propiedad privada—y la libertad de prensa, y establecía un Consejo del Estado para representar al pueblo. A su vez, abolía la Inquisición, limitando así el poder de la Iglesia.

Con la ayuda de los ingleses, los españoles derrotaron a los franceses en 1814. Al ocupar el trono español otra vez, Fernando VII revirtió todos los cambios que se formularon con las Cortes de Cádiz. Suprimió la constitución, restauró la Inquisición y el poder eclesiástico, prohibió la libertad de prensa y encarceló a los liberales. Con la excepción de un período breve entre 1820 y 1823, llamado el *trienio liberal,* en que la Constitución de 1812 estuvo vigente, el absolutismo monárquico dominó la política nacional.

4.1.2 El reinado de Isabel II   En octubre de 1833, Fernando VII murió y su hija Isabel, que apenas contaba con tres años, fue nombrada reina con su madre María Cristina como regente. Antes de su muerte, el rey había anulado la ley sálica, un estatuto que prohibía que las mujeres heredaran la corona. No obstante, su hermano Carlos se consideraba el heredero legítimo y a raíz de este conflicto estalló la primera guerra carlista. Esta guerra, que terminó en 1839 con el triunfo de los partidarios de Isabel, fue una lucha entre las fuerzas liberales que apoyaban a la joven reina y los conservadores y eclesiásticos que defendían la causa de Carlos. Aunque los carlistas nunca lograron derribar a Isabel II ni a su hijo Alfonso XII, siguieron formando parte de la vida política del país hasta la Guerra Civil en el siglo XX.

El reino de Isabel es mejor comprendido como un péndulo de poder que oscilaba entre los liberales y los conservadores. Durante los primeros años de la regencia de María Cristina, por ejemplo, la monarquía dependía del apoyo de los liberales. Como consecuencia, la regente se vio obligada a reinstaurar la Constitución de 1812. En 1835, el ministro Juan Álvaro Mendizábal instituyó su ley de desamortización, que quitaba una gran parte de la propiedad de la Iglesia para ganar dinero para la guerra contra los carlistas. En 1837, se proclamó una nueva constitución que garantizaba los derechos del pueblo y dividía el poder político entre la monarquía y las dos cámaras de las Cortes. Sin embargo, la nueva Constitución de 1845 suprimió estos mismos principios democráticos. La Iglesia recuperó una gran parte de su poder y las elecciones fueron reemplazadas con nominaciones de la Corona, que proponía a los candidatos. Después de llegar al trono gracias al apoyo de los liberales, Isabel rechazó los principios constitucionales que formaban el núcleo del liberalismo y gobernó de acuerdo con sus caprichos personales. Como consecuencia, y en gran parte a causa de su inmoral vida privada, la Revolución de 1868, también llamada la Revolución Gloriosa, destronó a la reina española, quien se vio obligada a huir a Francia.

4.1.3 La ausencia de los Borbones   Con la ausencia de una monarquía, los españoles quisieron instituir todas las reformas que la monarquía había rechazado por años. La Constitución de 1869 garantizaba los derechos políticos e individuales del pueblo español. Se proclamaron las libertades democráticas y a las provincias se les otorgó más poder. Esta constitución preveía un sistema monárquico, pero los ministros de la monarquía iban a someterse a las Cortes y no al rey. El problema ahora era encontrar un rey capaz de gobernar el país. En 1871, la Corona española fue ofrecida a Amadeo de Saboya, un príncipe italiano. A pesar de sus esfuerzos por crear orden y estabilidad en el país, el monarca extranjero tuvo que enfrentarse con la resistencia del pueblo español, los carlistas, los republicanos y los que apoyaban a Alfonso XII, el hijo de Isabel II. Con toda esta resistencia, sus intentos fracasaron y dos años después de su llegada a España, abdicó.

4.1.4 La Restauración Este vacío en el poder se solucionó con la formación de la Primera República, un gobierno idealista que sobrevivió sólo dos años. Al mismo tiempo, los carlistas reanudaron sus esfuerzos por capturar la Corona. Los gobernadores evitaron el caos y la anarquía pidiendo la restauración de la monarquía de los Borbones. Así, Alfonso XII entró en España en diciembre de 1874 para iniciar el período de la Restauración, los años más estables del siglo. El nuevo monarca dedicó el primer año de su reino a derrotar las fuerzas carlistas. Cuando logró su propósito en 1876, se inició un período de conservadurismo que trajo consigo la tranquilidad política y el desarrollo industrial. No obstante, esta estabilidad política y la modernización tuvieron su precio. El turno pacífico, un acuerdo entre los líderes liberales y conservadores por el cual unos y otros alternaban cada dos años para dirigir el país, se mantenía gracias al fraude electoral. El sistema de caciquismo, en que un jefe político a nivel local garantizaba el triunfo de su partido político, es emblemático de este período. Los ciudadanos no tenían una representación real en la política nacional. Además, la política se convirtió en un medio por el que la élite dirigente podía satisfacer sus propios intereses sin tener en cuenta las necesidades de la nación. Cuando Alfonso XII murió en 1885, su hijo Alfonso XIII continuó la política de su padre y reinó hasta el golpe de estado de Primo de Rivera en 1923.

4.2 La economía

4.2.1 Obstáculos a la modernización Aunque España sí cambió de ser un país agrícola a uno con bases capitalistas a lo largo del siglo, una serie de problemas impidió que se modernizara al mismo nivel que sus vecinos europeos. Por un lado, había los políticos que sólo se preocupaban por sus propios intereses. Además, durante la primera mitad del siglo, la guerra con Francia y la primera guerra carlista privó a la nación del capital necesario para invertir en la industria y en obras públicas, como vías de comunicación, por ejemplo. Aunque el gobierno invirtió una cantidad grande de dinero en el ferrocarril—siete veces más que en la industria—la geografía del país impidió el establecimiento de un sistema de transporte adecuado. La industria se centraba en las regiones más desarrolladas del país, como el País Vasco y Cataluña, privando a las zonas más pobres de hombres y capital. También hubo una falta de inversión extranjera en la industria española por el proteccionismo rígido que estaba vigente. El setenta por ciento de los españoles trabajaban en la agricultura y seguían utilizando técnicas tradicionales. A causa de los impuestos que pagaban y la falta de crédito, les faltaba, como a la industria, capital para modernizarse. Así, como no había una revolución agrícola, tampoco había granjeros con el poder económico para invertir en productos industriales. También hay que recordar la situación con respecto al Nuevo Mundo. La emigración al Nuevo Mundo—voluntariamente o en expediciones militares—y la pérdida de las colonias españolas acentuaron la falta del dinero necesario para garantizar el progreso del país. Además, todos estos factores sirvieron para impedir la creación de una clase media sólida, un fenómeno que el escritor Benito Pérez Galdós señaló más de una vez en sus novelas y otros escritos.

4.2.2 El progreso nacional   Aunque España no pudo alcanzar el mismo nivel de desarrollo que otros países europeos, esto no quiere decir que el país no avanzara. De hecho, hubo un esfuerzo por parte de los líderes nacionales de crear una nación homogénea con un gobierno centralizado en Madrid. Para lograr esto, el gobierno adoptó una serie de medidas que incluyeron la normalización de la lengua castellana; es decir, el castellano sería el idioma oficial del estado. Se instituyó una moneda nacional, se creó un cuerpo de policía nacional y el servico militar se hizo obligatorio para todos los españoles varones. Las leyes locales fueron abolidas poco a poco y se creó un código penal estatal. El establecimiento del ferrocarril mejoró la comunicación entre las distintas regiones del país y la creación de un mercado nacional también sirvió para unir a todos los españoles.

4.3 El liberalismo

Aunque los años de la guerra contra los franceses fueron una época lastimosa en la historia española, la ausencia de un monarca con aceptación popular creó el ambiente propicio para que se difundiera el pensamiento liberal por la Península. La ideología política del liberalismo comenzó en España con las Cortes de Cádiz y la creación de la Constitución de 1812. En un sentido más básico, el liberalismo se centra en la participación del pueblo en el gobierno. A diferencia del sistema absolutista, en que el poder residía en el monarca, el liberalismo garantizaba la representación del pueblo. También le otorgaba ciertas libertades, como las de expresión, pensamiento, asociación y otros derechos asociados con los sistemas democráticos.

4.4 Las corrientes filosóficas

4.4.1 El positivismo   Una de las corrientes filosóficas que influyó en los pensadores y escritores del siglo XIX es el positivismo. El filósofo francés Auguste Comte es considerado el padre del positivismo. Comte creía que la sociedad humana se podía reformar y desarrollar mediante el saber científico. Así, el positivismo se basaba en la observación y la experiencia sensorial. Esta corriente filosófica desvalorizaba la teología y la metafísica como fuentes de conocimiento, enfatizando la investigación científica. El positivismo ocupó un papel fundamental en el movimiemto realista español, pues los escritores dependían de la observación y la descripción en la formación de sus personajes novelísticos.

4.4.2 El krausismo   El krausismo es la corriente filosófica que tuvo más influencia en los intelectuales y escritores del siglo XIX. El profesor Julián Sanz del Río fue enviado a Alemania en 1843 por el gobierno liberal para estudiar las doctrinas filosóficas que podían ayudar a convertir el país en una nación desarrollada y moderna. Allí tuvo contacto con la filosofía de Carl Christian Fredrich Krause y, al volver a España, reelaboró las teorías del filósofo alemán para adaptarlas a la situación nacional. El krausismo se basa en la idea de que la perfección moral determina el progreso de la humanidad. Esta teoría tiene un fondo religioso, pues para los krausistas la ciencia es la vía por la cual se puede llegar a Dios. Los krausistas del siglo XIX enseñaban que el hombre es la imagen de Dios y que es capaz de alcanzar la perfección. Para los krausistas españoles, la idea de mayor importancia era que el desarrollo del individuo ocupa un papel fundamental en la perfección del mundo y hasta del universo.

Francisco Giner de los Ríos continuó el movimiento en España y con él el krausismo adoptó su carácter pedagógico. Giner de los Ríos creía que la perfección de la humanidad sólo se podía alcanzar a través de la educación y para lograr esto, fundó en 1876 la Institución Libre de Enseñanza. Esta institución privada valoraba la libertad de cátedra y rechazaba la enseñanza oficial del Estado en asuntos de moralidad, religión y política. Los estudiantes, tanto mujeres como varones, eran expuestos a una variedad de teorías científicas y pedagógicas para guiarlos hacia el progreso humano en que los krausistas creían.

4.5 Los sexos

4.5.1 La mujer del siglo XIX

4.5.1.1 *Una nueva imagen: el "ángel del hogar"*   Aunque política y económicamente la Península no estaba a la par del resto de Europa, la sociedad española experimentó cambios y crisis similares a los de los demás países europeos. Por ejemplo, las ideas respecto a los papeles de los hombres y las mujeres en la comunidad surgieron de una manera paralela a lo que ocurrió en el resto de la Europa industrial. Como en otros países, la sociedad española se dividía en dos esferas: la pública, dominada por los hombres, y la privada, el espacio destinado a las mujeres. En cuanto a la situación femenina, la imagen literaria del "ángel del hogar" que nació en Inglaterra (pero que había sido presentada ya por Fray Luis de León en el siglo XVI), también llegó a ser el modelo de feminidad en España. Las características de la mujer ideal estaban directamente relacionadas con su identidad como ser doméstico. La familia era el centro de la sociedad en el siglo XIX y el papel de la mujer era educar moralmente a los hijos. La mujer ideal era sumisa, modesta y ahorradora. Al crear un ambiente de armonía y orden dentro de la casa, ayudaba a su marido a tener éxito en la esfera pública y favorecía a la estabilidad social en general. Este modelo de perfección femenina, lejos de ser una realidad, se cuestionaba con mucha frecuencia en las novelas de las últimas décadas del siglo.

4.5.1.2 *La mujer escritora*   Una de las maneras en que la ideología del "ángel del hogar" se difundió en el siglo XIX fue por la prensa. Durante la segunda mitad del siglo, aparecieron varias revistas escritas *por* y *para* mujeres. Estas publicaciones instruían a las mujeres en lo relacionado con la vida doméstica y su papel como ángeles. Además de escribir para estas revistas, varias mujeres empezaron a publicar novelas domésticas con el mismo fin. El resultado de la integración de la voz femenina en la escena literaria fue la apertura de un espacio en que las mujeres podían escribir sobre temas no relacionados con la domesticidad. Ya que las mujeres habían ganado respeto como escritoras, fue más fácil para autoras como Emilia Pardo Bazán escribir sobre los mismos temas que los hombres y, además, sobre asuntos considerados radicales, como el feminismo.

4.5.2 El hombre burgués   La masculinidad, por su parte, cambió con el aumento de población en las ciudades y la expansión industrial. Si en el pasado la masculinidad se medía por la fuerza física y la habilidad de seducir mujeres,

el crecimiento capitalista introdujo un nuevo concepto de masculinidad. Ahora el intelecto era el elemento definitivo en la formación masculina. Es decir, un hombre que sabía usar sus habilidades intelectuales para progresar económicamente era más varonil que un hombre que fracasaba en la esfera pública o en el mundo de los negocios. Tanto para los hombres como para las mujeres, se enfatizaba la vida controlada, ordenada y alejada de excesivas pasiones. Se esperaba que un hombre poseyera autocontrol y que fuera moderado, hasta en sus relaciones sexuales, para así ser exitoso en su intento de progresar económicamente.

4.6. La literatura

4.6.1 El romanticismo   La literatura ocupa, por sus bases ideológicas, un papel central en la formación de la nación en el siglo XIX. El movimiento literario que predominaba durante la primera mitad del siglo es el romanticismo, visto mayormente en la poesía y el teatro. El romanticismo, como movimiento cultural además de literario, fue dominado por los liberales. Muchos de estos escritores, entre ellos José de Espronceda, vivieron en el exilio a causa de la persecución durante el reino de Fernando VII de los partidarios de las ideas liberales y progresistas, y no volvieron a España hasta después de la muerte del monarca. Sus escritos, en gran parte, eran protestas contra el absolutismo de los Borbones, además de ser una respuesta al racionalismo vinculado con las ideas de la Ilustración.

4.6.2 Hacia el realismo   Durante la época romántica, muchos escritores escribieron y publicaron en la prensa artículos de costumbres; es decir, descripciones de personas típicas o costumbres nacionales. En 1849, Cecilia Böhl de Faber publicó su novela *La gaviota* bajo el seudónimo masculino de Fernán Caballero. En la opinión de la mayoría de los críticos, esta novela marca la transición del romanticismo al realismo por su uso de la técnica realista de la observación. En *La gaviota,* Caballero detalló la vida íntima de la Andalucía rural y recreó varios personajes típicos de la región. Aunque se inspiró en el escritor realista francés Honoré de Balzac, su novela contiene un fin moralizador que estaría ausente en la mayoría de las novelas realistas escritas durante las últimas décadas del siglo.

4.6.3 El realismo   Aunque se publicaron novelas durante la primera mitad del siglo XIX, este género no floreció en España hasta después de la Revolución de 1868. Se ha señalado que la novela realista es, más que nada, sobre la modernidad. Así, el movimiento realista ocurrió en España más tarde que en otros países porque el proceso de modernización se emprendió allí más tarde. Con la prensa, las academias y las organizaciones intelectuales, la novela realista funcionaba como un foro de debate. En ella se trataban temas de gran importancia para la sociedad española, como el papel de la Iglesia, los problemas relacionados con la urbanización y, sobre todo, los problemas que experimentaba la clase media en su intento de dirigir y dominar la nación española.

JOSÉ DE ESPRONCEDA

1808–1842

© *a.g.e. fotostock America*

Cuando José de Espronceda nació en 1808, España estaba a punto de embarcarse en una de las épocas más tumultuosas del siglo. Irónicamente, este hijo de un estricto padre militar sería uno de los poetas más apasionados, y su poesía, la imagen de la agitación e inquietud que marcaban el contexto social y político. Su carácter rebelde empezó a mostrarse desde los quince años, cuando él y un grupo de colegas formaron una sociedad secreta, "Los Numantinos", para vengar la muerte de un general que había sido ahorcado. Cuando tenía dieciocho años, salió de España para ver el mundo y escapar de la persecución política a causa de sus ideales liberales. En Lisboa conoció a Teresa Mancha y emprendió una larga aventura romántica con ella, que sería la inspiración para algunos de sus poemas amorosos más apasionados, entre ellos "Canto a Teresa". Luego se mudó a Londres, donde fue influenciado por los grandes románticos británicos. Allí emprendió su proyecto de escribir poesía política. Después de su vuelta a España en 1833, sirvió como diputado de las Cortes bajo el nuevo régimen liberal. Murió en el año 1842 a los 34 años de edad.

El período de emigración marca dos etapas en la obra poética de Espronceda. Antes de su regreso a España, el poeta había escrito en la vena neoclásica. Durante su estancia en el extranjero también inició la poesía política, con poemas sobre la patria y la libertad, que marcarían profundamente su obra. Al volver a España, las raíces románticas, tanto en forma como en contenido, se destacaron claramente en su obra poética. En 1840 sus amigos compilaron y publicaron sus *Poesías líricas,* una colección compuesta por la mayor parte de sus poemas, entre ellos *El estudiante de Salamanca,* su obra maestra de angustia romántica.

Además de ser una reacción contra el orden, la razón y las reglas estrictas del neoclasicismo, el romanticismo reflejaba la inquietud ante el absolutismo monárquico y las normas sociales. Si el neoclasicismo abogaba por una moralidad aceptada por la sociedad, el romanticismo privilegiaba los sentimientos y pensamientos del individuo sobre la razón. En cuanto al contenido, el romanticismo también favorecía el pesimismo, la pasión, la rebelión, la libertad y la naturaleza. Así, el típico héroe romántico es un rebelde que lucha contra la sociedad y es casi siempre sometido a un destino fatal dado el conflicto entre su visión ideal del mundo y la realidad. Los románticos buscaban la gloria nacional no en el presente, que rechazaban, sino en el pasado español, de ahí la preponderancia de temas legendarios y medievales, evidentes en las muchas novelas históricas escritas durante el período romántico.

En el teatro, en cuanto a la forma, los románticos reaccionaron contra las tres unidades (tiempo, lugar, acción) que se atribuyen al teatro neoclásico. El orden que caracteriza al neoclasicismo fue descartado también a favor de una mezcla de prosa y verso y el empleo de diferentes versos y metros en una misma obra. De hecho, el romanticismo no imponía ninguna regla formal, destacando así la libertad tanto en la forma como en el contenido.

El romanticismo fue un movimiento tardío en España. Cuando los escritores españoles volvieron a su tierra en 1833 después de una década en el exilio y empezaron a producir sus obras, otros países europeos—entre ellos Inglaterra, Francia y Alemania—ya habían pasado por su época romántica. Además, como en estos países, el romanticismo fue mayormente un movimiento poético y teatral. Aunque se escribieron algunas novelas de carácter romántico, sobre todo novelas históricas como las de Enrique Gil y Carrasco y Mariano José de Larra, el romanticismo no se presentó con frecuencia en la novelística española.

Los dos poemas de Espronceda que se incluyen en esta antología fueron escritos durante etapas distintas en la vida del escritor. El primero, "A la patria", escrito en 1828 o 1829, muestra la nostalgia que el poeta sentía por su patria durante su estancia en Inglaterra, además de su inquietud con respecto a la situación política de España y el absolutismo del régimen de Fernando VII. Aunque Espronceda lo escribió antes de su iniciación en la corriente romántica, comparte varias características con ella. El segundo poema, "Canción del pirata" (1835), marca una nueva etapa en la obra de Espronceda. En este poema, el escritor rompe definitivamente con el neoclasicismo, no sólo en el contenido sino también en la forma.

■ Preguntas de pre-lectura

1. ¿Cómo era el ambiente político en que escribía Espronceda?
2. ¿Cómo evolucionó la obra poética de Espronceda? ¿Qué diferencias hay entre su poesía temprana y lo que escribió después de su regreso a España?
3. Pensando en los títulos de los poemas, ¿qué temas piensa que estos poemas van a tratar? ¿Son temas románticos?
4. ¿Recuerda ejemplos contemporáneos—música, literatura, películas—que

tratan los mismos temas que los del romanticismo? ¿Tienen alguna función social estos ejemplos?

A la patria

ELEGÍA

¡Cuán solitaria la nación que un día
poblara inmensa gente,
la nación cuyo imperio se extendía
del Ocaso al Oriente!

5   ¡Lágrimas viertes, infeliz ahora,
soberana del mundo,
y nadie de tu faz encantadora
borra el dolor profundo!

Oscuridad y luto tenebroso
10 en ti vertió la muerte,
y en su furor el déspota sañoso
se complació en tu suerte.

No perdonó lo hermoso, patria mía;
cayó el joven guerrero,[1]
15 cayó el anciano,[2] y la segur impía
manejó placentero.

So la rabia cayó la virgen[3] pura
del déspota sombrío,
como eclipsa la rosa su hermosura
20 en el sol del estío.

¡Oh, vosotros, del mundo habitadores,
contemplad mi tormento!
¿Igualarse podrán, ¡ah!, qué dolores
al dolor que siento?

25   Yo, desterrado de la patria mía,
de una patria que adoro,
perdida miro su primer valía
y sus desgracias lloro.

Hijos espúreos[4] y el fatal tirano
30 sus hijos han perdido,
y en campo de dolor su fértil llano
tienen ¡ay! convertido.

---

[1] Es posible que el poeta escriba sobre Juan Díaz Porlier, un joven de 27 años que fue condenado a muerte en 1815. [2] Puede ser Juan Martín "*El Empecinado*", quien murió a los 50 años en 1825. [3] Se refiere a Mariana Pineda, la única mujer que fue víctima del absolutismo de Fernando VII. [4] no legítimos.

Tendió sus brazos la agitada España,
sus hijos implorando;
35 sus hijos fueron, mas traidora saña
desbarató su bando.

¿Qué se hicieron tus muros torreados?
¡oh mi patria querida!
¿Dónde fueron tus héroes esforzados,
40 tu espada no vencida?

¡Ay! de tus hijos en la humilde frente
está el rubor grabado
a sus ojos caídos tristemente,
el llanto está agolpado.

45 Un tiempo España fue; cien héroes fueron
en tiempos de ventura,
y las naciones tímidas la vieron
vistosa en hermosura.

Cual cedro que en el Líbano se ostenta,
50 su frente se elevaba;
como el trueno a la virgen amedrenta,
su voz las aterraba.

Mas ora,[5] como piedra en el desierto
yaces desamparada,
55 y el justo desgraciado vaga incierto
allá en tierra apartada.

Cubren su antigua pompa y poderío
pobre yerba y arena,
y el enemigo que tembló a su brío
60 burla y goza en su pena.

Vírgenes, destrenzad la cabellera
y dadla al vago viento;
acompañad con arpa lastimera
mi lúgubre lamento.

65 Desterrados, ¡oh Dios!, de nuestros lares,[6]
lloremos duelo tanto:
¿Quién calmará, ¡oh España!, tus pesares?
¿Quién secará tu llanto?

Canción del pirata

Con diez cañones por banda,
viento en popa, a toda vela,
no corta el mar, sino vuela

---

[5] ahora.   [6] hogares.

un velero bergantín.
5 Bajel pirata que llaman,
por su bravura, el *Temido,*
en todo mar conocido
del uno al otro confín.

    La luna en el mar rïela,[7]
10 en la lona[8] gime el viento,
y alza en blando movimiento
olas de plata y azul;
y ve el capitán pirata,
cantando alegre en la popa,
15 Asia a un lado, al otro Europa,
y allá a su frente Stambul.[9]

    "Navega, velero mío,
        sin temor,
que ni enemigo navío,
20 ni tormenta, ni bonanza
tu rumbo a torcer alcanza,
ni a sujetar tu valor.

        Veinte presas
        hemos hecho
25   a despecho
        del inglés,
        y han rendido
        sus pendones
        cien naciones
30   a mis pies.

    Que es mi barco mi tesoro,
que es mi dios la libertad,
mi ley, la fuerza y el viento,
mi única patria, la mar.

35   Allá muevan feroz guerra
        ciegos reyes
por un palmo más de tierra;
que yo aquí tengo por mío
cuanto abarca el mar bravío,
40 a quien nadie impuso leyes.

        Y no hay playa,
        sea cualquiera,
        ni bandera
        de esplendor,
45   que no sienta

        mi derecho
        y dé pecho
        a mi valor.

    Que es mi barco, *etc.*

50   A la voz de "¡barco viene!"
        es de ver
cómo vira y se previene
a todo trapo a escapar.
Que yo soy el rey del mar,
55 y mi furia es de temer.

        En las presas
        yo divido
        lo cogido
        por igual.
60   Sólo quiero
        por riqueza
        la belleza
        sin rival.

    Que es mi barco, *etc.*

65   Sentenciado estoy a muerte.
        Yo me río;
no me abandone la suerte,
y al mismo que me condena
colgaré de alguna entena[10]
70 quizá en su propio navío.

        Y si caigo,
        ¿qué es la vida?
        Por perdida
        ya la di,
75   cuando el yugo
        del esclavo,
        como un bravo
        sacudí.

    Que es mi barco, *etc.*

80   Son mi música mejor
        aquilones,[11]
el estrépito y temblor
de los cables sacudidos,
del negro mar los bramidos
85 y el rugir de mis cañones.

---

[7] brillar.   [8] tela fuerte.   [9] Estambul.   [10] vara
para colgar una vela.   [11] vientos del norte.

> Y del trueno
> al son violento,
> y del viento
> al rebramar,
> 90 　yo me duermo
> sosegado,
> arrullado
> por el mar.

> Que es mi barco mi tesoro,
> 95 　que es mi dios la libertad,
> mi ley, la fuerza y el viento,
> mi única patria, la mar".

■ Preguntas de comprensión

1. ¿Cuáles son los temas de estos dos poemas?
2. ¿En qué situación se encuentra el hablante en "A la patria"? ¿Dónde está? ¿Por qué?
3. ¿Cómo ha cambiado España en la opinión del hablante en "A la patria"?
4. ¿Cuál es la actitud del hablante con respecto a la nación española en "A la patria"?
5. ¿Qué valores son de más importancia para el hablante en "Canción de pirata"?
6. ¿Qué imágenes se emplean en "Canción del pirata"?

■ Preguntas de análisis

1. ¿Cuál es la relación entre estos dos poemas y la situación nacional de España en el momento en que fueron escritos?
2. ¿Cómo es la estructura de estos dos poemas? ¿En qué se parecen? ¿En qué se diferencian?
3. ¿Hay alguna relación entre la estructura de los poemas y su contenido o mensaje?
4. ¿Cómo contribuyen al mensaje las imágenes descritas por el hablante?
5. Si comparamos la actitud del hablante hacia la nación con la de otros poemas escritos anteriormente, como *El cantar de mío Cid*, ¿en qué se asemejan y en qué difieren?

■ Temas para informes escritos

1. La visión de España a través de estos poemas
2. La poesía de Espronceda comparada con la poesía de épocas anteriores
3. Espronceda y el romanticismo

■ Bibliografía mínima

Caballero Bonald, José Manuel. *José de Espronceda*. Barcelona: Ediciones Omega, 2002.

Calvo Sanz, Roberto. "Espronceda y su época". *Cuadernos Hispanoamericanos: Revista Mensual de Cultura Hispánica* 298 (1975): 168–77.

Casalduero, Joaquín. *Espronceda*. Madrid: Gredos, 1967.

Marrast, Robert. *José de Espronceda y su tiempo: literatura, sociedad y política en tiempos del romanticismo*. Barcelona: Crítica, 1989.

Martínez Torrón, Diego. *La sombra de Espronceda*. Badajoz: Regional de Extremadura, 1999.

Yndurain, Domingo. *Análisis formal de la poesía de Espronceda*. Madrid: Taurus, 1971.

MARIANO JOSÉ DE LARRA

1809–1837

De todos los escritores españoles, quizás Mariano José de Larra es el que tuvo la vida más trágica, a pesar de su éxito como periodista y escritor. Hijo de una madre joven y un padre mayor, no fue querido por ninguno de los dos. A causa del afrancesamiento de su padre, la familia emigró a Francia en 1813, poco antes de la conclusión de la Guerra de Independencia contra Francia. Allí el joven se educó en escuelas francesas, y terminó olvidando el español. Después de una estancia de casi diez años en Francia, volvió a España. Cuando tenía veinte años, se casó y después tuvo tres hijos, pero su matrimonio fue infeliz desde el principio. El año siguiente a su boda, empezó una relación ilícita con otra mujer. Esta aventura concluyó con el suicidio del escritor en febrero de 1837.

A lo largo de su vida, Larra escribió artículos sobre la literatura y crítica teatral, temas políticos y costumbres españolas. Aunque escribió en 1834 dos obras románticas, el drama *Macías* y la novela histórica *El doncel de don Enrique el doliente*—la versión novelesca de la obra teatral—Larra es más conocido por los cuadros de costumbres que publicaba bajo los seudónimos de El pobrecito hablador y Fígaro.

Los cuadros de costumbres son escritos sobre tipos y costumbres españoles. Este género se popularizó en el momento en que el país pasaba por muchos cambios políticos, sociales y económicos. Las descripciones de personas típicas o costumbres nacionales pueden ser vistas como un intento de preservar lo español en esta época de importantes cambios. Al mismo tiempo, se pueden considerar como intentos de forjar una identidad española única, al reconocer personas y costumbres típicas de la nación. El costumbrismo tradicionalmente ha sido vinculado tanto con el romanticismo como con el realismo. El carácter realista de los cuadros de costumbres se destaca en sus descripciones. En el caso de Larra, la lógica y la razón—características de su obra y legados de su estancia en Francia—no encajan con el romanticismo. No obstante, la tensión entre sus ideales de perfección social, por una parte, y la realidad, por otra, además del pesimismo que permea sus escritos, se asocian más bien con el romanticismo, a tal punto que varios críticos lo han denominado como el escritor romántico más representativo.

Los cuadros de costumbres de Larra van más allá de la mera sátira o la descripción de la realidad española. Sus escritos mostraban un compromiso de tipo político, social y moral. El autor penetraba en la psicología española para descubrir las causas de la decadencia nacional y para iluminar a su público sobre el atraso de España en relación con el resto del mundo. Critica ferozmente la indolencia de los españoles, el falso patriotismo, las apariencias falsas de la burguesía y la falta de buenos modales. Efectivamente, hay pocas profesiones, tipos y costumbres que no se critican en sus escritos. Su pesimismo en cuanto al progreso nacional es evidente en el cuadro que escribió poco antes de suicidarse, "Día de difuntos de 1836". Al describir un cementerio español ficticio, exclama: "Aquí yace media España", y concluye con: "Aquí yace la esperanza".

"El casarse pronto y mal" fue escrito en 1832 y es, en parte, de carácter autobiográfico. En este cuadro Larra sigue la vida de un joven que se educó sin moralidad ni educación en Francia y expone el desastre y la tragedia causados por una vida de holgazanería. Además de ser una crítica de estas costumbres, las ideas expresadas al final de este artículo ponen en tela de juicio la dependencia de los españoles de todas las tradiciones y costumbres extranjeras que, según Larra, sólo sirven para impedir el progreso nacional y la modernización.

◼ Preguntas de pre-lectura

1. ¿Cómo piensa Ud. que era la actitud de los españoles hacia Francia, teniendo en cuenta la guerra contra este país?
2. ¿Hay algunas costumbres de otras culturas u otros países que forman parte de la cultura de su país o su región? ¿Cuáles son? ¿Cómo reacciona la gente ante estas costumbres?
3. ¿Qué ideas se plantean sobre la educación moral de los jóvenes en *El sí de las niñas?*
4. ¿Qué opina Ud. sobre casarse joven? ¿Y la sociedad en general?

El casarse pronto y mal (Artículo del Bachiller)[1]

[Habrá observado el lector, si es que nos ha leído, que ni seguimos método, ni observamos orden, ni hacemos sino saltar de una materia en otra, como aquel que no entiende ninguna, cuándo en mala prosa, cuándo en versos duros, ya denunciando a la pública indignación necios y viciosos, ya afectando conocimiento
5 del mundo en aplicaciones generales frías e insípidas. Efectivamente, tal es nuestro plan, en parte hijo de nuestro conocimiento del público, en parte hijo de nuestra nulidad.

—No tienen más defecto esos cuadernos —nos decía días pasados un hombre pacato— que esa audacia incomprensible, ese atrevimiento cínico con que us-
10 ted descarga su maza sobre las cosas más sagradas. Yo soy hombre moderado, y no me gusta que se ofenda a nadie. Las sátiras han de ser generales, y esa malignidad no puede ser hija sino de una alma más negra que la tinta con que escribe.

—Déme usted un abrazo —exclamaba otro de esos que por no haberse purificado lo ven todo con ojos de indignación—; así me gusta: esa energía nos sa-
15 cará de nuestro letargo; duro en ellos. ¡Bribones!... Sólo una cosa me ha disgustado en sus números de usted; ese quinto número, en que ya empieza usted a adular.

—¿Yo adular? ¿Es adular decir la verdad?

—Cuando la verdad no es amarga, es una adulación manifiesta; corríjase usted de ese defecto, y nada de alabar, aunque sea una cosa buena, que ése no es el
20 camino del bolsillo del público.

---

[1] seudónimo de Larra.

—Economice usted los versos —me dice otro—; pasó el siglo de la poesía y de las ilusiones: el público de las Batuecas[2] no está ahora para versos. Prosa, mordaz y nada más.

—¡Qué buena idea —me dice otro— esa de las satirillas en tercetos! ¿Y seguirán? Es preciso resucitar el gusto a la poesía: al fin, siempre gustan más las cosas mientras mejor dichas están.

—¡Política —clama otro—; nada de ciencias ni artes! ¡En un país tan instruido como éste, es llevar agua al mar!

—¡Literatura —grita aquél—; renazca nuestro Siglo de Oro! Abogue usted siempre por el teatro, que ése es asunto de la mayor importancia.

—Déjese usted de artículos de teatros —responde un comerciante—. ¿Qué nos importa a los batuecos que anden rotos los poetas, y que se traduzca o no? Cambios, y bolsa, y vales y créditos, y bienes N..., y empréstitos!

¡Dios mío! Dé usted gusto a toda esta gente, y escriba usted para todos. Escriba usted un artículo jovial y lleno de gracia y mordacidad contra los que mandan, en el mismo día en que sólo agradecimiento les puede uno profesar. Escriba usted un artículo misantrópico cuando acaban de darle un empleo. ¿Hay cosa entonces que vaya mal? ¿Hay mandón que le parezca a uno injusto, ni cosa que no esté en su lugar, ni nación mejor gobernada que aquella en que tiene uno un empleo? Escriba usted un artículo gratulatorio para agradecer a los vencedores el día en que se paró el carro de sus esperanzas, y en que echaron su memorial debajo de la mesa. ¿Hay anarquía como la de aquel país en que está uno cesante?[3] Apelamos a la conciencia de los que en tales casos se hayan hallado. Que den diez mil duros de sueldo a aquel frenético que me decía ayer que todas las cosas iban al revés, y que mi patriotismo me ponía en la precisión de hablar claro: verémosle clamar que ya se pusieron las cosas al derecho, y que ya da todo más esperanzas. ¿Se mudó el corazón humano? ¿Se mudaron las cosas? ¿Ya no serán los hombres malos? ¿Ya será el mundo feliz? ¡Ilusiones! No, señor; ni se mudarán las cosas, ni dejarán los hombres de ser tontos, ni el mundo será feliz. Pero se mudó su sueldo, y nada hay más justo que el que se mude su opinión.

Nosotros, que creemos que el interés del hombre suele tener, por desgracia, alguna influencia en su modo de ver las cosas; nosotros, en fin, que no creemos en hipocresías de patriotismo, le excusamos en alguna manera, y juzgamos que *opinión* es, *moralmente,* sinónimo de *situación.* Así que, respetando, como respetamos, a los que no participan de nuestro modo de pensar, daremos, para agradar a todos, en la carrera que hemos emprendido, artículos de todas clases, sin otra sujeción que la de ponernos siempre de parte de lo que nos parezca verdad y razón, en prosa y verso, fútiles o importantes, humildes o audaces, alegres y aun a veces tristes, según la influencia del momento en que escribamos; y basta de exordio: vamos al artículo de hoy, que será de costumbres por más que confesemos también no tener para este género el buen talento del *Curioso Parlante*,[4] ni la chispa de Jouy,[5] ni el profundo conocimiento de Addison.[6]

Así como tengo aquel sobrino de quien he hablado en mi artículo de em-

---

[2] valle de la provincia de Salamanca.   [3] El funcionario que, al cambiar el partido en el poder, perdía su puesto en la administración. Es una figura frecuente entre los escritores costumbristas.   [4] seudónimo de Ramón de Mesonero, escritor de artículos de costumbres. [5] Victor Joseph Etienne de Jouy (1764–1846): dramaturgo y escritor francés de artículos de costumbres.   [6] Addison: escritor británico de artículos de costumbres.

peños y desempeños, tenía otro [también] no hace mucho tiempo, que en esto
65 suele venir a parar el tener hermanos. Éste era hijo de una mi hermana, la cual
había recibido aquella educación que se daba en España no hace ningún siglo: es
decir, que en casa se rezaba diariamente el rosario, se leía la vida del santo, se oía
misa todos los días, se trabajaba los de labor, se paseaba [sólo] las tardes de los
de guardar, se velaba hasta las diez, se estrenaba vestido el domingo de ramos, [se
70 cuidaba de que no anduviesen las niñas balconeando], y andaba siempre señor
padre, que entonces no se llamaba *papá*, con la mano más besada que reliquia
vieja, y registrando los rincones de la casa, temeroso de que las muchachas, ayudadas de su cuyo,⁷ hubiesen a las manos algún libro de los prohibidos, ni menos
aquellas novelas que, como solía decir, a pretexto de inclinar a la virtud enseñan
75 desnudo el vicio. No diremos que esta educación fuese mejor ni peor que la del
día; sólo sabemos que vinieron los franceses, y como aquella buena o mala educación no estribaba en mi hermana en principios ciertos, sino en la rutina y en la
opresión doméstica de aquellos terribles padres del siglo pasado, no fue necesaria
mucha comunicación con algunos oficiales de la guardia imperial para echar de
80 ver que si aquel modo de vivir era sencillo y arreglado, no era sin embargo el más
divertido. ¿Qué motivo habrá, efectivamente, que nos persuada que debemos en
esta corta vida pasarlo mal, pudiendo pasarlo mejor? Aficionóse mi hermana de
las costumbres francesas, y ya no fue el pan pan, ni el vino vino; casóse, y siguiendo en la famosa jornada de Vitoria⁸ la suerte del tuerto Pepe Botellas,⁹ que
85 tenía dos ojos muy hermosos y nunca bebía vino, emigró a Francia.

Excusado es decir que adoptó mi hermana las ideas del siglo; pero como esta
segunda educación tenía tan malos cimientos como la primera, y como quiera que
esta débil humanidad nunca sepa detenerse en el justo medio, pasó del *Año Cristiano*¹⁰ a Pigault Lebrun,¹¹ y se dejó de misas y devociones, sin saber más ahora
90 porque las dejaba que antes porque las tenía. Dijo que el muchacho se había de
educar como convenía; que podría leer sin orden ni método cuanto libro le viniese
a las manos, y qué sé yo qué más cosas decía de la ignorancia y del fanatismo, de
las luces y de la ilustración, añadiendo que la religión era un convenio social en
que sólo los tontos entraban de buena fe, y del cual el muchacho no necesitaba
95 para mantenerse bueno; que *padre* y *madre* eran cosa de brutos, y que a *papa* y *mamá*
se les debía tratar de tú, porque no hay amistad que iguale a la que une a los padres con los hijos (salvo algunos secretos que guardarán siempre los segundos de
los primeros, y algunos soplamocos que darán siempre los primeros a los segundos): verdades todas que respeto tanto o más que las del siglo pasado, porque
100 cada siglo tiene sus verdades, como cada hombre tiene su cara.

No es necesario decir que el muchacho, que se llamaba Augusto, porque ya
han caducado los nombres de nuestro calendario, salió despreocupado puesto
que la despreocupación es la primera preocupación de este siglo.

Leyó, hacinó,¹² confundió; fue superficial, vano, presumido, orgulloso,
105 terco, y no dejó de tomarse más rienda de la que se le había dado. Murió, no sé
a qué propósito, mi cuñado, y Augusto regresó a España con mi hermana, toda

---

⁷ novio.   ⁸ sitio donde los españoles derrotaron
a las fuerzas napoleónicas en 1813.   ⁹ Se refiere
a José I, hermano de Napoleón; se dice que era
tuerto y borracho.

¹⁰ libro de oraciones muy popular.   ¹¹ Charles
Pigault Lebrun (1753–1835): autor conocido por
su irreligiosidad y escritos eróticos.   ¹² juntar
sin orden.

aturdida de ver lo brutos que estamos por acá todavía los que no hemos tenido como ella la dicha de emigrar; y trayéndonos entre otras cosas noticias ciertas de cómo no había Dios, porque eso se sabe en Francia de muy buena tinta. Por supuesto que no tenía el muchacho quince años y ya galleaba en las sociedades, y citaba, y se metía en cuestiones, y era hablador y raciocinador como todo muchacho bien educado; y fue el caso que oía hablar todos los días de aventuras escandalosas, y de los amores de Fulanito con la Menganita, y le pareció en resumidas cuentas cosa precisa para hombrear, enamorarse.

Por su desgracia acertó a gustar a una joven, personita muy bien educada también, la cual es verdad que no sabía gobernar una casa, pero se embaulaba en el cuerpo en sus ratos perdidos, que eran para ella todos los días, una novela sentimental, con la más desatinada afición que en el mundo jamás se ha visto; tocaba su poco de piano y cantaba su poco de aria de vez en cuando, porque tenía una bonita voz de contralto. Hubo guiños y apretones desesperados de pies y manos, y varias epístolas recíprocamente copiadas de la Nueva Eloísa;[13] y no hay más que decir sino que a los cuatro días se veían los dos inocentes por la ventanilla de la puerta y escurrían su correspondencia por las rendijas, sobornaban con el mejor fin del mundo a los criados, y por último, un su amigo, que debía de quererle muy mal, presentó al señorito en la casa. Para colmo de desgracia, él y ella, que habían dado principio a sus amores porque no se dijese que vivían sin su trapillo, se llegaron a imaginar primero, y a creer después a pies juntillas, como se suele muy mal decir, que estaban verdadera y terriblemente enamorados. ¡Fatal credulidad! Los parientes, que previeron en qué podía venir a parar aquella inocente afición ya conocida, pusieron de su parte todos los esfuerzos para cortar el mal, pero ya era tarde. Mi hermana, en medio de su despreocupación y de sus luces, nunca había podido desprenderse del todo de cierta afición a sus ejecutorias y blasones, porque hay que advertir dos cosas: 1.ª Que hay despreocupados por este estilo; y 2.ª Que somos nobles, lo que equivale a decir que desde la más remota antigüedad nuestros abuelos no han trabajado para comer. Conservaba mi hermana este apego a la nobleza, aunque no conservaba bienes; y ésta es una de las razones porque estaba mi sobrinito destinado a morirse de hambre si no se le hacía meter la cabeza en alguna parte, porque eso de que hubiera aprendido un oficio, ¡oh!, ¿qué hubieran dicho los parientes y la nación entera? Averiguóse, pues, que no tenía la niña un origen tan preclaro, ni más dote que su instrucción novelesca y sus *duettos*, fincas que no bastan para sostener el boato de unas personas de su clase. Averiguó también la parte contraria que el niño no tenía empleo, y dándosela un bledo de su nobleza, hubo aquello de decirle:

—Caballerito, ¿con qué objeto entra usted en mi casa?

—Quiero a Elenita —respondió mi sobrino.

—¿Y con qué fin, caballerito?

—Para casarme con ella.

—Pero no tiene usted empleo ni carrera...

—Eso es cuenta mía.

—Sus padres de usted no consentirán...

—Sí, señor; usted no conoce a mis papás.

---

[13] *Nouvelle Heloïse*, novela de Rousseau.

—Perfectamente; mi hija será de usted en cuanto me traiga una prueba de que puede mantenerla, y el permiso de sus padres; pero en el ínterin, si usted la quiere tanto, excuse por su mismo decoro sus visitas...

155 —Entiendo.

—Me alegro, caballerito.

Y quedó nuestro Orlando hecho una estatua, pero bien decidido a romper por todos los inconvenientes.

Bien quisiéramos que nuestra pluma, mejor cortada, se atreviese a trasladar
160 al papel la escena de la niña con la mamá; pero diremos, en suma, que hubo prohibición de salir y de asomarse al balcón, y de corresponder al mancebo; a todo lo cual la malva respondió con cuatro desvergüenzas acerca del libre albedrío y de la libertad de la hija para escoger marido y no fueron bastantes a disuadirla las reflexiones acerca de la ninguna fortuna de su elegido: todo era para ella tiranía y
165 envidia que los papás tenían de sus amores y de su felicidad; concluyendo que en los matrimonios era lo primero el amor, que en cuanto a comer, ni eso hacía falta a los enamorados, porque en ninguna novela se dice que coman las Amandas y los Mortimers,[14] ni nunca les habían de faltar unas sopas de ajo.

Poco más o menos fue la escena de Augusto con mi hermana, porque, aun-
170 que no sea legítima consecuencia, también concluía de que (sic) los padres no deben tiranizar a los hijos, que los hijos no deben obedecer a los padres: insistía en que era independiente; que en cuanto a haberle criado y educado, nada le debía, pues lo había hecho por una obligación imprescindible; y a lo del ser que le había dado, menos, pues no se lo había dado por él, sino por las razones que dice nues-
175 tro Cadalso, entre otras lindezas sutilísimas de este jaez.

Pero insistieron también los padres, y después de haber intentado infructuosamente varios medios de seducción y rapto, no dudó nuestro paladín, vista la obstinación de las familias, en recurrir al medio en boga de sacar a la niña por el vicario. Púsose el plan en ejecución, y a los quince días mi sobrino había reñido ya
180 decididamente con su madre; había sido arrojado de su casa, privado de sus cortos alimentos, y Elena depositada en poder de una potencia neutral; pero se entiende, de esta especie de neutralidad que se usa en el día; de suerte que nuestra Angélica y Medoro[15] se veían más cada día, y se amaban más cada noche. Por fin amaneció el día feliz; otorgóse la demanda; un amigo prestó a mi sobrino algún
185 dinero, uniéronse con el lazo conyugal, estableciéronse en su casa, y nunca hubo felicidad igual a la que aquellos buenos hijos disfrutaron mientras duraron los pesos duros del amigo.

Pero ¡oh, dolor!, pasó un mes y la niña no sabía más que acariciar a Medoro, cantarle una aria, ir al teatro y bailar una mazurca; y Medoro no sabía más que dis-
190 putar. Ello sin embargo, el amor no alimenta, y era indispensable buscar recursos.

Mi sobrino salía de mañana a buscar dinero, cosa más difícil de encontrar de lo que parece, y la vergüenza de no poder llevar a su casa con qué dar de comer a su mujer, le detenía hasta la noche. Pasemos un velo sobre las escenas horribles de tan amarga posición. Mientras que Augusto pasa el día lejos de ella en sufrir hu-
195 millaciones, la infeliz consorte gime luchando entre los celos y la rabia. Todavía se quieren; pero en casa donde no hay harina todo es mohína;[16] las más inocentes

---

[14] Se refiere a novelas románticas. [15] personajes del *Orlando furioso* de Ariosto.   [16] Se refiere a los conflictos causados por la falta de comida.

expresiones se interpretan en la lengua del mal humor como ofensas mortales; el amor propio ofendido es el más seguro antídoto del amor, y las injurias acaban de apagar un resto de la antigua llama que amortiguada en ambos corazones ardía;
200 se suceden unos a otros los reproches; y el infeliz Augusto insulta a la mujer que le ha sacrificado su familia y su suerte, echándole en cara aquella desobediencia a la cual no ha mucho tiempo él mismo la inducía; a los continuos reproches se sigue en fin el odio.

¡Oh, si hubiera quedado aquí el mal! Pero un resto de honor mal entendido
205 que bulle en el pecho de mi sobrino, y que le impide prestarse para sustentar a su familia a ocupaciones groseras, no le impide precipitarse en el juego, y en todos los vicios y bajezas, en todos los peligros que son su consecuencia. Corramos de nuevo, corramos un velo sobre el cuadro a que dio la locura la primera pincelada, y apresurémonos a dar nosotros la última.

210 En este miserable estado pasan tres años, y ya tres hijos más rollizos que sus padres alborotan la casa con sus juegos infantiles. Ya el himeneo y las privaciones han roto la venda que ofuscaba la vista de los infelices: aquella amabilidad de Elena es coquetería a los ojos de su esposo; su noble orgullo, insufrible altanería; su garrulidad[17] divertida y graciosa, locuacidad insolente y cáustica; sus ojos bri-
215 llantes se han marchitado, sus encantos están ajados, su talle perdió sus esbeltas formas, y ahora conoce que sus pies son grandes y sus manos feas; ninguna amabilidad, pues, para ella, ninguna consideración. Augusto no es a los ojos de su esposa aquel hombre amable y seductor, flexible y condescendiente; es un holgazán, un hombre sin ninguna habilidad, sin talento alguno, celoso y soberbio, déspota y
220 no marido..., en fin, ¡cuánto más vale el amigo generoso de su esposo, que les presta dinero y les promete aún protección! ¡Qué movimiento en él! ¡Qué actividad! ¡Qué heroísmo! ¡Qué amabilidad! ¡Qué adivinar los pensamientos y prevenir los deseos! ¡Qué no permitir que ella trabaje en labores groseras! ¡Qué asiduidad y qué delicadeza en acompañarla los días enteros que Augusto la deja sola! ¡Qué
225 interés, en fin, el que se toma cuando le descubre, por su bien, que su marido se distrae con otra...!

¡Oh poder de la calumnia y de la miseria! Aquella mujer que, si hubiera escogido un compañero que la hubiera podido sostener, hubiera sido acaso una Lucrecia,[18] sucumbe por fin a la seducción y a la falaz esperanza de mejor suerte.
230 Una noche vuelve mi sobrino a su casa; sus hijos están solos.

—¿Y mi mujer? ¿Y sus ropas?

Corre a casa de su amigo. ¿No está en Madrid? ¡Cielos! ¡Qué rayo de luz! ¿Será posible? Vuelve a la policía, se informa. Una joven de tales y tales señas con un supuesto hermano han salido en la diligencia para Cádiz. Reúne mi sobrino
235 sus pocos muebles, los vende, toma un asiento en el primer carruaje y hétele persiguiendo a los fugitivos. Pero le llevan mucha ventaja y no es posible alcanzarlos hasta el mismo Cádiz. Llega; son las diez de la noche; corre a la fonda que le indican, pregunta, sube precipitadamente la escalera, le señalan un cuarto cerrado por dentro; llama; la voz que le responde le es harto[19] conocida y resuena en su cora-
240 zón; redobla los golpes; una persona desnuda levanta el pestillo. Augusto ya no es un hombre, es un rayo que cae en la habitación; un chillido agudo le convence

---

[17] que habla mucho.   [18] Lucrecia: una romana que es violada por el hijo de Tarquino el   Soberbio, el emperador. Ella se suicida después de la violación.   [19] muy.

de que le han conocido; asesta una pistola, de dos que trae, al seno de su amigo, y el seductor cae revolcándose en su sangre; persigue a su miserable esposa, pero una ventana inmediata se abre y la adúltera, poseída del terror y de la culpa, se arroja, sin reflexionar, de una altura de más de sesenta varas. El grito de la agonía le anuncia su última desgracia y la venganza más completa; sale precipitado del teatro del crimen, y encerrándose, antes de que le sorprendan, en su habitación, coge aceleradamente la pluma y apenas tiene tiempo para dictar a su madre la carta siguiente:

"Madre mía: Dentro de media hora no existiré; cuidad de mis hijos, y si queréis hacerlos verdaderamente despreocupados, empezad por instruirlos... Que aprendan en el ejemplo de su padre a respetar lo que es peligroso despreciar sin tener antes más sabiduría. Si no les podéis dar otra cosa mejor, no les quitéis una religión consoladora. Que aprendan a domar sus pasiones y a respetar a aquellos a quienes lo deben todo. Perdonadme mis faltas: harto castigado estoy con mi deshonra y mi crimen; harto cara pago mi falsa preocupación. Perdonadme las lágrimas que os hago derramar. Adiós para siempre".

Acabada esta carta, se oyó otra detonación que resonó en toda la fonda, y la catástrofe que le sucedió me privó para siempre de un sobrino, que, con el más bello corazón, se ha hecho desgraciado a sí y a cuantos le rodean.

No hace dos horas que mi desgraciada hermana, después de haber leído aquella carta, y llamándome para mostrármela, postrada en su lecho, y entregada al más funesto delirio, ha sido desahuciada por los médicos.

"Hijo..., despreocupación..., boda..., religión..., infeliz...", son las palabras que vagan errantes sobre sus labios moribundos. Y esta funesta impresión, que domina en mis sentidos tristemente, me ha impedido dar hoy a mis lectores otros artículos más joviales que para mejor ocasión les tengo reservados.

[Réstanos ahora saber si este artículo conviene a este país, y si el vulgo de lectores está en el caso de aprovecharse de esta triste anécdota. ¿Serán más bien las ideas contrarias a las funestas consecuencias que de este fatal acontecimiento se deducen las que deben propalarse? No lo sabemos. Sólo sabemos que muchos creen por desgracia que basta una ilustración superficial, cuatro chanzas de sociedad y una educación falsamente despreocupada para hacer feliz a una nación. Nosotros *declaramos* positivamente que nuestra intención al pintar los funestos efectos de la poca solidez de la instrucción de los jóvenes del día ha sido persuadir a todos los españoles que debemos tomar del extranjero lo bueno, y no lo malo, lo que está al alcance de nuestras fuerzas y costumbres, y no lo que les es superior todavía. Religión verdadera, bien entendida, virtudes, energía, amor al orden, aplicación a lo útil, y menos desprecio de muchas cualidades buenas que nos distinguen aún de otras naciones, son en el día las cosas que más nos pueden aprovechar. Hasta ahora, una masa que no es ciertamente la más numerosa, quiere marchar a la par de las más adelantadas de los países más civilizados; pero esta masa que marcha de esta manera no ha seguido los mismos pasos que sus maestros; sin robustez, sin aliento suficiente para poder seguir la marcha rápida de los países civilizados, se detiene hijadeando, y se atrasa continuamente; da de cuando en cuando una carrera para igualarse de nuevo, caminando a brincos como haría quien saltase con los pies trabados, y semejante a un mal taquígrafo,[20] que no pu-

---

[20] alguien que escribe tan deprisa como se habla.

diendo seguir la viva voz, deja en el papel inmensas lagunas, y no alcanza ni escribe nunca más que la última palabra. Esta masa, que se llama despreocupada en nuestro país, no es, pues, más que el eco, la última palabra de Francia no más.
290 Para esta clase hemos escrito nuestro artículo; hemos pintado los resultados de esta despreocupación superficial de querer tomar simplemente los efectos sin acordarse de que es preciso empezar por las causas; de intentar; en fin, subir la escalera a tramos: subámosla tranquilos, escalón por escalón, si queremos llegar arriba. "¡Que otros van a llegar antes!" nos gritarán. ¿Qué mucho, les responderemos
295 mos, si también echaron a andar antes? Dejadlos que lleguen; nosotros llegaremos después, pero llegaremos. Mas si nos rompemos en el salto la cabeza, ¿qué recurso nos quedará?

Deje, pues, esta masa la loca pretensión de ir a la par con quien tantas ventajas le lleva; empiécese por el principio: educación, instrucción. Sobre estas grandes
300 des y sólidas bases se ha de levantar el edificio. Marche esa otra masa, esa inmensa mayoría que se sentó, hace tres siglos; deténgase para dirigirla la arrogante minoría, a quien engaña su corazón y sus grandes deseos, y entonces habrá alguna remota vislumbre de esperanza.

Entretanto, nuestra misión es bien peligrosa: los que pretenden marchar de-
305 lante, y la echan de ilustrados, nos llamarán acaso del *orden del apagador*,[21] a que nos gloriamos de no pertenecer; y los contrarios no estarán tampoco muy satisfechos de nosotros. Éstos son los inconvenientes que tiene que arrostrar quien piensa marchar igualmente distante de los dos extremos: allí está la razón, allí la verdad; pero allí el peligro. En fin, algún día haremos nuestra profesión de fe: en
310 el entretanto quisiéramos que nos hubieran entendido. ¿Lo conseguiremos? Dios sea con nosotros; y si no lo lográsemos, prometemos escribir otro día para todos.]

■ Preguntas de comprensión

1. ¿Cuál es el tema de este artículo de costumbres?
2. ¿De qué trata el largo pasaje entre paréntesis al principio del artículo? ¿Y el pasaje parentético del final?
3. ¿Qué tipo de educación recibió Augusto? ¿Por qué?
4. ¿Qué valores, o falta de valores, respecto a la educación de los jóvenes se presentan aquí?
5. ¿Cuál es el resultado final de la educación de Augusto?

■ Preguntas de análisis

1. ¿Cómo se relaciona este artículo de Larra con el romanticismo?
2. ¿Cuál es el mensaje de este texto? ¿El mensaje va más allá de las opiniones del narrador sobre la educación y el matrimonio?
3. ¿Cómo describiría Ud. el tono de este artículo? ¿Hay alguna diferencia en el tono de este artículo y en el de las "Cartas marruecas" de Cadalso?
4. ¿Cómo se relaciona el artículo con la situación cultural española de principios del siglo XIX? ¿Es posible que la historia sobre un matrimonio fracasado sirva como metáfora de algo más grande? ¿En qué sentido?

---

[21] los que están en contra de las ideas ilustradas
y el progreso nacional.

5. ¿Cómo se relaciona el concepto de educación moral para los jóvenes expuesto en este artículo con las ideas del siglo dieciocho? Piense en *El sí de las niñas,* por ejemplo.

6. Según este artículo, ¿qué es necesario hacer para que el país progrese?

■ Temas para informes escritos

1. La tensión que, para Larra, existía entre la sociedad ideal y la realidad
2. Los artículos de costumbres como crítica social
3. La relación entre los cuadros de costumbres y el romanticismo

■ Bibliografía mínima

Amell, Alma. *La preocupación por España en Larra.* Madrid: Pliegos, 1990.

Benítez, Rubén. *Mariano José de Larra.* Madrid: Taurus, 1979.

Cedeño, Aristófanes. "Los grandes ideales sociales y la perspectiva histórico-política en los artículos de Larra". *Romance Languages Annual* 7 (1995): 423–29.

Escobar, José. *Los orígenes de la obra de Larra.* Madrid: Prensa Española, 1973.

González Herrán, José Manuel. *La prosa romántica: Larra.* Madrid: Cincel, 1981.

Kirkpatrick, Susan. *Larra, el laberinto inextricable de un romántico liberal.* Madrid: Gredos, 1977.

Varela, José Luis. *Larra y España.* Madrid: Espasa-Calpe, 1983.

JOSÉ ZORRILLA

1817–1893

La llegada de José Zorrilla al mundo literario de España ocurrió bajo circunstancias ciertamente dramáticas. En el funeral de Larra, en 1837, después de que todos los presentes le habían rendido homenaje al escritor muerto, un joven desconocido se adelantó y leyó unos versos en memoria de Fígaro delante de los poetas más conocidos del círculo literario madrileño. Uno de los presentes dijo lo siguiente acerca del acontecimiento: "Los mismos que en fúnebre pompa habíamos conducido al ilustre Larra a la mansión de los muertos, salimos de aquel recinto llevando en triunfo a otro poeta al mundo de los vivos y proclamando con entusiasmo el nombre de Zorrilla". Desde ese día, la fama de Zorrilla creció constantemente.

Zorrilla nació en 1817 en Valladolid. Era el único hijo de un padre estricto que había servido bajo Fernando VII y una madre que le mostró gran afecto. A los diez años, el joven Zorrilla salió de la casa familiar para estudiar con los jesuitas en Madrid. Seis años después, ante la insistencia de su padre, se matriculó en la Universidad de Toledo, donde estudió leyes. En vez de aplicarse en los estudios, pasaba su tiempo leyendo novelas románticas y la poesía de Victor Hugo. En 1834, Zorrilla se trasladó a Valladolid para terminar sus estudios, pero su dedicación a la carrera seguía siendo dudosa. Al enterarse de las actividades de su hijo, Zorrilla padre amenazó a su hijo con llevarlo a trabajar en la viña familiar si no aprobaba los exámenes. El joven, temiendo que su padre llevara a cabo su amenaza, huyó a Madrid para buscar su fama como escritor.

A causa de un matrimonio infeliz, el escritor se fue a vivir a París entre 1850 y 1854 y después a México hasta 1866. Su producción literaria decayó tras su regreso a España, y pronto fue evidente que los gustos del público habían cambiado y sus obras ya no eran recibidas con el mismo entusiasmo que antes.

Aunque Zorrilla es más conocido como el autor de *Don Juan Tenorio*, compuso varios tomos de poesía romántica que él llamaba *leyendas*, impregnados de tradiciones religiosas y creencias populares. Estos poemas líricos se basaban en el pasado legendario español. El carácter romántico distintivo de Zorrilla se destaca en sus leyendas. Si en la forma sus poemas líricos eran sumamente románticos, en el contenido difieren mucho de la obra de sus contemporáneos, como Espronceda, por ejemplo. De hecho, Zorrilla era bastante conservador y buscaba su inspiración en la religión y en la patria, de ahí el predominio de temas históricos en sus poemas. Aunque escribió más de veinticinco obras teatrales, el escritor creía que su fama iba a residir en la poesía. Sin embargo, se hizo célebre al estrenar su obra maestra, *Don Juan Tenorio*, en 1844.

Don Juan Tenorio es una revisión del mito legendario del Don Juan que Tirso de Molina popularizó en su drama *El burlador de Sevilla, o convidado de piedra* (1630). En esta obra, un joven noble seduce a varias mujeres por puro capricho y les promete matrimonio, pero las abandona después de tener relaciones sexuales con ellas. La versión de Zorrilla muestra la contradicción entre la obra de Zorrilla y la de muchos de sus contemporáneos. El drama ciertamente comparte numerosas características con otras obras románticas: un protagonista que se rebela contra la sociedad y la falta de las tres unidades neoclásicas, por ejemplo. Sin embargo, el drama de Zorrilla difiere en que, al final, Don Juan no se enfrenta con un destino desesperado; en cambio, el amor de doña Inés, una mujer que había seducido, lo salva, exponiendo así la religiosidad que separaba a Zorrilla de Espronceda y otros escritores románticos.

La obra de Zorrilla es una muestra del pensamiento conservador contra el que la mayoría de los románticos protestaba. Si los liberales Espronceda y Larra criticaban la nación por su tradicionalismo, Zorrilla, conforme avanzó en su carrera literaria, fue ejemplo de la tendencia opuesta.

■ Preguntas de pre-lectura

1. ¿Cómo difiere el concepto romántico entre Espronceda y Zorrilla?
2. ¿Cuáles son los aspectos más destacados del romanticismo de Zorrilla?
3. La figura del Don Juan ha sido utilizada por numerosos escritores de diversos países a lo largo de la historia literaria. ¿Recuerda algunos ejemplos contemporáneos del Don Juan?

Don Juan Tenorio

Por José Zorrilla

Personajes

Don Juan Tenorio	Don Rafael de Avellaneda
Don Luis Mejía	Lucía
Don Gonzalo De Ulloa,	La Abadesa de las Calatravas
Comendador de Calatrava[1]	de Sevilla
Don Diego Tenorio	La Tornera de ídem
Doña Inés de Ulloa	Gastón
Doña Ana de Pantoja	Miguel
Christófano Buttarelli	Un Escultor
Marcos Ciutti	Alguaciles 1.º y 2.º
Brígida	Un Paje (que no habla)
Pascual	La estatua de Don Gonzalo (él mismo)
El Capitán Centellas	La sombra de Doña Inés (ella misma)

Caballeros sevillanos, encubiertos, curiosos, esqueletos, estatuas, ángeles, sombras, justicia y pueblo.

---

[1] orden religioso-militar fundada en 1158 para combatir a los moros.

La acción pasa en Sevilla por los años de 1545, últimos del emperador Carlos V. Los cuatro primeros actos pasan en una sola noche. Los tres restantes, cinco años después y en otra noche.

PRIMERA PARTE

Acto primero

Libertinaje y escandalo

Hostería de Christófano Buttarelli. Puerta en el fondo que da a la calle; mesas, jarros y demás utensilios propios de semejante lugar.

Escena primera

Don Juan, con antifaz, sentado a una mesa escribiendo; Ciutti y Buttarelli, a un lado esperando. Al levantarse el telón, se ven pasar por la puerta del fondo máscaras, estudiantes y pueblo con hachones, músicas, etc.

Don Juan.	¡Cuál gritan esos malditos! Pero ¡mal rayo me parta si, en concluyendo la carta, no pagan caros sus gritos! (*Sigue escribiendo.*)
Buttarelli.	(*A Ciutti.*) Buen Carnaval.
Ciutti.	(*A Buttarelli.*) Buen agosto para rellenar la arquilla.
Buttarelli.	¡Quiá! Corre ahora por Sevilla poco gusto y mucho mosto. Ni caen aquí buenos peces, que son casas mal miradas por gentes acomodadas, y atropelladas a veces.
Ciutti.	Pero hoy...
Buttarelli.	Hoy no entra en la cuenta, Ciutti; se ha hecho buen trabajo.
Ciutti.	¡Chist! Habla un poco más bajo, que mi señor se impacienta pronto.
Buttarelli.	¿A su servicio estás?
Ciutti.	Ya ha un año.
Buttarelli.	Y ¿qué tal te sale?
Ciutti.	No hay prior que se me iguale; tengo cuanto quiero, y más.

	Tiempo libre, bolsa llena,
	buenas mozas y buen vino.
Buttarelli.	¡Cuerpo de tal, qué destino!
Ciutti.	(*Señalando a don Juan.*)
	Y todo ello a costa ajena.
Buttarelli.	Rico, ¿eh?
Ciutti.	Varea la plata.[2]
Buttarelli.	¿Franco?
Ciutti.	Como un estudiante.
Buttarelli.	Y ¿noble?
Ciutti.	Como un infante.
Buttarelli.	Y ¿bravo?
Ciutti.	Como un pirata.
Buttarelli.	¿Español?
Ciutti.	Creo que sí.
Buttarelli.	¿Su nombre?
Ciutti.	Lo ignoro en suma.
Buttarelli.	¡Bribón! Y ¿dónde va?
Ciutti.	Aquí.
Buttarelli.	Largo plumea.[3]
Ciutti.	Es gran pluma.
Buttarelli.	Y ¿a quién mil diablos escribe
	tan cuidadoso y prolijo?
Ciutti.	A su padre.
Buttarelli.	¡Vaya un hijo!
Ciutti.	Para el tiempo en que se vive,
	es un hombre extraordinario.
	Mas silencio.
Don Juan.	(*Cerrando la carta.*)
	Firmo y plego.
	¿Ciutti?
Ciutti.	Señor.
Don Juan.	Este pliego
	irá, dentro del Horario[4]
	en que reza doña Inés,
	a sus manos a parar.
Ciutti.	¿Hay respuesta que aguardar?

---

[2] tiene mucho dinero.   [3] escribe mucho.

[4] un devocionario.

Don Juan.   Del diablo con guardapiés
que la asiste, de su dueña,
que mis intenciones sabe,
recogerás una llave,
una hora y una seña;
y más ligero que el viento,
aquí otra vez.

Ciutti.   Bien está. (*Vase.*)

Escena II

DON JUAN *y* BUTTARELLI

Don Juan.   Christófano, vieni quà.[5]
Buttarelli.   ¡Eccellenza![6]
Don Juan.   Senti.
Buttarelli.   Sento.
Ma hò imparato il castigliano,
se è più facile al signor
la sua lingua[7]...
Don Juan.   Sí, es mejor;
lascia dunque il tuo toscano,[8]
y dime: don Luis Mejía,
¿ha venido hoy?
Buttarelli.   Excelencia,
no está en Sevilla.
Don Juan.   Su ausencia,
¿dura en verdad todavía?
Buttarelli.   Tal creo.
Don Juan.   Y ¿noticia alguna
no tenéis de él?
Buttarelli.   ¡Ah! Una historia
me viene ahora a la memoria
que os podrá dar...
Don Juan.   ¿Oportuna
luz sobre el caso?
Buttarelli.   Tal vez.
Don Juan.   Habla, pues.
Buttarelli.   (*Hablando consigo mismo.*)
        No, no me engaño;
esta noche cumple el año,
lo había olvidado.

---

[5] "ven acá".   [6] "¡Excelencia!"
[7] "He aprendido castellano, si su propia lengua
es más fácil para el señor".   [8] "entonces deja tu
toscano".

Don Juan.	¡Pardiez! ¿Acabarás con tu cuento?
Buttarelli.	Perdonad, señor; estaba recordando el hecho.
Don Juan.	Acaba, ¡vive Dios! que me impaciento.
Buttarelli.	Pues es el caso, señor, que el caballero Mejía por quien preguntáis, dió un día en la ocurrencia peor que ocurrírsele podía.
Don Juan.	Suprime lo al hecho extraño;[9] que apostaron me es notorio, a quién haría en un año, con más fortuna, más daño, Luis Mejía y Juan Tenorio.
Buttarelli.	¿La historia sabéis?
Don Juan.	Entera; por eso te he preguntado por Mejía.
Buttarelli.	¡Oh! Me pluguiera[10] que la apuesta se cumpliera, que pagan bien y al contado.
Don Juan.	Y ¿no tienes confianza en que don Luis a esta cita acuda?
Buttarelli.	¡Quiá! Ni esperanza; el fin del plazo se avanza, y estoy cierto que maldita la memoria que ninguno guarda de ello.
Don Juan.	Basta ya. Toma.
Buttarelli.	Excelencia, ¿y de alguno de ellos sabéis vos?
Don Juan.	Quizá.
Buttarelli.	¿Vendrán, pues?
Don Juan.	Al menos uno; mas por si acaso los dos dirigen aquí sus huellas, el uno del otro en pos,

---

[9] debe suprimir los hechos insignificantes.
[10] quisiera.

tus dos mejores botellas
prevénles.

Buttarelli.   Mas...

Don Juan.   ¡Chito!... Adiós.

Escena III

Buttarelli. ¡Santa Madona! De vuelta
Mejía y Tenorio están
sin duda..., y recogerán
los dos la palabra suelta.
¡Oh! Sí; ese hombre tiene traza
de saberlo a fondo.
(*Ruido dentro.*)
                    Pero.
            ¿qué es esto?
(*Se asoma a la puerta.*)
                ¡Anda! ¡El forastero
está riñendo en la plaza!
¡Válgame Dios! ¡Qué bullicio!
¡Cómo se le arremolina
chusma..., y cómo la acoquina
él solo!... ¡Puf! ¡Qué estropicio!
¡Cuál corren delante de él!
No hay duda; están en Castilla
los dos, y anda ya Sevilla
toda revuelta. ¡Miguel!

Escena IV

BUTTARELLI *y* MIGUEL

Miguel. ¿Che comanda?[11]

Buttarelli.   Presto, quì
servi una tavola, amico;
e del Lacryma più antico,
porta due bottiglie.[12]

Miguel.   Sì,
signor padron.

Buttarelli.   ¡Micheletto,
apparecchia in carità
il più ricco, che si fa,
affrettati![13]

---

[11] "¿Qué manda?" [12] "Pon aquí una mesa y trae dos botellas del más viejo Lácrima cristi (un tipo de vino)". [13] "¡Miguelito, prepara por favor lo más rico que haya!"

Miguel.   Già mi affretto,[14]
signor padrone. (*Vase.*)

Escena V

Buttarelli *y* Don Gonzalo

Don Gonzalo.   Aquí es.
¿Patrón?

Buttarelli.   ¿Qué se ofrece?

Don Gonzalo.   Quiero
hablar con el hostelero.

Buttarelli.   Con él habláis; decid, pues.

Don Gonzalo.   ¿Sois vos?

Buttarelli.   Sí; mas despachad,
que estoy de priesa.

Don Gonzalo.   En tal caso,
ved si es cabal y de paso
esa dobla, y contestad.

Buttarelli.   ¡Oh, excelencia!

Don Gonzalo.   ¿Conocéis
a don Juan Tenorio?

Buttarelli.   Sí.

Don Gonzalo.   Y ¿es cierto que tiene aquí
hoy una cita?

Buttarelli.   ¡Oh! ¿Seréis
vos el otro?

Don Gonzalo.   ¿Quién?

Buttarelli.   Don Luis.

Don Gonzalo.   No, pero estar me interesa
en su entrevista.

Buttarelli.   Esta mesa
les preparo; si os servís
en esotra colocaros,
podréis presenciar la cena
que les daré... ¡Oh! Será escena
que espero que ha de admiraros.

Don Gonzalo.   Lo creo.

Buttarelli.   Son, sin disputa,
los dos mozos más gentiles
de España.

---

[14] "Ya lo hago".

Don Gonzalo.	Sí, y los más viles también.
Buttarelli.	¡Bah! Se les imputa cuanto malo se hace hoy día; mas la malicia lo inventa, pues nadie paga su cuenta como Tenorio y Mejía.
Don Gonzalo.	¡Ya!
Buttarelli.	Es afán de murmurar, porque conmigo, señor, ninguno lo hace mejor, y bien lo puedo jurar.
Don Gonzalo.	No es necesario; mas...
Buttarelli.	¿Qué?
Don Gonzalo.	Quisiera yo ocultamente verlos, y sin que la gente me reconociera.
Buttarelli.	A fe, que eso es muy fácil, señor. Las fiestas de Carnaval, al hombre más principal permiten, sin deshonor de su linaje, servirse de un antifaz, y bajo él, ¿quién sabe, hasta descubrirse, de qué carne es el pastel?
Don Gonzalo.	Mejor fuera en aposento contiguo...
Buttarelli.	Ninguno cae aquí.
Don Gonzalo.	Pues entonces, trae el antifaz.
Buttarelli.	Al momento.

Escena VI

Don Gonzalo.	No cabe en mi corazón que tal hombre pueda haber, y no quiero cometer con él una sinrazón. Yo mismo indagar prefiero la verdad...; mas, a ser cierta la apuesta, primero muerta que esposa suya la quiero. No hay en la tierra interés

que si la daña me cuadre;
primero seré buen padre,
buen caballero después.
Enlace es de gran ventaja,
mas no quiero que Tenorio
del velo del desposorio
la recorte una mortaja.

Escena VII

Don Gonzalo y Buttarelli, *que trae un antifaz.*

Buttarelli.	Ya está aquí.
Don Gonzalo.	Gracias, patrón; ¿tardarán mucho en llegar?
Buttarelli.	Si vienen, no han de tardar; cerca de las ocho son.
Don Gonzalo.	¿Ésa es la hora señalada?
Buttarelli.	Cierra el plazo, y es asunto de perder quien no esté a punto de la primer campanada.
Don Gonzalo.	Quiera Dios que sea una chanza, y no lo que se murmura.
Buttarelli.	No tengo aún por muy segura de que cumplan, la esperanza; pero si tanto os importa lo que ello sea saber, pues la hora está al caer,[15] la dilación es ya corta.
Don Gonzalo.	Cúbrome, pues, y me siento. *(Se sienta en una mesa a la derecha, y se pone el antifaz.)*
Buttarelli.	(Curioso el viejo me tiene del misterio con que viene..., y no me quedo contento hasta saber quién es él.) *(Limpia y trajina, mirándole de reojo.)*
Don Gonzalo.	(¡Que un hombre como yo tenga que esperar aquí, y se avenga con semejante papel! En fin, me importa el sosiego de mi casa, y la ventura de una hija sencilla y pura, y no es para echarlo a juego.)

---

[15] se acerca.

Escena VIII

Dichos y Don Diego, *a la puerta del fondo.*

Don Diego.	La seña está terminante, aquí es; bien me han informado; llego pues.
Buttarelli.	¿Otro embozado?
Don Diego.	¡Ah de esta casa!
Buttarelli.	Adelante.
Don Diego.	¿La Hostería del Laurel?
Buttarelli.	En ella estáis, caballero.
Don Diego.	¿Está en casa el hostelero?
Buttarelli.	Estáis hablando con él.
Don Diego.	¿Sois vos Buttarelli?
Buttarelli.	Yo.
Don Diego.	¿Es verdad que hoy tiene aquí Tenorio una cita?
Buttarelli.	Sí.
Don Diego.	Y ¿ha acudido a ella?
Buttarelli.	No.
Don Diego.	Pero ¿acudirá?
Buttarelli.	No sé.
Don Diego.	¿Le esperáis vos?
Buttarelli.	Por si acaso venir le place.
Don Diego.	En tal caso, yo también le esperaré. (*Se sienta al lado opuesto a don Gonzalo.*)
Buttarelli.	¿Que os sirva vianda alguna queréis mientras?
Don Diego.	No; tomad.
Buttarelli.	¡Excelencia!
Don Diego.	Y excusad conversación importuna.
Buttarelli.	Perdonad.
Don Diego.	Vais perdonado; dejadme, pues.
Buttarelli.	(¡Jesucristo! En toda mi vida he visto hombre más malhumorado.)

Don Diego.	(¡Que un hombre de mi linaje
	desciende a tan ruin mansión!
	Pero no hay humillación
	a que un padre no se baje
	por un hijo. Quiero ver
	por mis ojos la verdad,
	y el monstruo de liviandad
	a quien pude dar el ser.)

Buttarelli, que anda arreglando sus trastos, contempla desde el fondo a don Gonzalo y a don Diego, que permanecerán embozados y en silencio.

Buttarelli.	(¡Vaya un par de hombres de piedra!
	Para éstos sobra mi abasto;
	mas ¡pardiez! pagan el gasto
	que no hacen, y así se medra.)

Escena IX

DICHOS, EL CAPITÁN CENTELLAS, AVELLANEDA *y* DOS CABALLEROS

Avellaneda.	Vinieron, y os aseguro
	que se efectuará la apuesta.
Centellas.	Entremos, pues. ¿Buttarelli?
Buttarelli.	Señor capitán Centellas,
	¿vos por aquí?
Centellas.	Sí, Christófano.
	¿Cuándo aquí, sin mi presencia,
	tuvieron lugar las orgías
	que han hecho raya en la época?
Buttarelli.	Como ha tanto tiempo ya
	que no os he visto...
Centellas.	Las guerras
	del Emperador, a Túnez [16]
	me llevaron; mas mi hacienda
	me vuelve a traer a Sevilla;
	y, según lo que me cuentan,
	llego lo más a propósito
	para renovar añejas
	amistades. Conque apróntanos
	luego unas cuantas botellas,
	y en tanto que [17] humedecemos
	la garganta, verdadera
	relación haznos de un lance
	sobre el cual hay controversia.

---

[16] ciudad en el norte de África.   [17] mientras.

Buttarelli.	Todo se andará;[18] mas antes dejadme ir a la bodega.
Varios.	Sí, sí.

Escena X

DICHOS, *menos* BUTTARELLI

Centellas.	Sentarse, señores, y que siga Avellaneda con la historia de don Luis.
Avellaneda.	No hay ya más que decir de ella, sino que creo imposible que la de Tenorio sea más endiablada, y que apuesto por don Luis.
Centellas.	Acaso pierdas. Don Juan Tenorio se sabe que es la más mala cabeza del orbe, y no hubo hombre alguno que aventajarle pudiera con sólo su inclinación; conque, ¿qué hará si se empeña?
Avellaneda.	Pues yo sé bien que Mejía las ha hecho tales, que a ciegas se puede apostar por él.
Centellas.	Pues el capitán Centellas pone por don Juan Tenorio cuanto tiene.
Avellaneda.	Pues se acepta por don Luis, que es muy mi amigo.
Centellas.	Pues todo en contra se arriesga; porque no hay, como Tenorio, otro hombre sobre la tierra, y es proverbial su fortuna y extremadas sus empresas.

Escena XI

DICHOS *y* BUTTARELLI, *con botellas.*

Buttarelli.	Aquí hay Falerno, Borgoña, Sorrento.[19]
Centellas.	De lo que quieras sirve, Christófano, y dinos:

---

[18] todo se cumplirá.   [19] tipos de vino.

¿qué hay de cierto en una apuesta
por don Juan Tenorio ha un año
y don Luis Mejía hecha?

Buttarelli.   Señor capitán, no sé
tan a fondo la materia,
que os pueda sacar de dudas,
pero os diré lo que sepa.

Varios.   Habla, habla.

Buttarelli.   Yo, la verdad,
aunque fué en mi casa mesma
la cuestión entre ambos, como
pusieron tan larga fecha
a su plazo, creí siempre
que nunca a efecto viniera;
así es, que ni aun me acordaba
de tal cosa a la hora de ésta.
Mas esta tarde, sería
al anochecer apenas,
entróse aquí un caballero
pidiéndome que le diera
recado con que escribir
una carta, y a sus letras
atento no más, me dió
tiempo a que charla metiera
con un paje que traía,
paisano mío, de Génova.
No saqué nada del paje,
que es ¡por Dios! muy brava pesca;
mas cuando su amo acababa
la carta, le envió con ella
a quien iba dirigida.
El caballero, en mi lengua
me habló, y me pidió noticias
de don Luis; dijo que entera
sabía de ambos la historia,
y tenía la certeza
de que, al menos uno de ellos,
acudiría a la apuesta.
Yo quise saber más de él,
mas púsome dos monedas
de oro en la mano, diciéndome:
"Y por si acaso los dos
al tiempo aplazado llegan,
ten prevenidas para ambos
tus dos mejores botellas."
Largóse sin decir más,

y yo, atento a sus monedas,
les puse en el mismo sitio
donde apostaron, la mesa.
Y vedla allí con dos sillas,
dos copas y dos botellas.

Avellaneda. Pues, señor, no hay que dudar:
era don Luis.

Centellas.   Don Juan era.

Avellaneda. ¿Tú no le viste la cara?

Buttarelli. ¡Si la traía cubierta
con un antifaz!

Centellas.   Pero, hombre,
¿tú a los dos no los recuerdas,
o no sabes distinguir
a las gentes por sus señas
lo mismo que por sus caras?

Buttarelli. Pues confieso mi torpeza;
no lo supe conocer,
y lo procuré de veras.
Pero silencio.
Avellaneda
                    ¿Qué pasa?

Buttarelli. A dar el reloj comienza
los cuartos para las ocho.
(*Dan.*)

Centellas. Ved, ved la gente que se entra.

Avellaneda. Como que está de este lance
curiosa Sevilla entera.

Se oyen dar las ocho; varias personas entran y se reparten en silencio por la escena; al dar la última campanada, don Juan, con antifaz, se llega a la mesa que ha preparado Buttarelli en el centro del escenario, y se dispone a ocupar una de las dos sillas que están delante de ella. Inmediatamente después de él, entra don Luis, también con antifaz, y se dirige a la otra. Todos los miran.

Escena XII

Dichos, Don Juan, Don Luis, Caballeros, Curiosos y Enmascarados

Avellaneda. (*A Centellas, por don Juan.*)
Verás aquél, si ellos vienen,
qué buen chasco que se lleva.

Centellas. (*A Avellaneda, por don Luis.*)
Pues allí va otro a ocupar
la otra silla. ¡Uf! ¡Aquí es ella!

Don Juan.	(*A don Luis.*)
	Esa silla está comprada,
	hidalgo.
Don Luis.	(*A don Juan.*)
	Lo mismo digo,
	hidalgo; para un amigo
	tengo yo esotra pagada.
Don Juan.	Que ésta es mía haré notorio.
Don Luis.	Y yo también que ésta es mía.
Don Juan.	Luego sois don Luis Mejía.
Don Luis.	Seréis, pues, don Juan Tenorio.
Don Juan.	Puede ser.
Don Luis.	Vos lo decís.
Don Juan.	¿No os fiáis?
Don Luis.	No.
Don Juan.	Yo tampoco.
Don Luis.	Pues no hagamos más el coco.
Don Juan.	(*Quitándose la máscara.*)
	Yo soy don Juan.
Don Luis.	(*Ídem.*)
	Yo don Luis.

Se descubren y se sientan. El capitán Centellas, Avellaneda, Buttarelli y algunos otros se van a ellos y les saludan, abrazan y dan la mano y hacen otras semejantes muestras de cariño y amistad. Don Juan y don Luis las aceptan cortésmente.

Centellas.	¡Don Juan!
Avellaneda.	¡Don Luis!
Don Juan.	¡Caballeros!
Don Luis.	¡Oh, amigos! ¿Qué dicha es ésta?
Avellaneda.	Sabíamos vuestra apuesta,
	y hemos acudido a veros.
Don Luis.	Don Juan y yo, tal bondad
	en mucho os agradecemos.
Don Juan.	El tiempo no malgastemos,
	don Luis.
	(*A los otros.*)
	Sillas arrimad.
	(*A los que están lejos.*)
	Caballeros, yo supongo
	que a ustedes también aquí
	les traerá la apuesta, y por mí,
	a antojo tal no me opongo.

Don Luis.	Ni yo; que aunque nada más fué el empeño entre los dos, no ha de decirse ¡por Dios! que me avergonzó jamás.
Don Juan.	Ni a mí, que el orbe es testigo de que hipócrita no soy, pues por doquiera que voy, va el escándalo conmigo.
Don Luis.	¡Eh! Y esos dos, ¿no se llegan a escuchar? Vos.

Por don Diego y don Gonzalo.

Don Diego.	Yo estoy bien.
Don Luis.	¿Y vos?
Don Gonzalo.	De aquí oigo también.
Don Luis.	Razón tendrán si se niegan.

Se sientan todos alrededor de la mesa en que están don Luis Mejía y don Juan Tenorio.

Don Juan.	¿Estamos listos?
Don Luis.	Estamos.
Don Juan.	Como quien somos cumplimos.
Don Luis.	Veamos, pues, lo que hicimos.
Don Juan.	Bebamos antes.
Don Luis.	Bebamos. (*Lo hacen.*)
Don Juan.	La apuesta fué...
Don Luis.	Porque un día dije que en España entera no habría nadie que hiciera lo que hiciera Luis Mejía.
Don Juan.	Y siendo contradictorio al vuestro mi parecer, yo os dije: "Nadie ha de hacer lo que hará don Juan Tenorio." ¿No es así?
Don Luis.	Sin duda alguna; y vinimos a apostar quién de ambos sabría obrar peor, con mejor fortuna, en el término de un año; juntándonos aquí hoy a probarlo.
Don Juan.	Y aquí estoy.

Don Luis. Y yo.

Centellas. ¡Empeño bien extraño,
por vida mía!

Don Juan. Hablad, pues.

Don Luis. No, vos debéis empezar.

Don Juan. Como gustéis, igual es,
que nunca me hago esperar.
Pues, señor, yo desde aquí,
buscando mayor espacio
para mis hazañas, dí
sobre Italia, porque allí
tiene el placer un palacio.
De la guerra y del amor
antigua y clásica tierra,
y en ella el Emperador,
con ella y con Francia en guerra,
díjeme: "¿Dónde mejor?
Donde hay soldados, hay juego,
hay pendencias y amoríos."
Dí, pues, sobre Italia luego,
buscando a sangre y a fuego
amores y desafíos.
En Roma, a mi apuesta fiel,
fijé, entre hostil y amatorio,
en mi puerta este cartel:
"Aquí está don Juan Tenorio
para quien quiera algo de él."
De aquellos días la historia
a relataros renuncio;
remítome a la memoria
que dejé allí, y de mi gloria
podéis juzgar por mi anuncio.
Las romanas, caprichosas;
las costumbres, licenciosas;
yo, gallardo y calavera;
¿quién a cuento redujera
mis empresas amorosas?
Salí de Roma, por fin,
como os podéis figurar:
con un disfraz harto ruin
y a lomos de un mal rocín,
pues me querían ahorcar.
Fuí al ejército de España;
mas todos paisanos míos,
soldados y en tierra extraña,

dejé pronto su compaña
tras cinco o seis desafíos.
Nápoles, rico vergel
de amor, de placer emporio,
vió en mi segundo cartel:
"Aquí está don Juan Tenorio,
y no hay hombre para él.
Desde la princesa altiva
a la que pesca en ruin barca,
no hay hembra a quien no suscriba;
y cualquiera empresa abarca
si en oro o valor estriba.
Búsquenle los reñidores;
cérquenle los jugadores;
quien se precie, que le ataje;
a ver si hay quien le aventaje
en juego, en lid o en amores."
Esto escribí; y en medio año
que mi presencia gozó
Nápoles, no hay lance extraño,
no hubo escándalo ni engaño
en que no me hallara yo.
Por dondequiera que fuí,
la razón atropellé,
la virtud escarnecí,
a la justicia burlé
y a las mujeres vendí.
Yo a las cabañas bajé,
yo a los palacios subí,
yo los claustros escalé,
y en todas partes dejé
memoria amarga de mí.
Ni reconocí sagrado,
ni hubo razón ni lugar
por mi audacia respetado;
ni en distinguir me he parado
al clérigo del seglar.
A quien quise provoqué,
con quien quiso me batí,
y nunca consideré
que pudo matarme a mí
aquel a quien yo maté.
A esto don Juan se arrojó,
y escrito en este papel
está cuanto consiguió;
y lo que él aquí escribió,
mantenido está por él.

Don Luis.	Leed, pues.
Don Juan.	No; oigamos antes vuestros bizarros extremos,[20] y si traéis terminantes vuestras notas comprobantes, lo escrito cotejaremos.
Don Luis.	Decís bien; cosa es que está, don Juan, muy puesta en razón; aunque, a mi ver, poco irá de una a otra relación.
Don Juan.	Empezad, pues.
Don Luis.	Allá va. Buscando yo, como vos, a mi aliento empresas grandes, dije: "¿Dó iré, ¡vive Dios! de amor y lides en pos, que vaya mejor que a Flandes? Allí, puesto que empeñadas guerras hay, a mis deseos habrá al par centuplicadas ocasiones extremadas de riñas y galanteos." Y en Flandes conmigo dí, mas con tan negra fortuna, que al mes de encontrarme allí todo mi caudal perdí, dobla a dobla, una por una. En tan total carestía mirándome de dineros, de mí todo el mundo huía; mas yo busqué compañía, y me uní a unos bandoleros. Lo hicimos bien, ¡voto a tal! y fuimos tan adelante, con suerte tan colosal, que entramos a saco en Gante el palacio episcopal. ¡Qué noche! Por el decoro de la Pascua, el buen Obispo bajó a presidir el coro, y aún de alegría me crispo al recordar su tesoro. Todo cayó en poder nuestro; mas mi capitán, avaro,

---

[20] aventuras.

puso mi parte en secuestro;
reñimos, yo fuí más diestro,
y le crucé sin reparo.
Juróme al punto la gente
capitán, por más valiente;
juréles yo amistad franca;
pero a la noche siguiente
huí y les dejé sin blanca.
Yo me acordé del refrán
de que quien roba al ladrón
ha cien años de perdón,
y me arrojé a tal desmán
mirando a mi salvación.
Pasé a Alemania opulento,
mas un provincial jerónimo,[21]
hombre de mucho talento,
me conoció, y al momento
me delató en un anónimo.
Compré a fuerza de dinero
la libertad y el papel;
y topando en un sendero
al fraile, le envié certero
una bala envuelta en él.
Salté a Francia, ¡buen país!
y como en Nápoles vos,
puse un cartel en París,
diciendo: "*Aquí hay un don Luis
que vale lo menos dos.
Parará aquí algunos meses,
y no trae más intereses
ni se aviene a más empresas,
que adorar a las francesas
y a reñir con los franceses.*"
Esto escribí; y en medio año
que mi presencia gozó
París, no hubo lance extraño,
ni hubo escándalo ni daño
donde no me hallara yo.
Mas, como don Juan, mi historia
también a alargar renuncio;
que basta para mi gloria
la magnífica memoria
que allí dejé con mi anuncio.
Y cual vos, por donde fuí
la razón atropellé,

---

[21] monje de la Orden de San Jerónimo.

              la virtud escarnecí,
a la justicia burlé
y a las mujeres vendí.
Mi hacienda llevo perdida
tres veces; mas se me antoja
reponerla, y me convida
mi boda comprometida
con doña Ana de Pantoja.
Mujer muy rica me dan,
y mañana hay que cumplir
los tratos que hechos están;
lo que os advierto, don Juan,
por si queréis asistir.
A esto don Luis se arrojó,
y escrito en este papel
está lo que consiguió;
y lo que él aquí escribió,
mantenido está por él.

Don Juan. La historia es tan semejante,
que está en el fiel la balanza;
mas vamos a lo importante,
que es el guarismo a que alcanza
el papel; conque adelante.

Don Luis. Razón tenéis, en verdad.
Aquí está el mío; mirad,
por una línea apartados
traigo los nombres sentados,
para mayor claridad.

Don Juan. Del mismo modo arregladas
mis cuentas traigo en el mío;
en dos líneas separadas
los muertos en desafío
y las mujeres burladas.
Contad.

Don Luis.   Contad.

Don Juan.   Veintitrés.

Don Luis. Son los muertos. A ver vos.
¡Por la cruz de San Andrés!
Aquí sumo treinta y dos.

Don Juan. Son los muertos.

Don Luis.   Matar es.

Don Juan. Nueve os llevo.

Don Luis.   Me vencéis.
Pasemos a las conquistas.

Don Juan. Sumo aquí cincuenta y seis.

Don Luis.	Y yo sumo en vuestras listas setenta y dos.
Don Juan.	Pues perdéis.
Don Luis.	¡Es increíble, don Juan!
Don Juan.	Si lo dudáis, apuntados los testigos ahí están, que si fueren preguntados os lo testificarán.
Don Luis.	¡Oh! Y vuestra lista es cabal.
Don Juan.	Desde una princesa real a la hija de un pescador, ¡oh! ha recorrido mi amor toda la escala social. ¿Tenéis algo que tachar?
Don Luis.	Sólo una os falta, en justicia.
Don Juan.	¿Me la podéis señalar?
Don Luis.	Sí, por cierto; una novicia que esté para profesar.
Don Juan.	¡Bah! Pues yo os complaceré doblemente, porque os digo que a la novicia uniré la dama de algún amigo que para casarse esté.
Don Luis.	¡Pardiez, que sois atrevido!
Don Juan.	Yo os lo apuesto si queréis.
Don Luis.	Digo que acepto el partido. Para darlo por perdido, ¿queréis veinte días?
Don Juan.	Seis.
Don Luis.	¡Por Dios, que sois hombre extraño! ¿Cuántos días empleáis en cada mujer que amáis?
Don Juan.	Partid los días del año entre las que ahí encontráis. Uno para enamorarlas, otro para conseguirlas, otro para abandonarlas, dos para sustitüirlas y una hora para olvidarlas. Pero la verdad a hablaros, pedir más no se me antoja, porque pues vais a casaros, mañana pienso quitaros a doña Ana de Pantoja.

Don Luis.	Don Juan, ¿qué es lo que decís?
Don Juan.	Don Luis, lo que oído habéis.
Don Luis.	Ved, don Juan, lo que emprendéis.
Don Juan.	Lo que he de lograr, don Luis.
Don Luis.	¡Gastón!
Gastón.	Señor.
Don Luis.	Ven acá.

(*Habla don Luis en secreto con Gastón, y éste se va precipitadamente.*)

Don Juan.	¡Ciutti!
Ciutti.	Señor.
Don Juan.	Ven aquí.

(*Don Juan ídem con Ciutti, que hace lo mismo.*)

Don Luis.	¿Estáis en lo dicho?
Don Juan.	Sí.
Don Luis.	Pues va la vida.
Don Juan.	Pues va.

(*Don Gonzalo, levantándose de la mesa en que ha permanecido inmóvil durante la escena anterior, se afronta con don Juan y don Luis.*)

Don Gonzalo.   ¡Insensatos! ¡Vive Dios,
que a no temblarme las manos,
a palos, como a villanos,
os diera muerte a los dos!

Don Juan y Don Luis. Veamos.

Don Gonzalo.   Excusado[22] es,
que he vivido lo bastante
para no estar arrogante
donde no puedo.

Don Juan.   Idos, pues.

Don Gonzalo.   Antes, don Juan, de salir
de donde oírme podáis,
es necesario que oigáis
lo que os tengo que decir.
Vuestro buen padre don Diego,
porque pleitos acomoda,
os apalabró una boda
que iba a celebrarse luego;
pero por mí mismo yo,
lo que erais queriendo ver,

---

[22] inútil.

vine aquí al anochecer,
y el veros me avergonzó.

Don Juan.   ¡Por Satanás, viejo insano,
que no sé cómo he tenido
calma para haberte oído
sin asentarte la mano!
Pero di pronto quién eres,
porque me siento capaz
de arrancarte el antifaz
con el alma que tuvieres.

Don Gonzalo.   ¡Don Juan!

Don Juan.   ¡Pronto!

Don Gonzalo.   Mira, pues.

Don Juan.   ¡Don Gonzalo!

Don Gonzalo.   El mismo soy.
Y adiós, don Juan; mas desde hoy
no penséis en doña Inés;
porque antes que consentir
en que se case con vos,
el sepulcro, ¡juro a Dios!
por mi mano la he de abrir.

Don Juan.   Me hacéis reír, don Gonzalo;
pues venirme a provocar,
es como ir a amenazar
a un león con un mal palo.
Y pues hay tiempo, advertir
os quiero a mi vez a vos
que, o me la dais, o ¡por Dios,
que a quitárosla he de ir!

Don Gonzalo.   ¡Miserable!

Don Juan.   Dicho está;
sólo una mujer como ésta
me falta para mi apuesta;
ved, pues, que apostada va.

Don Diego, levantándose de la mesa en que ha permanecido encubierto mientras la escena anterior, baja al centro de la escena, encarándose con don Juan.

Don Diego.   No puedo más escucharte,
vil don Juan, porque recelo
que hay algún rayo en el cielo
preparado a aniquilarte.
¡Ah!... No pudiendo creer
lo que de ti me decían,
confiando en que mentían,
te vine esta noche a ver.

Pero te juro, malvado,
que me pesa haber venido
para salir convencido
de lo que es para ignorado.
Sigue, pues, con ciego afán
en tu torpe frenesí,
mas nunca vuelvas a mí;
no te conozco, don Juan.

Don Juan. ¿Quién nunca a ti se volvió,
ni quién osa hablarme así,
ni qué se me importa a mí
que me conozcas o no?

Don Diego. Adiós, pues; mas no te olvides
de que hay un Dios justiciero.

Don Juan. (*Deteniéndole.*)
Ten.

Don Diego.   ¿Qué quieres?

Don Juan.   Verte quiero.

Don Diego. Nunca; en vano me lo pides.

Don Juan. ¿Nunca?

Don Diego.   No.

Don Juan.   Cuando me cuadre.

Don Diego. ¿Cómo?

Don Juan.   Así.
(*Le arranca el antifaz.*)

Todos.   ¡Don Juan!

Don Diego.   ¡Villano!
Me has puesto en la faz la mano.

Don Juan. ¡Válgame Cristo, mi padre!

Don Diego. Mientes; no lo fuí jamás.

Don Juan. ¡Reportaos, con Belcebú!

Don Diego. No, los hijos como tú
son hijos de Satanás.
Comendador, nulo sea
lo hablado.

Don Gonzalo.   Ya lo es por mí;
vamos.

Don Diego.   Sí; vamos de aquí,
donde tal monstruo no vea.
Don Juan, en brazos del vicio
desolado te abandono;
me matas..., mas te perdono
de Dios en el santo juicio.

Vanse poco a poco don Diego y don Gonzalo.

Don Juan.	Largo el plazo me ponéis;
	mas ved que os quiero advertir
	que yo no os he ido a pedir
	jamás que me perdonéis.
	Conque no paséis afán
	de aquí adelante por mí,
	que como vivió hasta aquí,
	vivirá siempre don Juan.

Escena XIII

DON JUAN, DON LUIS, CENTELLAS, AVELLANEDA, BUTTARELLI, CURIOSOS y
MÁSCARAS

Don Juan.	¡Eh! Ya salimos del paso,
	y no hay que extrañar la homilia;
	son pláticas de familia,
	de las que nunca hice caso.
	Conque lo dicho, don Luis,
	van doña Ana y doña Inés
	en apuesta.
Don Luis.	Y el precio es
	la vida.
Don Juan.	Vos lo decís;
	vamos.
Don Luis.	Vamos.
	(*Al salir, se presenta una ronda que los detiene.*)

Escena XIV

DICHOS y UNA RONDA DE ALGUACILES

Alguacil.	¡Alto allá!
	¡Don Juan Tenorio?
Don Juan.	Yo soy.
Alguacil.	Sed preso.
Don Juan.	Soñando estoy.
	¿Por qué?
Alguacil.	Después lo verá.
Don Luis.	(*Acercándose a don Juan y riéndose.*)
	Tenorio, no lo extrañéis,
	pues mirando a lo apostado,
	mi paje os ha delatado
	para que vos no ganéis.
Don Juan.	¡Hola! Pues no os suponía
	con tal despejo, ¡pardiez!

Don Luis.	Id, pues, que por esta vez,
	don Juan, la partida es mía.
Don Juan.	Vamos, pues.

Al salir, los detiene otra ronda que entra en la escena.

Escena XV

Dichos *y* Una Ronda

Alguacil.	(*Que entra.*)
	¡Ténganse allá!
	¿Don Luis Mejía?
Don Luis.	Yo soy.
Alguacil.	Sed preso.
Don Luis.	Soñando estoy.
	¡Yo preso!
Don Juan.	(*Soltando la carcajada.*)
	¡Ja, ja, ja, ja!
	Mejía, no lo extrañéis,
	pues mirando a lo apostado,
	mi paje os ha delatado
	para que no me estorbéis.
Don Luis.	Satisfecho quedaré
	aunque ambos muramos.
Don Juan.	Vamos:
	conque, señores, quedamos
	en que la apuesta está en pie.

Las rondas se llevan a don Juan y a don Luis; muchos los siguen. El capitán Cente-llas, Avellaneda y sus amigos quedan en la escena mirándose unos a otros.

Escena XVI

El Capitán Centellas, Avellaneda *y* Curiosos

Avellaneda.	¡Parece un juego ilusorio!
Centellas.	¡Sin verlo no lo creería!
Avellaneda.	Pues yo apuesto por Mejía.
Centellas.	Y yo pongo por Tenorio.

Acto segundo

Destreza

Exterior de la casa de doña Ana, vista por una esquina. Las dos paredes que forman el ángulo se prolongan igualmente por ambos lados, dejando ver en la de la derecha una reja, y en la izquierda una reja y una puerta.

Escena primera

Don Luis Mejía.   (*Embozado.*)
　　　　　Ya estoy frente de la casa
　　　　　de doña Ana, y es preciso
　　　　　que esta noche tenga aviso
　　　　　de lo que en Sevilla pasa.
　　　　　No dí con persona alguna,
　　　　　por dicha mía... ¡Oh, qué afán!
　　　　　Por ahora, señor don Juan,
　　　　　cada cual con su fortuna.
　　　　　Si honor y vida se juega,
　　　　　mi destreza y mi valor,
　　　　　por mi vida y por mi honor,
　　　　　jugarán...; mas alguien llega.

Escena II

Don Luis *y* Pascual

Pascual.   ¡Quién creyera lance tal!
　　　　　¡Jesús, qué escándalo! ¡Presos!

Don Luis.   ¡Qué veo! ¿Es Pascual?

Pascual.　　　　　　　　Los sesos
　　　　　me estrellaría.

Don Luis.　　　　　¿Pascual?

Pascual.   ¿Quién me llama tan apriesa?

Don Luis.   Yo. Don Luis.

Pascual.　　　　　¡Válame Dios!

Don Luis.   ¿Qué te asombra?

Pascual.　　　　　　　Que seáis vos.

Don Luis.   Mi suerte, Pascual, es ésa.
　　　　　Que a no ser yo quien me soy,
　　　　　y a no dar contigo ahora,
　　　　　el honor de mi señora
　　　　　doña Ana moría hoy.

Pascual.   ¿Qué es lo que decís?

Don Luis.　　　　　　　¿Conoces
　　　　　a don Juan Tenorio?

Pascual.　　　　　　　Sí.
　　　　　¿Quién no le conoce aquí?
　　　　　Mas, según públicas voces,
　　　　　estabais presos los dos.
　　　　　Vamos, ¡lo que el vulgo miente!

Don Luis.   Ahora, acertadamente
　　　　　habló el vulgo; y juro a Dios

> que, a no ser porque mi primo,
> el tesorero real,
> quiso fiarme, Pascual,
> pierdo cuanto más estimo.

Pascual.   Pues ¿cómo?

Don Luis.   ¿En servirme estás?

Pascual.   Hasta morir.

Don Luis.   Pues escucha.
> Don Juan y yo, en una lucha
> arriesgada por demás,[23]
> empeñados nos hallamos;
> pero, a querer tú ayudarme,
> más que la vida salvarme
> puedes.

Pascual.   ¿Qué hay que hacer? Sepamos.

Don Luis.   En una insigne locura
> dimos tiempo ha: en apostar
> cuál de ambos sabría obrar
> peor, con mejor ventura.
> Ambos nos hemos portado
> bizarramente a cuál más;
> pero él es un Satanás,
> y por fin me ha aventajado.
> Púsele no sé qué pero;[24]
> dijímonos no sé qué
> sobre ello, y el hecho fué
> que él, mofándose altanero,
> me dijo: "Y si esto no os llena,
> pues que os casáis con doña Ana,
> os apuesto a que mañana
> os la quito yo."

Pascual.   ¡Ésa es buena!
> ¿Tal se ha atrevido a decir?

Don Luis.   No es lo malo que lo diga,
> Pascual, sino que consiga
> lo que intenta.

Pascual.   ¿Conseguir?
> En tanto que yo esté aquí,
> descuidad, don Luis.

Don Luis.   Te juro
> que si el lance no aseguro,
> no sé qué va a ser de mí.

---

[23] extremadamente.   [24] encontró algún defecto.

Pascual.   ¡Por la Virgen del Pilar!
               ¿Le teméis?

Don Luis.   No; ¡Dios testigo!
               Mas lleva ese hombre consigo
               algún diablo familiar.

Pascual.   Dadlo por asegurado.

Don Luis.   ¡Oh! Tal es el afán mío,
               que ni en mí propio me fío
               con un Lombre tan osado.

Pascual.   Yo os juro, por San Ginés,[25]
               que, con toda su osadía,
               le ha de hacer, por vida mía,
               mal tercio un aragonés;
               nos veremos.

Don Luis.   ¡Ay, Pascual,
               que en qué te metes no sabes!

Pascual.   En apreturas más graves
               me he visto, y no salí mal.

Don Luis.   Estriba en lo perentorio
               del plazo y en ser quien es.

Pascual.   Más que un buen aragonés
               no ha de valer un Tenorio.
               Todos esos lenguaraces,
               espadachines de oficio,
               no son más que frontispicio
               y de poca alma capaces.
               Para infamar a mujeres
               tienen lengua, y tienen manos
               para osar a los ancianos
               o apalear a mercaderes.
               Mas cuando una buena espada,
               por un buen brazo esgrimida,
               con la muerte les convida,
               todo su valor es nada.
               Y sus empresas y bullas
               se reducen todas ellas
               a hablar mal de las doncellas
               y a huir ante las patrullas.

Don Luis.   ¡Pascual!

Pascual.   No lo hablo por vos,
               que, aunque sois un calavera,
               tenéis la alma bien entera
               y reñís bien, ¡voto a brios!

---

[25] actor famoso y converso cristiano.

Don Luis.	Pues si es en mí tan notorio
	el valor, mira, Pascual,
	que el valor es proverbial
	en la raza de Tenorio.
	Y porque conozco bien
	de su valor el extremo,
	de sus ardides me temo
	que en tierra con mi honra den.
Pascual.	Pues suelto[26] estáis ya, don Luis,
	y pues que tanto os acucia
	el mal de celos, su astucia
	con la astucia prevenís.
	¿Qué teméis de él?
Don Luis.	No lo sé;
	mas esta noche sospecho
	que ha de procurar el hecho
	consumar.
Pascual.	Soñáis.
Don Luis.	¿Por qué?
Pascual.	¿No está preso?
Don Luis.	Sí que está;
	mas también lo estaba yo,
	y un hidalgo me fió.
Pascual.	Mas ¿quién a él le fiará?
Don Luis.	En fin, sólo un medio encuentro
	de satisfacerme.
Pascual.	¿Cuál?
Don Luis.	Que de esta casa, Pascual,
	quede yo esta noche dentro.
Pascual.	Mirad que así de doña Ana
	tenéis el honor vendido.
Don Luis.	¡Qué mil rayos! ¿Su marido
	no voy a ser yo mañana?
Pascual.	Mas, señor, ¿no os digo yo
	que os fío con la existencia?
Don Luis.	Sí; salir de una pendencia,
	mas de un ardid diestro, no.
	Y, en fin, o paso en la casa
	la noche, o tomo la calle,
	aunque la justicia me halle.
Pascual.	Señor don Luis, eso pasa
	de terquedad, y es capricho

---

[26] libre.

que dejar os aconsejo,
y os irá bien.

Don Luis.   No lo dejo,
Pascual.

Pascual.   ¡Don Luis!

Don Luis.   Está dicho.

Pascual.   ¡Vive Dios! ¿Hay tal afán?

Don Luis.   Tú dirás lo que quisieres,
mas yo fío en las mujeres
mucho menos que en don Juan.
Y pues lance es extremado
por dos locos emprendido,
bien será un loco atrevido
para un loco desalmado.

Pascual.   Mirad bien lo que decís,
porque yo sirvo a doña Ana
desde que nació, y mañana
seréis su esposo, don Luis.

Don Luis.   Pascual, esa hora llegada
y ese derecho adquirido,
yo sabré ser su marido
y la haré ser bien casada.
Mas en tanto...

Pascual.   No habléis más.
Yo os conozco desde niños,
y sé lo que son cariños,
¡por vida de Barrabás!
Oíd: mi cuarto es sobrado
para los dos; dentro de él
quedad; mas palabra fiel
dadme de estaros callado.

Don Luis.   Te la doy.

Pascual.   Y hasta mañana,
juntos con doble cautela,
nos quedaremos en vela.

Don Luis.   Y se salvará doña Ana.

Pascual.   Sea.

Don Luis.   Pues vamos.

Pascual.   ¡Teneos!
¿Qué vais a hacer?

Don Luis.   A entrar.

Pascual.   ¿Ya?

Don Luis.   ¿Quién sabe lo que él hará?

Pascual.   Vuestros celosos deseos
reprimid, que ser no puede
mientras que no se recoja
mi amo, don Gil de Pantoja,
y todo en silencio quede.

Don Luis.   ¡Voto a!...

Pascual.   ¡Eh! Dad una vez
breves treguas al amor.

Don Luis.   Y ¿a qué hora ese buen señor
suele acostarse?

Pascual.   A las diez;
y en esa calleja estrecha
hay una reja; llamad
a las diez, y descuidad
mientras en mí.[27]

Don Luis.   Es cosa hecha.

Pascual.   Don Luis, hasta luego, pues.

Don Luis.   Adiós, Pascual, hasta luego.

Escena III

Don Luis.   Jamás tal desasosiego
tuve. Paréceme que es
esta noche hora menguada[28]
para mí..., y no sé qué vago
presentimiento, qué estrago
teme mi alma acongojada.
¡Por Dios, que nunca pensé
que a doña Ana amara así,
ni por ninguna sentí
lo que por ella!... ¡Oh! Y a fe
que de don Juan me amedrenta,
no el valor, mas la ventura.
Parece que le asegura
Satanás en cuanto intenta.
No, no; es un hombre infernal,
y téngome para mí
que, si me aparto de aquí,
me burla, pese a Pascual.
Y aunque me tenga por necio,
quiero entrar; que con don Juan
las precauciones no están
para vistas con desprecio.
(*Llama a la ventana.*)

---

[27] confía en mí.   [28] fatal.

Escena IV

Don Luis *y* Doña Ana

Doña Ana.	¿Quién va?
Don Luis.	¿No es Pascual?
Doña Ana.	¡Don Luis!
Don Luis.	¡Doña Ana!
Doña Ana.	¿Por la ventana llamas ahora?
Don Luis.	¡Ay, doña Ana, cuán a buen tiempo salís!
Doña Ana.	Pues, ¿qué hay, Mejía?
Don Luis.	Un empeño por tu beldad con un hombre que temo.
Doña Ana.	Y ¿qué hay que te asombre en él, cuando eres tú el dueño de mi corazón?
Don Luis.	Doña Ana, no lo puedes comprender, de ese hombre sin conocer nombre y suerte.
Doña Ana.	Será vana su buena suerte conmigo; ya ves, sólo horas nos faltan para la boda, y te asaltan vanos temores.
Don Luis.	Testigo me es Dios que nada por mí me da pavor mientras tenga espada, y ese hombre venga cara a cara contra ti. Mas, como el león audaz, y cauteloso y prudente como la astuta serpiente...
Doña Ana.	¡Bah! Duerme, don Luis, en paz, que su audacia y su prudencia nada lograrán de mí, que tengo cifrada en ti la gloria de mi existencia.
Don Luis.	Pues bien, Ana, de ese amor que me aseguras en nombre, para no temer a ese hombre, voy a pedirte un favor.

Doña Ana.	Di; mas bajo, por si escucha tal vez alguno.
Don Luis.	Oye, pues.

Escena V

Doña Ana y Don Luis *a la reja derecha;* Don Juan y Ciutti, *en la calle izquierda.*

Ciutti.	Señor, ¡por mi vida, que es vuestra suerte buena y mucha!
Don Juan.	Ciutti, nadie como yo; ya viste cuán fácilmente el buen alcaide prudente se avino, y suelta me dió. Mas no hay ya en ello que hablar; ¿mis encargos has cumplido?
Ciutti.	Todos los he concluído mejor que pude esperar.
Don Juan.	¿La beata?...
Ciutti.	Ésta es la llave de la puerta del jardín que habrá que escalar al fin, pues como usarced ya sabe, las tapias de este convento no tienen entrada alguna.
Don Juan.	Y ¿te dió carta?
Ciutti.	Ninguna; me dijo que aquí al momento iba a salir de camino; que al convento se volvía, y que con vos hablaría.
Don Juan.	Mejor es.
Ciutti.	Lo mismo opino.
Don Juan.	¿Y los caballos?
Ciutti.	Con silla y freno los tengo ya.
Don Juan.	¿Y la gente?
Ciutti.	Cerca está.
Don Juan.	Bien, Ciutti; mientras Sevilla tranquila en sueño reposa creyéndome encarcelado, otros dos nombres añado a mi lista numerosa. ¡Ja, ja!
Ciutti.	¡Señor!

Don Juan.	¿Qué?
Ciutti.	¡Callad!
Don Juan.	¿Qué hay, Ciutti?
Ciutti.	Al doblar la esquina,

en esa reja vecina
he visto un hombre.

Don Juan.   Es verdad;
pues ahora sí que es mejor
el lance. ¿Y si es ése?

Ciutti.   ¿Quién?

Don Juan.   Don Luis.

Ciutti.   Imposible.

Don Juan.   ¡Toma!
¿No estoy yo aquí?

Ciutti.   Diferencia
va de él a vos.

Don Juan.   Evidencia
lo creo, Ciutti; allí asoma
tras de la reja una dama.

Ciutti.   Una crïada tal vez.

Don Juan.   Preciso es verlo, ¡pardiez!
no perdamos lance y fama.
Mira, Ciutti: a fuer de ronda,
tú, con varios de los míos,
por esa calle escurríos,
dando vuelta a la redonda
a la casa.

Ciutti.   Y en tal caso,
cerrará ella.

Don Juan.   Pues con eso,
ella ignorante y él preso,
nos dejará franco el paso.

Ciutti.   Decís bien.

Don Juan.   Corre, y atájale,
que en ello el vencer consiste.

Ciutti.   Mas ¿si el truhán se resiste?...

Don Juan.   Entonces, de un tajo rájale.

Escena VI

Don Juan, Doña Ana y Don Luis

Don Luis.   ¿Me das, pues, tu asentimiento?

Doña Ana.   Consiento.

Don Luis.   ¿Complácesme de ese modo?

Doña Ana.	En todo.
Don Luis.	Pues te velaré hasta el día.
Doña Ana.	Sí, Mejía.
Don Luis.	Páguete el cielo, Ana mía, satisfacción tan entera.
Doña Ana.	Porque me juzgues sincera *consiento en todo, Mejía.*
Don Luis.	Volveré, pues, otra vez.
Doña Ana.	Sí, a las diez.
Don Luis.	¿Me aguardarás, Ana?
Doña Ana.	Sí.
Don Luis.	Aquí.
Doña Ana.	Y tú estarás puntual, ¿eh?
Don Luis.	Estaré.
Doña Ana.	La llave, pues, te daré.
Don Luis.	Y dentro yo de tu casa, venga Tenorio.
Doña Ana.	Alguien pasa. *A las diez.*
Don Luis.	*Aquí estaré.*

Escena VII

Don Juan *y* Don Luis

Don Luis.	Mas se acercan. ¿Quién va allá?
Don Juan.	Quien va.
Don Luis.	De quien va así, ¿qué se infiere?
Don Juan.	Que quiere...
Don Luis.	¿Ver si la lengua le arranco?
Don Juan.	El paso franco.
Don Luis.	Guardado está.
Don Juan.	Y yo, ¿soy manco?
Don Luis.	Pidiéraislo en cortesía.
Don Juan.	Y ¿a quién?
Don Luis.	A don Luis Mejía.
Don Juan.	*Quien va, quiere el paso franco.*
Don Luis.	¿Conocéisme?
Don Juan.	Sí.
Don Luis.	¿Y yo a vos?
Don Juan.	Los dos.

Don Luis.	Y ¿en qué estriba el estorballe?[29]
Don Juan.	En la calle...
Don Luis.	¿De ella los dos por ser amos?
Don Juan.	Estamos.
Don Luis.	Dos hay no más que podamos necesitarla a la vez.
Don Juan.	Lo sé.
Don Luis.	Sois don Juan.
Don Juan.	¡Pardiez! *Los dos ya en la calle estamos.*
Don Luis.	¿No os prendieron?
Don Juan.	Como a vos.
Don Luis.	¡Vive Dios! Y ¿huisteis?
Don Juan.	Os imité: y ¡qué!
Don Luis.	Que perderéis.
Don Juan.	No sabemos.
Don Luis.	Lo veremos.
Don Juan.	La dama entrambos tenemos sitiada, y estáis cogido.
Don Luis.	Tiempo hay.
Don Juan.	Para vos perdido.
Don Luis.	*¡Vive Dios, que lo veremos!*

Don Luis desenvaina su espada; mas Ciutti, que ha bajado con los suyos cautelosamente hasta colocarse tras él, le sujeta.

Don Juan.	Señor don Luis, vedlo pues.
Don Luis.	Traición es.
Don Juan.	La boca... (*A los suyos, que se la tapan a don Luis.*)
Don Luis.	¡Oh!
Don Juan.	Sujeto atrás, más. (*Le sujetan los brazos.*) La empresa es, señor Mejía, como mía.

---

[29] "estorbarte"; asimilación de *r* a *l* muy común en la poesía.

(*A los suyos.*)
Encerrádmele hasta el día.
La apuesta está ya en mi mano.
(*A don Luis.*)
Adiós, don Luis; si os la gano,
traición es, mas como mía.

Escena VIII

Don Juan.	¡Buen lance, viven los cielos!
	Éstos son los que dan fama;
	mientras le soplo la dama,
	él se arrancará los pelos
	encerrado en mi bodega.
	¿Y ella?... Cuando crea hallarse
	con él... ¡Ja, ja!... ¡Oh, y quejarse
	no puede; limpio se juega!
	A la cárcel le llevé,
	y salió; llevóme a mí,
	y salí; hallarnos aquí
	era fuerza...; ya se ve,
	su parte en la grave apuesta
	defendía cada cual.
	Mas con la suerte está mal
	Mejía, y también pierde ésta.
	Sin embargo, y por si acaso,
	no es de más asegurarse
	de Lucía, a desgraciarse
	no vaya por poco el paso.
	Mas por allí un bulto negro
	se aproxima...y, a mi ver,
	es el bulto una mujer.
	¿Otra aventura? Me alegro.

Escena IX

Don Juan *y* Brígida

Brígida.	¿Caballero?
Don Juan.	¿Quién va allá?
Brígida.	¿Sois don Juan?
Don Juan.	¡Por vida de!...
	¡Si es la beata! ¡Y, a fe,
	que la había olvidado ya!
	Llegaos; don Juan soy yo.
Brígida.	¿Estáis solo?
Don Juan.	Con el diablo.

Brígida.	¡Jesucristo!
Don Juan.	Por vos lo hablo.
Brígida.	¿Soy yo el diablo?
Don Juan.	Créolo.
Brígida.	¡Vaya! ¡Qué cosas tenéis! Vos sí que sois un diablillo...
Don Juan.	Que te llenará el bolsillo[30] si le sirves.
Brígida.	Lo veréis.
Don Juan.	Descarga, pues, ese pecho. ¿Qué hiciste?
Brígida.	Cuanto me ha dicho vuestro paje...; y ¡qué mal bicho es ese Ciutti!
Don Juan.	¿Qué ha hecho?
Brígida.	¡Gran bribón!
Don Juan.	¿No os ha entregado un bolsillo y un papel?
Brígida.	Leyendo estará ahora en él doña Inés.
Don Juan.	¿La has preparado?
Brígida.	Vaya; y os la he convencido con tal maña y de manera, que irá como una cordera tras vos.
Don Juan.	¡Tan fácil te ha sido!
Brígida.	¡Bah! Pobre garza enjaulada, dentro la jaula nacida, ¿qué sabe ella si hay más vida ni más aire en que volar? Si no vió nunca sus plumas del sol a los resplandores, ¿qué sabe de los colores de que se puede ufanar? No cuenta la pobrecilla diez y siete primaveras, y aún virgen a las primeras impresiones del amor, nunca concibió la dicha fuera de su pobre estancia, tratada desde la infancia

---

[30] le dará dinero.

con cauteloso rigor.
Y tantos años monótonos
de soledad y convento,
tenían su pensamiento
ceñido a punto tan ruin,
a tan reducido espacio
y a círculo tan mezquino,
que era el claustro su destino
y el altar era su fin.
"Aquí está Dios," la dijeron;
y ella dijo: "Aquí le adoro."
"Aquí está el claustro y el coro";
y pensó: "No hay más allá."
Y sin otras ilusiones
que sus sueños infantiles,
pasó diez y siete abriles
sin conocerlo quizá.

Don Juan.   Y ¿está hermosa?

Brígida.   ¡Oh! Como un ángel.

Don Juan.   Y ¿la has dicho?...

Brígida.   Figuraos
si habré metido mal caos
en su cabeza, don Juan.
La hablé del amor, del mundo,
de la corte y los placeres,
de cuanto con las mujeres
erais pródigo y galán.
La dije que erais el hombre
por su padre destinado
para suyo; os he pintado
muerto por ella de amor,
desesperado por ella,
y por ella perseguido,
y por ella decidido
a perder vida y honor.
En fin, mis dulces palabras,
al posarse en sus oídos,
sus deseos mal dormidos
arrastraron de sí en pos;
y allá dentro de su pecho
han inflamado una llama
de fuerza tal, que ya os ama
y no piensa más que en vos.

Don Juan.   Tan incentiva pintura
los sentidos me enajena,
y el alma ardiente me llena
de su insensata pasión.

Empezó por una apuesta,
siguió por un devaneo,
engendró luego un deseo,
y hoy me quema el corazón.
Poco es el centro de un claustro:
¡al mismo infierno bajara,
y a estocadas la arrancara
de los brazos de Satán!
¡Oh! Hermosa flor, cuyo cáliz
al rocío aún no se ha abierto,
a trasplantarte va al huerto
de sus amores don Juan.
¿Brígida?

Brígida.   Os estoy oyendo,
y me hacéis perder el tino;
yo os creía un libertino
sin alma y sin corazón.

Don Juan.   ¿Eso extrañas? ¿No está claro
que en un objeto tan noble
hay que interesarse doble
que en otros?

Brígida.   Tenéis razón.

Don Juan.   Conque ¿a qué hora se recogen
las madres?

Brígida.   Ya recogidas
estarán. Vos, ¿prevenidas
todas las cosas tenéis?

Don Juan.   Todas.

Brígida.   Pues luego que doblen
a las ánimas,[31] con tiento
saltando al huerto, al convento
fácilmente entrar podéis
con la llave que os he enviado;
de un claustro oscuro y estrecho
es; seguid bien derecho
y daréis con poco afán
en nuestra celda.

Don Juan.   Y si acierto
a robar tan gran tesoro,
te he de hacer pesar en oro.

Brígida.   Por mí no queda,[32] don Juan.

Don Juan.   Vé y aguárdame.

---

[31] cuando suenan las campanas por las almas en el Purgatorio.

[32] su proyecto no fracasará por culpa de ella.

| Brígida. | Voy, pues,
a entrar por la portería
y a cegar a sor María
la tornera. Hasta después. |

Vase Brigida, y un poco antes de concluir esta escena, sale Ciutti, que se para en el fondo, esperando.

Escena X

Don Juan y Ciutti

| Don Juan. | Pues, señor, ¡soberbio envite!
Muchas hice hasta esta hora,
mas ¡por Dios! que la de ahora
será tal, que me acredite.
Mas ya veo que me espera
Ciutti. ¡Lebrel!
(*Llamándole.*) |
| Ciutti. | Aquí estoy. |
| Don Juan. | ¿Y don Luis? |
| Ciutti. | Libre por hoy
estáis de él. |
| Don Juan. | Ahora quisiera
ver a Lucía. |
| Ciutti. | Llegar
podéis aquí.
(*A la reja derecha.*)
Yo la llamo,
y al salir a mi reclamo,
la podéis vos abordar.[33] |
| Don Juan. | Llama, pues. |
| Ciutti. | La seña mía
sabe bien para que dude
en acudir. |
| Don Juan. | Pues si acude,
lo demás es cuenta mía. |

Ciutti llama a la reja con una seña que parezca convenida. Lucía se asoma a ella, y al ver a don Juan, se detiene un momento.

Escena XI

Don Juan, Lucía y Ciutti

| Lucía. | ¿Qué queréis, buen caballero? |
| Don Juan. | Quiero... |

---

[33] acosar.

Lucía.	¿Qué queréis? Vamos a ver.
Don Juan.	Ver...
Lucía.	¿Ver? ¿Qué veréis a esta hora?
Don Juan.	A tu señora.
Lucía.	Idos, hidalgo, en mal hora; ¿quién pensáis que vive aquí?
Don Juan.	Doña Ana Pantoja, y *quiero ver a tu señora.*
Lucía.	¿Sabéis que casa doña Ana?
Don Juan.	Sí, mañana.
Lucía.	Y ¿ha de ser tan infiel ya?
Don Juan.	Sí será.
Lucía.	Pues ¿no es de don Luis Mejía?
Don Juan.	¡Ca! Otro día. Hoy no es mañana, Lucía; yo he de estar hoy con doña Ana, y si se casa mañana, *mañana será otro día.*
Lucía.	¡Ah! ¿En recibiros está?
Don Juan.	Podrá.
Lucía.	¿Qué haré si os he de servir?
Don Juan.	Abrir.
Lucía.	¡Bah! Y ¿quién abre este castillo?
Don Juan.	Ese bolsillo.
Lucía.	¡Oro!
Don Juan.	Pronto te dió el brillo.
Lucía.	¡Cuánto!
Don Juan.	De cien doblas pasa.
Lucía.	¡Jesús!
Don Juan.	Cuenta, y di: esta casa, *¿podrá abrir ese bolsillo?*
Lucía.	¡Oh! Si es quien me dora el pico[34]...
Don Juan.	(*Interrumpiéndola.*) Muy rico.
Lucía.	¿Sí? ¿Qué nombre usa el galán?
Don Juan.	Don Juan.
Lucía.	¿Sin apellido notorio?
Don Juan.	Tenorio.

---

[34] me acalla.

Lucía.	¡Ánimas del purgatorio! ¿Vos don Juan?
Don Juan.	¿Qué te amedrenta, si a tus ojos se presenta *muy rico don Juan Tenorio?*
Lucía.	Rechina la cerradura.
Don Juan.	Se asegura.
Lucía.	Y a mí, ¿quién? ¡Por Belcebú!
Don Juan.	Tú.
Lucía.	Y ¿qué me abrirá el camino?
Don Juan.	Buen tino.
Lucía.	¡Bah! Id en brazos del destino...
Don Juan.	Dobla el oro.
Lucía.	Me acomodo.
Don Juan.	Pues mira cómo de todo *se asegura tu buen tino.*
Lucía.	Dadme algún tiempo, ¡pardiez!
Don Juan.	A las diez.
Lucía.	¿Dónde os busco, o vos a mí?
Don Juan.	Aquí.
Lucía.	Conque estaréis puntual, ¿eh?
Don Juan.	Estaré.
Lucía.	Pues yo una llave os traeré.
Don Juan.	Y yo otra igual cantidad.
Lucía.	No me faltéis.
Don Juan.	No, en verdad; *a las diez aquí estaré.* Adiós, pues, y en mí te fía.
Lucía.	Y en mí el garboso galán.
Don Juan.	Adiós, pues, franca Lucía.
Lucía.	Adiós, pues, rico don Juan.

Lucía cierra la ventana. Ciutti se acerca a don Juan a una seña de éste.

Escena XII

DON JUAN y CIUTTI

Don Juan.	(*Riéndose.*) Con oro, nada hay que falle. Ciutti, ya sabes mi intento: a las nueve, en el convento; a las diez, en esta calle. (*Vanse.*)

ACTO TERCERO

Profanación

Celda de doña Inés. Puerta en el fondo y a la izquierda.

Escena primera

DOÑA INÉS y LA ABADESA

Abadesa.   ¿Conque me habéis entendido?

Doña Inés.   Sí, señora.

Abadesa.   Está muy bien;
la voluntad decisiva
de vuestro padre, tal es.
Sois joven, cándida y buena;
vivido en el claustro habéis
casi desde que nacisteis;
y para quedar en él
atada con santos votos
para siempre, ni aun tenéis,
como otras, pruebas difíciles
ni penitencias que hacer.
¡Dichosa mil veces vos;
dichosa, sí, doña Inés,
que no conociendo el mundo,
no le debéis de temer!
¡Dichosa vos, que del claustro
al pisar en el dintel,
no os volveréis a mirar
lo que tras vos dejaréis!
Y los mundanos recuerdos
del bullicio y del placer,
no os turbarán, tentadores,
del ara santa a los pies;
pues ignorando lo que hay
tras esa santa pared,
lo que tras ella se queda,
jamás apeteceréis.
Mansa paloma, enseñada
en las palmas a comer
del dueño que la ha criado
en doméstico vergel,
no habiendo salido nunca
de la protectora red,
no ansiaréis nunca las alas
por el espacio tender.
Lirio gentil, cuyo tallo
mecieron sólo tal vez
las embalsamadas brisas

del más florecido mes,
aquí a los besos del aura,
vuestro cáliz abriréis,
y aquí vendrán vuestras hojas
tranquilamente a caer.
Y en el pedazo de tierra
que abarca nuestra estrechez,
y en el pedazo de cielo
que por las rejas se ve,
vos no veréis más que un lecho
do en dulce sueño yacer,
y un velo azul suspendido
a las puertas del Edén...
¡Ay! En verdad que os envidio,
venturosa doña Inés,
con vuestra inocente vida,
la virtud del no saber.
Mas ¿por qué estáis cabizbaja?
¿Por qué no me respondéis
como otras veces, alegre,
cuando en lo mismo os hablé?
¿Suspiráis?... ¡Oh! Ya comprendo;
de vuelta aquí hasta no ver
a vuestra aya, estáis inquieta,
pero nada receléis.
A casa de vuestro padre
fué casi al anochecer,
y abajo en la portería
estará; yo os la enviaré,
que estoy de vela esta noche.
Conque, vamos, doña Inés,
recogeos, que ya es hora;
mal ejemplo no me deis
a las novicias, que ha tiempo
que duermen ya; hasta después.

Doña Inés.   Id con Dios, madre abadesa.
Abadesa.   Adiós, hija.

Escena II

Doña Inés.   Ya se fue.
No sé qué tengo, ¡ay de mí!
que en tumultuoso tropel
mil encontradas ideas
me combaten a la vez.
Otras noches, complacida
sus palabras escuché,
y de esos cuadros tranquilos

que sabe pintar tan bien,
de esos placeres domésticos
la dichosa sencillez
y la calma venturosa,
me hicieron apetecer
la soledad de los claustros
y su santa rigidez.
Mas hoy la oí distraída,
y en sus pláticas hallé,
si no enojosos discursos,
a lo menos aridez.
Y no sé por qué al decirme
que podría acontecer
que se acelerase el día
de mi profesión, temblé,
y sentí del corazón
acelerarse el vaivén,
y teñírseme el semblante
de amarilla palidez.
¡Ay de mí!... Pero mi dueña,
¿dónde estará?... Esa mujer,
con sus pláticas, al cabo,
me entretiene alguna vez.
Y hoy la echo menos... Acaso
porque la voy a perder,
que en profesando, es preciso
renunciar a cuanto amé.
Mas pasos siento en el claustro;
¡oh! reconozco muy bien
sus pisadas... Ya está aquí.

Escena III

DOÑA INÉS y BRÍGIDA

Brígida.	Buenas noches, doña Inés.
Doña Inés.	¿Cómo habéis tardado tanto?
Brígida.	Voy a cerrar esta puerta.
Doña Inés.	Hay orden de que esté abierta.
Brígida.	Eso es muy bueno y muy santo para las otras novicias que han de consagrarse a Dios; no, doña Inés, para vos.
Doña Inés.	Brígida, ¿no ves que vicias las reglas del monasterio, que no permiten?...
Brígida.	¡Bah, bah! Más seguro así se está,

y así se habla sin misterio
ni estorbos. ¿Habéis mirado
el libro que os he traído?

Doña Inés. ¡Ay, se me había olvidado!

Brígida. Pues ¡me hace gracia el olvido!

Doña Inés. ¡Como la madre abadesa
se entró aquí inmediatamente!

Brígida. ¡Vieja más impertinente!

Doña Inés. Pues ¿tanto el libro interesa?

Brígida. ¡Vaya si interesa, mucho!
Pues ¡quedó con poco afán
el infeliz!

Doña Inés. ¿Quién?

Brígida. Don Juan.

Doña Inés. ¡Válgame el cielo! ¿Qué escucho?
¿Es don Juan quien me le envía?

Brígida. Por supuesto.

Doña Inés. ¡Oh! Yo no debo
tomarle.

Brígida. ¡Pobre mancebo!
Desairarle así, sería
matarle.

Doña Inés. ¿Qué estás diciendo?

Brígida. Si ese Horario no tomáis,
tal pesadumbre le dais,
que va a enfermar, lo estoy viendo.

Doña Inés. ¡Ah! No, no; de esa manera,
le tomaré.

Brígida. Bien haréis.

Doña Inés. Y ¡qué bonito es!

Brígida. Ya veis;
quien quiere agradar, se esmera.

Doña Inés. Con sus manecillas de oro,
Y cuidado que está prieto.
A ver, a ver si completo
contiene el rezo del coro.

Le abre, y cae una carta de entre sus hojas.

Mas ¿qué cayó?

Brígida. Un papelito.

Doña Inés. ¡Una carta!

Brígida.	Claro está; en esa carta os vendrá ofreciendo el regalito.
Doña Inés.	¡Qué! ¿Será suyo el papel?
Brígida.	¡Vaya, que sois inocente! Pues que os feria, es consiguiente que la carta será de él.
Doña Inés.	¡Ay, Jesús!
Brígida.	¿Qué es lo que os da?
Doña Inés.	Nada, Brígida, no es nada.
Brígida.	No, no; si estáis inmutada. (Ya presa en la red está.) ¿Se os pasa?
Doña Inés.	Sí.
Brígida.	Eso habrá sido cualquier mareíllo vano.
Doña Inés.	¡Ay, se me abrasa la mano con que el papel he cogido!
Brígida.	Doña Inés, ¡válgame Dios! jamás os he visto así; estáis trémula.
Doña Inés.	¡Ay de mí!
Brígida.	¿Qué es lo que pasa por vos?
Doña Inés.	No sé... El campo de mi mente siento que cruzan perdidas mil sombras desconocidas que me inquietan vagamente, y ha tiempo al alma me dan con su agitación tortura.
Brígida.	¿Tiene alguna, por ventura, el semblante de don Juan?
Doña Inés.	No sé; desde que le ví, Brígida mía, y su nombre me dijiste, tengo a ese hombre siempre delante de mí. Por doquiera me distraigo con su agradable recuerdo, y si un instante le pierdo, en su recuerdo recaigo. No sé qué fascinación en mis sentidos ejerce, que siempre hacia él se me tuerce la mente y el corazón; y aquí, y en el oratorio,

y en todas partes advierto
que el pensamiento divierto
con la imagen de Tenorio.

Brígida. ¡Válgame Dios! Doña Inés,
según lo vais explicando,
tentaciones me van dando
de creer que eso amor es.

Doña Inés. ¿Amor has dicho?

Brígida. Sí, amor.

Doña Inés. No, de ninguna manera.

Brígida. Pues por amor lo entendiera
el menos entendedor;
mas vamos la carta a ver:
¿en qué os paráis? ¿Un suspiro?

Doña Inés. ¡Ay, que cuanto más la miro,
menos me atrevo a leer!
(*Lee.*)
        "Doña Inés del alma mía..."
¡Virgen Santa, qué principio!

Brígida. Vendrá en verso, y será un ripio
que traerá la poesía.
Vamos, seguid adelante.

Doña Inés. (*Lee.*)
"Luz de donde el sol la toma,
hermosísima paloma
privada de libertad,
si os dignáis por estas letras
pasar vuestros lindos ojos,
no los tornéis con enojos
sin concluir, acabad..."

Brígida. ¡Qué humildad, y qué finura!
¿Dónde hay mayor rendimiento?

Doña Inés. Brígida, no sé qué siento.

Brígida. Seguid, seguid la lectura.

Doña Inés (*Lee.*)
"Nuestros padres, de consuno
nuestras bodas acordaron,
porque los cielos juntaron
los destinos de los dos.
Y halagado desde entonces
con tan risueña esperanza,
mi alma, doña Inés, no alcanza
otro porvenir que vos.
De amor con ella en mi pecho
brotó una chispa ligera,

que han convertido en hoguera
tiempo y afición tenaz.
Y esta llama, que en mí mismo
se alimenta, inextinguible,
cada día más terrible
va creciendo y más voraz..."

Brígida. Es claro; esperar le hicieron
en vuestro amor algún día,
y hondas raíces tenía
cuando a arrancársele fueron.
Seguid.

Doña Inés. (*Lee.*)
    "En vano a apagarla
concurren tiempo y ausencia,
que, doblando su violencia,
no hoguera, ya volcán es.
Y yo, que en medio del cráter
desamparado batallo,
suspendido en él me hallo
entre mi tumba y mi Inés..."

Brígida. ¿Lo veis, Inés? Si ese Horario
le despreciáis, al instante
le preparan el sudario.

Doña Inés. Yo desfallezco.

Brígida.   Adelante.

Doña Inés. (*Lee.*)
"Inés, alma de mi alma,
perpetuo imán de mi vida,
perla sin concha escondida
entre las algas del mar;
garza que nunca del nido
tender osastes el vuelo,
el diáfano azul del cielo:
para aprender a cruzar,
si es que a través de esos muros
el mundo apenada miras,
y por el mundo suspiras,
de libertad con afán,
acuérdate que al pie mismo
de esos muros que te guardan,
para salvarte te aguardan
los brazos de tu don Juan..."
¿Qué es lo que me pasa, ¡cielo!
que me estoy viendo morir?

Brígida. (Ya tragó todo el anzuelo.)
Vamos, que está al concluir.

Doña Inés. (*Lee.*)
"Acuérdate de quien llora
al pie de tu celosía,
y allí le sorprende el día
y le halla la noche allí;
acuérdate de quien vive
sólo por ti, ¡vida mía!
y que a tus pies volaría
si le llamaras a ti..."

Brígida. ¿Lo veis? Vendría.

Doña Inés. ¡Vendría!

Brígida. A postrarse a vuestros pies.

Doña Inés. ¿Puede?

Brígida. ¡Oh, sí!

Doña Inés. ¡Virgen María!

Brígida. Pero acabad, doña Inés.

Doña Inés. (*Lee.*)
"Adiós, ¡oh luz de mis ojos!
adiós, Inés de mi alma;
medita, por Dios, en calma
las palabras que aquí van;
y si odias esa clausura
que ser tu sepulcro debe,
manda, que a todo se atreve
por tu hermosura, don Juan."
¡Ay! ¿Qué filtro envenenado
me dan en este papel,
que el corazón desgarrado
me estoy sintiendo con él?
¿Qué sentimientos dormidos
son los que revela en mí?
¿Qué impulsos jamás sentidos?
¿Qué luz, que hasta hoy nunca ví?
¿Qué es lo que engendra en mi alma
tan nuevo y profundo afán?
¿Quién roba la dulce calma
de mi corazón?

Brígida. Don Juan.

Doña Inés. ¡Don Juan dices!... ¿Conque ese hombre
me ha de seguir por doquier?
¿Sólo he de escuchar su nombre,
sólo su sombra he de ver?
¡Ah! ¡Bien dice! Juntó el cielo
los destinos de los dos,

y en mi alma engendró este anhelo
fatal.

Brígida. ¡Silencio, por Dios!
(*Se oyen dar las ánimas.*)

Doña Inés. ¿Qué?

Brígida. Silencio.

Doña Inés. Me estremezco.

Brígida. ¿Oís, doña Inés, tocar?

Doña Inés. Sí; lo mismo que otras veces
las ánimas oigo dar.

Brígida. Pues no habléis de él.

Doña Inés. ¡Cielo santo!
¿De quién?

Brígida. ¿De quién ha de ser?
De ese don Juan que amáis tanto,
porque puede aparecer.

Doña Inés. ¡Me amedrentas! ¿Puede ese hombre
llegar hasta aquí?

Brígida. Quizá,
porque el eco de su nombre
tal vez llega adonde está.

Doña Inés. ¡Cielos! Y ¿podrá?...

Brígida. ¿Quién sabe?

Doña Inés. ¿Es un espíritu, pues?

Brígida. No; mas si tiene una llave...

Doña Inés. ¡Dios!

Brígida. Silencio, doña Inés,
¿no oís pasos?

Doña Inés. ¡Ay! Ahora
nada oigo.

Brígida. Las nueve dan.
Suben..., se acercan..., señora...
ya está aquí.

Doña Inés. ¿Quién?

Brígida. Él.

Doña Inés. ¡Don Juan!

Escena IV

Doña Inés, Don Juan y Brígida

Doña Inés. ¿Qué es esto? ¿Sueño..., deliro?

Don Juan. ¡Inés de mi corazón!

Doña Inés.	¿Es realidad lo que miro,
	o es una fascinación?...
	¡Tenedme..., apenas respiro...;
	sombra..., huye, por compasión!
	¡Ay de mí!...

Desmáyase doña Inés, y don Juan la sostiene. La carta de don Juan queda en el suelo, abandonada por doña Inés al desmayarse.

Brígida.	La ha fascinado
	vuestra repentina entrada,
	y el pavor la ha trastornado.
Don Juan.	Mejor; así nos ha ahorrado
	la mitad de la jornada.
	¡Ea! No desperdiciemos
	el tiempo aquí en contemplarla,
	si perdernos no queremos.
	En los brazos a tomarla
	voy, y cuanto antes, ganemos
	ese claustro solitario.
Brígida.	¡Oh! ¿Vais a sacarla así?
Don Juan.	¡Necia! ¿Piensas que rompí
	la clausura, temerario,
	para dejármela aquí?
	Mi gente abajo me espera;
	sígueme.
Brígida.	¡Sin alma estoy!
	¡Ay! Este hombre es una fiera;
	nada le ataja ni altera...
	Sí, sí; a su sombra me voy.

Escena V

La Abadesa.	Jurara que había oído
	por estos claustros andar;
	hoy a doña Inés velar
	algo más la he permitido,
	y me temo... Mas no están
	aquí. ¿Qué pudo ocurrir
	a las dos para salir
	de la celda? ¿Dónde irán?
	¡Hola! Yo las ataré
	corto para que no vuelvan
	a enredar, y me revuelvan
	a las novicias...; sí, a fe.
	Mas siento por allá fuera
	pasos. ¿Quién es?

Escena VI

La Abadesa y La Tornera

Tornera.	Yo, señora.
Abadesa.	¡Vos en el claustro a esta hora! ¿Qué es esto, hermana tornera?
Tornera.	Madre abadesa, os buscaba.
Abadesa.	¿Qué hay? Decid.
Tornera.	Un noble anciano quiere hablaros.
Abadesa.	Es en vano.
Tornera.	Dice que es de Calatrava caballero; que sus fueros le autorizan a este paso, y que la urgencia del caso le obliga al instante a veros.
Abadesa.	¿Dijo su nombre?
Tornera.	El señor don Gonzalo Ulloa.
Abadesa.	¿Qué puede querer?... Ábrale, hermana; es Comendador de la Orden, y derecho tiene en el claustro de entrada.

Escena VII

La Abadesa.	¿A una hora tan avanzada venir así?... No sospecho qué pueda ser...; mas me place, pues no hallando a su hija aquí, la reprenderá, y así mirará otra vez lo que hace.

Escena VIII

La Abadesa y Don Gonzalo; La Tornera, *a la puerta.*

Don Gonzalo.	Perdonad, madre abadesa, que en hora tal os moleste; mas para mí, asunto es éste que honra y vida me interesa.
Abadesa.	¡Jesús!
Don Gonzalo.	Oíd.
Abadesa.	Hablad, pues.

Don Gonzalo.	Yo guardé hasta hoy un tesoro
	de más quilates que el oro,
	y ese tesoro es mi Inés.
Abadesa.	A propósito...
Don Gonzalo.	Escuchad.
	Se me acaba de decir
	que han visto a su dueña ir
	ha poco por la ciudad,
	hablando con el crïado
	de un don Juan, de tal renombre,
	que no hay en la tierra otro hombre
	tan audaz y tan malvado.
	En tiempo atrás se pensó
	con él a mi hija casar,
	y hoy, que se la fuí a negar,
	robármela me juró;
	que por el torpe doncel
	ganada la dueña está,
	no puedo dudarlo ya;
	debo, pues, guardarme de él.
	Y un día, una hora quizás
	de imprevisión, le bastara
	para que mi honor manchara
	ese hijo de Satanás.
	He aquí mi inquietud cuál es;
	por la dueña, en conclusión,
	vengo; vos la profesión
	abreviad de doña Inés.
Abadesa.	Sois padre, y es vuestro afán
	muy justo, Comendador;
	mas ved que ofende a mi honor.
Don Gonzalo.	¡No sabéis quién es don Juan!
Abadesa.	Aunque le pintáis tan malo,
	yo os puedo decir de mí,
	que mientra Inés esté aquí,
	segura está, don Gonzalo.
Don Gonzalo.	Lo creo; mas las razones
	abreviemos; entregadme
	a esa dueña, y perdonadme
	mis mundanas opiniones.
	Si vos de vuestra virtud
	me respondéis, yo me fundo
	en que conozco del mundo
	la insensata juventud.
Abadesa.	Se hará como lo exigís.
	Hermana tornera: id, pues,

a buscar a doña Inés
y a su dueña.
(*Vase la tornera.*)

Don Gonzalo.　　　　　　¿Qué decís,
señora? O traición me ha hecho
mi memoria, o yo sé bien
que ésta es hora de que estén
ambas a dos en su lecho.

Abadesa.　　Ha un punto sentí a las dos
salir de aquí, no sé a qué.

Don Gonzalo.　¡Ay! ¿Por qué tiemblo? ¡No sé!
Mas ¿qué veo? ¡Santo Dios!
¡Un papel!... ¡Me lo decía
a voces mi mismo afán!
(*Leyendo.*)
"Doña Inés del alma mía..."
¡Y la firma de don Juan!
¡Ved..., ved... esa prueba escrita!
¡Leed ahí!... ¡Oh! ¡Mientras que vos
por ella rogáis a Dios,
viene el diablo y os la quita!

Escena IX

Lᴀ Aʙᴀᴅᴇsᴀ, Dᴏɴ Gᴏɴᴢᴀʟᴏ y Lᴀ Tᴏʀɴᴇʀᴀ

Tornera.　Señora...

Abadesa.　　　　¿Qué es?

Tornera.　　　　　　　¡Vengo muerta!

Don Gonzalo.　¡Concluid!

Tornera.　　　　　¡No acierto a hablar!...
¡He visto a un hombre saltar
por las tapias de la huerta!

Don Gonzalo.　¿Veis? ¡Corramos! ¡Ay de mí!

Abadesa.　¿Dónde vais, Comendador?

Don Gonzalo.　¡Imbécil! ¡Tras de mi honor,
que os roban a vos de aquí!

Aᴄᴛᴏ ᴄᴜᴀʀᴛᴏ

El Diablo a las puertas del cielo

Quinta de don Juan Tenorio, cerca de Sevilla y sobre el Guadalquivir. Balcón en el fondo. Dos puertas a cada lado.

Escena primera

BRÍGIDA y CIUTTI

Brígida.	¡Qué noche, válgame Dios! A poderlo calcular, no me meto yo a servir a tan fogoso galán. ¡Ay, Ciutti! Molida estoy; no me puedo menear.
Ciutti.	Pues ¿qué os duele?
Brígida.	Todo el cuerpo, y toda el alma además.
Ciutti.	¡Ya! No estáis acostumbrada al caballo, es natural.
Brígida.	Mil veces pensé caer. ¡Uf! ¡Qué mareo! ¡Qué afán! Veía yo unos tras otros ante mis ojos pasar los árboles como en alas llevados de un huracán, tan apriesa y produciéndome ilusión tan infernal, que perdiera los sentidos si tardamos en parar.
Ciutti.	Pues de estas cosas veréis, si en esta casa os quedáis, lo menos seis por semana.
Brígida.	¡Jesús!
Ciutti.	Y esa niña, ¿está reposando todavía?
Brígida.	Y ¿a qué se ha de despertar?
Ciutti.	Sí; es mejor que abra los ojos en los brazos de don Juan.
Brígida.	Preciso es que tu amo tenga algún diablo familiar.
Ciutti.	Yo creo que sea él mismo un diablo en carne mortal, porque a lo que él, solamente se arrojara Satanás.
Brígida.	¡Oh! ¡El lance ha sido extremado!
Ciutti.	Pero al fin logrado está.
Brígida.	¡Salir así, de un convento, en medio de una ciudad como Sevilla!

Ciutti.	Es empresa tan sólo para hombre tal; mas ¡qué diablos! si a su lado la fortuna siempre va, y encadenado a sus pies duerme sumiso el azar.
Brígida.	Sí; decís bien.
Ciutti.	No he visto hombre de corazón más audaz; no halla riesgo que le espante, ni encuentra dificultad que, al empeñarse en vencer, le haga un punto vacilar. A todo osado se arroja; de todo se ve capaz; ni mira dónde se mete, ni lo pregunta jamás. "Allí hay un lance," le dicen; y él dice: "Allá va don Juan." Mas ya tarda, ¡vive Dios!
Brígida.	Las doce en la catedral han dado ha tiempo.
Ciutti.	Y de vuelta debía a las doce estar.
Brígida.	Pero ¿por qué no se vino con nosotros?
Ciutti.	Tiene allá, en la ciudad, todavía cuatro cosas que arreglar.
Brígida.	¿Para el viaje?
Ciutti.	Por supuesto; aunque muy fácil será que esta noche a los infiernos le hagan a él mismo viajar.
Brígida.	¡Jesús, qué ideas!
Ciutti.	Pues ¡digo! ¿Son obras de caridad en las que nos empleamos, para mejor esperar? Aunque seguros estamos como vuelva por acá.
Brígida.	¿De veras, Ciutti?
Ciutti.	Venid a este balcón, y mirad; ¿qué veis?

Brígida.	Veo un bergantín,
	que anclado en el río está.
Ciutti.	Pues su patrón sólo aguarda
	las órdenes de don Juan,
	y salvos, en todo caso,
	a Italia nos llevará.
Brígida.	¿Cierto?
Ciutti.	Y nada receléis
	por nuestra seguridad,
	que es el barco más velero
	que boga[35] sobre la mar.
Brígida.	¡Chist! Ya siento a doña Inés...
Ciutti.	Pues yo me voy, que don Juan
	encargó que sola vos
	debíais con ella hablar.
Brígida.	Y encargó bien, que yo entiendo
	de esto.
Ciutti.	Adiós, pues.
Brígida.	Vete en paz.

Escena II

Doña Inés y Brígida

Doña Inés.	¡Dios mío, cuánto he soñado!
	¡Loca estoy! ¿Qué hora será?
	Pero ¿qué es esto? ¡ay de mí!
	No recuerdo que jamás
	haya visto este aposento.
	¿Quién me trajo aquí?
Brígida.	Don Juan.
Doña Inés.	Siempre don Juan...
	¿Aquí tú también estás,
	Brígida?
Brígida.	Sí, doña Inés.
Doña Inés.	Pero dime, en caridad,
	¿dónde estamos? Este cuarto,
	¿es del convento?
Brígida.	No tal;
	aquello era un cuchitril
	en donde no había más
	que miseria.

---

[35] navega.

Doña Inés.　　　　　Pero, en fin,
¿en dónde estamos?

Brígida.　　　　　　　Mirad,
mirad por este balcón,
y alcanzaréis lo que va
desde un convento de monjas
a una quinta de don Juan.

Doña Inés.　¿Es de don Juan esta quinta?

Brígida.　Y creo que vuestra ya.

Doña Inés.　Pero no comprendo, Brígida,
lo que dices.

Brígida.　　　　　Escuchad.
Estabais en el convento
leyendo con mucho afán
una carta de don Juan,
cuando estalló en un momento
un incendio formidable.

Doña Inés.　¡Jesús!

Brígida.　　　Espantoso, inmenso;
el humo era ya tan denso,
que el aire se hizo palpable.

Doña Inés.　Pues no recuerdo...

Brígida.　　　　　　　Las dos,
con la carta entretenidas,
olvidamos nuestras vidas;
yo oyendo, y leyendo vos.
Y estaba, en verdad, tan tierna,
que entrambas a su lectura
achacamos la tortura
que sentíamos interna.
Apenas ya respirar
podíamos, y las llamas
prendían en nuestras camas;
nos íbamos a asfixiar,
cuando don Juan, que os adora,
y que rondaba el convento,
al ver crecer con el viento
la llama devastadora,
con inaudito valor,
viendo que ibais a abrasaros,
se metió para salvaros
por donde pudo mejor.
Vos, al verle así asaltar
la celda tan de improviso,
os desmayasteis...; preciso,
la cosa era de esperar.

Y él, cuando os vió caer así,
en sus brazos os tomó
y echó a huir; yo le seguí,
y del fuego nos sacó.
¿Dónde íbamos a esta hora?
Vos seguíais desmayada,
yo estaba ya casi ahogada.
Dijo, pues: "Hasta la aurora
en mi casa las tendré."
Y henos, doña Inés, aquí.

Doña Inés. ¿Conque ésta es su casa?

Brígida.   Sí.

Doña Inés. Pues nada recuerdo, a fe.
Pero... ¡en su casa!... ¡Oh, al punto
salgamos de ella!... Yo tengo
la de mi padre.

Brígida.   Convengo
con vos; pero es el asunto...

Doña Inés. ¿Qué?

Brígida.   Que no podemos ir.

Doña Inés. Oír tal me maravilla.

Brígida. Nos aparta de Sevilla...

Doña Inés. ¿Quién?

Brígida.   Vedlo, el Guadalquivir.

Doña Inés. ¿No estamos en la ciudad?

Brígida. A una legua nos hallamos
de sus murallas.

Doña Inés.   ¡Oh! ¡Estamos
perdidas!

Brígida.   ¡No sé, en verdad,
por qué!

Doña Inés.   Me estás confundiendo,
Brígida... Yo no sé qué redes
son las que entre estas paredes
temo que me estás tendiendo.
Nunca el claustro abandoné,
ni sé del mundo exterior
los usos, mas tengo honor;
noble soy, Brígida, y sé
que la casa de don Juan
no es buen sitio para mí;
me lo está diciendo aquí
no sé qué escondido afán.
Ven, huyamos.

Brígida.	Doña Inés, la existencia os ha salvado.
Doña Inés.	Sí, pero me ha envenenado el corazón.
Brígida.	¿Le amáis, pues?
Doña Inés.	No sé... Mas, por compasión, huyamos pronto de ese hombre, tras de cuyo solo nombre se me escapa el corazón.

Brígida.   Doña Inés,
la existencia os ha salvado.

Doña Inés. Sí, pero me ha envenenado
el corazón.

Brígida.   ¿Le amáis, pues?

Doña Inés. No sé... Mas, por compasión,
huyamos pronto de ese hombre,
tras de cuyo solo nombre
se me escapa el corazón.
¡Ah! Tú me diste un papel
de manos de ese hombre escrito,
y algún encanto maldito
me diste encerrado en él.
Una sola vez le ví
por entre unas celosías,
y que estaba, me decías,
en aquel sitio por mí.
Tú, Brígida, a todas horas
me venías de él a hablar,
haciéndome recordar
sus gracias fascinadoras.
Tú me dijiste que estaba
para mío destinado
por mi padre, y me has jurado
en su nombre que me amaba.
¿Que le amo dices?... Pues bien;
si esto es amar, sí, le amo;
pero yo sé que me infamo
con esa pasión también.
Y si el débil corazón
se me va tras de don Juan,
tirándome de él están
mi honor y mi obligación.
Vamos, pues; vamos de aquí
primero que ese hombre venga,
pues fuerza acaso no tenga
si le veo junto a mí.
Vamos, Brígida.

Brígida.   Esperad.
¿No oís?

Doña Inés.   ¿Qué?

Brígida.   Ruido de remos.

Doña Inés. Sí, dices bien; volveremos
en un bote a la ciudad.

Brígida. Mirad, mirad, doña Inés.

Doña Inés. Acaba... Por Dios; partamos.

Brígida.	Ya, imposible que salgamos.
Doña Inés.	¿Por qué razón?
Brígida.	Porque él es
	quien en ese barquichuelo
	se adelanta por el río.
Doña Inés.	¡Ay! ¡Dadme fuerzas, Dios mío!
Brígida.	Ya llegó; ya está en el suelo.
	Sus gentes nos volverán
	a casa; mas antes de irnos,
	es preciso despedirnos
	a lo menos de don Juan.
Doña Inés.	Sea, y vamos al instante.
	No quiero volverle a ver.
Brígida.	(Los ojos te hará volver
	al encontrarle delante.)
	Vamos.
Doña Inés.	Vamos.
Ciutti.	(*Dentro.*)
	Aquí están.
Don Juan.	(*Ídem.*)
	Alumbra.
Brígida.	¡Nos busca!
Doña Inés.	Él es.

Escena III

DICHAS *y* DON JUAN

Don Juan.	¿Adónde vais, doña Inés?
Doña Inés.	Dejadme salir, don Juan.
Don Juan.	¿Que os deje salir?
Brígida.	Señor,
	sabiendo ya el accidente
	del fuego, estará impaciente
	por su hija el Comendador.
Don Juan.	¡El fuego! ¡Ah! No os dé cuidado
	por don Gonzalo, que ya
	dormir tranquilo le hará
	el mensaje que le he enviado.
Doña Inés.	¿Le habéis dicho?...
Don Juan.	Que os hallabais
	bajo mi amparo segura,
	y el aura del campo pura
	libre por fin respirabais.
	(*Vase Brígida.*)

Cálmate, pues, vida mía;
reposa aquí, y un momento
olvida de tu convento
la triste cárcel sombría.
¡Ah! ¿No es cierto, ángel de amor,
que en esta apartada orilla
más pura la luna brilla
y se respira mejor?
Esta aura que vaga llena
de los sencillos olores
de las campesinas flores
que brota esa orilla amena;
esa agua limpia y serena,
que atraviesa sin temor
la barca del pescador
que espera cantando el día,
¿no es cierto, paloma mía,
que están respirando amor?
Esa armonía que el viento
recoge entre esos millares
de floridos olivares,
que agita con manso aliento;
ese dulcísimo acento
con que trina el ruiseñor
de sus copas morador,
llamando al cercano día,
¿no es verdad, gacela mía,
que están respirando amor?
Y estas palabras que están
filtrando insensiblemente
tu corazón, ya pendiente
de los labios de don Juan,
y cuyas ideas van
inflamando en su interior
un fuego germinador
no encendido todavía,
¿no es verdad, estrella mía,
que están respirando amor?
Y esas dos líquidas perlas
que se desprenden tranquilas
de tus radiantes pupilas
convidándome a beberlas,
evaporarse a no verlas[36]
de sí mismas al calor,
y ese encendido color

---

[36] a menos que yo las vea.

que en tu semblante no había,
¿no es verdad, hermosa mía,
que están respirando amor?
¡Oh! Sí, bellísima Inés,
espejo y luz de mis ojos;
escucharme sin enojos
como lo haces, amor es;
mira aquí a tus plantas, pues,
todo el altivo rigor
de este corazón traidor
que rendirse no creía,
adorando, vida mía,
la esclavitud de tu amor.

Doña Inés.   Callad, por Dios, ¡oh! don Juan,
que no podré resistir
mucho tiempo sin morir
tan nunca sentido afán.
¡Ah! Callad, por compasión,
que oyéndoos, me parece
que mi cerebro enloquece
y se arde mi corazón.
¡Ah! Me habéis dado a beber
un filtro infernal sin duda,
que a rendiros os ayuda
la virtud de la mujer.
Tal vez poseéis, don Juan,
un misterioso amuleto,
que a vos me atrae en secreto
como irresistible imán.
Tal vez Satán puso en vos
su vista fascinadora,
su palabra seductora
y el amor que negó a Dios.
Y ¿qué he de hacer, ¡ay de mí!
sino caer en vuestros brazos,
si el corazón en pedazos
me vais robando de aquí?
No, don Juan, en poder mío
resistirte no está ya;
yo voy a ti, como va
sorbido al mar ese río.
Tu presencia me enajena,
tus palabras me alucinan,
y tus ojos me fascinan,
y tu aliento me envenena.
¡Don Juan, don Juan! Yo lo imploro
de tu hidalga compasión:

o arráncame el corazón,
o ámame, porque te adoro.

Don Juan. ¡Alma mía! Esa palabra
cambia de modo mi ser,
que alcanzo que puede hacer
hasta que el Edén se me abra.
No es, doña Inés, Satanás
quien pone este amor en mí;
es Dios, que quiere por ti
ganarme para *Él* quizás.
No; el amor que hoy se atesora
en mi corazón mortal,
no es un amor terrenal
como el que sentí hasta ahora;
no es esa chispa fugaz
que cualquier ráfaga apaga;
es incendio que se traga
cuanto ve, inmenso, voraz.
Desecha, pues, tu inquietud,
bellísima doña Inés,
porque me siento a tus pies
capaz aún de la virtud.
Sí; iré mi orgullo a postrar
ante el buen Comendador,
y, o habrá de darme tu amor,
o me tendrá que matar.

Doña Inés. ¡Don Juan de mi corazón!

Don Juan. ¡Silencio! ¿Habéis escuchado?

Doña Inés. ¿Qué?

Don Juan.   Sí; una barca ha atracado
debajo de ese balcón.
Un hombre embozado, de ella
salta... Brígida, al momento
(*Entra Brígida.*)
pasad a esotro aposento,
y perdonad, Inés bella,
si solo me importa estar.

Doña Inés. ¿Tardarás?

Don Juan.   Poco ha de ser.

Doña Inés. A mi padre hemos de ver.

Don Juan. Sí; en cuanto empiece a clarear.
Adiós.

Escena IV

DON JUAN y CIUTTI

Ciutti.	Señor...
Don Juan.	¿Qué sucede, Ciutti?
Ciutti.	Ahí está un embozado, en veros muy empeñado.
Don Juan.	¿Quién es?
Ciutti.	Dice que no puede descubrirse más que a vos, y que es cosa de tal priesa, que en ella se os interesa la vida a entrambos a dos.
Don Juan.	¿Y en él no has reconocido marca ni señal alguna que nos oriente?
Ciutti.	Ninguna; mas a veros decidido viene.
Don Juan.	¿Trae gente?
Ciutti.	No más que los remeros del bote.
Don Juan.	Que entre.

Escena V

DON JUAN, *luego* CIUTTI y DON LUIS, *embozado.*

Don Juan.　　　　　¡Jugamos a escote
la vida!... Mas, si es quizás
un traidor que hasta mi quinta
me viene siguiendo el paso...,
hálleme, pues, por si acaso,
con las armas en la cinta.

Se ciñe la espada y suspende al cinto un par de pistolas que habrá colocado sobre la mesa a su salida en la escena tercera. Al momento sale Ciutti, conduciendo a don Luis, que, embozado hasta los ojos, espera a que se queden solos. Don Juan hace a Ciutti una seña para que se retire. Lo hace.

Escena VI

DON JUAN y DON LUIS

Don Juan.　　(¡Buen talante!) Bien venido,
caballero.

Don Luis.	Bien hallado, señor mío.
Don Juan.	Sin cuidado hablad.
Don Luis.	Jamás lo he tenido.
Don Juan.	Decid, pues: ¿a qué venís a esta hora y con tal afán?
Don Luis.	Vengo a mataros, don Juan.
Don Juan.	Según eso, ¿sois don Luis?
Don Luis.	No os engañó el corazón, y el tiempo no malgastemos, don Juan; los dos no cabemos ya en la tierra.
Don Juan.	En conclusión, señor Mejía: ¿es decir que, porque os gané la apuesta, queréis que acabe la fiesta con salirnos a batir?
Don Luis.	Estáis puesto en la razón; la vida apostado habemos,[37] y es fuerza que nos paguemos.
Don Juan.	Soy de la misma opinión. Mas ved que os debo advertir que sois vos quien la ha perdido.
Don Luis.	Pues por eso os la he traído; mas no creo que morir deba nunca un caballero que lleva en el cinto espada, como una res destinada por su dueño al matadero.
Don Juan.	Ni yo creo que resquicio habréis jamás encontrado por donde me hayáis tomado por un cortador de oficio.
Don Luis.	De ningún modo; y ya veis que, pues os vengo a buscar, mucho en vos debo fiar.
Don Juan.	No más de lo que podéis. Y por mostraros mejor mi generosa hidalguía, decid si aún puedo, Mejía, satisfacer vuestro honor.

---

[37] hemos.

Leal la apuesta os gané;
mas si tanto os ha escocido,
mirad si halláis conocido
remedio, y le aplicaré.

Don Luis. No hay más que el que os he propuesto,
don Juan. Me habéis maniatado,
y habéis la casa asaltado
usurpándome mi puesto;
y pues el mío tomasteis
para triunfar de doña Ana,
no sois vos, don Juan, quien gana,
porque por otro jugasteis.

Don Juan. Ardides del juego son.

Don Luis. Pues no os los quiero pasar,
y por ellos a jugar
vamos ahora el corazón.

Don Juan. ¿Le arriesgáis, pues, en revancha[38]
de doña Ana de Pantoja?

Don Luis. Sí; y lo que tardo me enoja
en lavar tan fea mancha.
Don Juan, yo la amaba, sí;
mas con lo que habéis osado,
imposible la hais[39] dejado
para vos y para mí.

Don Juan. ¿Por qué la apostasteis, pues?

Don Luis. Porque no pude pensar
que la pudierais lograr.
Y... vamos ¡por San Andrés!
a reñir, que me impaciento.

Don Juan. Bajemos a la ribera.

Don Luis. Aquí mismo.

Don Juan. Necio fuera;
¿no veis que en este aposento
prendieran al vencedor?
Vos traéis una barquilla.

Don Luis. Sí.

Don Juan. Pues que lleve a Sevilla
al que quede.

Don Luis. Eso es mejor;
salgamos, pues.

Don Juan. Esperad.

Don Luis. ¿Qué sucede?

---

[38] para vengar a.   [39] habéis.

Don Juan.   Ruido siento.

Don Luis.   Pues no perdamos momento.

Escena VII

DON JUAN, DON LUIS *y* CIUTTI

Ciutti.   Señor, la vida salvad.

Don Juan.   ¿Qué hay, pues?

Ciutti.   El Comendador,
que llega con gente armada.

Don Juan.   Déjale franca la entrada,
pero a él solo.

Ciutti.   Mas señor...

Don Juan.   Obedéceme.

Vase Ciutti.

Escena VIII

DON JUAN *y* DON LUIS

Don Juan.   Don Luis,
pues de mí os habéis fiado
cuanto dejáis demostrado
cuando a mi casa venís,
no dudaré en suplicaros,
pues mi valor conocéis,
que un instante me aguardéis.

Don Luis.   Yo nunca puse reparos
en valor que es tan notorio,
mas no me fío de vos.

Don Juan.   Ved que las partes son dos
de la apuesta con Tenorio,
y que ganadas están.

Don Luis.   ¡Lograsteis a un tiempo!...

Don Juan.   Sí;
la del convento está aquí;
y pues viene de don Juan
a reclamarla quien puede,
cuando me podéis matar,
no debo asunto dejar
tras mí que pendiente quede.

Don Luis.   Pero mirad que meter
quien puede el lance impedir
entre los dos, puede ser...

Don Juan.   ¿Qué?

Don Luis.	Excusaros de reñir.
Don Juan.	¡Miserable!... De don Juan podéis dudar sólo vos; mas aquí entrad, ¡vive Dios! y no tengáis tanto afán por vengaros, que este asunto arreglado con ese hombre, don Luis, yo os juro a mi nombre que nos batimos al punto.
Don Luis.	Pero...
Don Juan.	¡Con una legión de diablos! entrad aquí, que harta nobleza es en mí aun daros satisfacción. Desde ahí ved y escuchad; franca tenéis esa puerta; si veis mi conducta incierta, como os acomode obrad.
Don Luis.	Me avengo, si muy reacio[40] no andáis.
Don Juan.	Calculadlo vos a placer; mas ¡vive Dios, que para todo hay espacio! (*Entra don Luis en el cuarto que don Juan le señala.*) Ya suben.

Don Juan escucha.

Don Gonzalo.	(*Dentro.*) ¿Dónde está?
Don Juan.	Él es.

Escena IX

Don Juan y Don Gonzalo

Don Gonzalo.	¿Adónde está ese traidor?
Don Juan.	Aquí está, Comendador.
Don Gonzalo.	¿De rodillas?
Don Juan.	Y a tus pies.
Don Gonzalo.	Vil eres hasta en tus crímenes.
Don Juan.	Anciano, la lengua ten, y escúchame un solo instante.

---

[40] demasiado lento.

Don Gonzalo.	¿Qué puede en tu lengua haber
	que borre lo que tu mano
	escribió en este papel?
	¡Ir a sorprender, infame,
	la cándida sencillez
	de quien no pudo el veneno
	de esas letras precaver!
	¡Derramar en su alma virgen
	traidoramente la hiel
	en que rebosa la tuya,
	seca de virtud y fe!
	¡Proponerse así enlodar
	de mis timbres la alta prez,
	como si fuera un harapo
	que desecha un mercader!
	¿Ése es el valor, Tenorio,
	de que blasonas? ¿Ésa es
	la proverbial osadía
	que te da al vulgo a temer?
	¿Con viejos y con doncellas
	la muestras?... Y ¿para qué?
	¡Vive Dios! Para venir
	sus plantas así a lamer,
	mostrándote a un tiempo ajeno
	de valor y de honradez.
Don Juan.	¡Comendador!
Don Gonzalo.	¡Miserable!
	Tú has robado a mi hija Inés
	de su convento, y yo vengo
	por tu vida o por mi bien.
Don Juan.	Jamás delante de un hombre
	mi alta cerviz incliné,
	ni he suplicado jamás,
	ni a mi padre, ni a mi rey.
	Y pues conservo a tus plantas
	la postura en que me ves,
	considera, don Gonzalo,
	que razón debo tener.
Don Gonzalo.	Lo que tienes es pavor
	de mi justicia.
Don Juan.	¡Pardiez!
	Óyeme, Comendador,
	o tenerme no sabré,
	y seré quien siempre he sido,
	no queriéndolo ahora ser.
Don Gonzalo.	¡Vive Dios!

Don Juan.   Comendador,
yo idolatro a doña Inés,
persuadido de que el cielo
me la quiso conceder
para enderezar mis pasos
por el sendero del bien.
No amé la hermosura en ella,
ni sus gracias adoré;
lo que adoro es la virtud,
don Gonzalo, en doña Inés.
Lo que justicias ni obispos
no pudieron de mí hacer
con cárceles y sermones,
lo pudo su candidez.
Su amor me torna en otro hombre,
regenerando mi ser,
y ella puede hacer un ángel
de quien un demonio fué.
Escucha, pues, don Gonzalo,
lo que te puede ofrecer
el audaz don Juan Tenorio
de rodillas a tus pies.
Yo seré esclavo de tu hija,
en tu casa viviré,
tú gobernarás mi hacienda
diciéndome: *Esto ha de ser.*
El tiempo que señalares,
en reclusión estaré;
cuantas pruebas exigieres
de mi audacia o mi altivez,
del modo que me ordenares,
con sumisión te daré.
Y cuando estime tu juicio
que la pueda merecer,
yo la daré un buen esposo,
y ella me dará el Edén.

Don Gonzalo.   Basta, don Juan; no sé cómo
me he podido contener,
oyendo tan torpes pruebas
de tu infame avilantez.
Don Juan, tú eres un cobarde
cuando en la ocasión te ves,
y no hay bajeza a que no oses
como te saque con bien.

Don Juan.   ¡Don Gonzalo!

Don Gonzalo.   Y me avergüenzo
de mirarte así a mis pies,

	lo que apostabas por fuerza suplicando por merced.
Don Juan.	Todo así se satisface, don Gonzalo, de una vez.
Don Gonzalo.	¡Nunca! ¡Nunca! ¿Tú su esposo? Primero la mataré. ¡Ea, entregádmela al punto, o, sin poderme valer, en esa postura vil el pecho te cruzaré!
Don Juan.	Míralo bien, don Gonzalo, que vas a hacerme perder con ella hasta la esperanza de mi salvación tal vez.
Don Gonzalo.	Y ¿qué tengo yo, don Juan, con tu salvación que ver?
Don Juan.	¡Comendador, que me pierdes!
Don Gonzalo.	¡Mi hija!
Don Juan.	Considera bien que por cuantos medios pude te quise satisfacer; y que con armas al cinto tus denuestos toleré, proponiéndote la paz de rodillas a tus pies.

Escena X

DICHOS y DON LUIS, *soltando una carcajada de burla.*

Don Luis.	Muy bien, don Juan.
Don Juan.	¡Vive Dios!
Don Gonzalo.	¿Quién es ese hombre?
Don Luis.	Un testigo de su miedo, y un amigo, Comendador, para vos.
Don Juan.	¡Don Luis!
Don Luis.	Ya he visto bastante, don Juan, para conocer cuál uso puedes hacer de tu valor arrogante; y quien hiere por detrás y se humilla en la ocasión, es tan vil como el ladrón que roba y huye.
Don Juan.	¿Esto más?

Don Luis.	Y pues la ira soberana de Dios junta, como ves, al padre de doña Inés y al vengador de doña Ana, mira el fin que aquí te espera cuando a igual tiempo te alcanza aquí dentro su venganza y la justicia allá fuera.
Don Gonzalo.	¡Oh! Ahora comprendo... ¿Sois vos el que?...
Don Luis.	Soy don Luis Mejía, a quien a tiempo os envía por vuestra venganza Dios.
Don Juan.	¡Basta, pues, de tal suplicio! Si con hacienda y honor ni os muestro ni doy valor a mi franco sacrificio, y la leal solicitud con que ofrezco cuanto puedo tomáis ¡vive Dios! por miedo, y os mofáis de mi virtud, os acepto el que me dais, plazo breve y perentorio, para mostrarme el Tenorio de cuyo valor dudáis.
Don Luis.	Sea, y cae a nuestros pies digno al menos de esa fama que tan por bravo te aclama...
Don Juan.	Y venza el infierno, pues. ¡Ulloa, pues mi alma así vuelves a hundir en el vicio, cuando Dios me llame a juicio, tú responderás por mí!

Le da un pistoletazo.

Don Gonzalo.	(*Cayendo.*) ¡Asesino!
Don Juan.	Y tú, insensato, que me llamas vil ladrón, di en prueba de tu razón que cara a cara te mato.

Riñen; y le da una estocada.

Don Luis.	(*Cayendo.*) ¡Jesús!

Don Juan.   Tarde tu fe ciega
     acude al cielo, Mejía,
     y no fué por culpa mía;
     pero la justicia llega,
     y a fe que ha de ver quién soy.

Ciutti. (*Dentro.*)
     ¡Don Juan!

Don Juan. (*Asomando al balcón.*)
       ¿Quién es?

Ciutti. (*Dentro.*)
          Por aquí;
     salvaos.

Don Juan.   ¿Hay paso?

Ciutti.   Sí;
     arrojaos.

Don Juan.   Allá voy.
     Llamé al cielo, y no me oyó,
     y pues sus puertas me cierra,
     de mis pasos en la tierra
     responda el cielo y no yo.

Se arroja por el balcón, y se le oye caer en el agua del río, al mismo tiempo que el ruido de los remos muestra la rapidez del barco en que parte; se oyen golpes en las puertas de la habitación; poco después entra la justicia, soldados, etc.

Escena XI

Alguaciles *y* Soldados; *luego* Doña Inés *y* Brígida

Alguacil 1.º El tiro ha sonado aquí.

Alguacil 2.º Aún hay humo.

Alguacil 1.º   ¡Santo Dios!
     Aquí hay un cadáver.

Alguacil 2.º   Dos.

Alguacil 1.º ¿Y el matador?

Alguacil 2.º   Por allí.

Abren el cuarto en que están doña Inés y Brígida, y las sacan a la escena; doña Inés reconoce el cadáver de su padre.

Alguacil 1.º ¡Dos mujeres!

Doña Inés.   ¡Ah! ¡Qué horror!
     ¡Padre mío!

Alguacil 1.º   ¡Es su hija!

Brígida.   Sí.

Doña Inés. ¡Ay! ¿Dó estás, don Juan, que aquí
     me olvidas en tal dolor?

Alguacil 1.º	Él le asesinó.
Doña Inés.	¡Dios mío! ¿Me guardabas esto más?
Alguacil 2.º	Por aquí ese Satanás se arrojó, sin duda, al río.
Alguacil 1.º	¡Miradlos!... A bordo están del bergantín calabrés.
Todos.	¡Justicia por doña Inés!
Doña Inés.	¡Pero no contra don Juan!

SEGUNDA PARTE

Acto Primero

La Sombra De Doña Inés

Panteón de la familia Tenorio. El teatro representa un magnífico cementerio, hermoseado a manera de jardín. En primer término, aislados y de bulto, los sepulcros de don Gonzalo de Ulloa, de doña Inés y de don Luis Mejía, sobre los cuales se ven sus estatuas de piedra. El sepulcro de don Gonzalo a la derecha, y su estatua de rodillas; el de don Luis a la izquierda, y su estatua también de rodillas; el de doña Inés en el centro, y su estatua de pie. En segundo término otros dos sepulcros en la forma que convenga; y en tercer término, y en puesto elevado, el sepulcro y estatua del fundador, don Diego Tenorio, en cuya figura remata la perspectiva de los sepulcros. Una pared llena de nichos y lápidas circuye el cuadro hasta el horizonte. Dos llorones a cada lado de la tumba de doña Inés, dispuestos a servir de la manera que a su tiempo exige el juego escénico. Cipreses y flores de todas clases embellecen la decoración, que no debe tener nada de horrible. La acción se supone en una tranquila noche de verano, y alumbrada por una clarísima luna.

Escena primera

El Escultor, *disponiéndose a marchar.*

> Pues señor, es cosa hecha:
> el alma del buen don Diego
> puede, a mi ver, con sosiego
> reposar muy satisfecha.
> La obra está rematada
> con cuanta suntuosidad
> su postrera voluntad
> dejó al mundo encomendada.
> Y ya quisieran ¡pardiez!
> todos los ricos que mueren,
> que su voluntad cumplieren
> los vivos, como esta vez.
> Mas ya de marcharme es hora:
> todo corriente lo dejo,
> y de Sevilla me alejo

al despuntar de la aurora.
¡Ah! Mármoles que mis manos
pulieron con tanto afán,
mañana os contemplarán
los absortos sevillanos,
y al mirar de este panteón
las gigantes proporciones,
tendrán las generaciones
la nuestra en veneración.
Mas yendo y viniendo días,
se hundirán unas tras otras,
mientra en pie estaréis vosotras,
póstumas memorias mías.
¡Oh! Frutos de mis desvelos,
peñas a quien yo animé,
y por quienes arrostré
la intemperie de los cielos;
el que forma y ser os dió,
va ya a perderos de vista:
velad mi gloria de artista,
pues viviréis más que yo.
Mas ¿quién llega?

Escena II

EL ESCULTOR y DON JUAN, *que entra embozado.*

Escultor.   Caballero...

Don Juan.   Dios le guarde.

Escultor.   Perdonad,
mas ya es tarde, y...

Don Juan.   Aguardad
un instante, porque quiero
que me expliquéis...

Escultor.   Por acaso,
¿sois forastero?

Don Juan.   Años ha
que falto de España ya,
y me chocó el ver al paso,
cuando a esas rejas llegué,
que encontraba este recinto
enteramente distinto
de cuando yo le dejé.

Escultor.   Ya lo creo; como que esto
era entonces un palacio,
y hoy es panteón el espacio
donde aquél estuvo puesto.

Don Juan.	¡El palacio hecho panteón!
Escultor.	Tal fué de su antiguo dueño la voluntad, y fué empeño que dió al mundo admiración.
Don Juan.	Y ¡por Dios, que es de admirar!
Escultor.	Es una famosa historia, a la cual debo mi gloria.
Don Juan.	¿Me la podéis relatar?
Escultor.	Sí, aunque muy sucintamente, pues me aguardan.
Don Juan.	Sea.
Escultor.	Oíd la verdad pura.
Don Juan.	Decid, que me tenéis impaciente.
Escultor.	Pues habitó esta ciudad y este palacio, heredado, un varón muy estimado por su noble calidad.
Don Juan.	Don Diego Tenorio.
Escultor.	El mismo. Tuvo un hijo este don Diego, peor mil veces que el fuego, un aborto del abismo; un mozo sangriento y cruel, que con tierra y cielo en guerra, dicen que nada en la tierra fué respetado por él. Quimerista, seductor y jugador con ventura, no hubo para él segura vida, ni hacienda, ni honor. Así le pinta la historia, y si tal era, por cierto que obró cuerdamente el muerto para ganarse la gloria.
Don Juan.	Pues ¿cómo obró?
Escultor.	Dejó entera su hacienda al que la empleara en un panteón que asombrara a la gente venidera; mas con condición, que dijo que se enterraran en él los que a la mano cruel sucumbieron de su hijo.

Y mirad en derredor
los sepulcros de los más
de ellos.

Don Juan.   Y vos, ¿sois quizás
el conserje?

Escultor.   El escultor
de estas obras encargado.

Don Juan.   ¡Ah! Y ¿las habéis concluído?

Escultor.   Ha un mes; mas me he detenido
hasta ver ese enverjado
colocado en su lugar,
pues he querido impedir
que pueda el vulgo venir
este sitio a profanar.

Don Juan.   (*Mirando.*)
¡Bien empleó sus riquezas
el difunto!

Escultor.   ¡Ya lo creo!
Miradle allí.

Don Juan.   Ya le veo.

Escultor.   ¿Le conocisteis?

Don Juan.   Sí.

Escultor.   Piezas
son todas muy parecidas,
y a conciencia trabajadas.

Don Juan.   ¡Cierto que son extremadas!

Escultor.   ¿Os han sido conocidas
las personas?

Don Juan.   Todas ellas.

Escultor.   Y ¿os parecen bien?

Don Juan.   Sin duda,
según lo que a ver me ayuda
el fulgor de las estrellas.

Escultor.   ¡Oh! Se ven como de día
con esta luna tan clara.
Ésta es mármol de Carrara.[41]
(*Señalando a la de don Luis.*)

Don Juan.   ¡Buen busto es el de Mejía!
¡Hola! Aquí el Comendador
se representa muy bien.

---

[41] pueblo de Italia que se conoce por su mármol.

Escultor.	Yo quise poner también la estatua del matador entre sus víctimas, pero no pude a manos haber su retrato. Un Lucifer dicen que era el caballero don Juan Tenorio.
Don Juan.	¡Muy malo! Mas, como pudiera hablar, le había algo de abonar la estatua de don Gonzalo.
Escultor.	¿También habéis conocido a don Juan?
Don Juan.	Mucho.
Escultor.	Don Diego le abandonó desde luego, desheredándole.
Don Juan.	Ha sido para don Juan poco daño ése, porque la fortuna va tras él desde la cuna.
Escultor.	Dicen que ha muerto.
Don Juan.	Es engaño; vive.
Escultor.	Y ¿dónde?
Don Juan.	Aquí, en Sevilla.
Escultor.	Y ¿no teme que el furor popular?...
Don Juan.	En su valor no ha echado el miedo semilla.
Escultor.	Mas cuando vea el lugar en que está ya convertido el solar que suyo ha sido, no osará en Sevilla estar.
Don Juan.	Antes ver tendrá a fortuna en su casa reunidas personas de él conocidas, puesto que no odia a ninguna.
Escultor.	¿Creéis que ose aquí venir?
Don Juan.	¿Por qué no? Pienso, a mi ver, que donde vino a nacer justo es que venga a morir. Y pues le quitan su herencia para enterrar a éstos bien,

a él es muy justo también
que le entierren con decencia.

Escultor. Sólo a él le está prohibida
en este panteón la entrada.

Don Juan. Trae don Juan muy buena espada,
y no sé quién se lo impida.

Escultor. ¡Jesús! ¡Tal profanación!

Don Juan. Hombre es don Juan que, a querer,
volverá el palacio a hacer
encima del panteón.

Escultor. ¿Tan audaz ese hombre es,
que aun a los muertos se atreve?

Don Juan. ¿Qué respetos gastar debe
con los que tendió a sus pies?

Escultor. Pero ¿no tiene conciencia
ni alma ese hombre?

Don Juan.   Tal vez no,
que al cielo una vez llamó
con voces de penitencia,
y el cielo en trance tan fuerte
allí mismo le metió,
que a dos inocentes dió,
para salvarse, la muerte.

Escultor. ¡Qué monstruo, supremo Dios!

Don Juan. Podéis estar convencido
de que Dios no le ha querido.

Escultor. Tal será.

Don Juan.   Mejor qe vos.

Escultor. (Y ¿quién será el que a don Juan
abona con tanto brío?)
Caballero, a pesar mío,
como aguardándome están...

Don Juan. Idos, pues, enhorabuena.

Escultor. He de cerrar.

Don Juan.   No cerréis,
y marchaos.

Escultor.   Mas ¿no veis?...

Don Juan. Veo una noche serena,
y un lugar que me acomoda
para gozar su frescura,
y aquí he de estar a mi holgura,
si pesa a Sevilla toda.

Escultor.	(¿Si acaso padecerá de locura desvaríos?)
Don Juan	(*Dirigiéndose a las estatuas.*) ¡Ya estoy aquí, amigos míos!
Escultor.	(¿No lo dije? Loco está.)
Don Juan.	Mas ¡cielos! ¿Qué es lo que veo? ¡O es ilusión de mi vista, o a doña Inés el artista aquí representa creo!
Escultor.	Sin duda.
Don Juan.	¿También murió?
Escultor.	Dicen que de sentimiento cuando de nuevo al convento abandonada volvió por don Juan.[42]
Don Juan.	Y ¿yace aquí?
Escultor.	Sí.
Don Juan.	¿La visteis muerta vos?
Escultor.	Sí.
Don Juan.	¿Cómo estaba?
Escultor.	¡Por Dios, que dormida la creí! La muerte fué tan piadosa con su cándida hermosura, que la envió con la frescura y las tintas de la rosa.
Don Juan.	¡Ah! ¡Mal la muerte podría deshacer con torpe mano el semblante soberano que un ángel envidiaría! ¡Cuán bella y cuán parecida su efigie en el mármol es! ¡Quién pudiera, doña Inés, volver a darte la vida! ¿Es obra del cincel vuestro?
Escultor.	Como todas las demás.
Don Juan.	Pues bien merece algo más un retrato tan maestro. Tomad.
Escultor.	¿Qué me dais aquí?
Don Juan.	¿No lo veis?

---

[42] "cuando volvió de nuevo al convento,
abandonada por don Juan".

Escultor.	Mas... caballero..., ¿por qué razón?...
Don Juan.	Porque quiero yo que os acordéis de mí.
Escultor.	Mirad que están bien pagadas.
Don Juan.	Así lo estarán mejor.
Escultor.	Mas vamos de aquí, señor, que aún las llaves entregadas no están, y al salir la aurora tengo que partir de aquí.
Don Juan.	Entregádmelas a mí, y marchaos desde ahora.
Escultor.	¿A vos?
Don Juan.	A mí: ¿qué dudáis?
Escultor.	Como no tengo el honor...
Don Juan.	Ea, acabad, escultor.
Escultor.	Si el nombre al menos que usáis supiera...
Don Juan.	¡Viven los cielos! Dejad a don Juan Tenorio velar el lecho mortuorio en que duermen sus abuelos.
Escultor.	¡Don Juan Tenorio!
Don Juan.	Yo soy. Y si no me satisfaces, compañía juro que haces a tus estatuas desde hoy.
Escultor.	(*Alargándole las llaves.*) Tomad. (No quiero la piel dejar aquí entre sus manos. Ahora, que los sevillanos se las compongan con él.) (*Vase.*)

Escena III

Don Juan.	Mi buen padre empleó en esto entera la hacienda mía; hizo bien; yo al otro día la hubiera a una carta puesto. (*Pausa.*) No os podréis quejar de mí, vosotros a quien maté; si buena vida os quité, buena sepultura os dí.

¡Magnífica es, en verdad,
la idea del tal panteón!
Y... siento que el corazón
me halaga esta soledad.
¡Hermosa noche!... ¡Ay de mí!
¡Cuántas como ésta tan puras,
en infames aventuras
desatinado perdí!
¡Cuántas, al mismo fulgor
de esa luna transparente,
arranqué a algún inocente
la existencia o el honor!
Sí; después de tantos años,
cuyos recuerdos espantan,
siento que aquí se levantan
(*Señalando a la frente.*)
pensamientos en mí extraños.
¡Oh! ¡Acaso me los inspira
desde el cielo, en donde mora,
esa sombra protectora
que por mi mal no respira!
(*Se dirige a la estatua de doña Inés, hablándola con respeto.*)
Mármol en quien doña Inés
en cuerpo sin alma existe,
deja que el alma de un triste
llore un momento a tus pies.
De azares mil a través
conservé tu imagen pura,
y pues la mala ventura
te asesinó de don Juan,
contempla con cuánto afán
vendrá hoy a tu sepultura.
En ti nada más pensó
desde que se fué de ti;
y desde que huyó de aquí,
sólo en volver meditó.
Don Juan tan sólo esperó
de doña Inés su ventura,
y hoy que en pos de su hermosura
vuelve el infeliz don Juan,
mira cuál será su afán
al dar con tu sepultura.
Inocente doña Inés,
cuya hermosa juventud
encerró en el ataúd
quien llorando está a tus pies;
si de esa piedra a través

puedes mirar la amargura
del alma que tu hermosura
adoró con tanto afán,
prepara un lado a don Juan
en tu misma sepultura.
Dios te crió por mi bien;
por ti pensé en la virtud;
adoré su excelsitud,
y anhelé su santo Edén.
Sí; aun hoy mismo en ti también
mi esperanza se asegura,
y oigo una voz que murmura
en derredor de don Juan
palabras con que su afán
se calma en tu sepultura.
¡Oh, doña Inés de mi vida!
Si esa voz con quien deliro
es el postrimer suspiro
de tu eterna despedida;
si es que de ti desprendida
llega esa voz a la altura,
y hay un Dios tras de esa anchura
por donde los astros van,
dile que mire a don Juan
llorando en tu sepultura.

(*Se apoya en el sepulcro, ocultando el rostro; y mientras se conserva en esta postura, un vapor que se levanta del sepulcro oculta la estatua de doña Inés. Cuando el vapor se desvanece, la estatua ha desaparecido. Don Juan sale de su enajenamiento.*)

Este mármol sepulcral
adormece mi vigor,
y sentir creo en redor
un ser sobrenatural.
Mas... ¡cielos! ¡El pedestal
no mantiene su escultura!
¿Qué es esto? Aquella figura,
¿fué creación de mi afán?

Escena IV

Don Juan y La Sombra de Doña Inés.

El llorón y las flores de la izquierda del sepulcro de doña Inés se cambian en una apariencia, dejando ver dentro de ella, y en medio de resplandores, la sombra de doña Inés.

Sombra.   No; mi espíritu, don Juan,
te aguardó en mi sepultura.

Don Juan.	(*De rodillas.*)
	¡Doña Inés! ¡Sombra querida,
	alma de mi corazón,
	no me quites la razón
	si me has de dejar la vida!
	Si eres imagen fingida,
	sólo hija de mi locura,
	no aumentes mi desventura
	burlando mi loco afán.
Sombra.	Yo soy doña Inés, don Juan,
	que te oyó en su sepultura.
Don Juan.	¿Conque vives?
Sombra.	Para ti;
	mas tengo mi purgatorio
	en ese mármol mortuorio
	que labraron para mí.
	Yo a Dios mi alma ofrecí
	en precio de tu alma impura,
	y Dios, al ver la ternura
	con que te amaba mi afán,
	me dijo: "Espera a don Juan
	en tu misma sepultura.
	Y pues quieres ser tan fiel
	a un amor de Satanás,
	con don Juan te salvarás,
	o te perderás con él.
	Por él vela; mas si cruel
	te desprecia tu ternura,
	y en su torpeza y locura
	sigue con bárbaro afán,
	llévese tu alma don Juan
	de tu misma sepultura."
Don Juan.	(*Fascinado.*)
	¡Yo estoy soñando quizás
	con las sombras de un Edén!
Sombra.	No; y ve que si piensas bien,
	a tu lado me tendrás;
	mas si obras mal, causarás
	nuestra eterna desventura.
	Y medita con cordura
	que es esta noche, don Juan,
	el espacio que nos dan
	para buscar sepultura.
	Adiós, pues; y en la ardua lucha
	en que va a entrar tu existencia,
	de tu dormida conciencia

la voz que va a alzarse escucha,
porque es de importancia mucha
meditar con sumo tiento
la elección de aquel momento
que, sin poder evadirnos,
al mal o al bien ha de abrirnos
la losa del monumento.

Ciérrase la apariencia; desaparece doña Inés, y todo queda como al principio del acto, menos la estatua de doña Inés, que no vuelve a su lugar. Don Juan queda atónito.

Escena V

Don Juan.　¡Cielos! ¿Qué es lo que escuché?
¡Hasta los muertos así
dejan sus tumbas por mí!
Mas... sombra, delirio fué.
Yo en mi mente lo forjé;
la imaginación le dió
la forma en que se mostró,
y ciego, vine a creer
en la realidad de un ser
que mi mente fabricó.
Mas nunca de modo tal
fanatizó mi razón
mi loca imaginación
con su poder ideal.
Sí; algo sobrenatural
ví en aquella doña Inés
tan vaporosa, a través
aun de esa enramada espesa;
mas... ¡bah! circunstancia es ésa
que propia de sombra es.
¿Qué más diáfano y sutil
que las quimeras de un sueño?
¿Dónde hay nada más risueño,
más flexible y más gentil?
Y ¿no pasa veces mil
que, en febril exaltación,
ve nuestra imaginación
como ser y realidad
la vacía vanidad
de una anhelada ilusión?
Sí, ¡por Dios! ¡Delirio fué!
Mas su estatua estaba aquí.
Sí; yo la ví y la toqué,
y aun en albricias le dí
al escultor no sé qué.

¡Y ahora sólo el pedestal
veo en la urna funeral!
¡Cielos! ¿La mente me falta,
o de improviso me asalta
algún vértigo infernal?
¿Qué dijo aquella visión?
¡Oh! Yo la oí claramente,
y su voz triste y doliente
resonó en mi corazón.
¡Ah! ¡Y breves las horas son
del plazo que nos augura!
No, no; ¡de mi calentura
delirio insensato es!
Mi fiebre fué a doña Inés
quien abrió la sepultura.
¡Pasad, y desvaneceos;
pasad, siniestros vapores
de mis perdidos amores
y mis fallidos deseos!
¡Pasad, vanos devaneos
de un amor muerto al nacer;
no me volváis a traer
entre vuestro torbellino
ese fantasma divino
que recuerda a una mujer!
¡Ah! ¡Estos sueños me aniquilan;
mi cerebro se enloquece...
y esos mármoles parece
que estremecidos vacilan!
(*Las estatuas se mueven lentamente, y vuelven la cabeza hacia él.*)
Sí, sí; ¡sus bustos oscilan,
su vago contorno medra! [43]
Pero don Juan no se arredra:
¡alzaos, fantasmas vanos,
y os volveré con mis manos
a vuestros lechos de piedra!
No; no me causan pavor
vuestros semblantes esquivos;
jamás, ni muertos ni vivos,
humillaréis mi valor.
Yo soy vuestro matador,
como al mundo es bien notorio;
si en vuestro alcázar mortuorio
me aprestáis venganza fiera,
daos prisa, que aquí os espera
otra vez don Juan Tenorio.

---

[43] crece.

Escena VI

Don Juan, El Capitán Centellas y Avellaneda

Centellas.	(*Dentro.*)
	¡Don Juan Tenorio?
Don Juan.	(*Volviendo en sí.*)
	¿Qué es eso?
	¿Quién me repite mi nombre?
Avellaneda.	(*Saliendo.*)
	¿Veis a alguien?
	(*A Centellas.*)
Centellas.	(*Ídem.*)
	Sí; allí hay un hombre.
Don Juan.	¿Quién va?
Avellaneda.	Él es.
Centellas.	(*Yéndose a don Juan.*)
	Yo pierdo el seso
	con la alegría. ¡Don Juan!
Avellaneda.	¡Señor Tenorio!
Don Juan.	¡Apartaos,
	vanas sombras!
Centellas.	Reportaos,
	señor don Juan... Los que están
	en vuestra presencia ahora,
	no son sombras, hombres son,
	y hombres cuyo corazón
	vuestra amistad atesora.
	A la luz de las estrellas
	os hemos reconocido,
	y un abrazo hemos venido
	a daros.
Don Juan.	Gracias, Centellas.
Centellas.	Mas ¿qué tenéis? ¡Por mi vida,
	que os tiembla el brazo, y está
	vuestra faz descolorida!
Don Juan.	(*Recobrando su aplomo.*)
	La luna tal vez lo hará.
Avellaneda.	Mas, don Juan, ¿qué hacéis aquí?
	¿Este sitio conocéis?
Don Juan.	¿No es un panteón?
Centellas.	Y ¿sabéis
	a quién pertenece?
Don Juan.	A mí;
	mirad a mi alrededor,

          y no veréis más que amigos
          de mi niñez, o testigos
          de mi audacia y mi valor.

Centellas.   Pero os oímos hablar:
          ¿con quién estabais?

Don Juan.   Con ellos.

Centellas.   ¿Venís aún a escarnecellos?

Don Juan.   No; los vengo a visitar.
          Mas un vértigo insensato
          que la mente me asaltó,
          un momento me turbó;
          y a fe que me dió un mal rato.
          Esos fantasmas de piedra
          me amenazaban tan fieros,
          que a mí acercado no haberos
          pronto...

Centellas.   ¡Ja, ja, ja! ¿Os arredra,
          don Juan, como a los villanos,
          el temor de los difuntos?

Don Juan.   No a fe; contra todos juntos
          tengo aliento y tengo manos.
          Si volvieran a salir
          de las tumbas en que están,
          a las manos de don Juan
          volverían a morir.
          Y desde aquí en adelante
          sabed, señor capitán,
          que yo soy siempre don Juan,
          y no hay cosa que me espante.
          Un vapor calenturiento
          un punto me fascinó,
          Centellas, mas ya pasó;
          cualquiera duda un momento.

Avellaneda y Centellas.   Es verdad.

Don Juan.   Vamos de aquí.

Centellas.   Vamos, y nos contaréis
          cómo a Sevilla volvéis
          tercera vez.

Don Juan.   Lo haré así.
          Si mi historia os interesa,
          a fe que oírse merece,
          aunque mejor me parece
          que la oigáis de sobremesa.
          ¿No opináis?...

Avellaneda y Centellas.   Como gustéis.

Don Juan.	Pues bien; cenaréis conmigo,
	y en mi casa.
Centellas.	Pero digo:
	¿es cosa de que dejéis
	algún huésped por nosotros?
	¿No tenéis gato encerrado?
Don Juan.	¡Bah! Si apenas he llegado;
	no habrá allí más que vosotros
	esta noche.
Centellas.	Y ¿no hay tapada
	a quien algún plantón demos?
Don Juan.	Los tres solos cenaremos.
	Digo, si de esta jornada
	no quiere igualmente ser
	alguno de éstos.
	(*Señalando a las estatuas de los sepulcros.*)
Centellas.	Don Juan,
	dejad tranquilos yacer
	a los que con Dios están.
Don Juan.	¡Hola! ¿Parece que vos
	sois ahora el que teméis,
	y mala cara ponéis
	a los muertos? Mas ¡por Dios!
	que ya que de mí os burlasteis
	cuando me visteis así,
	en lo que penda de mí
	os mostraré cuánto errasteis.
	Por mí, pues, no ha de quedar;
	y, a poder ser, estad ciertos
	que cenaréis con los muertos,
	y os los voy a convidar.
Avellaneda.	Dejaos de esas quimeras.
Don Juan.	¿Duda en mi valor ponerme,
	cuando hombre soy para hacerme
	platos de sus calaveras?
	Yo a nada tengo pavor:
	(*Dirigiéndose a la estatua de don Gonzalo, que es la que tiene más cerca.*)
	tú eres el más ofendido;
	mas, si quieres, te convido
	a cenar, Comendador.
	Que no lo puedas hacer
	creo, y es lo que me pesa;
	mas, por mi parte, en la mesa
	te haré un cubierto poner.
	Y a fe que favor me harás,

> pues podré saber de ti
> si hay más mundo que el de aquí
> y otra vida en que jamás,
> a decir verdad, creí.

Centellas. Don Juan, eso no es valor;
> locura, delirio es.

Don Juan. Como lo juzguéis mejor;
> yo cumplo así. Vamos, pues.
> Lo dicho, Comendador.

ACTO SEGUNDO

La Estatua De Don Gonzalo

Aposento de don Juan Tenorio. Dos puertas en el fondo a derecha e izquierda, prepa-radas para el juego escénico del acto. Otra puerta en el bastidor que cierra la decora-ción por la izquierda. Ventana en el de la derecha. Al alzarse el telón están sentados a la mesa don Juan, Centellas y Avellaneda. La mesa ricamente servida; el mantel co-gido con guirnaldas de flores, etc. Enfrente del espectador, don Juan, y a su izquierda Avellaneda; en el lado izquierdo de la mesa, Centellas, y en el de enfrente de éste, una silla y un cubierto desocupados.

Escena Primera

DON JUAN, EL CAPITÁN CENTELLAS, AVELLANEDA, CIUTTI *y* UN PAJE

Don Juan. Tal es mi historia, señores;
> pagado de mi valor,
> quiso el mismo Emperador
> dispensarme sus favores.
> Y aunque oyó mi historia entera,
> dijo: "Hombre de tanto brío
> merece el amparo mío;
> vuelva a España cuando quiera";
> y heme aquí en Sevilla ya.

Centellas. Y ¡con qué lujo y riqueza!

Don Juan. Siempre vive con grandeza
> quien hecho a grandeza está.

Centellas. A vuestra vuelta.

Don Juan. Bebamos.

Centellas. Lo que no acierto a creer
> es cómo, llegando ayer,
> ya establecido os hallamos.

Don Juan. Fué el adquirirme, señores,
> tal casa con tal boato,
> porque se vendió a barato
> para pago de acreedores;
> y como al llegar aquí

desheredado me hallé,
tal como está la compré.

Centellas. ¿Amueblada y todo?

Don Juan.   Sí;

un necio, que se arruinó
por una mujer, vendióla.

Centellas. Y ¿vendió la hacienda sola?

Don Juan. Y el alma al diablo.

Centellas.   ¿Murió?

Don Juan. De repente; y la justicia,

que iba a hacer de cualquier modo
pronto despacho de todo,
viendo que yo su codicia
saciaba, pues los dineros
ofrecía dar al punto,
cedióme el caudal por junto[44]
y estafó a los usureros.

Centellas. Y la mujer, ¿qué fué de ella?

Don Juan. Un escribano la pista

la siguió, pero fué lista
y escapó.

Centellas.   ¿Moza?

Don Juan.   Y muy bella.

Centellas. Entrar hubiera debido

en los muebles de la casa.

Don Juan. Don Juan Tenorio no pasa

moneda que se ha perdido.[45]
Casa y bodega he comprado;
dos cosas que, no os asombre,
pueden bien hacer a un hombre
vivir siempre acompañado;
como lo puede mostrar
vuestra agradable presencia,
que espero que con frecuencia
me hagais ambos disfrutar.

Centellas. Y nos haréis honra inmensa.

Don Juan. Y a mí vos. Ciutti...

Ciutti.   Señor...

Don Juan. Pon vino al Comendador.

(*Señalando al vaso del puesto vacío.*)

Centellas. Don Juan, ¿aún en eso piensa

vuestra locura?

---

[44] entero.   [45] objetos de segunda mano.

Don Juan.	Sí, ¡a fe! Que si él no puede venir, de mí no podréis decir que en ausencia no le honré.
Centellas.	¡Ja, ja, ja! Señor Tenorio, creo que vuestra cabeza va menguando en fortaleza.
Don Juan.	Fuera en mí contradictorio y ajeno de mi hidalguía a un amigo convidar, y no guardar el lugar mientras que llegar podría. Tal ha sido mi costumbre siempre, y siempre ha de ser ésa; y al mirar sin él la mesa, me da, en verdad, pesadumbre, porque si el Comendador es, difunto, tan tenaz como vivo, es muy capaz de seguirnos el humor.
Centellas.	Brindemos a su memoria, y más en él no pensemos.
Don Juan.	Sea.
Centellas.	Brindemos.
Avellaneda y Don Juan.	Brindemos.
Centellas.	A que Dios le dé su gloria.
Don Juan.	Mas yo, que no creo que haya más gloria que ésta mortal, no hago mucho en brindis tal; mas por complaceros, ¡vaya! Y brindo a que Dios te dé la gloria, Comendador. (*Mientras beben, se oye lejos un aldabonazo, que se supone dado en la puerta de la calle.*) Mas ¿llamaron?
Ciutti.	Sí, señor.
Don Juan.	Ve quién.
Ciutti	(*Asomando por la ventana.*) A nadie se ve. ¿Quién va allá? Nadie responde.
Centellas.	Algún chusco.
Avellaneda.	Algún menguado que al pasar habrá llamado, sin mirar siquiera dónde.

Don Juan.	(*A Ciutti.*)
	Pues cierra y sirve licor.
	(*Llaman otra vez más recio.*)
	Mas llamaron otra vez.
Ciutti.	Sí.
Don Juan.	Vuelve a mirar.
Ciutti.	¡Pardiez!
	A nadie veo, señor.
Don Juan.	Pues ¡por Dios, que del bromazo,
	quien es, no se ha de alabar!
	Ciutti, si vuelve a llamar,
	suéltale un pistoletazo.
	(*Llaman otra vez y se oye un poco más cerca.*)
	¿Otra vez?
Ciutti.	¡Cielos!
Avellaneda y Centellas.	¿Qué pasa?
Ciutti.	Que esa aldabada postrera
	ha sonado en la escalera,
	no en la puerta de la casa.
Avellaneda y Centellas.	(*Levantándose asombrados.*)
	¿Qué dices?
Ciutti.	Digo lo cierto,
	nada más; dentro han llamado
	de la casa.
Don Juan.	¿Qué os ha dado?
	¿Pensáis que sea el muerto?
	Mis armas cargué con bala;
	Ciutti, sal a ver quién es.
	(*Vuelven a llamar más cerca.*)
Avellaneda.	¿Oísteis?
Ciutti.	¡Por San Ginés,
	que eso ha sido en la antesala!
Don Juan.	¡Ah! Ya lo entiendo; me habéis
	vosotros mismos dispuesto
	esta comedia, supuesto
	que lo del muerto sabéis.
Avellaneda.	Yo os juro, don Juan...
Centellas.	Y yo.
Don Juan.	¡Bah! Diera en ello el más topo;
	y apuesto a que ese galopo
	los medios para ello os dió.
Avellaneda.	Señor don Juan, escondido
	algún misterio hay aquí.
	(*Vuelven a llamar más cerca.*)

Centellas.	¡Llamaron otra vez!
Ciutti.	Sí,
	y ya en el salón ha sido.
Don Juan.	¡Ya! Mis llaves en manojo
	habréis dado a la fantasma,
	y que entre así no me pasma;
	mas no saldrá a vuestro antojo,
	ni me han de impedir cenar
	vuestras farsas desdichadas.
	(*Se levanta, y corre los cerrojos de la puerta del fondo, volviendo a su lugar.*)
	Ya están las puertas cerradas;
	ahora el coco, para entrar,
	tendrá que echarlas al suelo,
	y en el punto que lo intente,
	que con los muertos se cuente,
	y apele después al cielo.
Centellas.	¡Qué diablos, tenéis razón!
Don Juan.	Pues ¿no temblabais?
Centellas.	Confieso
	que en tanto que no dí en eso,
	tuve un poco de aprensión.
Don Juan.	¿Declaráis, pues, vuestro enredo?
Avellaneda.	Por mi parte, nada sé.
Centellas.	Ni yo.
Don Juan.	Pues yo volveré
	contra el inventor el miedo.
	Mas sigamos con la cena;
	vuelva cada uno a su puesto,
	que luego sabremos de esto.
Avellaneda.	Tenéis razón.
Don Juan.	(*Sirviendo a Centellas.*)
	Cariñena;[46]
	sé que os gusta, capitán.
Centellas.	Como que somos paisanos.
Don Juan	(*A Avellaneda, sirviéndole de otra botella.*)
	Jerez[47] a los sevillanos,
	don Rafael.
Avellaneda.	Hais, don Juan,
	dado a entrambos por el gusto;
	mas ¿con cuál brindaréis vos?
Don Juan.	Yo haré justicia a los dos.

---

[46] tipo de vino.   [47] vino de Jerez.

Centellas.	Vos siempre estáis en lo justo.
Don Juan.	Sí, a fe; bebamos.
Avellaneda y Centellas.	Bebamos.

Llaman a la misma puerta de la escena, fondo derecha.

Don Juan.	Pesada me es ya la broma,
	mas veremos quién asoma
	mientras en la mesa estamos.
	(*A Ciutti, que se manifiesta asombrado.*)
	Y ¿qué haces tú ahí, bergante?
	¡Listo! Trae otro manjar.
	(*Vase Ciutti.*)
	Mas me ocurre en este instante
	que nos podemos mofar
	de los de afuera, invitándoles
	a probar su sutileza,
	entrándose hasta esta pieza
	y sus puertas no franqueándoles.
Avellaneda.	Bien dicho.
Centellas.	Idea brillante.

Llaman fuerte, fondo derecha.

Don Juan.	Señores, ¿a qué llamar?
	Los muertos se han de filtrar
	por la pared; adelante.

La estatua de don Gonzalo pasa por la puerta sin abrirla y sin hacer ruido.

Escena II

Don Juan, Centellas, Avellaneda y La Estatua de Don Gonzalo

Centellas.	¡Jesús!
Avellaneda.	¡Dios mío!
Don Juan.	¡Qué es esto!
Avellaneda.	Yo desfallezco.
	(*Cae desvanecido.*)
Centellas.	Yo expiro.
	(*Cae lo mismo.*)
Don Juan.	¡Es realidad, o deliro!
	Es su figura..., su gesto,
Estatua.	¿Por qué te causa pavor
	quien convidado a tu mesa
	viene por ti?
Don Juan.	¡Dios! ¿No es ésa
	la voz del Comendador?

Estatua. Siempre supuse que aquí
    no me habías de esperar.

Don Juan. Mientes, porque hice arrimar
    esa silla para ti.
    Llega, pues, para que veas
    que, aunque dudé en un extremo
    de sorpresa, no te temo,
    aunque el mismo Ulloa seas.

Estatua. ¿Aún lo dudas?

Don Juan.   No lo sé.

Estatua. Pon, si quieres, hombre impío,
    tu mano en el mármol frío
    de mi estatua.

Don Juan.   ¿Para qué?
    Me basta oírlo de ti;
    cenemos, pues, mas te advierto...

Estatua. ¿Qué?

Don Juan.   Que si no eres el muerto,
    lo vas a salir de aquí.
    (*A Centellas y a Avellaneda.*)
    ¡Eh! Alzad.

Estatua.   No pienses, no,
    que se levanten, don Juan,
    porque en sí no volverán
    hasta que me ausente yo;
    que la divina clemencia
    del Señor para contigo,
    no requiere más testigo
    que tu juicio y tu conciencia.
    Al sacrílego convite
    que me has hecho en el panteón,
    para alumbrar tu razón,
    Dios asistir me permite.
    Y heme que vengo en su nombre
    a enseñarte la verdad,
    y es: que hay una eternidad
    tras de la vida del hombre;
    que numerados están
    los días que has de vivir,
    y que tienes que morir
    mañana mismo, don Juan.
    Mas como esto que a tus ojos
    está pasando, supones
    ser del alma aberraciones
    y de la aprensión antojos,
    Dios, en su santa clemencia,

te concede todavía
un plazo hasta el nuevo día
para ordenar tu conciencia.
Y su justicia infinita,
porque conozcas mejor,
espero de tu valor
que me pagues la visita.
¿Irás, don Juan?

Don Juan.   Iré, sí;
mas me quiero convencer
de lo vago de tu ser
antes que salgas de aquí.
(*Coge una pistola.*)

Estatua.   Tu necio orgullo delira,
don Juan; los hierros más gruesos
y los muros más espesos
se abren a mi paso; mira.

Desaparece la estatua sumiéndose por la pared.

Escena III

Don Juan; Centellas y Avellaneda, *dormidos.*

Don Juan.   ¡Cielos! ¡Su esencia se trueca
el muro hasta penetrar,
cual mancha de agua que seca
el ardor canicular!
¿No me dijo: "El mármol toca
de mi estatua"? ¿Cómo, pues,
se desvanece una roca?
¡Imposible! Ilusión es.
Acaso su antiguo dueño
mis cubas envenenó,
y el licor tan vano ensueño
en mi mente levantó.
Mas si éstas que sombras creo
espíritus reales son,
que por celestial empleo
llaman a mi corazón,
entonces, para que iguale
su penitencia don Juan
con sus delitos, ¿qué vale
el plazo ruin que le dan?...
¡Dios me da tan sólo un día!...
Si fuese Dios en verdad,
a más distancia pondría
su aviso a mi eternidad.
"Piensa bien, que al lado tuyo

> me tendrás...," dijo de Inés
> la sombra; y si bien arguyo,
> pues no la veo, sueño es.

Transparéntase en la pared la sombra de doña Inés.

Escena IV

DON JUAN, LA SOMBRA DE DOÑA INÉS; CENTELLAS y AVELLANEDA, *dormidos.*

Sombra. Aquí estoy.

Don Juan. ¡Cielos!

Sombra. Medita
lo que al buen Comendador
has oído, y ten valor
para acudir a su cita.
Un punto se necesita
para morir con ventura;
elígele con cordura,
porque mañana, don Juan,
nuestros cuerpos dormirán
en la misma sepultura.

Desaparece la sombra.

Escena V

DON JUAN, CENTELLAS y AVELLANEDA

Don Juan. Tente, doña Inés, espera,
y si me amas en verdad,
hazme al fin la realidad
distinguir de la quimera.
Alguna más duradera
señal dame, que, segura,
me pruebe que no es locura
lo que imagina mi afán,
para que baje don Juan
tranquilo a la sepultura.
Mas ya me irrita ¡por Dios!
el verme siempre burlado,
corriendo desatentado
de varias sombras en pos.
¡Oh! Tal vez todo esto ha sido
por estos dos preparado,
y mientras se ha ejecutado,
su privación han fingido.
Mas ¡por Dios, que si es así,
se han de acordar de don Juan!
¡Eh! Don Rafael, capitán,
ya basta; alzaos de ahí.

Don Juan mueve a Centellas y a Avellaneda, que se levantan como quien vuelve de un profundo sueño.

Centellas.	¿Quién va?
Don Juan.	Levantad.
Avellaneda.	¿Qué pasa?

¡Hola! ¿Sois vos?

Centellas.	¿Dónde estamos?
Don Juan.	Caballeros, claros vamos.

Yo os he traído a mi casa,
y temo que a ella al venir,
con artificio apostado,
habéis, sin duda, pensado
a costa mía reír;
mas basta ya de ficción,
y concluid de una vez.

Centellas. Yo no os entiendo.

Avellaneda.   ¡Pardiez!
Tampoco yo.

Don Juan.   En conclusión:
¿nada habéis visto ni oído?

Avellaneda y Centellas.   ¿De qué?

Don Juan.   No finjáis ya más.

Centellas. Yo no he fingido jamás,
señor don Juan.

Don Juan.   ¡Habrá sido
realidad! ¿Contra Tenorio
las piedras se han animado,
y su vida han acotado
con plazo tan perentorio?
Hablad, pues, por compasión.

Centellas. ¡Voto va a Dios! ¡Ya comprendo
lo que pretendéis!

Don Juan.   Pretendo
que me deis una razón
de lo que ha pasado aquí,
señores, o juro a Dios
que os haré ver a los dos
que no hay quien me burle a mí.

Centellas. Pues ya que os formalizáis,
don Juan, sabed que sospecho
que vos la burla habéis hecho
de nosotros.

Don Juan.   ¡Me insultáis!

Centellas. No ¡por Dios! Mas si cerrado
seguís en que aquí han venido
fantasmas, lo sucedido
oíd cómo me he explicado.
Yo he perdido aquí del todo
los sentidos, sin exceso
de ninguna especie, y eso
lo entiendo yo de este modo.

Don Juan. A ver, decídmelo, pues.

Centellas. Vos habéis compuesto el vino,
semejante desatino
para encajarnos después.

Don Juan. ¡Centellas!

Centellas. 　　　Vuestro valor
al extremo por mostrar,
convidasteis a cenar
con vos al Comendador.
Y para poder decir
que a vuestro convite exótico
asistió, con un narcótico
nos habéis hecho dormir.
Si es broma, puede pasar;
mas a ese extremo llevada,
ni puede probarnos nada,
ni os la hemos de tolerar.

Avellaneda. Soy de la misma opinión.

Don Juan. ¡Mentís!

Centellas. 　　　Vos.

Don Juan. 　　　　Vos, capitán.

Centellas. Esa palabra, don Juan...

Don Juan. La he dicho de corazón.
Mentís: no son a mis bríos
menester falsos portentos,
porque tienen mis alientos
su mejor prueba en ser míos.

Avellaneda y Centellas. Veamos.
(*Ponen mano a la espada.*)

Don Juan. 　　　　　Poned a tasa
vuestra furia, y vamos fuera;
no piense después cualquiera
que os asesiné en mi casa.

Avellaneda. Decís bien... Mas somos dos.

Centellas. Reñiremos, si os fiáis,
el uno del otro en pos.

Don Juan.	O los dos, como queráis.
Centellas.	¡Villano fuera, por Dios! Elegid uno, don Juan, por primero.
Don Juan.	Sedlo vos.
Centellas.	Vamos.
Don Juan.	Vamos, capitán.

ACTO TERCERO

Misericordia de dios y apoteosis del amor

Panteón de la familia Tenorio, como estaba en el acto primero de la segunda parte, menos las estatuas de doña Inés y de don Gonzalo, que no están en su lugar.

Escena Primera

Don Juan   (*Embozado y distraído, entra en la escena lentamente.*)
Culpa mía no fué; delirio insano
me enajenó la mente acalorada.
Necesitaba víctimas mi mano
que inmolar a mi fe desesperada,
y al verlos en mitad de mi camino,
presa les hice allí de mi locura.
No fuí yo, ¡vive Dios! ¡Fué su destino!
Sabían mi destreza y mi ventura.
¡Oh! Arrebatado el corazón me siento
por vértigo infernal... Mi alma perdida
va cruzando el desierto de la vida,
cual hoja seca que arrebata el viento.
Dudo..., temo..., vacilo... En mi cabeza
siento arder un volcán... Muevo la planta
sin voluntad, y humilla mi grandeza
un no sé qué de grande que me espanta.
(*Un momento de pausa.*)
¡Jamás mi orgullo concibió que hubiere
nada más que el valor!... Que se aniquila
el alma con el cuerpo cuando muere
creí..., mas hoy mi corazón vacila.
¡Jamás creí en fantasmas!... ¡Desvaríos!
Mas del fantasma aquel, pese a mi aliento,[48]
los pies de piedra caminando siento,
por doquiera que voy, tras de los míos.
¡Oh! Y me trae a este sitio irresistible,
misterioso poder...

---

[48] a pesar de mi valor.

(*Levanta la cabeza y ve que no está en su pedestal la estatua de don Gonzalo.*)

Pero ¡qué veo!

¡Falta de allí su estatua!... Sueño horrible,
déjame de una vez... ¡No, no te creo!
Sal; huye de mi mente fascinada,
fatídica ilusión... Estás en vano
con pueriles asombros empeñada
en agotar mi aliento sobrehumano.
Si todo es ilusión, mentido sueño,
nadie me ha de aterrar con trampantojos;
si es realidad, querer es necio empeño
aplacar de los cielos los enojos.
No; sueño o realidad, del todo anhelo
vencerle o que me venza; y si piadoso
busca tal vez mi corazón el cielo,
que le busque más franco y generoso.
La efigie de esa tumba me ha invitado
a venir a buscar prueba más cierta
de la verdad en que dudé obstinado...
Heme aquí, pues; Comendador, despierta.

Llama al sepulcro del Comendador. Este sepulcro se cambia en una mesa que parodia horriblemente la mesa en que comieron en el acto anterior don Juan, Centellas y Avellaneda. En vez de las guirnaldas que cogían en pabellones sus manteles, de sus flores y lujoso servicio, culebras, huesos y juego, etc. (a gusto del pintor). Encima de esta mesa aparece un plato de ceniza, una copa de fuego y un reloj de arena. Al cambiarse este sepulcro, todos los demás se abren y dejan paso a las osamentas de las personas que se suponen enterradas en ellos, envueltas en sus sudarios. Sombras, espectros y espíritus pueblan el fondo de la escena. La tumba de doña Inés permanece.

Escena II

Don Juan, La Estatua de Don Gonzalo y Las Sombras

Estatua. Aquí me tienes, don Juan,
y he aquí que vienen conmigo
los que tu eterno castigo
de Dios reclamando están.

Don Juan. ¡Jesús!

Estatua.   Y ¿de qué te alteras
si nada hay que a ti te asombre,
y para hacerte eres hombre
platos con sus calaveras?

Don Juan. ¡Ay de mí!

Estatua.   ¿Qué? ¿El corazón
te desmaya?

Don Juan.	No lo sé;
	concibo que me engañé;
	no son sueños..., ¡ellos son!
	(*Mirando a los espectros.*)
	Pavor jamás conocido
	el alma fiera me asalta,
	y aunque el valor no me falta,
	me va faltando el sentido.
Estatua.	Eso es, don Juan, que se va
	concluyendo tu existencia,
	y el plazo de tu sentencia
	fatal ha llegado ya.
Don Juan.	¡Qué dices!
Estatua.	Lo que hace poco
	que doña Inés te avisó,
	lo que te he avisado yo,
	y lo que olvidaste loco.
	Mas el festín que me has dado
	debo volverte, y así,
	llega, don Juan, que yo aquí
	cubierto te he preparado.
Don Juan.	Y ¿qué es lo que ahí me das?
Estatua.	Aquí fuego, allí ceniza.
Don Juan.	El cabello se me eriza.
Estatua.	Te doy lo que tú serás.
Don Juan.	¡Fuego y ceniza he de ser!
Estatua.	Cual los que ves en redor;
	en eso para el valor,
	la juventud y el poder.
Don Juan.	Ceniza, bien; pero ¡fuego!...
Estatua.	El de la ira omnipotente,
	do arderás eternamente
	por tu desenfreno ciego.
Don Juan.	¿Conque hay otra vida más
	y otro mundo que el de aquí?
	¿Conque es verdad ¡ay de mí!
	lo que no creí jamás?
	¡Fatal verdad que me hiela
	la sangre en el corazón!
	¡Verdad que mi perdición
	solamente me revela!
	¿Y ese reloj?
Estatua.	Es la medida
	de tu tiempo.

Don Juan.	¿Expira ya?
Estatua.	Sí; en cada grano se va un instante de tu vida.
Don Juan.	¿Y ésos me quedan no más?
Estatua.	Sí.
Don Juan.	¡Injusto Dios! Tu poder me haces ahora conocer, cuando tiempo no me das de arrepentirme.
Estatua.	Don Juan, un punto de contrición da a un alma la salvación, y ese punto aún te le dan.
Don Juan.	¡Imposible! ¡En un momento borrar treinta años malditos de crímenes y delitos!
Estatua.	Aprovéchale con tiento, (*Tocan a muerto.*) porque el plazo va a expirar, y las campanas doblando por ti están, y están cavando la fosa en que te han de echar. (*Se oye a lo lejos el oficio de difuntos.*)
Don Juan.	¿Conque por mí doblan?
Estatua.	Sí.
Don Juan.	¿Y esos cantos funerales?
Estatua.	Los salmos penitenciales que están cantando por ti. (*Se ve pasar por la izquierda luz de hachones, y rezan dentro.*)
Don Juan.	¿Y aquel entierro que pasa?
Estatua.	Es el tuyo.
Don Juan.	¡Muerto yo!
Estatua.	El capitán te mató a la puerta de tu casa.
Don Juan.	Tarde la luz de la fe penetra en mi corazón, pues crímenes mi razón a su luz tan sólo ve. Los ve... y con horrible afán, porque al ver su multitud, ve a Dios en su plenitud de su ira contra don Juan. ¡Ah! Por doquiera que fuí,

la razón atropellé,
la virtud escarnecí
y a la justicia burlé;
y emponzoñé cuanto ví,
y a las cabañas bajé,
y a los palacios subí,
y los claustros escalé;
y pues tal mi vida fué,
no, no hay perdón para mí.
(*A los fantasmas.*)
Mas ¡ahí estáis todavía
con quietud tan pertinaz!
Dejadme morir en paz
a solas con mi agonía.
Mas con esa horrenda calma,
¿qué me auguráis, sombras fieras?
¿Qué esperáis de mí?

Estatua.   Que mueras
para llevarse tu alma.
Y adiós, don Juan; ya tu vida
toca a su fin, y pues vano
todo fué, dame la mano
en señal de despedida.

Don Juan.   ¿Muéstrasme ahora amistad?

Estatua.   Sí; que injusto fuí contigo,
y Dios me manda tu amigo
volver a la eternidad.

Don Juan.   Toma, pues.

Estatua.   Ahora, don Juan,
pues desperdicias también
el momento que te dan,
conmigo al infierno ven.

Don Juan.   ¡Aparta, piedra fingida!
Suelta, suéltame esa mano,
que aún queda el último grano
en el reloj de mi vida.
Suéltala, que si es verdad
que un punto de contrición
da a un alma la salvación
de toda una eternidad,
yo, santo Dios, creo en ti;
si es mi maldad inaudita,
tu piedad es infinita...
¡Señor, ten piedad de mí!

Estatua.   Ya es tarde.

Don Juan se hinca de rodillas, tendiendo al cielo la mano que le deja libre la estatua. Las sombras, esqueletos, etc., van a abalanzarse sobre él, en cuyo momento se abre la tumba de doña Inés y aparece ésta. Doña Inés toma la mano que don Juan tiende al cielo.

Escena III

Don Juan, La Estatua de Don Gonzalo, Doña Inés, Sombras, *etc.*

Doña Inés.	No; heme ya aquí,
	don Juan; mi mano asegura
	esta mano que a la altura
	tendió tu contrito afán,
	y Dios perdona a don Juan
	al pie de mi sepultura.
Don Juan.	¡Dios clemente! ¡Doña Inés!
Doña Inés.	Fantasmas, desvaneceos;
	su fe nos salva...; volveos
	a vuestros sepulcros, pues.
	La voluntad de Dios es;
	de mi alma con la amargura
	purifiqué su alma impura,
	y Dios concedió a mi afán
	la salvación de don Juan
	al pie de la sepultura.
Don Juan.	¡Inés de mi corazón!
Doña Inés.	Yo mi alma he dado por ti,
	y Dios te otorga por mí
	tu dudosa salvación.
	Misterio es que en comprensión
	no cabe de crïatura,
	y sólo en vida más pura
	los justos comprenderán
	que el amor salvó a don Juan
	al pie de la sepultura.
	Cesad, cantos funerales;
	(*Cesa la música y salmodia.*)
	callad, mortuorias campanas;
	(*Dejan de tocar a muerto.*)
	ocupad, sombras livianas,
	vuestras urnas sepulcrales;
	(*Vuelven los esqueletos a sus tumbas, que se cierran.*)
	volved a los pedestales,
	animadas esculturas;
	(*Vuelven las estatuas a sus lugares.*)
	y las celestes venturas,
	en que los justos están,

empiecen para don Juan
en las mismas sepulturas.

Las flores se abren y dan paso a varios angelitos, que rodean a doña Inés y a don Juan, derramando sobre ellos flores y perfumes, y al son de una música dulce y lejana, se ilumina el teatro con luz de aurora. Doña Inés cae sobre un lecho de flores, que quedará a la vista, en lugar de su tumba, que desaparece.

Escena última

DOÑA INÉS, DON JUAN y LOS ÁNGELES

Don Juan.   ¡Clemente Dios, gloria a ti!
Mañana a los sevillanos
aterrará el creer que a manos
de mis víctimas caí.
Mas es justo; quede aquí
al universo notorio
que pues me abre el purgatorio
un punto de penitencia,
es el Dios de la clemencia
el Dios de Don Juan Tenorio.

Cae don Juan a los pies de doña Inés, y mueren ambos. De sus bocas salen sus almas representadas en dos brillantes llamas, que se pierden en el espacio al son de la música. Cae el telón.

■ Preguntas de comprensión

Primera parte

Acto primero

1. ¿Por qué está preparando la mesa Buttarelli para don Juan y don Luis?
2. ¿Qué opina don Gonzalo de ellos?
3. ¿Por qué quieren don Gonzalo y don Diego estar presentes en la cena?
4. ¿Cuáles son las hazañas de don Juan y don Luis durante su estancia en el extranjero?
5. ¿En qué consiste la apuesta entre don Juan y don Luis?
6. Según don Luis, ¿qué tipo de mujer le falta seducir a don Juan?
7. ¿Quién es Ana de Pantoja? ¿Qué jura hacerle don Juan?
8. ¿Quién es Inés?

Acto segundo

1. ¿De qué hablan don Luis y Pascual?
2. ¿Quién es Brígida? ¿Cómo ha ayudado a don Juan?
3. ¿Qué hace don Juan para persuadir a Lucía que lo ayude?

Acto tercero

1. ¿Qué siente Inés por don Juan?
2. ¿Por qué le escribe don Juan una carta a Inés?
3. ¿Por qué va don Gonzalo al convento?

Acto cuarto

1. Cuando Inés le pregunta a Brígida por qué está en la quinta de don Juan, ¿cómo responde? ¿Cómo reacciona Inés?
2. ¿Por qué llega don Luis a la quinta de don Juan? ¿Cómo pudo don Juan seducir a Ana?
3. ¿Qué les hace don Juan a don Luis y a don Gonzalo?

Segunda parte

Acto primero

1. ¿Qué pasó con la hacienda de don Diego?
2. ¿En qué situación se encuentra el espíritu de Inés?
3. ¿Por qué cree Centellas que don Juan se ha vuelto loco?

Acto segundo

1. ¿Quién llega a la cena de don Juan?
2. ¿Qué ocurre durante la cena?

Acto tercero

1. ¿Por qué se queja don Juan contra Dios?
2. ¿Cómo muere don Juan?
3. ¿Cómo termina la obra?

■ Preguntas de análisis

1. ¿Cómo es el personaje de don Juan? ¿Cómo son las mujeres que conquista?
2. ¿De qué manera es don Juan un héroe romántico?
3. ¿Cuáles son los temas románticos que se presentan en esta obra?
4. En cuanto a los aspectos formales del romanticismo, ¿es esta obra típica del movimiento? ¿Por qué?
5. ¿Cómo es la imagen de la mujer creada en esta obra? ¿Tiene la mujer capacidad para influir en el mundo donde vive, o es más bien un objeto deseado y manipulado por los hombres?
6. ¿En qué se diferencia esta imagen de la mujer de la de épocas anteriores?
7. ¿Cuáles son los aspectos de la masculinidad que se valoran y/o se critican en *Don Juan Tenorio?*
8. Se ha dicho que el romanticismo de Zorrilla es bastante conservador. Teniendo en cuenta esta obra, ¿está Ud. de acuerdo?

■ Temas para informes escritos

1. La educación moral de los jóvenes en *Don Juan Tenorio* y en "El casarse pronto y mal"
2. La imagen de la mujer en *Don Juan Tenorio*
3. La imagen de la masculinidad

■ Bibliografía mínima

Feal, Carlos. "El Don Juan Tenorio de Zorrilla: una carta, una apuesta y dos salvaciones". *Salina: Revista de Lletres* 11 (Nov. 1997): 93–99.

Fuente Ballesteros, Ricardo de la y Fabian Gutiérrez Flores. "La 'teatralidad' en el *Don Juan Tenorio* de Zorrilla". *Crítica Hispánica* 17.1 (1995): 65–80.

Gies, David T. Introduction. *Don Juan Tenorio.* Madrid: Castalia, 1994.

Jiménez, Luis A. "Women and Don Juan". *The Western Pennsylvania Symposium on World Literatures, Selected Proceedings: 1974–1991, A Retrospective.* Ed. Carla E. Lucente y Albert C. Labriola. Greensburg, PA: Eadmer, 1992. 207–10.

Johnson, Jerry. "El antagonista romántico: una reconsideración". *Romance Notes* 27.3 (spring 1987): 239–43.

Mansour, George P. "*Don Juan Tenorio:* Spanish Romanticism, the Play, the Legacy". *Crítica Hispánica* 18.1 (1996): 93–97.

Romero, Hector. "Consideraciones teológicas y románticas sobre la muerte de Don Juan en la obra de Zorrilla". *Hispanófila* 54 (1975): 9–16.

GUSTAVO ADOLFO BÉCQUER

1836—1870

© Hulton Archive/Getty Images

Cuando Gustavo Adolfo Bécquer murió en 1870, la prensa madrileña apenas hizo mención de su fallecimiento. No obstante, hoy en día Bécquer es el poeta más celebrado del siglo XIX. Además de sus *Rimas,* una colección de sus poemas líricos, el poeta andaluz escribió una serie de leyendas basadas en la Edad Media en España.

La vida de Bécquer corre paralela al reino de Isabel II. Nació en Sevilla durante la regencia de María Cristina, la madre de Isabel, y murió dos años después de la Revolución Gloriosa que destronó a la monarca. Cuando tenía cinco años murió su padre, y quedó huérfano a los trece años, cuando falleció su madre. Su interés en la literatura comenzó con lecturas de los románticos Chateaubriand, Byron, Hugo y el mismo Espronceda. A los diez años escribió junto con un amigo su primera obra, una pieza teatral llamada *Los conjurados.* Poco después Bécquer empezó a escribir poesía lírica, y sus primeros poemas fueron publicados por un periódico sevillano durante su adolescencia.

En 1854, Bécquer se trasladó a Madrid. Durante los dieciséis años restantes de su vida trabajó como periodista, cronista, gacetillero, censor de novelas y adaptador de dramas, además de escribir poemas y leyendas. En 1861 se casó y tuvo tres hijos. Su matrimonio nunca fue feliz y la pareja se separó en 1868. Aunque la mujer es una imagen constante en los poemas de Bécquer, le dedicó sólo un poema a su esposa. Es difícil saber la identidad de las mujeres sobre las que Bécquer escribió, pues dos días antes de su muerte en 1870 quemó todas las cartas amorosas que había guardado.

En 1871, un año después de la muerte del poeta, los amigos de éste recopilaron sus poemas y los publicaron bajo el título de *Rimas*. La crítica suele clasificar la poesía de Bécquer como posromántica por la subjetividad e interiorización que están presentes en sus obras y el sentimiento de soledad que las permea. Las rimas de Bécquer son sumamente emotivas, y en ellas el hablante expresa con mucha emoción sus sentimientos sobre el tiempo ya pasado, la poesía, la belleza femenina, el amor y otros temas.

El renombre de Bécquer radica en su influencia sobre las generaciones posteriores de poetas. Mientras la poesía de sus contemporáneos, como Campoamor o Núñez de Arce, estaba marcada por un tono prosaico y realista, los poetas de principios del siglo XX apreciarían el carácter lírico de la poesía de Bécquer. De hecho, la obra poética de Bécquer se considera precursora de la de Antonio Machado y Juan Ramón Jiménez, además de los poetas de la llamada Generación del '27, como Jorge Guillén, Pedro Salinas, Federico García Lorca y Rafael Alberti.

Aunque Bécquer es más conocido por su poesía, también desarrolló el género de la leyenda. Como su poesía, las leyendas también son de carácter lírico. En *Leyendas*, Bécquer reúne una serie de cuentos, muchos de ellos fantásticos, que tienen lugar en la Edad Media, de ahí su asociación con el romanticismo. Estas leyendas abarcan varios temas, pero los más recurridos son el amor y la búsqueda del ideal. En casi todas, la mujer figura como una parte íntegra. Frecuentemente, ella es el ideal de la perfección, aunque casi siempre un ideal fugaz. Por otra parte, la mujer también es representada como un ser diabólico o una Eva que tienta al hombre.

En los poemas incluidos aquí se destaca tanto la imagen de la mujer como el concepto de poesía que tenía el escritor. En la leyenda "Los ojos verdes"—compuesta, como las rimas, en la década de los 60—también se explora la figura femenina. Aunque la obra de Bécquer no presenta la preocupación por lo nacional que se ve con frecuencia en los escritos de los escritores románticos, el énfasis en la mujer coincide con el interés en la naturaleza femenina que tanto se discutía en el siglo XIX.

■ Preguntas de pre-lectura

1. Repase las características generales del romanticismo. ¿Cuáles son?
2. ¿Recuerda algunas leyendas de su propia cultura o de otras? ¿De qué tratan estas leyendas? ¿Qué función tienen las leyendas para las culturas?
3. Los poemas amorosos son una constante a lo largo de la historia literaria. ¿Recuerda algunos ejemplos específicos de poesía amorosa, en inglés o en español? ¿Qué emociones se suelen describir en estos poemas?

Los ojos verdes

(Leyenda)

Hace mucho tiempo que tenía ganas de escribir cualquier cosa con este título. Hoy, que se me ha presentado ocasión, lo he puesto con letras grandes en la primera cuartilla de papel, y luego he dejado a capricho volar la pluma.

Yo creo que he visto unos ojos como los que he pintado en esta leyenda. No sé si en sueños, pero yo los he visto. De seguro no los podré describir tal cual ellos eran: luminosos, transparentes como las gotas de la lluvia que se resbalan sobre las hojas de los árboles después de una tempestad de verano. De todos modos, cuento con la imaginación de mis lectores para hacerme comprender en éste que pudiéramos llamar boceto de un cuadro que pintaré algún día.

I

—Herido va el ciervo..., herido va; no hay duda. Se ve el rastro de la sangre entre las zarzas del monte, y al saltar uno de esos lentiscos han flaqueado sus piernas... Nuestro joven señor comienza por donde otros acaban... En cuarenta años de montero no he visto mejor golpe... Pero, ¡por San Saturio, patrón de Soria!,[1] cortadle el paso por esas carrascas, azuzad los perros, soplad en esas trompas hasta echar los hígados, y hundidle a los corceles una cuarta de hierro en los ijares: ¿no veis que se dirige hacia la fuente de los Álamos y si la salva antes de morir podemos darle por perdido?

Las cuencas del Moncayo[2] repitieron de eco en eco el bramido de las trompas, el latir de la jauría desencadenada, y las voces de los pajes resonaron con nueva furia, y el confuso tropel de hombres, caballos y perros se dirigió al punto que Íñigo, el montero mayor de los marqueses de Almenar,[3] señalara como el más a propósito para cortarle el paso a la res.

Pero todo fue inútil. Cuando el más ágil de los lebreles llegó a las carrascas, jadeante y cubiertas las fauces de espuma, ya el ciervo, rápido como una saeta, las había salvado de un solo brinco, perdiéndose entre los matorrales de una trocha que conducía a la fuente.

—¡Alto!... ¡Alto todo el mundo! —gritó Íñigo entonces—. Estaba de Dios que había de marcharse.

Y la cabalgata se detuvo, y enmudecieron las trompas, y los lebreles dejaron refunfuñando la pista a la voz de los cazadores.

En aquel momento se reunía a la comitiva el héroe de la fiesta, Fernando de Argensola, el primogénito de Almenar.

—¿Qué haces? —exclamó, dirigiéndose a su montero, y en tanto, ya se pintaba el asombro en sus facciones, ya ardía la cólera en sus ojos—. ¿Qué haces, imbécil? Ves que la pieza está herida, que es la primera que cae por mi mano, y abandonas el rastro y la dejas perder para que vaya a morir en el fondo del bosque. ¿Crees acaso que he venido a matar ciervos para festines de lobos?

—Señor —murmuró Íñigo entre dientes—, es imposible pasar de este punto.

—¡Imposible! ¿Y por qué?

—Porque esa trocha —prosiguió el montero— conduce a la fuente de los Álamos: la fuente de los Álamos, en cuyas aguas habita un espíritu del mal. El que osa enturbiar su corriente paga caro su atrevimiento. Ya la res habrá salvado sus márgenes. ¿Cómo las salvaréis vos sin atraer sobre vuestra cabeza alguna calamidad horrible? Los cazadores somos reyes del Moncayo, pero reyes que pagan un tributo. Pieza que se refugia en esa fuente misteriosa, pieza perdida.

—¡Pieza perdida! Primero perderé yo el señorío de mis padres, y primero

---

[1] una provincia de Castilla-León.   [2] una cordillera en Soria.   [3] un pueblo de Soria que   antes era plaza fuerte de los árabes que habitaban España.

perderé el ánima en manos de Satanás que permitir que se me escape ese ciervo, el único que ha herido mi venablo, la primicia de mis excursiones de cazador...

40 ¿Lo ves?... ¿Lo ves?... Aún se distingue a intervalos desde aquí: las piernas le faltan, su carrera se acorta; déjame..., déjame; suelta esa brida o te revuelco en el polvo... ¿Quién sabe si no le daré lugar para que llegue a la fuente? Y si llegase, al diablo ella, su limpidez y sus habitadores. ¡Sus, *Relámpago!*; ¡sus, caballo mío! Si lo alcanzas, mando engarzar los diamantes de mi joyel en tu serreta de oro.

45 Caballo y jinete partieron como un huracán. Íñigo los siguió con la vista hasta que se perdieron en la maleza; después volvió los ojos en derredor suyo; todos, como él, permanecían inmóviles y consternados.

El montero exclamó al fin:

—Señores, vosotros lo habéis visto: me he expuesto a morir entre los pies
50 de su caballo por detenerlo. Yo he cumplido con mi deber. Con el diablo no sirven valentías. Hasta aquí llega el montero con su ballesta; de aquí en adelante, que pruebe a pasar el capellán con su hisopo.

II

—Tenéis la color quebrada; andáis mustio y sombrío. ¿Qué os sucede? Desde el día, que yo siempre tendré por funesto, en que llegasteis a la fuente de los Álamos en pos de la res herida, diríase que una mala bruja os ha encanijado con sus hechizos. Ya no vais a los montes precedido de la ruidosa jauría ni el cla-
5 mor de vuestras trompas despierta sus ecos. Sólo con esas cavilaciones que os persiguen, todas las mañanas tomáis la ballesta para enderezaros a la espesura y permanecer en ella hasta que el sol se esconde. Y cuando la noche oscurece y volvéis pálido y fatigado al castillo, en balde busco en la bandolera los despojos de la caza. ¿Qué os ocupa tan largas horas lejos de los que más os quieren?

10 Mientras Íñigo hablaba, Fernando, absorto en sus ideas, sacaba maquinalmente astillas de su escaño de ébano con el cuchillo de monte.

Después de un largo silencio, que sólo interrumpía el chirrido de la hoja al resbalarse sobre la pulimentada madera, el joven exclamó, dirigiéndose a su servidor, como si no hubiera escuchado una sola de sus palabras:

15 —Íñigo, tú que eres viejo, tú que conoces todas las guaridas del Moncayo, que has vivido en sus faldas persiguiendo a las fieras, y en tus errantes excursiones de cazador subiste más de una vez a su cumbre, dime: ¿has encontrado, por acaso, una muier que vive entre sus rocas?

—¡Una mujer! —exclamó el montero con asombro y mirándole de hito
20 en hito.

—Sí —dijo el joven—; es una cosa extraña lo que me sucede, muy extraña... Creí poder guardar este secreto eternamente, pero no es ya posible, rebosa en mi corazón y asoma a mi semblante. Voy, pues, a revelártelo... Tú me ayudarás a desvanecer el misterio que envuelve a esa criatura que, al parecer, sólo para mí existe,
25 pues nadie la conoce, ni la ha visto, ni puede darme razón de ella.

El montero, sin despegar los labios, arrastró su banquillo hasta colocarse junto al escaño de su señor, del que no apartaba un punto los espantados ojos. Éste, después de coordinar sus ideas, prosiguió así:

—Desde el día en que, a pesar de tus funestas predicciones, llegué a la fuente
30 de los Álamos y, atravesando sus aguas, recobré el ciervo que vuestra superstición hubiera dejado huir, se llenó mi alma del deseo de la soledad.

"¿Tú no conoces aquel sitio? Mira: la fuente brota escondida en el seno de una peña, y cae, resbalándose gota a gota, por entre las verdes y flotantes hojas de las plantas que crecen al borde de su cuna. Aquellas gotas, que al desprenderse
35 brillan como puntos de oro y suenan como las notas de un instrumento, se reúnen entre los céspedes y, susurrando, susurrando, con un ruido semejante al de las abejas que zumban en torno de las flores, se alejan por entre las arenas y forman un cauce, y luchan con los obstáculos que se oponen a su camino, y se repliegan sobre sí mismas, y saltan, y huyen, y corren, unas veces con risas; otras, con sus-
40 piros, hasta caer en un lago. En el lago caen con un rumor indescriptible. Lamentos, palabras, nombres, cantares, yo no sé lo que he oído en aquel rumor cuando me he sentado solo y febril sobre el peñasco a cuyos pies saltan las aguas de la fuente misteriosa, para estancarse en una balsa profunda, cuya inmóvil superficie apenas riza el viento de la tarde.

45 "Todo allí es grande. La soledad, con sus mil rumores desconocidos, vive en aquellos lugares y embriaga el espíritu en su inefable melancolía. En las plateadas hojas de los álamos, en los huecos de las peñas, en las ondas del agua, parece que nos hablan los invisibles espíritus de la naturaleza, que reconocen un hermano en el inmortal espíritu del hombre.

50 "Cuando al despuntar la mañana me veías tomar la ballesta y dirigirme al monte, no fue nunca para perderme entre sus matorrales en pos de la caza, no; iba a sentarme al borde de la fuente a buscar en sus ondas... no sé qué, ¡una locura! El día que salté sobre ella con mi *Relámpago*, creí haber visto brillar en su fondo una cosa extraña..., muy extraña: los ojos de una mujer.

55 "Tal vez sería un rayo del sol que serpeó fugitivo entre su espuma; tal vez una de esas flores que flotan entre las algas de su seno y cuyos cálices parecen esmeraldas...; no sé; yo creí ver una mirada que se clavó en la mía, una mirada que encendió en mi pecho un deseo absurdo, irrealizable; el de encontrar una persona con unos ojos como aquéllos. En su busca fui un día y otro a aquel sitio.

60 "Por último, una tarde... yo me creí juguete de un sueño...; pero no, es verdad; la he hablado ya muchas veces como te hablo a ti ahora...; una tarde encontré sentada en mi puesto, y vestida con unas ropas que llegaban hasta las aguas y flotaban sobre su haz, una mujer hermosa sobre toda ponderación. Sus cabellos eran como el oro; sus pestañas brillaban como hilos de luz, y entre las pestañas
65 volteaban inquietas una pupilas que yo había visto..., sí, porque los ojos de aquella mujer eran los ojos que yo tenía clavados en la mente, unos ojos de un color imposible, unos ojos..."

—¡Verdes! —exclamó Íñigo con un acento de profundo terror e incorporándose de un salto en su asiento.

70 Fernando le miró a su vez como asombrado de que concluyese lo que iba a decir, y le preguntó con una mezcla de ansiedad y alegría:

—¿La conoces?

—¡Oh, no! —dijo el montero—. ¡Líbreme Dios de conocerla! Pero mis padres, al prohibirme llegar hasta esos lugares, me dijeron mil veces que el espíritu,
75 trasgo, demonio o mujer que habita en sus aguas tiene los ojos de ese color. Yo os conjuro por lo que más améis en la tierra a no volver a la fuente de los Álamos. Un día u otro os alcanzará su venganza y expiaréis, muriendo, el delito de haber encenegado sus ondas.

—¡Por lo que más amo! —murmuró el joven con una triste sonrisa.

80 —Sí —prosiguió el anciano—; por vuestros padres, por vuestros deudos, por las lágrimas de la que el cielo destina para vuestra esposa, por las de un servidor, que os ha visto nacer.

 —¿Sabes tú lo que más amo en este mundo? ¿Sabes tú por qué daría yo el amor de mi padre, los besos de la que me dio la vida y todo el cariño que pueden
85 atesorar todas las mujeres de la tierra? Por una mirada, por una sola mirada de esos ojos... ¡Mira cómo podré yo dejar de buscarlos!

 Dijo Fernando estas palabras con tal acento, que la lágrima que temblaba en los párpados de Íñigo se resbaló silenciosa por su mejilla, mientras exclamó con acento sombrío:

90 —¡Cúmplase la voluntad del cielo!

III

 —¿Quién eres tú? ¿Cuál es tu patria? ¿En dónde habitas? Yo vengo un día y otro en tu busca, y ni veo el corcel que te trae a estos lugares ni a los servidores que conducen tu litera. Rompe de una vez el misterioso velo en que te envuelves como en una noche profunda. Yo te amo, y, noble o villana, seré tuyo, tuyo
5 siempre...

 El sol había traspuesto la cumbre del monte; las sombras bajaban a grandes pasos por su falda; la brisa gemía entre los álamos de la fuente, y la niebla, elevándose poco a poco de la superficie del lago, comenzaba a envolver las rocas de su margen.

10 Sobre una de estas rocas, sobre una que parecía próxima a desplomarse en el fondo de las aguas, en cuya superficie se retrataba, temblando, el primógenito de Almenar, de rodillas a los pies de su misteriosa amante, procuraba en vano arrancarle el secreto de su existencia.

 Ella era hermosa, hermosa y pálida como una estatua de alabastro, uno de
15 sus rizos caía sobre sus hombros, deslizándose entre los pliegues del velo como un rayo de sol que atraviesa las nubes, y en el cerco de sus pestañas rubias brillaban sus pupilas como dos esmeraldas sujetas en una joya de oro.

 Cuando el joven acabó de hablarle, sus labios se removieron como para pronunciar algunas palabras; pero sólo exhalaron un suspiro, un suspiro débil, do-
20 liente, como el de la ligera onda que empuja una brisa al morir entre los juncos.

 —¡No me respondes! —exclamó Fernando al ver burlada su esperanza—. ¿Querrás que dé crédito a lo que de ti me han dicho? ¡Oh, no!... Háblame; yo quiero saber si me amas; yo quiero saber si puedo amarte, si eres una mujer...

 —O un demonio... ¿Y si lo fuese?

25 El joven vaciló un instante; un sudor frío corrió por sus miembros; sus pupilas se dilataron al fijarse con más intensidad en las de aquella mujer, y fascinado por su brillo fosfórico, demente casi, exclamó en un arrebato de amor:

 —Si lo fueses..., te amaría... te amaría como te amo ahora, como es mi destino amarte, hasta más allá de esta vida, si hay algo más allá de ella.

30 —Fernando —dijo la hermosa entonces con una voz semejante a una música—, yo te amo más aún que tú me amas; yo, que desciendo hasta un mortal siendo un espíritu puro. No soy una mujer como las que existen en la tierra; soy una mujer digna de ti, que eres superior a los demás hombres. Yo vivo en el fondo de estas aguas, incorpórea como ellas, fugaz y transparente: hablo con sus rumo-
35 res y ondulo con sus pliegues. Yo no castigo al que osa turbar la fuente donde

moro; antes le premio con mi amor, como un mortal superior a las supersticiones del vulgo, como a un amante capaz de comprender mi cariño extraño y misterioso.

Mientras ella hablaba así, el joven, absorto en la contemplación de su fan-
40 tástica hermosura, atraído como por una fuerza desconocida, se aproximaba más y más al borde de la roca. La mujer de los ojos verdes prosiguió así:

—¿Ves, ves el límpido fondo de ese lago? ¿Ves esas plantas de largas y verdes hojas que se agitan en su fondo?... Ellas nos darán un lecho de esmeraldas y corales..., y yo..., yo te daré una felicidad sin nombre, esa felicidad que has soñado en
45 tus horas de delirio y que no puede ofrecerte nadie... Ven; la niebla del lago flota sobre nuestras fuentes como un pabellón de lino...; las ondas nos llaman con sus voces incomprensibles; el viento empieza entre los álamos sus himnos de amor; ven..., ven...

La noche comenzaba a extender sus sombras; la luna rielaba en la superficie
50 del lago; la niebla se arremolinaba al soplo del aire, y los ojos verdes brillaban en la oscuridad como los fuegos fatuos que corren sobre el haz de las aguas infectas... "Ven, ven..." Estas palabras zumbaban en los oídos de Fernando como un conjuro. "Ven...", y la mujer misteriosa lo llamaba al borde del abismo donde estaba suspendida, y parecía ofrecerle un beso..., un beso...
55 Fernando dio un paso hacia ella..., otro, y sintió unos brazos delgados y flexibles que se liaban a su cuello, y una sensación fría en sus labios ardorosos, un beso de nieve..., y vaciló..., y perdió pie, y cayó al agua con un rumor sordo y lúgubre.

Las aguas saltaron en chispas de luz y se cerraron sobre su cuerpo, y sus círculos de plata fueron ensanchándose, ensanchándose, hasta expirar en las orillas.

Rimas

IV

No digáis que agotado su tesoro,
de asuntos falta, enmudeció la lira.[4]
Podrá no haber poetas; pero siempre
    habrá poesía.

5 Mientras las ondas de la luz al beso[5]
    palpiten encendidas;
mientras el sol las desgarradas nubes
    de fuego y oro vista;

mientras el aire en su regazo lleve
10   perfumes y armonías;
mientras haya en el mundo primavera,
    ¡habrá poesía!

mientras la ciencia a descubrir no alcance
    las fuentes de la vida,
15 y en el mar o en el cielo haya un abismo
    que al cálculo resista;

---

[4] la poesía.   [5] "al beso de la luz".

mientras la humanidad siempre avanzando
    no sepa a dó[6] camina;
mientras haya un misterio para el hombre,
20   ¡habrá poesía!

mientras sintamos que se alegra el alma,
    sin que los labios rían;
mientras se llore, sin que el llanto acuda
    a nublar la pupila;

25 mientras el corazón y la cabeza
    batallando prosigan;
mientras haya esperanzas y recuerdos,
    ¡habrá poesía!

Mientras haya unos ojos que reflejen
30   los ojos que los miran;
mientras responda el labio suspirando
    al labio que suspira;

mientras sentirse puedan en un beso
    dos almas confundidas;
35 mientras exista una mujer hermosa,
    ¡habrá poesía!

XV

Cendal[7] flotante de leve bruma,[8]
rizada cinta de blanca espuma,
    rumor sonoro
    de arpa de oro,
5 beso del aura, onda de luz:
    eso eres tú.

Tú, sombra aérea, que cuantas veces
voy a tocarte, te desvaneces
como la llama, como el sonido,
10 como la niebla, como el gemido
    del lago azul.

En mar sin playas onda sonante,
en el vacío cometa errante,
    largo lamento
15   del ronco viento,
ansia perpetua de algo mejor:
    eso soy yo.

¡Yo, que a tus ojos en mi agonía
los ojos vuelvo de noche y día;
20 yo, que incansable corro y demente
tras una sombra, tras la hija ardiente
    de una visión!

---

[6] donde.   [7] un pañuelo.   [8] niebla.

XXI

¿Qué es poesía dices mientras clavas
    en mi pupila tu pupila azul;
¿Qué es poesía? ¿Y tú me lo preguntas?
    ¡Poesía... eres tú!

XLI

Tú eras el huracán, y yo la alta
torre que desafía su poder:
¡Tenías que estrellarte o abatirme!...
    ¡No pudo ser!

5 Tú eras el océano, y yo la enhiesta [9]
roca que firme aguarda su vaivén:
¡Tenías que romperte o que arrancarme!
    ¡No pudo ser!

Hermosa tú, yo altivo; acostumbrados
10 uno a arrollar, [10] el otro a no ceder:
la senda estrecha, inevitable el choque...
    ¡No pudo ser!

Pero aquéllas cuajadas de rocío,
cuyas gotas mirábamos temblar
15 y caer, como lágrimas del día...
    Ésas... ¡no volverán!

Volverán del amor en tus oídos
las palabras ardientes a sonar;
tu corazón de su profundo sueño
20   tal vez despertará;

pero mudo y absorto y de rodillas,
como se adora a Dios ante su altar,
como yo te he querido... desengáñate,
    ¡Así no te querrán!

■ Preguntas de comprensión

1. ¿Por qué dice Íñigo, el montero de Fernando de Argensola, que éste no debe ir hasta la fuente de los Álamos?
2. ¿Qué descubre Fernando en la fuente?
3. Según Fernando, ¿cómo es la mujer de la fuente? ¿Cómo reacciona Íñigo al oír lo que dice Fernando?
4. ¿Qué le pasa a Fernando cuando intenta besar a la mujer?
5. ¿Cuáles son los temas de las rimas de Bécquer? ¿Se asemejan de alguna manera en su temática?
6. ¿Hay imágenes que se repiten en las rimas de Bécquer?

---

[9] algo derecho y firme.   [10] atropellar.

▪ Preguntas de análisis

1. En relación con "Los ojos verdes" y las rimas de Bécquer, ¿por qué cree Ud. que al poeta se lo asocia con el romanticismo aunque escribe después de la época romántica? ¿Hay temas románticos en la poesía de Bécquer?
2. ¿Cómo es la imagen de la mujer en "Los ojos verdes"?
3. ¿Hay semejanzas entre la figura femenina de "Los ojos verdes" y las de algunas rimas de Bécquer? ¿Puede ver semejanzas o diferencias en la construcción de la mujer en las diferentes rimas?
4. ¿Cuál es la relación entre la poesía y la figura femenina en las rimas de Bécquer?
5. ¿Por qué piensa que Bécquer utiliza la figura femenina para hablar de la poesía?
6. ¿Qué propósito sirve la poesía para Bécquer?

▪ Temas para informes escritos

1. Bécquer como poeta romántico
2. Una comparación entre Bécquer y Espronceda en el contexto romántico
3. La visión de la mujer en las rimas o en la leyenda de Bécquer

▪ Bibliografía mínima

Blanc, Mario A. *Las rimas de Bécquer: su modernidad.* Madrid: Pliegos, 1988.

Boyer, H. Patsy. "A Feminist Reading of 'Los ojos verdes'". *Theory and Practice of Feminist Literary Criticism.* Ypsilanti, MI: Bilingual, 1982. 188–200.

Bynum, B. Brant. *The Romantic Imagination in the Works of Gustavo Adolfo Bécquer.* Chapel Hill: UNC Dept. of Romance Languages, 1993.

Dobrian, Walter A. *Bécquer: sus rimas analizadas.* Madrid: Editorial Alpuerto, 1998.

Montesinos, Rafael. *Bécquer: biografía e imagen.* Barcelona: Editorial RM, 1977.

Rodríguez, Alfred and Shirley Mangini González. "El amor y la muerte en 'Los ojos verdes'". *Hispanófila* 29.2 (Jan. 1986): 69–73.

Sebold, Russell P. *Gustavo Adolfo Bécquer.* Madrid: Taurus, 1985.

ROSALÍA DE CASTRO

1837–1885

Durante su vida, Rosalía de Castro fue alabada en Galicia, la región del noroeste de España donde nació. Hoy en día, de hecho, es reconocida como una de las escritoras que más influencia ha tenido en la restauración de la lengua gallega. En la escena nacional, sin embargo, recibió poca atención en su época. Después de su muerte a los 48 años, su poesía fue recogida por sucesivas generaciones literarias y actualmente la crítica le dedica la atención nacional que no recibió durante su corta vida.

Como se ha señalado en la introducción, en el siglo XIX se instituyeron una serie de medidas para centralizar el poder y unir la nación española. Como consecuencia, las regiones con una identidad cultural propia protestaron contra esta política unificadora. Hubo un resurgimiento, no sólo en Galicia sino en el País Vasco y Cataluña, del patriotismo local, que fue el resultado de las condiciones políticas y la popularidad del romanticismo en España. La lengua gallega llegó a ser el punto clave para los regionalistas; los miembros del renacimiento gallego querían recuperar la lengua como medio artístico y para cultivar una expresión literaria propia de Galicia. El gallego había adquirido prestigio literario durante la Edad Media, pero a partir del siglo XV y debido al ansia unificadora de los Reyes Católicos fue reducido a la tradición oral. En el siglo XIX, se renovó la lengua gallega con la publicación de diccionarios, libros de gramática y la literatura escrita de autores como Castro, Ramón Cabanillas, Eduardo Pondal y Alfonso Rodríguez Castelao.

Aunque Castro escribió novelas—la más conocida es *El caballero de las botas azules* (1867)—su fama reside en la poesía. Su primer libro de poemas, *La Flor,* publicado en 1857, tiene fuertes características románticas. Su primera obra de importancia, *Cantares gallegos,* fue publicada en 1863 en gallego. Las costumbres locales y los fundamentos folclóricos que tanto inspiraban a los poetas románticos forman la base de esta colección de poemas. En ellos se ve el amor que la poeta tenía por su tierra además de una defensa de su región contra opiniones negativas. *Cantares gallegos* fue seguido en 1880 por *Follas novas,* su último libro escrito en gallego.

En 1884 se publicó el último libro de poesía de Castro, *En las orillas del Sar,* escrito en español para un público nacional. Aunque falta el énfasis en lo local y lo folclórico, los vínculos con el romanticismo son evidentes en los temas que sobresalen en esta obra: la tristeza, el énfasis en la muerte, la naturaleza y el dolor—el tema más destacado de esta colección. Castro pone menos énfasis específico en Galicia, pero las descripciones de la naturaleza gallega—el verde perpetuo del paisaje gallego, los ríos y la lluvia típica de la región—tanto en estos poemas, como en sus publicaciones más tempranas, protagonizan sus versos y afirman la importancia de la tierra en la trayectoria poética de la escritora.

Los dos poemas incluidos aquí pertenecen a *Las orillas del Sar.* En el primero, "Orillas del Sar", la poeta contempla el río Sar con un sentimiento de cariño mezclado con tristeza, desesperación y pena. En el segundo, "Dicen que no hablan las plantas", la poeta contempla la vejez y destaca la permanencia de la naturaleza frente a su propia conciencia de la naturaleza temporal del ser humano.

■ Preguntas de pre-lectura

1. Las imágenes de la naturaleza son un elemento de la obra de varios poetas, entre ellos Espronceda y Bécquer. ¿Qué función tienen imágenes como el mar, los huracanes, el aire y el sol en los poemas de estos escritores?
2. ¿Recuerda Ud. poemas que destacan el paso del tiempo? ¿Qué imágenes se suelen utilizar para describir el paso del tiempo? ¿Puede recordar algún poema ya leído que use esas imágenes?
3. ¿Qué imágenes se emplean para describir la muerte?

Orillas del Sar

I

A través del follaje perenne

que oír deja rumores extraños,
y entre un mar de ondulante verdura,
amorosa mansión de los pájaros,

desde mis ventanas veo
el templo que quise tanto.

El templo que tanto quise...,

pues no sé decir ya si le quiero,
que en el rudo vaivén que sin tregua

se agitan mis pensamientos,
dudo si el rencor adusto[1]

vive unido al amor en mi pecho.

II

¡Otra vez! Tras la lucha que rinde
y la incertidumbre amarga

del viajero que errante no sabe

dónde dormirá mañana,
en sus lares[2] primitivos

halla un breve descanso mi alma.

Algo tiene este blando reposo
de sombrío y de halagüeño,[3]

---

[1] quemado, severo.   [2] hogares.   [3] atractivo.

cual lo tiene en la noche callada
10   de un ser amado el recuerdo
que de negras traiciones y dichas
inmensas nos habla a un tiempo.

Ya no lloro... y, no obstante, agobiado
y afligido mi espíritu, apenas
15 de su cárcel estrecha y sombría
    osa dejar las tinieblas
    para bañarse en las ondas
    de luz que el espacio llenan.

Cual si en suelo extranjero me hallase
20   tímida y hosca, contemplo
desde lejos los bosques y alturas
    y los floridos senderos,
donde en cada rincón me aguardaba
    la esperanza sonriendo.

III

Oigo el toque sonoro que entonces
a mi lecho a llamarme venía
con sus ecos, que el alba anunciaban;
    mientras cual dulce caricia
5   un rayo de sol dorado
alumbraba mi estancia tranquila.

Puro el aire, la luz sonrosada.
    ¡Qué despertar tan dichoso!
Yo veía entre nubes de incienso
10   visiones con alas de oro
que llevaban la venda celeste
    de la fe sobre sus ojos...

    Ese sol es el mismo, mas ellas
    no acuden a mi conjuro;
15 y a través del espacio y las nubes,
y del agua en los limbos confusos,
y del aire en la azul transparencia,
¡ay!, ya en vano las llamo y las busco.

    Blanca y desierta la vía.
20   entre los frondosos setos[4]
y los bosques y arroyos que bordan
sus orillas, con grato misterio
atraerme parece, y brindarme
a que se siga su línea sin término.

---

[4] pared hecha de arbustos.

25   Bajemos, pues, que el camino
         antiguo nos saldrá al paso,
aunque triste, escabroso⁵ y desierto,
       y cual nosotros cambiado,
lleno aún de las blancas fantasmas
30   que en otro tiempo adoramos.

IV

      Tras de inútil fatiga, que mis fuerzas agota,
caigo en la senda amiga, donde una fuente brota,
         siempre serena y pura;
y con mirada incierta, busco por la llanura
5 no sé qué sombra vana o qué esperanza muerta,
no sé qué flor tardía de original frescura
que no crece en la vía arenosa y desierta.

      De la oscura "Trabanca"⁶ tras la espesa arboleda,
gallardamente arranca al pie de la vereda
10 "La Torre", y sus contornos cubiertos de follaje,
prestando a la mirada descanso en su ramaje
cuando de la ancha vega, por vivo sol bañada
        que las pupilas ciega,
atraviesa el espacio, gozosa y deslumbrada.

15   Como un eco perdido, como un amigo acento
        que suena cariñoso,
el familiar chirrido del carro perezoso
corre en alas del viento, y llega hasta mi oído
cual en aquellos días hermosos y brillantes
20 en que las ansias mías eran quejas amantes,
eran dorados sueños y santas alegrías.

      Ruge la "Presa" lejos... y, de las aves nido,
        "Fondóns" cerca descansa;
la cándida abubilla⁷ bebe en el agua mansa
25 donde un tiempo he creído de la esperanza hermosa
beber el néctar sano, y hoy bebiera anhelosa;
  las aguas del olvido, que es de la muerte hermano;
donde de los vencejos que vuelan en la altura
        la sombra se refleja,
30 y en cuya linfa⁸ pura blanco el nenúfar⁹ brilla
por entre la verdura de la frondosa orilla.

V

      ¡Cuán hermosa es tu vega! ¡Oh Padrón! ¡Oh Iria Flavia!;¹⁰
mas el calor, la vida juvenil y la savia

---

⁵ rocoso. ⁶ nombre de un peñasco.   ¹⁰ pueblos de Galicia.
⁷ tipo de pájaro. ⁸ agua. ⁹ una flor.

　　　　que extraje de tu seno,
como el sediento niño el dulce jugo extrae
5　　　　del pecho blanco y lleno,
de mi existencia oscura en el torrente amargo
pasaron, cual barridas por la inconstancia ciega,
una visión de armiño,[11] una ilusión querida,
　　　　un suspiro de amor.

10　　　De tus suaves rumores la acorde consonancia,
ya para el alma yerta, tornóse bronca y dura
　　　　a impulsos del dolor;
secáronse tus flores de virginal fragancia,
perdió su azul tu cielo, el campo su frescura,
15　　　　el alba su candor.

　　　La nieve de los años, de la tristeza el hielo
constante, al alma niega toda ilusión amada,
　　　　todo dulce consuelo.
Solo los desengaños preñados de temores
20　　　　y de la duda el frío,
avivan los dolores que siente el pecho mío;
　　　　y ahondando mi herida,
me destierran del cielo, donde las fuentes brotan
　　　　eternas de la vida.

VI

　　　¡Oh tierra, antes y ahora, siempre fecunda y bella!
Viendo cuán triste brilla nuestra fatal estrella,
　　　　del Sar cabe la orilla,
al acabarme, siento la sed devoradora
5　y jamás apagada que ahoga el sentimiento
y el hambre de justicia, que abate y que anonada
cuando nuestros clamores los arrebata el viento
　　　　de tempestad airada.

　　　Ya en vano el tibio rayo de la naciente aurora,
10　　　　tras del "Miranda"[12] altivo,
valles y cumbres dora con su resplandor vivo;
el vano llega mayo, de sol y aromas lleno,
con su frente de niño de rosas coronada
　　　　y con su luz serena;
15　en mi pecho ve juntos el odio y el cariño,
　　　　mezcla de gloria y pena;
mi sien por la corona del mártir agobiada,
y para siempre frío y agotado mi seno.

---

[11] tipo de animal cuya piel se usa para abrigos.
[12] nombre de una montaña.

VII

Ya que de la esperanza para la vida mía
triste y descolorido ha llegado el ocaso,
a mi morada obscura, desmantelada y fría
       tornemos paso a paso,
5 porque con su alegría no aumente mi amargura
       la blanca luz del día.
Contenta, el negro nido busca el ave agorera;[13]
bien reposa la fiera en el antro escondido;
en su sepulcro el muerto, el triste en el olvido,
10   y mi alma en su desierto.

Dicen que no hablan las plantas

Dicen que no hablan las plantas, ni las fuentes, ni los pájaros,
ni el onda con sus rumores, ni con su brillo los astros.
Lo dicen; pero no es cierto, pues siempre, cuando yo paso,
de mí murmuran y exclaman:
5   —Ahí va la loca, soñando
con la eterna primavera de la vida y de los campos,
y ya bien pronto, bien pronto, tendrá los cabellos canos,
y ve temblando, aterida, que cubre la escarcha el prado.

     —Hay canas en mi cabeza; hay en los prados escarcha;
10 mas yo prosigo soñando, pobre, incurable somnámbula,
con la eterna primavera de la vida que se apaga
y la perenne frescura de los campos y las almas,
aunque los unos se agostan y aunque las otras se abrasan.

     ¡Astros y fuentes y flores!, no murmuréis de mis sueños;
15 sin ellos, ¿cómo admiraros ni cómo vivir sin ellos?

■ Preguntas de comprensión

1. ¿Cuáles son los temas de estos dos poemas?
2. En la primera parte de "Orillas del Sar", ¿qué es el templo mencionado por el hablante? ¿Qué otras imágenes de la naturaleza puede Ud. identificar en este poema?
3. Al iniciar la primera parte de este poema, en que el hablante dice "dudo si el rencor adusto / vive unido al amor en mi pecho", hay un vaivén entre sentimientos de dolor y de felicidad y esperanza. ¿Puede Ud. identificar otros contrastes en las siguientes partes del poema?
4. En "Dicen que no hablan las plantas", ¿qué le advierte la naturaleza al hablante? ¿Cuál es la respuesta del hablante?

---

[13] siniestro, amenazador.

5. ¿Cuáles son las palabras que se emplean en este poema para describir al hablante?

■ Preguntas de análisis

1. ¿Cómo se describe el río Sar y la naturaleza en "Orillas del Sar"?
2. ¿Qué quiere comunicar el hablante al yuxtaponer sentimientos opuestos en el poema? ¿Tiene algo que ver con el paso del tiempo?
3. ¿Qué imágenes se asocian con la muerte en "Orillas del Sar"? ¿Cuál es la actitud del hablante ante la vida? ¿Y ante la muerte?
4. A lo largo de "Dicen que no hablan las plantas", el hablante utiliza una serie de metáforas. ¿Qué significa "la eterna primavera"? ¿Y "los sueños"? ¿Y "la perenne frescura de los campos"?
5. ¿Cuál es la actitud del hablante ante el paso del tiempo en este poema?
6. ¿Cómo se relacionan la obra de Castro y el movimiento romántico?
7. Aunque no se menciona con referencias directas, ¿cómo se manifiesta lo gallego en estos poemas? ¿Qué siente el hablante por su tierra?
8. Aunque estos poemas están escritos en castellano, gran parte de la obra poética de Castro está en gallego. ¿Por qué es significativo que use la lengua regional en el contexto socio-político de finales del siglo XIX?

■ Temas para informes escritos

1. El paso del tiempo en los poemas de Castro
2. Las diferentes manifestaciones del dolor en la obra de Castro
3. La representación de la tierra gallega

■ Bibliografía mínima

Albert Robatto, Matilde. *Rosalía de Castro y la condición femenina.* Madrid: Partenón, 1984.

Blanco, Carmen. "Sexo y nación en Rosalía de Castro". *Mosaico ibérico: ensayos sobre poesía y diversidad.* Ed. Joana Sabadell Nieto. Madrid: Júcar, 1999.

Dever, Aileen. *The Radical Insufficiency of Human Life: the Poetry of R. de Castro and J.A. Silva.* Jefferson, NC: McFarland, 2000.

Geoffrion-Vinci, Michelle C. *Between the Maternal Aegis and the Abyss: Woman as Symbol in the Poetry of Rosalía de Castro.* Madison, NJ: Fairleigh Dickinson UP, 2002.

Kulp-Hill, Kathleen. *Rosalía de Castro.* Boston: Twayne, 1977.

Mayoral, Marina. *La poesía de Rosalía de Castro.* Madrid: Gredos, 1974.

Stevens, Shelley. *Rosalía de Castro and the Galician Revival.* London: Tamesis, 1986.

Valle, Eva del. *Escolma poética de Rosalía de Castro.* Vigo: Do Cumio, 2001.

BENITO PÉREZ GALDÓS

1843–1920

© a.g.e. fotostock America

Benito Pérez Galdós es considerado, después de Cervantes, el mejor novelista de la literatura española. El cronista de la sociedad madrileña nació en Las Palmas de Gran Canaria en 1843. Cuando tenía 20 años fue a Madrid para estudiar leyes, pero terminó trabajando como periodista y editor. Durante una visita a París, Galdós conoció las obras de Balzac. Las novelas de este famoso escritor realista francés impactaron profundamente la carrera del joven escritor. Volvió a España y, mientras se hallaba en Barcelona, estalló la Revolución de 1868. Como la revolución fue un acontecimiento de trascendencia histórica, Galdós volvió inmediatamente a Madrid para ser testigo de lo que iba a suceder allí. El resto de su vida lo dedicó a la escritura. Escribió setenta y ocho novelas, veintiséis dramas que no gozaron de mucho éxito, cuentos, ensayos y obras periodísticas.

Galdós fue siempre partidario del liberalismo y creía que los españoles necesitaban conocer la historia de su siglo para entender la época en que vivían y para progresar hacia la modernidad. Así, escribió cuarenta y seis novelas que abarcan la historia del siglo, empezando con la derrota de los españoles en la Batalla de Trafalgar de 1805. En todas estas novelas, reunidas bajo el título de *Episodios nacionales*, los protagonistas participan en los acontecimientos históricos del siglo y se asocian con el liberalismo que Galdós defendía como la única manera en que el país iba a avanzar. Mientras escribía las primeras novelas de este conjunto, empezó a escribir sus novelas de tesis, obras que tratan problemas sociales, como el fanatismo religioso, que impedían la modernización de España. Por ejemplo, en su novela de tesis más conocida, *Doña Perfecta* (1876), Pepe Rey, un ingeniero joven, viaja al pueblo natal de su madre, donde conoce y se enamora de su prima Rosario. A causa de las ideas modernas de Pepe Rey, su tía Perfecta y el clérigo local don Inocencio, símbolos de la tradición y el fanatismo religioso, se oponen al matrimonio. La novela termina con la muerte trágica de Pepe Rey, enfatizando así los obstáculos para la modernización que suponía el tradicionalismo que prevalecía en los pueblos españoles.

A pesar del éxito de sus novelas tempranas, Galdós es más conocido por sus *Novelas contemporáneas,* una serie de novelas que se concentran en la vida de la clase media madrileña. Galdós creía que el futuro de la nación estaba en manos de la burguesía, y estas novelas sobre temas de importancia social, como las apariencias, el adulterio, la situación femenina y el deseo de ascendencia social, entre otros, tenían como objetivo enseñar a la clase media *cómo* vivir a través de ejemplos que muestran los efectos negativos de no cumplir con los deberes sociales.

Si escritores como Espronceda, Larra y Zorrilla son los representantes más conocidos del romanticismo, Galdós es el novelista que más desarrolló la tendencia realista en España. El realismo fue una reacción contra el romanticismo, como el romanticismo lo era contra el neoclasicismo, y floreció durante tiempos de relativa estabilidad política. Las novelas de Galdós revelan su creciente interés en el realismo. Mientras que en las novelas de tesis los protagonistas son tipos que representan una ideología, con la publicación de *La desheredada* en 1881, se ve la evolución de Galdós en cuanto a la corriente realista. En ésta y en las novelas que siguen, hay un énfasis marcado en la psicología de los protagonistas, una de las características más destacadas del realismo. El individualismo es de suma importancia en el romanticismo, y lo es también en la novela realista. En la novela realista, el individuo en su ambiente social era clave y, por eso, la acción de una obra generalmente se sitúa en un espacio y tiempo definidos; en las novelas más importantes de Galdós, la acción suele ocurrir en Madrid en los años justo antes de la Revolución de 1868 o durante el reinado de Alfonso XII.

Al mismo tiempo, en el siglo XIX se experimentó en España un gran interés por las corrientes filosóficas y científicas que se extendían por Europa. En 1859, Charles Darwin publicó *El origen de las especies.* Su teoría de la evolución fue uno de los ejemplos claves de la transición de un concepto teológico de los orígenes humanos a uno basado en las ciencias. El positivismo también proponía que el progreso se podía llevar a cabo mediante el estudio científico de hechos observables. Estas tendencias influyeron en la evolución de la novela realista. Como consecuencia, la literatura realista tendía hacia la descripción de la sociedad, normalmente la clase media que era el sector social en que los escritores solían vivir. Mientras el romanticismo se enfocaba en lo exótico y la fantasía, el realismo se concentraba más bien en descripciones minuciosas y detalladas de escenas ordinarias. Por esta razón, el realismo se describe con frecuencia como una representación exacta y fotográfica de la realidad. Al mismo tiempo, el lenguaje de los protagonistas reflejaba el de la sociedad, en vez de un lenguaje exaltado y en verso, típico de las obras románticas. Como resultado del interés en la observación científica, los escritores realistas generalmente optaban por una voz objetiva para sus narradores, aunque Galdós, siempre experimentando con el género literario, frecuentemente creaba novelas auto-reflexivas. En novelas de este tipo, la presencia de un narrador era evidente en contraste con la omnisciencia narrativa; es decir, la voz narrativa no era imparcial y a menudo comentaba sobre las experiencias de los protagonistas dando sus propias opiniones, llenas de humor e ironía a veces.

En *Torquemada en la hoguera* (1889), la primera de una serie de cuatro novelas cortas, el narrador describe la vida de un prestamista que intenta comprar la salud de su hijo enfermo. Aunque la mayoría de las novelas de Galdós son largas, esta obra corta expone muchas de las características más destacadas del movimiento realista y enfatiza el interés de Galdós en el papel de la clase media en el desarrollo de la nación española.

■ Preguntas de pre-lectura

1. ¿Cuáles son algunos de los obstáculos que impedían el progreso nacional en el siglo XIX? ¿Existe la misma tensión entre tradicionalistas y reformadores que caracterizaba el siglo XVIII español?
2. ¿Cómo difiere el realismo literario del romanticismo? ¿De qué manera es este desarrollo literario el resultado de cambios políticos, sociales o intelectuales?
3. La novela que va a leer es sobre un usurero, o prestamista de dinero. Galdós y otros escritores criticaban a los usureros frecuentemente en sus obras. ¿Por qué piensa que lo hacían? ¿Hay profesiones que se critican hoy en día?

Torquemada en la hoguera

I

Voy a contar cómo fué al quemadero el inhumano que tantas vidas infelices consumió en llamas; que a unos les traspasó los hígados con un hierro candente; a otros les puso en cazuela bien mechados, y a los demás les achicharró por partes; a fuego lento, con rebuscada y metódica saña. Voy a contar cómo vino el fiero
5   sayón a ser víctima; cómo los odios que provocó se le volvieron lástima, y las nubes de maldiciones arrojaron sobre él lluvia de piedad; caso patético, caso muy ejemplar, señores, digno de contarse para enseñanza de todos, aviso de condenados y escarmiento de inquisidores.

Mis amigos conocen ya, por lo que de él se me antojó referirles, a D. Fran-
10 cisco Torquemada, a quien algunos historiadores inéditos de estos tiempos llaman *Torquemada el Peor.* ¡Ay de mis buenos lectores si conocen al implacable fogonero de vidas y haciendas por tratos de otra clase, no tan sin malicia, no tan desinteresados como estas inocentes relaciones entre narrador y lector! Porque si han tenido algo que ver con él en cosa de más cuenta; si le han ido a pedir socorro en las
15 pataletas[1] de la agonía pecuniaria, más les valiera encomendarse a Dios y dejarse morir. Es Torquemada el habilitado de aquel infierno en que fenecen desnudos y fritos los deudores; hombres de más necesidades que posibles; empleados con más hijos que sueldo; otros ávidos de la nómina[2] tras larga cesantía,[3] militares

---

[1] convulsiones.   [2] la lista que los empleados
públicos firmaban al cobrar su sueldo.   [3] período de tiempo sin trabajar.

trasladados de residencia, con familión y suegra de añadidura; personajes de flaco
20 espíritu, poseedores de un buen destino, pero, con la carcoma de una mujercita
que da tés y empeña el verbo para comprar las pastas; viudas lloronas que cobran
del Montepío civil o militar y se ven en mil apuros; sujetos diversos que no aciertan a resolver el problema aritmético en que se funda la existencia social, y otros
muy perdidos, muy faltones, muy destornillados de cabeza o rasos de moral, tram-
25 posos y embusteros.

Pues todos éstos, el bueno y el malo, el desgraciado y el pillo, cada uno por
su arte propio, pero siempre con su sangre y sus huesos, le amasaron al sucio de
Torquemada una fortunita que ya la quisieran muchos que se dan lustre en Madrid, muy estirados de guantes, estrenando ropa en todas las estaciones, y pre-
30 guntando, como quien no pregunta nada: "Diga usted, ¿a cómo han quedado hoy
los fondos?"

El año de la Revolución[4] compró Torquemada una casa de corredor en la
calle de San Blas, con vuelta a la de la Leche; finca muy aprovechada, con veinticuatro habitacioncitas, que daban, descontando insolvencias inevitables, repara-
35 ciones, contribución, etc., una renta de 1.300 reales al mes equivalente a un siete o
siete y medio por ciento del capital. Todos los domingos se personaba en ella mi
D. Francisco para hacer la cobranza, los recibos en una mano, en otra el bastón con
puño de asta de ciervo; y los pobres inquilinos que tenían la desgracia de no poder
ser puntuales, andaban desde el sábado por la tarde con el estómago descom-
40 puesto, porque la adusta cara, el carácter férreo del propietario, no concordaban
con la idea que tenemos del día de fiesta, del día del Señor, todo descanso y alegría. El año de la Restauración,[5] ya había duplicado Torquemada la pella con que
le cogió la *gloriosa*,[6] y el radical cambio político proporcionóle bonitos préstamos
y anticipos. Situación nueva, nóminas frescas, pagas saneadas, negocio limpio.
45 Los gobernadores flamantes que tenían que hacerse ropa, los funcionarios diversos que salían de la obscuridad, famélicos, le hicieron un buen agosto.[7] Toda la
época de los conservadores fué regularcita; como que éstos le daban juego con las
esplendideces propias de la dominación, y los liberales también con sus ansias y
necesidades no satisfechas. Al entrar en el Gobierno, en 1881, los que tanto tiempo
50 estuvieron sin catarlo, otra vez Torquemada en alza: préstamos de lo fino, adelantos de lo gordo, y vamos viviendo. Total, que ya le estaba echando el ojo a otra
casa, no de corredor, sino de buena vecindad, casi nueva, bien acondicionada para
inquilinos modestos, y que si no rentaba más que un tres y medio a todo tirar, en
cambio su administración y cobranza no darían las jaquecas de la cansada finca
55 dominguera.

Todo iba como una seda para aquella feroz hormiga, cuando de súbito le afli-
gió el cielo con tremenda desgracia: se murió su mujer. Perdónenme mis lectores
si les doy la noticia sin la preparación conveniente, pues sé que apreciaban a Doña
Silvia, como la apreciábamos todos los que tuvimos el honor de tratarla, y co-
60 nocíamos sus excelentes prendas y circunstancias. Falleció de cólico miserere, y
he de decir, en aplauso de Torquemada, que no se omitió gasto de médico y botica para salvarle la vida a la pobre señora. Esta pérdida fué un golpe cruel para

---

[4] la Revolución de 1868.   [5] Se refiere a la
restauración de la corona borbónica en
España en el año 1874.   [6] la de 1868, también
llamada la Revolución Gloriosa.   [7] un buen
negocio.

D. Francisco, pues habiendo vivido el matrimonio en santa y laboriosa paz durante más de cuatro lustros, los caracteres de ambos cónyuges se habían compe-
65 netrado de un modo perfecto, llegando a ser ella otro él, y él como cifra y refundición de ambos. Doña Silvia no sólo gobernaba la casa con magistral economía,
sino que asesoraba a su pariente[8] en los negocios difíciles, auxiliándole con sus
luces y su experiencia para el préstamo. Ella defendiendo el céntimo en casa para
que no se fuera a la calle, y él barriendo para adentro a fin de traer todo lo que
70 pasara, formaron un matrimonio sin desperdicio, pareja que podría servir de modelo a cuantas hormigas hay debajo de la tierra y encima de ella.

    Estuvo Torquemada el *Peor,* los primeros días de su viudez, sin saber lo que
le pasaba, dudando que pudiera sobrevivir a su cara mitad. Púsose más amarillo
de lo que comúnmente estaba, y le salieron algunas canas en el pelo y en la peri-
75 lla. Pero el tiempo cumplió como suele cumplir siempre, endulzando lo amargo,
limando con insensible diente las asperezas de la vida, y aunque el recuerdo de su
esposa no se extinguió en el alma del usurero, el dolor hubo de calmarse; los días
fueron perdiendo lentamente su fúnebre tristeza; despejóse el sol del alma, ilumi-
nando de nuevo las variadas combinaciones numéricas que en ella había; los ne-
80 gocios distrajeron al aburrido negociante, y a los dos años Torquemada parecía
consolado; pero, entiéndase bien y repítase en honor suyo, sin malditas ganas de
volver a casarse.

    Dos hijos le quedaron: Rufinita, cuyo nombre no es nuevo para mis amigos;
y Valentinito. que ahora sale por primera vez. Entre la edad de uno y otro halla-
85 mos diez años de diferencia, pues a mi Doña Silvia se le malograron más o menos
prematuramente todas las crías intermedias, quedándole sólo la primera y la última. En la época en que cae lo que voy a referir, Rufinita había cumplido los veintidós, y Valentín andaba al ras de los doce. Y para que se vea la buena estrella de
aquel animal de D. Francisco, sus dos hijos eran, cada cual por su estilo, verdade-
90 ras joyas, o como bendiciones de Dios que llovían sobre él para consolarle en su
soledad. Rufina había sacado todas las capacidades domésticas de su madre, y
gobernaba el hogar casi tan bien como ella. Claro que no tenía el alto tino de los
negocios, ni la consumada trastienda,[9] ni el golpe de vista,[10] ni otras aptitudes entre morales y olfativas de aquella insigne matrona; pero en formalidad, en honesta
95 compostura y buen parecer, ninguna chica de su edad le echaba el pie adelante.[11]
No era presumida, ni tampoco descuidada en su persona; no se la podía tachar de
desenvuelta, ni tampoco de huraña. Coqueterías, jamás en ella se conocieron. Un
solo novio tuvo desde la edad que apunta el querer hasta los días en que la presento; el cual, después de mucho rondar y suspiretear, mostrando por mil medios
100 la rectitud de sus fines, fué admitido en la casa en los últimos tiempos de Doña
Silvia, y siguió después, con asentimiento del papá, en la misma honrada y amorosa costumbre. Era un *chico de Medicina,* chico en toda la extensión de la palabra,
pues levantaba del suelo lo menos que puede levantar un hombre; estudiosillo,
inocente, bonísimo y manchego por más señas. Desde el cuarto año empezaron
105 aquellas castas relaciones; y en los días de este relato, concluída ya la carrera y lanzado Quevedito (que así se llamaba) a la práctica de la facultad, tocaban ya a ca-

---

[8] marido.   [9] malicia.   [10] inteligencia rápida y
viva.   [11] aventajaba.

sarse. Satisfecho el *Peor* de la elección de la niña, alababa su discreción, su desprecio de las vanas apariencias, para atender sólo a lo sólido y práctico.

Pues digo, si de Rufina volvemos los ojos al tierno vástago de Torquemada,
110 encontraremos mejor explicación de la vanidad que le infundía su prole, porque (lo digo sinceramente) no he conocido criatura más mona que aquel Valentín, ni precocidad tan extraordinaria como la suya. ¡Cosa más rara! No obstante el parecido con su antipático papá, era el chiquillo guapísimo, con tal expresión de inteligencia en aquella cara, que se quedaba uno embobado mirándole; con tales en-
115 cantos en su persona y carácter, y rasgos de conducta tan superiores a su edad, que verle, hablarle y quererle vivamente, era todo uno. ¡Y qué hechicera gravedad la suya, no incompatible con la inquietud propia de la infancia! ¡Qué gracia mezclada de no sé qué aplomo inexplicable a sus años! ¡Qué rayo divino en sus ojos algunas veces, y otras qué misteriosa dulce tristeza! Espigadillo de cuerpo, tenía
120 las piernas delgadas, pero de buena forma; la cabeza más grande de lo regular, con alguna deformidad en el cráneo. En cuanto a su aptitud para el estudio, llamémosla verdadero prodigio, asombro de la escuela, y orgullo y gala de los maestros. De esto hablaré más adelante. Sólo he de afirmar ahora que el *Peor* no merecía tal joya, ¡qué había de merecerla!, y que si fuese hombre capaz de alabar a Dios por
125 los bienes con que le agraciaba, motivos tenía el muy tuno para estarse, como Moisés, tantísimas horas con los brazos levantados al cielo. No los levantaba, porque sabía que del cielo no había de caerle ninguna breva[12] de las que a él le gustaban.

II

Vamos a otra cosa: Torquemada no era de esos usureros que se pasan la vida multiplicando caudales por el gustazo platónico de poseerlos; que viven sórdidamente para no gastarlos, y al morirse, quisieran, o bien llevárselos consigo a la tierra, o esconderlos donde alma viviente no los pueda encontrar. No. D. Francisco
5 habría sido así en otra época; pero no pudo eximirse de la influencia de esta segunda mitad del siglo XIX, que casi ha hecho una religión de las materialidades decorosas de la existencia. Aquellos avaros de antiguo cuño, que afanaban riquezas y vivían como mendigos y se morían como perros en un camastro lleno de pulgas y de billetes de Banco metidos entre la paja, eran los místicos o metafísicos de
10 la usura; su egoísmo se sutilizaba en la idea pura del negocio; adoraban la santísima, la inefable cantidad, sacrificando a ella su material existencia, las necesidades del cuerpo y de la vida, como el místico lo pospone todo a la absorbente idea de salvarse. Viviendo el *Peor* en una época que arranca de la desamortización,[13] sufrió, sin comprenderlo, la metamorfosis que ha desnaturalizado la usura meta-
15 física, convirtiéndola en positivista, y si bien es cierto, como lo acredita la historia, que desde el 51 al 68, su verdadera época de aprendizaje, andaba muy mal trajeado y con afectación de pobreza, la cara y las manos sin lavar, rascándose a cada instante en brazos y piernas cual si llevase miseria, el sombrero con grasa, la capa deshilachada; si bien consta también en las crónicas de la vecindad que en su casa
20 se comía de vigilia casi todo el año, y que la señora salía a sus negocios con una toquilla agujereada y unas botas viejas de su marido, no es menos cierto que,

---

[12] cosa buena.   [13] la venta de todos los bienes
de los monasterios y conventos de religiosos
varones en 1836.

alrededor del 70, la casa estaba ya en otro pie; que mi Doña Silvia se ponía muy maja en ciertos días; que Don Francisco se mudaba de camisa más de una vez por quincena; que en la comida había menos carnero que vaca, y los domingos se aña-
25 día al cocido un despojito de gallina; que aquello de judías a todo pasto y algunos días pan seco y salchicha cruda, fué pasando a la historia; que el estofado de contra apareció en determinadas fechas, por las noches, y también pescados, sobre todo en tiempo de blandura, que iban baratos; que se iniciaron en aquella mesa las chuletas de ternera y la cabeza de cerdo, salada en casa por el propio Torquemada,
30 el cual era un famoso salador; que, en suma y para no cansar, la familia toda empezaba a tratarse como Dios manda.

Pues en los últimos años de Doña Silvia, la transformación acentuóse más. Por aquella época cató la familia los colchones de muelles; Torquemada empezó a usar chistera de cincuenta reales,[14] disfrutaba dos capas, una muy buena, con em-
35 bozos colorados; los hijos iban bien apañaditos; Rufina tenía un lavabo de los de mírame y no me toques, con jofaina y jarro de cristal azul, que no se usaba nunca por no estropearlo; Doña Silvia se engalanó con un abrigo de pieles que parecían de conejo, y dejaba bizca[15] a toda la calle de Tudescos y callejón del Perro cuando salía con la *visita* guarnecida de abalorio; en fin, que pasito a paso y a codazo lim-
40 pio,[16] se habían ido metiendo en la clase media, en nuestra bonachona clase media, toda necesidades y pretensiones, y que crece tanto, tanto, ¡ay dolor!, que nos estamos quedando sin pueblo.

Pues señor: revienta Doña Silvia, y empuñadas por Rufina las riendas del gobierno de la casa, la metamorfosis se marca mucho más. A reinados nuevos,
45 principios nuevos. Comparando lo pequeño con lo grande y lo privado con lo público, diré que aquello se me parecía a la entrada de los liberales, con su poquito de sentido revolucionario en lo que hacen y dicen. Torquemada representaba la idea conservadora; pero transigía, ¡pues no había de transigir!, doblegándose a la lógica de los tiempos. Apechugó con la camisa limpia cada media semana; con el
50 abandono de la capa número dos para de día, relegándola al servicio nocturno; con el destierro absoluto del hongo número tres, que no podía ya con más sebo; aceptó, sin viva protesta, la renovación de manteles entre semana, el vino a pasto, el cordero con guisantes (en su tiempo), los pescados finos en Cuaresma y el pavo en Navidad; toleró la vajilla nueva para ciertos días; el chaquet con trencilla, que
55 en él era un refinamiento de etiqueta, y no tuvo nada que decir de las modestas galas de Rufina y de su hermanito, ni de la alfombra del gabinete, ni de otros muchos progresos que se fueron metiendo en la casa a modo de contrabando.

Y vió muy pronto D. Francisco que aquellas novedades eran buenas y que su hija tenía mucho talento, porque... vamos, parecía cosa del otro jueves...[17] echábase
60 mi hombre a la calle y se sentía, con la buena ropa, más persona que antes; hasta le salían mejores negocios, más amigos útiles y explotables. Pisaba más fuerte, tosía más recio, hablaba más altò y atrevíase a levantar el gallo[18] en la tertulia del café, notándose con bríos para sustentar una opinión cualquiera, cuando antes, por efecto sin duda del mal pelaje y de su rutinaria afectación de pobreza, siem-
65 pre era de la opinión de los demás. Poco a poco llegó a advertir en sí los alientos propios de su capacidad social y financiera; se tocaba, y el sonido le advertía que

---

[14] dinero.   [15] asombraba.   [16] la fuerza.   [17] fuera
de lo común.   [18] hablar con arrogancia.

era propietario y rentista. Pero la vanidad no le cegó nunca. Hombre de composición homogénea, compacta y dura, no podía incurrir en la tontería de estirar el pie más del largo de la sábana.

70 En su carácter había algo resistente a las mudanzas de forma impuestas por la época; y así como no varió nunca su manera de hablar, tampoco ciertas ideas y prácticas del oficio se modificaron. Prevaleció el amaneramiento de decir siempre que los tiempos eran muy malos, pero muy malos; el lamentarse de la desproporción entre sus míseras ganancias y su mucho trabajar; subsistió aquella melosidad 75 de dicción y aquella costumbre de preguntar por la familia siempre que saludaba a alguien, y el decir que no andaba bien de salud, haciendo un mohín de hastío de la vida. Tenía ya la perilla amarillenta, el bigote más negro que blanco, ambos adornos de la cara tan recortaditos, que antes parecían pegados que nacidos allí. Fuera de la ropa, mejorada en calidad, si no en la manera de llevarla, era el mismo 80 que conocimos en casa de Doña Lupe *la de los pavos;* en su cara la propia confusión extraña de lo militar y lo eclesiástico, el color bilioso, los ojos negros y algo soñadores, el gesto y los modales expresando lo mismo afeminación que hipocresía, la calva más despoblada y más limpia, y todo él craso, resbaladizo y repulsivo, muy pronto siempre, cuando se le saluda, a dar la mano, por cierto bastante sudada.

85 De la precoz inteligencia de Valentinito estaba tan orgulloso, que no cabía en su pellejo. A medida que el chico avanzaba en sus estudios, Don Francisco sentía crecer el amor paterno, hasta llegar a la ciega pasión. En honor del tacaño, debe decirse que, si se conceptuaba reproducido físicamente en aquel pedazo de su propia naturaleza, sentía la superioridad del hijo, y por esto se congratulaba más 90 de haberle dado el ser. Porque Valentinito era el prodigio de los prodigios, un jirón excelso de la Divinidad caído en la tierra. Y Torquemada, pensando en el porvenir, en lo que su hijo había de ser, si viviera, no se conceptuaba digno de haberle engendrado, y sentía ante él la ingénita cortedad de lo que es materia frente a lo que es espíritu.

95 En lo que digo de las inauditas dotes intelectuales de aquella criatura, no se crea que hay la más mínima exageración. Afirmo con toda ingenuidad que el chico era de lo más estupendo que se puede ver, y que se presentó en el campo de la enseñanza como esos extraordinarios ingenios que nacen de tarde en tarde destinados a abrir nuevos caminos a la humanidad. A más de la inteligencia, que en edad 100 temprana despuntaba en él como aurora de un día espléndido, poseía todos los encantos de la infancia: dulzura, gracejo y amabilidad. El chiquillo, en suma, enamoraba y no es de extrañar que D. Francisco y su hija estuvieran loquitos con él. Pasados los primeros años, no fué preciso castigarle nunca, ni aun siquiera reprenderle. Aprendió a leer por arte milagroso, en pocos días, como si lo trajera sabido 105 ya del claustro materno. A los cinco años sabía muchas cosas que otros chicos aprenden difícilmente a los doce. Un día me hablaron de él dos profesores amigos míos que tienen colegio de primera y segunda enseñanza, lleváronme a verle, y me quedé asombrado. Jamás vi precocidad semejante ni un apuntar de inteligencia tan maravilloso. Porque si algunas respuestas las endilgó de tarabilla, demos-110 trando el vigor y riqueza de su memoria, en el tono con que decía otras se echaba de ver cómo comprendía y apreciaba el sentido.

La Gramática la sabía de carretilla; pero la Geografía la dominaba como un hombre. Fuera del terreno escolar, pasmaba ver la seguridad de sus respuestas y observaciones, sin asomos de arrogancia pueril. Tímido y discreto, no parecía

115 comprender que hubiese mérito en las habilidades que lucía, y se asombraba de
que se las ponderasen y aplaudiesen tanto. Contáronme que en su casa daba muy
poco que hacer. Estudiaba las leociones con tal rapidez y facilidad, que le sobraba
tiempo para sus juegos, siempre muy sosos e inocentes. No le hablaran a él de bajar a la calle para enredar con los chiquillos de la vecindad. Sus travesuras eran pa-
120 cíficas, y consistieron, hasta los cinco años, en llenar de monigotes y letras el papel de las habitaciones o arrancarle algún cacho; en echar desde el balcón a la calle
una cuerda muy larga con la tapa de una cafetera, arriándola hasta tocar el sombrero de un transeúnte, y recogiéndola después a toda prisa. A obediente y humilde no le ganaba ningún niño, y por tener todas las perfecciones, hasta maltra-
125 taba la ropa lo menos que maltratarse puede.

Pero sus inauditas facultades no se habían mostrado todavía; iniciáronse
cuando estudió la Aritmética, y se revelaron más adelante en la segunda enseñanza. Ya desde sus primeros años, al recibir las nociones elementales de la ciencia de la cantidad, sumaba y restaba de memoria decenas altas y aun centenas.
130 Calculaba con tino infalible, y su padre mismo, que era un águila para hacer, en
el filo de la imaginación, cuentas por la regla de interés, le consultaba no pocas
veces. Comenzar Valentín el estudio de las matemáticas de Instituto y revelar de
golpe toda la grandeza de su numen aritmético, fué todo uno. No aprendía las cosas, las sabía ya, y el libro no hacía más que despertarle las ideas, abrírselas, digá-
135 moslo así, como si fueran capullos que al calor primaveral se despliegan en flores.
Para él no había nada difícil, ni problema que le causara miedo. Un día fué el profesor a su padre y le dijo: "Ese niño es cosa inexplicable, señor Torquemada: o
tiene el diablo en el cuerpo, o es el pedazo de Divinidad más hermoso que ha caído
en la tierra. Dentro de poco no tendré nada que enseñarle. Es Newton resucitado,
140 señor don Francisco; una organización excepcional para las matemáticas, un genio que sin duda se trae fórmulas nuevas debajo del brazo para ensanchar el
campo de la ciencia. Acuérdese usted de lo que digo; cuando este chico sea hombre, asombrará y trastornará el mundo."

Cómo se quedó Torquemada al oír esto, se comprenderá fácilmente. Abrazó
145 al profesor, y la satisfacción le rebosaba por ojos y boca en forma de lágrimas y
babas. Desde aquel día, el hombre no cabía en sí: trataba a su hijo, no ya con amor,
sino con cierto respeto supersticioso. Cuidaba de él como de un ser sobrenatural, puesto en sus manos por especial privilegio. Vigilaba sus comidas, asustán-
dose mucho si no mostraba apetito; al verle estudiando, recorría las ventanas para
150 que no entrase aire, se enteraba de la temperatura exterior antes de dejarle salir,
para determinar si debía ponerse bufanda, o el *carrik*[19] gordo, o las botas de agua;
cuando dormía, andaba de puntillas; le llevaba a paseo los domingos, o al teatro;
y si el angelito hubiese mostrado afición a juguetes extraños y costosos, Torquemada, vencida su sordidez, se los hubiera comprado. Pero el fenómeno aquél no
155 mostraba afición sino a los libros: leía rápidamente y como por magia, enterán-
dose de cada página en un abrir y cerrar de ojos. Su papá le compró una obra de
viajes con mucha estampa de ciudades europeas y de comarcas salvajes. La seriedad del chico pasmaba a todos los amigos de la casa, y no faltó quien dijera de
él que parecía un viejo. En cosas de malicia era de una pureza excepcional: no

---

[19] tipo de abrigo.

160 aprendía ningún dicho ni acto feo de los que saben a su edad los retoños[20] desvergonzados de la presente generación. Su inocencia y celestial donosura casi nos permitían conocer a los ángeles como si los hubiéramos tratado, y su reflexión rayaba en lo maravilloso. [...]

Mas el *Peor,* aun reconociendo que no había carrera a la altura de su mila-
165 groso niño, pensaba dedicarlo a ingeniero, porque la abogacía es cosa de charlatanes. Ingeniero, pero ¿de qué? ¿civil o militar? Pronto notó que a Valentín no le entusiasmaba la tropa, y que, contra la ley general de las aficiones infantiles, veía con indiferencia los uniformes. Pues ingeniero de caminos. Por dictamen del profesor del colegio, fué puesto Valentín, antes de concluir los años del bachillerato,
170 en manos de un profesor de estudios preparatorios para carreras especiales, el cual, luego que tanteó su colosal inteligencia, quedóse atónito, y un día salió asustado, con las manos en la cabeza, y corriendo en busca de otros maestros de matemáticas superiores les dijo: "Voy a presentarles a ustedes el monstruo de la edad presente." Y le presentó, y se maravillaron, pues fué el chico a la pizarra, y como
175 quien garabatea por enredar y gastar tiza, resolvió problemas dificilísimos. Luego hizo de memoria diferentes cálculos y operaciones, que aun para los más peritos no son coser y cantar. Uno de aquellos maestrazos, queriendo apurarle, le echó el cálculo de radicales numéricos, y como si le hubieran echado almendras. Lo mismo era para él la raíz *enésima* que para otros dar un par de brincos. Los tíos
180 aquéllos tan sabios se miraban absortos, declarando no haber visto caso ni remotamente parecido. [...]

III

Basta de matemáticas, digo yo ahora, pues me urge apuntar que Torquemada vivía en la misma casa de la calle de Tudescos donde le conocimos cuando fué a verle la de Bringas[21] para pedirle no recuerdo qué favor, allá por el 68; y tengo prisa por presentar a cierto sujeto que conozco hace tiempo, y que hasta
5 ahora nunca menté para nada: un D. José Bailón, que iba todas las noches a la casa de nuestro D. Francisco a jugar con él la partida de damas o de mus,[22] y cuya intervención en mi cuento es necesaria ya para que se desarrolle con lógica. Este Sr. Bailón es un clérigo que ahorcó los hábitos[23] el 69, en Málaga, echándose a revolucionario y a librecultista con tan furibundo ardor, que ya no pudo volver al
10 rebaño, ni aunque quisiera le habían de admítir. Lo primero que hizo el condenado fué dejarse crecer las barbas, despotricarse en los clubs, escribir tremendas catilinarias contra los de su oficio, y, por fin, operando *verbo et gladio,*[24] se lanzó a las barricadas con un trabuco naranjero[25] que tenía la boca lo mismo que una trompeta. Vencido y dado a los demonios, le catequizaron los protestantes, ajus-
15 tándole para predicar y dar lecciones en la capilla, lo que él hacía de malísima gana y sólo por el arrastrado garbanzo.[26] A Madrid vino cuando aquella gentil pareja, D. Horacio y Doña Malvina, puso su establecimiento evangélico en Chamberí. Por un regular estipendio, Bailón les ayudaba en los oficios, echando unos sermones agridulces, estrafalarios y fastidiosos. Pero al año de estos tratos, yo no

---

[20] muchachos.　[21] protagonista de la novela del mismo nombre; Torquemada le prestó dinero.　[22] juego de naipes.　[23] abandonó la carrera eclesiástica.　[24] "con la palabra y con la espada".　[25] arma de fuego.　[26] la comida.

sé lo que pasó... ello fué cosa de algún atrevimiento apostólico de Bailón con las neófitas: lo cierto es que Doña Malvina, que era persona muy mirada, le dijo en mal español cuatro frescas; intervino D. Horacio, denostando también a su coadjutor, y entonces Bailón, que era hombre de muchísima sal para tales casos, sacó una navaja tamaña como hoy y mañana, y se dejó decir que si no se quitaban de delante les echaba fuera el mondongo. Fué tal el pánico de los pobres ingleses, que echaron a correr pegando gritos y no pararon hasta el tejado. Resumen: que tuvo que abandonar Bailón aquel acomodo, y después de rodar por ahí dando sablazos,[27] fué a parar a la redacción de un periódico muy atrevidillo; como que su misión era echar chinitas[28] de fuego a toda autoridad: a los curas, a los obispos y al mismo Papa. Esto ocurría el 73, y de aquella época datan los opúsculos políticos de actualidad que publicó el clerizonte en el folletín, y de los cuales hizo tiraditas aparte; bobadas escritas en estilo bíblico, y que tuvieron, aunque parezca mentira, sus días de éxito. Como que se vendían bien, y sacaron a su endiablado autor de más de un apuro.

Pero todo aquello pasó, la fiebre revolucionaria, los folletos, y Bailón tuvo que esconderse, afeitándose para disfrazarse y poder huir al extranjero. A los dos años asomó por aquí otra vez, de bigotes larguísimos, aumentados con parte de la barba, como los que gastaba Victor Manuel; y por si traía o no traía chismes y mensajes de los emigrados, metiéronle mano y le tuvieron en el Saladero tres meses. Al año siguiente, sobreseída la causa, vivía el hombre en Chamberí, y según la cháchara del barrio, muy a lo bíblico, amancebado con una viuda rica que tenía rebaño de cabras y además un establecimiento de burras de leche. Cuento todo esto como me lo contaron, reconociendo que en esta parte de la historia patriarcal de Bailón hay gran obscuridad. Lo público y notorio es que la viuda aquélla cascó, y que Bailón apareció al poco tiempo con dinero. El establecimiento y las burras y cabras le pertenecían. Arrendólo todo; se fué a vivir al centro de Madrid, dedicándose a *inglés*, y no necesito decir más para que se comprenda de dónde vinieron su conocimiento y tratos con Torquemada, porque bien se ve que éste fué su maestro, le inició en los misterios del oficio, y le manejó parte de sus capitales como había manejado los de Doña Lupe *la Magnífica*, más conocida por *la de los pavos*.

Era D. José Bailón un animalote de gran alzada, atlético, de formas robustas y muy recalcado de facciones, verdadero y vivo estudio anatómico por su riqueza muscular. Últimamente había dado otra vez en afeitarse; pero no tenía cara de cura, ni de fraile, ni de torero. Era más bien un Dante echado a perder.[29] [...] En la época en que lo presento ahora, pasaba de los cincuenta años.

Torquemada lo estimaba mucho, porque en sus relaciones de negocios, Bailón hacía gala de gran formalidad y aun de delicadeza. Y como el clérigo renegado tenía una historia tan variadita y dramática, y sabía contarla con mucho aquél,[30] adornándola con mentiras, D. Francisco se embelesaba oyéndole, y en todas las cuestiones de un orden elevado le tenía por oráculo. D. José era de los que con cuatro ideas y pocas más palabras se las componen para aparentar que saben lo que ignoran y deslumbrar a los ignorantes sin malicia. El más deslumbrado era D. Francisco, y además el único mortal que leía los folletos bailónicos a los diez

---

[27] sacando dinero a la gente.   [28] molestar.
[29] desfigurado.   [30] gracia.

años de publicarse; literatura envejecida casi al nacer, y cuyo fugaz éxito no com-
65 prendemos sino recordando que la democracia sentimental, a estilo de Jeremías,
tuvo también sus quince.[31]

Escribía Bailón aquellas necedades en parrafitos cortos, y a veces rompía con
una cosa muy santa; verbigracia: "Gloria a Dios en la alturas y paz", etc... para salir luego por este registro:
70 "Los tiempos se acercan, tiempos de redención en que el hijo del Hombre
será dueño de la tierra.

"El Verbo depositó hace diez y ocho siglos la semilla divina. En noche tene-
brosa fructificó. He aquí las flores.

"¿Cómo se llaman? Los derechos del pueblo."
75 Y a lo mejor, cuando el lector estaba más descuidado, les soltaba ésta:
"He ahí al tirano. ¡Maldito sea!

"Aplicad el oído y decidme de dónde viene ese rumor vago, confuso,
extraño.

"Posad la mano en la tierra y decidme por qué se ha estremecido.
80 "Es el hijo del Hombre que avanza, decidido a recobrar su primogenitura.

"¿Por qué palidece la faz del tirano? ¡Ah!, el tirano ve que sus horas están
contadas..."

Otras veces empezaba diciendo aquello de: "Joven soldado, ¿a dónde vas?"
Y por fin, después de mucho marear, quedábase el lector sin saber a dónde iba el
85 soldadito, como no fueran todos, autor y público, a Leganés.

Todo esto le parecía de perlas a D. Francisco, hombre de escasa lectura. Algunas tardes se iban a pasear juntos los dos tacaños, charla que te charla; y si en
negocios era Torquemada la sibila, en otra clase de conocimientos no había más
sibila que el Sr. de Bailón. En política, sobre todo, el exclérigo se las echaba de muy
90 entendido, principiando por decir que ya no le daba la gana de conspirar; como
que tenía la olla asegurada y no quería exponer su pelleja para hacer el caldo
gordo a cuatro silbantes. Luego pintaba a todos los políticos, desde el más alto
al más obscuro, como un atajo de pilletes, y les sacaba la cuenta, al céntimo, de
cuanto habían rapiñado... Platicaban mucho también de reformas urbanas, y como
95 Bailón había estado en París y Londres, podía comparar. La higiene pública les
preocupaba a entrambos: el clérigo le echaba la culpa de todo a los miasmas, y for-
mulaba unas teorías biológicas que eran lo que había que oír. De astronomía y
música también se le alcanzaba algo, no era lego en botánica, ni en veterinaria, ni
en el arte de escoger melones. Pero en nada lucía tanto su enciclopédico saber
100 como en cosas de religión. Sus meditaciones y estudios le habían permitido son-
dear el grande y temerario problema de nuestro destino total. "¿A dónde vamos
a parar cuando nos morimos? Pues volvemos a nacer: esto es claro como el agua.
Yo me acuerdo—decía mirando fijamente a su amigo y turbándole con el tono solemne que daba a sus palabras—, yo me acuerdo de haber vivido antes de ahora.
105 He tenido en mi mocedad un recuerdo vago de aquella vida, y ahora, a fuerza de
meditar, puedo verla clara. Yo fuí sacerdote en Egipto, ¿se entera usted?, allá por
los años de que sé yo cuántos... sí, señor, sacerdote en Egipto. Me parece que me
estoy viendo con una sotana o vestimenta de color de azafrán, y unas al modo de

---

[31] su época de juventud.

orejeras que me caían por los lados de la cara. Me quemaron vivo, porque... verá
110 usted... había en aquella iglesia, digo, templo, una sacerdotisita que me gustaba...
de lo más barbián,[32] ¿se entera usted?... ¡y con unos ojos... así, y un golpe de caderas, señor don Francisco!... En fin, que aquello se enredó, y la diosa Isis[33] y el buey
Apis[34] lo llevaron muy a mal. Alborotóse todo aquel cleriguicio, y nos quemaron
vivos a la chavala y a mí... Lo que le cuento es verdad, como ése es sol. Fíjese us-
115 ted bien, amigo; revuelva en su memoria; rebusque bien en el sótano y en los desvanes de su ser, y encontrará la certeza de que también usted ha vivido en tiempos lejanos. Su niño de usted, ese prodigio, debe de haber sido antes el propio
Newton, o Galileo, o Euclides. Y por lo que hace a otras cosas, mis ideas son bien
claras. Infierno y cielo no existen: papas[35] simbólicas y nada más. Infierno y cielo
120 están aquí. Aquí pagamos tarde o temprano todas las que hemos hecho; aquí re-
cibimos, si no hoy, mañana, nuestro premio, si lo merecemos, y quien dice mañana, dice el siglo que viene... Dios, ¡oh!, la idea de Dios tiene mucho busilis[36]..., y
para comprenderla hay que devanarse los sesos, como me los he devanado yo,
dale que dale sobre los libros, y meditando luego. Pues Dios... (poniendo unos oja-
125 zos muy reventones y haciendo con ambas manos el gesto expresivo de abarcar
un grande espacio) es la Humanidad, la Humanidad, ¿se entera usted?, lo cual no
quiere decir que deje de ser personal... ¿Qué cosa es personal? Fíjese bien. Personal
es lo que es uno. Y el gran Conjunto, amigo Don Francisco, el gran Conjunto... es
uno, porque no hay más, y tiene los atributos de un ser infinitamente infinito.
130 Nosotros, en montón, componemos la Humanidad: somos los átomos que forman
el gran todo; somos parte mínima de Dios, parte minúscula, y nos renovamos
como en nuestro cuerpo se renuevan los átomos de la cochina materia..., ¿se va usted enterando?..."

Torquemada no se iba enterando ni poco ni mucho; pero el otro se metía en
135 un laberinto del cual no salía sino callándose. Lo único que Don Francisco sacaba
de toda aquella monserga, era que *Dios es la Humanidad,* y que la Humanidad es
la que nos hace pagar nuestras picardías o nos premia por nuestras buenas obras.
Lo demás no lo entendía así le ahorcaran. El sentimiento católico de Torquemada
no había sido nunca muy vivo. Cierto que en tiempos de Doña Silvia iban los dos
140 a misa, por rutina; pero nada más. Pues después de viudo, las pocas ideas del
Catecismo que el *Peor* conservaba en su mente, como papeles o apuntes inútiles,
las barajó con todo aquel fárrago de la Humanidad-Dios, haciendo un lío de mil
demonios.

A decir verdad, ninguna de estas teologías ocupaba largo tiempo el magín
145 del tacaño, siempre atento a la baja realidad de sus negocios. Pero llegó un día,
mejor dicho, una noche en que tales ideas hubieron de posesionarse de su mente
con cierta tenacidad, por lo que ahorita mismo voy a referir. Entraba mi hombre
en su casa al caer de una tarde del mes de febrero, evacuadas mil diligencias con
diverso éxito, discurriendo los pasos que daría al día siguiente, cuando su hija,
150 que le abrió la puerta, le dijo estas palabras: "No te asustes, papá, no es nada... Valentín ha venido malo de la escuela."

Las desazones del *monstruo* ponían a D. Francisco en gran sobresalto. La que

---

[32] muy guapa. [33] Isis: diosa de la mitología
egipcia. [34] animal sagrado que representaba la
divinidad en la mitología egipcia. [35] mentiras.
[36] punto difícil.

se le anunciaba podía ser insignificante, como otras. No obstante, en la voz de Rufina había cierto temblor, una veladura, un timbre extraño, que dejaron a Torque-
155 mada frío y suspenso.

"Yo creo que no es cosa mayor —prosiguió la señorita—. Parece que le dió
un vahído. El maestro fué quien lo trajo... en brazos."

El *Peor* seguía clavado en el recibimiento, sin acertar a decir nada ni a dar
un paso.

160 "Le acosté en seguida, y mandé un recado a Quevedo para que viniera a
escape."

Don Francisco, saliendo de su estupor como si le hubiesen dado un latigazo,
corrió al cuarto del chico, a quien vió en el lecho, con tanto abrigo encima que
parecía sofocado. Tenía la cara encendida, los ojos dormilones. Su quietud más era
165 de modorra dolorosa que de sueño tranquilo. El padre aplicó su mano a las sienes
del inocente monstruo, que abrasaban.

—Pero ese trasto de Quevedillo... Así reventara... No sé en qué piensa...
Mira, mejor será llamar otro médico que sepa más.

Su hija procuraba tranquilizarle; pero él se resistía al consuelo. Aquel hijo no
170 era un hijo cualquiera, y no podía enfermar sin que se alterara el orden del universo. No probó el afligido padre la comida; no hacía más que dar vueltas por la
casa, esperando al maldito médico, y sin cesar iba de su cuarto al del niño, y de
aquí al comedor, donde se le presentaba ante los ojos, oprimiéndole el corazón, el
encerado en que Valentín trazaba con tiza sus problemas matemáticos. Aún sub-
175 sistía lo pintado por la mañana: garabatos que Torquemada no entendió, pero que
casi le hicieron llorar como una música triste: el signo de raíz, letras por arriba y
por abajo, y en otra parte una red de líneas, formando como estrella de muchos picos con numeritos en las puntas.

Por fin, alabado sea Dios, llegó el dichoso Quevedito, y D. Francisco le echó
180 la correspondiente chillería, pues ya le trataba como a yerno. Visto y examinado
el niño, no puso el médico muy buena cara. A Torquemada se le podía ahogar con
un cabello, cuando el doctorcillo, arrimándole contra la pared y poniéndole ambas manos en los hombros, le dijo: "No me gusta nada esto; pero hay que esperar
a mañana, a ver si brota alguna erupción. La fiebre es bastante alta. Ya le he dicho
185 a usted que tuviera mucho cuidado con este fenómeno del chico. ¡Tanto estudiar,
tanto saber, un desarrollo cerebral disparatado! Lo que hay que hacer con Valentín es ponerle un cencerro al pescuezo, soltarle en el campo en medio de un ganado, y no traerle a Madrid hasta que esté bien bruto." [...]

IV

El día siguiente fué todo sobresalto y amargura. Quevedo opinó que la enfermedad era *inflamación de las meninges,* y que el chico estaba en peligro de muerte.
Esto no se lo dijo al padre, sino a Bailón para que le fuese preparando. Torquemada y él se encerraron, y de la conferencia resultó que por poco se pegan, pues
5 D. Francisco, trastornado por el dolor, llamó a su amigo embustero y farsante. El
desasosiego, la inquietud nerviosa, el desvarío del tacaño sin ventura, no se pueden describir. Tuvo que salir a varias diligencias de su penoso oficio, y a cada instante tornaba a casa, jadeante, con medio palmo de lengua fuera, el hongo echado
hacia atrás. Entraba, daba un vistazo, vuelta a salir. Él mismo traía las medicinas,

10 y en la botica contaba toda la historia... "un vahído estando en clase; despúes calentura horrible... ¿para qué sirven los médicos?" Por consejo del mismo Quevedito, mandó venir a uno de los más eminentes, el cual calificó el caso de *meningitis aguda*.

15 La noche del segundo día, Torquemada, rendido de cansancio, se embutió en uno de los sillones de la sala, y allí se estuvo como media horita, dando vueltas a una pícara idea, ¡ay!, dura y con muchas esquinas, que se le había metido en el cerebro. "He faltado a la Humanidad, y esa muy tal y cual me las cobra ahora con los réditos atrasados... No: pues si Dios, o quien quiera que sea, me lleva mi hijo, ¡me voy a volver más malo, más perro!... Ya verán entonces lo que es canela fina.
20 Pues no faltaba otra cosa... Conmigo no juegan... Pero no, ¡qué disparates digo! No me le quitará, porque yo... Eso que dicen de que no he hecho bien a nadie, es mentira. Que me lo prueben... porque no basta decirlo. ¿Y los tantísimos a quien he sacado de apuros?... ¿pues y eso? Porque si a la Humanidad le han ido con cuentos de mí; que si aprieto, que si no aprieto... yo probaré... Ea, que ya me voy car-
25 gando: si no he hecho ningún bien, ahora lo haré, ahora pues por algo se ha dicho que nunca para el bien es tarde. Vamos a ver: ¿y si yo me pusiera ahora a rezar, qué dirían allá arriba? Bailón me parece a mí que está equivocado, y la Humanidad no debe de ser Dios, sino la Virgen... Claro, es hembra, señora... No, no, no... no nos fijemos en el materialismo de la palabra. La Humanidad es Dios, la Virgen
30 y todos los santos juntos... Tente, hombre, tente, que te vuelves loco... Tan sólo saco en limpio que no habiendo buenas obras, todo es, como si dijéramos, basura... ¡Ay, Dios, qué pena, qué pena!... Si me pones bueno a mi hijo, yo no sé qué cosas haría; ¡pero qué cosas tan magníficas y tan...! Pero ¿quién es el sinvergüenza que dice que no tengo apuntada ninguna buena obra? Es que me quieren perder, me quie-
35 ren quitar a mi hijo, al que ha nacido para enseñar a todos los sabios y dejarles tamañitos. Y me tienen envidia porque soy su padre, porque de estos huesos y de esta sangre salió aquella gloria del mundo... Envidia; pero ¡qué envidiosa es esta puerca Humanidad! Digo, la Humanidad no, porque es Dios... los hombres, los prójimos, nosotros, que somos todos muy pillos, y por eso nos pasa lo que nos
40 pasa... Bien merecido nos está... bien merecido nos está."

Acordóse entonces de que al día siguiente era domingo y no había extendido los recibos para cobrar los alquileres de su casa. Después de dedicar a esta operación una media hora, descansó algunos ratos, estirándose en el sofá de la sala. Por la mañana, entre nueve y diez, fué a la cobranza dominguera. Con el no comer
45 y el mal dormir y la acerbísima pena que le destrozaba el alma, estaba el hombre *mismamente*[37] del color de una aceituna. Su andar era vacilante, y sus miradas vagaban inciertas, perdidas, tan pronto barriendo el suelo como disparándose a las alteras. Cuando el remendón, que en el sucio portal tenía su taller, vió entrar al casero y reparó en su cara descompuesta y en aquel andar de beodo, asustóse tanto
50 que se le cayó el martillo con que clavaba las tachuelas. La presencia de Torquemada en el patio, que todos los domingos era una desagradabilísima aparición, produjo aquel día verdadero pánico; y mientras algunas mujeres corrieron a refugiarse en sus respectivos aposentos, otras, que debían de ser malas pagadoras y

---

[37] exactamente.

que observaron la cara que traía la fiera, se fueron a la calle. La cobranza empezó
55 por los cuartos bajos, y pagaron sin chistar el albañil y las dos pitilleras, deseando
que se les quitase de delante la aborrecida estampa de D. Francisco. [...]

Al llegar al cuarto de la Rumalda, planchadora, viuda, con su madre enferma
en un camastro y tres niños menores que andaban en el patio enseñando las carnes
por los agujeros de la ropa, Torquemada soltó el gruñido de ordenanza, y la pobre
60 mujer, con afligida y trémula voz, cual si tuviera que confesar ante el juez un negro delito, soltó la frase de reglamento: "D. Francisco, por hoy no se puede. Otro
día cumpliré." No puedo dar idea del estupor de aquella mujer y de las dos vecinas, que presentes estaban, cuando vieron que el tacaño no escupió por aquella
boca ninguna maldición ni herejía, cuando le oyeron decir con la voz más empa-
65 ñada y llorosa del mundo: "No, hija, si no te digo nada... si no te apuro... si no se
me ha pasado por la cabeza reñirte... ¡Qué le hemos de hacer, si no puedes!..."

—Don Francisco, es que... —murmuró la otra, creyendo que la fiera se
expresaba con sarcasmo, y que tras el sarcasmo vendría la mordida.

—No, hija, si no he chistado... ¿Cómo se han de decir las cosas? Es que a us-
70 tedes no hay quien las apee de que yo soy un hombre, como quien dice, tirano...
¿De dónde sacáis que no hay en mí compasión, ni... ni caridad? En vez de agrade-
cerme lo que hago por vosotras, me calumniáis... No, no: entendámonos. Tú, Rumalda, estate tranquila: sé que tienes necesidades, que los tiempos están malos...
Cuando los tiempos están malos, hijas, ¿qué hemos de hacer sino ayudarnos los
75 unos a los otros?

Siguió adelante, y en el principal dió con una inquilina muy mal pagadora,
pero de muchísimo corazón para afrontar a la fiera, y así que le vió llegar, juzgando por el cariz que venía más enfurruñado que nunca, salió al encuentro de su
aspereza con estas arrogantes expresiones:
80 "Oiga usté, a mí no me venga con apreturas. Ya sabe que no lo hay. *Ése*[38] está
sin trabajo. ¿Quiere que salga a un camino? ¿No ve la casa sin muebles, como un
hespital[39] prestao? ¿De dónde quiere que lo saque?. .. Maldita sea su alma...

—¿Y quién te dice a ti, grandísima tal, deslenguada y bocona,[40] que yo vengo
a sofocarte? A ver si hay alguna tarasca de éstas que sostenga que yo no tengo hu-
85 manidad. Atrévase a decirmelo..."

Enarboló el garrote, símbolo de su autoridad y de su mal genio, y en el corri-
llo que se había formado sólo se veían bocas abiertas y miradas de estupefacción.

"Pues a ti y a todas les digo que no me importa un rábano que no me paguéis
hoy. ¡Vaya! ¿Cómo lo he de decir para que lo entiendan?... ¿Con que estando tu
90 marido sin trabajar te iba yo a poner el dogal al cuello?... Yo sé que me pagarás
cuando puedas, ¿verdad? Porque lo que es intención de pagar, tú la tienes. Pues
entonces, ¿a qué tanto enfurruñarse?... ¡Tontas, malas cabezas! [...] Vaya, que sois
todas unos grandísimos peines... Abur, tú, no te sofoques. Y no creas que hago
esto para que me eches bendiciones. Pero conste que no te ahogo; y para que veas
95 lo bueno que soy..."

---

[38] Se usa este pronombre en sentido despectivo.
[39] hospital.   [40] que habla mucho y dice cosas
malas.

Se detuvo y meditó un momento, llevándose la mano al bolsillo y mirando al suelo.

"Nada, nada... Quédate con Dios."

Y a otra. Cobró en las tres puertas siguientes sin ninguna dificultad. "Don
100 Francisco, que me ponga usted piedra nueva en la hornilla, que aquí no se puede guisar..." En otras circunstancias, esta reclamación habría sido el principio de una chillería tremenda, verbigracia: "Pon el traspontín en la hornilla, sinvergüenza, y arma el fuego encima." —"Miren el tío manguitillas, así se le vuelvan veneno los cuartos." Pero aquel día todo era paz y concordia, y Torquemada concedía cuanto
105 le demandaban. [...]

Asombro, confusión. Tras de él iba el parlero grupo, chismorreando así: "A este condenado le ha pasado algún desavío... Don Francisco no está bueno de la cafetera. Mirad qué cara de patíbulo se ha traído. ¡Don Francisco con humanidad! Ahí tenéis por qué está saliendo todas las noches en el cielo esa estrella con rabo.
110 Es que el mundo se va a acabar."

En el número 16:

"Pero hija de mi alma, so tunanta, ¿tenías a tu niña mala y no me habías dicho nada? ¿Pues para qué estoy yo en el mundo? Francamente, eso es un agravio que no te perdono, no te lo perdono. Eres una indecente; y en prueba de que no
115 tienes ni pizca[41] de sentido, ¿apostamos a que no adivinas lo que voy a hacer? ¿Cuánto va a que no lo adivinas?... Pues voy a darte para que pongas un puchero... ¡ea! Toma, y di ahora que yo no tengo humanidad. Pero sois tan mal agradecidas, que me pondréis como chupa de dómine,[42] y hasta puede que me echéis alguna maldición. Abur."

120 En el cuarto de la señá[43] Casiana, una vecina se aventuró a decirle: "Don Francisco, a nosotras no nos la da usted[44]... A usted le pasa algo. ¿Qué demonios tiene en esa cabeza o en ese corazón de cal y canto?"

Dejóse el afligido casero caer en una silla, y quitándose el hongo se pasó la mano por la amarilla frente y la calva sebosa, diciendo tan sólo entre suspiros:
125 "¡No es de cal y canto, puñales, no es de cal y canto!"

Como observasen que sus ojos se humedecían, y que, mirando al suelo, y apoyado con ambas manos en el bastón, cargaba sobre éste todo el peso del cuerpo, meciéndose, le instaron para que se desahogara; pero él no debió creerlas dignas de ser confidentes de su inmensa, desgarradora pena. Tomando el dinero,
130 dijo con voz cavernosa: "Si no lo tuvieras, Casiana, lo mismo sería. Repito que yo no ahogo al pobre... como que yo también soy pobre... Quien dijese (levantándose con zozobra y enfado) que soy inhumano, miente más que la *Gaceta*.[45] Yo soy humano; yo compadezco a los desgraciados; yo les ayudo en lo que puedo, porque así nos lo manda la Humanidad; y bien sabéis todas que como faltéis a la Hu-
135 manidad, lo pagaréis tarde o temprano, y que si sois buenas tendréis vuestra recompensa. Yo os juro por esa imagen de la Virgen de las Angustias con el Hijo muerto en los brazos (señalando una lámina), yo os juro que si no os he parecido caritativo y bueno, no quiere esto decir que no lo sea, ¡puñales!, y que si son me-

---

[41] nada.   [42] insultar.   [43] señora.   [44] no nos
engaña.   [45] un periódico.

nester pruebas, pruebas se darán. Dale, que no lo creen... pues váyanse todas con
140 doscientos mil pares de demonios, que a mí, con ser bueno me basta... No necesito
que nadie me dé bombo. Piojosas, para nada quiero vuestras gratitudes... Me paso
por las narices vuestras bendiciones."

Dicho esto salió de estampía. Todas le miraban por la escalera abajo, y por el
patio adelante, y por el portal afuera, haciendo unos gestos tales que parecía el
145 mismo demonio persignándose.

V

[...] Aquella tarde le acompañaron un rato Bailón, el carnicero de abajo, el
sastre del principal y el fotógrafo de arriba, esforzándose todos en consolarle con
las frases de reglamento; mas no acertando Torquemada a sostener la conversación sobre tema tan triste les daba las gracias con desatenta sequedad. Todo se le
5 volvía suspirar con bramidos, pasearse a trancos, beber buches de agua y dar algún puñetazo en la pared. ¡Tremendo caso aquél! ¡Cuántas esperanzas desvaneci-
das!... ¡Aquella flor del mundo segada y marchita! Esto era para volverse loco. Más
natural sería el desquiciamiento universal, que la muerte del portentoso niño que
había venido a la tierra para iluminarla con el fanal de su talento... ¡Bonitas cosas
10 hacía Dios, la Humanidad, o quienquiera que fuese el muy tal y cual que inventó
el mundo y nos puso en él! Porque si habían de llevarse a Valentín, ¿para qué le
trajeron acá, dándole a él, al buen Torquemada, el privilegio de engendrar tamaño
prodigio? ¡Bonito negocio hacía la Providencia, la Humanidad, o el arrastrado
Conjunto, como decía Bailón! ¡Llevarse al niño aquél, lumbrera de la ciencia, y de-
15 jar acá todos los tontos! ¿Tenía esto sentido común? ¿No había motivo para rebe-
larse contra los de arriba, ponerles como ropa de pascua y mandarles a paseo?...
Si Valentín se moría, ¿qué quedaba en el mundo? Obscuridad, ignorancia. Y para
el padre, ¡qué golpe! ¡Porque figurémonos todos lo que sería Don Francisco
cuando su hijo, ya hombre, empezase a figurar, a confundir a todos los sabios, a
20 volver patas arriba[46] la ciencia toda!... Torquemada sería en tal caso la segunda
persona de la Humanidad: y sólo por la gloria de haber engendrado al gran matemático, sería cosa de plantarle en un trono. ¡Vaya un ingeniero que sería Valentín
si viviese! Como que había de hacer unos ferrocarriles que irían de aquí a Pekín
en cinco minutos, y globos para navegar por los aires, y barcos para andar por
25 debajito del agua, y otras cosas nunca vistas ni siquiera soñadas. ¡Y el planeta
se iba a perder estas gangas por una estúpida sentencia de los que dan y quitan
la vida!... Nada, nada, envidia pura, envidia. Allá arriba, en las invisibles cavida-
des de los altos cielos, alguien se había propuesto fastidiar a Torquemada. Pero...
pero... ¿y si no fuese envidia, sino castigo? ¿Si se había dispuesto así para anona-
30 dar al tacaño cruel, al casero tiránico, al prestamista sin entrañas? ¡Ah!, cuando
esta idea entraba en turno, Torquemada sentía impulsos de correr hacia la pared
más próxima y estrellarse contra ella. Pronto se reaccionaba y volvía sobre sí. No,
no podía ser castigo, porque él no era malo, y si lo fué, ya se enmendaría. Era envidiable, tirria y malquerencia que le tenían, por ser autor de tan soberana emi-
35 nencia. Querían truncarle su porvenir y arrebatarle aquella alegría y fortuna inmensa de sus últimos años... Porque su hijo, si viviese, había de ganar muchísimo

---

[46] trastornar algo.

dinero, pero muchísimo, y de aquí la celestial intriga. Pero él (lo pensaba lealmente) renunciaría a las ganancias pecuniarias del hijo, con tal que le dejaran la
gloria, ¡la gloria!, pues para negocios, le bastaba con los suyos propios... El último
40 paroxismo de su exaltada mente fué renunciar a todo el *materialismo* de la ciencia
del niño, con tal que le dejasen la gloria.

[...]

A prima noche, Quevedito y el otro médico hablaron a Torquemada en términos desconsoladores. Tenían poca o ninguna esperanza, aunque no se atrevían
45 a decir en absoluto que la habían perdido, y dejaban abierta la puerta a las repara-
ciones de la Naturaleza y a la misericordia de Dios. Noche horrible fué aquélla. El
pobre Valentín se abrasaba en invisible fuego. Su cara encendida y seca, sus ojos
iluminados por esplendor siniestro, su inquietud ansiosa, sus bruscos saltos en el
lecho, cual si quisiera huir de algo que le asustaba, eran espectáculo tristísimo que
50 oprimía el corazón. Cuando D. Francisco, transido de dolor, se acercaba a la abertura de las entornadas batientes de la puerta y echaba hacia adentro una mirada
tímida, creía escuchar, con la respiración premiosa del niño, algo como el chirrido
de su carne tostándose en el fuego de la calentura. Puso atención a las expresiones
incoherentes del delirio, y le oyó decir: "*Equis elevado al cuadrado, menos uno, par-*
55 *tido por dos, más cinco equis menos dos, partido por cuatro, igual equis por equis más dos,*
partido por doce... Papá, papá, la característica del logaritmo de un entero tiene tantas
unidades menos una como..." Ningún tormento de la Inquisición iguala al que sufría
Torquemada oyendo estas cosas. Eran las pavesas del asombroso entendimiento
de su hijo, revolando sobre las llamas en que éste se consumía. Huyó de allí por
60 no oír la dulce vocecita, y estuvo más de media hora echado en el sofá de la sala,
agarrándose con ambas manos la cabeza como si se le quisiese escapar. De improviso se levantó, sacudido por una idea; fué al escritorio, donde tenía el dinero;
sacó un cartucho de monedas que debían de ser calderilla, y vaciándoselo en el
bolsillo del pantalón, púsose capa y sombrero, cogió el llavín, y a la calle.

65 Salió como si fuera en persecución de un deudor. Después de mucho andar,
parábase en una esquina, miraba con azoramiento a una parte y otra, y vuelta a
correr calle adelante, con paso de inglés tras de su víctima. Al compás de la marcha, sonaba en la pierna derecha el retintín de las monedas... Grandes eran su im-
paciencia y desazón por no encontrar aquella noche lo que otras le salía tan a me-
70 nudo al paso, molestándole y aburriéndole. Por fin..., gracias a Dios..., acércósele
un pobre. "Toma, hombre, toma; ¿dónde diablos os metéis esta noche? Cuando no
hacéis falta, salís como moscas, y cuando se os busca para socorreros, nada..."
Apareció luego uno de esos mendigos decentes que piden, sombrero en mano, con
lacrimosa cortesía. "Señor, un pobre cesante. —Tenga, tenga más. Aquí estamos
75 los hombres caritativos para acudir a las miserias... Digame, ¿no me pidió usted
noches pasadas? Pues sepa que no le di porque iba muy de prisa. Y la otra noche
y la otra, tampoco le di porque no llevaba suelto: lo que es voluntad la tuve, bien
que la tuve." Claro es que el cesante pordiosero se quedaba viendo visiones, y no
sabía cómo expresar su gratitud. Más allá, salió de un callejón la fantasma. Era una
80 mujer que pide en la parte baja de la calle de la Salud, vestida de negro, con un
velo espesísimo que le tapa la cara. "Tome, tome, señora... Y que me digan ahora
que yo jamás he dado una limosna. ¿Le parece a usted qué calumnia? Vaya, que
ya habrá usted reunido bastantes cuartos esta noche. Como que hay quien dice
que pidiendo así, y con ese velo por la cara, ha reunido usted un capitalito. Retí-

85 rese ya, que hace mucho frío... y ruegue a Dios por mí." En la calle del Carmen, en la de Preciados y Puerta del Sol, a todos los chiquillos que salían dió su perro por barba. "¡Eh! niño, ¿tú pides o que haces ahí, como un bobo?" Esto se lo dijo a un chicuelo que estaba arrimado a la pared, con las manos a la espalda, descalzos los pies, el pescuezo envuelto en una bufanda. El muchacho alargó la mano aterida.
90 "Toma... Pues qué, ¿no te decía el corazón que yo había de venir a socorrerte? ¿Tienes frío y hambre? Toma más, y lárgate a tu casa, si la tienes. Aquí estoy yo para sacarte de un apuro; digo, para partir contigo un pedazo de pan, porque yo también soy pobre y más desgraciado que tú, ¿sabes?, porque el frío, el hambre, se soportan; pero, ¡ay!, otras cosas..." Apretó el paso sin reparar en la cara burlona
95 de su favorecido, y siguió dando, dando, hasta que le quedaron pocas piezas en el bolsillo. Corriendo hacia su casa, en retirada, miraba al cielo, cosa en él muy contraria a la costumbre, pues si alguna vez lo miró para enterarse del tiempo, jamás, hasta aquella noche, lo había contemplado. ¡Cuantísima estrella! Y qué claras y resplandecientes, cada una en su sitio, hermosas y graves, millones de millones de
100 miradas que no aciertan a ver nuestra pequeñez. Lo que más suspendía el ánimo del tacaño era la idea de que todo aquel cielo estuviese indiferente a su gran dolor, o más bien ignorante de él. Por lo demás, como bonitas, ¡vaya si eran bonitas las estrellas! Las había chicas, medianas y grandes; algo así como pesetas, medios duros y duros. Al insigne prestamista le pasó por la cabeza lo siguiente: "Como se
105 ponga bueno, me ha de ajustar esta cuenta: si acuñáramos todas las estrellas del cielo, ¿cuánto producirían al 5 por 100 de interés compuesto en los siglos que van desde que todo eso existe?"

Entró en su casa cerca de la una, sintiendo algún alivio en las congojas de su alma; se adormeció vestido, y a la mañana del día siguiente la fiebre de Valentín
110 había remitido bastante. ¿Habría esperanzas? Los médicos no las daban sino muy vagas, y subordinando su fallo al recargo de la tarde. El usurero, excitadísimo, se abrazó a tan débil esperanza como el náufrago se agarra a la flotante astilla. Viviría, ¡pues no había de vivir!

—Papá —le dijo Rufina llorando—, pídeselo a la Virgen del Carmen, y dé-
115 jate de Humanidades.

—¿Crées tu?... Por mí no ha de quedar. Pero te advierto que no habiendo buenas obras no hay que fiarse de la Virgen. Y acciones cristianas habrá, cueste lo que cueste: yo te lo aseguro. En las obras de misericordia está todo el intríngulis. Yo vestiré desnudos, visitaré enfermos, consolaré tristes... Bien sabe Dios que ésa
120 es mi voluntad, bien lo sabe... No salgamos después con la peripecia de que no lo sabía... Digo, como saberlo, lo sabe... Falta que quiera.

Vino por la noche el recargo, muy fuerte. Los calomelanos y revulsivos no daban resultado alguno. Tenía el pobre niño las piernas abrasadas a sinapismos, y la cabeza hecha una lástima con las embrocaciones para obtener la erupción
125 artificial. Cuando Rufina le cortó el pelito por la tarde, con objeto de despejar el cráneo, Torquemada oía los tijeretazos como si se los dieran a él en el corazón. Fué preciso comprar más hielo para ponérselo en vejigas en la cabeza, y después hubo que traer el iodoformo; recados que el *Peor* desempeñaba con ardiente actividad, saliendo y entrando cada poco tiempo. De vuelta a casa, ya anochecido, encontró,
130 al doblar la esquina de la calle de Hita, un anciano mendigo y haraposo, con pantalones de soldado, la cabeza al aire, un andrajo de chaqueta por los hombros, y mostrando el pecho desnudo. Cara más venerable no se podía encontrar sino en

las estampas del *Año cristiano*.[47] Tenía la barba erizada y la frente llena de arrugas, como San Pedro; el cráneo terso, y dos rizados mechones blancos en las sienes.
135 "Señor, señor —decía con el temblor de un frío intenso—, mire cómo estoy, mírreme." Torquemada pasó de largo, y se detuvo a poca distancia; volvió hacia atrás, estuvo un rato vacilando, y al fin siguió su camino. En el cerebro le fulguró esta idea: "Si conforme traigo la capa nueva, trajera la vieja..."

VI

[...] Rendida de cansancio, Rufina no podía ya con su cuerpo: cuatro noches hacía que no se acostaba; pero su valeroso espíritu la sostenía siempre en pie, diligente y amorosa como una hermana de la caridad. Gracias a la asistenta que tenían en casa, la señorita podía descansar algunos ratos; y para ayudar a la asis-
5 tenta en los trabajos de la cocina, quedábase allí por las tardes la trapera de la casa, viejecita que recogía las basuras y los pocos desperdicios de la comida, *ab initio*, o sea desde que Torquemada y Doña Silvia se casaron, y lo mismo había hecho en la casa de los padres de Doña Silvia. Llamábanla la *tía Roma*, no sé por qué (me inclino a creer que este nombre es corrupción de Jerónima), y era tan vieja, tan vieja
10 y tan fea, que su cara parecía un puñado de telarañas revueltas con ceniza; su nariz de corcho ya no tenía forma; su boca redonda y sin dientes, menguaba o crecía, según la distensión de las arrugas que la formaban. Más arriba, entre aquel revoltijo de piel polvorosa, lucían los ojos de pescado, dentro de un cerco de pimentón húmedo. Lo demás de la persona desaparecía bajo un envoltorio de tra-
15 pos y dentro de la remendada falda, en la cual había restos de un traje de la madre de Doña Silvia, cuando era polla. Esta pobre mujer tenía gran apego a la casa, cuyas barreduras había recogido diariamente durante luengos años; tuvo en gran estimación a Doña Silvia, la cual nunca quiso dar a nadie más que a ella los huesos, mendrugos y piltrafas sobrantes, y amaba entrañablemente a los niños,
20 principalmente a Valentín, delante de quien se prosternaba con admiración supersticiosa. Al verle con aquella enfermedad tan mala, que era, según ella, una reventazón del talento en la cabeza, la tía Roma no tenía sosiego: iba mañana y tarde a enterarse; penetraba en la alcoba del chico, y permanecía largo rato sentada junto al lecho, mirándole silenciosa, sus ojos como dos fuentes inagotables que
25 inundaban de lágrimas los flácidos pergaminos de la cara y pescuezo.

Salió la trapera del cuarto para volverse a la cocina, y en el comedor se encontró al amo que, sentado junto a la mesa y de bruces en ella, parecía entregarse a profundas meditaciones. La tía Roma, con el largo trato y su metimiento en la familia, se tomaba confianzas con él... "Rece, rece —le dijo, poniéndose delante y
30 dando vueltas al pañuelo con que pensaba enjugar el llanto caudaloso—; rece, que buena falta le hace... ¡Pobre hijo de mís entrañas, qué malito está!... Mire, mire (señalando al encerado) las cosas tan guapas que escribió en ese bastidor negro. Yo no entiendo lo que dice... pero a cuenta que dirá que debemos ser buenos... ¡Sabe más ese ángel!... Como que por eso Dios no nos le quiere dejar...

35 —¿Qué sabes tú, tía Roma? —dijo Torquemada poniéndose lívido—. Nos le dejará. ¿Acaso piensas tú que yo soy tirano y perverso, como creen los tontos y algunos perdidos, malos pagadores?... Si uno se descuida, le forman la reputación

---

[47] libro religioso.

más perra del mundo... Pero Dios sabe la verdad... Si he hecho o no he hecho cari-
dades en estos días, eso no es cuenta de nadie: no me gusta que me averigüen y
40 pongan en carteles mis buenas acciones... Reza tú también, reza mucho hasta que
se te seque la boca, que tú debes de ser allá muy bien mirada, porque en tu vida
has tenido una peseta... Yo me vuelvo loco, y me pregunto qué culpa tengo yo de
haber ganado algunos jeringados reales... ¡Ay, tía Roma, si vieras cómo tengo mi
alma! Pídele a Dios que se nos conserve Valentín, porque si se nos muere, yo no sé
45 lo que pasará: yo me volveré loco, saldré a la calle y mataré a alguien. Mi hijo es
mío, ¡puñales!, y la gloria del mundo. ¡Al que me le quite...!

—¡Ay, qué pena! —murmuró la vieja ahogándose—. Pero quién sabe...
puede que la Virgen haga el milagro... Yo se lo estoy pidiendo con muchísima devoción. Empuje usted por su lado, y prometa ser tan siquiera rigular.[48]
50 —Pues por prometido no quedará... Tía Roma, déjame... déjame solo. No
quiero ver a nadie. Me entiendo mejor solo con mi afán."

La anciana salió gimiendo, y D. Francisco, puestas las manos sobre la mesa,
apoyó en ellas su frente ardorosa. Así estuvo no sé cuánto tiempo, hasta que le
hizo variar de postura su amigo Bailón, dándole palmadas en el hombro y dicién-
55 dole: "No hay que amilanarse. Pongamos cara de vaqueta a la desgracia, y no per-
mitamos que nos acoquine la muy... Déjese para las mujeres la cobardía. Ante la
Naturaleza, ante el sublime Conjunto, somos unos pedazos de átomos que no sabemos de la misa la media.[49]

—Váyase usted al rábano con sus Conjuntos y sus papás —le dijo Torque-
60 mada echando lumbre por los ojos."

Bailón no insistió; y juzgando que lo mejor era distraerle, apartando su pensamiento de aquellas sombrías tristezas, pasado un ratito le habló de cierto negocio que traía en la mollera.

Como quiera que el arrendatario de sus ganados asnales y cabríos hubiese
65 rescindido el contrato, Bailón decidió explotar aquella industria en gran escala,
poniendo un gran establecimiento de leches a estilo moderno, con servicio puntual a domicilio, precios arreglados, local elegante, teléfono, etc... Lo había estudiado, y... Créame usted, amigo D. Francisco, es un negocio seguro, mayormente
si añadimos el ramo de vacas, porque en Madrid las leches...
70 —Déjeme usted a mí de leches y de... ¿Qué tengo yo que ver con burras ni
con vacas? —gritó el *Peor* poniéndose en pie y mirándole con desprecio—. Me
ve como estoy, ¡puñales!, muerto de pena, y me viene a hablar de la condenada
leche... Hábleme de cómo se consigue que Dios nos haga caso cuando pedimos lo
que necesitamos, hábleme de lo que... no sé cómo explicarlo... de lo que significa
75 ser bueno y ser malo... porque, o yo soy un zote, o ésta es de las cosas que tienen
más busilis...

—¡Vaya si lo tienen, vaya si lo tienen, carambita!", dijo la sibila con expresión
de suficiencia, moviendo la cabeza y entornando los ojos.

En aquel momento tenía el hombre actitud muy diferente de la de su similar
80 en la Capilla Sixtina: sentado, las manos sobre el puño del bastón, éste entre las
piernas, las piernas dobladas con igualdad: el sombrero caído para atrás, el cuerpo
atlético desfigurado dentro del gaban de solapas aceitosas, los hombros y cuello

---

[48] regular.   [49] nada.

plagados de caspa. Y sin embargo de estas prosas, el muy arrastrado se parecía al Dante y ¡había sido sacerdote en Egipto! Cosas de la pícara humanidad...

85 "Vaya si lo tienen— repitió la sibila, preparándose a ilustrar a su amigo con una opinión cardinal—. ¡Lo bueno y lo malo... como quien dice, luz y tinieblas!"

Bailón hablaba de muy distinta manera de como escribía. Esto es muy común. Pero aquella vez la solemnidad del caso exaltó tanto su magín, que se le vinieron a la boca los conceptos en la forma propia de su escuela literaria. "He aquí
90 que el hombre vacila y se confunde ante el gran problema. ¿Qué es el bien? ¿Qué es el mal? Hijo mío, abre tus oídos a la verdad y tus ojos a la luz. El bien es amar a nuestros semejantes. Amemos y sabremos lo que es el bien; aborrezcamos y sabremos lo que es el mal. Hagamos bien a los que nos aborrecen, y las espinas se nos volverán flores. Esto dijo el Justo, esto digo yo... Sabiduría de sabidurías, y ciencia
95 de ciencia."

—Sabidurías y armas al hombro —gruñó Torquemada con abatimiento—. Eso ya lo sabía yo... pues lo de *al prójimo contra una esquina*[50] siempre me ha parecido una barbaridad. No hablemos más de eso... No quiero pensar en cosas tristes. No digo más sino que si se me muere el hijo... vamos, no quiero pensarlo... si se
100 me muere, lo mismo me da lo blanco que lo negro...

En aquel momento oyóse un grito áspero, estridente, lanzado por Valentín, y que a entrambos los dejó suspensos de terror. Era el grito meníngeo, semejante al alarido del pavo real. Este extraño síntoma encefálico se había iniciado aquel día por la mañana, y revelaba el gravísimo y pavoroso curso de la enfermedad del po-
105 bre niño matemático. Torquemada se hubiera escondido en el centro de la tierra para no oír tal grito: metióse en su despacho, sin hacer caso de las exhortaciones de Bailón, y dando a éste con la puerta en el hocico dantesco. Desde el pasillo le sintieron abriendo el cajón de su mesa, y al poco rato apareció guardando algo en el bolsillo interior de la americana. Cogió el sombrero, y sin decir nada se fué a
110 la calle.

Explicaré lo que esto significaba y a dónde iba con su cuerpo aquella tarde el desventurado Don Francisco. El día mismo en que cayó malo Valentín, recibió su padre carta de un antiguo y sacrificado cliente o deudor suyo, pidiéndole préstamo con garantía de los muebles de la casa. Las relaciones entre la víctima y el in-
115 quisidor databan de larga fecha, y las ganancias obtenidas por éste habían sido enormes, porque el otro era débil, muy delicado, y se dejaba desollar, freír y escabechar como si hubiera nacido para eso. Hay personas así. Pero llegaron tiempos penosísimos, y el señor aquél no podía recoger su papel. Cada lunes y cada martes, el *Peor* le embestía, le mareaba, le ponía la cuerda al cuello y tiraba muy fuerte,
120 sin conseguir sacarle ni los intereses vencidos. Fácilmente se comprenderá la ira del tacaño al recibir la cartita pidiendo un nuevo préstamo. ¡Qué atroz insolencia! Le habría contestado mandándole a paseo, si la enfermedad del niño no le trajera tan afligido y sin ganas de pensar en negocios. Pasaron dos días, y allá te va otra esquela angustiosa, de *in extremis*,[51] como pidiendo la Unción. En aquellas cortas
125 líneas en que la víctima invocaba los *hidalgos sentimientos* de su verdugo, se hablaba de un compromiso de honor, proponíanse las condiciones más espantosas,

---

[50] Se refiere al egoísmo.   [51] en los últimos momentos de vida.

se pasaba por todo con tal de ablandar el corazón de bronce del usurero, y obtener de él la afirmativa. Pues cogió mi hombre la carta, y hecha pedazos la tiró a la cesta de papeles, no volviendo a acordarse más de semejante cosa. ¡Buena tenía él la cabeza para pensar en los compromisos y apuros de nadie, aunque fueran los del mismísimo Verbo!

Pero llegó la ocasión aquélla antes descrita, el coloquio con la tía Roma y con D. José, el grito de Valentín, y he aquí que al judío[52] le da como una corazonada, se le enciende en la mollera fuego de inspiración, trinca el sombrero y se va derecho en busca de su desdichado cliente. El cual era apreciable persona, sólo que de cortos alcances, con un familión sin fin, y una señora a quien le daba el hipo por lo elegante. Había desempeñado el tal buenos destinos en la Península y en Ultramar, y lo que trajo de allá, no mucho, porque era hombre de bien, se lo afanó[53] el usurero en menos de un año. Después le cayó la herencia de un tío; pero como la señora tenía unos condenados *jueves* para reunir y agasajar a la mejor sociedad, los cuartos de la herencia se escurrían de lo lindo, y sin saber cómo ni cuándo, fueron a parar al bolsón de Torquemada. Yo no sé qué demonios tenía el dinero de aquella casa, que era como un acero para correr hacia el imán del maldecido prestamista. Lo peor del caso es que aun después de hallarse la familia con el agua al pescuezo, todavía la tarasca aquella tan *fashionable* encargaba vestidos a París, invitaba a sus amigas para un *five o'clock tea*, o imaginaba cualquier otra majadería por el estilo.

Pues, señor, ahí va D. Francisco hacia la casa del señor aquél, que, a juzgar por los términos aflictivos de la carta, debía estar a punto de caer, con toda su elegancia y sus tés, en los tribunales, y de exponer a la burla y a la deshonra un nombre respetable. Por el camino sintió el tacaño que le tiraban de la capa. Volvióse... ¿y quién creéis que era? Pues una mujer que parecía la Magdalena por su cara dolorida y por su hermoso pelo, mal encubierto con pañuelo de cuadros rojos y azules. El palmito era de la mejor ley, pero muy ajado ya por fatigosas campañas. Bien se conocía en ella a la mujer que sabe vestirse, aunque iba en aquella ocasión hecha un pingo,[54] casi indecente, con falda remendada, mantón de ala de mosca y unas botas... ¡Dios, qué botas, y cómo desfiguraban aquel pie tan bonito!

—¡Isidora!... —exclamó D. Francisco, poniendo cara de regocijo, cosa en él muy desusada—. ¿A dónde va usted con ese ajetreado cuerpo?

—Iba a su casa. Sr. D. Francisco, tenga compasión de nosotros... ¿Por qué es usted tan tirano y tan de piedra? ¿No ve cómo estamos? ¿No tiene tan siquiera un poquito de humanidad?

—Hija de mi alma, usted me juzga mal... ¿Y si yo le dijera ahora que iba pensando en usted..., que me acordaba del recado que me mandó ayer por el hijo de la portera..., y de lo que usted misma me dijo anteayer en la calle?

—¡Vaya, que no hacerse cargo de nuestra situación! —dijo la mujer, echándose a llorar—. Martín, muriéndose... el pobrecito... en aquel buhardillón helado... Ni cama, ni medicinas, ni con qué poner un triste puchero para darle una taza de caldo... ¡Qué dolor! Don Francisco, tenga cristiandad y no nos abandone. Cierto que no renemos crédito; pero a Martín le quedan media docena de estudios muy bonitos... Verá usted... el de la sierra de Guadarrama, precioso... el de La

---

[52] avaro.   [53] se apoderó de él.   [54] mal vestida.

Granja, con aquellos arbolitos... también, y el de... qué sé yo qué. Todos muy bonitos. Se los llevaré... pero no sea malo y compadézcase del pobre artista...

—Eh... eh... no llore, mujer... Mire que yo estoy montado a pelo... tengo una
175 aflicción tal dentro de mi alma, Isidora, que... si sigue usted llorando, también yo
soltaré el trapo.[55] Váyase a su casa, y espéreme allí. Iré dentro de un ratito... ¿Qué...
duda de mi palabra?

—¿Pero de veras que va? No me engañe, por la Virgen Santísima.

—Pero ¿la he engañado yo alguna vez? Otra queja podrá tener de mí; pero
180 lo que es ésa...

—¿Le espero de verdad?... ¡Qué bueno será usted si va y nos socorre! ¡Martín
se pondrá más contento cuando se lo diga!...

—Váyase tranquila... Aguárdeme, y mientras llego pídale a Dios por mí con
todo el fervor que pueda.

VII

No tardó en llegar a la casa del cliente, la cual era un principal muy bueno,
amueblado con mucho lujo y elegancia, con *vistas a San Bernardino*. Mientras
aguardaba a ser introducido, el *Peor* contempló el hermoso perchero y los soberbios cortinajes de la sala, que por la entornada puerta se alcanzaban a ver, y tanta
5 magnificencia le sugirió estas reflexiones: "En lo tocante a los muebles, como buenos lo son..., vaya si lo son." Recibióle el amigo en su despacho; y apenas Torquemada le preguntó por la familia, dejóse caer en una silla con muestras de gran
consternación. "Pero ¿qué le pasa?—le dijo el otro.

—No me hable usted, no me hable usted, señor D. Juan. Estoy con el alma en
10 un hilo... ¡Mi hijo...!

—¡Pobrecito! Sé que está muy malo... Pero ¿no tiene usted esperanzas?

—No, señor... Digo, esperanzas, lo que se llama esperanzas... No sé; estoy
loco; mi cabeza es un volcán...

—¡Sé lo que es eso! —observó el otro con tristeza—. He perdido dos hijos
15 que eran mi encanto: el uno de cuatro años, el otro de once.

—Pero su dolor de usted no puede ser como el mío. Yo padre, no me parezco
a los demás padres, porque mi hijo no es como los demás hijos: es un milagro de
sabiduría... ¡Ay, D. Juan, Don Juan de mi alma, tenga usted compasión de mí! Pues
verá usted... Al recibir su carta primera, no pude ocuparme... La aflicción no me
20 dejaba pensar... Pero me acordaba de usted y decía: "Aquel pobre D. Juan, ¡qué
amarguras estará pasando!..." Recibo la segunda esquela y entonces digo: "Ea,
pues lo que es yo no le dejo en ese pantano. Debemos ayudarnos los unos a los
otros en nuestras desgracias." Así pensé; sólo que con la batahola que hay en casa,
no tuve tiempo de venir ni de contestar... Pero hoy, aunque estaba medio muerto
25 de pena, dije: "Voy, voy al momento a sacar del purgatorio a ese buen amigo
D. Juan..."; y aquí estoy para decirle que aunque me debe usted setenta y tantos
mil reales, que hacen más de noventa con los intereses no percibidos, y aunque he
tenido que darle varias prórrogas, y... francamente... me temo tener que darle algunas más, estoy decidido a hacerle a usted ese préstamo sobre los muebles para
30 que evite la peripecia que se le viene encima.

---

[55] lloraré.

—Ya está evitada —replicó D. Juan, mirando al prestamista con la mayor frialdad—. Ya no necesito el préstamo.

—¡Que no lo necesita! —exclamó el tacaño, desconcertado—. Repare usted una cosa, D. Juan. Se lo hago a usted... al doce por ciento.

35 Y viendo que el otro hacía signos negativos, levantóse, y recogiendo la capa, que se le caía, dió algunos pasos hacia D. Juan, le puso la mano en el hombro, y le dijo:

"Es que usted no quiere tratar conmigo, por aquello de si soy o no soy agarrado. ¡Me parece a mí que un doce!... ¿Cuándo las habrá visto usted más gordas?...

40 —Me parece muy razonable el interés; pero, lo repito, ya no me hace falta.

—¿Se ha sacado usted el premio gordo, por vida de...! —exclamó Torquemada con grosería—. Don Juan, no gaste usted bromas conmigo... ¿Es que duda de que le hable con seriedad? Porque eso de que no le hace falta... ¡rábano!... ¡a usted!, que sería capaz de tragarse, no digo yo este pico, sino la Casa de la Moneda

45 enterita... Don Juan, D. Juan, sepa usted, si no lo sabe, que yo también tengo mi humanidad como cualquier hijo de vecino, que me intereso por el prójimo, y hasta que favorezco a los que me aborrecen. Usted me odia, D. Juan, usted me detesta, no me lo niegue, porque no me puede pagar: esto es claro. Pues bien: para que vea usted de lo que soy capaz, se lo doy al cinco..., ¡al cinco!"

50 Y como el otro repitiera con la cabeza los signos negativos, Torquemada se desconcertó más, y alzando los brazos, con lo cual dicho se está que la capa fué a parar al suelo, soltó esta andanada:

—¡Tampoco al cinco!... Pues, hombre, menos que el cinco, ¡caracoles!..., a no ser que quiera que le dé también la camisa que llevo puesta... ¿Cuándo se ha visto

55 usted en otra?... Pues no sé qué quiere el ángel de Dios... De esta hecha, me vuelvo loco. Para que vea, para que vea hasta dónde llega mi generosidad: se lo doy sin interés.

—Muchas gracias, amigo D. Francisco. No dudo de sus buenas intenciones. Pero ya nos hemos arreglado. Viendo que usted no me contestaba, me fuí a dar con

60 un pariente, y tuve ánimos para contarle mi triste situación. ¡Ojalá lo hubiera hecho antes!

—Pues aviado está el pariente[56]... Ya puede decir que ha hecho un pan como unas hostias... Con muchos negocios de ésos... En fin, usted no lo ha querido de mí, usted se lo pierde. Vaya diciendo ahora que no tengo buen corazón; quien no

65 lo tiene es usted...

—¿Yo? Ésa sí que es salada.

—Sí, usted, usted (con despecho). En fin, me las guillo,[57] que me aguardan en otra parte donde hago muchísima falta, donde me están esperando como agua de mayo. Aquí estoy de más. Abur...

70 Despidióle D. Juan en la puerta, y Torquemada bajó la escalera refunfuñando: "No se puede tratar con gente mal agradecida. Voy a entenderme con aquellos pobrecitos... ¡Qué será de ellos sin mí!"

No tardó en llegar a la otra casa, donde le aguardaban con tanta ansiedad. Era en la calle de la Luna, edificio de buena apariencia, que albergaba en el prin-

75 cipal a un aristócrata; más arriba familias modestas, y en el techo un enjambre de

---

[56] he hecho un mal negocio. [57] me voy.

pobres. Torquemada recorrió el pasillo obscuro, buscando una puerta. Los números de éstas eran inútiles, porque no se veían. La suerte fué que Isidora le sintió los
pasos y abrió.

"¡Ah!, vivan los hombres de palabra. Pase, pase."

80   Hallóse D. Francisco dentro de una estancia, cuyo inclinado techo tocaba al
piso por la parte contraria a la puerta; arriba, un ventanón con algunos de sus vidrios rotos, tapados con trapos y papeles; el suelo de baldosín, cubierto a trechos
de pedazos de alfombra; a un lado, un baúl abierto, dos sillas, un anafre con lumbre; a otro, una cama, sobre la cual, entre mantas y ropas diversas, medio vestido
85 y medio abrigado, yacia un hombre como de treinta años, guapo, de barba punti-
aguda, ojos grandes, frente hermosa, demacrado y con los pómulos ligeramente
encendidos, en las sienes una depresión verdosa, y las orejas transparentes como
la cera de los ex-votos que se cuelgan en los altares. Torquemada le miró sin contestar al saludo, y pensaba así: "El pobre, está más tísico que la Traviatta.[58] ¡Lás-
90 tima de muchacho! Tan buen pintor y tan mala cabeza... ¡Habría podido ganar
tanto dinero!

    —Ya ve usted, D. Francisco, cómo estoy... con este catarrazo que no me
quiere dejar. Siéntese... ¡Cuánto le agradezco su bondad!

    —No hay que agradecer nada... Pues no faltaba más. ¿No nos manda Dios
95 vestir a los enfermos, dar de beber al triste, visitar al desnudo?... ¡Ay!, todo lo trabuco. ¡Qué cabeza!... Decía que para aliviar las desgracias estamos los hombres de
corazón blando..., sí, señor."

    Miró las paredes del buhardillón, cubiertas en gran parte por multitud de es-
tudios de paisajes, algunos con el cielo para abajo, clavados en la pared o arrima-
100 dos a ella.

    —Bonitas cosas hay todavía por aquí.

    —En cuanto suelte el constipado, voy a salir al campo —dijo el enfermo, los
ojos iluminados por la fiebre—. Tengo una idea, ¡qué idea!... Creo que me pondré
bueno de ocho a diez días, si usted me socorre, D. Francisco; y en seguida, al
105 campo, al campo...

    —Al camposanto es adonde tú vas prontito —pensó Torquemada; y luego
en alta voz: —Sí, eso es cuestión de ocho o diez días... nada más... Luego, saldrá
usted por ahí... en un coche... ¿Sabe usted que la buhardilla es fresquecita?...
¡Caramba! Déjeme embozar en la capa.

110   —Pues asómbrese usted —dijo el enfermo incorporándose—. Aquí me he
puesto algo mejor. Los últimos días que pasamos en el estudio... que se lo cuente
a usted Isidora... estuve malísimo; como que nos asustamos, y..."

    Le entró tan fuerte golpe de tos, que parecía que se ahogaba. Isidora acudió
a incorporarle, levantando las almohadas. Los ojos del infeliz parecía que se salta-
115 ban, sus deshechos pulmones agitábanse trabajosamente como fuelles rotos que
no pueden expeler ni aspirar el aire; crispaba los dedos, quedando al fin postrado
y como sin vida. Isidora le enjugó el sudor de la frente, puso en orden la ropa que
por ambos lados del angosto lecho se caía, y le dió a beber un calmante.

    —¡Pero qué pasmo tan atroz he cogido!... —exclamó el artista, al reponerse
120 del acceso.

---

[58] Se refiere a la ópera de Verdi.

—Habla lo menos posible —le aconsejó Isidora—. Yo me entenderé con
D. Francisco: verás cómo nos arreglamos. Este D. Francisco es más bueno de lo
que parece: es un santo disfrazado de diablo, ¿verdad?

Al reírse mostró su dentadura incomparable, una de las pocas gracias que le
125 quedaban en su decadencia triste. Torquemada, echándoselas de bondadoso, la
hizo sentar a su lado y le puso la mano en el hombro, diciéndole: "Ya lo creo que
nos arreglaremos... Como que con usted se puede entender uno fácilmente; porque usted, Isidorita, no es como esas otras mujeronas que no tienen educación. Usted es una persona decente que ha venido a menos, y tiene todo el aquél[59] de mu-
130 jer fina, como hija neta de marqueses... Bien lo sé..., y que le quitaron la posición
que le corresponde esos pillos de la curia...

—¡Ay, Jesús! —exclamó Isidora, exhalando en un suspiro todas las remem-
branzas tristes y alegres de su novelesco pasado—. No hablemos de eso... Pongá-
monos en la realidad. Don Francisco, ¿se ha hecho cargo de nuestra situación? A
135 Martín le embargaron el estudio. Las deudas eran tantas, que no pudimos salvar
más que lo que usted ve aquí. Después hemos tenido que empeñar toda su ropa
y la mía para poder comer... No me queda más que lo puesto... ¡mire usted qué
facha!, y a él nada, lo que ve usted sobre la cama. Necesitamos desempeñar lo
preciso; tomar una habitacioncita más abrigada, la del tercero, que está con pape-
140 les; encender lumbre, comprar medicinas, poner siquiera un buen cocido todos
los días... Un señor de la beneficencia domiciliaria me trajo ayer dos bonos, y me
mandó ir allá, adonde está la oficina; pero tengo vergüenza de presentarme con
esta facha... Los que hemos nacido en cierta posición, Sr. D. Francisco, por mucho
que caigamos, nunca caemos hasta lo hondo... Pero vamos al caso: para todo eso
145 que le he dicho, y para que Martín se reponga y pueda salir al campo, necesitamos
tres mil reales... y no digo cuatro porque no se asuste. Es lo último. Sí, D. Francisquito de mi alma, y confiamos en su buen corazón.

—¡Tres mil reales! —dijo el usurero poniendo la cara de duda reflexiva que
para los casos de benevolencia tenía; cara que era ya en él como una fórmula dila-
150 toria, de las que se usan en diplomacia—. ¡Tres mil realetes!... Hija de mi alma,
mire usted... —Y haciendo con los dedos pulgar e índice una perfecta rosquilla, se
la presentó a Isidora, y prosiguió así: —No sé si podré disponer de los tres mil
reales en el momento. De todos modos, me parece que podrían ustedes arreglarse
con menos. Piénselo bien, y ajuste sus cuentas. Yo estoy decidido a protegerles y
155 ayudarles para que mejoren de suerte... llegaré hasta el sacrificio y hasta quitarme
el pan de la boca para que ustedes maten el hambre; pero... pero reparen que debo
mirar también por mis intereses...

—Pongamos el interés que quiera, D. Francisco —dijo con énfasis el enfermo, que por lo visto deseaba acabar pronto.

160 —No me refiero al materialismo del rédito del dinero, sino a mis intereses,
claro, a mis intereses. Y doy por hecho que ustedes piensan pagarme algún día.

—Pues claro —replicaron a una Martín e Isidora.

Y Torquemada para su coleto: "El día del Juicio por la tarde me pagaréis: ya
sé que éste es dinero perdido."

---

[59] el aspecto.

165   El enfermo se incorporó en su lecho, y con cierta exaltación dijo al prestamista:

—Amigo, ¿cree usted que mi tía, la que está en Puerto Rico, ha de dejarme en esta situación cuando se entere? Ya estoy viendo la letra de cuatrocientos o quinientos pesos que me ha de mandar. Le escribí por el correo pasado.

170   —Como no te mande tu tía quinientos puñales —pensó Torquemada. Y en voz alta: —Y alguna garantía me han de dar ustedes también... digo, me parece que...

—¡Toma! Los estudios. Escoja los que quiera.

Echando en redondo una mirada pericial, Torquemada explanó su pensa-
175 miento en esta forma: "Bueno, amigos míos: voy a decirles una cosa que les va a dejar turulatos. Me he compadecido de tanta miseria; yo no puedo ver una desgracia semejante sin acudir al instante a remediarla. ¡Ah!, ¿qué idea teníais de mí? Porque otra vez me debieron un pico y les apuré y les ahogué, ¿creen que soy de mármol? Tontos, era porque entonces les vi triunfando y gastando, y francamente,
180 el dinero que yo gano con tanto afán no es para tirado en francachelas. No me conocéis, os aseguro que no me conocéis. Comparen la tiranía de esos chupones que les embargaron el estudio y os dejaron en cueros vivos; comparen eso, digo, con mi generosidad, y con este corazón tierno que me ha dado Dios... Soy tan bueno, tan bueno, que yo mismo me tengo que alabar y darme las gracias por el
185 bien que hago. Pues verán qué golpe. Miren..."

Volvió a aparecer la rosquilla, acompañada de estas graves palabras: "Les voy a dar los tres mil reales, y se los voy a dar ahora mismo... Pero no es eso lo más gordo, sino que se los voy a dar sin intereses... ¿Qué tal, es esto rasgo o no es rasgo?

—¡Don Francisco —exclamó Isidora con efusión—, déjeme que le dé un
190 abrazo!

—Y yo le daré otro si viene acá —gritó el enfermo queriendo echarse fuera de la cama.

—Sí, vengan todos los cariños que queráis —dijo el tacaño, dejándose abrazar por ambos—. Pero no me alaben mucho, porque estas acciones son deber de
195 toda persona que mire por la Humanidad, y no tienen gran mérito... Abrácenme otra vez, como si fuera vuestro padre, y compadézcanme, que yo también lo necesito... En fin, que se me saltan las lágrimas si me descuido, porque soy tan compasivo..., tan...

—Don Francisco de mis entretelas —declaró el tísico, arropándose bien otra
200 vez con aquellos andrajos—, es usted la persona más cristiana, más completa y más humanitaria que hay bajo el sol. Isidora, trae el tintero, la pluma y el papel sellado que compraste ayer, que voy a hacer un pagaré.

La otra le llevó lo pedido; y mientras el desgraciado joven escribía, Torquemada, meditabundo y con la frente apoyada en un solo dedo, fijaba en el suelo su
205 mirar reflexivo. Al coger el documento que Isidora le presentaba, miró a sus deudores con expresión paternal, y echó el registro afeminado y dulzón de su voz, para decirles: "Hijos de mi alma, no me conocéis, repito que no me conocéis. Pensáis sin duda que voy a guardarme este pagaré... Sois unos bobalicones. Cuando yo hago una obra de caridad, allá te va de veras, con el alma y con la vida. No os
210 presto los tres mil reales, os los regalo, por vuestra linda cara. Mirad lo que hago: ras, ras..."

Rompió el papel. Isidora y Martín lo creyeron porque lo estaban viendo; que si no, no lo hubieran creído.

—Eso se llama hombre cabal... Don Francisco, muchísimas gracias —dijo
215 Isidora conmovida. Y el otro, tapándose la boca con las sábanas para contener el acceso de tos que se iniciaba:

—¡María Santísima, qué hombre tan bueno!

—Lo único que haré —dijo D. Francisco levantándose y examinando de cerca los cuadros—, es aceptar un par de estudios, como recuerdo... Éste de las
220 montañas nevadas, y aquél de los burros pastando... Mire usted, Martín, también me llevaré, si le parece, aquella marinita y este puente con hiedra...

A Martín le había entrado el acceso y se asfixiaba. Isidora, acudiendo a auxiliarle, dirigió una mirada furtiva a las tablas y al escrutinio y elección que de ellas hacía el aprovechado prestamista.

225 —Los acepto como recuerdo —dijo éste apartándolos—; y si les parece bien, también me llevaré este otro... Una cosa tengo que advertirles: si temen que con las mudanzas se estropeen estas pinturas, llévenmelas a casa, que allí las guardaré y pueden recogerlas el día que quieran... Vaya, ¿va pasando esa condenada tos? La semana que entra ya no toserá usted nada, pero nada... Irá usted al campo... allá
230 por el puente de San Isidro... Pero ¡qué cabeza la mía!..., se me olvidaba lo principal, que es darles los tres mil reales... Venga acá, Isidorita, entérese bien... Un billete de cien pesetas, otro, otro... (Los iba contando y mojaba los dedos con saliva a cada billete, para que no se pegaran.) Setecientas pesetas... No tengo billete de cincuenta, hija. Otro día lo daré. Tienen ahí ciento cuarenta duros, o sean dos mil
235 ochocientos reales...

VIII

Al ver el dinero, Isidora casi lloraba de gusto, y el enfermo se animó tanto que parecía haber recobrado la salud. ¡Pobrecillos, estaban tan mal, habían pasado tan horribles escaseces y miserias! Dos años antes se conocieron en casa de un prestamista que a entrambos les desollaba[60] vivos. Se confiaron su situación res-
5 pectiva, se compadecieron y se amaron: aquella misma noche durmió Isidora en el estudio. El desgraciado artista y la mujer perdida hicieron el pacto de fundir sus miserias en una sola, y de ahogar sus penas en el dulce licor de una confianza enteramente conyugal. El amor les hizo llevadera la desgracia. Se casaron en el ara del amancebamiento, y a los dos días de unión se querían de veras y hallábanse
10 dispuestos a morirse juntos y a partir lo poco bueno y lo mucho malo que la vida pudiera traerles. Lucharon contra la pobreza, contra la usura, y sucumbieron sin dejar de quererse: él siempre amante, solícita y cariñosa ella; ejemplo ambos de abnegación, de esas altas virtudes que se esconden avergonzadas para que no las vean la ley y la religión, como el noble haraposo se esconde de sus iguales bien
15 vestidos.

Volvió a abrazarles Torquemada, diciéndoles con melosa voz:

—Hijos míos, sed buenos, y que os aproveche el ejemplo que os doy. Favo-

---

[60] explotaba.

reced al pobre, amad al prójimo, y así como yo os he compadecido, compadecedme a mí, porque soy muy desgraciado.

20 —Ya sé —dijo Isidora, desprendiéndose de los brazos del avaro—, que tiene usted al niño malo. ¡Pobrecito! Verá usted cómo se le pone bueno ahora...

—¡Ahora! ¿Por qué ahora? —preguntó Torquemada con ansiedad muy viva.

—Pues... qué sé yo... Me parece que Dios le ha de favorecer, le ha de premiar sus buenas obras...

25 —¡Oh!, si mi hijo se muere —afirmó D. Francisco con desesperación—, no sé qué va a ser de mí.

—No hay que hablar de morirse —gritó el enfermo, a quien la posesión de los santos cuartos había despabilado y excitado cual si fuera una toma del estimulante más enérgico—. ¿Qué es eso de morirse? Aquí no se muere nadie. Don Fran-
30 cisco, el niño no se muere. ¡Pues no faltaba más! ¿Qué tiene? ¿Meningitis? Yo tuve una muy fuerte a los diez años; y ya me daban por muerto, cuando entré en reacción, y viví, y aquí me tiene usted dispuesto a llegar a viejo, y llegaré, porque lo que es el catarro, ahora lo largo. Vivirá el niño, Don Francisco, no tenga duda; vivirá.

35 —Vivirá —repitió Isidora—: yo se lo voy a pedir a la Virgencita del Carmen.

—Sí, hija, a la Virgen del Carmen —dijo Torquemada llevándose el pañuelo a los ojos—. Me parece muy bien. Cada uno empuje por su lado, a ver si entre todos...

El artista, loco de contento, quería comunicárselo al atribulado padre, y me-
40 dio se echó de la cama para decirle:

—Don Francisco, no llore, que el chico vive... Me lo dice el corazón, me lo dice una voz secreta... Viviremos todos y seremos felices.

—¡Ay, hijo de mi alma! —exclamó el *Peor;* y abrazándole otra vez: —Dios le oiga a usted. ¡Qué consuelo tan grande me da!

45 —También usted nos ha consolado a nosotros. Dios se lo tiene que premiar. Viviremos, sí, sí. Mire, mire: el día en que yo pueda salir, nos vamos todos al campo, el niño también, de merienda. Isidora nos hará la comida, y pasaremos un día muy agradable, celebrando nuestro restablecimiento.

—Iremos, iremos —dijo el tacaño con efusión olvidándose de lo que antes
50 había pensado respecto al *campo* a que iría Martín muy pronto—. Sí, y nos divertiremos mucho, y daremos limosnas a todos los pobres que nos salgan... ¡Qué alivio siento en mi interior desde que he hecho ese beneficio!... No, no me lo alaben... Pues verán: se me ocurre que aún les puedo hacer otro mucho mayor.

—¿Cuál?... A ver D. Francisquito...

55 —Pues se me ha ocurrido... no es idea de ahora, que la tengo hace tiempo... Se me ha ocurrido que si la Isidora conserva los papeles de su herencia y sucesión de la casa de Aransis, hemos de intentar sacar eso...

Isidora le miró entre aturdida y asombrada.

—¿Otra vez eso? —fué lo único que dijo.

60 —Sí, sí, tiene razón D. Francisco —afirmó el pobre tísico, que estaba de buenas, entregándose con embriaguez a un loco optimismo—. Se intentará... Eso no puede quedar así.

—Tengo el recelo —añadió Torquemada— de que los que intervinieron en

la acción la otra vez no anduvieron muy listos, o se vendieron a la marquesa
65 vieja... Lo hemos de ver, lo hemos de ver.

—En cuantito que[61] yo suelte el catarro. Isidora, mi ropa, ve al momento a
traer mi ropa, que me quiero levantar!... ¡Qué bien me siento ahora!... Me dan
ganas de ponerme a pintar, D. Francisco. En cuanto el niño se levante de la cama,
quiema, quiero hacerle el retrato.

70 —Gracias, gracias... sois muy buenos... los tres somos muy buenos, ¿verdad? Venga otro abrazo, y pedid a Dios por mí. Tengo que irme, porque estoy con
una zozobra que no puedo vivir.

—Nada, nada, que el niño está mejor, que se salva —repitió el artista cada
vez más exaltado—. Si le estoy viendo, si no me puedo equivocar.

75 Isidora se dispuso a salir, con parte del dinero, camino de la casa de préstamos; pero al pobre artista le acometió la tos y disnea con mayor fuerza y tuvo que
quedarse. Don Francisco se despidió con las expresiones más cariñosas que sabía,
y cogiendo los cuadritos salió con ellos debajo de la capa. Por la escalera iba diciendo: "¡Vaya que es bueno ser bueno!... ¡Siento en mi interior una cosa, un
80 consuelo!... ¡Si tendrá razón Martín! ¡Si se me pondrá bueno aquel pedazo de mi
vida!... Vamos corriendo allá. No me fío, no me fío. Este botarate tiene las ilusiones
de los tísicos en último grado. Pero ¡quién sabe! se engaña de seguro respecto a sí
mismo, y acierta en lo demás. Adonde él va pronto es al nicho... Pero los moribundos suelen tener doble vista, y puede que haya *visto* la mejoría de Valentín...
85 Voy corriendo, corriendo. ¡Cuánto me estorban estos malditos cuadros! ¡No dirán
ahora que soy tirano y judío, pues rasgos de éstos entran pocos en libra!... No me
dirán que me cobro en pinturas, pues por estos apuntes, en venta, no me darían ni
la mitad de lo que yo di. Verdad que si se muere valdrán más, porque aquí, cuando
un artista está vivo, nadie le hace maldito caso, y en cuanto se muere de miseria o
90 de cansancio, le ponen en las nubes, le llaman genio y qué sé yo qué... Me parece
que no llego nunca a mi casa. ¡Qué lejos está, estando tan cerca!"

Subió de tres en tres peldaños la escalera de su casa, y le abrió la puerta la tía
Roma, disparándole a boca de jarro estas palabras: "Señor, el niño parece que está
un poquito más tranquilo." Oírlo D. Francisco y soltar los cuadros y abrazar a la
95 vieja, fué todo uno. [...]

Torquemada no cabía en sí de sobresalto y ansiedad. Estaba el hombre con
los nervios tirantes, sin poder permanecer quieto ni un momento, tan pronto con
ganas de echarse a llorar como de soltar la risa. Iba y venía del comedor a la puerta
de la alcoba, de ésta a su despacho, y del despacho al gabinete. En una de estas
100 volteretas llamó a la tía Roma, y metiéndose con ella en la alcoba la hizo sentar, y
le dijo:

—Tía Roma, ¿crees tú que se salva el niño?

—Señor, será lo que Dios quiera, y nada más. Yo se lo he pedido anoche y
esta mañana a la Virgen del Carmen, con tanta devoción que más no puede ser,
105 llorando a moco y baba.[62] ¿No me ve cómo tengo los ojos?

—¿Y crees tú...?

—Yo tengo esperanza, señor. Mientras no sea cadáver, esperanzas ha de ha-

---

[61] tan pronto como.   [62] mucho.

ber, aunque digan los médicos lo que dijeren. Si la Virgen lo manda, los médicos
se van a hacer puñales... Otra: anoche me quedé dormida rezando, y me pareció
110 que la Virgen bajaba hasta delantito de mí, y que me decía que sí con la cabeza...
Otra: ¿no ha rezado usted?

—Sí, mujer; ¡qué preguntas haces! Voy a decirte una cosa importante. Verás.

Abrió un vargueño, en cuyos cajoncillos guardaba papeles y alhajas de gran
valor, que habían ido a sus manos en garantía de préstamos usurarios: algunas no
115 eran todavía suyas; otras, sí. Un rato estuvo abriendo estuches, y a la tía Roma, que
jamás había visto cosa semejante, se le encandilaban los ojos de pez con los resplandores que de las cajas salían. Eran, según ella, esmeraldas como nueces, diamantes que arrojaban pálidos rayos, rubíes como pepitas de granada, y oro finí-
simo, oro de la mejor ley, que valía cientos de miles... Torquemada, después de
120 abrir y cerrar estuches, encontró lo que buscaba: una perla enorme, del tamaño de
una avellana, de hermosísimo oriente; y cogiéndola entre los dedos, la mostró a
la vieja.

—¿Qué te parece esta perla, tía Roma?

—Bonita de veras. Yo no lo entiendo. Valdrá miles de millones. ¿Verdá usté?

125 —Pues esta perla —dijo Torquemada en tono triunfal— es para la señora
Virgen del Carmen. Para ella es, si pone bueno a mi hijo. Te la enseño, y pongo en
tu conocimiento la intención, para que se lo digas. Si se lo digo yo, de seguro no
me lo cree.

—Don Francisco (mirándole con profunda lástima), usted está malo de la jí-
130 cara.[63] Dígame, por su vida, ¿para qué quiere ese requilorio la Virgen del Carmen?

—Toma, para que se lo pongan el día de su santo, el 16 de julio. ¡Pues no estará poco maja con esto! Fué regalo de boda de la excelentísima señora marquesa
de Tellería. Créelo, como ésta hay pocas.

—Pero, D. Francisco, ¡usted piensa que la Virgen le va a conceder...! paice[64]
135 bobo... ¡por ese piazo[65] de cualquier cosa!

—Mira qué oriente. Se puede hacer un alfiler y ponérselo a ella en el pecho,
o al Niño.

—¡Un rayo! ¡Valiente caso hace la Virgen de perlas y pindonguerías![66]...
Créame a mí: véndala y déle a los pobres el dinero.

140 —Mira tú, no es mala idea —dijo el tacaño guardando la joya—. Tú sabes
mucho. Seguiré tu consejo, aunque, si he de serte franco, eso de dar a los pobres
viene a ser una tontería, porque cuanto les das se lo gastan en aguardiente. Pero
ya lo arreglaremos de modo que el dinero de la perla no vaya a parar a las tabernas... Y ahora quiero hablarte de otra cosa. Pon muchísima atención: ¿te acuerdas
145 de cuando mi hija, paseando una tarde por las afueras con Quevedo y las de More-
jón, fué a dar allá, por donde tú vives, hacia los Tejares del Aragonés, y entró en
tu choza y vino contándome, horrorizada, la pobreza y escasez que allí vivo? ¿Te
acuerdas de eso? Contóme Rufina que tu vivienda es un cubil, una inmundicia
hecha con adobes, tablas viejas y planchas de hierro, el techo de paja y tierra; me
150 dijo que ni tú ni tus nietos tenéis cama, y dormís sobre un montón de trapos; que

---

[63] la cabeza.   [64] parece.   [65] pedazo.   [66] cosas de
poca importancia.

los cerdos y las gallinas que criáis con la basura son allí las personas y vosotros los animales. Sí: Rufina me contó esto, y yo debí tenerte lástima y no te la tuve. Debí regalarte una cama, pues nos has servido bien, querías mucho a mi mujer, quieres a mis hijos, y en tantos años que entras aquí jamás nos has robado ni el valor
155 de un triste clavo. Pues bien: si entonces no se me pasó por la cabeza socorrerte, ahora sí.

Diciendo esto, se aproximó al lecho y dió en él un fuerte palmetazo con ambas manos, como el que se suele dar para sacudir los colchones al hacer las camas.

—Tía Roma, ven acá, toca aquí. Mira qué blandura. ¿Ves este colchón de lana
160 encima de un colchón de muelles? Pues es para ti, para ti, para que descanses tus huesos duros y te espatarres a tus anchas.[67]

Ésperaba el tacaño una explosión de gratitud por dádiva tan espléndida, y ya le parecía estar oyendo las bendiciones de la tía Roma, cuando ésta salió por un registro muy diferente. Su cara telarañosa se dilató, y de aquellas úlceras con vista
165 que se abrían en el lugar de los ojos, salió un resplandor de azoramiento y susto, mientras volvía la espalda al lecho, dirigiéndose hacia la puerta.

—Quite, quite allá —dijo—. ¡Vaya con lo que se le ocurre!... ¡Darme a mí los colchones, que ni tan siquiera caben por la puerta de mi casa!... Y aunque cupieran... ¡rayo! A cuenta que he vivido tantísimos años durmiendo en duro
170 como una reina, y en estas blanduras no pegaría los ojos. Dios me libre de tenderme ahí. [...]

Accionaba la viejecilla de una manera gráfica, expresando tan bien, con el mover de las manos y de los flexibles dedos, cómo la cama del tacaño se contaminaba de sus ruines pensamientos, que Torquemada la oía con verdadero furor,
175 asombrado de tanta ingratitud; pero ella, firme y arisca, continuó despreciando el regalo:

—Pos[68] vaya un premio gordo que me caía, Santo Dios... ¡Pa[69] que yo durmiera en eso! Ni que estuviera boba, D. Francisco. ¡Pa que a media noche me salga toda la gusanera de las ideas de usted, y se me meta por los oídos y por los ojos,
180 volviéndome loca y dándome una mala muerte!... Porque, bien lo sé yo... a mí no me la da usted... ahí dentro, ahí dentro, están todos sus pecados, la guerra que le hace al pobre, su tacañería, los réditos que mama, y todos los números que le andan por la sesera[70] para ajuntar dinero... Si yo me durmiera ahí, a la hora de la muerte me saldrían por un lado y por otro unos sapos con la boca muy grande,
185 unos culebrones asquerosos que se me enroscarían en el cuerpo, unos diablos muy feos con bigotazos y con orejas de murciélago, y me cogerían entre todos para llevarme a rastras a los infiernos. Váyase al rayo, y guárdese sus colchones, que yo tengo un camastro hecho de sacos de trapo, con una manta por encima, que es la gloria divina... Ya lo quisiera usted... Aquello sí que es rico para dormir a pierna
190 suelta...

—Pues dámelo, dámelo, tía Roma —dijo el avaro con aflicción—. Si mi hijo se salva, me comprometo a dormir en él lo que me queda de vida, y a no comer más que las bazofias que tú comes.

---

[67] con comodidad. [68] pues. [69] para.
[70] cabeza.

—A buenas horas y con sol. Usted quiere ahora poner un puño en el cielo.
195 ¡Ay, señor, a cada paje su ropaje! A usted le sienta eso como a la burra las arra-
cadas. Y todo ello es porque está afligido; pero si se pone bueno el niño, volverá
usted a ser más malo que Holofernes. Mire que ya va para viejo; mire que el mejor
día se le pone delante la de la cara pelada,[71] y a ésa sí que no le da usted el timo.

—Pero ¿de dónde sacas tú, estampa de la basura —replicó Torquemada con
200 ira, agarrándola por el pescuezo y sacudiéndola—, de dónde sacas tú que yo soy
malo, ni lo he sido nunca?

—Déjeme, suélteme, no me menee, que no soy ninguna pandereta. Mire que
soy más vieja que Jerusalén, y he visto mucho mundo, y le conozco a usted desde
que se quiso casar con la Silvia. Y bien le aconsejé a ella que no se casara... y bien
205 le anuncié las hambres que había de pasar. Ahora que está rico no se acuerda de
cuando empezaba a ganarlo. Yo sí me acuerdo, y me paice que fué ayer cuando le
contaba los garbanzos a la cuitada de Silvia, y todo lo tenía usted bajo llave, y la
pobre estaba descomida, trasijada y ladrando de hambre. Como que si no es por
mí, que le traía algún huevo de ocultis, se hubiera muerto cien veces. ¿Se acuerda
210 de cuando se levantaba usted a media noche para registrar la cocina a ver si descubría algo de condumio, que la Silvia hubiera escondido para comérselo sola?
¿Se acuerda de cuando encontró un pedazo de jamón en dulce y un medio pastel
que me dieron a mí en cas[72] de la marquesa, y que yo le traje a la Silvia para que
se lo zampara[73] ella sola, sin darle a usted ni tanto así? ¿Recuerda que al otro día
215 estaba usted hecho un león, y que cuando entré me tiró al suelo y me estuvo pa-
teando? Y yo no me enfadé, y volví, y todos los días le traía algo a la Silvia. Como
usted era el que iba a la compra, no le podíamos sisar, y la infeliz no tenía una
triste chambra que ponerse. Era una mártira, D. Francisco, una mártira; ¡y usted
guardando el dinero y dándolo a peseta por duro al mes! Y mientre[74] tanto, no
220 comían más que mojama cruda con pan seco y ensalada. Gracias que yo partía con
ustedes lo que me daban en las casas ricas, y una noche, ¿se acuerda?, traje un
hueso de jabalí que lo estuvo usted echando en el puchero seis días seguidos,
hasta que se quedó más seco que su alma puñalera. Yo no tenía obligación de traer
nada: lo hacía por la Silvia, a quien cogí en brazos cuando nació de señá Rufinica,
225 la del callejón del Perro. Y lo que a usted le ponía furioso era que yo le guardase
las cosas a ella y no se las diera a usted, ¡un rayo! Como si tuviera yo obligación
de llenarle a usted el buche, perro, más que perro... Y dígame ahora, ¿me ha dado
alguna vez el valor de un real? Ella sí me daba lo que podía, a la chita callando;
pero usted, el muy capigorrón, ¿qué me ha dado? Clavos torcidos, y las barredu-
230 ras de la casa. ¡Véngase ahora con jipíos y farsa!... Valiente caso le van a hacer.

—Mira, vieja de todos los demonios —le dijo Torquemada furioso—, por
respeto a tu edad no te reviento de una patada. Eres una embustera, una diabla,
con todo el cuerpo lleno de mentiras y enredos. Ahora te da por desacreditarme,
después de haber estado más de veinte años comiendo mi pan. ¡Pero si te conozco,
235 zurrón de veneno; si eso que has dicho nadie te lo va a creer: ni arriba ni abajo! El
demonio está contigo, y maldita tú eres entre todas las brujas y esperpentos que
hay en el cielo... digo, en el infierno.

---

[71] la muerte.   [72] casa.   [73] comiera.   [74] mientras.

IX

[...]

Caía la tarde, y la obscuridad reinaba ya en torno del infeliz tacaño, cuando éste oyó claro y distinto el grito de pavo real que Valentín daba en el paroxismo de su altísima fiebre. "¡Y decían que estaba mejor!... Hijo de mi alma... Nos han vendido, nos han engañado."

Rufina entró llorando en la estancia de la fiera, y le dijo: "¡Ay, papá, qué malito se ha puesto; pero qué malito!

—¡Ese trasto de Quevedo! —gritó Torquemada llevándose un puño a la boca y mordiéndoselo con rabia—. Le voy a sacar las entrañas... Él nos le ha matado.

—Papá, por Dios, no seas así... No te rebeles contra la voluntad de Dios... Si Él lo dispone...

—Yo no me rebelo, ¡puñales!, yo no me rebelo. Es que no quiero, no quiero dar a mi hijo, porque es mío, sangre de mi sangre y hueso de mis huesos...

—Resígnate, resígnate, y tengamos conformidad—exclamó la hija, hecha un mar de lágrimas.

—No puedo, no me da la gana de resignarme. Esto es un robo... Envidia, pura envidia. ¿Qué tiene que hacer Valentín en el cielo? Nada, digan lo que dijeren; pero nada... Dios, ¡cuánta mentira, cuánto embuste! Que si cielo, que si infierno, que si Dios, que si diablo, que si... tres mil rábanos. ¡Y la muerte, esa muy pindonga de la muerte, que no se acuerda de tanto pillo, de tanto farsante, de tanto imbécil, y se le antoja mi niño, por ser lo mejor que hay en el mundo!... Todo está mal, y el mundo es un asco, una grandísima porquería.

Rufina se fué y entró Bailón [...]. Disponíase el clerizonte a confortar al afligido padre en aquel trance doloroso, y empezó por darle un abrazo, diciéndole con empañada voz:

—Valor, amigo mío, valor. En estos casos se conocen las almas fuertes. Acuérdese usted de aquel gran filósofo que expiró en una cruz, dejando consagrados los principios de la Humanidad.

—¡Qué principios ni qué...! ¿Quiere usted marcharse de aquí, so chinche?... ¡Vaya que es de lo más pelmazo y cargante y apestoso que he visto! Siempre que estoy angustiado me sale con esos retruécanos.

—Amigo mío, mucha calma. Ante los designios de la Naturaleza, de la Humanidad, del gran Todo, ¿qué puede el hombre? ¡El hombre! Esa hormiga, menos aún, esa pulga..., todavía mucho menos.

—Ese coquito[75]..., menos aún, ese... ¡puñales! —agregó Torquemada con sarcasmo horrible, remedando la voz de la sibila y enarbolando después el puño cerrado—. Si no se calla, le rompo la cara... Lo mismo me da a mí el grandísimo todo que la grandísima nada y el muy piojoso que la inventó. Déjeme, suélteme, por la condenada alma de su madre, o...

Entró Rufina otra vez, traída por dos amigas suyas, para apartarla del tristísimo espectáculo de la alcoba. La pobre joven no podía sostenerse. Cayó de rodillas exhalando gemidos, y al ver a su padre forcejeando con Bailón, le dijo:

—Papá, por Dios, no te pongas así. Resígnate... yo estoy resignada, ¿no me ves?... El pobrecito... cuando yo entré... tuvo un instante, ¡ay!, en que recobró el

---

[75] fantasma con el que intenta asustar a los niños.

45 conocimiento. Habló con voz clara, y dijo que veía a los ángeles que le estaban llamando.

—¡Hijo de mi alma, hijo de mi vida! —gritó Torquemada con toda la fuerza de sus pulmones, hecho un salvaje, un demente—. No vayas, no hagas caso; que ésos son unos pillos que te quieren engañar... Quédate con nosotros...

50 Dicho esto, cayó redondo al suelo, estiró una pierna, contrajo la otra y un brazo. Bailón, con toda su fuerza no podía sujetarle, pues desarrollaba un vigor muscular inverosímil. Al propio tiempo soltaba de su fruncida boca un rugido feroz y espumarajos. Las contracciones de las extremidades y el pataleo eran en verdad horrible espectáculo: se clavaba las uñas en el cuello hasta hacerse sangre.

55 Así estuvo largo rato, sujetado por Bailón y el carnicero, mientras Rufina, transida de dolor, pero en sus cinco sentidos, era consolada y atendida por Quevedito y el fotógrafo. [...]

Valentín había expirado ya. Su hermana, que quieras que no, allá se fué, le dió mil besos, y, ayudada de las amigas, se dispuso a cumplir los últimos deberes

60 con el pobre niño. Era valiente, mucho más valiente que su padre, el cual cuando volvió en sí de aquel tremendo síncope, y pudo enterarse de la completa extinción de sus esperanzas, cayó en profundísimo abatimiento físico y moral. Lloraba en silencio, y daba unos suspiros que se oían en toda la casa. [...] El suspirar hondo y el llanto comprimido le duraron hasta cerca del día, hora en que fué atacado de

65 un nuevo paroxismo de dolor, diciendo que quería ver a su hijo; *resucitarle, costara lo que costase,* e intentaba salirse del lecho, contra los combinados esfuerzos de Bailón, del carnicero y de los demás amigos que contenerle y calmarle querían. Por fin lograron que se estuviese quieto, resultado en que no tuvieron poca parte las filosóficas amonestaciones del clerigucho,[76] y las sabias cosas que echó por aque-

70 lla boca el carnicero, hombre de pocas letras, pero muy buen cristiano. "Tienen razón —dijo D. Francisco, agobiado y sin aliento—. ¿Qué remedio queda más que conformarse? ¡Conformarse! Es un viaje para el que no se necesitan alforjas. Vean de qué le vale a uno ser más bueno que el pan, y sacrificarse por los desgraciados, y hacer bien a los que no nos pueden ver ni en pintura... Total, que lo que pensaba

75 emplear en favorecer a cuatro pillos... ¡mal empleado dinero, que había de ir a parar a las tabernas, a los garitos y a las casas de empeño!... digo que esos dinerales los voy a gastar en hacerle a mi hijo del alma, a esa gloria, a ese prodigio que no parecía de este mundo, el entierro más lucido que en Madrid se ha visto. ¡Ah, qué hijo! ¿No es dolor que me le hayan quitado? Aquello no era hijo: era un diosecito

80 que engendramos a medias el Padre Eterno y yo... ¿No creen ustedes que debo hacerle un entierro magnífico? Ea, ya es de día. Que me traigan muestras de carros fúnebres... y vengan papeletas negras para convidar a todos los profesores."

Con estos proyectos de vanidad, excitóse el hombre, y a eso de las nueve de la mañana, levantado y vestido, daba sus disposiciones con aplomo y serenidad.

85 Almorzó bien, recibía a cuantos amigos llegaban a verle, y a todos les endilgaba la consabida historia: "Conformidad... ¡Qué le hemos de hacer!... Está visto: lo mismo da que usted se vuelva santo, que se vuelva usted Judas, para el caso de que le escuchen y le tengan misericordia... ¡Ah, misericordia!... Lindo anzuelo sin cebo para que se lo traguen los tontos."

---

[76] clérigo.

90 [...]

Al día siguiente, el hombre fué acometido, desde que abrió los ojos, de la fiebre de los negocios terrenos. Como la señorita había quedado muy quebrantada por los insomnios y el dolor, no podía atender a las cosas de la casa: la asistenta y la incansable tía Roma la sustituyeron hasta donde sustituirla era posible. Y he
95 aquí que cuando la tía Roma entró a llevarle el chocolate al gran inquisidor, ya estaba éste en planta, sentado a la mesa de su despacho, escribiendo números con mano febril. Y como la bruja aquélla tenía tanta confianza con el señor de la casa, permitiéndose tratarle como a igual, se llegó a él, le puso sobre el hombro su descarnada y fría mano, y le dijo: "Nunca aprende... Ya está otra vez preparando los
100 trastos de ahorcar. Mala muerte va usted a tener, condenado de Dios, si no se enmienda." Y Torquemada arrojó sobre ella una mirada que resultaba enteramente amarilla, por ser en él de este color lo que en los demás humanos ojos es blanco, y le respondió de esta manera: "Yo hago lo que me da mi santísima gana, so mamarracho, vieja más vieja que la Biblia. Lucido estaría si consultara con tu necedad lo
105 que debo hacer." Contemplando un momento el encerado de las matemáticas, exhaló un suspiro y prosiguió así: "Si preparo los trastos, eso no es cuenta tuya ni de nadie, que yo me sé cuanto hay que saber de tejas abajo[77] y aun de tejas arriba,[78] ¡puñales! Ya sé que me vas a salir con el materialismo de la misericordia... A eso te respondo que si buenos memoriales eché, buenas y gordas calabazas me dieron.
110 La misericordia que yo tenga, ¡... ñales!, que me la claven en la frente."

■ **Preguntas de comprensión**

1. ¿Cómo es Torquemada? ¿En qué se diferencia de los usureros que viven sin gastar dinero?
2. ¿Cómo es Valentín, el hijo del usurero? ¿Cómo trata Torquemada a su hijo?
3. ¿Qué le pasa a Valentín? ¿Por qué se asusta Torquemada?
4. Cuando Torquemada va a una de sus casas para cobrarles la renta a sus inquilinos, ¿cómo se comporta? ¿Cómo cambia después de la enfermedad de su hijo?
5. ¿Qué hace Torquemada al encontrarse en la calle con los mendigos?
6. ¿Qué le pide Isidora a Torquemada? ¿Qué recibe él a cambio?
7. ¿Por qué se enfada Torquemada con la vieja tía Roma?
8. ¿Cómo termina la novela?

■ **Preguntas de análisis**

1. ¿Cuáles son las características realistas de esta novela? Piense en el modo de presentar a los personajes, lo psicológico, la manera de hablar de los personajes, el ambiente social, etc.
2. ¿Es objetivo o parcial el narrador? ¿Por qué?
3. Cuando Torquemada socorre a los desafortunados, ¿qué hace en cada caso para poner en tela de juicio su sinceridad?
4. ¿En qué consisten las conversaciones entre Torquemada y Bailón? ¿Cuál es la importancia de estas conversaciones?

---

[77] en la tierra.   [78] en el cielo.

5. ¿Por qué es significativo que la persona que critica a Torquemada, la tía Roma, sea de la clase baja?
6. ¿Qué comunica Galdós sobre la clase media española?

■ Temas para informes escritos

1. La caracterización de la clase media en esta novela
2. La clase media representada por Torquemada versus la clase baja representada por la tía Roma, los inquilinos
3. *Torquemada en la hoguera* en el contexto socio-político del siglo XIX

■ Bibliografía mínima

Arancibia, Yolanda, ed. *Creación de una realidad ficticia: Las novelas de Torquemada de Pérez Galdós*. Madrid: Castalia, 1997.

Blanco Villalba, Carmen. "El narrador de *Torquemada en la hoguera* de Benito Pérez Galdós". *Revista de Estudios Canadienses* 18.2 (1994): 151–70.

Cardona, Rodolfo. *Galdós ante la literatura y la historia*. Las Palmas: Ediciones del Cabildo Insular de Gran Canaria, 1998.

Faus Sevilla, Pilar. *La sociedad española del siglo XIX en la obra de Pérez Galdós*. Valencia: Nacher, 1972.

Gold, Hazel. *The Reframing of Realism: Galdós and the Discourses of the Nineteenth-Century Spanish Novel*. Durham: Duke UP, 1993.

Labanyi, Jo. *Galdós*. London: Longman, 1993.

Montesinos, José Fernández. *Galdós*. Madrid: Castalia, 1968.

Ortiz Armengol, Pedro. *Vida de Galdós*. Barcelona, Crítica, 1995.

Pattison, Walter T. *Benito Pérez Galdós*. Boston: Twayne, 1975.

Penuel, Arnold M. *Charity in the Novels of Galdós*. Athens: U of Georgia P, 1972.

Sherzer, William M. "Narrative Play and Social Context in *Torquemada en la hoguera*". *Anales Galdosianos* 23 (1998): 67–72.

EMILIA PARDO BAZÁN

1851–1921

© a.g.e. fotostock America

Aunque hoy en día se hace hincapié en la presencia de escritoras en el siglo XIX, durante ese siglo Emilia Pardo Bazán fue la única mujer que gozó del mismo prestigio y aceptación que los escritores varones. Novelista, cuentista, crítica literaria y redactora de una revista de literatura que ella misma fundó, también fue una de las personas que más promovió el naturalismo y el movimiento feminista en España.

Pardo Bazán, hija única de padres aristocráticos, nació en La Coruña, Galicia, en 1851. Se casó en 1868, justo antes de que estallara la revolución. Fue una lectora ávida durante su juventud y escribió su primera novela en 1879. Se trasladó con su familia a Madrid, donde conoció y fue amiga de los escritores más populares de la época, entre ellos Galdós y Clarín. Fue admirada por muchos de los hombres de letras, pero su presencia en el mundo literario también provocó reacciones negativas. Fue catedrática de literatura entre 1916 y 1921, pero nunca fue admitida a la Academia Española—el honor más prestigioso para un intelectual —por ser mujer. En total, compuso diecinueve novelas, veintiuna novelas cortas y más de quinientos cuentos.

Pardo Bazán defendió siempre la igualdad entre los hombres y las mujeres, sobre todo en el terreno de la educación. Creía que la única manera en que una mujer iba a avanzar era por medio de una educación con bases sólidas. A lo largo de su vida, publicó varios ensayos que abogaban por una mejora en la situación de la mujer española, tanto en la educación como en el mundo laboral y en los círculos intelectuales. En muchas de sus novelas y cuentos hay mujeres que desafían la sociedad, pero casi siempre con resultados no muy positivos, quizás porque la realidad social en que ella vivía todavía no era propicia para el ascenso intelectual de la mujer.

En 1883, publicó *La cuestión palpitante,* una obra en que exponía la teoría naturalista del francés Émile Zola. Aunque sus obras literarias gozaban de gran éxito durante esta época, la publicación de *La cuestión palpitante* causó un gran escándalo entre el público y fue la causa por la que su marido finalmente la dejó. El conflicto tenía por causa el que una mujer apoyara un movimiento que causaba tanta polémica en los círculos literarios.

Aunque Pardo Bazán era la promotora más activa del naturalismo, otros escritores también experimentaban con esta tendencia, entre ellos Galdós, Clarín y Blasco Ibáñez. Según las teorías de Zola, el carácter humano está sometido a leyes naturalistas que determinan el desarrollo del ser humano. Las teorías naturales se basan en la idea del determinismo: hacen hincapié en las fuerzas ambientales y hereditarias en la formación del ser humano, y restan importancia al libre albedrío. El naturalismo está basado en la observación objetiva, "científica", de la sociedad y, aplicada a la literatura, la observación imparcial puede ilustrar verdades absolutas sobre la condición humana. Así, en el descenso moral del ser humano, causado por la naturaleza determinista de la vida, se destacan los aspectos grotescos y sórdidos de la vida. Las obras naturalistas tienden a ocuparse de las clases bajas y de problemas como el alcoholismo y la violencia doméstica. A pesar de su apego al naturalismo, Pardo Bazán no aceptó por completo esta doctrina. Por ser católica y mujer, no podía aceptar la falta de libre albedrío que el naturalismo implicaba. Aún así, en sus novelas y cuentos naturalistas el ambiente es una fuerza predominante en las vidas y las acciones de los protagonistas. En su novela *Los pazos de Ulloa* (1886), por ejemplo, los habitantes de un señorío aristocrático se someten a las fuerzas de la naturaleza y se destaca su comportamiento salvaje y animal. En la continuación de esta novela, *La madre naturaleza* (1887), la naturaleza es el impulso para que dos jóvenes tomen parte en un acto incestuoso.

"En tranvía", publicado en 1890, pertenece a los cuentos sociales de la escritora. Este cuento, a diferencia de sus novelas naturalistas, tiene lugar en Madrid y no en los espacios rurales de Galicia. Aunque los rasgos realistas sobresalen en este cuento, también están presentes varias de las características naturalistas que han marcado la obra literaria de Pardo Bazán.

■ Preguntas de pre-lectura

1. ¿Cuáles son las características del naturalismo? ¿Cómo cabe el naturalismo dentro del realismo?
2. ¿Piensa que hay rasgos propios en las obras escritas por mujeres? ¿Cuáles son?
3. ¿Cómo es el retrato de la clase media y la clase baja en la obra de Galdós que ha leído?

En tranvía

Los últimos días del invierno ceden el paso a la estación primaveral, y algo de fluido germinador flota en la atmósfera y sube al purísimo azul del firmamento. La gente, volviendo de misa o del matinal correteo[1] por las calles, asalta en la Puerta del Sol[2] el tranvía del barrio de Salamanca. Llevan las señoras senci-
5 llos trajes de mañana; la blonda[3] de la mantilla envuelve en su penumbra el brillo de las pupilas negras; arrollado a la muñeca, el rosario; en la mano enguantada, ocultando el puño del *encas,*[4] un haz de lilas o un cucurucho de dulces, pendientes de una cintita del dedo meñique. Algunas van acompañadas de sus niños: ¡y qué niños tan elegantes, tan bonitos, tan bien tratados! Dan ganas de comérselos a be-
10 sos; entran impulsos invencibles de juguetear, enredando los dedos en la ondulante y pesada guedeja rubia[5] que les cuelga por las espaldas.

En primer término, casi frente a mí, descuella[6] un "bebé" de pocos meses. No se ve en él, aparte de la carita regordeta[7] y las rosadas manos, sino encajes, tiras bordadas de ojetes, lazos de cinta, blanco todo, y dos bolas envueltas en lana
15 blanca también, bolas impacientes y danzarinas que son los piececillos. Se empina sobre ellos, pega brincos de gozo, y cuando un caballero cuarentón que va a su lado—probablemente el papá—le hace una carantoña[8] o le enciende un fósforo, el mamón se ríe con toda su boca de viejo, babosa y desdentada, irradiando luz del cielo en sus ojos puros. Más allá, una niña como de nueve años se arrellana[9] en pos-
20 tura desdeñosa e indolente, cruzando las piernas, luciendo la fina canilla cubierta con la estirada media de seda negra y columpiando el pie calzado con zapato inglés de charol. La futura mujer hermosa tiene ya su dosis de coquetería; sabe que la miran y la admiran, y se deja mirar y admirar con oculta e íntima complacencia, haciendo un mohín[10] equivalente a "Ya sé que os gusto; ya sé que me contempláis."
25 Su cabellera, apenas ondeada, limpia, igual, frondosa, magnífica, la envuelve y la rodea de un halo de oro, flotando bajo el sombrero ancho de fieltro, nublado por la gran pluma gris. Apretado contra el pecho lleva un envoltorio de papel de seda, probablemente algún juguete fino para el hermano menor, alguna sorpresa para la mamá, algún lazo o moño que la impulsó a adquirir su tempranera presunción.
30 Más allá de este capullo cerrado va otro que se entreabre ya, la hermana tal vez, linda criatura como de veinte años, tipo afinado de morena madrileña, sencillamente vestida, tocada con una capotita[11] casi invisible, que realza su perfil delicado y serio. No lejos de ella, una matrona arrogante, recién empolvada de arroz, baja los ojos y se reconcentra como para soñar o recordar.
35 Con semejante tripulación, el plebeyo tranvía reluce orgullosamente al sol, ni más ni menos que si fuese landó forrado de rasolís,[12] arrastrado por un tronco inglés legítimo. Sus vidrios parecen diáfanos; sus botones de metal deslumbran; sus mulas trotan briosas y gallardas; el conductor arrea con voz animosa, y el cobrador pide los billetes atento y solícito, ofreciendo en ademán cortés el pedacillo
40 de papel blanco o rosa. En vez del olor chotuno[13] que suelen exhalar los cargamentos de obreros allá en las líneas del Pacífico y del Hipódromo, vagan por la at-

---

[1] andar por la mañana, dar una vuelta.
[2] plaza en el centro de madrid.   [3] encaje de seda.   [4] la mano cerrada.   [5] cabellera.
[6] sobresale.   [7] gordita.   [8] caricia.

[9] acomoda, sienta.   [10] gesto.   [11] de "capote", un tipo de capa.   [12] coche con el interior cubierto de un material lujoso.   [13] mal olor.

mósfera del tranvía emanaciones de flores, vaho de cuerpos limpios y brisas del iris de la ropa blanca. Si al hacerse el pago cae al suelo una moneda, al buscarla se entrevén piececitos chicos, tacones Luis XV, encajes de enaguas y tobillos menu-
45 dos. A medida que el coche avanza por la calle de Alcalá arriba, el sol irradia más e infunde mayor alborozo el bullicio dominguero, el gentío que hierve en las aceras, el rápido cruzar de los coches, la claridad del día y la templanza del aire. ¡Ah, qué alegre el domingo madrileño, qué aristocrático el tranvía a aquella hora en que por todas las casas del barrio se oye el choque de platos, nuncio[14] del al-
50 muerzo, y los fruteros de cristal del comedor sólo aguardan la escogida fruta o el apetitoso dulce que la dueña en persona eligió en casa de Martinho o de Prast!

Una sola mancha noté en la composición del tranvía. Es cierto que era negrísima y feísima, aunque acaso lo pareciese más en virtud del contraste. Una mujer del pueblo se acurrucaba[15] en una esquina, agasajando entre sus brazos a una cria-
55 tura. No cabía precisar la edad de la mujer; lo mismo podría frisar en los treinta y tantos que en los cincuenta y pico. Flaca como una espina, su mantón pardusco,[16] tan traído como llevado, marcaba la exigüidad[17] de sus miembros: diríase que iba colgado de una percha. El mantón[18] de la mujer del pueblo de Madrid tiene fisonomía, es elocuente y delator: si no hay prenda que mejor realce las airosas for-
60 mas, que mejor acentúe el provocativo meneo de cadera de la arrebatada chula, tampoco la hay que más revele la sórdida miseria, el cansado desaliento de una vida aperreada y angustiosa, el encogimiento del hambre, el supremo indiferentismo del dolor, la absoluta carencia de pretensiones de la mujer a quien marchitó la adversidad y que ha renunciado por completo no sólo a la esperanza de agra-
65 dar, sino al prestigio del sexo.

Sospeché que aquella mujer del mantón ceniza, pobre de solemnidad sin duda alguna, padecía amarguras más crueles aún que la miseria. La miseria a secas[19] la acepta con feliz resignación el pueblo español, hasta poco hace ajeno a reivindicaciones socialistas. Pobreza es el sino del pobre y a nada conduce protes-
70 tar. Lo que vi escrito sobre aquella faz, más que pálida, lívida; en aquella boca sumida por los cantos, donde la risa parecía no haber jugado nunca; en aquellos ojos de párpados encarnizados y sanguinolentos,[20] abrasados ya y sin llanto refrigerante, era cosa más terrible, más excepcional que la miseria: era la desesperación.

El niño dormía. Comparado con el pelaje de la mujer, el de la criatura era
75 flamante y decoroso. Sus medias de lana no tenían desgarrones; sus zapatos bastos,[21] pero fuertes, se hallaban en un buen estado de conservación; su chaqueta gorda sin duda preservaba bien del frío, y lo que se veía de su cara, un cachetito[22] sofocado por el sueño, parecía limpio y lucio. Una boina colorada le cubría la pelona. Dormía tranquilamente; ni se le sentía la respiración. La mujer, de tiempo en
80 tiempo y como por instinto, apretaba contra sí al chico, palpándole suavemente con su mano descarnada, denegrida y temblorosa.

El cobrador se acercó librillo en mano, revolviendo en la cartera la calderilla. La mujer se estremeció como si despertase de un sueño, y registrando en su bolsillo, sacó, después de exploraciones muy largas, una moneda de cobre.
85 —¿Adónde?

---

[14] anuncio. [15] encogida y sentada. [16] del color de la tierra. [17] escasez. [18] un chal, ropa de mujer para abrigarse. [19] miseria total. [20] Se refiere a sangre. [21] toscos. [22] mejilla.

—Al final.

—Son quince céntimos desde la Puerta del Sol, señora—advirtió el cobrador, entre regañón y compadecido—, y aquí me da usted diez.

—¡Diez!... —repitió vagamente la mujer, como si pensase en otra cosa—.
90 Diez...

—Diez, sí; un perro grande[23]... ¿No lo está usted viendo?

—Pero no tengo más —replicó la mujer con dulzura e indiferencia.

—Pues quince hay que pagar —advirtió el cobrador con alguna severidad, sin resolverse a gruñir demasiado, porque la compasión se lo vedaba.

95 A todo esto, la gente del tranvía comenzaba a enterarse del episodio, y una señora buscaba ya su portamonedas para enjugar aquel insignificante déficit.

—No tengo más —repetía la mujer porfiadamente, sin irritarse ni afligirse.

Aun antes de que la señora alargase el perro chico,[24] el cobrador volvió la espalda encogiéndose de hombros, como quien dice: "De estos casos se ven algu-
100 nos." De repente, cuando menos se lo esperaba nadie, la mujer, sin soltar a su hijo y echando llamas por los ojos, se incorporó, y con acento furioso exclamó, dirigiéndose a los circunstantes:

—¡Mi marido se me ha ido con otra!

Este frunció el ceño, aquél reprimió la risa; al pronto creímos que se había
105 vuelto loca la infeliz para gritar tan desaforadamente y decir semejante incongruencia; pero ella ni siquiera advirtió el movimiento de extrañeza del auditorio.

—Se me ha ido con otra —repitió entre el silencio y la curiosidad general—. Una ladronaza pinta[25] y revocá[26] como una pared. Con ella se ha ido. Y a ella le da cuanto gana, y a mí me hartó de palos.[27] En la cabeza me dio un palo. La tengo
110 rota. Lo peor, que se ha ido. No sé dónde está. ¡Ya van dos meses que no sé!

Dicho esto, cayó en su rincón desplomada, ajustándose maquinalmente el pañuelo de algodón que llevaba atado bajo la barbilla. Temblaba como si un huracán interior la sacudiese, y de sus sanguinolentos ojos caían por las demacradas mejillas dos ardientes y chicas lágrimas. Su lengua articulaba por lo bajo palabras
115 confusas, el resto de la queja, los detalles crueles del drama doméstico. Oí al señor cuarentón que encendía fósforos para entretener al mamoncillo, murmurar al oído de la dama que iba a su lado:

—La desdichada esa... Comprendo al marido. Parece un trapo viejo. ¡Con esa jeta y ese ojo de perdiz que tiene!

120 La dama tiró suavemente de la manga al cobrador, y le entregó algo. El cobrador se acercó a la mujer y le puso en las manos la dádiva.

—Tome usted... Aquella señora le regala una peseta.

El contagio obró instantáneamente. La tripulación entera del tranvía se sintió acometida del ansia de dar. Salieron a relucir portamonedas, carteras y
125 saquitos. La colecta fue tan repentina como relativamente abundante.

Fuese porque el acento desesperado de la mujer había ablandado y estremecido todos los corazones, fuese porque es más difícil abrir la voluntad a soltar la primera peseta que a tirar el último duro, todo el mundo quiso correrse, y hasta la desdeñosa chiquilla de la gran melena rubia, comprendiendo tal vez, en medio de

---

[23] moneda que valía diez céntimos.
[24] moneda que valía cinco céntimos.

[25] pintada.   [26] revocada.
[27] le pegaba mucho.

130 su inocencia, que allí había un gran dolor que consolar, hizo un gesto monísimo, lleno de seriedad y de elegancia, y dijo a la hermanita mayor: "María, algo para la pobre." Lo raro fue que la mujer ni manifestó contento ni gratitud por aquel maná[28] que le caía encima. Su pena se contaba, sin duda, en el número de las que no alivia el rocío de plata. Guardó, si, el dinero que el cobrador le puso en las ma-135 nos, y con un movimiento de cabeza indicó que se enteraba de la limosna; nada más. No era desdén, no era soberbia, no era incapacidad moral de reconocer el beneficio: era absorción en un dolor más grande, en una idea fija que la mujer seguía a través del espacio, con mirada visionaria y el cuerpo en epiléptica trepidación.

Así y todo, su actitud hizo que se calmase inmediatamente la emoción com-140 pasiva. El que da limosna es casi siempre un egoistón de marca,[29] que se perece por el golpe de varilla transformador de lágrimas en regocijo. La desesperación absoluta le desorienta, y hasta llega a mortificarle en su amor propio, a título de declaración de independencia que se permite el desgraciado. Diríase que aquellas gentes del tranvía se avergonzaban unas miajas[30] de su piadoso arranque al ad-145 vertir que después de una lluvia de pesetas y dobles pesetas, entre las cuales relucía un duro nuevecito, del nene, la mujer no se reanimaba poco ni mucho, ni les hacía pizca de caso.[31] Claro está que este pensamiento no es de los que se comunican en voz alta, y, por tanto, nadie se lo dijo a nadie; todos se lo guardaron para sí y fingieron indiferencia aparentando una distracción de buen género y ha-150 blando de cosas que ninguna relación tenían con lo ocurrido. "No te arrimes, que me estropeas las lilas." "¡Qué gran día hace!" "¡Ay!, la una ya; cómo estará tío Julio con sus prisas para el almuerzo..." Charlando así, encubrían el hallarse avergonzados no de la buena acción, sino del error o chasco[32] sentimental que se la había sugerido.

155 Poco a poco fue descargándose el tranvía. En la bocacalle de Goya soltó ya mucha gente. Salían con rapidez, como quien suelta un peso y termina una situación embarazosa, y evitando mirar a la mujer inmóvil en su rincón, siempre trémula, que dejaba marchar a sus momentáneos bienhechores, sin decirles siquiera: "Dios se lo pague." ¿Notaría que el coche iba quedándose desierto? No pude me-160 nos de llamarle la atención:

—¿Adónde va usted? Mire que nos acercamos al término del trayecto. No se distraiga y vaya a pasar de su casa.

Tampoco me contestó; pero con una cabezada fatigosa me dijo claramente: "Quia! Si voy mucho más lejos... Sabe Dios, desde el cocherón, lo que andaré a pie 165 todavía."

El diablo (que también se mezcla a veces en estos asuntos compasivos) me tentó a probar si las palabras aventajarían a las monedas en calmar algún tanto la ulceración de aquella alma en carne viva.

—Tenga ánimo, mujer —le dije enérgicamente—. Si su marido es un mal 170 hombre, usted por eso no se abata. Lleva usted un niño en brazos...; para él debe usted trabajar y vivir. Por esa criatura debe usted intentar lo que no intentaría por

---

[28] manjar milagroso.   [29] muy egoísta.   [30] un poco.   [31] no les hacía nada de caso.   [32] chiste, desilusión.

sí misma. Mañana el chico aprenderá un oficio y la servirá a usted de amparo. Las madres no tienen derecho a entregarse a la desesperación mientras sus hijos viven.

175   De esta vez la mujer salió de su estupor; volvióse y clavó en mí sus ojos irritados y secos, de horrible párpado ensangrentado y colgante. Su mirada fija removía el alma. El niño, entre tanto, se había despertado y estirado los bracitos, bostezando perezosamente. Y la mujer, agarrando a la criatura, la levantó en vilo y me la presentó. La luz del sol alumbraba de lleno su cara y sus pupilas, abiertas

180 de par en par. Abiertas, pero blancas, cuajadas, inmóviles. El hijo de la abandonada era ciego.

■ Preguntas de comprensión

1. ¿Cómo es la gente que viaja en el tranvía? ¿Qué tipo de ropa lleva?
2. ¿Cómo es la mujer pobre que está en el tranvía? ¿Qué tipo de ropa lleva ella?
3. ¿Quién está con la mujer pobre?
4. ¿Qué ocurre cuando el cobrador se acerca a la mujer pobre?
5. ¿Dónde está el marido de esta mujer?
6. ¿Qué hacen los viajeros cuando se enteran de la situación de la mujer pobre? ¿Cómo reacciona ella?
7. ¿Qué le dice el narrador a la mujer pobre para darle ánimo? ¿Por qué está equivocado?

■ Preguntas de análisis

1. ¿Cuál es la función de la larga descripción de la ropa que llevan los viajeros?
2. ¿Qué significado podría tener el tranvía en el contexto decimonónico? ¿Y en este cuento?
3. ¿Qué comunica este cuento sobre la clase media en el siglo XIX? ¿Y sobre la clase baja? ¿Es este cuento parecido a *Torquemada en la hoguera* con respecto a la representación de las clases sociales?
4. ¿Es éste un cuento naturalista? ¿Por qué?
5. ¿Por qué es significativo el hecho de que Pardo Bazán, una mujer aristocrática, escriba este cuento sobre una mujer de la clase baja?

■ Temas para informes escritos

1. La función de la ropa
2. El significado del tranvía
3. El ascenso social en el siglo XIX

■ Bibliografía mínima

Bravo-Villasante, Carmen. *Vida y obra de Emilia Pardo Bazán*. Madrid: Revista de Occidente, 1962.

Charnon-Deutsch, Lou. "Naturalism in the Short Fiction of Emilia Pardo Bazán". *Hispanic Journal* 3.1 (fall 1981): 73–85.

———. *The Nineteenth-Century Spanish Story: Textual Strategies of a Genre in Transition*. London: Tamesis, 1985.

González Martínez, Pilar. *Aporías de una mujer: Emilia Pardo Bazán.* México: Siglo Veintiuno Editores, 1988.

Hemingway, Maurice. *Emilia Pardo Bazán: The Making of a Novelist.* Cambridge: Cambridge UP, 1983.

Pattison, Walter T. *Emilia Pardo Bazán.* New York: Twayne, 1971.

Rodríguez, Adna Rosa. *La cuestión feminista en los ensayos de Emilia Pardo Bazán.* La Coruña: Castro, 1991.

Tolliver, Joyce. *Cigar Smoke and Violet Water: Gendered Discourse in the Stories of Emilia Pardo Bazán.* Lewisburg, PA: Bucknell UP, 1998.

LEOPOLDO ALAS, "CLARÍN"

1852–1901

Aunque Leopoldo Alas, también conocido como "Clarín", sólo escribió dos novelas largas, es una de las figuras decimonónicas de más renombre. Además de sus novelas, Clarín escribió más de cien cuentos. En su época su reputación, sin embargo, estaba basada en su labor como crítico literario.

Clarín empezó su carrera como periodista en Oviedo, donde vivió toda su vida y donde trabajó como catedrático en la Facultad de Derecho de la universidad. Su primera publicación, *Solos de Clarín,* salió en 1881, cinco años después de aparecer su primer cuento en un periódico madrileño. Aunque la mayor parte de esta colección son ensayos críticos, aparecieron en ella cuatro cuentos. Durante los últimos veinticinco años del siglo, sus cuentos fueron publicados en varios periódicos y más tarde reunidos por el escritor en colecciones.

Como crítico literario, Clarín dominó el mundo de las letras durante las últimas décadas del siglo XIX. Pretendía ser imparcial y a veces era un crítico mordaz, pero hoy en día se reconoce que la relación que mantenía Clarín con ciertos escritores casi siempre influía en las reseñas que escribía de sus obras literarias. Clarín defendía las teorías naturalistas que habían llegado a España y Pardo Bazán contó con su apoyo al publicar su polémico estudio *La cuestión palpitante,* cuyo prefacio fue escrito por el crítico.

Antes de emprender su carrera como cuentista, Clarín escribió dos novelas largas. La obra maestra del escritor, *La Regenta* (1884–1885), que sigue la caída moral de una mujer que es perseguida por un don Juan y también por su confesor, su padre espiritual, es uno de los grandes ejemplos españoles del naturalismo. Ésta y su segunda novela, *Su único hijo,* son ejemplos de la profundización psicológica que caracterizaba la novela realista del siglo XIX.

El cuento que se incluye aquí, "Cambio de luz", fue escrito en 1893 y refleja el ambiente intelectual del fin de siglo con respecto a la religión. En este cuento, Jorge Arial, el protagonista, llega a cuestionar la existencia de Dios y después de sufrir una tragedia personal se convence de que hay un Dios. Clarín, como también lo hizo Galdós, pasa del naturalismo a la búsqueda de Dios en sus obras y encuentra un espiritualismo primitivo que no se identifica en nada con el catolicismo.

■ Preguntas de pre-lectura

1. ¿Cuál fue la importancia de la religión en la España del siglo XIX?
2. ¿Por qué la religión es un tema de importancia hoy en día? ¿Cómo se caracterizan las discusiones sobre esta cuestión hoy?
3. Piense en los movimientos filosóficos y científicos que influyeron en la génesis del movimiento realista. ¿Cuáles eran? ¿En qué consistían?

Cambio de luz

A los cuarenta años era don Jorge Arial, para los que le trataban de cerca, el hombre más feliz de cuantos saben contentarse con una *acerada*[1] medianía y con la paz en el trabajo y en el amor de los suyos; y además era uno de los mortales más activos y que mejor saben estirar las horas, llenándolas de substancia, de útiles
5 quehaceres. Pero de esto último sabían, no sólo sus amigos, sino la gran multitud de sus lectores y admiradores y discípulos. Del mucho trabajar, que veían todos, no cabía duda; mas de aquella dicha que los íntimos leían en su rostro y observando su carácter y su vida, tenía don Jorge algo que decir para sus adentros, sólo para sus adentros, si bien no negaba él, y hubiera tenido a impiedad inmoralísima
10 el negarlo, que todas las cosas perecederas le sonreían, y que el nido amoroso que en el mundo había sabido construirse, no sin grandes esfuerzos de cuerpo y alma, era que ni pintado para su modo de ser.

Las grandezas que no tenía, no las ambicionaba, ni soñaba con ellas, y hasta cuando en sus escritos tenía que figurárselas para describirlas, le costaba gran es-
15 fuerzo imaginarlas y *sentirlas*. Las pequeñas y disculpables vanidades a que su espíritu se rendía, como verbigracia,[2] la no escasa estimación en que tenía el aprecio de los doctos y de los buenos, y hasta la admiración y simpatía de los ignorantes y sencillos, veíalas satisfechas, pues era su nombre famoso, con sólida fama, y popular; de suerte que esta popularidad que le aseguraba el renombre entre los
20 muchos, no le perjudicaba en la estimación de los escogidos. Y por fin, su dicha grande, seria, era una casa, su mujer, sus hijos; tres cabezas rubias, y él decía también, tres almas *rubias, doradas, mi lira,* como los llamaba al pasar la mano por aquellas frentes blancas, altas, despejadas, que destellaban la idea noble que sirve ante todo para ensanchar el horizonte del amor.

25 Aquella esposa y aquellos hijos, una pareja; la madre hermosa, que parecía hermana de la hija, que era un botón de oro de quince abriles, y el hijo de doce años, remedo varonil y gracioso de su madre y de su hermana, y ésta, la *dominante,*[3] como él decía, parecían, en efecto, estrofa, antistrofa y épodo de un himno[4] perenne de dicha en la virtud, en la gracia, en la inocencia y la sencilla y noble sin-
30 ceridad. "Todos sois mis hijos, pensaba don Jorge, incluyendo a su mujer; todos nacisteis de la espuma de mis ensueños." Pero eran ensueños con dientes, y que apretaban de firme, porque como todos eran jóvenes, estaban sanos y no tenían remordimientos ni disgustos que robaran el apetitio, comían que devoraban, sin llegar a glotones, pero pasando con mucho de ascetas. Y como no vivían sólo de pan,
35 en vestirlos como convenía a su clase y a su hermosura, que es otra clase, y al cariño que el amo de la casa les tenía, se iba otro buen pico, sobre todo en los trajes de la *dominante.* Y mucho más que en cubrir y adornar el cuerpo de su gente gastaba el padre en vestir la desnudez de su cerebro y en adornar su espíritu con la instrucción y la educación más esmeradas que podía; y como éste es artículo de
40 lujo entre nosotros, en maestros, instrumentos de instrucción y otros accesorios de la enseñanza de su pareja, se le iba a don Jorge una gran parte de su salario, y otra no menos importante de su tiempo, pues él dirigía todo aquel negocio tan grave,

---

[1] firme.   [2] por ejemplo.   [3] Se refiere a la quinta
nota de cualquier tono en la música.

[4] las tres partes del canto lírico de la poesía
griega.

siendo el principal maestro y el único que no cobraba. No crea el lector que apunta
aquí el *pero* de la dicha de don Jorge; no estaba en las dificultades económicas la
45 espina que guardaba para sus adentros Arial, siempre apacible. Costábale, sí, muchos sudores juntar los cabos del presupuesto doméstico; pero conseguía triunfar
siempre, gracias a su mucho trabajo, el cual era para él una sagrada obligación,
además, por otros conceptos más filosóficos y *altruistas,* aunque no más santos,
que el amor de los suyos.
50   Muchas eran sus ocupaciones, y en todas se distinguía por la inteligencia, el
arte, la asiduidad y el esmero. Siguiendo una vocación, había llegado a cultivar
muchos estudios, porque ahondando en cualquier cosa se llega a las demás. Había
empezado por enamorarse de la belleza que entra por los ojos, y esta vocación,
que le hizo pintor en un principio, le obligó despues a ser naturalista, químico, fi-
55 siólogo; y de esta excursión a las profundidades de la realidad física sacó en limpio, ante todo, una especie de religión de la *verdad plástica,* que le hizo entregarse
a la filosofía... y abandonar los pinceles. No se sintió gran maestro, no vio en sí un
intérprete de esas dos grandes formas de la belleza que se llaman *idealismo y realismo,* no se encontró con las fuerzas de Rafael[5] ni de Velázquez,[6] y, suavemente y
60 sin dolores del amor propio, se fue transformando en un pensador y en amador
del arte; y fue un sabio en estética, un crítico de pintura, un profesor insigne; y
después un artista de la pluma, un historiador del arte con el arte de un novelista.
Y de todas estas habilidades y maestrías a que le había ido llevando la sinceridad
con que seguía las voces de su vocación verdadera, los instintos de sus facultades,
65 fue sacando sin violencia ni *simonía*[7] provecho para la hacienda, cosa tan poética
como la que más al mirarla como el medio necesario para tener en casa aquella dicha que tenía, aquellos amores, que, sólo en botas, le gastaban un dineral.
        Al verle ir y venir, y encerrarse para trabajar, y después correr con el pro-
ducto de sus encerronas a casa de quien había de pagárselo; siempre activo, siem-
70 pre afable, siempre lleno de la realidad ambiente, de la vida que se le imponía
con toda su seriedad, pero no tristeza, nadie, y menos sus amigos y su mujer y
sus hijos, hubiera adivinado detrás de aquella mirada franca, serena, cariñosa,
una pena, una llaga.

        Pero la había. Y no se podía hablar de ella. Primero, porque era un deber
75 guardar aquel dolor para sí; después, porque hubiera sido inútil quejarse; sus familiares no le hubieran comprendido, y más valía así.
        Cuando en presencia de don Jorge se hablaba de los incrédulos, de los es-
cépticos, de los poetas que *cantan* sus dudas, que se quejan de la musa del *análisis,*
Arial se ponía de mal humor, y, cosa rara en él, se irritaba. Había que cambiar de
80 conversación o se marchaba don Jorge. "Esos, decía, son males secretos que no
tienen gracia, y en cambio entristecen a los demás y pueden contagiarse. El que no
tenga fe, el que dude, el que vacile, que se aguante y calle y luche por vencer esa
flaqueza. Una vez, repetía Arial en tales casos, un discípulo de San Francisco mostraba su tristeza delante del maestro, tristeza que nacía de sus escrúpulos de con-
85 ciencia, del miedo de haber ofendido a Dios; y el santo le dijo: "Retiraos, hermano,

---

[5] Raffaello Sanzio (1483–1520): artista del
Renacimiento italiano.   [6] Diego de Silva y

Velázquez (1599–1660): famoso pintor español.
[7] compra o venta de cosas espirituales.

y no turbéis la alegría de los demás; eso que os pasa son cuentas vuestras y de Dios: arregladlas con Él a solas."

A solas procuraba arreglar sus cuentas don Jorge, pero no le salían bien siempre, y ésta era su pena. Sus estudios filosóficos, sus meditaciones y sus ex-
90 perimentos y observaciones de fisiología, de anatomía, de química, etc., etc., ha-bían desenvuelto en él, de modo excesivo, el espíritu del análisis empírico;[8] aquel enamoramiento de la belleza plástica, aparente, visible y palpable, le había lle-vado, sin sentirlo, a cierto materialismo intelectual, contra el que tenía que vivir prevenido. Su corazón necesitaba fe, y la clase de filosofía y de ciencia que había
95 profundizado le llevaban al dogma materialista de *ver y creer.* Las ideas predomi-nantes en su tiempo entre los sabios cuyas obras él más tenía que estudiar; la ín-dole de sus investigaciones de naturalista y fisiólogo y crítico de artes plásticas, le habían llevado a una predisposición reflexiva que pugnaba con los anhelos más íntimos de su sensibilidad de creyente.
100 Don Jorge sentía así: "Si hay Dios, todo está bien. Si no hay Dios, todo está mal. Mi mujer, mi hijo, la *dominante,* la paz de mi casa, la belleza del mundo, el *di-vino* placer de entenderla, la tranquilidad de la conciencia... todo eso, los mayores tesoros de la vida, si no hay Dios, es polvo, humo, ceniza, viento, nada... Pura apa-riencia, congruencia ilusoria, sustancia fingida; positiva sombra, dolor sin causa,
105 pero seguro, lo único cierto. Pero si hay Dios, ¿qué importan todos los males? Tra-bajos, luchas, desgracias, desengaños, vejez, desilusión, muerte, ¿qué importan? Si hay Dios, todo está bien, si no hay Dios, todo está mal."

Y el amor de Dios era el vapor de aquella máquina siempre activa; el amor de Dios, que envolvía, como los pétalos encierran los estambres, el amor a sus hi-
110 jos, a su mujer, a la belleza, a la conciencia tranquila, le animaba en el trabajo ince-sante, en aquella suave asimilación de la vida ambiente, en la adaptación a todas las cosas que le rodeaban y por cuya realidad seria, evidente, se dejaba influir.

Pero a lo mejor, en el cerebro de aquel místico vergonzante, místico activo y alegre, estallaba, como una *estúpida* frase hecha, esta duda, esta pregunta del ma-
115 terialismo lógico de su ciencia de analista empírico:

"¿Y si no hay Dios? Puede que no haya Dios. Nadie ha visto a Dios. La cien-cia de los *hechos* no prueba a Dios..."

Don Jorge Arial despreciaba al pobre diablo *científico, positivista,*[9] que en el fondo de su cerebro se le presentaba con este *obstruccionismo;* pero a pesar de este
120 desprecio, oía al miserable, y discutía con él, y unas veces tenía algo que contes-tarle, aun en el terreno de la *fría lógica,* de la mera *intelectualidad...* y otras veces no.

Esta era la pena, este el tormento del señor Arial.

Es claro que gritase lo que gritase el materialista escéptico, el que ponía a Dios en tela de juicio, don Jorge seguía trabajando de firme, afanándose por el pan
125 de sus hijos y educándolos, y amando a toda su casa y cumpliendo como un justo con la infinidad de sus deberes...; pero la espina dentro estaba. "Porque, si no hu-biera Dios, decía el corazón, todo aquello era inútil, apariencia, idolatría, y el *cien-tífico* añadía: "¡Y como puede no haberlo!..."

Todo esto había que callarlo, porque hasta ridículo hubiera parecido a mu-

---

[8] análisis llevado a cabo por la observación y la experiencia.

[9] que se basaba en los hechos que se pueden comprobar de una manera empírica.

130 chos, confesado como un dolor cierto, serio, grande. "Cuestión de nervios" le hubieran dicho. "Ociosidad de un hombre feliz a quien Dios va a castigar por darse
un tormento inútil cuando todo le sonríe." Y en cuanto a los *suyos*, a quienes más
hubiera don Jorge querido comunicar su pena, ¡cómo confesarles la causa! Si no le
comprendían ¡qué tristeza! Si le comprendían... ¡qué tristeza y qué pecado y qué

135 peligro! Antes morir de aquel dolor. A pesar de ser tan activo, de tener tantas ocupaciones, le quedaba tiempo para consagrar la mitad de las horas que no dormía
a pensar en su duda, a discutir consigo mismo. Ante el mundo su existencia corría
con la monotonía de un destino feliz; para sus adentros su vida era una serie de
batallas; ¡días de triunfo! —¡oh, qué voluptuosidad espiritual entonces!— segui-

140 dos de horrorosos días de derrota, en que había que fingir la ecuanimidad de
siempre, y amar lo mismo, y hacer lo mismo y cumplir los mismos deberes.

Para la mujer, los hijos y los amigos y discípulos queridos de don Jorge,
aquel dolor oculto llegó a no ser un misterio, no porque adivinaran su causa, sino
porque empezaron a sentir sus efectos; le sorprendían a veces preocupado sin mo-

145 tivo conocido, triste; y hasta en el rostro y en cierto desmayo de todo el cuerpo
vieron síntomas del disgusto, del dolor evidente. Le buscaron causa y no dieron
con ella. Se equivocaron al atribuirla al temor de un mal *positivo*, a una aprensión,
no desprovista de fundamento por completo. Lo peor era que el miedo de un mal,
tal vez remoto, tal vez incierto, pero terrible si llegaba, también les iba invadiendo

150 a ellos, a la noble esposa sobre todo, y no era extraño que la aprensión que ellos
tenían quisieran verla en las tristezas misteriosas de don Jorge.
Nadie hablaba de ello, pero llegó tiempo en que apenas se pensaba en otra
cosa; todos los *silencios* de las animadas chácharas[10] en aquel nido de alegrías, alu-
dían al temor de una desgracia, temor cuya presencia ocultaban todos como si

155 fuese una vergüenza.
Era el caso que el trabajo excesivo, el abuso de las vigilias, el constante empleo de los ojos en lecturas nocturnas, en investigaciones de documentos de in-
trincados caracteres y en observaciones de menudísimos pormenores de laboratorio, y acaso más que nada, la gran excitación nerviosa, habían debilitado la vista

160 del sabio, miope antes, y ahora incapaz de distinguir bien lo cercano...sin el consuelo de haberse convertido en águila para lo distante. En suma; no veía bien ni
de cerca ni de lejos. Las jaquecas frecuentes que padecía le causaban perturbacio-
nes extrañas en la visión: dejaba de ver los objetos con la intensidad ordinaria; los
veía y no los veía, y tenía que cerrar los ojos para no padecer el tormento inexpli-

165 cable de esta parálisis pasajera, cuyos fenómenos subjetivos no podía siquiera
puntualizar a los médicos. Otras veces veía manchas ante los objetos, manchas
móviles; en ocasiones puntos de color, azules, rojos... muy a menudo, al despertar
especialmente, lo veía todo tembloroso y como desmenuzado... Padecía bastante,
pero no hizo caso: no era aquello lo que le preocupaba a él.

170 Pero a la familia, sí. Y hubo consulta, y los pronósticos no fueron muy tran-
quilizadores. Como fue agravándose el mal, el mismo don Jorge tomó en serio la
enfermedad, y, en secreto, como habían consultado por él, consultó a su vez, y la
ciencia le metió miedo para que se cuidara y evitase el trabajo nocturno y otros excesos. Arial obedeció a medias y se asustó a medias también.

---

[10] conversaciones irrelevantes.

175 Con aquella nueva vida a que le obligaron sus precauciones higiénicas, coincidió en él un paulatino[11] cambio del espíritu que sentía venir con hondo y obscuro deleite. Notó que perdía afición al análisis del laboratorio, a las preciosidades de la miniatura en el arte, a las delicias del pormenor en la crítica, a la claridad plástica en la literatura y en la filosofía: el arte del dibujo y del color le llamaba
180 menos la atención que antes; no gozaba ya tanto en presencia de los cuadros célebres. Era cada día menos activo y más soñador. Se sorprendía a veces holgando, pasando las horas muertas sin examinar nada, sin estudiar cosa alguna concreta; y, sin embargo, no le acusaba la conciencia con el doloroso vacío que siempre nos delata la ociosidad verdadera. Sentía que el tiempo de aquellas vagas meditacio-
185 nes no era perdido.

Una noche, oyendo a un famoso sexteto de ínclitos profesores interpretar las piezas más selectas del repertorio clásico, sintió con delicia y orgullo que a él le había nacido algo en el alma para comprender y amar la gran música. La sonata de Kreutzer, que siempre había oído alabar sin penetrar su mérito como era de-
190 bido, le produjo tal efecto, que temió haberse vuelto loco; aquel hablar sin palabras, de la música serena, graciosa, profunda, casta, seria, sencilla, noble; aquella revelación, que parecía extranatural, de las afinidades armónicas de las cosas, por el lenguaje de las vibraciones íntimas; aquella elocuencia sin conceptos del sonido sabio y sentimental, le pusieron en un estado místico que él comparaba al que de-
195 bió experimentar Moisés ante la zarza ardiendo.

Vino después un oratorio de Händel a poner el sello religioso más determinado y más tierno a las impresiones anteriores. Un profundísimo sentimiento de humildad le inundó el alma; notó humedad de lágrimas bajo los párpados y escondió de las miradas profanas aquel tesoro de su misteriosa religiosidad estética,
200 que tan pobre hubiera sido como argumento en cualquier discusión lógica y que ante su corazón tenía la voz de lo inefable.

En adelante buscó la música por la música, y cuando ésta era buena y la ocasión propicia, siempre obtuvo análogo resultado. Su hijo era un pianista algo mejor que mediano; empezó Arial a fijarse en ello, y venciendo la vulgaridad de en-
205 contrar detestable la música de las teclas, adquirió la fe de la música buena en malas manos; es decir, creyó que en poder de un pianista regular suena bien una gran música. Gozó oyendo a su hijo las obras de los maestros. Como sus ratos de ocio iban siendo cada día mayores, porque los médicos le obligaban a dejar en reposo la vista horas y horas, sobre todo de noche, don Jorge, que no sabía estar sin
210 ocupaciones, discurrió, o mejor, fue haciéndolo sin pensarlo, sin darse cuenta de ello, tentar él mismo fortuna, dejando resbalar los dedos sobre las teclas. Para aprender música como Dios manda era tarde; además, leer en el pentágrama hubiese sido cansar la vista como con cualquiera otra lectura. Se acordó de que en cierto café de Zaragoza[12] había visto a un ciego tocar el piano primorosamente.
215 Arial, cuando nadie le veía, de noche, a obscuras, se sentaba delante del Erard[13] de su hijo, y cerrando los ojos, para que las tinieblas fuesen absolutas, por instinto, como él decía, tocaba a su manera melodías sencillas, mitad reminiscencias de óperas y de sonatas, mitad invención suya. La mano izquierda le daba mucho que hacer y no obedecía al instinto del ciego voluntario; pero la derecha, como no

---

[11] algo que ocurre lentamente.   [12] comunidad de Aragón, ciudad en la provincia del mismo nombre.   [13] tipo de piano.

220 exigieran de ella grandes prodigios, no se portaba mal. *Mi música* llamaba Arial a aquellos conciertos solitarios, música *subjetiva* que no podía ser agradable más que para él, que soñaba, y soñaba llorando dulcemente a solas, mientras su fantasía y su corazón seguían la corriente y el ritmo de aquella melodía suave, noble, humilde, seria y sentimental en su pobreza.

225 A veces tropezaban sus dedos, como con un tesoro, con frases breves, pero intensas, que recordaban, sin imitarlos, motivos de Mozart y otros maestros. Don Jorge experimentaba un pueril orgullo, del que se reía después, no con toda sinceridad. Y a veces, al sorprenderse con estas pretensiones de músico que no sabe música, se decía: "Temen que me vuelva ciego, y lo que voy a volverme es loco."

230 A tanto llegaba ésta que él sospechaba locura, que en muchas ocasiones, mientras tocaba y en su cerebro seguía batallando con el tormento metafísico de sus dudas, de repente una melodía nueva, misteriosa, le parecía una revelación, una voz de lo *explicable* que le pedía llorando interpretación, traducción lógica, literaria... Si no hubiera Dios, pensaba entonces Arial, estas combinaciones de sonidos no

235 me dirían esto; no habría este rumor como de fuente escondida bajo hierba, que me revela la frescura del ideal que puede apagar mi sed. Un pesimista ha dicho que la música habla de un mundo que *debía* existir; yo digo que nos habla de un mundo que *debe de* existir.

Muchas veces hacía que su hija le leyera las lucubraciones en que Wagner de-
240 fendió sus sistemas, y les encontraba un sentido muy profundo que no había visto cuando, años atrás, las leía con la preocupación de crítico de estética que ama la claridad plástica y aborrece el misterio nebuloso y los tanteos místicos.

En tanto, el mal crecía, a pesar de haber disminuido el trabajo de los ojos: la desgracia temida se acercaba.

245 Él no quería mirar aquel abismo de la noche eterna, anticipación de los abismos de ultratumba.

"Quedarse ciego, se decía, es como ser enterrado en vida."

Una noche, la pasión del trabajo, la exaltación de la fantasía creadora pudo en él más que la prudencia, y a hurtadillas[14] de su mujer y de sus hijos escribió y
250 escribió horas y horas a la luz de un quinqué. Era el asunto de invención poética, pero de fondo religioso, metafísico; el cerebro vibraba con impulso increíble; la máquina, a todo vapor, movía las cien mil ruedas y correas de aquella fábrica misteriosa, y ya no era empresa fácil apagar los hornos, contener el vértigo de las ideas. Como tantas otras noches de sus mejores tiempos, don Jorge se acostó... sin
255 dejar de trabajar, trabajando para el obispo, como él decía cuando, después de dejar la pluma y renunciar al provecho de sus ideas, éstas seguían gritando, engranándose, produciendo pensamiento que se perdía, que se esparcía inútilmente por el mundo. Ya sabía él que este tormento febril era peligroso, y ni siquiera le halagaba la vanidad como en los días de la petulante juventud. No era más que un
260 dolor material, como el de muelas. Sin embargo, cuando al calor de las sábanas la excitación nerviosa, sin calmarse, se hizo placentera, se dejó embriagar, como en una orgía, de corazón y cabeza, y sintiéndose arrebatado como a una vorágine mística, se dejó ir, se dejó ir, y con delicia se vio sumido en un paraíso subterráneo luminoso, pero con una especie de luz eléctrica, no luz del sol, que no había, sino

---

[14] en secreto.

265 de las entrañas de cada casa, luz que se confundía disparatadamente con las vibraciones musicales: el timbre sonoro era, además, la luz.

Aquella luz prendió en el espíritu; se sintió iluminado y no tuvo esta vez miedo a la locura. Con calma, con lógica, con profunda intuición, sintió filosofar a su cerebro y atacar de frente los más formidables fuertes de la ciencia atea; vio 270 entonces la realidad de lo divino, no con evidencia matemática, que bien sabía él que ésta era relativa y condicional y precaria, sino con evidencia *esencial;* vio la verdad de Dios, el creador santo del Universo, sin contradicción posible. Una voz de convicción le gritaba que no era aquello fenómeno histérico, arranque místico; y don Jorge, por la primera vez después de muchos años, sintió el impulso de orar 275 como un creyente, de adorar con el cuerpo también, y se incorporó en su lecho, y al notar que las lágrimas ardientes, grandes, pausadas, resbalaban por su rostro, las dejó ir, sin vergüenza, humilde y feliz, ¡oh! sí, feliz para siempre. "Puesto que había Dios, todo estaba bien."

Un reloj dio la hora. Ya debía de ser de día. Miró hacia la ventana. Por las ren-280 dijas no entraba luz. Dio un salto, saliendo del lecho, abrió un postigo y... el sol había abandonado a la aurora, no la seguía; el alba era noche. Ni sol ni estrellas. El reloj repitió la hora. El sol *debía* estar sobre el horizonte y no estaba. El cielo se había caído al abismo. "¡Estoy ciego!", pensó Arial, mientras un sudor terrible le inundaba el cuerpo y un escalofrío, azotándole la piel, le absorbía el ánimo y el 285 sentido. Lleno de pavor, cayó al suelo.

Cuando volvió en sí, se sintió en su lecho. Le rodeaban su mujer, sus hijos, su médico. No los veía; no veía nada. Faltaba el tormento mayor; tendría que decirles: no veo. Pero ya tenía valor para todo. "*Seguía* habiendo Dios, y todo estaba bien." Antes que la pena de contar su desgracia a los suyos, sintió la ternura infi-290 nita de la piedad cierta, segura, tranquila, sosegada, agradecida. Lloró sin duelo.

"Salid sin duelo, lágrimas, corriendo."

Tuvo serenidad para pensar, dando al verso de Garcilaso un sentido sublime.

"¿Cómo decirles que no veo... si en rigor sí veo? Veo de otra manera; veo las cosas por dentro; veo la verdad; veo el amor. Ellos sí que no me verán a mí..."
295 Hubo llantos, gritos, síncopes,[15] abrazos locos, desesperación sin fin cuando, a fuerza de rodeos, Arial declaró su estado. Él procuraba tranquilizarlos con consuelos vulgares, con esperanzas de sanar, con el valor y la resignación que tenía, etc., etc.; pero no podía comunicarles la fe en su propia alegría, en su propia serenidad íntimas. No le entenderían, no podían entenderle; creerían que los enga-300 ñaba para mitigar su pena. Además, no podía, delante de extraños, hacer el papel de estoico,[16] ni de Sócrates o cosa por el estilo. Más valía dejar al tiempo el trabajo de persuadir a las *tres cuerdas de la lira,* a aquella madre, a aquellos hijos, de que el amo de la casa no padecería tanto como ellos pensaban por haber perdido la luz; porque había descubierto otra. Ahora veía por dentro.

305 Pasó el tiempo, en efecto, que es el lazarillo de ciegos y de linces,[17] y va delante de todos abriéndoles camino.

---

[15] suspensión súbita del latir del corazón.
[16] sin mostrar emoción.

[17] el tiempo guía tanto a los ciegos como a las personas muy inteligentes.

En la casa de Arial había sucedido a la antigua alegría el terror, el espanto de aquella desgracia, dolor sin más consuelo que el no ser desesperado, porque los médicos dejaron vislumbrar lejana posibilidad de devolver la vista al pobre ciego.
310 Más adelante la esperanza se fue desvaneciendo con el agudo padecer del infortunio todavía nuevo; y todo aquel sentir insoportable, de excitación continua, se trocó para la mujer y los hijos de don Jorge en taciturna melancolía, en resignación triste: el hábito hizo tolerable la desgracia; el tiempo, al mitigar la pena, mató el consuelo de la esperanza. Ya nadie esperaba en que volviera la luz a los ojos de
315 Arial, pero todos fueron comprendiendo que podían seguir viviendo en aquel estado. Verdad es que más que el desgaste del dolor por el roce de las horas, pudo en tal lenitivo la convicción que fueron adquiriendo aquellos pedazos del alma del enfermo de que éste había descubierto, al perder la luz, mundos interiores en que había consuelos grandes, paz, hasta alegrías.
320 Por santo que fuera el esposo adorado, el padre amabilísimo, no podría fingir continuamente y cada vez con más arte la calma dulce con que había acogido su desventura. Poco a poco llegó a persuadirlos de que él seguía siendo feliz, aunque de otro modo que antes.
Los gastos de la casa hubo que reducirlos mucho, porque la mina del trabajo,
325 si no se agotó, perdió muchos de sus filones. Arial siguió publicando artículos y hasta libros, porque su hija escribía por él, al dictado, y su hijo leía, buscaba datos en las bibliotecas y archivos.
Péro las obras del insigne crítico de estética pictórica, de historia artística, fueron tomando otro rumbo: se referían a asuntos en que intervenían poco los tes-
330 timonios de la vista.
Los trabajos iban teniendo menos color y más alma. Es claro que, a pesar de tales expedientes, Arial ganaba mucho menos. Pero, ¿y qué? La vida exigía ahora mucho menos también; no por economía sólo, sino principalmente por pena, por amor al ciego, madre e hijos se despidieron de teatros, bailes, paseos, excursiones,
335 lujo de ropa y muebles; ¿para qué? ¡*Él* no había de verlo! Además, el mayor gasto de la casa, la educación de la querida pareja, ya estaba hecho; sabían lo suficiente, sobraban ya los maestros.
En adelante, amarse, juntarse alrededor del hogar y alrededor del cariño, cerca del ciego, cerca del fuego. Hacían una piña en que Arial pensaba por todos
340 y los demás veían por él. Para no olvidarse de las formas y colores del mundo, que tenía grabado en la imaginación como un infinito museo, don Jorge pedía noticias de continuo a su mujer y a sus hijos: ante todo de ellos mismos, de los cabellos de la *dominante,* del bozo que le había apuntado al chico..., de la primera cana de la madre. Después noticias del cielo, de los celajes, de los verdores de la primavera...
345 "¡Oh! después de todo, siempre es lo mismo. ¡Como si lo viera!"
"Compadeced a los ciegos de nacimiento, pero a mí no. La luz del sol no se olvida: el color de la rosa es como el recuerdo de unos amores; su perfume me lo hace ver, como una caricia de la *dominante* me habla de las miradas primeras con que me enamoró su madre. Y ¡sobre todo, está ahí la música!
350 Y don Jorge, a tientas, se dirigía al piano, y como cuando tocaba a obscuras, cerrando los ojos de noche, tocaba ahora, sin cerrarlos, al mediodía... Ya no se reían los hijos y la madre de las melodías que improvisaba el padre: también a ellos se les figuraba que querían decir algo, muy obscuramente... para él, para don Jorge, eran bien claras, más que nunca; eran todo un himnario de la fe inenarrable que

355 él había creado para sus adentros; su religión de ciego; eran una dogmática en solfa,[18] una teología en dos o tres octavas.

Don Jorge hubiera querido, para intimar más, mucho más, con los suyos, ya que ellos nunca se separaban de él, no separarse él jamás de ellos con el pensamiento, y para esto iniciarlos en sus ideas, en su dulcísima creencia...; pero un 360 rubor singular se lo impedía. Hablar con su hija y con su mujer de las cosas misteriosas de la otra vida, de lo metafísico y fundamental, le daba vergüenza y miedo. No podrían entenderle. La educación, en nuestro país particularmente, hace que los más unidos por el amor estén muy distantes entre sí en lo más espiritual y más grave. Además, la fe racional y trabajada por el alma pensadora y 365 tierna—¡es cosa tan personal, tan inefable!—. Prefería entenderse con los suyos por música. ¡Oh, de esta suerte, sí! Beethoven, Mozart, Händel, hablaban a todos cuatro de lo mismo. Les decían, bien claro estaba, que el pobre ciego tenía dentro del alma otra luz, luz de esperanza, luz de amor, de santo respeto al misterio sagrado... La poesía no tiene, dentro ni fuera, fondo ni superficie; toda es transpa-370 rencia, luz increada y que penetra al través de todo...; la luz material se queda en la superficie, como la explicación intelectual, lógica, de las realidades resbala sobre los objetos sin comunicarnos su esencia...

Pero la música que todas estas cosas decía a todos, según Arial, no era la suya, sino la que tocaba su hijo. El cual se sentaba al piano y pedía a Dios ins-375 piración para llevar al alma del padre la alegría mística con el beleño[19] de las notas sublimes; Arial, en una silla baja, se colocaba cerca del músico para poder palparle disimuladamente de cuando en cuando: al lado de Arial, tocándole con las rodillas, había de estar su compañera de luz y sombra, de dicha y de dolor, de vida y muerte..., y más cerca que todos, casi sentada sobre el regazo, tenía a la *domi-*380 *nante...*; y de tarde en tarde, cuando el amor se lo pedía, cuando el ansia de vivir, comunicándose con todo de todas maneras, le hacía sentir la nostalgia de la visión, de la luz física, del *verbo solar...*, cogía entre las manos la cabeza de su hija, se acariciaba con ellas las mejillas... y la seda rubia, suave, de aquella flor con ideas en el cáliz, le metía en el alma con su contacto todos los rayos de sol que no había de ver 385 ya en la vida... ¡Oh! En su espíritu, sólo Dios entraba más adentro.

■ Preguntas de comprensión

1. ¿Cómo es Jorge Arial?
2. ¿Qué palabras relacionadas con la música utiliza para describir a su familia? ¿Por qué son significativas estas palabras?
3. ¿Cuál es la pena, o "llaga", de Arial?
4. ¿Qué le pasa a Arial a causa de su trabajo excesivo y sus lecturas nocturnas?
5. ¿Qué efecto tiene la música en Arial?
6. ¿Cómo se resuelve el conflicto espiritual de Arial?

---

[18] que tiene armonía.   [19] hierba que tiene propiedades calmantes.

■ Preguntas de análisis

1. ¿Cuáles son las características realistas de este cuento?
2. ¿Por qué este cuento es una reacción contra la corriente filosófica del positivismo?
3. ¿Cuál es la relación entre la música y la pena de Arial?
4. ¿Qué idea sobre la religión se expresa en este cuento? ¿Se relaciona con el catolicismo?
5. ¿Qué simboliza la ceguera de Arial?
6. ¿Cómo compararía Ud. el tema religioso en este cuento con el de otras obras como, por ejemplo, *Los milagros de Nuestra Señora*?

■ Temas para informes escritos

1. La visión de la religión en "Cambio de luz"
2. El final de este cuento comparado con el final de "El tranvía" de Pardo Bazán
3. Aspectos en común de la obra de Clarín y la de otros escritores de la segunda mitad del siglo XIX

■ Bibliografía mínima

Aparicio Maydeu, Javier. "Clarín a contrapelo: Tópicos finiseculares en 'Cambio de luz'". *Letras peninsulares* 9.2–3 (1996–97): 309–17.

Caudet, Francisco. "Clarín y el debate sobre el naturalismo en España". *Nueva Revista de Filología Hispánica* 42.2 (1994): 507–48.

De los Ríos de García Lorca, Laura. *Los cuentos de Clarín: proyección de una vida.* Madrid: Revista de Occidente, 1965.

Martínez Cachero, José María. *Leopoldo Alas "Clarín".* Madrid: Taurus, 1978.

Oleza, Joan. "'Clarín' y la tradición literaria". *Insula: Revista de Letras y Ciencias Humanas* 659 (Nov. 2001): 22–25.

Saavedra, Luis. *Clarín: una interpretación.* Madrid: Altea, 1987.

Solís, Jesús-Andrés. *Vida y obra de Clarín.* Gijón: Solís, 1975.

Sotelo Vazquéz, Adolfo, ed. "Leopoldo Alas Clarín (1852–1901)". *Cuadernos Hispanoamericanos* 613–14 (July–Aug. 2001): 5–66.

El siglo XX en España:
El largo camino hacia
la libertad y la democracia

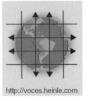

5

1898–1936

5.1 El contexto histórico

En España, el período comprendido entre 1898 y 1936 está marcado por la ansiedad e inseguridad típicas de todo cambio de siglo. En el caso de la Península, sin embargo, estos sentimientos se vieron acentuados por la percepción común de que la nación se encontraba en un momento de vital importancia en la determinación de la identidad del pueblo español. La falta de unidad del ideal nacional presidía este momento histórico y era reflejada en un tema recurrente en la literatura de la época, el de las "dos Españas". Lo cierto es, sin embargo, que no eran dos sino muchas las Españas que se enfrentaban con idearios encontrados en la construcción de un proyecto de futuro. La España conservadora se enfrentaba a la liberal, los valores tradicionales se enfrentaban a las ansias de modernidad, la urbe miraba con extrañeza a la aldea, un movimiento proletario empezaba a organizarse en sindicatos anarquistas, socialistas y comunistas que contendían con los propietarios y empresarios y, con frecuencia, se enfrentaban entre sí. Al mismo tiempo, las mujeres tenían un protagonismo social cada vez mayor y los hombres sentían que su posición era amenazada. Simultáneamente, los nacionalismos gallego, vasco y, sobre todo, catalán reclamaban mayor independencia con respecto al gobierno central. La sociedad resultante de este *collage* de movimientos, ideologías y agendas diversas era una de tensiones, dudas, divisiones y cambios imprevisibles. Al tiempo que los ciudadanos se ocupaban de sobrevivir y tomar posiciones en el mundo cambiante que les había tocado vivir, los intelectuales se lanzaban en cruzadas que pretendían determinar los pasos a seguir en el camino hacia la modernidad. Desde el punto de vista artístico, la incertidumbre dio lugar a una inquietud intelectual cuyos productos han llevado a algunos críticos a hablar de un segundo Siglo de Oro español.

5.1.1 El "desastre del 98"   En el año 1898 España y EE.UU. se enfrentaron en una guerra en la que la Península fue derrotada, perdiendo las últimas colonias: Filipinas, Puerto Rico y Cuba. El panorama político, social, cultural e incluso económico de la España de principios del siglo XX es determinado por este acontecimiento. Como se ha visto, la sociedad española de finales del siglo XIX se caracterizaba, como la del cambio de siglo, por las tensiones políticas y la falta de unidad. Con la delaración de guerra contra Estados Unidos los españoles, por la primera vez desde la guerra de independencia contra los franceses, olvidaron sus diferencias y se unieron en pos de un objetivo y una causa común. La propaganda de la época usó una retórica triunfalista que aludía al glorioso pasado imperial y al espíritu indomable del hombre español como determinantes de una victoria que elevaría de nuevo al pueblo español a los altares de las grandes naciones de los tiempos modernos. En la prensa de la época, el ejército español era asociado con el león, un animal fuerte y noble, el rey de la selva. Los estadounidenses, por su parte, eran relacionados con el cerdo, un animal sin clase, nobleza o tradición. La energía emocional invertida en la deseada victoria se convirtió, con la derrota, en profunda humillación y en un gran deseo de cambio. Como afirma el historiador británico Raymond Carr, la destrucción pública de la imagen de España como potencia mundial convirtió la derrota en un desastre de dimensiones morales.

5.1.2 La política A pesar del nombre, la crisis provocada por el "desastre del 98" se venía desarrollando desde finales del siglo anterior. En este sentido, la derrota frente a EE.UU. sirvió, más que nada, de catalizador para un sentido de descontento social y ansias de renovación ya existentes. La importancia del 98 está, no en crear una protesta específica, sino en dar justificación y urgencia a protestas tradicionales. Una de éstas era la ineficacia del sistema de la Restauración, basado en el turno pacífico de partidos. Éste convertía lo que era legal y formalmente una monarquía democrática en una oligarquía en la que sólo los intereses de las clases privilegiadas obtenían representación. La alternancia en el poder de conservadores y liberales había sido pactada para asegurar así la estabilidad política. El voto de los ciudadanos era pues una farsa, encarnada en el nivel social en la figura del cacique, quien controlaba el voto popular, especialmente en las zonas rurales. El resultado de este sistema fue la falta de legitimidad del gobierno, que provocó a su vez una ausencia de sentimiento de nación. Los ciudadanos españoles no se sentían como partes integrantes de una comunidad con valores, ideales y objetivos comunes.

A partir de 1890 el sistema del turno pacífico de partidos empezó a ser cuestionado y a desintegrarse. En la política, las divisiones existentes en la sociedad española se manifestaron en la aparición de una nueva voz hasta ese momento ignorada, la de la clase trabajadora. En las regiones más industriales del norte, como Asturias, Cataluña y el País Vasco, la creciente clase obrera fue organizada políticamente por sindicatos de izquierda, socialistas y anarquistas principalmente. En 1888 se fundó en Barcelona la Unión General de Trabajadores (UGT), de tendencia socialista. En 1881, también en Barcelona, se formó la Federación de Trabajadores de la Región Española y en 1911 la Confederación Nacional del Trabajo (CNT), ambas de inclinación anarquista. Estos sindicatos reclamaban la reducción de la jornada laboral, salarios más altos y, en general, mejores condiciones de trabajo. A la vez, cuestionaban el orden social vigente, convirtiéndose en vía de expresión de múltiples causas sociales, entre ellas el feminismo.

5.1.2.1 La crisis de 1917 y la dictadura de Miguel Primo de Rivera (1923–1931) El año 1917 fue un año crítico en la vida política de Europa, debido a la caída del régimen zarista en la antigua Rusia y el consiguiente establecimiento de los *soviets*. Se trató éste del primer éxito de la ideología marxista en que se basaban los sindicatos de obreros, que cobraron ímpetu con esta victoria. En este momento, España se encontraba en una guerra de tipo colonialista en el norte de África. Miles de soldados españoles, procedentes en su inmensa mayoría de las clases bajas, habían muerto ya en este conflicto. En julio de 1917, socialistas y anarquistas declararon una huelga general para protestar contra el envío de tropas a Marruecos. Empezó en Barcelona y se extendió al resto de Cataluña. Fue violentamente sofocada por el ejército pero, aun así, provocó la caída del gobierno conservador. Entre 1917 y 1923 hubo trece cambios de gobierno. La política estaba teñida de constantes casos de corrupción y las crisis políticas se vieron acentuadas por la crisis económica que siguió a la prosperidad momentánea propiciada por la neutralidad de España durante la Primera Guerra Mundial.

La crisis desembocó en el golpe militar llevado a cabo por el general Miguel Primo de Rivera, quien fue apoyado por el rey Alfonso XIII, poco partidario del sistema democrático. El caos social era tal que la intervención militar fue hasta cierto punto bienvenida, especialmente porque Primo de Rivera prometió limpiar el sistema y volver de inmediato a la legalidad democrática. El general, sin embargo, rompió su promesa y permaneció en el poder. Prohibió los partidos políticos y propició la entrada de ideas fascistas, que ya triunfaban en Italia. A pesar de tratarse de un período de relativa estabilidad política, Primo no llevó a cabo los cambios y reformas prometidos y, en consecuencia, perdió el apoyo popular. Los intelectuales, entre ellos Miguel de Unamuno y José Ortega y Gasset, tuvieron, con sus críticas, un papel fundamental en la lucha contra la dictadura. El creciente desprestigio de la figura del dictador lo llevó a dimitir en 1930.

5.1.2.2 La Segunda República (1931–1936)   En las elecciones municipales del 14 de abril de 1931 los españoles escogieron la república como su sistema de gobierno. El rey Alfonso XIII se exilió, bajo amenazas de una generalización de la violencia si no salía del país. Se formó un gobierno en el que las ideas de los intelectuales liberales tendrían un papel fundamental. De 1931 a 1933 dominaron los progresistas, que emprendieron la reforma agraria y la expansión de la educación. La constitución de 1931 dio a los españoles uno de los códigos más liberales de la Europa del momento. Se reconocía la autonomía de municipios y regiones. El presidente era responsable ante el parlamento, que estaba constituido por una sola cámara elegida en sufragio universal por ciudadanos de ambos sexos. La Iglesia y el Estado quedaban formalmente separados. Se eliminaron privilegios tradicionales de la Iglesia Católica, como el apoyo económico al clero. Otras reformas incluían una ley de divorcio muy flexible, el voto femenino y el Estatuto de Autonomía para Cataluña. Galicia lo recibió en junio de 1936, justo antes de empezar la guerra civil, y el País Vasco en octubre, ya durante el conflicto bélico. Todos ellos fueron revocados después de la guerra, en 1939.

A pesar de los cambios, sin embargo, la República había heredado los problemas y divisiones del viejo régimen y serían éstos los que, eventualmente, causarían su caída. Las elecciones de 1934 dieron el poder a la derecha y paralizaron muchas de las reformas. Hubo estallidos revolucionarios en Asturias y Cataluña. El ejército reprimió ambos levantamientos. Se hicieron obvias, de nuevo, las tensiones entre las "dos Españas". La violencia y las protestas marcaron estos años. En 1936, el Frente Popular ganó las elecciones. Este partido era una coalición de partidos de izquierda que unía desde los comunistas hasta la burguesía liberal. En este momento, un grupo de generales empezó a conspirar para paralizar lo que veían como la negativa influencia de una revolución marxista en España. El 18 de julio de 1936 iniciaron un golpe de estado que empezó en Marruecos y pronto se extendió por el resto del país.

5.1.3 La sociedad: las ansias de regeneración nacional

Desde la crisis del 98 y hasta el nacimiento de la República, surgieron entre los intelectuales voces que reclamaban un cambio en el espíritu de los españoles. Miguel de Unamuno, Antonio Machado, Gregorio Marañón, José Ortega y Gasset y Ramón Pérez de Ayala, entre otros, escribieron numerosos ensayos, estudios y artículos que criticaban a los ciudadanos de la nación por ser perezosos, indolentes y pasivos. Unos y otros expresaron la necesidad de promover un nuevo tipo de españolidad. Ésta, alejada de los mitos del pasado, elevaría la productividad, el trabajo y la constancia como los nuevos pilares de la sociedad que impulsarían al país a la productividad característica de las sociedades modernas. El tipo de ciudadano que describían como ideal se conformaba al ideal de la clase media que desde el siglo XIX se extendía por Europa. El hombre modelo era un ciudadano productivo y trabajador cuya actividad se centraba en la esfera de lo público, en lo social, lo político y lo artístico. La mujer era una versión moderna del "ángel del hogar" definido por Fray Luis de León. Promovían una mujer cultivada y educada que podía entretener a su esposo, organizar su hogar y educar a sus hijos, el futuro de la nación. La familia de clase media se convirtió así en la base de la nueva nación ideal de los intelectuales liberales.

5.1.3.1 *La cuestión de la mujer*

La publicación de *La mujer del porvenir* (1868) de Concepción Arenal inauguró el nacimiento de una conciencia feminista en España, si no un movimiento en toda regla. En las tres primeras décadas del siglo XX, el ambiente social, económico y político cambiante facilitó una presencia cada vez más importante de la mujer como miembro activo en cada uno de estos escenarios. Así, a la inestabilidad provocada por la conciencia de la crisis de identidad nacional, la búsqueda de nuevos valores y nuevas alternativas políticas, se unió el miedo que despertó en la sociedad la aparición de nuevos modelos de mujer. Éstos se oponían tanto a la mujer tradicional—ignorante y supersticiosa, según Unamuno—como a la de clase media promovida por los intelectuales. Las calles se llenaban de jóvenes trabajadoras con una relativa independencia económica. La Escuela Normal de Maestras abría las puertas de la educación a las mujeres, quienes, a partir de 1910, podían acudir a la universidad sin permiso previo. En este momento, numerosas escritoras hicieron oír sus voces y tomaron posiciones en el debate sobre la regeneración nacional. Emilia Pardo Bazán, Sofía Casanova, Blanca de los Ríos, Concha Espina, Carmen de Burgos, María de Maeztu y Margarita Nelken, entre otras, escribían regularmente para periódicos y revistas, abogando por la mejora de las condiciones de vida y los derechos de la mujer. Sus voces oscilan entre el feminismo conservador de Sofía Casanova o Blanca de los Ríos hasta el socialista y radical de Carmen de Burgos o Margarita Nelken. El impacto que la presencia de la mujer estaba teniendo en la nueva sociedad se refleja en múltiples artículos publicados en periódicos y revistas que manifestaban una mezcla de miedo y fascinación por la "mujer nueva". Los mismos intelectuales se vieron atraídos hacia el debate, lo cual se manifiesta en múltiples estudios publicados en la *Revista de Occidente,* fundada por José Ortega y Gasset en 1923. Los ensayos de Gregorio Marañón o George Simmel, entre otros, estudiaban la cuestión de la "naturaleza femenina". Para estos estudiosos, el hombre era definido por la inteligencia y debía dedicarse a lo social y artístico. La identidad de la mujer era marcada por la biología, que la destinaba a la maternidad.

Al lado de la revolución social y laboral se dio también el inicio de una revolución sexual, con la amenazante figura de la *vamp*, percibida como la versión femenina del Don Juan. En contra de las expectativas de la sociedad, esta mujer tomaba la iniciativa en el juego sexual y era la conquistadora en lugar de la conquistada. Las mujeres saltaron también a la palestra en el plano político. Durante la República, tres mujeres ocupaban escaños en el parlamento: Margarita Nelken, Clara Campoamor y Victoria Kent. De ellas, sólo Clara Campoamor apoyó la moción a favor del voto femenino. Nelken y Kent consideraban que las mujeres españolas no estaban lo suficientemente educadas políticamente como para ejercer el derecho al voto de forma responsable. Opinaban que, sometidas a la autoridad de esposos y sacerdotes, decidirían basándose en las opiniones y recomendaciones de éstos. Con todo, las mujeres españolas ejercieron su recién ganado derecho al voto en las elecciones generales de noviembre de 1933, en las que los conservadores ganaron el poder. En gran medida, todos estos avances fueron anulados con la llegada de la dictadura, que tomó como modelo de mujer ideal la imagen del "ángel del hogar", la mujer dulce, sumisa y pasiva, encerrada entre las cuatro paredes de su paraíso doméstico.

MIGUEL DE UNAMUNO Y JUGO

1864–1936

© Hulton Deutsch Collection/CORBIS

Miguel de Unamuno es uno de los escritores más importantes de la denominada "Generación del 98". Este nombre se refiere a un grupo de escritores que estaban activos cuando España perdió la guerra contra EE.UU. En esta generación entran autores como Pío Baroja, Miguel de Unamuno, José Martínez Ruíz "Azorín", Antonio Machado y Ramiro de Maeztu. Para este grupo, el deseo y la lucha por encontrarse a sí mismos, rompiendo para ello con la tradición heredada, era al mismo tiempo un intento por (re)descubrir y reformar la nación. La nota distintiva era su actitud extremadamente crítica de la situación del país.

Miguel de Unamuno fue un hombre polifacético; escribió novela, ensayo, poesía, teatro e innumerables artículos. Es conocido, sin embargo, por su labor como novelista y ensayista. Estudió filosofía y letras en Madrid, de cuya universidad recibió el doctorado en 1884. Siete años más tarde obtuvo la cátedra de griego en la Universidad de Salamanca, ciudad en donde vivió con su esposa, Concepción Lizárraga. Unamuno nunca se mostró tímido al mostrar sus lealtades políticas, lo cual le ocasionó más de un problema en su vida personal. El más serio lo constituyó sin duda el exilio al que fue obligado por la dictadura de Primo de Rivera, debido a las graves críticas que recibió el dictador de la mano del escritor vasco. Así, en 1924 fue deportado a la isla de Fuerteventura, en las Islas Canarias, de donde escapó en 1925. Huyó a París y se mudó luego a Hendaya, donde pasó el resto de su exilio, hasta la caída de la dictadura en 1930. Asimismo, al principio de la guerra civil, manifestó su simpatía por la rebelión de Francisco Franco, por lo cual fue despedido del puesto de rector en la Universidad de Salamanca, que le había sido restituido por la República al regresar de su exilio. El dictador Francisco Franco lo reinstauró en el cargo, para retirarlo del mismo cuando, en 1936, declaró su desaprobación de la filosofía de los nacionalistas.

La obra de Unamuno se divide tradicionalmente en dos etapas, antes y después de su crisis religiosa existencial, en 1897. Hasta ese momento, había publicado ensayos en los que criticaba el estado de atraso de la sociedad española y reclamaba la necesidad de modernización y europeización de la misma. Luego de su crisis, sin embargo, escribió obras de carácter filosófico en que destacaba la tensión entre la razón y la fe. Lo cierto es, sin embargo, que ni siquiera en esta segunda etapa desaparecieron los temas sociales. La problemática de los personajes "agonistas" de Unamuno, que luchan por su realización como individuos, nace de un contexto vital que responde a las crisis del principio de siglo. La sociedad cambiante que ansiaba definición generaba individuos en busca de una estructura existencial, de un orden que diera sentido a su vida.

En sus ensayos publicados individualmente en 1895 y reunidos en la obra *En torno al casticismo* (1902), Unamuno criticaba la falsa idea de "casta" o "raza" de los españoles, que promovía la haraganería y la vulgaridad de las clases bajas—asociadas con los estereotipos del pueblo, como el chulo y el gitano-flamenco. También lamentaba la admiración que sentían los españoles por la improductiva figura del Don Juan, encarnada en una conducta social muy popular a principios de siglo: el donjuanismo. El Don Juan dedicaba su tiempo a la conquista amorosa y a empresas de tipo sexual, y no a trabajos productivos que tuvieran un impacto positivo en la sociedad.

Ya que el presente de la sociedad española estaba en decadencia total, Unamuno proponía buscar el alma verdadera del español en la "intrahistoria", en el paisaje interior de la comunidad. En contraste con la admiración popular hacia el Don Juan, afirmaba la necesidad de admirar los verdaderos espíritus castizos, la constancia y sentido común de Sancho Panza, la fuerza de espíritu de Don Quijote y la capacidad de perseguir ideales de Santa Teresa. Incluso en sus obras profundamente espirituales, como *Del sentimiento trágico de la vida* (1913) y *La agonía del cristianismo* (1925) Unamuno exploró un modelo de individualismo que privilegiaba la libertad de espíritu y la austeridad. No puede disociarse éste del modelo de hombre que propone en sus artículos como única alternativa para la evolución del país. En 1907, Unamuno afirma que el liberalismo no será eficaz mientras "aquí no haya un grupo de liberales que se acuesten a las diez, no beban más que agua, no jueguen a juegos de azar y no tengan querida". En ese mismo año, en "Nuestras mujeres", promueve el modelo de feminidad de la clase media. Critica a las mujeres que pretenden influir en el plano social y elogia a las que se limitan a ser buenas esposas y madres. De forma implícita, pues, hace una crítica de esa creciente presencia de la mujer en la vida pública española que caracterizó las primeras décadas del siglo XX.

En sus novelas, los papeles de género cobran también protagonismo. Novelas como *Niebla* (1914), *Dos Madres, El marqués de Lumbría* (publicadas estas dos, junto con *Nada menos que todo un hombre,* en la obra *Tres novelas ejemplares y un prólogo,* de 1920), *Tía Tula* (1921) o *San Manuel Bueno, mártir* (1930) presentan figuras maternales de gran fortaleza a la sombra y amparo de las cuales los personajes masculinos buscan definición. Los críticos están de acuerdo en que la presencia de la mujer-madre es una constante de la ficción unamuniana. Entre sus novelas, *Niebla* fue la primera que Unamuno denominó "nivola", título que también merecería *Tía Tula*. Establece con este nombre su rechazo a las convenciones novelísticas habituales. Así, el protagonista de *Niebla,* Augusto Pérez, llega a discutir con su creador, don Miguel de Unamuno, su derecho a la existencia, rompiéndose así las barreras entre ficción y realidad, personaje y autor.

La obra *El marqués de Lumbría* es, como se ha señalado, parte de *Tres novelas ejemplares y un prólogo.* En ella se narra la historia de una vieja familia noble en decadencia que lucha por sobrevivir en un mundo en proceso de cambio.

■ Preguntas de pre-lectura

1. ¿Qué tipo de modelos sociales critica Unamuno? ¿Cuáles alaba?
2. ¿Le parece que esos modelos resultarían positivos para la creación de una sociedad moderna? ¿Por qué?
3. ¿Cómo cree que es el modelo de mujer ideal hoy en día? ¿Cómo se parece o se diferencia de la que propone Unamuno? ¿Y el modelo de hombre ideal?
4. ¿Cómo cree que ha cambiado el tipo de hombre y mujer ideales promovidos en la Edad Media y los que apoya Unamuno, por ejemplo?
5. ¿Recuerda algún ejemplo contemporáneo (en el cine, la literatura, la música) que promueva un tipo de ciudadano ideal?

El marqués de Lumbría

La casona solariega[1] de los marqueses de Lumbría, el palacio, que es como se le llamaba en la adusta ciudad de Lorenza, parecía un arca de silenciosos recuerdos del misterio. A pesar de hallarse habitada, casi siempre permanecía con las ventanas y los balcones que daban al mundo cerrados. Su fachada, en la que se
5 destacaba el gran escudo de armas del linaje de Lumbría, daba al mediodía, a la gran plaza de la Catedral y frente a la ponderosa[2] y barroca fábrica de ésta; pero como el sol la bañaba casi todo el día y en Lorenza apenas hay días nublados, todos sus huecos permanecían cerrados. Y ello porque el excelentísimo señor marqués de Lumbría, don Rodrigo Suárez de Tejada, tenía horror a la luz del sol y al
10 aire libre. "El polvo de la calle y la luz del sol —solía decir— no hacen más que deslustrar[3] los muebles y echar a perder[4] las habitaciones, y luego las moscas..." El marqués tenía verdadero horror a las moscas, que podían venir de un andrajoso[5] mendigo, acaso de un tiñoso. El marqués temblaba ante posibles contagios de enfermedades plebeyas.[6] Eran tan sucios los de Lorenza y su comarca...
15 Por la trasera daba la casona al enorme tajo[7] escarpado que dominaba al río. Una manta de yedra cubría por aquella parte grandes lienzos[8] del palacio. Y aunque la yedra era abrigo de ratones y otras alimañas, el marqués la respetaba. Era una tradición de familia. Y en un balcón puesto allí, a la umbría, libre del sol y

---

[1] la más antigua y noble de una familia.   [5] ropa sucia y rota.   [6] del pueblo, no nobles.
[2] pesada. [3] quitar brillo. [4] estropear.   [7] corte. [8] superficies.

de sus moscas, solía el marqués ponerse a leer mientras le arrullaba[9] el rumor del
20 río, que gruñía en el congosto[10] de su cauce, forcejeando con espumarajos[11] por
abrirse paso entre las rocas del tajo.

El excelentísimo señor marqués de Lumbría vivía con sus dos hijas, Carolina,
la mayor, y Luisa, y con su segunda mujer, doña Vicenta, señora de brumoso seso,
que cuando no estaba durmiendo estaba quejándose de todo, y en especial del
25 ruido. Porque así como el marqués temía al sol, la marquesa temía al ruido, y
mientras aquél se iba en las tardes de estío a leer en el balcón en sombra, entre
yedra, al son del canto secular del río, la señora se quedaba en el salón delantero
a echar la siesta sobre una vieja butaca de raso a la que no había tocado el sol, y al
arrullo del silencio de la plaza de la Catedral.

30 El marqués de Lumbría no tenía hijos varones[12] y ésta era la espina doloro-
sísima de su vida. Como que para tenerlos se había casado, a poco de enviudar con
su mujer, con doña Vicenta, su señora y la señora le había resultado estéril.

La vida del marqués trascurría tan monótona y cotidiana, tan consuetudi-
naria y ritual como el gruñir del río en lo hondo del tajo o como los oficios[13] litúr-
35 gicos del cabildo de la Catedral. Administraba sus fincas y dehesas, a las que iba
de visita, siempre corta, de vez en cuando, y por la noche tenía su partida de tresillo con el penitenciario, consejero íntimo de la familia, un beneficiado y el regis-
trador de la Propiedad. Llegaban a la misma hora, cruzaban la gran puerta, sobre
la que se ostentaba[14] la plaza del Sagrado Corazón de Jesús con su "Reinaré en
40 España y con más veneración que en otras partes", sentábanse en derredor de la
mesita —en invierno una camilla[15]—, dispuesta ya, y al dar las diez, como por
máquina de reloj, se iban alejando, aunque hubiera puestas, para el siguiente
día. Entretanto, la marquesa dormitaba y las hijas del marqués hacían labores,[16]
leían libros de edificación —acaso otros obtenidos a hurtadillas— o reñían una
45 con otra.

Porque como para matar el tedio que se corría desde el salón cerrado al sol
y a las moscas, hasta los muros vestidos de yedra, Carolina y Luisa tenían que
reñir. La mayor, Carolina, odiaba al sol, como su padre, y se mantenía rígida y
observante de las tradiciones de la casa; mientras Luisa gustaba de cantar, de aso-
50 marse[17] a las ventanas y a los balcones y hasta de criar en éstos flores de tiesto[18]
costumbre plebeya, según el marqués. "¿No tienes el jardín?", le decía éste a su
hija, refiriéndose a un jardincillo anexo al palacio, pero al que rara vez bajaban sus
habitantes. Pero ella, Luisa, quería tener tiestos en el balcón de su dormitorio, que
daba a una calleja de la plaza de la Catedral, y regarlos, y con este pretexto aso-
55 marse a ver quién pasaba. "Qué mal gusto de atisbar[19] lo que no nos importa...",
decía el padre; y la hermana mayor, Carolina, añadió: "¡No, sino de andar a caza!"
Y ya la tenían armada.

Y los asomos al balcón del dormitorio, y el riego de las flores de tiesto dieron
su fruto. Tristán Ibáñez del Gamonal, de una familia linajuda también y de las más
60 tradicionales de la ciudad de Lorenza, se fijó[20] en la hija segunda del marqués de
Lumbría, a la que vió sonreír, con ojos como de violeta y boca como de geranio,

---

[9] adormecía.   [10] angosto, estrecho.   [11] espumas.   [16] trabajos de costura, bordado.   [17] sacar la
[12] hombres.   [13] ceremonias.   [14] destacaba.   cabeza por la ventana.   [18] maceta para poner
[15] mesa redonda bajo la cual hay una estantería   plantas.   [19] vigilar, mirar.   [20] prestó atención.
para poner el brasero.

por entre las flores del balcón de su dormitorio. Y ello fué que, al pasar un día Tristán por la calleja, se le vino encima el agua del riego que rebosaba de los tiestos, y al exclamar Luisa: "¡Oh, perdone, Tristán!", éste sintió como si la voz doliente de

65 una princesa presa en un castillo encantado le llamara a su socorro.[21]

—Esas cosas, hija —le dijo su padre—, se hacen en forma y seriamente. ¡Chiquilladas,[22] no!

—¿Pero a qué viene eso, padre? —exclamó Luisa.

—Carolina te lo dirá.

70 Luisa se quedó mirando a su hermana mayor, y ésta dijo:

—No me parece, hermana, que nosotras, las hijas de los marqueses de Lumbría, hemos de andar haciendo las osas en cortejeos[23] y pelando la pava[24] desde el balcón como las artesanas. ¿Para eso eran las flores?

—Que pida entrada ese joven —sentenció el padre—, y pues que, por mi

75 parte, nada tengo que oponerle, todo se arreglará. ¿Y tú, Carolina?

—Yo —dijo ésta—tampoco me opongo.

Y se le hizo a Tristán entrar en la casa como pretendiente[25] formal a la mano de Luisa. La señora tardó en enterarse de ello.

Y mientras trascurría la sesión de tresillo, la señora dormitaba en un rincón

80 de la sala, y, junto a ella, Carolina y Luisa, haciendo labores de punto o de bolillos, cuchicheaban[26] con Tristán, al cual procuraban[27] no dejarle nunca solo con Luisa, sino siempre con las dos hermanas. En esto era vigilantísimo el padre. No le importaba, en cambio, que alguna vez recibiera a solas Carolina al que debía ser su cuñado, pues así le instruiría mejor en las tradiciones y costumbres de la casa.

85 Los contertulios[28] tresillistas, la servidumbre de la casa y hasta los del pueblo, a quienes intrigaba el misterio de la casona, notaron que a poco de la admisión en ésta de Tristán como novio de la segundona del marqués, el ámbito espiritual de la hierática familia pareció espesarse y ensombrecerse. La taciturnidad del marqués se hizo mayor, la señora se quejaba más que nunca del ruido, y el

90 ruido era mayor que nunca. Porque las riñas y querellas entre las dos hermanas eran mayores y más enconadas[29] que antes, pero más silenciosas. Cuando, al cruzarse en un pasillo, la una insultaba a la otra, o acaso la pellizcaba, hacíanlo como en susurro, y ahogaban las quejas. Sólo una vez oyó Mariana, la vieja doncella,[30] que Luisa gritaba: "Pues lo sabrá toda la ciudad, ¡sí, lo sabrá la ciudad toda! ¡Sal

95 dré al balcón de la plaza de la Catedral a gritárselo a todo el mundo!" "¡Calla!", gimió la voz del marqués, y luego una expresión tal, tan inaudita[31] allí, que Mariana huyó despavorida de junto a la puerta donde escuchaba.

A los pocos días de esto, el marqués se fué de Lorenza, llevándose consigo a su hija mayor, Carolina. Y en los días que permaneció ausente, Tristán no pareció

100 por la casa. Cuando regresó el marqués solo, una noche se creyó obligado a dar alguna explicación a la tertulia del tresillo. "La pobre no está bien de salud —dijo mirando fijamente al penitenciario—; ello la lleva, ¡cosa de nervios!, a constantes disensiones, sin importancia, por supuesto, con su hermana, a quien, por lo demás, adora, y la he llevado a que se reponga."[32] Nadie le contestó nada.

---

[21] ayuda.   [22] ¡Cosas de niños, no!   [23] flirteando.   reunión.   [29] violentas.   [30] sirvienta.   [31] nunca
[24] hablando.   [25] novio.   [26] murmuraban.   oída.   [32] recupere.
[27] intentaban.   [28] participantes de una tertulia o

105　　　Pocos días después, en familia, muy en familia, se celebraba el matrimonio entre Tristán Ibáñez del Gamonal y la hija segunda del excelentísimo señor marqués de Lumbría. De fuera no asistieron más que la madre del novio y los tresillistas.

　　　Tristán fué a vivir con su suegro, y el ámbito de la casona se espesó y ente-
110　nebreció más aún. Las flores del balcón del dormitorio de la recién casada se aja-
ron[33] por falta de cuidado; la señora se dormía más que antes, y el señor vagaba[34] como un espectro, taciturno y cabizbajo, por el salón cerrado a la luz del sol de la calle. Sentía que se le iba la vida, y se agarraba a ella. Renunció al tresillo, lo que pareció su despedida del mundo, si es que en el mundo vivió. "No tengo ya la ca-
115　beza para el juego —le dijo a su confidente el penitenciario—; me distraigo a cada momento y el tresillo no me distrae ya; sólo me queda prepararme a bien morir."

　　　Un día amaneció con un ataque de perlesía.[35] Apenas si recordaba nada. Mas en cuanto fué recobrándose, parecía agarrarse con más desesperado tesón[36] a la vida. "No, no puedo morir hasta ver cómo queda la cosa." Y a su hija, que le lle-
120　vaba la comida a la cama, le preguntaba ansioso: "¿Cómo va eso? ¿Tardará?" "Ya no mucho, padre." "Pues no me voy, no debo irme, hasta recibir al nuevo marqués; porque tiene que ser varón, ¡un varón!; hace aquí falta un hombre, y si no es un Suárez de Tejada, será un Rodrigo y un marqués de Lumbría." "Eso no depende de mí, padre..." "Pues eso más faltaba, hija —y le temblada la voz al decirlo—, que
125　después de habérsenos metido en casa ese... botarate,[37] no nos diera un marqués... Era capaz de..." La pobre Luisa lloraba. Y Tristán parecía un reo[38] y a la vez un sirviente.

　　　La excitación del pobre señor llegó al colmo cuando supo que su hija estaba para librar. Temblaba todo él con fiebre expectativa. "Necesitaba más cuidado que
130　la parturiente" —dijo el médico.

　　　—Cuando dé a luz Luisa —le dijo el marqués a su yerno—, si es hijo, si es marqués, tráemelo en seguida, que lo vea, para que pueda morir tranquilo; tráemelo tú mismo.

　　　Al oír el marqués aquel grito, incorporóse en la cama y quedó mirando ha-
135　cia la puerta del cuarto, acechando. Poco después entraba Tristán, compungido, trayendo bien arropado al niño, "¡Marqués!" —gritó el anciano—. "¡Sí!" Echó un poco el cuerpo hacia adelante a examinar al recién nacido, le dió un beso balbuciente y tembloroso, un beso de muerte, y sin mirar siquiera a su yerno se dejó caer pesadamente sobre la almohada y sin sentido. Y sin haberlo recobrado murióse
140　dos días después.

　　　Vistieron de luto, con un lienzo negro, el escudo de la fachada de la casona, y el negro del lienzo empezó desde luego a ajarse con el sol, que le daba de lleno durante casi todo el día. Y un aire de luto pareció caer sobre la casa toda, a la que no llevó alegría ninguna el niño.

145　　　La pobre Luisa, la madre, salió extenuada del parto. Empeñose en un principio en criar a la criatura, pero tuvo que desistir de ello. "Pecho mercenario[39]..., pecho mercenario...", suspiraba, "¡Ahora, Tristán, a criar al marqués!" —le repetía a su marido.

---

[33] marchitaron, perdieron frescura.　　　[36] perseverancia.　　[37] tonto.　　[38] prisionero.
[34] caminaba sin dirección.　　[35] debilidad　　[39] soldado que lucha para quien le pague.
muscular acompañada de temblor.

Tristán había caído en una tristeza indefinible y se sentía envejecer. "Soy
150 como una dependencia de la casa, casi un mueble" se decía—. Y desde la calleja
solía contemplar el balcón del que fué dormitorio de Luisa, balcón ya sin tiestos
de flores.

—Si volviésemos a poner flores en tu balcón, Luisa... —se atrevió a decirle
una vez a su mujer.

155 —Aquí no hay más flor que el marqués —le contestó ella.

El pobre sufría con que a su hijo no se le llamase sino el marqués. Y huyendo
de casa, dió en refugiarse en la Catedral. Otras veces salía, yéndose no se sabía
adónde. Y lo que más le irritaba era que su mujer ni intentaba averiguarlo.

Luisa sentíase morir, que se le derretía gota a gota la vida. "Se me va la
160 vida como un hilito de agua —decía—; siento que se me adelgaza la sangre; me
zumba[40] la cabeza, y si aun vivo, es porque me voy muriendo muy despacio... Y
si lo siento, es por él, por mi marquesito, sólo por él... ¡Qué triste vida la de esta
casa sin sol!... Yo creía que tú, Tristán, me hubieses traído sol, y libertad, y alegría;
pero no, tú no me has traído más que al marquesito... ¡Tráemelo!" Y le cubría de
165 besos lentos, temblorosos y febriles. Y a pesar de que se hablaban, entre marido y
mujer se interponía una cortina de helado silencio. Nada decían de lo que más les
atormentaba las mentes y los pechos.

Cuando Luisa sintió que el hilito de su vida iba a romperse, poniendo su
mano fría sobre la frente del niño, de Rodriguín, le dijo al padre: "Cuida del mar-
170 qués. ¡Sacrifícate al marqués! ¡Ah, y a ella dile que la perdono!" "¿Y a mí?", gimió Tristán, "¿A ti? ¡Tú no necesitas ser perdonado!" Palabras que cayeron como
una terrible sentencia sobre el pobre hombre. Y poco después de oírlas se quedó
viudo.

Viudo, joven, dueño de una considerable fortuna, la de su hijo el marqués, y
175 preso en aquel lúgubre[41] caserón cerrado al sol, con recuerdos que siendo de muy
pocos años le parecían ya viejísimos, pasábase las horas muertas en un balcón de
la trasera de la casona, entre la yedra, oyendo el zumbido del río. Poco después
reanudaba las sesiones del tresillo. Y se pasaba largos ratos encerrado con el penitenciario, revisando, se decía, los papeles del difunto marqués y arreglando su
180 testamentaría.[42]

Pero lo que dió un día que hablar en toda la ciudad de Lorenza fué que, después de una ausencia de unos días, volvió Tristán a la casona con Carolina, su
cuñada, y ahora su nueva mujer. ¿Pues no se decía que había entrado monja?
¿Dónde y cómo vivió durante aquellos cuatro años?

185 Carolina volvió arrogante y con un aire de insólito desafío en la mirada. Lo
primero que hizo al volver fué mandar quitar el lienzo de luto que cubría el escudo de la casa. "Que le dé el sol —exclamó—, que le dé el sol, y soy capaz de
mandar embadurnarlo[43] de miel para que se llene de moscas." Luego mandó
quitar la yedra. "Pero Carolina —suplicaba Tristán—, ¡déjate de antiguallas!"[44]

190 El niño, el marquesito, sintió, desde luego, en su nueva madre al enemigo.
No se avino a llamarla mamá, a pesar de los ruegos de su padre; la llamó siempre
tía. "¿Pero quién le ha dicho que soy su tía? —preguntó ella—. ¿Acaso Mariana?"

---

[40] sonido sordo que se produce dentro de los
oídos. [41] oscuro. [42] testamento, legado.

[43] cubrirlo. [44] cosas o ideas antiguas e
inútiles.

"No lo sé, mujer, no lo sé —contestaba Tristán—; pero aquí, sin saber cómo, todo se sabe." "¿Todo?" "Sí, todo; esta casa parece que lo dice todo..." "Pues callemos
195 nosotros."

La vida pareció adquirir dentro de la casona una recogida intensidad acerba. El matrimonio salía muy poco de su cuarto, en el que retenía Carolina a Tristán. Y en tanto, el marquesito quedaba a merced de los criados y de un preceptor que iba a diario a enseñarle las primeras letras, y del penitenciario, que se cuidaba de edu-
200 carle en religión.

Reanudóse la partida de tresillo; pero durante ella, Carolina, sentada junto a su marido, seguía las jugadas de éste y le guiaba en ellas. Y todos notaban que no hacía sino buscar ocasión de ponerle la mano sobre la mano, y que de continuo estaba apoyándose en su brazo. Y al ir a dar las diez, le decía: "¡Tristán, ya es hora!"
205 Y de casa no salía él sino con ella, que se le dejaba casi colgar del brazo y que iba barriendo la calle con una mirada de desafío.[45]

El embarazo de Carolina fué penosísimo.[46] Y parecía no desear al que iba a venir. Cuando hubo nacido, ni quiso verlo. Y al decirle que era una niña, que nació desmedrada[47] y enteca,[48] se limitó a contestar secamente: "¡Sí, nuestro castigo!" Y
210 cuando poco después la pobre criatura empezó a morir, dijo la madre: "Para la vida que hubiese llevado..."

—Tú estás así muy solo —le dijo años después un día Carolina a su sobrino, el marquesito—; necesitas compañía y quien te estimule a estudiar, y así, tu padre y yo hemos decidido traer a casa a un sobrino, a uno que se ha quedado solo...
215 El niño, que ya a la sazón tenía diez años y que era de una precocidad enfermiza y triste, quedóse pensativo.

Cuando vino el otro, el intruso, el huérfano, el marquesito se puso en guardia, y la ciudad toda de Lorenza no hizo sino comentar el extraordinario suceso. Todos creyeron que como Carolina no había logrado tener hijos suyos, propios,
220 traía el adoptivo, el intruso, para molestar y oprimir al otro, al de su hermana...

Los dos niños se miraron, desde luego, como enemigos, porque si imperioso era el uno, no lo era menos el otro. "¿Pues tú qué te crees —le decía Pedrito a Rodriguín—, que porque eres marqués vas a mandarme?... Y si me fastidias mucho, me voy y te dejo solo." "Déjame solo, que es como quiero estar, y tú vuélvete
225 adonde los tuyos." Pero llegaba Carolina, y con un "¡Niños!" los hacía mirarse en silencio.

—Tío —(que así le llamaba) fué diciéndole una vez Pedrito a Tristán—, yo me voy, yo me quiero ir, yo quiero volverme con mis tías; no le puedo resistir a Rodriguín; siempre me está echando en cara que yo estoy aquí para servirle y como
230 de limosna.

—Ten paciencia, Pedrín, ten paciencia; ¿no la tengo yo? —y cogiéndole al niño la cabecita, se la apretó a la boca y lloró sobre ella, lloró copiosa,[49] lenta y silenciosamente.

Aquellas lágrimas las sentía el niño como un riego de piedad. Y sintió una
235 profunda pena por el pobre hombre, por el pobre padre del marquesito.

La que no lloraba era Carolina.

---

[45] reto, rivalidad.   [46] muy difícil.   [47] pequeña.
[48] débil, enfermiza.   [49] mucho.

Y sucedió que un día, estando marido y mujer muy arrimados en un sofá, cogidos de las manos y mirando al vacío penumbroso de la estancia, sintieron ruido de pendencia,[50] y al punto entraron los niños, sudorosos y agitados. "¡Yo me voy! ¡Yo me voy!" —gritaba Pedrito—. "¡Vete, vete y no vuelvas a mi casa!", le contestaba Rodriguín. Pero cuando Carolina vió sangre en las narices de Pedrito, saltó como una leona hacia él, gritando: "¡Hijo mío! ¡Hijo mío!" Y luego, volviéndose al marquesito, le escupió esta palabra: "¡Caín!"

—¿Caín? ¿Es acaso mi hermano? —preguntó abriendo cuanto pudo los ojos el marquesito.

Carolina vaciló un momento. Y luego, como apuñándose el corazón, dijo con voz ronca: "¡Pedro es mi hijo!"

—¡Carolina! —gimió su marido.

—Sí —prosiguió el marquesito—, ya presumía yo que era su hijo, y por ahí lo dicen... Pero lo que no sabemos es quién sea su padre, ni si lo tiene.

Carolina se irguió de pronto. Sus ojos centelleaban y le temblaban los labios. Cogió a Pedrito, a su hijo, lo apretó entre sus rodillas y, mirando duramente a su marido, exclamó:

—¿Su padre? Dile tú, el padre del marquesito, dile tú al hijo de Luisa, de mi hermana, dile tú al nieto de don Rodrigo Suárez de Tejada, marqués de Lumbría, dile quién es su padre. ¡Díselo! ¡Díselo, que si no, se lo diré yo! ¡Díselo!

—¡Carolina! —suplicó llorando Tristán.

—¡Díselo! ¡Dile quién es el verdadero marqués de Lumbría!

—No hace falta que me lo diga —dijo el niño.

—Pues bien, sí; el marqués es éste, éste y no tú; éste, que nació antes que tú, y de mí que era la mayorazga,[51] y de tu padre, sí, de tu padre. Y el mío, por eso del escudo... Pero yo haré quitar el escudo, y abriré todos los balcones al sol, y haré que se le reconozca a mi hijo como quien es: como el marqués.

Luego empezó a dar voces llamando a la servidumbre y a la señora, que dormitaba, ya casi en la imbecilidad de la segunda infancia. Y cuando tuvo a todos delante mandó abrir los balcones de par en par, y a grandes voces se puso a decir con calma:

—Este, éste es el marqués, éste es el verdadero marqués de Lumbría; éste es el mayorazgo. Este es el que yo tuve de Tristán, de este mismo Tristán que ahora se esconde y llora, cuando él acababa de casarse con mi hermana, al mes de haberse ellos casado. Mi padre, el excelentísimo señor marqués de Lumbría, me sacrificó a sus principios, y acaso también mi hermana estaba comprometida como yo...

—¡Carolina! —gimió el marido.

—Cállate, hombre, que hoy hay que revelarlo todo. Tu hijo, vuestro hijo, ha arrancado sangre, ¡sangre azul!, no, sino roja, y muy roja, de nuestro hijo, de mi hijo, del marqués...

—¡Qué ruido, por Dios! —se quejó la señora, acurrucándose en una butaca de un rincón.

—Y ahora —prosiguió Carolina dirigiéndose a los criados— id y propalad el caso por toda la ciudad; decid en las plazuelas y en los patios y en las fuentes lo que me habéis oído; que lo sepan todos, que conozcan todos la mancha del escudo.

---

[50] pelea. [51] primogénita, hija mayor.

—Pero si toda la ciudad lo sabía ya... —susurró Mariana.

—¿Cómo? —gritó Carolina.

285 —Sí, señorita, sí; lo decían todos...

—Y para guardar un secreto que lo era a voces, para ocultar un enigma que no lo era para nadie, para cubrir unas apariencias falsas, ¿hemos vivido así, Tristán? ¡Miseria y nada más! Abrid esos balcones, que entre la luz, toda la luz y el polvo de la calle y las moscas, y mañana mismo se quitará el escudo. Y se pondrán
290 tiestos de flores en todos los balcones, y se dará una fiesta invitando al pueblo de la ciudad, al verdadero pueblo. Pero no; la fiesta se dará el día en que éste, mi hijo, vuestro hijo, el que el penitenciario llama hijo del pecado, cuando el verdadero pecado es el que hizo hijo al otro, el día en que éste sea reconocido como quien es y marqués de Lumbría.

295 Al pobre Rodriguín tuvieron que recogerle de un rincón de la sala. Estaba pálido y febril. Y negóse luego a ver ni a su padre ni a su hermano.

—Le meteremos en un colegio —sentenció Carolina.

En toda la ciudad de Lorenza no se hablaba luego sino de la entereza[52] varonil[53] con que Carolina llevaba adelante sus planes. Salía a diario, llevando del
300 brazo y como a un prisionero a su marido, y de la mano al hijo de su mocedad. Mantenía abiertos de par en par los balcones todos de la casona, y el sol ajaba[54] el raso de los sillones y hasta daba en los retratos de los antepasados. Recibía todas las noches a los tertulianos del tresillo, que no se atrevieron a negarse a sus invitaciones, y era ella misma la que, teniendo al lado a su Tristán, jugaba con las
305 cartas de éste. Y le acariciaba delante de los tertulianos, y dándole golpecitos en la mejilla, le decía: "¡Pero qué pobre hombre eres, Tristán!" Y luego, a los otros: "¡Mi pobre maridito no sabe jugar solo!" Y cuando se habían ellos ido, le decía a él: "¡La lástima es, Tristán, que no tengamos más hijos... después de aquella pobre niña... aquélla sí que era hija del pecado, aquélla y no nuestro Pedrín... Pero ahora, a criar
310 a éste, al marqués!"

Hizo que su marido lo reconociera como suyo, engendrado antes de él, su padre, haberse casado, y empezó a gestionar para su hijo, para su Pedrín, la sucesión del título. El otro, en tanto, Rodriguín, se consumía de rabia,[55] y de tristeza en un colegio.

315 —Lo mejor sería —decía Carolina— que le entre la vocación religiosa. ¿No la has sentido tú nunca, Tristán? Porque me parece que más naciste tú para fraile que para otra cosa...

—¡Y que lo digas tú, Carolina!... —se atrevió a insinuar suplicante su marido.

320 —¡Sí, yo; lo digo yo, Tristán! Y no quieras envanecerte de lo que pasó y que el penitenciario llama nuestro pecado, y mi padre, el marqués, la mancha[56] de nuestro escudo. ¿Nuestro pecado? ¡El tuyo, no, Tristán; el tuyo, no! ¡Fuí yo quien te seduje! ¡Yo! Ella, la de los geranios, la que te regó el sombrero, el sombrero, y no la cabeza, con el agua de sus tiestos, ella te trajo acá, a la casona. Pero quien te ganó
325 fuí yo. ¡Recuérdalo! Yo quise ser la madre del marqués. Sólo que no contaba con el

---

[52] fortaleza, perfección.   [53] masculina.
[54] quitaba el brillo.   [55] ira, enfado.   [56] suciedad;
fig., deshonra.

otro. Y el otro era fuerte, más fuerte que yo. Quise que te rebelaras, y tú no supiste, no pudiste rebelarte...

—Pero Carolina...

—Sí, sí, sé bien todo lo que hubo; lo sé. Tu carne ha sido siempre muy flaca.
330 Y tu pecado fué el dejarte casar con ella; ése fué tu pecado. ¡Y lo que me hiciste sufrir!... Pero yo sabía que mi hermana, que Luisa no podría resistir a su traición[57] y a tu ignominia.[58] Y esperé. Esperé pacientemente y criando a mi hijo. Y ¡lo que es criarlo cuando media entre los dos un terrible secreto! ¡Le he criado para la venganza! Y a ti, a su padre...

335 —Sí, que me despreciará...

—¡No, despreciarte, no! ¿Te desprecio yo acaso?

—¿Pues qué otra cosa?

—¡Te compadezco! Tú despertaste mi carne y con ella mi orgullo de mayorazga. Como nadie se podía dirigir a mí sino en forma y por medio de mi padre...
340 como yo no iba a asomarme, como mi hermana, al balcón, a sonreír a la calle..., como aquí no entraban más hombres que patanes de campo o esos del tresillo, patanes también de coro... Y cuando entraste aquí te hice sentir que la mujer era yo, yo, y no mi hermana... ¿Quieres que te recuerde la caída?

—¡ No, por Dios, Carolina, no!

345 —Sí, mejor es que no te la recuerde. Y eres el hombre caído. ¿Ves cómo te decía que naciste para fraile? Pero no, no, tú naciste para que yo fuese la madre del marqués de Lumbría, de don Pedro Ibáñez del Gamonal y Suárez de Tejada. De quien haré un hombre. Y le mandaré labrar un escudo nuevo, de bronce, y no de piedra. Porque he hecho quitar el de piedra para poner en su lugar otro de
350 bronce. Y en él una mancha roja, de rojo de sangre, de sangre roja, de sangre roja como la que su hermano, su medio hermano, tu otro hijo, el hijo de la traición y del pecado, le arrancó de la cara, roja como mi sangre, como la sangre que también me hiciste sangrar tú... No te aflijas[59] —y al decirle esto le puso la mano sobre la cabeza—, no te acongojes, Tristán, mi hombre... Y mira ahí, mira al retrato de mi
355 padre, y dime tú, que le viste morir, qué diría si viese a su otro nieto, al marqués... ¡Conque te hizo que le llevaras a tu hijo, al hijo de Luisa!... Pondré en el escudo de bronce un rubí, y el rubí chispeará al sol. Pues ¿qué creíais, que no había sangre, sangre roja, roja y no azul, en esta casa? Y ahora, Tristán, en cuanto dejemos dormido a nuestro hijo, el marqués de sangre roja, vamos a acostarnos.

360 Tristán inclinó la cabeza bajo un peso de siglos.

▪ Preguntas de comprensión

1. ¿Quiénes son los personajes principales? Agrúpelos en generaciones, según sus edades.
2. ¿Cómo describiría a cada uno de ellos?
3. ¿Dónde viven? ¿Cómo se describe la casa?
4. ¿Qué tipo de contrastes nota en las descripciones?
5. ¿Qué tipo de relación tienen Carolina y Luisa al principio del relato?

---

[57] romper la confianza o lealtad.   [58] deshonra.
[59] sufras.

6. ¿Por qué se va Carolina? ¿Por qué regresa a la casa?
7. ¿Cómo cambia la rutina de la casa con la vuelta de Carolina? ¿Y la casa misma?
8. ¿Cómo ha cambiado Carolina? ¿Qué tipo de relación tiene con Tristán? ¿Y con los niños?

■ Preguntas de análisis

1. En la casa parece haber un conflicto entre lo viejo, tradicional y noble y lo nuevo, moderno y plebeyo. ¿Qué elementos de la descripción de la casa se refieren a unos y otros?
2. ¿Cuáles son las reglas y valores que gobiernan la comunidad al principio? ¿Cómo ha cambiado la comunidad al final?
3. Si pensamos en la relación que tienen Carolina y Tristán, ¿cómo refleja o dialoga con los cambios y tensiones entre los sexos que existían en las primeras décadas del siglo XX en España?
4. ¿Diría que hay un juicio implícito sobre los personajes? ¿De qué tipo?
5. Hay una gran insistencia en contrastes como la oscuridad y la luz, la apertura y el encierro. ¿Qué otros elementos se relacionan con esa oposición? ¿Cuál es el papel de esos contrastes en el cambio que se da en la comunidad?
6. ¿Hay algún personaje agonista en el relato? ¿Por qué sí o por qué no?
7. ¿Cómo se explica la oración final de la obra: "Tristán inclinó la cabeza bajo un peso de siglos"?

■ Temas para informes escritos

1. El miedo a los cambios en los papeles tradicionales de hombres y mujeres a principios del siglo XX
2. El uso de los contrastes para connotar significado en el texto
3. Las tensiones entre modernidad y tradición en el contexto de crisis de principios de siglo

■ Bibliografía mínima

Blanco Aguinaga, Carlos. *El Unamuno contemplativo*. México: El Colegio de México, 1959.
Hall, Nor. *The Moon and the Virgin: Reflections on the Archetypal Feminine*. New York: Harper and Row, 1980.
Jurkevich, Gayana. *The Elusive Self: Archetypal Approaches to the Novels of Miguel de Unamuno*. Columbia: U of Missouri P, 1991.
———. "Miguel de Unamuno". *Feminist Encyclopedia of Spanish Literature*. Eds. Maureen Ihrie and Janet Pérez. Westport: Greenwood Publishing Group, 2002. 622–627.
Neumann, Erich. *The Great Mother: An Analysis of the Archetype*. Trans. Ralph Mannheim. New York: Pantheon, 1955.
Nozick, Martin. *Miguel de Unamuno*. New York: Twayne, 1971.
Ouimette, Victor. *Reason Aflame: Unamuno and the Heroic Will*. New Haven: Yale UP, 1974.

RAMÓN MARÍA DEL VALLE-INCLÁN

1866–1936

© a.g.e. fotostock America

Valle-Inclán nació en Vila Nova de Arousa, un pueblo en la provincia de Ponte-vedra. Su origen gallego marcó especialmente su obra más temprana. Las leyen-das y los mitos de esta región aparecieron en algunos de sus cuentos. La nostalgia por un pasado en que los valores y formas de vida de la nobleza predominaban sobre los de la clase media aparece también en sus obras tempranas, especial-mente en las *Sonatas*. En esta región, el cambio en la economía y en las formas tradicionales afectó especialmente a una nobleza rural por la que Valle-Inclán sen-tía especial afinidad.

La trayectoria ideológica de Valle-Inclán es bastante extrema. Empezó aso-ciándose con la causa carlista, que estaba conectada con la defensa de la vieja Es-paña y los valores nobles. A lo largo de su vida, sin embargo, el escritor se fue li-beralizando, hasta identificarse con la causa republicana al final de su vida. En una visita a México en 1921 se proclamó partidario de que se repartieran las tie-rras entre la población indígena, ganándose las críticas de los propietarios espa-ñoles. Su simpatía por la situación de los indígenas mexicanos se hace obvia en *Tirano Banderas* (1926). En 1933 el gobierno republicano le otorgó un puesto diplo-mático en Roma, que Valle-Inclán no pudo desempeñar por problemas de salud.

Desde el punto de vista literario, los primeros años del autor están influen-ciados por el simbolismo y el modernismo. El primero se basaba en la creencia de que, a través de la palabra, el arte podía conducir a la revelación de una realidad superior. Su principal representante era el poeta francés Charles Baudelaire. El modernismo, por otra parte, nació en Latinoamérica y tuvo en el poeta nicaragüense Rubén Darío a su máximo representante y embajador internacional. Como el simbolismo, se revelaba contra lo vulgar, lo común y mundano. El modernismo destacaba todo lo estético, lo "bello", aquello que apela a los sentidos, no al espíritu. Los modernistas exhibían un gusto por lo estético, lo decorativo, lo sensual y exótico. Se valoraba la calidad musical de la palabra y mostraban gran fascinación por los mitos griegos. Este tipo de estética es protagonista en sus obras más tempranas, especialmente en la colección de cuentos *Féminas* (1895) y en las *Sonatas: Sonata de otoño* (1902), *Sonata de estío* (1903), *Sonata de primavera* (1904) y *Sonata de invierno* (1905). Tienen éstas como protagonista a Xavier de Bradomín, un marqués perteneciente a la nobleza gallega cuya mayor debilidad son las mujeres. El autor lo describe como un Don Juan "feo, católico y sentimental". Encarna al tipo de decadente Don Juan que las voces reformistas de Unamuno y, más adelante, Marañón y Ortega y Gasset, denuncian y critican como modelo de españolidad. Las diferentes *Sonatas* siguen a Bradomín por diferentes etapas de su vida, asociándose cada estación con una edad diferente. La decadencia del protagonista aumenta con cada una. El estilo de las obras es elaborado y pulido, con claras influencias modernistas. "Rosarito", el cuento que se presenta en este antología, fue escrito originalmente como parte de *Féminas,* pero fue publicado de forma definitiva en 1914, como parte de *Jardín umbrío.* Es considerado como precedente, en tema y estilo, de las *Sonatas.*

Valle-Inclán abandonó la estética modernista después de un largo período de esterilidad creativa, entre 1909 y 1917. Se separó también en esta época de la ideología y los ideales carlistas. Fue éste un período de reconsideración e incubación de una nueva estética. La obra más importante de esta época es *La lámpara maravillosa* (1916), en la que expone su estética. Refleja la inseguridad e inquietud espiritual de quien busca una nueva fe que llene el vacío dejado por los ideales aristocráticos que había ya superado.

En 1919 Valle-Inclán publicó *La pipa de Kif* y con ella anunció una nueva etapa estética que culminaría con los esperpentos. Los cambios y la rebelión que se respiraba en la sociedad y en el arte en ese momento, con el surgimiento de todos los "ismos", influenciaron su obra. Aparecieron en esta época los movimientos de vanguardia en Europa—el futurismo, el dadaísmo y el surrealismo, entre otros. Todos ellos buscaban una ruptura con la tradición que, de una forma u otra, rechazaba la racionalidad convencional. Los años veinte fueron los más prolíferos para el autor. En 1920 publicó dos obras de teatro, *Divinas palabras* y *Luces de Bohemia.* La acción de la primera se desarrolla en Galicia y la de la segunda en Madrid. En 1921 se publicó *Los cuernos de don Friolera,* quizás el mejor de sus esperpentos. Éstos fueron probablemente la mayor aportación de Valle-Inclán a la literatura española y el aspecto de su obra que tendría mayor repercusión en el futuro.

Al igual que en el caso de las influencias modernistas, los esperpentos suponen una estilización de la realidad. Valle-Inclán define el esperpento basándose en la posición desde la cual el autor contempla a sus personajes. En el esperpento, el autor mira a sus personajes desde arriba, como seres inferiores. El escritor asume la posición de un dios, indiferente a las penas de sus creaciones. Esta estética se perfila en *La pipa* y se perfecciona en *Luces* y *Los cuernos.* Desde esta perspectiva, el autor lanza una crítica feroz a la decadente sociedad española de la época, reflejada en imágenes distorsionadas. España es, para el escritor, una grotesca distorsión de la civilización europea. La sátira es cruda y no provee respuestas, soluciones ni esperanza. En este sentido, Valle-Inclán comulgó en este momento de su vida literaria con la posición ideológica de la Generación del 98, si bien su trayectoria intelectual fue, en total, diferente de la de escritores como Unamuno o Machado, que tradicionalmente la definen.

■ Preguntas de pre–lectura

1. ¿Cómo es la evolución ideológica de Valle-Inclán?
2. ¿Le parece una evolución lógica? ¿Por qué?
3. ¿Por qué cree Ud. que el personaje del Don Juan era un tema privilegiado entre los autores de principios de siglo? ¿Lo sigue siendo en la actualidad?
4. ¿Recuerda algunos personajes de las obras leídas hasta ahora que puedan ser definidos como don juanes? ¿En qué se parecen y en qué se diferencian?
5. ¿Cree que la estética modernista puede ser una vía para la crítica social? ¿Por qué?

Rosarito

I

Sentada ante uno de esos arcaicos veladores[1] con tablero de damas, que tanta boga[2] conquistaron en los comienzos del siglo, cabecea el sueño la anciana Condesa de Cela. Los mechones plateados de sus cabellos, escapándose de la toca[3] de encajes, rozan con intermitencias los naipes alineados por un solitario. En el otro extremo del canapé[4] está su nieta Rosarito. Aunque muy piadosas[5] entrambas damas, es lo cierto que ninguna presta atención a la vida del santo del día, que el capellán del Pazo lee en alta voz, encorvado[6] sobre el velador y calados los espejuelos[7] de recia armazón dorada. De pronto Rosarito levanta la cabeza y se queda como abstraída, fijos los ojos en la puerta del jardín, que se abre sobre un fondo de ramajes oscuros y misteriosos. ¡No más misteriosos, en verdad, que la mirada de aquella niña pensativa y blanca! Vista a la tenue claridad de la lámpara, con la rubia cabeza en divino escorzo,[8] la sombra de las pestañas temblando en el marfil de la mejilla y el busto delicado y gentil destacándose en penumbra[9] incierta sobre la dorada talla y el damasco azul celeste del canapé, Rosarito recordaba esas ingenuas madonas pintadas sobre el fondo de estrellas y luceros.

II

La niña entorna los ojos, palidece, y sus labios, agitados por temblor extraño, dejan escapar un grito:
—¡Jesús! ¡Qué miedo!

---

[1] mesita redonda.   [2] fama.   [3] prenda que cubre la cabeza.   [4] sofá.   [5] devotas.   [6] doblado.
[7] lentes.   [8] inclinación.   [9] oscuridad.

Interrumpe su lectura el clérigo y, mirándola por encima de los espejuelos,
5 carraspea:

—¿Alguna araña, eh, señorita?...

Rosarito mueve la cabeza:

—¡No, señor, no!

Rosarito estaba muy pálida. Su voz, un poco velada tenía esa inseguridad
10 delatora[10] del miedo y de la angustia. En vano, por aparecer serena, quiso continuar la labor que yacía en su regazo. Temblaba demasiado entre aquellas manos
pálidas, transparentes como las de una santa; manos místicas y ardientes, que parecían adelgazadas en la oración, por el suave roce de las cuentas del rosario. Profundamente abstraída, clavó las agujas en el brazo del canapé. Después, con voz
15 baja e íntima, cual si hablase consigo misma, balbució:

—¡Jesús!... ¡Qué cosa tan extraña!

Al mismo tiempo entornó los párpados y cruzó las manos sobre el seno[11] de
cándidas y gloriosas líneas. Parecía soñar. El capellán la miró con extrañeza:

—¿Qué le pasa, señorita Rosario?

20 La niña entreabrió los ojos y lanzó un suspiro:

—Diga, Don Benicio, ¿será algún aviso del otro mundo?...

—¡Un aviso del otro mundo!... ¿Qué quiere usted decir?

Antes de contestar, Rosarito dirigió una nueva mirada al misterioso y dormido jardín, a través de cuyos ramajes se filtraba la blanca luz de la luna. Luego,
25 en voz débil y temblona, murmuró:

—Hace un momento juraría haber visto entrar por esa puerta a Don Miguel
Montenegro...

—¿Don Miguel, señorita?... ¿Está usted segura?

—Sí, era él, y me saludaba sonriendo...

30 —Pero ¿usted recuerda a Don Miguel Montenegro? Si lo menos hace diez
años que está en la emigración.

—Me acuerdo, Don Benicio, como si le hubiese visto ayer. Era yo muy niña,
y fui con el abuelo a visitarle en la cárcel de Santiago, donde le tenían preso[12] por
liberal. El abuelo le llamaba primo. Don Miguel era muy alto, con el bigote muy
35 retorcido y el pelo blanco y rizoso.

El capellán asintió:

—Justamente, justamente. A los treinta años tenía la cabeza más blanca que
yo ahora. Sin duda, usted habrá oído referir la historia...

Rosarito juntó las manos.

40 —¡Oh! ¡Cuántas veces! El abuelo la contaba siempre.

Se interrumpió viendo enderezarse a la Condesa. La anciana señora miró a
su nieta con severidad y, todavía mal despierta, murmuró:

—¿Qué tanto tienes que hablar, niña? Deja leer a Don Benicio?

Rosario inclinó la cabeza y se puso a mover las agujas de su labor. Pero Don
45 Benicio, que no estaba en ánimo de seguir leyendo, cerró el libro y bajó los anteojos[13] hasta la punta de la nariz.

—Hablábamos del famoso Don Miguel, señora Condesa. Don Miguel Mon-

---

[10] reveladora.   [11] pecho.   [12] encarcelado.
[13] lentes.

tenegro, emparentado,[14] si no me engaño, con la ilustre casa de los Condes de Cela...

50   La anciana le interrumpió:

—¿Y adónde han ido ustedes a buscar esa conversación? ¿También usted ha tenido noticia del hereje[15] de mi primo? Yo sé que está en el país y que conspira. El cura de Cela, que le conoció mucho en Portugal, le ha visto en la feria de Barbanzón disfrazado de chalán.[16]

55   Don Benicio se quitó los anteojos vivamente:

—¡Hum! He aquí una noticia, y una noticia de las más extraordinarias. Pero ¿no se equivocaría el cura de Cela?

     La Condesa se encogió de hombros:

—¡Qué! ¿Lo duda usted? Pues yo no. ¡Conozco harto bien a mi señor primo!

60   —Los años quebrantan las penas, señora Condesa. Cuatro anduve yo por las montañas de Navarra con el fusil[17] al hombro, y hoy, mientras otros baten el cobre, tengo que contentarme con pedir a Dios en la misa el triunfo de la santa Causa.

     Una sonrisa desdeñosa asomó en la desdentada boca de la linajuda[18] señora:

65   —Pero ¿quiere usted compararse, Don Benicio?... Ciertamente que, en el caso de mi primo, cualquiera se miraría antes de atravesar la frontera, pero esa rama de los Montenegros es de locos. Loco era mi tío Don José, loco es el hijo y locos serán los nietos. Usted habrá oído mil veces en casa de los curas hablar de Don Miguel; pues bien: todo lo que se cuenta no es nada comparado con lo que ese 70 hombre ha hecho.

     El clérigo repitió a media voz:

—Ya sé, ya sé... Tengo oído mucho. ¡Es un hombre terrible, un libertino, un masón!

     La Condesa alzó los ojos al cielo y suspiró:

75   —¿Vendrá a nuestra casa? ¿Qué le parece a usted?

—¿Quién sabe? Conoce el buen corazón de la señora Condesa.

     El capellán sacó del pecho de su levitón un gran pañuelo a cuadros azules y lo sacudió en el aire con suma parsimonia. Después se limpió la calva.

—¡Sería una verdadera desgracia! Si la señora atendiese[19] mi consejo, le ce-80 rraría la puerta.

     Rosarito lanzó un suspiro. Su abuela la miró severamente y se puso a repiquetear con los dedos en el brazo del canapé.

—Eso se dice pronto, Don Benicio. Está visto que usted no le conoce. Yo le cerraría la puerta y él la echaría abajo. Por lo demás, tampoco debo olvidar que es 85 mi primo.

     Rosarito alzó la cabeza. En su boca de niña temblaba la sonrisa pálida de los corazones tristes, y en el fondo misterioso de sus pupilas brillaba una lágrima rota. De pronto, lanzó un grito. Parado en el umbral de la puerta del jardín estaba un hombre de cabellos blancos, estatura gentil y talle arrogante y erguido.

---

[14] parte de la familia.   [15] desvergonzado. No sigue las normas (de la religión).   [16] trata de compras y ventas, especialmente de caballos.   [17] escopeta.   [18] de linaje.   [19] escuchara.

III

Don Miguel de Montenegro podría frisar[20] en los sesenta años. Tenía ese hermoso y varonil tipo suevo[21] tan frecuente en los hidalgos de la montaña gallega. Era el mayorazgo de una familia antigua y linajuda, cuyo blasón lucía dieciséis cuarteles de nobleza y una corona real en el jefe. Don Miguel, con gran escándalo
5 de sus deudos y allegados, al volver de su primera emigración, hizo picar[22] las armas que campeaban sobre la puerta de su Pazo[23] solariego, un caserón antiguo y ruinoso, mandado edificar por el Mariscal Montenegro, que figuró en las guerras de Felipe V y fue el más notable de los de su linaje. Todavía se conservaba en el país memoria de aquel señorón excéntrico, déspota[24] y cazador, beodo[25] y hospi-
10 talario. Don Miguel, a los treinta años, había malbaratado su patrimonio. Solamente conservó las rentas y tierras de vínculo, el Pazo y una capellanía, todo lo cual apenas le daba para comer. Entonces empezó su vida de conspirador y aventurero, vida tan llena de riesgos y azares como la de aquellos segundones hidalgos que se enganchaban en[26] los tercios de Italia por buscar lances de amor, de
15 espada y de fortuna. Liberal aforrado[27] en masón, fingía menosprecio por toda suerte de timbres nobiliarios; lo que no impedía que fuese altivo[28] y cruel como un árabe noble. Interiormente sentíase orgulloso de su abolengo,[29] y, pese a su despreocupación dantoniana, placíale referir la leyenda heráldica que hace descender a los Montenegros de una emperatriz alemana. Creíase emparentado con las más
20 nobles casas de Galicia, y desde el Conde de Cela al de Altamira, con todos se igualaba y a todos llamaba primos, como se llaman entre sí los reyes. En cambio, despreciaba a los hidalgos sus vecinos, y se burlaba de ellos sentándolos a su mesa y haciendo sentar a sus criados. Era cosa de ver a Don Miguel erguirse cuan alto era, con el vaso desbordante, gritando con aquella engolada voz de gran señor,
25 que ponía asombro en sus huéspedes:

—En mi casa, señores, todos los hombres son iguales. Aquí es ley la doctrina del filósofo de Judea.

Don Miguel era uno de esos locos de buena vena, con maneras de gran señor, ingenio de coplero[30] y alientos de pirata. Bullía de continuo en él una desespera-
30 ción sin causa ni objeto, tan pronto arrebatada como burlona, ruidosa como sombría. Atribuíansele cosas verdaderamente extraordinarias. Cuando volvió de su primera emigración encontróse hecha la leyenda. Los viejos liberales partidarios de Riego contaban que le había blanqueado el cabello desde que una sentencia de muerte tuviérale tres días en capilla, de la cual consiguiera fugarse por un mila-
35 gro de audacia.[31] Pero las damiselas de su provincia, abuelas hoy que todas suspiran cuando recitan a sus nietas los versos de El Trovador, referían algo mucho más hermoso... Pasaba esto en los buenos tiempos del romanticismo, y fue preciso suponerle víctima de trágicos amores. ¡Cuántas veces oyera Rosarito en la tertulia de sus abuelos la historia de aquellos caballeros blancos! Contábala siempre su tía
40 la de Camarasa—una señorita cincuentona que leía novelas con el ardor de una

---

[20] estar cerca de. [21] suevos: tribu germánica que en el siglo V invadió las Galias (Francia) y parte de Hispania (España). [22] triturar.
[23] palacio. [24] tirano. [25] borracho. [26] unían a.

[27] cubierto de. [28] arrogante. [29] linaje, familia ilustre. [30] que canta coplas, canciones populares. [31] valentía.

colegiala y todavía cantaba en los estrados[32] aristocráticos de Compostela melan-
cólicas tonadas del año treinta—. Amada de Camarasa conoció a Don Miguel en
Lisboa, cuando las bodas del Infante Don Miguel. Era ella una niña, y habíale quedado muy presente la sombría figura de aquel emigrado español de erguido talle
45 y ademán altivo, que todas las mañanas se paseaba con el poeta Espronceda en el
atrio de la Catedral y no daba un paso sin golpear fieramente el suelo con la contera de su caña[33] de Indias. Amada de Camarasa no podía menos de suspirar
siempre que hacía memoria de los alegres años pasados en Lisboa. ¡Quizá volvía
a ver con los ojos de la imaginación la figura de cierto hidalgo lusitano de moreno
50 rostro y amante labia, que había sido la única pasión de su juventud!... Pero esta
es otra historia, que nada tiene que ver con la de Don Miguel de Montenegro.

IV

El mayorazgo se había detenido en medio de la espaciosa sala, y saludaba
encorvando[34] su aventajado talle, aprisionado en largo levitón.
—Buenas noches, Condesa de Cela. ¡He aquí a tu primo Montenegro que
viene de Portugal!
5 Su voz, al sonar en medio del silencio de la anchurosa y oscura sala del Pazo,
parecía más poderosa y más hueca. La Condesa, sin manifestar extrañeza, repuso
con desabrimiento:
—Buenas noches, señor mío.
Don Miguel se atusó el bigote y sonrió, como hombre acostumbrado a tales
10 desvíos[35] y que los tiene en poco. De antiguo recibíasele de igual modo en casa de
todos sus deudos y allegados, sin que nunca se le antojara tomarlo a pecho. Con-
tentábase con hacerse obedecer de los criados y manifestar hacia los amos cierto
desdén de gran señor. Era de ver cómo aquellos hidalgos campesinos que nunca
habían salido de sus madrigueras[36] concluían por humillarse ante la apostura[37]
15 caballeresca y la engolada voz del viejo libertino, cuya vida de conspirador, llena
de azares desconocidos, ejercía sobre ellos el poder sugestivo de lo tenebroso. Don
Miguel acercóse rápido a la Condesa y tomóle la mano con aire a un tiempo cortés
y familiar:
—Espero, prima, que me darás hospitalidad por una noche.
20 Así diciendo, con empaque[38] de viejo gentilhombre, arrastró un pesado sillón de moscovita y tomó asiento al lado del canapé. En seguida, y sin esperar respuesta, volvióse a Rosarito. ¡Acaso había sentido el peso magnético de aquella mirada que tenía la curiosidad de la virgen y la pasión de la mujer! Puso el emigrado
una mano sobre la rubia cabeza de la niña, obligándola a levantar los ojos, y con
25 esa cortesanía exquisita y simpática de los viejos que han amado y galanteado[39]
mucho en su juventud, pronunció a media voz—¡la voz honda y triste con que se
recuerda el pasado!:
—¿Tú no me reconoces, verdad, hija mía? Pero yo sí te reconocería en cualquier parte. ¡Te pareces tanto a una tía tuya, hermana de tu abuelo, a la cual ya no
30 has podido conocer!... ¿Tú te llamas Rosarito, ¿verdad?
—Sí, señor.

---

[32] espacios.   [33] bastón delgado.   [34] inclinado.
[35] desviaciones.   [36] refugios.   [37] actitud.
[38] seriedad.   [39] conquistado.

Don Miguel se volvió a la Condesa:

—¿Sabes, prima, que es muy linda la pequeña?

Y, moviendo la plateada y varonil cabeza, continuó cual si hablase consigo
mismo:

—¡Demasiado linda para que pueda ser feliz!

La Condesa, halagada[40] en su vanidad de abuela, repuso con benignidad,
sonriendo a su nieta:

—No me la trastornes, primo. ¡Sea ella buena, que el que sea linda es cosa de
bien poco!...

El emigrado asintió con un gesto sombrío y teatral y quedó contemplando a
la niña, que, con los ojos bajos, movía las agujas de su labor, temblorosa y torpe.[41]
¿Adivinó el viejo libertino lo que pasaba en aquella alma tan pura? ¿Tenía él, como
todos los grandes seductores, esa intuición misteriosa que lee en lo íntimo de los
corazones y conoce las horas propicias al amor? Ello es que una sonrisa de increíble audacia tembló un momento bajo el mostacho blanco del hidalgo, y que sus
ojos verdes—soberbios[42] y desdeñosos[43] como los de un tirano o de un pirata—
se posaron con gallardía donjuanesca sobre aquella cabeza melancólicamente inclinada, que con su crencha de oro, partida por estrecha raya, tenía cierta castidad
prerrafaélica. Pero la sonrisa y la mirada del emigrado fueron relámpagos por lo
siniestras y por lo fugaces. Recobrada *incontinenti*[44] su actitud de gran señor, Don
Miguel se inclinó ante la Condesa:

—Perdona, prima, que todavía no te haya preguntado por mi primo el
Conde de Cela.

La anciana suspiró, levantando los ojos al cielo:

—¡Ay! ¡El Conde de Cela lo es desde hace mucho tiempo mi hijo Pedro!...

El mayorazgo se enderezó en el sillón, dando con la contera de su caña en el
suelo:

—¡Vive Dios! En la emigración nunca se sabe nada. Apenas llega una noticia... ¡Pobre amigo! ¡Pobre amigo!... ¡No somos más que polvo!...

Frunció las cejas y, apoyado a dos manos en el puño de oro de su bastón,
añadió con fanfarronería.[45]

—Si antes lo hubiese sabido, créeme que no tendria el honor de hospedarme
en tu palacio.

—¿Por qué?

—Porque tú nunca me has querido bien. ¡En eso eres de la familia!

La noble señora sonrió tristemente:

—Tú eres el que has renegado de todos. Pero ¿a qué viene recordar ahora
eso? Cuentas has de dar a Dios de tu vida, y entonces...

Don Miguel se inclinó con sarcasmo:

—Te juro, prima, que, como tenga tiempo, he de arrepentirme.

El capellán, que no había desplegado los labios, repuso afablemente—afa-
bilidad que le imponía el miedo a la cólera del hidalgo:

—Volterianismos,[46] Don Miguel... Volterianismos que después, en la hora de
la muerte...

---

[40] adulada. [41] con poca gracia. [42] orgullosos. [43] arrogantes. [44] con control. [45] pedantería, presunción. [46] relativo a Voltaire y la influencia de la Ilustración francesa; incredulidad, impiedad.

Don Miguel no contestó. En los ojos de Rosario acababa de leer un ruego tímido y ardiente a la vez. El viejo libertino miró al clérigo de alto a bajo y, volviéndose a la niña, que temblaba, contestó sonriendo:

—¡No temas, hija mía! Si no creo en Dios, amo a los ángeles...

80 El clérigo, en el mismo tono conciliador y francote, volvió a repetir:

—¡Volterianismos, Don Miguel!... ¡Volterianismos de Francia!...

Intervino con alguna brusquedad la Condesa, a quien lo mismo las impiedades que las galanterías del emigrado inspiraban vago terror:

—¡Dejémosle, Don Benicio! Ni él ha de convencernos ni nosotros a él...

85 Don Miguel sonrió con exquisita ironía:

—¡Gracias, prima, por la ejecutoria de firmeza que das a mis ideas, pues ya he visto cuánta es la elocuencia de tu capellán!

La Condesa sonrió fríamente con el borde de los labios y dirigió una mirada autoritaria al clérigo para imponerle silencio. Después, adoptando esa actitud se-
90 ria y un tanto melancólica con que las damas del año treinta se retrataban y recibían en el estrado a los caballeros, murmuró:

—¡Cuando pienso en el tiempo que hace que no nos hemos visto!... ¿De dónde sales ahora? ¿Qué nueva locura te trae? ¡Los emigrados no descansáis nunca!...

95 —Pasaron ya mis años de pelea... Ya no soy aquel que tú has conocido. Si he atravesado la frontera, ha sido únicamente para traer socorros a la huérfana de un pobre emigrado, a quien asesinaron los estudiantes de Coimbra. Cumplido este deber, me vuelvo a Portugal.

—¡Si así es, que Dios te compañe!...

V

Un antiguo reloj de sobremesa dio las diez. Era de plata dorada y de gusto pesado y barroco, como obra del siglo XVIII. Representaba a Baco coronado de pámpanos y dormido sobre un tonel. La Condesa contó las horas en voz alta y volvió al asunto de su conversación:

5 —Ya sabía que habías pasado por Santiago y que después estuviste en la feria de Barbanzón disfrazado de chalán. Mis noticias eran de que conspirabas.

—Ya sé que eso se ha dicho.

—A ti se te juzga capaz de todo, menos de ejercer la caridad como un apóstol...

10 Y la noble señora sonreía con alguna incredulidad. Después de un momento añadió, bajando insensiblemente la voz:

—¡Es el caso que no debes tener la cabeza muy segura sobre los hombros!

Y tras la máscara de frialdad con que quiso revestir sus palabras, asomaban el interés y el afecto. Don Miguel repuso en el mismo tono confidencial, paseando
15 la mirada por la sala:

—¡Ya habrás comprendido que vengo huyendo! Necesito un caballo para repasar mañana mismo la frontera.

—¿Mañana?

—Mañana.

20 La Condesa reflexionó un momento:

—¡Es el caso que no tenemos en el Pazo ni una mala montura!...

Y como observase que el emigrado fruncía el ceño, añadió:

—Haces mal en dudarlo. Tú mismo puedes bajar a las cuadras y verlo. Hará cosa de un mes pasó por aquí, haciendo una requisa,[47] la partida de El Manco y se llevó las dos yeguas que teníamos. No he querido volver a comprar, porque me exponía a que se repitiese el caso el mejor día.

Don Miguel de Montenegro la interrumpió:

—¿Y no hay en la aldea quien preste un caballo a la Condesa de Cela?

A la pregunta del mayorazgo siguió un momento de silencio. Todas las cabezas se inclinaban y parecían meditar. Rosarito, que, con las manos en cruz y la labor caída en el regazo, estaba sentada en el canapé al lado de la anciana, suspiró tímidamente.

—Abuelita, el Sumiller tiene un caballo que no se atreve a montar.

Y con el rostro cubierto de rubor, entreabierta la boca de madona y el fondo de los ojos misteriosos y cambiantes, Rosarito se estrechaba a su abuela cual si buscase amparo en un peligro. Don Miguel la infundía miedo, pero un miedo sugestivo y fascinador. Quisiera no haberle conocido, y el pensar en que pudiera irse la entristecía. Aparecíasele como el héroe de un cuento medroso y bello cuyo relato se escucha temblando, y, sin embargo, cautiva el ánimo hasta el final, con la fuerza de un sortilegio. Oyendo a la niña, el emigrado sonrió con caballeresco desdén, y aun hubo de atusarse el bigote, suelto y bizarramente levantado sobre el labio. Su actitud era ligeramente burlona:

—¡Vive Dios! Un caballo que el Sumiller no se atreve a montar, y casi debe de ser un *Bucéfalo.* ¡He aquí, queridas mías, el corcel que me conviene!

La Condesa movió distraídamente algunos naipes del solitario y, al cabo de un momento, como si el pensamiento y la palabra le viniesen de muy lejos, se dirigió al capellán:

—Don Benicio, será preciso que vaya usted a la rectoral[48] y hable con el Sumiller.

Don Benicio repuso, volviendo las hojas de *El Año Cristiano:*

—Yo haré lo que disponga la señora Condesa; pero salvo su mejor parecer, el mío es que más atendida había de ser una carta de vuecencia.[49]

Aquí levantó el clérigo la tonsurada cabeza y, al observar el gesto de contrariedad con que la dama le escuchaba, se apresuró a decir:

—Permítame, señora Condesa, que me explique. El día de San Cidrán fuimos juntos de caza. Entre el Sumiller y el abad de Cela, que se nos reunió en el monte, hiciéronme una jugarreta[50] del demonio. Todo el día estuviéronse riendo. ¡Con sus sesenta años a cuestas, los dos tienen el humor de unos rapaces![51] Si me presento ahora en la rectoral pidiendo el caballo, por seguro que lo toman a burla. ¡Es un raposo muy viejo el señor Sumiller!

Rosarito murmuró con anhelo[52] al oído de la anciana:

—Abuelita, escríbale usted...

La mano trémula de la Condesa acarició la rubia cabeza de su nieta:

—¡Ya, hija mía!...

Y la Condesa de Cela, que hacía tantos años estaba amagada de parálisis, irguióse sin ayuda y, precedida del capellán, atravesó la sala noblemente inclinada

---

[47] inspección.   [48] casa del sacerdote.   [50] engaño.   [51] niños, jóvenes (gallego).
[49] título de respeto: vuestra excelencia.   [52] deseo.

sobre muleta, una de esas muletas como se ven en los santuarios, con cojín de ter-
ciopelo carmesí guarnecido por clavos de plata.

VI

Del fondo oscuro del jardín, donde los grillos daban serenata, llegaban murmullos y aromas. El vientecillo gentil que los traía estremecía los arbustos, sin despertar los pájaros que dormían en ellos. A veces, el follaje se abría susurrando
y penetraba el blanco rayo de la luna, que se quebraba en algún asiento de pie-
5 dra, oculto hasta entonces en sombra clandestina. El jardín cargado de aromas[53] y
aquellas notas de la noche, impregnadas de voluptuosidad y de pereza, y aquel
rayo de luna, y aquella soldedad, y aquel misterio, traían como una evocación
romántica de citas de amor en siglos trovadores. Don Miguel se levantó del sillón
y, vencido por una distracción extraña, comenzó a pasearse, entenebrecido y taci-
10 turno. Temblaba el piso bajo su andar marcial, y temblaban las arcaicas consolas,[54]
que parecían altares con su carga rocosa de efigies y floreros. Los ojos de la niña
seguían, miedosos e inconscientes, el ir y venir de aquella sombría figura. Si el
emigrado se acercaba a la luz, no se atrevían a mirarle; si se desvanecía en la penumbra, le buscaban con ansia. Don Miguel se detuvo en medio de la estancia.
15 Rosario bajó los párpados, presurosa. Sonrióse el mayorazgo contemplando aquella rubia y delicada cabeza, que se inclinaba como lirio de oro, y, después de un
momento, llegó a decir:

—¡Mírame, hija mía! ¡Tus ojos me recuerdan otros ojos que han llorado mucho por mí!

20 Tenía Don Miguel los gestos trágicos y las frases siniestras y dolientes de los
seductores románticos En su juventud había conocido a Lord Byron, y la influencia del poeta inglés fuera en él decisiva. Las pestañas de Rosarito rozaron la mejilla con tímido aleteo[55] y permanecieron inclinadas como las de una novicia. El
emigrado sacudió la blanca cabellera, aquella cabellera cuya novelesca historia
25 tantas veces recordara la niña durante la velada,[56] y fue a sentarse en el canapé.

—Si viniesen a prenderme,[57] ¿tú qué harías? ¿Te atreverías a ocultarme en tu
alcoba?[58] ¡Una abadesa de San Pelayo salvó así la vida a tu abuelo!...

Rosarito no contestó. Ella, tan inocente, sentía el fuego del rubor en toda su
carne. El viejo libertino la miraba intensamente, cual si solo buscase el turbarla[59]
30 más. La presión de aquellos ojos verdes era a un tiempo sombría y fascinadora, in-
quietante y audaz. Dijérase que infiltraban el amor como un veneno, que violaban
las almas y que robaban los besos a las bocas más puras. Después de un momento,
añadió, con amarga sonrisa:

—Escucha lo que voy a decirte. Si viniesen a prenderme, yo me haría ma-
35 tar. ¡Mi vida ya no puede ser ni larga ni feliz, y aquí tus manos piadosas me
amortajarían![60]...

Cual si quisiera alejar sombríos pensamientos, agitó la cabeza con movimiento varonil y hermoso y echó hacia atrás los cabellos que oscurecían su frente,
una frente altanera y desguarnecida,[61] que parecía encerrar todas las exageracio-

---

[53] perfumes.　[54] mesas.　[55] movimiento de las alas de un pájaro, por ejemplo.　[56] reunión por la noche.　[57] arrestarme.　[58] dormitorio.　[59] ponerla nerviosa.　[60] envolver un cadáver.　[61] desprotegida.

40 nes y todas las demencias, lo mismo las del amor que las del odio, las celestes que las diabólicas... Rosarito murmuró, casi sin voz:

—¡Yo haré una novena a la Virgen para que le saque a usted con bien de tantos peligros!...

Una onda de indecible compasión la ahogaba[62] con ahogo dulcísimo. Sen-
45 tíase presa de confusión extraña, pronta al llorar, no sabía si de ansiedad, si de pena, si de ternura; conmovida hasta lo más hondo de su ser por conmoción oscura, hasta entonces ni gustada ni presentida. El fuego del rubor quemábale las mejillas, el corazón quería saltársele del pecho, un nudo de divina angustia oprimía su garganta, escalofríos misteriosos recorrían su carne. Temblorosa, con el
50 temblor que la proximidad del hombre infunde[63] en las vírgenes, quiso huir de aquellos ojos dominadores que la miraban siempre, pero el sortilegio[64] resistió. El emigrado la retuvo con un extraño gesto, tiránico y amante, y ella, llorosa, vencida, cubrióse el rostro con las manos, las hermosas manos de novicia, pálidas, místicas, ardientes.

VII

La Condesa apareció en la puerta de la estancia, donde se detuvo, jadeante y sin fuerzas:

—¡Rosarito, hija mía, ven a darme el brazo!...

Con la muleta apartaba el blasonado portier. Rosarito se limpió los ojos y
5 acudió velozmente. La noble señora apoyó la diestra, blanca y temblorosa, en el hombro de su nieta y cobró aliento en un suspiro:

—¡Allá va, camino de la rectoral, ese bienaventurado de Don Benicio!...

Después, sus ojos buscaron al emigrado:

—¿Tú, supongo que hasta mañana no te pondrás en camino? Aquí estás se-
10 guro como no lo estarías en parte alguna.

En los labios de Don Miguel asomó una sonrisa de hermoso desdén. La boca de aquel hidalgo aventurero reproducía el gesto con que los grandes señores de otros tiempos desafiaban la muerte. Don Rodrigo Calderón debió de sonreír así sobre el cadalso.[65] La Condesa, dejándose caer en el canapé, añadió con suave ironía:
15 —He mandado disponer la habitación en que, según las crónicas, vivió Fray Diego de Cádiz cuando estuvo en el Pazo. Paréceme que la habitación de un Santo es la que mejor conviene a vuesa mercé...

Y terminó la frase con una sonrisa. El mayorazgo se inclinó, mostrando asentimiento burlón.
20 —Santos hubo que comenzaron siendo grandes pecadores.

—¡Si Fray Diego quisiese hacer conmigo un milagro!

—Esperémoslo, prima.

—¡Yo lo espero!

El viejo conspirador, cambiando repentinamente de talante, exclamó, con
25 cierta violencia:

—¡Diez leguas he andado por cuetos y vericuetos, y estoy más que molido, prima!

---

[62] sofocaba.   [63] causa, provoca.   [64] hechizo, relativo a la brujería, encantamiento.   [65] patíbulo.

Don Miguel se había puesto en pie. La Condesa le interrumpió, murmurando:

30   —¡Válgame Dios con la vida que traes! Pues es menester[66] recogerse y cobrar fuerzas para mañana.

Después, volviéndose a su nieta, añadió:

—Tú le alumbrarás[67] y enseñarás el camino, pequeña.

Rosarito asintió con la cabeza, como hacen los niños tímidos, y fue a encen-
35 der uno de los candelabros que había sobre la gran consola situada enfrente el estrado. Trémula como una desposada,[68] se adelantó hasta la puerta, donde hubo de esperar a que terminase el coloquio que el mayorazgo y la Condesa sostenían en voz baja. Rosarito apenas percibía un vago murmullo. Suspirando, apoyó la cabeza en la pared y entornó los párpados. Sentíase presa de una turbación llena de
40 palpitaciones tumultuosas y confusas. En aquella actitud de cariátide parecía figura ideal detenida en el lindar de la otra vida. Estaba tan pálida y tan triste, que no era posible contemplarla un instante sin sentir anegado[69] el corazón por la idea de la muerte... Su abuela la llamó:

—¿Qué te pasa, pequeña?

45   Rosarito, por toda respuesta, abrió los ojos, sonriendo tristemente. La anciana movió la cabeza con muestra de disgusto, y se volvió a Don Miguel:

—A ti aún espero verte mañana. El capellán nos dirá la misa de alba en la capilla, y quiero que la oigas...

El mayorazgo se inclinó, como pudiera hacerlo ante una reina. Después, con
50 aquel andar altivo y soberano que tan en consonancia estaba con la índole[70] de su alma atravesó la sala. Cuando el portier cayó tras él, la Condesa de Cela tuvo que enjugarse algunas lágrimas.

—¡Qué vida, Dios mío! ¡Qué vida!

VIII

La sala del Pazo—aquella gran sala adornada con cornucopias y retratos de generales, de damas y obispos—yace sumida en trémula penumbra. La anciana Condesa dormita en el canapé. Encima del velador parecen hacer otro tanto el bastón del mayorazgo y la labor de Rosarito. Tropel de fantasmas se agita entre los
5 cortinajes espesos. ¡Todo duerme! Mas he aquí que de pronto la Condesa abre los ojos y los fija con sobresalto en la puerta del jardín. Imagínase haber oído un grito entre sueños, uno de esos gritos de la noche, inarticulados y por demás medrosos.[71] Con la cabeza echada hacia adelante y el ánimo acobardado y suspenso, permanece breves instantes en escucha... ¡Nada! El silencio es profundo. Sola-
10 mente turba[72] la quietud de la estancia el latir acompasado y menudo de un reloj que brilla en el fondo apenas esclarecido...

La Condesa ha vuelto a dormirse.

Un ratón sale de su escondite y atraviesa la sala con gentil y vivaz trotecillo. Las cornucopias le contemplan desde lo alto: parecen pupilas de monstruos ocul-
15 tos en los rincones oscuros. El reflejo de la luna penetra hasta el centro del salón. Los daguerrotipos centellean sobre las consolas, apoyados en los jarrones llenos

---

[66] es necesario.   [67] le darás luz.   [68] recién
casada.   [69] lleno, inundado.   [70] inclinación
natural.   [71] con miedo.   [72] molesta.

de rosas. Por intervalos se escucha la voz aflautada y doliente de un sapo que canta en el jardín. Es la medianoche, y la luz de la lámpara agoniza.

La Condesa se despierta, y hace la señal de la cruz.

20   De nuevo ha oído un grito, pero esta vez tan claro, tan distinto, que ya no duda. Requiere la muleta, y en la actitud de incorporarse, escucha. Un gatazo negro, encaramado en el respaldo de una silla, acéchala con ojos lucientes. La Condesa siente el escalofrío del miedo. Por escapar a esta obsesión de sus sentidos, se levanta y sale de la estancia. El gatazo negro la sigue, maullando lastimeramente.
25   Su cola fosca, su lomo enarcado, sus ojos fosforescentes, le dan todo el aspecto de un animal embrujado. El corredor es oscuro. El golpe de la muleta resuena como en la desierta nave de una iglesia. Allá al final una puerta entornada deja escapar un rayo de luz...

La Condesa de Cela llega temblando.

30   La cámara está desierta, parece abandonada. Por una ventana abierta, que cae al jardín, alcánzase a ver en esbozo fantástico masas de árboles que se recortan sobre el cielo negro y estrellado. La brisa nocturna estremece las bujías de un candelabro de plata, que lloran sin consuelo en las doradas arandelas. Aquella ventana abierta sobre el jardín misterioso y oscuro tiene algo de evocador y suges-
35   tivo. ¡Parece que alguno acaba de huir por ella!...

La Condesa se detiene, paralizada de terror.

En el fondo de la estancia, el lecho de palo santo, donde había dormido Fray Diego de Cádiz, dibuja sus líneas rígidas y severas a través de luengos[73] cortinajes de antiguo damasco carmesí que parece tener algo de litúrgico. A veces una
40   mancha negra pasa corriendo sobre el muro. Tomaríasela por la sombra de un pájaro gigantesco. Se la ve posarse en el techo y deformarse en los ángulos, arrastrarse por el suelo y esconderse bajo las sillas. De improviso, presa de un vértigo funambulesco, otra vez salta el muro y galopa por él como una araña...

La Condesa cree morir.

45   En aquella hora, en medio de aquel silencio, el rumor más leve acrecienta su alucinación. Un mueble que cruje, un gusano que carcome en la madera, el viento que se retuerce en el mainel de las ventanas, todo tiene para ella entonaciones trágicas o pavorosas.[74] Encorvada sobre la muleta, tiembla con todos sus miembros. Se acerca al lecho, separa las cortinas y mira... ¡Rosarito está allí, inanimada,
50   yerta, blanca! Dos lágrimas humedecen sus mejillas. Los ojos tienen la mirada fija y aterradora de los muertos. ¡Por su corpiño blanco corre un hilo de sangre!... El alfilerón de oro que momentos antes aún sujetaba la trenza de la niña está bárbaramente clavado en su pecho, sobre el corazón. La rubia cabellera extiéndese por la almohada, trágica, magdalénica.

■ Preguntas de comprensión

1. ¿Quiénes son los personajes principales?
2. ¿Cuál es la relación entre ellos? ¿A qué clase social pertenecen?
3. ¿Quién es don Manuel de Montenegro? ¿Qué información se da sobre él antes de que aparezca?

---

[73] largos.   [74] terroríficas.

4. ¿Cómo se describe a Rosarito? ¿Y a don Manuel?
5. ¿Por qué está en la casa don Manuel?
6. ¿Qué datos del texto se refieren a la situación política?
7. ¿Qué contrastes detecta Ud. en el relato?

■ Preguntas de análisis

1. A don Manuel se le da el adjetivo de "varonil". ¿En qué características se basa tal atributo?
2. ¿Qué tipo de feminidad encarna Rosarito?
3. Teniendo en cuenta que el relato es escrito a finales del siglo XIX y se entiende como un precursor de las *Sonatas,* ¿cuál es la postura de Valle-Inclán con respecto al enfrentamiento entre modernidad y tradición que se vive en la época en que escribe "Rosarito"? ¿Cómo se ve en el relato la influencia de la ideología carlista de su juventud?
4. ¿Hay elementos típicos del modernismo? ¿Qué efecto tienen?
5. Hay un fuerte elemento de nostalgia en el cuento. ¿Qué características del pasado se echan de menos?
6. ¿Qué función tiene la muerte de Rosarito?
7. ¿Le recuerda Rosarito a algún otro personaje en las obras que ha leído hasta ahora? (Piense de las mujeres en María de Zayas o en las de Leandro Fernández de Moratín.)

■ Temas para informes escritos

1. El relato como ejemplo del enfrentamiento entre la vieja sociedad tradicional y la modernidad en el cambio de siglo en España
2. La muerte de Rosarito en contraste con la supervivencia de don Manuel
3. Una comparación entre los modelos de identidad de género en este relato y otros de una obra del siglo XIX

■ Bibliografía mínima

Andrews, Jean. "Saints and Strumpets: Female Stereotypes in Valle-Inclán". *Feminist Readings on Spanish and Latin-American Literature.* Eds. Lisa P. Condé and Stephen M. Hart. Lewiston: Edwin Mellen P, 1991. 27–35.

González del Valle, Luis T. "Ramón María del Valle-Inclán". *Feminist Encyclopedia of Spanish Literature.* Eds. Maureen Ihrie and Janet Pérez. Westport: Greenwood Publishing Group, 2002. 336–638.

Gullón, Ricardo, ed. *Valle-Inclán: Centennial Studies.* Austin: U of Texas P, 1968.

Lima, Robert. *Ramón del Valle-Inclán.* New York: Columbia UP, 1972.

Nickel, Catherine. "Pale Hands and a Trickle of Blood: The Portrayal of Women in Valle-Inclán's *Rosarito* and *Beatriz*". *Nuevas perspectivas sobre el 98.* Ed. John P. Gabriele. Madrid: Iberoamericana, 1999. 271–81.

Smith, Verity. *Ramón del Valle-Inclán.* New York: Twayne, 1973.

Zahareas, Anthony. *Ramón del Valle-Inclán: An Appraisal of His Life and Works.* New York: Las Américas, 1968.

ANTONIO MACHADO

1875–1939

Antonio Machado nació en una familia influyente en Sevilla y pasó los años de su infancia en esta ciudad. En 1883 la familia se mudó a Madrid, donde Antonio y su hermano Manuel, que también se convertiría en poeta, fueron matriculados en la Institución Libre de Enseñanza. Dado que la mayoría de las escuelas eran tradicionalmente regentadas y dirigidas por órdenes religiosas, el asistir a una en que los intereses de la Iglesia y el Estado se mantenían al margen de la educación resultaría un paso definitivo en el futuro desarrollo del poeta.

En sus años de juventud, Antonio empezó estudios de filosofía y letras, escribió para el periódico *La Caricatura*—de nueva creación—trabajó en el teatro y, en general, llevó una vida bastante bohemia. En 1899, Antonio y Manuel fueron a París, donde el primero permaneció por cuatro meses y se interesó por el simbolismo y el impresionismo. En su segunda estancia en la capital francesa entró en contacto con el poeta Rubén Darío, padre del movimiento modernista latinoamericano, quien se convirtió en una importante influencia en su poesía. Además de a Darío, Machado leía a Rosalía de Castro, Gustavo Adolfo Bécquer y el poeta simbolista francés Paul Verlaine.

El primer libro de poesía de Machado apareció en 1902 bajo el título *Soledades,* con poemas de clara influencia modernista y simbolista y donde trata el tema del paso del tiempo reflejado en el paisaje. Fue, en general, bien recibido por crítica y público. Fue ésta una época de evolución y cambio en la estética del poeta. Una de las grandes influencias fue Miguel de Unamuno, que después de leer *Soledades* le recomendó que abandonara el cultivo del "arte por el arte" de la doctrina simbolista y modernista y que asumiera una posición comprometida socialmente. Su contacto con Unamuno le llevó a abandonar sus hábitos bohemios y se dedicó a estudiar para los exámenes oficiales que le permitirían enseñar en las escuelas públicas de enseñanza secundaria. Machado aprobó los exámenes y le fue otorgado un puesto en Soria, ciudad cuyo paisaje inmortalizó en su libro *Campos de Castilla* (1911). Esta obra convirtió su voz en la representación poética de la Generación del 98, puesto que en ella explora la gloria pasada de España en contraste con su actual estado de decadencia. Tanto en *Soledades* como en *Campos de Castilla,* sin embargo, vemos la vena simbolista, ya que el poeta encarna un sentido subjetivo de pérdida, nostalgia y degeneración en visiones del paisaje o la arquitectura.

En 1912 Machado se mudó a Baeza, en el sur de España, después de la muerte prematura de su esposa Leonor. Allí intentó recobrarse de la profunda depresión en la que cayó tras enviudar. Continuó cultivando su labor como crítico de la sociedad española del momento. Como Unamuno, él reclamaba la recuperación de las virtudes del hombre de antaño, la austeridad y espiritualidad. Criticaba la vida y costumbres frívolas e improductivas de los señoritos adinerados. En este sentido, escribió una serie de poemas alabando a hombres contemporáneos dignos de su admiración. Entre ellos, encontramos los nombres de Rubén Darío, Unamuno y Ortega y Gasset. Se asentó su reputación como poeta mientras tanto. En 1917 salieron las colecciones *Poesía escogida* y *Poesías completas.* En 1924 apareció *Nuevas canciones.* A partir de entonces publicó bajo los pseudónimos Abel Martín y Juan de Mairena y su poesía se vuelve más filosófica y conceptual.

De 1919 a 1931 Machado vivió en Segovia. Allí conoció y se enamoró de Pilar Valderrama, mujer casada que aceptó sus atenciones sin corresponderlas. Este amor, sin embargo, le inspiró al poeta sus "Canciones a Guiomar", que forman parte de su *Cancionero apócrifo de Abel Martín,* en el que trabajó entre 1923 y 1936. Esa vena más conceptual se hace obvia en este poemario, que lo acerca a la obra de los poetas de la generación siguiente.

El inicio de la República en 1931 le dio esperanzas al escritor sobre el futuro político y social de España. Pronto fue decepcionado, sin embargo, al contemplar la gran división existente entre los diferentes grupos políticos. Durante la guerra civil, Antonio Machado permaneció fiel al lado republicano. En 1939, siendo ya obvia la derrota de la causa liberal, huyó, con su madre, hacia Francia. El viaje fue muy penoso, especialmente hacia el final, cuando tuvieron que cruzar la frontera a pie. Llegaron a Collioure el día 29 de enero. En febrero, debilitados por los esfuerzos de su éxodo, Machado y su madre cayeron enfermos. Él murió el día 22 y su madre tres días después.

■ Preguntas de pre-lectura

1. ¿Qué elementos de la poesía de Machado lo conectan con la Generación del 98 que describíamos al hablar de Unamuno?
2. ¿Qué le recomendó Unamuno a Machado? ¿Por qué cree que Machado aceptó su consejo? ¿Cree Ud. que la poesía siempre debe tener una función útil para la sociedad?
3. ¿Recuerda alguna manifestación cultural contemporánea (música, poesía, cine, ficción) que sea un ejemplo de arte al servicio de una causa social?
4. ¿Qué otros textos ha leído que tengan una función social?
5. ¿Le parece que la cultura es una forma efectiva de cambiar la sociedad?

La plaza y los naranjos encendidos

La plaza y los naranjos[1] encendidos
con sus frutas redondas y risueñas.[2]
Tumulto[3] de pequeños colegiales[4]
que, al salir en desorden de la escuela,
5 llenan el aire de la plaza en sombra
con la algazara[5] de sus voces nuevas.

---

[1] árbol de naranjas.   [2] que ríen.   [3] desorden.
[4] niños del colegio.   [5] ruido alegre.

¡Alegría infantil en los rincones
de las ciudades muertas!...
¡Y algo nuestro de ayer, que todavía
10 vemos vagar[6] por estas calles viejas!

Soria fría, Soria pura

¡Soria fría, *Soria pura*
cabeza de Extremadura,[7]
con su castillo guerrero
arruinado, sobre el Duero;
5 con sus murallas[8] roídas[9]
y sus casas denegridas![10]
¡Muerta ciudad de señores
soldados o cazadores;
de portales con escudos
10 de cien linajes[11] hidalgos.
y de famélicos[12] galgos,[13]
de galgos flacos y agudos,
que pululan[14]
por las sórdidas callejas,[15]
15 y a la medianoche ululan,[16]
cuando graznan[17] las cornejas![18]
¡Soria fría! La campana
de la Audiencia da la una.
Soria, ciudad castellana
20 ¡tan bella! bajo la luna.

A un olmo[19] seco

Al olmo viejo, hendido[20] por el rayo
y en su mitad podrido,[21]
con las lluvias de abril y el sol de mayo,
algunas hojas verdes le han salido.
5 ¡El olmo centenario en la colina[22]
que lame[23] el Duero! Un musgo[24] amarillento
le mancha la corteza[25] blanquecina
al tronco carcomido[26] y polvoriento.

---

6 caminar sin rumbo o dirección.   7 región del suroeste de España.   8 paredes defensivas que rodean una ciudad o castillo.   9 gastadas.
10 casi negras.   11 familias.   12 flacos por el hambre.   13 perro muy delgado usado para la caza o, ahora, en carreras.   14 abundan.
15 calles estrechas.   16 dan gritos.   17 ruido que hacen algunos pájaros.   18 especie de cuervo, pájaro negro.   19 árbol común en España, de buena madera y abundantes hojas; buen árbol de sombra.   20 partido.   21 en estado de descomposición.   22 montaña pequeña.
23 toca suavemente con sus aguas el río Duero.   24 planta que crece en la superficie de árboles y rocas.   25 capa en la superficie de un árbol.
26 roído, con poca salud.

No será, cual los álamos cantores
10 que guardan el camino y la ribera,[27]
habitado de pardos ruiseñores.[28]
    Ejército de hormigas en hilera
va trepando[29] por él, y en sus entrañas[30]
urden[31] sus telas grises las arañas.
15   Antes que te derribe,[32] olmo del Duero,
con su hacha el leñador, y el carpintero
te convierta en melena[33] de campana,
lanza de carro o yugo de carreta;
antes que rojo en el hogar,[34] mañana,
20 ardas de alguna mísera caseta,
al borde de un camino,
antes que te descuaje[35] un torbellino
y tronche[36] el soplo de las sierras blancas;
antes que el río hasta la mar te empuje
25 por valles y barrancas,
olmo, quiero anotar en mi cartera
la gracia de tu rama verdecida.
Mi corazón espera
también, hacia la luz y hacia la vida,
30 otro milagro de la primavera.

Soneto a Guiomar

    Perdón, Madonna del Pilar, si llego
al par[37] que nuestro amado florentino,
con una mata de serrano espliego,[38]
con una rosa de silvestre espino.[39]
5   ¿Qué otra flor para ti de tu poeta
si no es la flor de su melancolía?
Aquí donde los huesos del planeta
pule[40] el sol, hiela[41] el viento, diosa mía,
    ¡con qué divino acento
10 me llega a mi rincón[42] de sombra, y frío
tu nombre, al acercarme el tibio[43] aliento
    de otoño el hondo resonar del río!
Adiós: cerrada mi ventana, siento
junto a mí un corazón... ¿Oyes el mío?

---

[27] orilla del río.   [28] pájaros.   [29] subiendo.
[30] interior.   [31] tejen.   [32] corte.   [33] pelo largo.
[34] lugar para encender fuego dentro de la casa.
[35] arranque de raíz.   [36] rompa.   [37] al mismo
tiempo.   [38] planta de la montaña (sierra) que es
muy aromática.   [39] árbol que crece en el campo.
[40] abrillanta.   [41] congela.   [42] lugar escondido,
retirado.   [43] ni caliente ni frío.

■ Preguntas de comprensión

1. ¿Qué se describe en cada uno de estos poemas?
2. ¿Qué objetos o motivos selecciona la voz poética como parte de la descripción?
3. ¿Con qué conceptos se relacionan esas manifestaciones físicas?
4. ¿Puede identificar algún patrón de contrastes en los poemas? Explique su respuesta.
5. ¿Puede establecer un tema para cada poema?

■ Preguntas de análisis

1. ¿Qué elementos puede identificar en los diferentes poemas que pueden asociarse con la influencia del simbolismo en la poética de Machado?
2. ¿Cómo se revelan en estos poemas los intereses predominantes en las diferentes etapas de la poética de Machado?
3. ¿Qué elementos políticos hay en las poesías?
4. En cuanto a sus posturas con respecto al presente, pasado y futuro de España, ¿qué paralelismos u oposiciones hay entre la obra de Machado y la de Unamuno, por una parte, y la de Valle-Inclán, por otra?
5. ¿Cómo entra esta poesía dentro de la denominación de Generación del 98?

■ Temas para informes escritos

1. La visión de la situación social de España que presenta Antonio Machado a través de su poesía
2. Los símbolos usados por Machado para comentar sobre el estado de la nación
3. Un análisis comparativo de los símbolos usados por Machado, Unamuno y/o Valle para encarnar su idea de nación

■ Bibliografía mínima

Aguirre, J. M. *Antonio Machado, poeta simbolista*. Madrid: Taurus, 1973.

Aleixandre, Vicente, y José Ángeles. *Estudios sobre Antonio Machado*. Barcelona: Ariel, 1977.

Alvar, Manuel. *Símbolos y mitos*. Madrid: Consejo Superior de Investigaciones Científicas, 1990.

Cerezo, Pedro. *Palabra en el tiempo: poesía y filosofía en Antonio Machado*. Madrid: Gredos, 1975.

Cobb, Carl W. *Antonio Machado*. New York: Twayne, 1971.

Gullón, Ricardo. *Una poética para Antonio Machado*. Madrid: Editorial Gredos, 1970.

Orringer, Nelson R. "El castellano alienado frente al campo en *Campos de Castilla*". *La generación del 98 frente al nuevo fin de siglo*. Ed. Jesús Torrecilla. Ámsterdam: Rodopi, 2000. 198–210.

Sánchez Barbudo, Antonio. *El pensamiento de Antonio Machado*. Madrid: Ed. Guadarrama, 1974.

Sesé, Bernard. *Antonio Machado (1875–1939): el hombre, el poeta, el pensador*. Madrid: Gredos, 1980.

JUAN RAMÓN JIMÉNEZ

1881–1958

Juan Ramón fue el más joven de cuatro hermanos en una familia acomodada de madre de Andalucía y padre de Logroño. La seguridad y las comodidades materiales marcaron su niñez. Asistió a un colegio jesuita en sus primeros años y después de terminar sus estudios de bachillerato decidió estudiar pintura, a pesar de los deseos de su padre, quien quería que estudiara derecho. Entre tanto, se estaba desarrollando en él una pasión por la poesía, lo que lo hizo abondonar sus estudios de arte. Leía con avidez a los románticos, como Lord Byron, José de Espronceda, Heinrich Heine, Gustavo Adolfo Bécquer y Rosalía de Castro.

Como en el caso de Machado, la mayor influencia en sus primeros años de producción poética fue, sin duda, Rubén Darío y la corriente del modernismo latinoamericano que éste había generado. Además de admiración, lo uniría a éste una profunda amistad desde el año 1900, cuando el nicaragüense y Francisco Villaespesa lo invitaron a mudarse a Madrid y ayudarles a reformar la poesía española. El inicio definitivo de la carrera de Juan Ramón como poeta comenzó con la publicación de sus primeros poemarios en 1900: *Almas de violeta* y *Ninfeas*. En ambas la influencia modernista es obvia, con predilección por los temas de la muerte, la nostálgica evocación del pasado y la fascinación por los elementos naturales. Él intenta materializar en palabras un momento de belleza fugaz. La sensualidad de las imágenes en el segundo libro denota también la influencia de Darío. El recibimiento por parte de la crítica fue dispar. Por un lado, se censuraba su estilo modernista, mientras que por otro se elogiaba la razón tras ellos, el deseo de elevarse sobre el estancamiento en el que había caído la poesía española.

El año 1900 fue también un año de crisis personal que afectaría profundamente su poesía futura. El padre de Juan Ramón murió y éste cayó víctima de una enfermedad nerviosa. Obsesionado con el miedo a una muerte repentina, lo internó su familia en un sanatorio mental en Bordeaux (Francia), donde leyó a simbolistas franceses, como Verlaine, Mallarmé y Rimbaud. Allí escribió su tercer libro, *Rimas* (1902). Todavía persiste en este libro mucho del dramatismo y efectismo de los dos primeros, así como su sentimentalismo, pero todo ello de una forma más sutil. En *Arias tristes* (1903) se revela ya una mayor sencillez. El metro usado es el romance, dejando a un lado la experimentación que buscaba la novedad. Ya no queda nada del dramatismo de sus dos primeras obras. A esta primera etapa pertenecen también *Poemas agrestes* (1910–11) y *Sonetos espirituales* (1915).

El carácter introvertido y subjetivo de la poesía de Juan Ramón Jiménez nunca cambió. Con los años, sin embargo, se volvió más conciso y conceptual. A diferencia de Machado, nunca tuvo su poesía un carácter social definido. Era ésta, sin embargo, claro producto de su tiempo, demostrando en sus ansias de innovación una crítica hacia el estado del arte poético en España, que lo convertiría en modelo para los poetas de la Generación del 27. En este sentido, se mueve el poeta en la dirección de las tendencias vanguardistas que surgen en Europa entre la Primera y la Segunda Guerra mundiales. Movimientos como el futurismo, el dadaísmo y el surrealismo convirtieron la ruptura con el arte establecido en una ruptura con la sociedad y el sistema en el que les había tocado vivir. Así, las preocupaciones de renovación estética, y no nacional, de Juan Ramón no dejan de tener cierto elemento social.

En sus obras de la segunda época, Jiménez abandona el modernismo y abraza un sentido simbolista de la poesía, es decir, intenta dar forma verbal a conceptos y nociones abstractos. Busca la verdad que hay detrás de las cosas. Ésta es la base de su poesía desnuda. El poeta intenta capturar la esencia de las cosas con palabras, enfrentándose a menudo con la imposibilidad de su empresa. La poesía se reduce a símbolo, libre de la sensualidad de la etapa previa, de ahí que los críticos la denominan "desnuda". Usa imágenes como la del mar para demostrar el intento de expresar ideas inaccesibles al pensamiento lógico. Hay un deseo de trascender a través de la belleza. El resultado es una poesía muy abstracta que algunos han tachado de "hermética". A este período pertenecen obras como *Diario de un poeta recién casado* (1917), *Eternidades* (1917), *Piedra y cielo* (1919) y *Belleza* (1923).

En su búsqueda de la esencia fundamental, Jiménez pasó por su última etapa, que es mística. Es representada por la obra *Animal de fondo* (1949), en la que sus temas se vuelven metafísicos. Con este poemario, la búsqueda de la palabra poética llega a un final, y ese final es un dios que es, a su vez, un concepto creado por el autor. Los poemas forman un conjunto triunfal. No quedan restos de tristeza o frustración. En esta obra, Jiménez le confiere divinidad a lo humano. La experiencia poética es una experiencia mística y el poeta es dios, puesto que goza de conciencia absoluta de la belleza.

Jiménez escribió este libro ya en su etapa americana. En los inicios de la guerra civil había viajado a Washington D.C. después de haber aceptado un puesto en la embajada española ofrecido por el presidente de la República, Manuel Azaña. Aunque debido a la guerra el puesto resultaba irrelevante, Jiménez permanecería en las Américas hasta el final de sus días. En 1956 la labor poética de Jiménez fue reconocida, al otorgársele el Premio Nobel de Literatura.

■ Preguntas de pre-lectura

1. ¿Qué semejanzas y qué diferencias ve Ud. entre Antonio Machado y Juan Ramón Jiménez?
2. ¿Consideraría a Jiménez como un poeta de la Generación del 98? ¿Por qué?
3. Jiménez leyó a muchos poetas románticos, entre ellos, Bécquer y Rosalía de Castro. ¿Detecta algún elemento en común entre ellos?
4. ¿Qué significa, para Ud., el adjetivo "desnudo" aplicado a la poesía?

El viaje definitivo

...Y yo me iré. Y se quedarán los pájaros
cantando;
y se quedará mi huerto,[1] con su verde árbol,
y con su pozo[2] blanco.

5 Todas las tardes, el cielo será azul y plácido;
y tocarán, como esta tarde están tocando,
las campanas del campanario.

Se morirán aquellos que me amaron;
y el pueblo se hará nuevo cada año;
10 y en el rincón aquel de mi huerto florido y encalado,[3]
mi espíritu errará,[4] nostálgico...

Y yo me iré; y estaré solo, sin hogar, sin árbol
verde, sin pozo blanco,
sin cielo azul y plácido...
15 Y se quedarán los pájaros cantando.

Soledad

En ti estás todo, mar, y sin embargo,
¡qué sin ti estás, qué solo,
qué lejos, siempre, de ti mismo!

Abierto en mil heridas,[5] cada instante,
5 cual mi frente,
tus olas van, como mis pensamientos,
y vienen, van y vienen,
besándose, apartándose,
con un eterno conocerse,
10 mar, y desconocerse.

Eres tú, y no lo sabes,
tu corazón te late[6] y no lo siente...
¡Qué plenitud de soledad, mar sólo![7]

Mar

Parece, mar que luchas[8]
—¡oh desorden sin fin, hierro incesante![9]—
por encontrarte o porque yo te encuentre.

---

[1] lugar donde se cultivan verduras.
[2] perforación en el suelo de donde se saca
agua.   [3] cubierto de cal (blanco).   [4] andará
sin dirección.   [5] perforación en la piel.

[6] movimiento de palpitación del corazón.
[7] Preste atención al uso de "solo", sin acento, y
"sólo", con acento.   [8] peleas.   [9] que no para.

¡Qué inmenso demostrarte,
5   en tu desnudez sola
    —sin compañera... o sin compañero
    según te diga el mar o la mar[10]—, creando
    el espectáculo completo
    de nuestro mundo de hoy!
10 Estás, como en un parto,[11]
    dándote a luz—¡con qué fatiga!—
    a ti mismo, ¡mar único!,
    a ti mismo, a ti sólo y en tu misma
    y sola plenitud de plenitudes,
15 ...¡por encontrarte o porque yo te encuentre!

Intelijencia, dame

        Intelijencia, dame
    el nombre esacto de las cosas!
        Que mi palabra sea
    la cosa misma,
5   creada por mi alma nuevamente.
    Que por mí vayan todos
    los que no las conocen, a las cosas;
    que por mí vayan todos
    los que ya las olvidan, a las cosas;
10 que por mí vayan todos
    los mismos que las aman, a las cosas...
    ¡Intelijencia, dame
    el nombre esacto, y tuyo,
    y suyo, y mío, de las cosas!

El nombre conseguido de los nombres

        Si yo, por ti, he creado un mundo para ti,
    dios, tú tenías seguro que venir a él,
    y tú has venido a él, a mí seguro,
    porque mi mundo todo era mi esperanza.

5   Yo he acumulado mi esperanza
    en lengua, en nombre hablado, en nombre escrito;
    a todo yo le había puesto nombre[12]
    y tú has tomado el puesto
    de toda esta nombradía.[13]

---

[10] La palabra "mar" es habitualmente masculina, pero es normal verla como femenina en la poesía.   [11] proceso de dar a luz un bebé.   [12] había dado nombre.   [13] acto de nombrar.

10   Ahora puedo yo detener[14] ya mi movimiento,
como la llama[15] se detiene en ascua[16] roja
con resplandor de aire inflamado azul,
en el ascua de mi perpetuo estar y ser;
ahora yo soy ya mi mar paralizado,
15 el mar que yo decía, mas no duro,
paralizado en olas de conciencia en luz
y vivas hacia arriba todas, hacia arriba.

      Todos los nombres que yo puse
al universo que por ti me recreaba yo,
20 se me están convirtiendo en uno y en un
dios.

      El dios que es siempre al fin,
el dios creado y recreado y recreado
por gracia y sin esfuerzo.
25 El Dios. El nombre conseguido de los nombres.

■ Preguntas de comprensión

1. ¿Hay una anécdota en los diferentes poemas? ¿Cuáles?
2. ¿Qué elementos de la naturaleza aparecen en los poemas?
3. ¿Qué palabras encuentra relacionadas con conceptos y abstracciones?
4. ¿Qué tipo de correspondencias existen entre elementos de la naturaleza y conceptos abstractos?
5. ¿Qué tipo de peculiaridades ortográficas presentan los poemas? ¿Qué función pueden tener?
6. ¿Qué tipo de elementos o motivos se repiten?
7. ¿Puede establecer un tema para cada poema?

■ Preguntas de análisis

1. ¿Qué elementos encuentra Ud. del modernismo y en qué poemas?
2. ¿Qué influencias del simbolismo puede detectar?
3. ¿Cómo se ve en los poemas la evolución de Juan Ramón Jiménez?
4. ¿Cuáles diría que son las mayores preocupaciones del poeta?
5. ¿Cómo se puede comparar con Machado? ¿Qué semejanzas ve con respecto a los poetas románticos?
6. ¿En qué sentido podemos ver a Juan Ramón como un poeta de su tiempo?

■ Temas para informes escritos

1. El uso de la metáfora en Juan Ramón
2. El concepto de dios en Juan Ramón
3. Una comparación entre la poesía comprometida de Machado y la poesía "desnuda" y abstracta de Juan Ramón

---

[14] parar. [15] fuego. [16] pedazo que queda
después de quemar madera o carbón, sin fuego
pero todavía incandescente.

■ Bibliografía mínima

Cardwell, Richard. *Juan Ramón Jiménez and the Modernist Apprenticeship (1895–1900)*. Berlin: Colloquium, 1977.

———. "Poetry, Psychology, and Madness in Fin de Siglo Spain: The Early Work of Juan Ramón Jiménez". *Romance Studies* 17.2 (1999): 115–30.

Fogelquist, Donald F. *Juan Ramón Jiménez*. Boston: Twayne , 1976.

Litvak, Lily. *Erotismo fin de siglo*. Barcelona: Antoni Bosch, 1979.

Palau de Nemes, Graciela. *Vida y obra de Juan Ramón Jiménez: la poesía desnuda*. Madrid: Gredos, 1974.

———. "Juan Ramón Jiménez". *Premio Nobel: Once grandes escritores del mundo hispánico*. Ed. B. Mujica. Washington, DC: Georgetown UP, 1997. 83–93.

Wilcox, John C. *Self and Image in Juan Ramón Jiménez: Modern and Post-Modern Readings*. Urbana: U of Illinois P, 1987.

JOSÉ ORTEGA Y GASSET

1883–1955

Ortega y Gasset, filósofo, profesor, escritor y líder intelectual, fue una de las figuras más emblemáticas del panorama cultural de la España de principios del siglo. Se licenció y doctoró en filosofía y letras en la Universidad Central, en Madrid. Fue profesor de la Escuela Superior de Magisterio y más tarde catedrático de la Central hasta 1936. Estuvo en Alemania dos veces, en las universidades de Berlín y Leipzig. Además, en 1911 vivió en Marburgo y allí absorbió las influencias de la filosofía kantiana, de la cual finalmente se alejaría. Políticamente, como Unamuno, apoyó la República en sus principios, pero pronto por su gobierno lo desilusionó. Al estallar la guerra civil se exilió y viajó a Francia, Holanda, Argentina y Portugal. Volvió a España en 1945 pero no se quedó a vivir allí. Jamás retomó su cátedra y hasta su muerte conservó su domicilio en Lisboa.

A lo largo de la vida de Ortega y Gasset, la prensa fue uno de los principales medios de difusión de sus ideas. Su primer artículo fue publicado por *Vida nueva* en 1902, la misma revista en la que Juan Ramón Jiménez escribió sus primeros poemas. También escribía para el *Lunes de El Imparcial*. Ejercía en estos artículos la "crítica como patriotismo". Se ocupaba en ellos de temas contemporáneos, examinando el estado y los problemas de la nación española. Uno de sus ensayos más conocidos es el llamado "La España oficial y la España vital" (1914), presentado en esta antología. La relación entre las instituciones y los órganos de gobierno y el pueblo, los ciudadanos, fue siempre un tema privilegiado en la obra de Ortega y Gasset. En obras como *La rebelión de las masas* (1930), Ortega y Gasset examina los problemas de la nación española—y la sociedad europea—desde el punto de vista de la necesidad de establecer una unión democrática. Una nación moderna debía estar basada en la unidad entre el poder público y la colectividad. En este sentido, como Unamuno en sus ensayos, se centra en la necesidad de un sentimiento de nación común para asegurar el progreso de la misma. Su constante preocupación por definir y determinar qué es España queda reflejada también en su obra *La España invertebrada* (1920). En la obra de Ortega, la filosofía y la preocupación social se unen de forma inevitable.

Durante las décadas de los años veinte y treinta, la actividad de Ortega marcó el clima intelectual del país. En 1915, con Antonio Machado, Pío Baroja y Azorín, fundó la revista *España*. En 1917 inició *El Sol,* donde publicó multitud de artículos. En 1923 fundó la *Revista de Occidente.* Hasta su desaparición en 1936, esta publicación serviría de vehículo para la discusión de cuestiones sociales, culturales, políticas, literarias. A través de ella se ponía en contacto a un público selecto español con las corrientes artísticas y filosóficas europeas. Como ya se ha mencionado, uno de los temas más tratados en la revista era el de la "cuestión femenina". Sobre ella escribían George Simmel, Gregorio Marañón, Carl Jung y el propio Ortega y Gasset. Todos ellos afirman que mientras el hombre es un ser social definido por su intelecto, la mujer es un ser doméstico determinado por su sexualidad.

Ortega y Gasset reflexionó también sobre el arte de su tiempo. Su pensamiento queda resumido en su ensayo *La deshumanización del arte* (1925). En él establece los parámetros de las nuevas tendencias artísticas. Apunta que la confusión entre arte y vida que reinaba en el siglo XIX ha sido dejada atrás por los artistas del siglo XX. En la literatura, la concentración en el proceso artístico y creativo en lugar de la realidad a la que se refiere da como resultado, por ejemplo, descripciones que se concentran en crear una impresión en lugar de dar detalles exactos.

■ Preguntas de pre-lectura

1. ¿Por qué cree que insistían tanto los intelectuales de principios de siglo en la unidad entre el poder político y los ciudadanos individuales?
2. ¿Qué entiende por la expresión "crítica como patriotismo"? ¿Recuerda alguien que la practique hoy en día? ¿Recuerda textos anteriores que practicaran este concepto?
3. ¿Por qué cree que muchos de los intelectuales de la época usaban los periódicos como principal medio de expresión?
4. ¿Cómo se explica que uno de los temas más tratados en la *Revista de Occidente* fuera el de la "cuestión femenina"?

La España oficial y la España vital

Casi diría que los pensamientos más urgentes que tenemos que comunicarnos unos a otros podrían nacer todos de la meditación de este hecho: que sea preciso[1] llamar a las nuevas generaciones. Esto quiere decir, por lo pronto, que no están ahí, en su puesto[2] de honor.

5 Naturalmente, por nuevas generaciones no se ha de entender[3] sólo esos pocos individuos que gozan de privilegios sociales por el nacimiento o por el personal esfuerzo, sino igualmente a las muchedumbres[4] coetáneas.[5] Más aún; las
muchedumbres, para los efectos políticos, tienen siempre como una media edad:
el pueblo ni es nunca viejo ni es nunca infantil: goza de una perpetua juventud.
10 De modo, que decir que las generaciones nuevas no han acudido[6] a la política es
como decir que el pueblo, en general, vive una falta de fe y de esperanzas políticas gravísima.[7]

Con todos sus terribles defectos, señores, habían, hasta no hace mucho, los
partidos políticos, los partidos parlamentarios, subsistido[8] como inmersos en la
15 fluencia[9] general de la vida española; nunca había faltado por completo una actividad de ósmosis[10] y endósmosis[11] entre la España parlamentaria y la España no
parlamentaria, entre los organismos siempre un poco artificiales de los partidos y
el organismo espontáneo, difuso, envolvente, de la nación. Merced[12] a esto pudieron ir renovando, evolutivamente, de una manera normal y continua, sus elemen-
20 tos conforme[13] los perdían. Cuando la muerte barría[14] de un partido los miembros
más antiguos, los huecos[15] se llenaban automáticamente por hombres un poco
más jóvenes, que, incorporando al tesoro ideal de principios del partido algo de
esa su poca novedad, dotaban[16] al programa, y lo que es más importante, a la fisonomía moral del grupo, de poderes atractivos sobre las nuevas generaciones.
25 Pero desde hace algún tiempo esa función de pequeñas renovaciones continuas en
el espíritu, en lo intelectual y moral de los partidos, ha venido a faltar, y privados
de[17] esa actividad —que es la mínima operación orgánica—, esa actividad de ósmosis y endósmosis con el ambiente, los partidos se han ido anquilosando,[18] pe-
trificando, y, consecuentemente, han ido perdiendo toda intimidad con la nación.
30 Estas expresiones mías, sin embargo, no aciertan[19] a declarar con evidencia
la enorme gravedad de la situación: parecen, poco más o menos, como esa frase
estereotipada de que usan los periódicos cuando suelen anunciar que tal Gobierno se ha apartado de la opinión. Pero yo me refiero a una cosa más grave. No
se trata de que un Gobierno se haya apartado en un asunto transitorio de legis-
35 lación o de ejercicio autoritario, de la opinión pública, no; es que los partidos
íntegros de que esos Gobiernos salieron y salen, es que el Parlamento entero, es
que todas aquellas Corporaciones sobre que influye o es directamente influído el
mundo de los políticos, más aún, los periódicos mismos, que son como los apara-
tos productores del ambiente que ese mundo respira, todo ello, de la derecha a la
40 izquierda, de arriba abajo, está situado fuera y aparte de las corrientes centrales
del alma española actual. Yo no digo que esas corrientes de la vitalidad nacional

---

[1] necesario. [2] posición. [3] no se debe entender.
[4] multitudes. [5] contemporáneas. [6] ido,
asistido. [7] muy seria. [8] habían sobrevivido.
[9] discurrir. [10] influencia mutua. [11] difusión
hacia el interior. [12] gracias. [13] al mismo
tiempo que. [14] eliminaba. [15] espacios.
[16] le daban. [17] no teniendo. [18] perdiendo
movimiento y flexibilidad. [19] consiguen.

sean muy vigorosas (dentro de poco veremos que no lo son), pero, robustas[20] o débiles, son las únicas fuentes de energía y posible renacer. Lo que sí afirmo es que todos esos organismos de nuestra sociedad —que van del Parlamento al pe-
45 riódico y de la escuela rural a la Universidad—, todo eso que, aunándolo[21] en un nombre, llamaremos la España oficial, es el inmenso esqueleto de un organismo evaporado, desvanecido,[22] que queda en pie por el equilibrio material de su mole,[23] como dicen que después de muertos continúan en pie los elefantes.

Esto es lo grave, lo gravísimo.

50 Se ha dicho que todas las épocas son épocas de transición ¿Quién lo duda? Así es. En todas las épocas la sustancia histórica, es decir, la sensibilidad íntima de cada pueblo, se encuentra en transformación. De la misma suerte[24] que, como ya decía el antiquísimo[25] pensador de Jonia, no podemos bañarnos dos veces en el mismo río, porque éste es algo fluyente y variable de momento o momento,
55 así cada nuevo lustro,[26] al llegar, encuentra la sensibilidad del pueblo, de la nación, un poco variada. Unas cuantas palabras han caído en desuso y otras se han puesto en circulación; han cambiado un poco los gustos estéticos y los programas políticos han trastrocado algunas de sus tildes.[27] Esto es lo que suele acontecer.[28] Pero es un error creer que todas las épocas son en este sentido épocas de transi-
60 ción. No, no; hay épocas de brinco[29] y crisis subitánea,[30] en que una multitud de pequeñas variaciones acumuladas en lo inconsciente brotan[31] de pronto, originando una desviación radical y momentánea en el centro de gravedad de la conciencia pública.

Y entonces sobreviene lo que hoy en nuestra nación presenciamos:[32] dos Es-
65 pañas que viven juntas y que son perfectamente extrañas: *una España oficial* que se obstina[33] en prolongar los gestos de una edad fenecida,[34] y otra España aspirante,[35] germinal, *una España vital,* tal vez no muy fuerte, pero vital, sincera, honrada,[36] la cual, estorbada[37] por la otra, no acierta a entrar de lleno en la historia.

Este es, señores, el hecho máximo de la España actual, y todos los demás no
70 son sino detalles que necesitan ser interpretados bajo la luz por aquél proyectada.

Lo que antes decíamos de que las nuevas generaciones no entran en la política, no es más que una vista parcial de las muchas que pueden tomarse sobre este hecho típico: las nuevas generaciones advierten[38] que son extrañas totalmente a los principios, a los usos, a las ideas y hasta al vocabulario de los que hoy rigen[39]
75 los organismos oficiales de la vida española. ¿Con qué derecho se va a pedir que lleven, que traspasen su energía, mucha o poca, a esos odres[40] tan caducos,[41] si es imposible toda comunidad de transmisión, si es imposible toda inteligencia?

En esto es menester[42] que hablemos con toda claridad. No nos entendemos la España oficial y la España nueva, que, repito, será modesta, será pequeña, será
80 pobre, pero que es otra cosa que aquélla; no nos entendemos. Una misma palabra pronunciada por unos o por otros significa cosas distintas, porque va, por decirlo así, transida de[43] emociones antagónicas.

---

[20] fuertes. [21] uniéndolo. [22] disgregado, desaparecido. [23] peso. [24] del mismo modo. [25] muy antiguo. [26] cada 5 años. [27] acentos. [28] lo que ocurre normalmente. [29] salto. [30] que ocurre de repente. [31] aparecen. [32] vemos. [33] insiste. [34] muerta. [35] que es candidata

[36] honesta. [37] molestada. [38] se dan cuenta de. [39] gobiernan. [40] recipiente de cuero que contiene líquidos, como vino o aceite. [41] inservible por viejo. [42] necesario. [43] consumida por.

Tal vez alguien diga que son estas afirmaciones gratuitas del sesgo[44] acostumbrado siempre y conocido a la vanidad de los ideólogos.

85 Creo que para obviar este juicio bastaría[45] con que nos volviéramos a algunas cosas concretas de lo que está pasando.

Ahora se van a abrir unas Cortes; estas Cortes no creo que las haya inventado precisamente un ideólogo; todo lo contrario; ¿no es cierto? Pues bien; salvo Pablo Iglesias[46] y algunos otros elementos, componen esas Cortes partidos que

90 por sus títulos, por sus maneras, por sus hombres, por sus principios y por sus procedimientos podrían considerarse como continuación de cualesquiera de las Cortes de 1875 acá. Y esos partidos tienen a su clientela en los altos puestos administrativos, gubernativos, seudotécnicos, inundando los Consejos de Administración de todas las grandes Compañías, usufructuando[47] todo lo que en España

95 hay de instrumento de Estado. Todavía más; esos partidos encuentran en la mejor Prensa los más amplios[48] y más fieles resonadores. ¿Qué les falta? Todo lo que en España hay de propiamente público, de estructura social, está en sus manos, y, sin embargo, ¿qué ocurre? ¿Ocurre que estas Cortes que ahora comienzan no van a poder legislar sobre ningún tema de algún momento, no van a poder preparar

100 porvenir? No ya eso. Ocurre, sencillamente, que no pueden vivir porque para un organismo de esta naturaleza vivir al día, en continuo susto,[49] sin poder tomar una trayectoria un poco amplia, equivale a no poder vivir. De suerte que no necesitan esos partidos viejos que vengan nuevos enemigos a romperles, sino que ellos mismos, abandonados a sí mismos, aun dentro de su vida convencional, no tienen los

105 elementos necesarios para poder ir tirando. ¿Veis cómo es una España que por sí misma se derrumba?

Lo mismo podría decirse de todas las demás estructuras sociales que conviven[50] con esos partidos: de los periódicos, de las Academias, de los Ministerios, de las Universidades, etc., etc. No hay ninguno de ellos hoy en España que sea res-

110 petado, y exceptuando el Ejército no hay ninguno que sea temido.[51]

La España oficial consiste, pues, en una especie de partidos fantasmas que defienden los fantasmas de unas ideas y que, apoyados por las sombras de unos periódicos, hacen marchar unos Ministerios de alucinación.

Conste,[52] pues, que no he hecho aquí la crítica, cien veces repetida, de los

115 abusos y errores que unos partidos, unos periódicos, unos Ministerios vengan cometiendo. Sus abusos me traen sin cuidado para los efectos de la nueva orientación política que busco y de que hoy os ofrezco, como la previa cuadrícula, la pauta de conceptos generales donde habrá de irse encontrando en sus detalles. Los abusos no constituyen nunca, nunca, sino enfermedades localizadas a quienes

120 se puede hacer frente con el resto sano del organismo. Por eso no pienso como Costa, que atribuía la mengua de España los pecados de las clases gobernantes, por tanto, a errores puramente políticos. No; las clases gobernantes durante siglos —salvas breves épocas— han gobernado mal no por casualidad, sino porque la España gobernada estaba tan enferma como ellas. Yo sostengo un punto de vista

125 más duro, como juicio del pasado, pero más optimista en lo que afecta al porvenir. *Toda una España —con sus gobernantes y sus gobernados—, con sus abusos y con sus*

---

44 corte.   45 sería suficiente.   46 fundador del PSOE, Partido Socialista Obrero Español.   47 originando.   48 abiertos, flexibles.   49 miedo, sorpresa mala.   50 viven con.   51 que provoque miedo.   52 que quede claro.

usos, está acabando de morir. Y como son sus usos, y no sólo sus abusos, a quienes ha llegado la hora de fenecer, no necesita de crítica ni de grandes enemigos y terribles luchas para sucumbir.

130 Mis palabras, pues, no son otra cosa sino la declaración de que la nueva política ha de partir de este hecho: cuanto ocupa la superficie y es la apariencia y caparazón de la España de hoy, la España oficial, está muerto. La nueva política no necesita, en consecuencia, criticar la vieja ni darle grandes batallas; necesita sólo tomar la filiación de sus cadavéricos rasgos, obligarla a ocupar su sepulcro[53] en to-
135 dos los lugares y formas donde la encuentre y pensar en nuevos principios afirmativos y constructores.

No he de insistir, naturalmente, en traer pruebas para esto. Yo no pretendo hoy demostrar nada; vengo simplemente a dirigir algunas alusiones al fondo de vuestras conciencias. Allí es donde podréis lealmente buscar la confirmación de
140 mis aseveraciones. No vengo a traeros silogismos, sino a proponeros simples intuiciones de realidad.

Pero, además, no es sino muy natural que acontezca en España esto que acontece; y si lo que voy a decir ahora es en cierta manera nuevo, que no lo es, pero nuevo para un público un poco amplio, es porque no se quiere pensar seriamente en política.

▪ Preguntas de comprensión

1. ¿Cuál es la España oficial? ¿Y la vital?
2. Según Ortega y Gasset, ¿qué tipo de relación existe entre ellas? ¿Qué relación debería existir?
3. ¿Qué entiende Ortega y Gasset por "juventud"? ¿Y por "pueblo"?
4. ¿Cómo se describe España como nación?
5. ¿Cuál es la única esperanza posible para la nación? ¿Cuál es la solución al conflicto presentado por el autor?

▪ Preguntas de análisis

1. ¿Cuál es la postura de Ortega y Gasset con respecto al presente y el futuro de España?
2. ¿Por qué insiste tanto en el papel de la juventud y el pueblo?
3. ¿A quién se dirige el autor?
4. ¿Cómo encaja este ensayo dentro de la "crítica como patriotismo" que practicaba Ortega y Gasset?
5. ¿Cree que Ortega y Gasset sería muy popular entre la clase política? ¿Y entre el pueblo? ¿Por qué?
6. Teniendo en cuenta la postura de Ortega con respecto a la mujer, ¿qué papel cree que le está reservado a ésta en su definición de "pueblo" y "juventud"?
7. ¿Con qué otros autores puede Ud. relacionar a Ortega y Gasset? (Piense en Jovellanos, por ejemplo.)
8. ¿Cómo encaja el texto dentro del contexto histórico al que pertenece?

---

[53] tumba.

■ Temas para informes escritos

1. El problema de España según Ortega y Gasset
2. Una comparación entre la visión de España de Ortega y Gasset y la de Machado y/o Unamuno
3. Discusión y cuestionamiento del carácter democrático del modelo de nación que propone Ortega y Gasset

■ Bibliografía mínima

Álvarez, Luis. "Ortega y las mujeres: Un episodio de la civilidad hispana". *Ortega y Gasset pensatore e narratore del l'Europa*. Ed. F. Moiso, M. Cipolloni y J.C. Lévêque. Milan: Ed. Cisalpino, 2001. 235–47.

Martín, Francisco José. "Don Juan o el sentido ético-estético de la cultura en Ortega: Pensar en España: Tradición y modernidad". *Ortega y Gasset pensatore e narratore del l'Europa*. Ed. F. Moiso, M. Cipolloni y J.C. Lévêque. Milan: Ed. Cisalpino, 2001. 185–202.

McClintock, Robert O. *Man and His Circumstances: Ortega as Educator*. New York: Teachers College P, 1971.

Niedermayer, Franz. *José Ortega y Gasset*. New York: Ungar, 1973.

Ouimette, Victor. *José Ortega y Gasset*. Boston: Twayne Publishers, 1982.

Salas, Jaime de. "Ortega y el contrato social". *Ortega y Gasset pensatore e narratore del l'Europa*. Ed. F. Moiso, M. Cipolloni y J.C. Lévêque. Milan: Ed. Cisalpino, 2001. 205–15.

Szilágyi, István. "Europeísmo y modernidad: Ortega y Gassett y la Generación del 98". *El 98 a la luz de la literatura y la filosofía*. Eds. Dezso Csejtei, Sándor Laczkó y László Sholz. Szeged: Fundación Pro Philosophia Szegediensi, 1999. 88–98.

CARMEN DE BURGOS

1867–1932

Carmen de Burgos, o Colombine—como también era conocida en su época—fue una de las voces que, con su constante presencia en los medios públicos, abrió un lugar para la mujer en el panorama social de la España de principios de siglo. Voces como la suya convirtieron "la cuestión de la mujer" en uno de los temas más controvertidos del momento. Era éste tema de debate en la prensa y entre los intelectuales del país desde los primeros años del siglo XX. Adquirió especial resonancia, sin embargo, en los años veinte, a través de la *Revista de Occidente* y la famosa tertulia organizada por su director, José Ortega y Gasset. Colombine representa el tipo de feminidad política y socialmente activa que voces como Unamuno primero y Ortega y Gasset más tarde consideraban anti-natural y masculinizante.

Estos prejuicios sociales quizás expliquen el rechazo de Colombine a usar el término feminista para definirse a sí misma en las primeras etapas de su vida pública. No hay duda, sin embargo, que la agenda de activismo social que siguió a lo largo de su vida entra de lleno en esta definición. De Burgos fue maestra, periodista, traductora, conferenciante, escritora e incansable defensora de los derechos de la mujer. Como en el caso de Emilia Pardo Bazán—aunque ésta era más conservadora—sus preocupaciones fundamentales eran la educación, la libertad para la mujer y el respeto entre los sexos. Se convertirían estos en el eje común de su labor literaria y vital. Empezó desde una posición de feminismo conservador de clara influencia krausista, defendiendo sobre todo el derecho a la educación. Terminó sus días como miembro del Partido Republicano Radical Socialista, abogando por el sufragio de la mujer e identificándose con un feminismo radical y de izquierdas. En su totalidad, la vida de Carmen de Burgos es ejemplo de la "nueva mujer", el ser activo e independiente que surgía a principios de siglo como alternativa al sumiso y pasivo "ángel del hogar".

De Burgos nació en la provincia de Almería, en una familia de clase media alta. Se casó muy joven y contra los deseos de sus padres con el poeta Arturo Álvarez Brito. De él tuvo cuatro hijos, de los que sólo su hija María sobrevivió. El esposo se destacaba por su falta de responsabilidad para su familia, de forma que la futura escritora tuvo que trabajar en la imprenta de su suegro. Finalmente, con el fin de independizarse económicamente, estudió para ser maestra. Cuando obtuvo su diploma, se mudó a Madrid, donde empezó su carrera como escritora. Llegó a la capital en 1901 y casi inmediatamente se convirtió en una de las mujeres más presentes en la opinión pública y en los círculos intelectuales de la España del momento.

Separada de su esposo, con treinta y tres años y una hija que mantener, la andaluza tenía muy poco en común con la mujer típica del cambio de siglo. En 1903 tenía ya una columna en el *Diario Universal,* cuyo director, Augusto Figueroa, la bautizó como "Colombine", el seudónimo que la acompañaría hasta su muerte. La columna empezó con temas domésticos de higiene y belleza, pero pronto pasó a incluir también artículos de interés social y en defensa de la mujer y sus derechos. La sección fue finalmente suspendida debido a la polémica creada por una encuesta sobre el divorcio que llevó a cabo en la misma. En ese momento, Carmen se convirtió, a los ojos del público, en "la Divorciadora". Un par de años más tarde, debido a su participación en asambleas obreras y mítines feministas con charlas sobre la subordinación de la mujer, su título pasó a ser "la Dama Roja". Estas ocupaciones se combinaban con discursos en contra de la pena de muerte y la participación en homenajes a mujeres prominentes en el escenario intelectual de la nación, como Emilia Pardo Bazán.

Entre las cruzadas emprendidas por la escritora a favor de la justicia social estuvieron siempre presentes su lucha por el voto femenino y las demandas por un mayor acceso de la mujer a la educación. Esta agenda es visible incluso en sus escritos más conservadores y domésticos. Muchos de los estudiosos de Colombine denominan su técnica como la de "incendiar y apagar". Así, al lado de escritos revolucionarios, como *El divorcio en España* (1904) o *La mujer moderna y sus derechos* (1927), encontramos manuales de conducta que predican una pasividad y una resignación que ella misma rechazó al abandonar a un marido que no cumplía con sus deberes de esposo y padre.

De todos los escritos de Colombine, *La mujer moderna y sus derechos* es el que nos da una visión más clara de su ideología. En el momento de su publicación, ella había ya superado su miedo a autodenominarse feminista. En esta obra, la escritora aboga por una reforma social que otorgue a la mujer los medios para sobrevivir en el mundo y ejercer control sobre éste. La educación, de nuevo, aparece siempre como imprescindible en el camino a la liberación. La cultura capacita a la mujer para el mundo real y le permite tomar responsabilidad de su libertad e independencia. No se trata, necesariamente, de una cultura académica, sino de una formación que la prepare para el mundo. Colombine crea una historia y una tradición centradas en la mujer. Hace repaso de la historia del feminismo como movimiento, citando a John Stuart Mill y Mary Wollstonecraft. Habla de los adelantos en los derechos de la mujer en países como Inglaterra, Estados Unidos o Dinamarca. Establece precedentes históricos dentro de la historia europea y española que revelan la capacidad de lucha y trabajo de la mujer. Se opone a la tradición que establece que "la mujer no debía ser más que servidora y recreo del hombre" (*La mujer moderna y sus derechos*, 13). Se opone así a la visión de la mujer como el "ángel del hogar" que predicaba, por ejemplo, Unamuno. Para Colombine, la mujer es algo más que esposa y madre, es un individuo con derecho a un desarrollo personal basado en su independencia.

Esta ideología se transmite también en sus novelas cortas. En relatos como *El veneno del arte* (1910), *El abogado* (1915), *La rampa* (1917), *La flor de la playa* (1920) y *Quiero vivir mi vida* (1921), Colombine defiende una mayor educación, independencia y libertad para la mujer. Denuncia la injusticia e inutilidad de la inocencia en que se educa a las jóvenes de clase media. Apoya un tipo de mujer que pueda sobrevivir por sí misma, sin necesidad de depender de nadie. En este sentido, tanto con su vida como con su obra, Carmen de Burgos se convirtió en una de las encarnaciones del floreciente movimiento feminista existente en España antes de la guerra civil.

■ Preguntas de pre-lectura

1. ¿Qué significa para Ud. la palabra "feminista"?
2. ¿Cómo entraría Carmen de Burgos dentro de esa definición?
3. ¿Recuerda a otras escritoras ya leídas que entrarían dentro de esta denominación? ¿Y escritores?
4. Después de la guerra civil el gobierno conservador del dictador Francisco Franco hizo todo lo posible para borrar el recuerdo de mujeres como Carmen de Burgos. ¿Cuál cree que sería el motivo de ello?
5. ¿Qué condiciones sociales y económicas hicieron posible la aparición de la mujer independiente/feminista a principios del siglo XX?

La Flor de la Playa

I

Al entrar en el túnel de la estación del Rocío se estrechó llena de temor[1] contra el cuerpo de Enrique... Era su primer viaje en ferrocarril,[2] y había pasado toda la noche sin poder dormir, desvelada, mirando por la ventanilla con el deseo de ver los célebres paisajes de Sierra Morena, y sin poder distinguir nada más que
5 aquel otro vagón, paralelo al suyo, que se reproducía en la noche como un espejo.

Hacía ya tres años que Elisa y Enrique tenían relaciones. Se habían conocido un día que ella salía del taller de modista donde trabajaba, y él volvía de la oficina del Ministerio de Gracia y Justicia, donde estaba empleado... Durante más de dos años habían paseado todas las tardes por las calles más solitarias a la hora del atar-
10 decer, lo mismo en los días serenos que en los que tenían que apretarse uno contra otro bajo el toldo del paraguas cuando no tenían para entrar en un cine o en un café.

Para verse a solas tenían que andar a salto de mata.[3] Enrique no podía entrar en la casa de ella, que aunque huérfana, no tenía toda su independencia, porque
15 vivía en compañía de una amiga, modista[4] como ella, de algunos años más, a la que consideraba como a una hermana mayor.

El amor de Enrique las había separado mucho. Antes de conocerlo, siempre estaban juntas y juntas pasaban los alegres días de pobreza, en los que la juventud se sobreponía a todo. Ahora seguían haciendo su vida juntas, pero las mejores ho-
20 ras, las de descanso, estaban separadas. Se habían acabado sus jiras, sus bailes, sus diversiones. Elisa salía sólo con Enrique, y sólo cuando él las invitaba, iban juntas al cine o a la Moncloa.

Remedios no se había quejado del cambio; estaba llena de tolerancia para aquel amor que ocupaba toda la vida de su amiga. Elisa y Enrique se amaban cada
25 vez más, con mayor entusiasmo y mayor ilusión. No hablaban nunca de casarse sino como de una cosa lejana... Ella apenas ahorraba para comprarse sus vestiditos sencillos, poder tener en el tocador agua de Colonia, jabón y polvos, con algún frasquito de crema Simón[5] y alguna esencia de las que venden por onzas. Su lujo,

---

[1] miedo. [2] tren. [3] con dificultad. [4] hace ropa, cose. [5] crema cosmética popular a principios de siglo.

lujo de modista madrileña, eran los zapatos, descotados[6] y de tacón muy alto, con
30 las medias finas y la cabellera bien peinada para salir *a pelo*[7] o con un velillo puesto
de careta, flotando sobre la espalda de un modo tentador.

Así no era posible que ella llegase a reunir para las sábanas, colchones, manteles y todas esas cosas que el *protocolo* exige que lleve la novia al matrimonio para
que luego el marido no tenga que echarle nada en cara.

35 Él, con su pequeño sueldo, hacía bastante con pagarle a la patrona, de un
piso cuarto de la calle de la Montera, vestirse decentemente, con arreglo a[8] su
clase, y poder tomar un café o tener con su novia alguna pequeña atención. El empleado de 2.000 pesetas era, con mas humos,[9] el equivalente de la modista, y no
podía pensar en los gastos que supone la boda. Habían arreglado su vida, que se
40 deslizaba feliz y tranquila en su medianía.

Ahora, con las nuevas plantillas, su situación mejoraba, podría tener cierto
desahogo.[10] Le debían ya muchos meses de aumento, un aumento que por una de
esas combinaciones semejantes a los juegos de azar le habían triplicado el sueldo.
Habían empezado los proyectos desde el primer mes. "Cuando cobre te compraré
45 una blusa de seda lavable, y para mí un pantalón de rayas. Lo celebraremos en la
Bombilla." El segundo mes: "Cuando cobre te compraré unos zapatos y medias de
seda, y yo me compraré un traje. Iremos al Escorial." El tercer mes: "Cuando cobre..." Cada vez eran más vastos los proyectos. Ya se iba aumentando la cantidad,
hasta tener que recibir algunos miles de pesetas...
50 —¿Y si nos fuéramos juntos de veraneo?[11]

Después de lanzada esta idea, ya fue el tema de todas las conversaciones lo
que iban a hacer para pasar un par de meses juntos y felices.

Como si la suerte quisiera que realizasen aquel ensueño, Enrique había co-
brado en julio un fortunón: 3.700 pesetas.
55 Entonces empezó la discusión de adónde irían. No había que pensar en playas de moda, se gasta mucho, y ellos lo que deseaban era estar juntos, solos, olvi-
dados del mundo... Una de esas playitas modestas, donde apenas van bañistas...
Empezaron a informarse y alguien les habló de Portugal... Desde el primer instante los ganó este proyecto... Aunque el viaje era tan corto como ir a un pueblo
60 de España, al fin esto era salir al extranjero... ir a una nación más libre, donde se
verían a cubierto de la fisgonería[12] de las patronas españolas. Allí ella pasaría por
su mujer, y a la vuelta... ¿quién sabe?

Resuelto el viaje, Enrique pidió su permiso, un mes, desde primero de
agosto, que contando con la benevolencia de los jefes, que tendrían en cuenta
65 que era su primer permiso en doce años de empleado, podría prolongar hasta el
15 de septiembre.

Elisa tenía que dejar el taller[13]... Si la maestra se enfadaba, ya verían lo que
había que hacer... No había que apurarse, porque él estaba allí.

Fueron días muy ocupados los que precedieron al viaje. Tuvo que coser[14]
70 para ella, con ayuda de Remedios, que le probaba los vestidos. Se compró una fal-
dita de lana blanca y otra azul, para un jersey color cereza, que había sido su ilu-

---

[6] abiertos.   [7] sin cubrir la cabeza.   [8] de acuerdo
con.   [9] con pretensiones.   [10] tranquilidad
económica.   [11] de vacaciones de verano.

[12] cotilleo.   [13] el lugar donde cosía.   [14] hacer
ropa.

sión durante mucho tiempo; con esto y sus blusitas ya tenía para ir muy bien. Pero Enrique, no contento con eso, le había comprado la tela para un vestidito de seda negra y para una bata clara, y hasta una gabardina hecha... Elisa vestida como una reina... Remedios cuidaba de que no se le olvidase nada... Sus cosas de tocador... el infernillo... una plancha y varios cacharros. Toda la ropa que poseía, hasta la de abrigo *por si acaso*...

Enrique había perdido la cabeza comprándose cosas... Docenas de calcetines, pañuelos, una multitud de corbatas e innumerables cuellos y camisas... Se había comprado los zapatos blancos y los trajes de hilo de los elegantes de playa... y trajes de americana[15]... hasta un traje de *chaquet* elegantísimo.

Con todo preparado, tomaron cada uno un coche para la estación de las Delicias. Llevaban demasiados bultos a mano después de haber facturado el baúl... Las dos maletas, el portamantas, los saquitos, la cesta de la comida, en la que no había cabido la fruta y el pan, obligando a hacer dos bultos más... No se había olvidado nada... vino, botella de agua, el termo con leche y café, porque el correo no lleva restaurante.

Remedios acompañó a su amiga a la estación y lloró sinceramente afligida[16] de su ausencia al despedirla; Elisa sentía dejarla, pero aunque hizo esfuerzos para compungirse no pudo llorar. ¡Iba tan contenta! En cuanto el tren se puso en marcha y ella ocupó su asiento al lado de la ventanilla de su vagón de segunda clase, empezó su papel de esposa... La primera alegría había sido el cambio. Un milagro como el del pan y los peces. Con cada duro español compraban dos duros portugueses... Los billetes de veinte escudos, los de dos mil quinientos reis y hasta algunos pequeñitos de 10 y 5 centavos formaban un fajo abultado. Aquella baja tan enorme del dinero portugués constituía su felicidad.

Desde Valencia de Alcántara donde tuvieron la sensación de pasar una frontera, hasta Lisboa, el suelo verde y fértil de Portugal les ofrecía una buena ventura.

Parecía que se habían azulado las tierras áridas; los ríos, pobres antes, se ensanchaban para sembrar vida y fecundaban a su paso... Estaba todo cuidado, todo poblado, los eucaliptus sombreaban el camino de la vía férrea, agitando su ramaje con ese rumor de papel que tienen las hojas, siempre secas y como falsificadas del eucaliptus... Alegres pueblecillos se aparecían a un lado y otro del camino... Era todo tan alegre, que comunicaba una sensación de bienestar... Oían con encanto aquel idioma en el que *entendían* muchas palabras españolas, pero que no *comprendían*.

Pasado aquel mal rato del túnel, donde callaron todas las conversaciones, se encontraron en la estación de Lisboa; sorprendidos de bajar en ascensor[17] de un tercer piso para encontrarse al nivel de la calle. Aquel tren había entrado por los tejados... Estaban en medio de Lisboa al lado de aquella gran *"Plaza de Don Pedro IV"*, que todos conocían por *el Rocío* y que era el centro de la vida de la población, como la *Puerta del Sol* en Madrid.

Se hospedaron en un hotel de la plaza y acudieron al balcón, ávidos de ver aquella gran ciudad que se les aparecía de un modo tan extraño.

El espectáculo era sorprendente. La gran plaza parecía un hermoso parterre,

---

[15] trajes de chaqueta.   [16] apenada.   [17] aparato para subir o bajar entre pisos.

con sus proporciones regulares y armónicas, con su piso de ese mosaico original, de menudas piedrecitas, que recuerda los mosaicos pompeyanos. Dispuesto en caprichosas ondulaciones, fingía como una especie de oleaje, de desigualdades graciosas. Las dos fuentes y la estatua del Rey sobre su alta columna lo ornaban
120 con la sobriedad monumental de aquella Lisboa que construyó el Marqués de Pombal sobre las ruinas de la Lisboa antigua. Todos los edificios que la rodeaban acrecentaban su belleza. Todos eran casi de una misma altura, no excesiva; edificios nuevos, brillantes de luces, comercios que, como los de Niza, sacan a la calle sus saldos... A un lado la elegante fachada del teatro Nacional, coronada por la es-
125 tatua de Gil Vicente; en frente se veía a un lado el edificio suntuoso de la estación y al otro el elevador de hierro del Carmen, al pie de la iglesia, aún en ruinas, con sus arcos decorativos llenos de cielo. Sobre las terrazas se distinguían jardines y palmeras altísimas, que ofrecía una de las siete colinas en que está asentada Lisboa. A sus pies el bullicio de la plaza, el ir y venir de gente, el cruce de los tran-
130 vías[18] gigantescos con que afluían allí de todas las líneas, y la doble fila de automóviles y coches, que la rodeaban, aumentando su aspecto de suntuosidad.

No tenían ganas de descansar; se lavaron deprisa y se vistieron para salir. Él hizo un gesto al velo. Nada de velo aquí. Era preciso comprar un sombrero... Ya no estaban en Madrid, donde se hubiera criticado su cambio de indumentaria[19]...
135 Además, siendo su esposa habría de llevarlo. Estaban encantados de Lisboa, respiraban ávidamente su aire, se bañaban en la luz dorada; caminaron en todas direcciones, dispuestos a encontrarlo todo bien. Aunque los comercios eran más pequeños y menos lujosos, ellos los exaltaban tomando por tipo los almacenes del Chiado.[20]
140 En Madrid no había un bazar así. Allí compraron el sombrero, su primer sombrero. No había sido cosa fácil la elección. Acostumbrada a no verse con sombrero, con ninguno se encontraba bien. La cabeza, no adaptada a esa moda, parecía repelerlos,[21] estaba como si se lo hubiesen arrojado desde lejos y le quedara mal colocado. Al fin, encontraron uno que merced a[22] sus alas encubridoras le sen-
145 taba mejor y lo compraron... Hacían falta los alfileres... y un velito... Su rostro fino, delicado, picaresco, estaba delicioso. ¿Pero qué trabajo le costaba estar así!... El velo la mareaba, el sombrero le impedía los movimientos. Tomaba un peso extraordinario sobre su cabeza... Y luego todos aquellos detalles que Enrique había querido comprar... Guantes, sombrilla, bolsillo... todo era muy bonito, muy de
150 moda... Estaba echa una señora, y cuando pasaba por delante de un escaparate[23] con espejo no se reconocía.

Se sentía satisfecha, encantada y al mismo tiempo molesta, cansada de llevar todo aquello, ella que tenía costumbre de caminar tan libre y tan desembarazada.

II

Ya estaban en aquella pequeña playita de *los Manzanos*, donde se proponían descansar del ajetreo del viaje y de los días de Lisboa. Aquellos cinco días en que habían querido verlo todo... *Los Jerónimos*, el *Museo de las Ventanas Verdes*, *San Roque, Belem*, los barrios pintorescos de Gracia y los hermosos jardines de *La Estrella*,
5 *Los Langeiras y Campo Grande*. En Cintra se habían detenido dos días para ver sus

---

[18] ferrocarril que va por la calle.   [19] ropa.
[20] famosos almacenes que dan el nombre a esa
parte de Lisboa; ardieron en el verano de 1988.

[21] rechazarlos.   [22] gracias a.   [23] ventana donde
se exhibe la mercancía y los productos.

palacios reales y sus jardines, con la excursión al Castillo de los Moros y al de la Pena, viendo las huellas frescas aún de su último rey, que había huido desde aquel lugar al extranjero.

Rendidos,[24] llevando una confusión de recuerdos de aquellos días, el silencio y la paz de *las Manzanas* les causaba un efecto tranquilizador y grato. Allí iban a descansar, a gozar de la Naturaleza, a ser felices, viviendo el uno para el otro durante el mes y medio de que podían disponer aún.

Cambiaron su primera impresión.

—¡Qué bonito es esto! —dijo ella.

—No hace calor —añadió él.

Se había detenido el tranvía eléctrico que los había traído desde Cintra a la entrada de la pequeña aldea[25] que se formaba alrededor de la playa. [...]

[...] Recordaban haber visto sobre los acantilados, cerca de la playa, encima mismo de las rocas, con el cimiento en el mar, un restaurante tosco, primitivo, donde al menos podían almorzar mirando a las olas...

Allí se habían quedado. *La Flor de la Playa* les había ofrecido una habitación, un verdadero camarote de barco viejo donde poderse albergar.[26]

Elisa había aceptado, no sin repugnancia de compararla con las habitaciones de los hoteles a que se habían *acostumbrado,* pero estaba aquel lugar tan impregnado del sabor clásico de la vida primitiva, que acabó por encontrarse a gusto, recordando todas las novelas románticas de pescadores que había leído en las largas noches de invierno madrileño, para entretener a Remedios, mientras cosía.

Se abrazaron encantados al verse solos en aquella habitación, que iba a amparar el idilio tan laboriosamente preparado.

La habitación era irregular; un trapezoide muy alargado, que tendría unos cinco metros de anchura en la fachada principal y apenas un metro en el otro extremo. Todo eran huecos en aquella estancia, además de la puerta de entrada, una ventana a la fachada y una ventana y un balcón sobre el mar. Ese balcón era a su vez la puerta de salida a la pequeña terraza, de tablas, con barandilla de troncos viejos, que avanzaba hasta donde tenía comienzo el techo de tablas inclinadas del porche. Aquél era el cuarto de la casa.

La *pasarella* del barco anclado allí, como un barco encallado en la costa, incrustado en la roca. Desde allí se veía la tierra lejana de la playa como se la ve desde la cubierta de un barco. Sentados, sólo el océano aparecía a sus ojos..., sólo el mar y cielo, un bello mar de oleaje y de espumas lucientes y saltadoras.

Desde la otra ventana de la fachada, veían la sierra de Cintra, alta, poblada como un vergel, y distinguían el verdear de los viñedos y de los árboles, entre los que aparecían casitas de nacimiento, con tejados rojos, como reclinados a reposar los abrigos de la montaña.

Los primeros días fueron para organizar su vida dentro de aquel cuartito, algo abuhardillado, con techo y suelo de tablas.[27] Su camarote viejo.

Movíanse, como próximos a caer, los cristales de todas las ventanas, recomidas por el sol y el aire. Los postigos no tenían aldabillas que cerrasen, las paredes estaban desconchadas. Todo el mobiliario consistía en una cómoda grande y vieja, despintada y con los tiradores rotos, el lavabo, la cama, dos sillas y una mesa de

---

[24] cansados.   [25] pueblo rural.   [26] quedar.
[27] madera.

pino puesta a instancias suyas para colocar sus libros y su tintero. Con eso, las maletas y baúles metidos debajo de la cama, y la percha para desarrugar los vestidos, ya apenas se podían revolver.

Despertábalos temprano todos los días la luz viva que entraba por los postigos de tabla mal cerrados. Elisa era la primera en saltar de la cama, quejándose de su dureza. Era una dureza superior a la dureza proverbial de las camas portuguesas. Habían aprovechado la cabecera y los pies de caoba de una cama vieja y le habían clavado unos palos y unas tablas, sobre las que colocaban el colchón escasamente lleno de crin vegetal. Era peor que dormir en el suelo. Todas las noches había que hacer el arreglo de meter ropa bajo la almohada, colocar para descansar el busto los almohadones de miraguano²⁸ que trajeron en el tren, y remeter bajo los pies la recia colcha de crochet, con volantes de tela blanca, para no resbalarse.

Procedía en seguida a abrir la ventana, una inundación de luz azul le hacía a Enrique taparse la cabeza sonriendo. Ella, diligente, retiraba la mesa de la cama, colocaba los fósforos de madera sobre la palmatoria de la vela que había quedado encima de ella, y cubierta con su bata, desperezándose aún, salía al corredor interior, a cuyo extremo estaba la escalera y llamaba dando palmadas a guisa de timbre. [...]

III

[...]

Los domingos había más vida, más animación. Aquel día había mayor número de tranvías eléctricos desde Cintra a la playa. Cada uno de los tranvías que llegaba, arrastrando dos o tres enormes coches, vomitaba una multitud de mujeres, de hombres y de chiquillos, deseosos de pasar el día en la playa y de descansar de las tareas de toda la semana. Gente burguesa, trabajadora, que comprende y saborea el día de descanso, o día de mayor cansancio, porque no se daban punto de reposo,²⁹ en ir de acá para allá, queriendo verlo todo, agotar la impresión de todo en las breves horas que le podían consagrar.³⁰

Se llenaban hoteles y merenderos, además de las muchas que se esparcían por las rocas, sobre todo en la baja marea, cuando quedaban al sol, lucientes y lavadas con sus macizos de musgo y de ovas verdes, que parecían como el anticipo de los jardines submarinos que no se descubren jamás.

Se tendían manteles sobre las peñas,³¹ se cubrían de botellas, de pan y de viandas, entre las que no faltaban nunca sandías rojas o melones olorosos, de cáscara escrita, con esa escritura indescifrable de caracteres chinos, que entrecruza la Naturaleza en la cáscara verde o amarilla de los melones predilectos, como si fuese la etiqueta del fabricante.

Algunas mujeres se levantaban bravamente las faldas y descalzas y sin medias ofrecían sus pies a las caricias de las olas, dichosas³² de recibir aquel beso húmedo y fresco.

Las entretenía, además, el desfile de tipos que entraba en el restaurante: aquéllos que llevaban las guitarras y las dejaban permanecer mudas, cuando parecía que se sentía la necesidad de oírlas sonar. Los cazadores, que ponían las escopetas a un lado, apuntando a todos con ella, por que una escopeta abandonada

---

²⁸ material vegetal que se usa para rellenar almohadas; no es muy suave. ²⁹ descanso.
³⁰ dar, dedicar. ³¹ rocas. ³² felices.

parece que apunta a todos los que la miran, y cuyos perros, con la placa de la licencia de caza en el collar, venían hasta su mesa a pedirles las sobras, con esa gracia del perro de caza, que es *alguien* útil, y no ocioso e inactivo, como los perros vagabundos o los odiosos perritos de las damas.

30   Aquellas familias enteras, numerosas, que representaban tres generaciones, con las abuelitas alegres, esas buenas abuelitas viejas y enjutas,[33] de perfil agudizado que parecen viejecitas de leyenda.

Parejas de jóvenes, que parecen esposos en luna de miel o novios escapados.

Los matrimonios de mal humor, que van tirando de ellos y de su prole y di-
35 ciendo que se divierten.

Matrimonios viejos y unidos, renovando sus días de juventud en la excursión. Entraba gente de automóvil, con esa prosopopeya que toma el que va en automóvil; señoras con trajes de seda y boas de plumas, que llevaban guantes y se sentaban en actitud de perro sentado, con las patitas abiertas y las manos cruzadas
40 sobre el estómago, más altas que los codos o descansaban en el puño del chapeo de sol (sombrilla[34]). Era un detalle curioso el deseo de abrigarse las portuguesas; en los días calurosos del verano, todas las señoras llevaban pieles y las mujeres del pueblo lucían sus mantones de abrigo.

Entraban también obreros, con sus mujeres y sus hijos, que sacaban de gran-
45 des cestas tarteras de pollo frito, al que regaban con abundante vino, y guardiñas, soldados, empleados de tranvías... A veces irrumpían alegres grupos, con bromas y algazara, que ya venían de *brincadeira* (broma) largo tiempo y siempre había alguno que extremara las payasadas,[35] como llevar el ala del sombrero sin copa alrededor de la cabeza o empezar a dar palmadas, en el centro del porche, para que
50 acudieran a servirlos; cuando no se metían en la cocina, con la mayor familiaridad, para enterarse de lo que había que comer.

Esos días experimentaban ambos una gran contrariedad: ¿Por qué se había de quedar Enrique mirando a todas las mujeres?

Ella hacía el papel de esposa y estaba en ridículo, delante de las otras, como
55 vencida en esa especie de duelo[36] que hay siempre entre las mujeres, en presencia del hombre. Ya sabía ella la manera de proceder que todos tenían. Las niñas lo aprenden de sus mamás desde chiquitas... Se quiere que sean pudorosas[37] y se las lleva casi desnudas primero, y con las piernas al aire después, hasta que son ya mujeres...

60   Seguía celosa su mirada, inquieta[38] en el fondo, porque no era su mujer... Si lo fuese pensaba que le importaría menos. De todas maneras era insoportable, de mal gusto, que diera con sus miradas idea de desear a todas las desconocidas estando a su lado.

Se abstraía a veces, hasta no atender lo que ella hablaba, hasta que tenía que
65 preguntarle:

—¿Qué miras?

En cambio, ella no podía volver la cabeza sin que él se molestara.

No eran celos, era su vanidad de hombre que no sufría la postergación de un minuto ante los otros hombres y la sacrificaba a un egoísmo sin amor.

70   Hacía el papel de su mujer y era más celoso de ella, esposa, que si lo hubiese

---

[33] flacas.   [34] especie de paraguas para protegerse del sol.   [35] tonterías, juegos.
[36] lucha.   [37] tímidas, modestas.   [38] nerviosa.

sido en la realidad. Tenía además siempre aquel miedo de que no fuese bastante bien para dar idea de que era una mujer distinguida. Toda su alegre gracia pizpireta[39] de modistilla madrileña, cautivante, desaparecía cuando se ponía el sombrero, que le pesaba en la cabeza y con el que no se sabía mover.

75   Esos días se consumía todo lo que guisaban allá dentro, en la gran cocina, donde trabajaban el padre y la madre. La *Menina María* no se daba punto de reposo para atender a los clientes, con una memoria admirable. Así la comida se hacía interminable, con largas esperas entre plato y plato.

    Se notaba gran afluencia de mujeres extranjeras, en especial españolas y 80 francesas, indudablemente de esas 15.000 que se han casado con portugueses desde que fueron a Francia a tomar parte en la gran guerra.

    —Estar casados en un país donde existe el divorcio es estar como nosotros —decía Elisa en su afán[40] de igualar su situación con la que suponía en las otras.

    Una de las cosas que más le gustaba era oírse llamar *Excelencia* y hacía pre-85 guntas por el gusto de que le respondieran.

    —Sí, mía señora.

    —No, mía señora. [...]

IV

[...]

    Ellos escribían todos los días. Les escribían a todos sus conocimientos,[41] enviándoles cartas postales, con vistas de Cintra, de *Los Manzanos,* de Colares y de Hazañas del Mar. Sin olvidar nunca decirles a todos sus amigos "que se encon-5 traban en el sitio más occidental de Europa", como si esto avalorara su veraneo.

    Las cartas de Elisa a Remedios estaban llenas de alegría, de felicidad, le daba detalles de todo; de su camarotito, de sus comidas... "Aquí se come pavo todos los días como si fuese Pascua". Es verdad que todo estaba carísimo, a la altura de hacer pagar las ventajas del cambio, pero se pasaba bien... Alimentos verdad, que 10 parecía que se veían salir de la tierra... Un vinillo auténtico, el Ramisco, *ordeñado* de la propia vid; un pescado que parecía dar coletazos en la fuente todavía, con un gusto a mar que se saboreaba con cierto deleite frente al mar, como si se le hubiese arrancado venciéndolo en lucha... y sobre todo, unas frutas, tan llenas de azúcar, tan aromáticas y tan jugosas que hacían pensar en que era una tierra fértil 15 y substanciosa la que así las cubría de su savia.

    Estaba segura de que Remedios no había de envidiar su felicidad, sino alegrarse de ella, cuando supiera lo bueno y delicado que era Enrique, que no se apartaba un momento de su lado. El ensayo para no separarse jamás no podía resultarle mejor. [...]

XI

    A los quince días de estar allí, ya todo esto empezaba a aburrirles... Ni el paisaje ni la vida aquella perdía su encanto y, sin embargo, les cansaba... Se hacían monotonas las horas en la repetición de los mismos cuadros y de las mismas cosas.

    No había manera de distraerse. Inventaron hacer algunas excursiones por 5 las cercanías. Fueron unos días a Colares, un pueblecillo pintoresco, escondido en

---

[39] simpática.   [40] deseo.   [41] amigos.

la sierra, entre un huerto inmenso de frutales, con un pequeño estanque surcado por algunos barquitos. Otros días fueron a Cintra, en el tranvía aquel que cruzaba los campos y los cañaverales, en medio del paisaje frondoso de la Ribera del Atlántico... Después de conocer sus castillos, esta excursión no ofrecía interés. Sólo
10 tenían tiempo de tomar un café en la *Plaza de la República,* frente al viejo palacio que fue última morada de doña María Pía (la hija de Víctor Manuel, que supo dejar tan grato recuerdo en Portugal) viendo las altas torres, que no eran más altas que las chimeneas de la cocina, y parecían dos enormes pilones[42] de azúcar. Comían un paquetito de aquel dulce regional que no se hubiese apetecido fuera de
15 allí, *queisadas,* pastelillos de queso fresco y miel, sazonado como el pan de especias, y metido en una hojita crujiente de hojaldre.[43] [...]

XII

Conocido todo esto, ya quedaba también agotado el recurso de su distracción. No se hubieran confesado el uno al otro su aburrimiento por nada del mundo; gustosos[44] más por ser consecuentes cada uno consigo mismo que por consideración mutua. Era como una terquedad[45] realizar el programa que se habían pro-
5 puesto. Seguían escribiendo a sus amigos, contando su felicidad, y Elisa escribía siempre a Remedios, detallándole cuadros de una envidiable vida idílica. Tal vez se engañaban a sí mismos todavía.

Se agarraban con ansiedad a cualquier detalle insignificante que viniera a poner nota nueva en el cuadro de su vida monótona.
10 —Están pintando de encarnado el hotel pequeño. Hay un andamio en la fachada, y sobre el fondo rojo unas letras que dicen *Hotel Cintra-Playa.*

—Se ha alquilado el cuarto de al lado del nuestro y hay una señora que baja a almorzar con los papillotes de papel blanco liados a las patillas, debajo del sombrero.
15 —A la casa de enfrente le están pintando un azulejo más encima de la puerta de entrada.

—Hoy está el mar lleno de cabrillas[46] y muy azul.

—Ha pasado una marcha de delfines... Iban apareados dos a dos... Saltaban del agua como guarrinillos.
20 —La marea alta ha sido tan excepcional, que ha invadido la playa, sin dar tiempo a quitar las casetas. Hoy no parecía tan inútil ese salvavidas, que está colgado de dos palos, siempre en medio de la playa.

—Hoy hubo un gran escándalo, porque la mujer del bañero[47] se ha pegado con la mulata, que cantaba al pasar ella. Cuestión de celos.
25 —Ha venido una nueva parienta de los dueños de la casa. Una primita que viene de Lisboa. Tampoco ésta le ayuda a María. Es novia de un piloto. ¿Cómo mirará el mar con serenidad la novia de un piloto?

—Esa señora que va siempre sola a caballo ha estado hoy a punto de caer.

—Hoy no ha habido tranvía eléctrico por falta de corriente; una familia en-
30 tera se ha ido a Cintra en un carro de vacas.

—Había mucha gente jugando al *tennis,* en ese pequeño campo.

---

[42] montones.   [43] tipo de masa que al cocerse forma hojas superpuestas.   [44] felices.   [45] obstinación.   [46] olas pequeñas.   [47] persona que sirve a los que se bañan.

—Hay un teatro de polichinelas en la playa.

—Ha venido una nueva bailarina al Royal, otra española, *Carmen de Granada;* ha hecho bien en ponerse ese nombre. Para ser española en el extranjero hay que
35 llamarse Carmen.

—Son muy divertidas esas expediciones en burro que organizan algunas fa-milias. Sobre todo, cuando respingan los borriquillos y tiran a los jinetes.

—Hoy han pasado más de treinta automóviles.

—Como es domingo, han colocado en el porche una mesa con frutas y bote-
40 llas de licor.

—La mujer de los periódicos tiene una especie de vitrina nueva llena de melones.

—Las de luto no han pasado hoy.

—Dicen que va a haber otra revolución, pero aquí no llega nada de eso.

45 Con todas aquellas futesas[48] pretendían llevar su vida y matar el hastío[49] que los dominaba.

Pero todo era inútil. No se podían ocultar a sí mismos lo que sucedía en su fondo. No les había aburrido el paisaje, ni la vida de la playa: los había aburrido su compañía. Estaban cansados uno y otra, quizás por haber querido forzar dema-
50 siado la máquina de su sentimentalismo para vivir tan solos, tan entregados a un amor que no había podido resistir aquella prueba.

Tal vez el paisaje demasiado grande, demasiado fuerte, los había empe-queñecido, relegándolos a un segundo término en que el cansancio se hacía más abrumador.[50]

55 Ninguno de los dos quería dejar ver su impresión. Ya no se podían engañar a sí mismos como al principio; se confesaban sus sentimientos en su interior, pero no querían dejarlos traslucir, ni siquiera adelantar en un día su vuelta. Habían de sufrir ese veraneo, como los presidiarios que tienen que cumplir el tiempo de una condena. Ellos mismos habían sentenciado la duración. Tal vez también los obli-
60 gaba a no abreviarla el compromiso que contrajeron, de modo inconsciente, con los amigos a quienes les notificaban su felicidad, sintiendo la de despertar su envidia.

Ya mentían a sabiendas. Elisa no quería de modo alguno variar el tono de sus cartas a Remedios. ¿Cómo le iba a decir después que todo aquello era mentira?

65 Los dos sabían que se lo tendrían que confesar. Sin un motivo fundado, sin una queja razonada, sin un disgusto[51] violento que los separara, se sentían sepa-rados, distanciados ya.

Era el convencimiento de que no llenaban las condiciones que habían apete-cido[52] para pasar la vida juntos, sin darse cuenta apenas, sin proponérselo, por
70 una creciente simpatía electiva.

En ellos se había apagado la pasión. Era una amistad débil la que los unía; aquel lugar nuevo los había hecho mirarse como dos extraños. Las noches de *luar* (luna), los ocasos; la grandeza del panorama, del mar; lo pintoresco y extraño de su nueva existencia había borrado los recuerdos de sus años de Madrid, de sus
75 paseos enamorados, de sus dificultades para verse a solas... Todo el idilio[53] ver-

---

[48] tonterías.   [49] aburrimiento.   [50] profundo, agotados.   [51] molestia.   [52] querido.
[53] romance.

dadero, vivido con sencillez, sin pretender idealizarlo, sin darle importancia, se derrumbaba, se perdía en el idilio falso, amañado, cuyo personaje principal tenía que ser la Naturaleza misma.

80 No era Enrique el hombre en cuya compañía pasaría Elisa la vida entera sin casarse. Era bueno, atento, condescendiente; pero ella no podía resignarse a estar constantemente a su lado. No le amaba lo bastante quizás.

Enrique conocía que no era Elisa esa mujer que absorbe todos los sentidos y aquieta el corazón, para no desear ya nada más y descansar en su regazo sin desasosiegos. Tenía ganas de volverla a su casa y quedarse de nuevo libre.

85 A veces, uno y otra pensaban en lo distinto de su vida si hubiesen vivido solos. Entonces hubiesen tenido amigos, se hubieran divertido... Hubieran ido al casino... Hubieran estado en la playa... Hubieran tomado parte en toda la vida de la colonia.

Tal vez el mal estaba en no haberlo hecho así, en haber intentado una vida 90 que no pueden permitirse más que las contadas parejas que tienen un ideal común y un amor arraigado.[54] Habían llegado al hartazgo, al aburrimiento.[55] Aún se respetaban, pero de seguir así, se aborrecerían.[56] No eran los mismos de Madrid; se veían como dos amantes de ocasión que se hubiesen unido en el tren, por un encuentro fortuito y que no se acoplaran, con ese acoplamiento de las figurillas de 95 papel recortadas que se unen a su molde.

Comprendían con inmensa tristeza que su sueño había terminado; habían querido forzar la vida y se habían destrozado[57] en su intento.

Pensaban a veces que tal vez al volver a Madrid podrían volver a *encontrarse*, a *recordarse*; pero aquella débil esperanza se deshacía pronto. Llevaban ya ambos 100 demasiado deseo de separación, de liberación. Estaban demasiado convencidos de que no podían hallar juntos la felicidad. Habían agotado[58] en pocos días la ilusión que los debía haber mantenido muchos años. En el fondo tenían el convencimiento de que una vez en Madrid se habían de separar para siempre. Una separación sin rencor y sin odio, una separación que no iría precedida de tempestades, 105 de celos y de estallidos de la pasión que muere y se aferra desesperada al corazón que va a abandonar. No. Su *caso* era más triste, más desconsolado, era el de ver morir su cariño en frío, en los momentos en que intensamente quisieron hacerle vivir. Extinguirse por anemia, por consunción.

[...]

XVI

Pasaban los días, que ya contaban en silencio con el deseo de irse. Habían invertido la manera de contar. En vez de decir hoy es día 3, pensaban: "Faltan nueve días, fuera de hoy y del día que nos vamos." Aquellos dos días que quitaban de su cuenta hacía más optimista el número de los que les restaban.

5 Sin embargo, ninguno de los dos había querido adelantar un solo día a la partida. Era como si la fuerza del paisaje los encadenase[59] para no querer dejarlos escapar. Eran días tan apacibles, tardes tan rosa, en las que el naranjo de las nubes se retrataba en las olas y en la tierra humedecida, noches tan serenas y tan

---

[54] sólido.   [55] tedio.   [56] odiarían.   [57] destruido.
[58] terminado.   [59] uniera.

esplendorosas de luna que las contemplaban encantados desde aquella pequeña
10   terraza, donde se abrazaban como dos enamorados, para acabar de completar su
papel. [...]

XVII

No se detuvieron en Lisboa más que un día. Lo preciso para comprar *los re-*
cuerdos.[60] Es indispensable que siempre que se llega de un viaje al extranjero, se
lleven los recuerdos. Elisa no tenía a quién llevarle sino a Remedios; pero Enrique
se acordaba de toda su parentela y de todos sus amigos. [...]
5   Aquellas compras los entretuvieron, borraron la mala impresión de dejar *Los*
Manzanos; la tristeza de la última noche de luna en su terraza, ante el maravilloso
paisaje que dejaban, quizás para siempre. Aquella noche se habían abrazado más
estrechamente, con la certeza de que ellos se perdían también.

XVIII

Estaban de nuevo en el tren. Otra vez habían pasado aquel gran túnel que ya
no les dio miedo, y habían dejado a su espalda los hermosos campos portugueses,
los grandes olivares y las plantaciones de alcornoques, que, despojados del corcho
de su corteza, aparecían como desollados con sus troncos blanquecinos, a un lado
5   y a otro de la vía férrea.
Respiraron cuando se vieron libres de la sujeción de las fronteras; habían
sentido esa sensación de estar cogidos en un lugar donde era preciso que se
abriese una puerta para dejarlos salir y la otra descorriese su cerrojo para dejarlos
entrar. Había siempre como un miedo de cárcel en la frontera, un miedo a una de-
10   nuncia; un miedo a que si el pasaporte decía *buen color,* y ellos estaban pálidos no
los dejasen pasar.
Una vez pasada Valencia de Alcántara, respiraban. Era ya vía libre, un camino de España, sin impedimentos, que los llevaba de un tirón[61] a Madrid.
Hay siempre un pánico en llegar tarde a la frontera; lo irremediable de que
15   nos digan al llegar que ya se ha marchado el tren; las interminables veinticuatro
horas en una fonda[62] de estación o teniendo que salir al pueblecillo y pasar el día
en una de aquellas fondas que guisan suculentamente a la extremeña, entrete-
niendo el fastidio en pasear por la gran plaza o por aquel paseo cuya forma le ha
hecho tomar el nombre de *Paseo del Chorizo,* sin más distracción que ver volar las
20   cigüeñas que anidan en una vieja torre.
Habían escapado a todo eso; era un viaje feliz. En el vagón donde habían entrado en Valencia de Alcántara no había más que un señor gordo, que dormitaba
envuelto en su guardapolvo y con la gorra sobre los ojos, y una señora vieja, muy
tiesa y peripuesta,[63] que miraba por la ventanilla constantemente, como absorta en
25   el paisaje, para fisgar todo lo que pasara a su alrededor con mayor comodidad, sin
parecer preocuparse de nada.
Ellos colocaron sus equipajes, cada uno en un lado. Ya se había desatado en
la frontera aquel lazo que los había unido en Portugal. Era como si se hubiesen
casado en él al llegar y se divorciaran al salir. Habían sido esposos y volvían a ser

---

[60] regalos.   [61] directamente.   [62] hotel.
[63] arreglada.

30 amantes; pero sólo en la apariencia, en el fondo ya no eran nada; se sentían ahora más claramente distanciados; después de la vida en común que se rompía sin pena, no quedaba entre ellos nada ya.

En una red había puesto él su maleta y su portamantas; en la otra colocó ella su saquito de mano. Por un movimiento instintivo se quitó también el sombrero, 35 y lo colocó en la red. Sus cabellos revolotearon con el aire de la marcha del tren. Le pareció sentir la cabeza libre de un yugo[64] pesado. Era como si se libertase de nuevo.

Reclinada en una almohada de las que alquilan en las estaciones, meditaba en la continuación de su vida; en su labor, en sus trabajos, en sus rigurosas 40 economías.

Iba a quedar el vacío de aquellas horas de amor, prometedoras de ilusiones... Aquella idea la entristecía; pero, sin embargo, sentía que ella no amaba ya a Enrique; que él no la amaba tampoco. Estaba allí frente a ella, con los ojos fijos en todos los objetos que acababa de comprar.

45 Lo que más la atormentaba era la confesión de todo aquello a Remedios, el tenerle que decir que sus cartas habían estado llenas de engaños.[65]

Por un momento pensó en que aún podrían afianzar[66] aquel amor que se escapaba para hacerle revivir. Fue a tender los brazos hacia Enrique, a estrecharlo contra ella... pero Enrique había dejado deslizar suavemente el periódico de su 50 mano, y un suave ronquido anunciaba que no era presa de las emociones que Elisa le imponía. El señor gordo seguía dormitando, y la señora, despierta y avispada, la miraba esta vez atentamente, como si se diera cuenta de algo anormal cuyo secreto deseaba penetrar. Elisa hizo un esfuerzo para no romper a llorar, y tomando el *Heraldo* empezó a leer a la débil luz del vagón.

XIX

Enrique seguía durmiendo. Ella no había pegado un ojo en toda la noche. Los primeros rayos del sol traían algo de alegre y danzarín. Jugueteaban en los vidrios de las ventanillas, empañados[67] por el rocío de la noche, queriendo penetrar en el fondo de los vagones de un modo travieso y cascabeleante, para despertar a 5 los durmientes.

Entonces Elisa se levantó; fue al cuarto de la *toilette* para lavarse las manos y la cara. Sacó de su saquito el tubo de glicomiel, especie de vaselina, que no empringaba el cutis para que se pegase en él el polvo del camino y el humo de la máquina; y luego pasó la borla impregnada en polvos *rachel* sobre su rostro. El mar 10 la había quemado tanto que no podía ponerse los polvos blancos. Miraba con complacencia su tez morena, era el color de moda que imitaban las elegantes, poniendo tintura de yodo[68] en el agua de sus jofainas. La carne se había oscurecido por las emanaciones del yodo natural por el sol y el aire... Se sentía más fuerte, más ansiosa, más llena de vida. Lo que le disgustaba era la morenez de sus manos, que 15 era lo que más cuidaba, porque para ella el supremo lujo de *toilette* era ese lujo de pulirse las uñas, que es lo primero que aprenden todas las que quieren ser elegantes. Se peinó, calentó las tenacillas en el pequeño infiernillo[69] de alcohol con-

---

[64] opresión.   [65] mentiras.   [66] apoyarse en.
[67] cubiertos por vapor de agua.   [68] tinte de
color marrón.   [69] cocinilla.

densado, extirpó con las pinzas algún vello rebelde de su entrecejo, que podía dar
llaneza al rostro, vertió sobre su pecho el frasco de perfume y volvió al vagón
20 cuidada y rozagante,[70] como repuesta de todas sus fatigas del viaje, cuando Enrique se desperezaba, abriendo mucho la boca, pastosa por la influencia del tabaco
y del sueño.

XX

¡Entraban en Madrid! Una sensación indefinible de alegría y de tristeza a un
tiempo mismo se apoderaba de ellos. Pero no tenían tiempo de entregarse a su impresión. El tren se detenía ya en la *Estación de las Delicias,* esa estación lejana de
Madrid como otro pueblo, donde si se descuidaban no podíase encontrar coche.
5 Enrique corrió a la ventanilla a llamar a un mozo que le llevase los bultos del
equipaje, mientras ella alcanzaba de la red su saquito de mano, su bolsillo y su
gabardina.

Hubo un momento en que fue a ponerse el sombrero, con el alfiler entre
los dientes, delante del espejito apaisado del vagón. Después, vio que Enrique no
10 la miraba, clavó el alfiler en el sombrero y lo volvió a dejar en la red. ¿Para qué
lo quería ya? Debía quedar allí como olvidado, sin que Remedios la viese con
él puesto. Llevar aquella prenda había sido como una traición a su vida y a su
profesión.

Todavía quedaba por desatar un lazo. Venían los dos baúles facturados jun-
15 tos. Mientras ella esperaba en un coche, Enrique fue con el mozo a despacharlos.
Su saco de mano y su maleta lo aguardaban en otro coche.

Cada baúl fue colocado en un pescante. Entonces él se acercó con prisa a des-
pedirse... No se atrevió a besarla allí, y le estrechó la mano con ternura.

—¡Hasta pronto! Yo te escribiré...

20 Fue su coche el que salió primero; detrás iba el coche de ella. Los coche-
ros debían conocer muchas historias de los que llegan juntos y toman coches
diferentes.

Sentía ganas de llorar, pero el aire de la mañana y el aspecto de aquel barrio
de Madrid, que despertaba, eran optimistas. Enrique había de volver, sus rela-
25 ciones duraban aún, se extinguirían sin violencia; y el recuerdo de sus días de
playa quedaría en su memoria con toda la fuerza del bello sueño de amor que no
se había realizado. Él iba ya preocupado sólo de sus asuntos y a ella lo que la in-
quietaba más era llegar a casa antes de que Remedios, que no la esperaba, se hubiese marchado al taller. Todavía los dos coches se cruzaron el uno con el otro va-
30 rias veces y Enrique y ella pudieron cambiar un saludo amistoso. Después el coche
de él siguió por el Prado y el de ella subió la calle de Atocha.

■ Preguntas de comprensión

1. ¿Qué tipo de relación existe entre los personajes?
2. ¿Cuáles son las profesiones de los personajes?
3. ¿A qué clase social cree que pertenecen?
4. ¿Por qué se van de viaje?

---

[70] fresca.

5. ¿Adónde van? ¿Por qué escogen ese país?
6. ¿Cómo preparan el viaje?
7. ¿Qué hacen cuando llegan a Lisboa?
8. ¿Qué hacen en la playa?
9. ¿Cómo se siente la protagonista en el viaje de regreso?

■ Preguntas de análisis

1. ¿Diría que Elisa se conforma a la idea de la mujer como "el ángel del hogar"? Explique su respuesta.
2. ¿Qué tipo de hombre es Enrique? ¿Con qué clase social cree que se identifica?
3. ¿Cómo se ven en los personajes los cambios que estaban ocurriendo en la sociedad española a principios del siglo XX? (Piense en términos de papeles de género sexual y clase social.)
4. ¿Cómo explica el énfasis en el sombrero? ¿Qué significa para Enrique y qué para Elisa?
5. ¿Cómo le parece que juzgaría Unamuno a estos personajes? ¿Y Valle-Inclán?
6. Piense en algunos escritores y escritoras de siglos anteriores. ¿Cómo juzgarían ellos a los protagonistas de esta novelita?

■ Temas para informes escritos

1. La ideología feminista en *La Flor de la Playa*
2. El sombrero como símbolo de la relación entre Elisa y Enrique
3. Una comparación entre las protagonistas femeninas de Valle-Inclán y/o Unamuno con la de Carmen de Burgos

■ Bibliografía mínima

Bieder, Maryellen. "Self-Reflexive Fiction and the Discourses of Gender in Carmen de Burgos". *Bucknell Review* 39.2 (1996): 73–89.

Castañeda, Paloma. *Carmen de Burgos, "Colombine"*. Madrid: Comunidad de Madrid, Dirección General de la Mujer, 1994.

Johnson, Roberta. "Carmen de Burgos: Marriage and Nationalism". *La generación del 98 frente al nuevo fin de siglo*. Ed. Jesús Torrecilla. Amsterdam: Rodopi, 2000. 140–51.

Kirkpatrick, Judith. "Skeletons in the Closet: Carmen de Burgos Confronts the Literary Patriarchy". *Letras Peninsulares* 8.3 (Winter 1995–1996): 389–400.

Louis, Anja. "Carmen de Burgos and the Question of Divorce". *Tessarae: Journal of Iberian and Latin American Studies* 5.1 (June 1999): 49–63.

Starcevic, Elizabeth. *Carmen de Burgos, defensora de la mujer*. Almería: Cajal, 1976.

Ugarte, Michael. "Carmen de Burgos ('Colombine'): Feminist avant la Lettre". *Spanish Women Writers and the Essay: Gender, Politics, and the Self*. Eds. Kathleen M. Glenn and Mercedes Mazaquiarán Rodríguez. Columbia: U of Missouri P, 1998. 55–74.

FEDERICO GARCÍA LORCA

1898–1936

© a.g.e. fotostock America

Federico García Lorca es una de las figuras más emblemáticas e internacionales de la literatura española del siglo XX. La vida y obra de García Lorca constituyen una manifestación del ansia de cambio y renovación de la sociedad y la cultura españolas. Al mismo tiempo, sin embargo, paga también tributo a la tradición y los orígenes de esa sociedad que muchas veces critica. Murió a manos de una escuadra de fusilamiento de los nacionales al inicio de la guerra civil, en 1936. Los motivos del ajusticiamiento no están claros. Algunos lo atribuyen a su participación, a través de programas culturales, en el gobierno de la República. Otros lo han visto como un escarmiento por su homosexualidad o como chivo expiatorio por todos aquellos intelectuales que habían apoyado un sistema democrático y liberal. Otros creen que podría haberse tratado de una vendetta personal. En cualquier caso, su muerte se convirtió en un símbolo de la violencia, represión y oscurantismo que presidirían sobre la sociedad y la cultura españolas en las tres décadas siguientes.

García Lorca nació en el seno de una familia acomodada. Desde joven, el poeta deseaba ser músico, mientras que su padre soñaba con que se hiciese abogado. En 1909 la familia se mudó a Granada y en 1914 empezó sus estudios en la universidad de esta ciudad, estando matriculado simultáneamente en la facultad de derecho y en la de filosofía y letras. Pronto se hizo obvio que el ambiente académico no era el más adecuado para el artista. Entró en contacto, sin embargo, con el mundo de los cafés y las tertulias. En este ambiente, él y sus amigos criticaban una sociedad que consideraban pedante y estancada. Este patrón continuaría en su vida en Madrid.

En 1919 García Lorca se mudó a la capital y asistió allí a la Universidad Central. Fue un momento clave en su vida, puesto que en la capital vivió en la Residencia de Estudiantes, una residencia universitaria asociada a la Institución Libre de Enseñanza, de fundación krausista y liberal. La atmósfera en ésta era de dedicación y seriedad. El objetivo era educar a los jóvenes que se convertirían en los líderes de la sociedad y modernizarían el país. En los ámbitos conservadores se consideraba este espacio como uno de desorden, herejía y excesiva libertad. Se asocian con este lugar nombres como Ramón Menéndez Pidal, Miguel de Unamuno, Antonio Machado, Juan Ramón Jiménez y José Ortega y Gasset. Aquí García Lorca conoció a muchos de los que más tarde se asociarían con la Generación del 27: Rafael Alberti, Jorge Guillén, Pedro Salinas, Gerardo Diego, Dámaso Alonso, Luis Cernuda y Vicente Aleixandre, además de otros artistas, como el pintor Salvador Dalí y el cineasta Luis Buñuel. García Lorca frecuentaba cafés y discutía sobre literatura vanguardista y la reforma social. Como en el caso de las vanguardias europeas, la rebelión artística y las ansias de ruptura de los miembros de la Generación del 27 no pueden separarse de sus deseos de cambio de la sociedad en la que vivían.

Desde el punto de vista de su poética, llevan un paso más allá la ruta simbolista iniciada por Machado y seguida por Juan Ramón Jiménez. Los críticos han denominado la poesía del 27 "poesía pura". Estos poetas veneraban a Luis de Góngora y tomaban la metáfora como instrumento fundamental. Buscaban usar el lenguaje de forma innovadora y revelar a través de él realidades y significados inaccesibles a través de la lógica o el conocimiento empírico o científico. Creían en la trascendencia y universalidad del arte.

La obra poética y dramática de García Lorca se caracteriza por una combinación de elementos de la tradición popular con otros originales y cultos, influidos por las corrientes artísticas de su tiempo, como el simbolismo ya mencionado y, más tarde, el surrealismo. Quizás el elemento más característico de su obra es una riqueza de imágenes que fluctúan entre lo consciente y lo inconsciente. Buscaba la reforma y la revolución de la poesía y el teatro en España. Su primera obra poética fue *Libro de poemas* (1921), que no suscitó gran interés. Fue la publicación de *Romancero gitano* (1928) que lo confirmó como una de las voces más importantes de la poesía española de entonces. En esta obra García Lorca usa el romance—la forma métrica más tradicional—e imágenes procedentes de la cultura andaluza y el mundo gitano. Pone estos elementos tradicionales al servicio de un significado de profunda angustia existencial. Usa elementos naturales—como la luna o las estrellas—y animales—como el caballo o el toro—y les da un significado cósmico, casi mítico. Es pues el uso de la metáfora que sitúa estos poemas dentro de la tendencia innovadora de la Generación del 27.

Poema del cante jondo (1931) y *Llanto por Ignacio Sánchez Mejías* (1935) siguen en esta misma línea de uso de imágenes asociadas con la cultura andaluza puestas al servicio de significados universales. El *Llanto* es considerado como una de las mejores elegías de la literatura española y como la obra maestra de la poética lorquiana. Dividido en cuatro partes, el poema combina imágenes relacionadas con el mundo tradicional del toreo con otras de tipo clínico—oxígeno, algodón, arsénico—que le dan cierto toque surrealista. De nuevo, las metáforas comunican la lucha del hombre contra la muerte y la derrota inevitable de aquél. Así, el torero, amigo del poeta y mecenas de los escritores del 27, se convierte en un símbolo de la trágica existencia del ser humano.

El libro de poemas que ha atraído más la atención en los últimos años es *Poeta en Nueva York*. Esta obra, aunque escrita en 1930 durante su visita a esta ciudad, no fue publicada hasta 1940. Refleja el choque experimentado por García Lorca en su visita. En este caso, la crisis existencial es expresada a través de metáforas de la ciudad y la vida moderna de una urbe industrializada e impersonal, en lugar de las tradicionales relacionadas con el mundo andaluz y gitano. La voz del poeta es, en esta obra, la del individuo moderno, que expresa alienación e inquietud. En un mundo que vive en una profunda crisis económica—recordemos la caída de la bolsa de Nueva York en 1929—y en donde se están produciendo grandes cambios políticos—la República se instaura en 1931—García Lorca, como otros poetas del 27, se embarca en un tipo de reflexión sobre la realidad en lugar de buscar la poesía pura. Es en esta obra donde se hace más obvia la influencia del surrealismo en la poética de García Lorca. Crea un mundo a medio camino entre la realidad y el sueño-pesadilla, con asociaciones que, al menos a primera vista, parecen superar la lógica. Tanto *Poeta en Nueva York* como la obra de Vicente Aleixandre, que veremos más adelante, ejemplifican el uso de la poesía para reflexionar sobre la relación, a veces conflictiva, entre el hombre y el mundo.

En los años treinta, García Lorca se concentró en el teatro. En 1932 el gobierno de la República creó las Misiones Culturales. García Lorca era, con Eduardo Ugarte, director del Teatro Universitario, popularmente conocido como "La Barraca". El grupo se dedicaba a llevar los clásicos españoles del Siglo de Oro a los pueblos de las provincias, como parte del programa de culturización del pueblo llevado a cabo por la República. También en esta época empezó a trabajar en lo que serían sus obras más importantes. La primera pieza teatral de García Lorca que recibe la atención del público es el drama histórico *Mariana Pineda* (1927). Durante la época de *Poeta en Nueva York,* experimentó con varios dramas de tintes surrealistas, como *Así que pasen cinco años* y *El público.* Su reputación como dramaturgo, sin embargo, se asienta en su trilogía de tragedias rurales: *Bodas de sangre* (1933), *Yerma* (1934) y *La casa de Bernarda Alba* (1936). Estas obras están situadas en una Andalucía rural en las que las protagonistas son mujeres que se ven oprimidas y subyugadas por las normas impuestas por una tradición patriarcal. Los instintos y pasiones vitales, sobre todo los sexuales, luchan por buscar una forma de expresión y liberación. Desembocan, sin embargo, en frustración y muerte únicamente. Aunque las mujeres dominan y protagonizan las obras, ellas son, en última instancia, las derrotadas. García Lorca denuncia la precaria situación de la mujer en la estancada y obsoleta sociedad tradicional española. Como en su poesía, símbolos e imágenes tradicionales apuntan a temas de relevancia social nacional y, también, universal.

■ Preguntas de pre-lectura

1. Elabore una asociación de imágenes que, para Ud., comunique la experiencia de la ciudad moderna.
2. ¿Qué aspectos opresivos de la vida tradicional de las mujeres cree que son merecedores de crítica?

3. ¿Con qué otros autores ya estudiados se puede relacionar la obra, los temas y los objetivos de García Lorca? ¿Por qué cree que los poetas del 27 veneraban a Góngora?
4. ¿Puede encontrar algún parecido entre el contexto histórico y social en el que vivió Góngora y el de García Lorca?
5. ¿Por qué cree que le interesaría al gobierno de la Segunda República promover las artes y, en particular, el teatro entre la gente del pueblo?

La casa de Bernarda Alba

DRAMA DE MUJERES EN LOS PUEBLOS DE ESPAÑA

Personajes

Bernarda (60 años)
María Josefa (madre de Bernarda, 80 años)
Angustias (hija de Bernarda, 39 años)
Magdalena (hija de Bernarda, 30 años)
Amelia (hija de Bernarda, 27 años)
Martirio (hija de Bernarda, 24 años)
Adela (hija de Bernarda, 20 años)
La Poncia (criada, 60 años)
Criada (50 años)
Prudencia (50 años)
Mendiga
Mujer 1ª
Mujer 2ª
Mujer 3ª
Mujer 4ª
Muchacha
Mujeres de luto

El poeta advierte que estos tres actos tienen la intención de un documental fotográfico.

ACTO PRIMERO

Habitación blanquísima del interior de la casa de Bernarda. Muros gruesos. Puertas en arco con cortinas de yute[1] *rematadas*[2] *con madroños y volantes.*[3] *Silla de aned.*[4] *Cuadros con paisajes inverosímiles de ninfas o reyes de leyenda. Es verano. Un gran silencio umbroso*[5] *se extiende por la escena. Al levantarse el telón está la escena sola. Se oyen doblar*[6] *las campanas. Sale la Criada.*

Criada. Ya tengo el doble de esas campanas metido entre las sienes.[7]

La Poncia. (*Sale comiendo chorizo y pan.*) Llevan ya más de dos horas de gori-gori.[8] Han venido curas de todos los pueblos. La

---

[1] tejido vegetal.   [2] terminadas.   [3] adornos ondulados, en forma de ola.   [4] planta cuyas hojas secas se usan para hacer muebles.

[5] oscuro.   [6] sonar.   [7] parte lateral de la cabeza.
[8] sonido del canto triste de los funerales.

iglesia está hermosa. En el primer responso se desmayó la Magdalena.

Criada. Es la que se queda más sola.

La Poncia. Era la única que quería al padre. ¡Ay! ¡Gracias a Dios que estamos solas un poquito! Yo he venido a comer.

Criada. ¡Si te viera Bernarda!...

La Poncia. ¡Quisiera que ahora que no come ella, que todas nos muriéramos de hambre! ¡Mandona![9] ¡Dominanta![10] ¡Pero se fastidia![11] Le he abierto la orza[12] de los chorizos.

Criada. (*Con tristeza, ansiosa.*) ¿Por qué no me das para mi niña, Poncia?

La Poncia. Entra y llévate también un puñado[13] de garbanzos. ¡Hoy no se dará cuenta!

Voz. (*Dentro.*) ¡Bernarda!

La Poncia. La vieja. ¿Está bien cerrada?

Criada. Con dos vueltas de llave.

La Poncia. Pero debes poner también la tranca.[14] Tiene unos dedos como cinco ganzúas.[15]

Voz. ¡Bernarda!

La Poncia. (*A voces.*) ¡Ya viene! (*A la Criada.*) Limpia bien todo. Si Bernarda no ve relucientes las cosas me arrancará[16] los pocos pelos que me quedan.

Criada. ¡Qué mujer!

La Poncia. Tirana de todos los que la rodean. Es capaz de sentarse encima de tu corazón y ver cómo te mueres durante un año sin que se le cierre esa sonrisa fría que lleva en su maldita cara. ¡Limpia, limpia ese vidriado!

Criada. Sangre en las manos tengo de fregarlo[17] todo.

La Poncia. Ella, la más aseada;[18] ella, la más decente; ella, la más alta. ¡Buen descanso ganó su pobre marido!

Cesan las campanas.

Criada. ¿Han venido todos sus parientes?

La Poncia. Los de ella. La gente de él la odia. Vinieron a verlo muerto y le hicieron la cruz.

Criada. ¿Hay bastantes sillas?

La Poncia. Sobran. Que se sienten en el suelo. Desde que murió el padre de Bernarda no han vuelto a entrar las gentes bajo estos techos. Ella no quiere que la vean en su dominio. ¡Maldita sea!

Criada. Contigo se portó bien.

---

[9] autoritaria. [10] tirana. [11] se aguanta. [12] vasija de barro. [13] lo que cabe en una mano. [14] barra para cerrar una puerta. [15] alambre, de metal, fuerte y doblado. [16] sacará, tirará violentamente. [17] limpiarlo. [18] limpia.

La Poncia.	Treinta años lavando sus sábanas; treinta años comiendo sus sobras;[19] noches en vela[20] cuando tose; días enteros mirando por la rendija para espiar a los vecinos y llevarle el cuento; vida sin secretos una con otra y sin embargo, ¡maldita sea! ¡Mal dolor de clavo le pinche en los ojos![21]
Criada.	¡Mujer!
La Poncia.	Pero yo soy buena perra; ladro cuando me lo dicen y muerdo los talones[22] de los que piden limosna cuando ella me azuza;[23] mis hijos trabajan en sus tierras y ya están los dos casados, pero un día me hartaré.[24]
Criada.	Y ese día...
La Poncia.	Ese día me encerraré con ella en un cuarto y le estaré escupiendo[25] un año entero. "Bernarda, por esto, por aquello, por lo otro", hasta ponerla como un lagarto[26] machacado[27] por los niños, que es lo que es ella y toda su parentela. Claro es que no la envidio la vida. Le quedan cinco mujeres, cinco hijas feas, que quitando Angustias, la mayor, que es la hija del primer marido y tiene dineros, las demás, mucha puntilla bordada,[28] muchas camisas de hilo;[29] pero pan y uvas por toda herencia.
Criada.	¡Ya quisiera tener yo lo que ellas!
La Poncia.	Nosotras tenemos nuestras manos y un hoyo en la tierra de la verdad.
Criada.	Esa es la única tierra que nos dejan a las que no tenemos nada.
La Poncia.	(*En la alacena.*[30]) Este cristal tiene unas motas.[31]
Criada.	Ni con jabón ni con bayetas se le quitan.

Suenan las campanas.

La Poncia.	El último responso. Me voy a oírlo. A mí me gusta mucho cómo canta el párroco. En el "Pater Noster" subió la voz que parecía un cántaro de agua llenándose poco a poco; claro es que al final dio un gallo,[32] pero da gloria oírlo. Ahora que nadie como el antiguo sacristán Tronchapinos. En la misa de mi madre, que esté en gloria,[33] cantó. Retumbaban las paredes, y cuando decía Amén era como si un lobo hubiese entrado en la iglesia. (*Imitándolo.*) ¡Amé-é-n! (*Se echa a toser.*)
Criada.	Te vas a hacer el gaznate[34] polvo.
La Poncia.	¡Otra cosa hacía polvo yo! (*Sale riendo.*)

La Criada limpia. Suenan las campanas.

---

[19] lo que ella ya no quiere, los restos.   [20] sin dormir.   [21] Le desea el dolor de un clavo penetrando en los ojos.   [22] parte de atrás de los pies.   [23] incita, estimula.   [24] cansaré.   [25] lanzando saliva.   [26] reptil pequeño con cuatro patas.   [27] triturado, hecho pedazos.   [28] adornos delicados en camisas, etc.   [29] de lino, material caro.   [30] armario en la cocina, comedor.   [31] manchas.   [32] nota falsa y chillona.   [33] que descanse en paz.   [34] garganta.

Criada. (*Llevando el canto.*) Tin, tin, tan. Tin, tin, tan. ¡Dios lo haya perdonado!

Mendiga. (*Con una niña.*) ¡Alabado sea Dios!

Criada. Tin, tin, tan. ¡Que nos espere muchos años! Tin, tin, tan.

Mendiga. (*Fuerte y con cierta irritación.*) ¡Alabado sea Dios!

Criada. (*Irritada.*) ¡Por siempre!

Mendiga. Vengo por las sobras.

Cesan las campanas.

Criada. Por la puerta se va a la calle. Las sobras de hoy son para mí.

Mendiga. Mujer, tú tienes quien te gane.[35] ¡Mi niña y yo estamos solas!

Criada. También están solos los perros y viven.

Mendiga. Siempre me las dan.

Criada. Fuera de aquí. ¿Quién os dijo que entraseis? Ya me habéis dejado los pies señalados. (*Se van. Limpia.*) Suelos barnizados con aceite, alacenas, pedestales, camas de acero, para que traguemos quina[36] las que vivimos en las chozas de tierra con un plato y una cuchara. Ojalá que un día no quedáramos ni uno para contarlo. (*Vuelven a sonar las campanas.*) Sí, sí, ¡vengan clamores! ¡Venga caja[37] con filos dorados y toalla para llevarla! ¡Que lo mismo estarás tú que estaré yo! Fastídiate, Antonio María Benavides, tieso con tu traje de paño y tus botas enterizas. ¡Fastídiate! ¡Ya no volverás a levantarme las enaguas[38] detrás de la puerta de tu corral! (*Por el fondo, de dos en dos, empiezan a entrar* Mujeres de luto, *con pañuelos grandes, faldas y abanicos negros. Entran lentamente hasta llenar la escena. La Criada, rompiendo a gritar.*) ¡Ay Antonio María Benavides, que ya no verás estas paredes ni comerás el pan de esta casa! Yo fui la que más te quiso de las que te sirvieron. (*Tirándose del cabello.*) ¿Y he de vivir yo después de verte marchar? ¿Y he de vivir?

Terminan de entrar las doscientas Mujeres y aparece Bernarda y sus cinco Hijas.

Bernarda. (*A la Criada.*) ¡Silencio!

Criada. (*Llorando.*) ¡Bernarda!

Bernarda. Menos gritos y más obras. Debías haber procurado que todo esto estuviera más limpio para recibir al duelo.[39] Vete. No es éste tu lugar. (*La Criada se va llorando.*) Los pobres son como los animales; parece como si estuvieran hechos de otras sustancias.

Mujer 1ª. Los pobres sienten también sus penas.[40]

---

[35] gane dinero para ti.   [36] soportemos algo con disgusto.   [37] ataúd, caja para el cadáver.   [38] falda interior.   [39] reunión de los que asistieron al funeral.   [40] problemas.

Bernarda.	Pero las olvidan delante de un plato de garbanzos.
Muchacha.	(*Con timidez.*) Comer es necesario para vivir.
Bernarda.	A tu edad no se habla delante de las personas mayores.
Mujer 1ª.	Niña, cállate.
Bernarda.	No he dejado que nadie me dé lecciones. Sentarse. (*Se sientan. Pausa. Fuerte.*) Magdalena, no llores; si quieres llorar te metes debajo de la cama. ¿Me has oído?
Mujer 2ª.	(*A Bernarda.*) ¿Habéis empezado los trabajos en la era?[41]
Bernarda.	Ayer.
Mujer 3ª.	Cae el sol como plomo.[42]
Mujer 1ª.	Hace años no he conocido calor igual.

Pausa. Se abanican todas.

Bernarda.	¿Está hecha la limonada?
La Poncia.	Sí, Bernarda. (*Sale con una gran bandeja llena de jarritas blancas que distribuye.*)
Bernarda.	Dale a los hombres.
La Poncia.	Ya están tomando en el patio.
Bernarda.	Que salgan por donde han entrado. No quiero que pasen por aquí.
Muchacha.	(*A Angustias.*) Pepe el Romano estaba con los hombres del duelo.
Angustias.	Allí estaba.
Bernarda.	Estaba su madre. Ella ha visto a su madre. A Pepe no lo ha visto ella ni yo.
Muchacha.	Me pareció...
Bernarda.	Quien sí estaba era el viudo de Darajalí. Muy cerca de tu tía. A ése lo vimos todas.
Mujer 2ª.	(*Aparte, en voz baja.*) ¡Mala, más que mala!
Mujer 3ª.	(*Lo mismo.*) ¡Lengua de cuchillo!
Bernarda.	Las mujeres en la iglesia no deben de mirar más hombre que al oficiante, y ése porque tiene faldas. Volver la cabeza es buscar el calor de la pana.[43]
Mujer 1ª.	(*En voz baja.*) ¡Vieja lagarta recocida!
La Poncia.	(*Entre dientes.*) ¡Sarmentosa por calentura de varón!
Bernarda.	¡Alabado sea Dios!
Todas.	(*Santiguándose.*) Sea por siempre bendito y alabado.

---

[41] espacio de tierra limpia y firma donde se trilla el trigo, por ejemplo. [42] muy fuerte.
[43] material con el que se hacen pantalones.

Bernarda.	¡Descansa en paz con la santa compaña de cabecera!
Todas.	¡Descansa en paz!
Bernarda.	Con el ángel San Miguel y su espada justiciera.
Todas.	¡Descansa en paz!
Bernarda.	Con la llave que todo lo abre y la mano que todo lo cierra.
Todas.	¡Descansa en paz!
Bernarda.	Con los bienaventurados y las lucecitas del campo.
Todas.	¡Descansa en paz!
Bernarda.	Con nuestra santa caridad y las almas de tierra y mar.
Todas.	¡Descansa en paz!
Bernarda.	Concede el reposo a tu siervo Antonio María Benavides y dale la corona de tu santa gloria.
Todas.	Amén.
Bernarda.	(*Se pone en pie y canta.*) "Requiem aeternam donat eis Domine".[44]
Todas.	(*De pie y cantando al modo gregoriano.*) "Et lux perpetua luceat eis".[45] (*Se santiguan.*)
Mujer 1ª.	Salud para rogar por su alma. (*Van desfilando.*)[46]
Mujer 3ª.	No te faltará la hogaza[47] de pan caliente.
Mujer 2ª.	Ni el techo para tus hijas. (*Van desfilando todas por delante de Bernarda y saliendo.*)

Sale Angustias por otra puerta que da al patio.

Mujer 4ª.	El mismo trigo de tu casamiento lo sigas disfrutando.
La Poncia.	(*Entrando con una bolsa.*) De parte de los hombres esta bolsa de dineros para responsos.
Bernarda.	Dales las gracias y échales una copa de aguardiente.[48]
Muchacha.	(*A Magdalena.*) Magdalena...
Bernarda.	(*A Magdalena, que inicia el llanto.*) Chiss. (*Salen todas. A las que se han ido.*) ¡Andar a vuestras casas a criticar todo lo que habéis visto! ¡Ojalá tardéis muchos años en pasar el arco de mi puerta!
La Poncia.	No tendrás queja ninguna. Ha venido todo el pueblo.

---

[44] Dales señor el descanso eterno.   [45] Y brille para ellos la luz eterna.   [46] pasando.   [47] pan grande y redondo.   [48] bebida alcohólica muy fuerte.

Bernarda. Sí; para llenar mi casa con el sudor de sus refajos[49] y el veneno de sus lenguas.

Amelia. ¡Madre, no hable usted así!

Bernarda. Es así como se tiene que hablar en este maldito pueblo sin río, pueblo de pozos,[50] donde siempre se bebe el agua con el miedo de que esté envenenada.

La Poncia. ¡Como han puesto la solería.

Bernarda. Igual que si hubiese pasado por ella una manada de cabras. (*La Poncia limpia el suelo.*) Niña, dame el abanico.

Adela. Tome usted. (*Le da un abanico redondo con flores rojas y verdes.*)

Bernarda. (*Arrojando el abanico al suelo.*) ¿Es éste el abanico que se da a una viuda? Dame uno negro y aprende a respetar el luto de tu padre.

Martirio. Tome usted el mío.

Bernarda. ¿Y tú?

Martirio. Yo no tengo calor.

Bernarda. Pues busca otro, que te hará falta. En ocho años que dure el luto no ha de entrar en esta casa el viento de la calle. Hacemos cuenta que hemos tapiado[51] con ladrillos puertas y ventanas. Así pasó en casa de mi padre y en casa de mi abuelo. Mientras, podéis empezar a bordar el ajuar.[52] En el arca tengo veinte piezas de hilo con el que podréis cortar sábanas y embozos. Magdalena puede bordarlas.

Magdalena. Lo mismo me da.

Adela. (*Agria.*) Si no quieres bordarlas, irán sin bordados. Así las tuyas lucirán más.

Magdalena. Ni las mías ni las vuestras. Sé que yo no me voy a casar. Prefiero llevar sacos al molino. Todo menos estar sentada días y días dentro de esta sala oscura.

Bernarda. Eso tiene ser mujer.

Magdalena. Malditas sean las mujeres.

Bernarda. Aquí se hace lo que yo mando. Ya no puedes ir con el cuento a tu padre. Hilo y aguja para las hembras. Látigo[53] y mula para el varón. Eso tiene la gente que nace con posibles.[54]

Sale Adela.

Voz. ¡Bernarda! ¡Déjame salir!

Bernarda. (*En voz alta.*) ¡Dejadla ya!

---

[49] falda corta de lana que se lleva encima de las enaguas.   [50] perforación que se hace en la tierra para buscar agua.   [51] cubierto, hacer una pared.

[52] conjunto de ropas de uso común en la casa.   [53] azote largo, delgado y flexible usado para castigar caballerías.   [54] con dinero.

Sale la Criada.

Criada. Me ha costado mucho sujetarla. A pesar de sus ochenta años, tu madre es fuerte como un roble.

Bernarda. Tiene a quién parecerse. Mi abuelo fue igual.

Criada. Tuve durante el duelo que taparle varias veces la boca con un costal[55] vacío porque quería llamarte para que le dieras agua de fregar siquiera para beber, y carne de perro, que es lo que ella dice que tú le das.

Martirio. ¡Tiene mala intención!

Bernarda. (*A la Criada.*) Dejadla que se desahogue[56] en el patio.

Criada. Ha sacado del cofre sus anillos y los pendientes de amatista; se los ha puesto, y me ha dicho que se quiere casar.

Las Hijas ríen.

Bernarda. Ve con ella y ten cuidado que no se acerque al pozo.

Criada. No tengas miedo que se tire.

Bernarda. No es por eso... Pero desde aquel sitio las vecinas pueden verla desde su ventana.

Sale la Criada.

Martirio. Nos vamos a cambiar de ropa.

Bernarda. Sí, pero no el pañuelo de la cabeza. (*Entra Adela.*) ¿Y Angustias?

Adela. (*Con intención.*) La he visto asomada a las rendijas del portón.[57] Los hombres se acaban de ir.

Bernarda. ¿Y tú a qué fuiste también al portón?

Adela. Me llegué a ver si habían puesto las gallinas.

Bernarda. ¡Pero el duelo de los hombres habría salido ya!

Adela. (*Con intención.*) Todavía estaba un grupo parado por fuera.

Bernarda. (*Furiosa.*) ¡Angustias! ¡Angustias!

Angustias. (*Entrando.*) ¿Qué manda usted?

Bernarda. ¿Qué mirabas y a quién?

Angustias. A nadie.

Bernarda. ¿Es decente que una mujer de tu clase vaya con el anzuelo[58] detrás de un hombre el día de la misa de su padre? ¡Contesta! ¿A quién mirabas?

Pausa.

---

[55] saco. [56] manifieste su cólera. [57] puerta grande. [58] pequeño gancho de metal donde se pone el cebo para pescar.

Angustias.	Yo...
Bernarda.	¡Tú!
Angustias.	¡A nadie!
Bernarda.	(*Avanzando y golpeándola.*) ¡Suave! ¡Dulzarrona!
La Poncia.	(*Corriendo.*) ¡Bernarda, cálmate! (*La sujeta.*)

Angustias llora.

Bernarda.	¡Fuera de aquí todas! (*Salen.*)
La Poncia.	Ella lo ha hecho sin dar alcance a[59] lo que hacía, que está francamente mal. Ya me chocó a mí verla escabullirse[60] hacia el patio. Luego estuvo detrás de una ventana oyendo la conversación que traían los hombres, que, como siempre, no se puede oír.
Bernarda.	A eso vienen a los duelos. (*Con curiosidad.*) ¿De qué hablaban?
La Poncia.	Hablaban de Paca la Roseta. Anoche ataron a su marido a un pesebre y a ella se la llevaron en la grupa del caballo hasta lo alto del olivar.
Bernarda.	¿Y ella?
La Poncia.	Ella, tan conforme. Dicen que iba con los pechos fuera y Maximiliano la llevaba cogida como si tocara la guitarra. ¡Un horror!
Bernarda.	¿Y qué pasó?
La Poncia.	Lo que tenía que pasar. Volvieron casi de día. Paca la Roseta traía el pelo suelto y una corona de flores en la cabeza.
Bernarda.	Es la única mujer mala que tenemos en el pueblo.
La Poncia.	Porque no es de aquí. Es de muy lejos. Y los que fueron con ella son también hijos de forasteros. Los hombres de aquí no son capaces de eso.
Bernarda.	No; pero les gusta verlo y comentarlo y se chupan los dedos de que esto ocurra.
La Poncia.	Contaban muchas cosas más.
Bernarda.	(*Mirando a un lado y otro con cierto temor.*) ¿Cuáles?
La Poncia.	Me da vergüenza referirlas.
Bernarda.	¿Y mi hija las oyó?
La Poncia.	¡Claro!
Bernarda.	Esa sale a[61] sus tías; blancas y untuosas[62] y que ponían los ojos de carnero al piropo de cualquier barberillo.[63] ¡Cuánto hay que sufrir y luchar para hacer que las personas sean decentes y no tiren al monte demasiado!

---

[59] entender. [60] escaparse a escondidas. [61] es como. [62] de dulzura y amabilidad excesivas. [63] presta atención a los galanteos de cualquiera.

La Poncia.	¡Es que tus hijas están ya en edad de merecer![64] Demasiado poca guerra te dan. Angustias ya debe tener mucho más de los treinta.
Bernarda.	Treinta y nueve justos.
La Poncia.	Figúrate. Y no ha tenido nunca novio...
Bernarda.	(*Furiosa.*) ¡No ha tenido novio ninguna ni les hace falta! Pueden pasarse muy bien.
La Poncia.	No he querido ofenderte.
Bernarda.	No hay en cien leguas a la redonda quien se pueda acercar a ellas. Los hombres de aquí no son de su clase. ¿Es que quieres que las entregue a cualquier gañán?[65]
La Poncia.	Debías irte a otro pueblo.
Bernarda.	Eso. ¡A venderlas!
La Poncia.	No, Bernarda, a cambiar... Claro que en otros sitios ellas resultan las pobres.
Bernarda.	¡Calla esa lengua atormentadora!
La Poncia.	Contigo no se puede hablar. ¿Tenemos o no tenemos confianza?
Bernarda.	No tenemos. Me sirves y te pago. ¡Nada más!
Criada.	(*Entrando.*) Ahí está don Arturo, que viene a arreglar las particiones.
Bernarda.	Vamos. (*A la Criada.*) Tú empieza a blanquear el patio. (*A La Poncia.*) Y tú ve guardando en el arca grande toda la ropa del muerto.
La Poncia.	Algunas cosas las podíamos dar.
Bernarda.	Nada, ¡ni un botón! Ni el pañuelo con que le hemos tapado la cara. (*Sale lentamente y al salir vuelve la cabeza y mira a sus Criadas.*)

Las Criadas salen después. Entran Amelia y Martirio.

Amelia.	¿Has tomado la medicina?
Martirio.	¡Para lo que me va a servir!
Amelia.	Pero la has tomado.
Martirio.	Yo hago las cosas sin fe, pero como un reloj.
Amelia.	Desde que vino el médico nuevo estás más animada.
Martirio.	Yo me siento lo mismo.
Amelia.	¿Te fijaste? Adelaida no estuvo en el duelo.
Martirio.	Ya lo sabía. Su novio no la deja salir ni al tranco[66] de la calle. Antes era alegre; ahora ni polvos se echa en la cara.
Amelia.	Ya no sabe una si es mejor tener novio o no.

---

[64] edad apropiada para casarse.   [65] mozo,
hombre que trabaja en el campo.   [66] a la puerta.

Martirio.	Es lo mismo.
Amelia.	De todo tiene la culpa esta crítica que no nos deja vivir. Adelaida habrá pasado mal rato.
Martirio.	Le tiene miedo a nuestra madre. Es la única que conoce la historia de su padre y el origen de sus tierras. Siempre que viene le tira puñaladas en el asunto. Su padre mató en Cuba al marido de su primera mujer para casarse con ella. Luego aquí la abandonó y se fue con otra que tenía una hija y luego tuvo relaciones con esta muchacha, la madre de Adelaida, y se casó con ella después de haber muerto loca la segunda mujer.
Amelia.	Y ese infame, ¿por qué no está en la cárcel?
Martirio.	Porque los hombres se tapan unos a otros las cosas de esta índole[67] y nadie es capaz de delatar.[68]
Amelia.	Pero Adelaida no tiene culpa de esto.
Martirio.	No. Pero las cosas se repiten. Y veo que todo es una terrible repetición. Y ella tiene el mismo sino de su madre y de su abuela, mujeres las dos del que la engendró.
Amelia.	¡Qué cosa más grande!
Martirio.	Es preferible no ver a un hombre nunca. Desde niña les tuve miedo. Los veía en el corral uncir los bueyes y levantar los costales de trigo entre voces y zapatazos y siempre tuve miedo de crecer por temor de encontrarme de pronto abrazada por ellos. Dios me ha hecho débil y fea y los ha apartado definitivamente de mí.
Amelia.	¡Eso no digas! Enrique Humanas estuvo detrás de ti y le gustabas.
Martirio.	¡Invenciones de la gente! Una vez estuve en camisa detrás de la ventana hasta que fue de día porque me avisó con la hija de su gañán que iba a venir y no vino. Fue todo cosa de lenguas. Luego se casó con otra que tenía más que yo.
Amelia.	¡Y fea como un demonio!
Martirio.	¡Qué les importa a ellos la fealdad! A ellos les importa la tierra, las yuntas,[69] y una perra sumisa[70] que les dé de comer.
Amelia.	¡Ay! (*Entra Magdalena.*)
Magdalena.	¿Qué hacéis?
Martirio.	Aquí.
Amelia.	¿Y tú?
Magdalena.	Vengo de correr las cámaras. Por andar un poco. De ver los cuadros bordados de cañamazo de nuestra abuela, el perrito

---

[67] este tipo.   [68] revelar al culpable.   [69] par de bueyes o caballos que ayudan en el trabajo del campo.   [70] obediente.

de lanas y el negro luchando con el león, que tanto nos gustaba de niñas. Aquélla era una época más alegre. Una boda duraba diez días y no se usaban las malas lenguas. Hoy hay más finura, las novias se ponen de velo blanco como en las poblaciones y se bebe vino de botella, pero nos pudrimos por el qué dirán.[71]

Martirio. ¡Sabe Dios lo que entonces pasaría!

Amelia. (*A Magdalena.*) Llevas desabrochados los cordones de un zapato.

Magdalena. ¡Qué más da!

Amelia. Te los vas a pisar y te vas a caer.

Magdalena. ¡Una menos!

Martirio. ¿Y Adela?

Magdalena. ¡Ah! Se ha puesto el traje verde que se hizo para estrenar[72] el día de su cumpleaños, se ha ido al corral, y ha comenzado a voces: "¡Gallinas! ¡Gallinas, miradme!" ¡Me he tenido que reír!

Amelia. ¡Si la hubiera visto madre!

Magdalena. ¡Pobrecilla! Es la más joven de nosotras y tiene ilusión. Daría algo por verla feliz.

Pausa. Angustias cruza la escena con unas toallas en la mano.

Angustias. ¿Qué hora es?

Magdalena. Ya deben ser las doce.

Angustias. ¿Tanto?

Amelia. Estarán al caer.

Sale Angustias.

Magdalena. (*Con intención.*) ¿Sabéis ya la cosa?

Amelia. No.

Magdalena. ¡Vamos!

Martirio. No sé a qué te refieres...

Magdalena. Mejor que yo lo sabéis las dos. Siempre cabeza con cabeza como dos ovejitas, pero sin desahogarse con nadie. ¡Lo de Pepe el Romano!

Martirio. ¡Ah!

Magdalena. (*Remedándola.*) ¡Ah! Ya se comenta por el pueblo. Pepe el Romano viene a casarse con Angustias. Anoche estuvo rondando[73] la casa y creo que pronto va a mandar un emisario.

Martirio. Yo me alegro. Es buen mozo.

---

[71] la opinión de la gente.   [72] poner por primera vez.   [73] caminando alrededor de.

Amelia.   Yo también. Angustias tiene buenas condiciones.

Magdalena.   Ninguna de las dos os alegráis.

Martirio.   ¡Magdalena! ¡Mujer!

Magdalena.   Si viniera por el tipo de Angustias, por Angustias como mujer, yo me alegraría; pero viene por el dinero. Aunque Angustias es nuestra hermana, aquí estamos en familia y reconocemos que está vieja, enfermiza, y que siempre ha sido la que ha tenido menos méritos de todas nosotras. Porque si con veinte años parecía un palo vestido, ¡qué será ahora que tiene cuarenta!

Martirio.   No hables así. La suerte viene a quien menos la aguarda.

Amelia.   ¡Después de todo dice la verdad! ¡Angustias tiene todo el dinero de su padre, es la única rica de la casa y por eso ahora que nuestro padre ha muerto y ya se harán particiones viene por ella!

Magdalena.   Pepe el Romano tiene veinticinco años y es el mejor tipo[74] de todos estos contornos.[75] Lo natural sería que te pretendiera a ti, Amelia, o a nuestra Adela, que tiene veinte años, pero no que venga a buscar lo más oscuro de esta casa, a una mujer que, como su padre, habla con las narices.

Martirio.   ¡Puede que a él le guste!

Magdalena.   ¡Nunca he podido resistir tu hipocresía!

Martirio.   ¡Dios me valga!

   Entra Adela.

Magdalena.   ¿Te han visto ya las gallinas?

Adela.   ¿Y qué queríais que hiciera?

Amelia.   ¡Si te ve nuestra madre te arrastra del pelo!

Adela.   Tenía mucha ilusión con el vestido. Pensaba ponérmelo el día que vamos a comer sandías[76] a la noria.[77] No hubiera habido otro igual.

Martirio.   Es un vestido precioso.

Adela.   Y que me está muy bien. Es lo mejor que ha cortado Magdalena.

Magdalena.   ¿Y las gallinas qué te han dicho?

Adela.   Regalarme unas cuantas pulgas que me han acribillado las piernas. (*Ríen.*)

Martirio.   Lo que puedes hacer es teñirlo de negro.

Magdalena.   Lo mejor que puedes hacer es regalárselo a Angustias para la boda con Pepe el Romano.

---

[74] el más guapo, más buen mozo.   [75] estas partes.   [76] fruto grande y redondo, verde por fuera y rojo por dentro, de semillas negras y muy refrescante.   [77] pozo ovalado del que se saca agua.

Adela.	(*Con emoción contenida.*) Pero Pepe el Romano...
Amelia.	¿No lo has oído decir?
Adela.	No.
Magdalena.	¡Pues ya lo sabes!
Adela.	¡Pero si no puede ser!
Magdalena.	¡El dinero lo puede todo!
Adela.	¿Por eso ha salido detrás del duelo y estuvo mirando por el portón? (*Pausa.*) Y ese hombre es capaz de...
Magdalena.	Es capaz de todo.

Pausa.

Martirio.	¿Qué piensas, Adela?
Adela.	Pienso que este luto me ha cogido en la peor época de mi vida para pasarlo.
Magdalena.	Ya te acostumbrarás.
Adela.	(*Rompiendo a llorar con ira.*) No me acostumbraré. Yo no puedo estar encerrada. No quiero que se me pongan las carnes como a vosotras; no quiero perder mi blancura en estas habitaciones; mañana me pondré mi vestido verde y me echaré a pasear por la calle. ¡Yo quiero salir!

Entra la Criada.

Magdalena.	(*Autoritaria.*) ¡Adela!
Criada.	¡La pobre! Cuánto ha sentido a su padre... (*Sale.*)
Martirio.	¡Calla!
Amelia.	Lo que sea de una será de todas.

Adela se calma.

Magdalena.	Ha estado a punto de oírte la criada.

Aparece la Criada.

Criada.	Pepe el Romano viene por lo alto de la calle.

Amelia, Martirio y Magdalena corren presurosas.

Magdalena.	¡Vamos a verlo! (*Salen rápidas.*)
Criada.	(*A Adela.*) ¿Tú no vas?
Adela.	No me importa.
Criada.	Como dará la vuelta a la esquina, desde la ventana de tu cuarto se verá mejor. (*Sale.*)

Adela queda en escena dudando; después de un instante se va también rápida hasta su habitación. Salen Bernarda y La Poncia.

Bernarda.	¡Malditas particiones!
La Poncia.	¡Cuánto dinero le queda a Angustias!

Bernarda.   Sí.

La Poncia.   Y a las otras, bastante menos.

Bernarda.   Ya me lo has dicho tres veces y no te he querido replicar. Bastante menos, mucho menos. No me lo recuerdes más.

Sale Angustias muy compuesta de cara.

Bernarda.   ¡Angustias!

Angustias.   Madre.

Bernarda.   ¿Pero has tenido valor de echarte polvos en la cara? ¿Has tenido valor de lavarte la cara el día de la muerte de tu padre?

Angustias.   No era mi padre. El mío murió hace tiempo. ¿Es que ya no lo recuerda usted?

Bernarda.   Más debes a este hombre, padre de tus hermanas, que al tuyo. Gracias a este hombre tienes colmada tu fortuna.

Angustias.   ¡Eso lo teníamos que ver!

Bernarda.   Aunque fuera por decencia. ¡Por respeto!

Angustias.   Madre, déjeme usted salir.

Bernarda.   ¿Salir? Después que te hayas quitado esos polvos de la cara. ¡Suavona! ¡Yeyo![78] ¡Espejo de tus tías! (*Le quita violentamente con un pañuelo los polvos.*) ¡Ahora, vete!

La Poncia.   ¡Bernarda, no seas tan inquisitiva!

Bernarda.   Aunque mi madre esté loca, yo estoy en mis cinco sentidos y sé perfectamente lo que hago.

Entran todas.

Magdalena.   ¿Qué pasa?

Bernarda.   No pasa nada.

Magdalena.   (*A Angustias.*) Si es que discuten por las particiones, tú que eres la más rica te puedes quedar con todo.

Angustias.   Guárdate la lengua en la madriguera.

Bernarda.   (*Golpeando en el suelo.*) No os hagáis ilusiones de que vais a poder conmigo. ¡Hasta que salga de esta casa con los pies adelante[79] mandaré en lo mío y en lo vuestro!

Se oyen unas voces y entra en escena María Josefa, la madre de Bernarda, viejísima, ataviada con flores en la cabeza y en el pecho.

María Josefa.   Bernarda, ¿dónde está mi mantilla? Nada de lo que tengo quiero que sea para vosotras. Ni mis anillos ni mi traje negro de "moaré". Porque ninguna de vosotras se va a casar. ¡Ninguna! Bernarda, dame mi gargantilla[80] de perlas.

Bernarda.   (*A la Criada.*) ¿Por qué la habéis dejado entrar?

---

[78] insulto.   [79] muerta.   [80] collar.

Criada.	(*Temblando.*) ¡Se me escapó!
María Josefa.	Me escapé porque me quiero casar, porque quiero casarme con un varón hermoso de la orilla del mar, ya que aquí los hombres huyen de las mujeres.
Bernarda.	¡Calle usted, madre!
María Josefa.	No, no me callo. No quiero ver a estas mujeres solteras rabiando por la boda, haciéndose polvo el corazón, y yo me quiero ir a mi pueblo. Bernarda, yo quiero un varón para casarme y para tener alegría.
Bernarda.	¡Encerradla!
María Josefa.	¡Déjame salir, Bernarda!

La Criada coge a María Josefa.

Bernarda.	¡Ayudarla vosotras! (*Todas arrastran a la vieja.*)
María Josefa.	¡Quiero irme de aquí! ¡Bernarda! ¡A casarme a la orilla del mar, a la orilla del mar!

Telón.

ACTO SEGUNDO

Habitación blanca del interior de la casa de Bernarda. Las puertas de la izquierda dan a los dormitorios. Las Hijas de Bernarda están sentadas en sillas bajas cosiendo. Magdalena borda. Con ellas está La Poncia.

Angustias.	Ya he cortado la tercera sábana.
Martirio.	Le corresponde a Amelia.
Magdalena.	Angustias. ¿Pongo también las iniciales de Pepe?
Angustias.	(*Seca.*) No.
Magdalena.	(*A voces.*) Adela, ¿no vienes?
Amelia.	Estará echada en la cama.
La Poncia.	Esta tiene algo. La encuentro sin sosiego,[81] temblona, asustada, como si tuviese una lagartija entre los pechos.
Martirio.	No tiene ni más ni menos que lo que tenemos todas.
Magdalena.	Todas, menos Angustias.
Angustias.	Yo me encuentro bien, y al que le duela, que reviente.[82]
Magdalena.	Desde luego que hay que reconocer que lo mejor que has tenido siempre es el talle y la delicadeza.
Angustias.	Afortunadamente, pronto voy a salir de este infierno.
Magdalena.	¡A lo mejor no sales!
Martirio.	Dejar esa conversación.

---

[81] sin descanso, sin paz. [82] que se fastidie, que se muera.

Angustias. Y, además, ¡más vale onza[83] en el arca que ojos negros en la cara!

Magdalena. Por un oído me entra y por otro me sale.

Amelia. (*A La Poncia.*) Abre la puerta del patio a ver si nos entra un poco de fresco.

La Criada lo hace.

Martirio. Esta noche pasada no me podía quedar dormida por el calor.

Amelia. Yo tampoco.

Magdalena. Yo me levanté a refrescarme. Había un nublo[84] negro de tormenta y hasta cayeron algunas gotas.

La Poncia. Era la una de la madrugada y subía fuego de la tierra. También me levanté yo. Todavía estaba Angustias con Pepe en la ventana.

Magdalena. (*Con ironía.*) ¿Tan tarde? ¿A qué hora se fue?

Angustias. Magdalena, ¿a qué preguntas, si lo viste?

Amelia. Se iría a eso de la una y media.

Angustias. ¿Sí? ¿Tú por qué lo sabes?

Amelia. Lo sentí toser y oí los pasos de su jaca.[85]

La Poncia. Pero si yo lo sentí marchar a eso de las cuatro.

Angustias. No sería él.

La Poncia. Estoy segura.

Amelia. A mí también me pareció.

Magdalena. ¡Qué cosa más rara!

Pausa.

La Poncia. Oye, Angustias: ¿qué fue lo que te dijo la primera vez que se acercó a la ventana?

Angustias. Nada. ¡Qué me iba a decir! Cosas de conversación.

Martirio. Verdaderamente es raro que dos personas que no se conocen se vean de pronto en una reja[86] y ya novios.

Angustias. Pues a mí no me chocó.

Amelia. A mí me daría no sé qué.

Angustias. No, porque cuando un hombre se acerca a una reja ya sabe por los que van y vienen, llevan y traen, que se le va a decir que sí.

Martirio. Bueno; pero él te lo tendría que decir.

Angustias. ¡Claro!

Amelia. (*Curiosa.*) ¿Y cómo te lo dijo?

---

[83] moneda grande y pesada. [84] nube.
[85] caballo pequeño. [86] puerta o ventana con barras de metal.

Angustias.	Pues nada: "Ya sabes que ando detrás de ti, necesito una mujer buena, modosa,[87] y esa eres tú si me das la conformidad".
Amelia.	¡A mí me da vergüenza de estas cosas!
Angustias.	Y a mí, pero hay que pasarlas.
La Poncia.	¿Y habló más?
Angustias.	Sí, siempre habló él.
Martirio.	¿Y tú?
Angustias.	Yo no hubiera podido. Casi se me salió el corazón por la boca. Era la primera vez que estaba sola de noche con un hombre.
Magdalena.	Y un hombre tan guapo.
Angustias.	No tiene mal tipo.
La Poncia.	Esas cosas pasan entre personas ya un poco instruidas que hablan y dicen y mueven la mano... La primera vez que mi marido Evaristo el Colín vino a mi ventana... Ja, ja, ja.
Amelia.	¿Qué pasó?
La Poncia.	Era muy oscuro. Lo vi acercarse y al llegar me dijo: "Buenas noches". "Buenas noches", le dije yo, y nos quedamos callados más de media hora. Me corría el sudor por todo el cuerpo. Entonces Evaristo se acercó, se acercó que se quería meter por los hierros, y dijo con voz muy baja: "¡Ven que te tiente!"[88] (*Ríen todas.*)

Amelia se levanta corriendo y espía por una puerta.

Amelia.	¡Ay!, creí que llegaba nuestra madre.
Magdalena.	¡Buenas nos hubiera puesto! (*Siguen riendo.*)
Amelia.	Chissss... ¡Que nos van a oír!
La Poncia.	Luego se portó bien. En vez de darle por otra cosa le dio por criar colorines[89] hasta que se murió. A vosotras que sois solteras, os conviene saber de todos modos que el hombre, a los quince días de boda, deja la cama por la mesa y luego la mesa por la tabernilla, y la que no se conforma se pudre[90] llorando en un rincón.
Amelia.	Tú te conformaste.
La Poncia.	¡Yo pude con él!
Martirio.	¿Es verdad que le pegaste algunas veces?
La Poncia.	Sí, y por poco si le dejo tuerto.[91]
Magdalena.	¡Así debían ser todas las mujeres!
La Poncia.	Yo tengo la escuela de tu madre. Un día me dijo no sé qué cosa y le maté todos los colorines con la mano del almirez.[92] (*Ríen.*)

---

[87] tímida, obediente.   [88] te toque.   [89] pájaro pequeño, de colores llamativos y agradable canto.   [90] estropea.   [91] ve sólo con un ojo.   [92] Se usa para triturar ajo, especies, etc.

Magdalena.	Adela, niña, no te pierdas esto.
Amelia.	Adela.

Pausa.

Magdalena.	Voy a ver. (*Entra.*)
La Poncia.	Esa niña está mala.
Martirio.	Claro, no duerme apenas.
La Poncia.	¿Pues qué hace?
Martirio.	¡Yo qué sé lo que hace!
La Poncia.	Mejor lo sabrás tú que yo, que duermes pared por medio.
Angustias.	La envidia la come.
Amelia.	No exageres.
Angustias.	Se lo noto en los ojos. Se le está poniendo mirar de loca.
Martirio.	No habléis de locos. Aquí es el único sitio donde no se puede pronunciar esta palabra.

Sale Magdalena con Adela.

Magdalena.	Pues ¿no estabas dormida?
Adela.	Tengo mal cuerpo.
Martirio.	(*Con intención.*) ¿Es que no has dormido bien esta noche?
Adela.	Sí.
Martirio.	¿Entonces?
Adela.	(*Fuerte.*) ¡Déjame ya! ¡Durmiendo o velando,[93] no tienes por qué meterte en lo mío! ¡Yo hago con mi cuerpo lo que me parece!
Martirio.	¡Sólo es interés por ti!
Adela.	Interés o inquisición. ¿No estabais cosiendo? Pues seguir. ¡Quisiera ser invisible, pasar por las habitaciones sin que me preguntarais dónde voy!
Criada.	(*Entra.*) Bernarda os llama. Está el hombre de los encajes. (*Salen.*)

Al salir, Martirio mira fijamente a Adela.

Adela.	¡No me mires más! Si quieres te daré mis ojos, que son frescos, y mis espaldas para que te compongas[94] la joroba que tienes, pero vuelve la cabeza cuando yo paso.

Se va Martirio.

La Poncia.	¡Que es tu hermana y además la que más te quiere!
Adela.	Me sigue a todos lados. A veces se asoma a mi cuarto para ver si duermo. No me deja respirar. Y siempre: "¡Qué lástima de

---

[93] despierta.   [94] arregles.

cara!", "¡Qué lástima de cuerpo que no vaya a ser para nadie!" ¡Y eso no! Mi cuerpo será de quien yo quiera.

La Poncia.   (*Con intención y en voz baja.*) De Pepe el Romano. ¿No es eso?

Adela.   (*Sobrecogida.*) ¿Qué dices?

La Poncia.   Lo que digo, Adela.

Adela.   ¡Calla!

La Poncia.   (*Alto.*) ¿Crees que no me he fijado?

Adela.   ¡Baja la voz!

La Poncia.   ¡Mata esos pensamientos!

Adela.   ¿Qué sabes tú?

La Poncia.   Las viejas vemos a través de las paredes. ¿Dónde vas de noche cuando te levantas?

Adela.   ¡Ciega debías estar!

La Poncia.   Con la cabeza y las manos llenas de ojos cuando se trata de lo que se trata. Por mucho que pienso no sé lo que te propones. ¿Por qué te pusiste casi desnuda con la luz encendida y la ventana abierta al pasar Pepe el segundo día que vino a hablar con tu hermana?

Adela.   ¡Eso no es verdad!

La Poncia.   No seas como los niños chicos. ¡Deja en paz a tu hermana, y si Pepe el Romano te gusta, te aguantas!⁹⁵ (*Adela llora.*) Además, ¿quién dice que no te puedes casar con él? Tu hermana Angustias es una enferma. Esa no resiste el primer parto. Es estrecha de cintura, vieja, y con mi conocimiento te digo que se morirá. Entonces Pepe hará lo que hacen todos los viudos de esta tierra: se casará con la más joven, la más hermosa, y ésa serás tú. Alimenta esa esperanza, olvídalo, lo que quieras, pero no vayas contra la ley de Dios.

Adela.   ¡Calla!

La Poncia.   ¡No callo!

Adela.   Métete en tus cosas, ¡oledora!, ¡pérfida!

La Poncia.   Sombra tuya he de ser.

Adela.   En vez de limpiar la casa y acostarte para rezar a tus muertos, buscas como una vieja marrana⁹⁶ asuntos de hombres y mujeres para babosear⁹⁷ en ellos.

La Poncia.   ¡Velo!⁹⁸ Para que las gentes no escupan al pasar por esta puerta.

Adela.   ¡Qué cariño tan grande te ha entrado de pronto por mi hermana!

---

⁹⁵ lo soportas.   ⁹⁶ cerda.   ⁹⁷ llenar de babas o saliva.   ⁹⁸ ¡Estoy despierta!

La Poncia. No os tengo ley a ninguna, pero quiero vivir en casa decente. ¡No quiero mancharme de vieja!

Adela. Es inútil tu consejo. Ya es tarde. No por encima de ti, que eres una criada; por encima de mi madre saltaría para apagarme este fuego que tengo levantado por piernas y boca. ¿Qué puedes decir de mí? ¿Que me encierro en mi cuarto y no abro la puerta? ¿Que no duermo? ¡Soy más lista que tú! Mira a ver si puedes agarrar la liebre con tus manos.

La Poncia. No me desafíes, Adela, no me desafíes. Porque yo puedo dar voces, encender luces y hacer que toquen las campanas.

Adela. Trae cuatro mil bengalas[99] amarillas y ponlas en las bardas[100] del corral. Nadie podrá evitar que suceda lo que tiene que suceder.

La Poncia. ¡Tanto te gusta ese hombre!

Adela. ¡Tanto! Mirando sus ojos me parece que bebo su sangre lentamente.

La Poncia. Yo no te puedo oír.

Adela. ¡Pues me oirás! Te he tenido miedo. ¡Pero ya soy más fuerte que tú!

Entra Angustias.

Angustias. ¡Siempre discutiendo!

La Poncia. Claro. Se empeña que con el calor que hace vaya a traerle no sé qué de la tienda.

Angustias. ¿Me compraste el bote de esencia?

La Poncia. El más caro. Y los polvos. En la mesa de tu cuarto los he puesto.

Sale Angustias.

Adela. ¡Y chitón!

La Poncia. ¡Lo veremos!

Entran Martirio, Amelia y Magdalena.

Magdalena. (*A Adela.*) ¿Has visto los encajes?

Amelia. Los de Angustias para sus sábanas de novia son preciosos.

Adela. (*A Martirio, que trae unos encajes.*) ¿Y éstos?

Martirio. Son para mí. Para una camisa.

Adela. (*Con sarcasmo.*) Se necesita buen humor.

Martirio. (*Con intención.*) Para verlo yo. No necesito lucirme ante nadie.

La Poncia. Nadie le ve a una en camisa.

---

[99] fuego artificial que puede ser de diversos colores.   [100] pared alrededor del corral.

Martirio. (*Con intención y mirando a Adela.*) ¡A veces! Pero me encanta la ropa interior. Si fuera rica la tendría de holanda. Es uno de los pocos gustos que me quedan.

La Poncia. Estos encajes son preciosos para las gorras de niños, para mantehuelos de cristianar.[101] Yo nunca pude usarlos en los míos. A ver si ahora Angustias los usa en los suyos. Como le dé por tener crías, vais a estar cosiendo mañana y tarde.

Magdalena. Yo no pienso dar una puntada.[102]

Amelia. Y mucho menos criar niños ajenos. Mira tú cómo están las vecinas del callejón, sacrificadas por cuatro monigotes.

La Poncia. Esas están mejor que vosotras. ¡Siquiera allí se ríe y se oyen porrazos![103]

Martirio. Pues vete a servir con ellas.

La Poncia. No. Ya me ha tocado en suerte este convento.

Se oyen unos campanillos lejanos, como a través de varios muros.

Magdalena. Son los hombres que vuelven del trabajo.

La Poncia. Hace un minuto dieron las tres.

Martirio. ¡Con este sol!

Adela. (*Sentándose.*) ¡Ay, quién pudiera salir también a los campos!

Magdalena. (*Sentándose.*) ¡Cada clase tiene que hacer lo suyo!

Martirio. (*Sentándose.*) ¡Así es!

Amelia. (*Sentándose.*) ¡Ay!

La Poncia. No hay alegría como la de los campos en esta época. Ayer de mañana llegaron los segadores.[104] Cuarenta o cincuenta buenos mozos.

Magdalena. ¿De dónde son este año?

La Poncia. De muy lejos. Vinieron de los montes. ¡Alegres! ¡Como árboles quemados! ¡Dando voces y arrojando piedras! Anoche llegó al pueblo una mujer vestida de lentejuelas y que bailaba con un acordeón, y quince de ellos la contrataron para llevársela al olivar. Yo los vi de lejos. El que la contrataba era un muchacho de ojos verdes, apretado como una gavilla de trigo.[105]

Amelia. ¿Es eso cierto?

Adela. ¡Pero es posible!

La Poncia. Hace años vino otra de éstas y yo misma di dinero a mi hijo mayor para que fuera. Los hombres necesitan estas cosas.

Adela. Se les perdona todo.

Amelia. Nacer mujer es el mayor castigo.

---

[101] bautizar. [102] coser. [103] golpes. [104] los hombres que siegan o cortan el trigo.
[105] musculoso.

Magdalena.   Y ni nuestros ojos siquiera nos pertenecen.

Se oye un cantar lejano que se va acercando.

La Poncia.   Son ellos. Traen unos cantos preciosos.

Amelia.   Ahora salen a segar.

Coro.   Ya salen los segadores
en busca de las espigas;
se llevan los corazones
de las muchachas que miran.

Se oyen panderos[106] y carrañacas. Pausa. Todas oyen en un silencio traspasado por el sol.

Amelia.   ¡Y no les importa el calor!

Martirio.   Siegan entre llamaradas.[107]

Adela.   Me gustaría segar para ir y venir. Así se olvida lo que nos muerde.[108]

Martirio.   ¿Qué tienes tú que olvidar?

Adela.   Cada una sabe sus cosas.

Martirio.   (*Profunda.*) ¡Cada una!

La Poncia.   ¡Callar! ¡Callar!

Coro.   (*Muy lejano.*)
Abrir puertas y ventanas
las que vivís en el pueblo,
el segador pide rosas
para adornar su sombrero.

La Poncia.   ¡Qué canto!

Martirio.   (*Con nostalgia.*)
Abrir puertas y ventanas
las que vivís en el pueblo...

Adela.   (*Con pasión.*)
... el segador pide rosas
para adornar su sombrero.

Se va alejando el cantar.

La Poncia.   Ahora dan vuelta a la esquina.

Adela.   Vamos a verlos por la ventana de mi cuarto.

La Poncia.   Tened cuidado con no entreabrirla mucho, porque son capaces de dar un empujón[109] para ver quién mira.

Se van las tres. Martirio queda sentada en la silla baja con la cabeza entre las manos.

Amelia.   (*Acercándose.*) ¿Qué te pasa?

---

[106] instrumentos musicales.   [107] fuego.
[108] preocupa.   [109] abrir la ventana por la fuerza.

Martirio.	Me sienta mal el calor.
Amelia.	¿No es más que eso?
Martirio.	Estoy deseando que llegue noviembre, los días de lluvias, las escarchas, todo lo que no sea este verano interminable.
Amelia.	Ya pasará y volverá otra vez.
Martirio.	¡Claro! (*Pausa.*) ¿A qué hora te dormiste anoche?
Amelia.	No sé. Yo duermo como un tronco.[110] ¿Por qué?
Martirio.	Por nada, pero me pareció oír gente en el corral.
Amelia.	¿Sí?
Martirio.	Muy tarde.
Amelia.	¿Y no tuviste miedo?
Martirio.	No. Ya lo he oído otras noches.
Amelia.	Debiéramos tener cuidado. ¿No serían los gañanes?
Martirio.	Los gañanes llegan a las seis.
Amelia.	Quizá una mulilla sin desbravar.[111]
Martirio.	(*Entre dientes y llena de segunda intención.*) Eso, ¡eso!, una mulilla sin desbravar.
Amelia.	¡Hay que prevenir!
Martirio.	No. No. No digas nada, puede ser un barrunto[112] mío.
Amelia.	Quizá. (*Pausa. Amelia inicia el mutis.*)[113]
Martirio.	Amelia.
Amelia.	(*En la puerta.*) ¿Qué?
Pausa.	
Martirio.	Nada.
Pausa.	
Amelia.	¿Por qué me llamaste?
Pausa.	
Martirio.	Se me escapó. Fue sin darme cuenta.
Pausa.	
Amelia.	Acuéstate un poco.
Angustias.	(*Entrando furiosa en escena, de modo que haya un gran contraste con los silencios anteriores.*) ¿Dónde está el retrato de Pepe que tenía yo debajo de mi almohada? ¿Quién de vosotras lo tiene?
Martirio.	Ninguna.
Amelia.	Ni que Pepe fuera un San Bartolomé de plata.

---

[110] muy profundamente.   [111] sin domesticar.
[112] imaginacion, suposición.   [113] salida.

Angustias.   ¿Dónde está el retrato?

Entran La Poncia, Magdalena y Adela.

Adela.   ¿Qué retrato?

Angustias.   Una de vosotras me lo ha escondido.

Magdalena.   ¿Tienes la desvergüenza de decir esto?

Angustias.   Estaba en mi cuarto y ya no está.

Martirio.   ¿Y no se habrá escapado a medianoche al corral? A Pepe le gusta andar con la luna.

Angustias.   ¡No me gastes bromas! Cuando venga se lo contaré.

La Poncia.   ¡Eso no, porque aparecerá! (*Mirando a Adela.*)

Angustias.   ¡Me gustaría saber cuál de vosotras lo tiene!

Adela.   (*Mirando a Martirio.*) ¡Alguna! ¡Todas menos yo!

Martirio.   (*Con intención.*) ¡Desde luego!

Bernarda.   (*Entrando.*) ¡Qué escándalo es éste en mi casa y en el silencio del peso del calor! Estarán las vecinas con el oído pegado a los tabiques.[114]

Angustias.   Me han quitado el retrato de mi novio.

Bernarda.   (*Fiera.*) ¿Quién? ¿Quién?

Angustias.   ¡Estas!

Bernarda.   ¿Cuál de vosotras? (*Silencio.*) ¡Contestarme! (*Silencio. A La Poncia.*) Registra los cuartos, mira por las camas. ¡Esto tiene no ataros más cortas! ¡Pero me vais a soñar![115] (*A Angustias.*) ¿Estás segura?

Angustias.   Sí.

Bernarda.   ¿Lo has buscado bien?

Angustias.   Sí, madre.

Todas están de pie en medio de un embarazoso silencio.

Bernarda.   Me hacéis al final de mi vida beber el veneno más amargo que una madre puede resistir. (*A La Poncia.*) ¿No lo encuentras?

La Poncia.   (*Saliendo.*) Aquí está.

Bernarda.   ¿Dónde lo has encontrado?

La Poncia.   Estaba...

Bernarda.   Dilo sin temor.

La Poncia.   (*Extrañada.*) Entre las sábanas de la cama de Martirio.

Bernarda.   (*A Martirio.*) ¿Es verdad?

Martirio.   ¡Es verdad!

---

[114] paredes que separan las habitaciones.
[115] ¡Pero vais a arrepentiros!

Bernarda.	(*Avanzando y golpeándola.*) Mala puñalada te den, ¡mosca muerta![116] ¡Sembradura de vidrios![117]
Martirio.	(*Fiera.*) ¡No me pegue usted, madre!
Bernarda.	¡Todo lo que quiera!
Martirio.	¡Si yo la dejo! ¿Lo oye? ¡Retírese usted!
La Poncia.	No faltes a tu madre.
Angustias.	(*Cogiendo a Bernarda.*) Déjela. ¡Por favor!
Bernarda.	Ni lágrimas te quedan en esos ojos.
Martirio.	No voy a llorar para darle gusto.
Bernarda.	¿Por qué has cogido el retrato?
Martirio.	¿Es que yo no puedo gastar una broma a mi hermana? ¿Para qué lo iba a querer?
Adela.	(*Saltando llena de celos.*) No ha sido broma, que tú nunca has gustado jamás de juegos. Ha sido otra cosa que te reventaba[118] en el pecho por querer salir. Dilo y claramente.
Martirio.	¡Calla y no me hagas hablar, que si hablo se van a juntar las paredes unas con otras de vergüenza!
Adela.	¡La mala lengua no tiene fin para inventar!
Bernarda.	¡Adela!
Magdalena.	Estáis locas.
Amelia.	Y nos apedreáis con malos pensamientos.
Martirio.	Otras hacen cosas más malas.
Adela.	Hasta que se pongan en cueros de una vez y se las lleve el río.
Bernarda.	¡Perversa!
Angustias.	Yo no tengo la culpa de que Pepe el Romano se haya fijado en mí.
Adela.	¡Por tus dineros!
Angustias.	¡Madre!
Bernarda.	¡Silencio!
Martirio.	Por tus marjales y tus arboledas.
Magdalena.	¡Eso es lo justo!
Bernarda.	¡Silencio digo! Yo veía la tormenta venir, pero no creía que estallara tan pronto. ¡Ay, qué pedrisco[119] de odio habéis echado sobre mi corazón! Pero todavía no soy anciana y tengo cinco cadenas para vosotras y esta casa levantada por mi padre para que ni las hierbas se enteren de mi desolación. ¡Fuera de aquí! (*Salen. Bernarda se sienta desolada. La Poncia está de pie arrimada a los muros. Bernarda reacciona, da un golpe en el suelo y dice:*) ¡Ten-

---

[116] alguien aparentemente inofensivo.
[117] inútil y peligrosa.   [118] explotaba.

[119] granizo, agua congelada que cae violentamente de las nubes.

dré que sentarles la mano![120] Bernarda: acuérdate que ésta es tu obligación.

La Poncia.	¿Puedo hablar?
Bernarda.	Habla. Siento que hayas oído. Nunca está bien una extraña en el centro de la familia.
La Poncia.	Lo visto, visto está.
Bernarda.	Angustias tiene que casarse en seguida.
La Poncia.	Claro; hay que retirarla de aquí.
Bernarda.	No a ella. ¡A él!
La Poncia.	Claro. A él hay que alejarlo de aquí. Piensas bien.
Bernarda.	No pienso. Hay cosas que no se pueden ni se deben pensar. Yo ordeno.
La Poncia.	¿Y tú crees que él querrá marcharse?
Bernarda.	(*Levantándose.*) ¿Qué imagina tu cabeza?
La Poncia.	Él, ¡claro!, se casará con Angustias.
Bernarda.	Habla, te conozco demasiado para saber que ya me tienes preparada la cuchilla.
La Poncia.	Nunca pensé que se llamara asesinato al aviso.
Bernarda.	¿Me tienes que prevenir de algo?
La Poncia.	Yo no acuso, Bernarda. Yo sólo te digo: abre los ojos y verás.
Bernarda.	¿Y verás qué?
La Poncia.	Siempre has sido lista. Has visto lo malo de las gentes a cien leguas,[121] muchas veces creí que adivinabas los pensamientos. Pero los hijos son los hijos. Ahora estás ciega.
Bernarda.	¿Te refieres a Martirio?
La Poncia.	Bueno, a Martirio... (*Con curiosidad.*) ¿Por qué habrá escondido el retrato?
Bernarda.	(*Queriendo ocultar a su hija.*) Después de todo, ella dice que ha sido una broma. ¿Qué otra cosa puede ser?
La Poncia.	¿Tú crees así? (*Con sorna.*)[122]
Bernarda.	(*Enérgica.*) No lo creo. ¡Es así!
La Poncia.	Basta. Se trata de lo tuyo. Pero si fuera la vecina de enfrente, ¿qué sería?
Bernarda.	Ya empiezas a sacar la punta del cuchillo.
La Poncia.	(*Siempre con crueldad.*) Bernarda: aquí pasa una cosa muy grande. Yo no te quiero echar la culpa, pero tú no has dejado a tus hijas libres. Martirio es enamoradiza, digas lo que tú quieras. ¿Por qué no la dejaste casar con Enrique Humanas? ¿Por

---

[120] pegarles.   [121] desde lejos.   [122] burla, sarcasmo.

qué el mismo día que iba a venir a la ventana le mandaste recado que no viniera?

Bernarda. ¡Y lo haría mil veces! ¡Mi sangre no se junta con la de los Humanas mientras yo viva! Su padre fue gañán.

La Poncia. ¡Y así te va a ti con esos humos![123]

Bernarda. Los tengo porque puedo tenerlos. Y tú no los tienes porque sabes muy bien cuál es tu origen.

La Poncia. (*Con odio.*) No me lo recuerdes. Estoy ya vieja. Siempre agradecí tu protección.

Bernarda. (*Crecida*[124]) ¡No lo parece!

La Poncia. (*Con odio envuelto en suavidad.*) A Martirio se le olvidará esto.

Bernarda. Y si no lo olvida peor para ella. No creo que ésta sea la "cosa muy grande" que aquí pasa. Aquí no pasa nada. ¡Eso quisieras tú! Y si pasa algún día, estáte segura que no traspasará las paredes.

La Poncia. Eso no lo sé yo. En el pueblo hay gentes que leen también de lejos los pensamientos escondidos.

Bernarda. ¡Cómo gozarías de vernos a mí y a mis hijas camino del lupanar![125]

La Poncia. ¡Nadie puede conocer su fin!

Bernarda. ¡Yo sí sé mi fin! ¡Y el de mis hijas! El lupanar se queda para alguna mujer ya difunta.

La Poncia. ¡Bernarda, respeta la memoria de mi madre!

Bernarda. ¡No me persigas tú con tus malos pensamientos!

Pausa.

La Poncia. Mejor será que no me meta en nada.

Bernarda. Eso es lo que debías hacer. Obrar y callar a todo. Es la obligación de los que viven a sueldo.

La Poncia. Pero no se puede. ¿A ti no te parece que Pepe estaría mejor casado con Martirio o..., ¡sí!, con Adela?

Bernarda. No me parece.

La Poncia. Adela. ¡Esa es la verdadera novia del Romano!

Bernarda. Las cosas no son nunca a gusto nuestro.

La Poncia. Pero les cuesta mucho trabajo desviarse de la verdadera inclinación. A mí me parece mal que Pepe esté con Angustias, y a las gentes, y hasta al aire. ¡Quién sabe si saldrán con la suya!

Bernarda. ¡Ya estamos otra vez!... Te deslizas para llenarme de malos sueños. Y no quiero entenderte, porque si llegara al alcance de todo lo que dices te tendría que arañar.[126]

---

[123] pretensiones. [124] con arrogancia.
[125] prostíbulo. [126] atacar con las uñas.

La Poncia.	¡No llegará la sangre al río!
Bernarda.	Afortunadamente mis hijas me respetan y jamás torcieron mi voluntad.[127]
La Poncia.	¡Eso sí! Pero en cuanto las dejes sueltas se te subirán al tejado.
Bernarda.	¡Ya las bajaré tirándoles cantos![128]
La Poncia.	¡Desde luego eres la más valiente!
Bernarda.	¡Siempre gasté sabrosa pimienta!
La Poncia.	¡Pero lo que son las cosas! A su edad. ¡Hay que ver el entusiasmo de Angustias con su novio! ¡Y él también parece muy picado![129] Ayer me contó mi hijo mayor que a las cuatro y media de la madrugada, que pasó por la calle con la yunta, estaban hablando todavía.
Bernarda.	¡A las cuatro y media!
Angustias.	(*Saliendo.*) ¡Mentira!
La Poncia.	Eso me contaron.
Bernarda.	(*A Angustias.*) ¡Habla!
Angustias.	Pepe lleva más de una semana marchándose a la una. Que Dios me mate si miento.
Martirio.	(*Saliendo.*) Yo también lo sentí marcharse a las cuatro.
Bernarda.	Pero ¿lo viste con tus ojos?
Martirio.	No quise asomarme. ¿No habláis ahora por la ventana del callejón?
Angustias.	Yo hablo por la ventana de mi dormitorio.

Aparece Adela en la puerta.

Martirio.	Entonces...
Bernarda.	¿Qué es lo que pasa aquí?
La Poncia.	¡Cuida de enterarte! Pero, desde luego, Pepe estaba a las cuatro de la madrugada en una reja de tu casa.
Bernarda.	¿Lo sabes seguro?
La Poncia.	Seguro no se sabe nada en esta vida.
Adela.	Madre, no oiga usted a quien nos quiere perder a todas.
Bernarda.	¡Yo sabré enterarme! Si las gentes del pueblo quieren levantar falsos testimonios, se encontrarán con mi pedernal. No se hable de este asunto. Hay a veces una ola de fango[130] que levantan los demás para perdernos.
Martirio.	A mí no me gusta mentir.
La Poncia.	Y algo habrá.

---

[127] desobedecieron. [128] piedras. [129] afectado, enamorado. [130] un montón de barro.

Bernarda.	No habrá nada. Nací para tener los ojos abiertos. Ahora vigilaré sin cerrarlos ya hasta que me muera.
Angustias.	Yo tengo derecho de enterarme.
Bernarda.	Tú no tienes derecho más que a obedecer. Nadie me traiga ni me lleve. (*A La Poncia.*) Y tú te metes en los asuntos de tu casa. ¡Aquí no se vuelve a dar un paso sin que yo lo sienta!
Criada.	(*Entrando.*) En lo alto de la calle hay un gran gentío y todos los vecinos están en sus puertas.
Bernarda.	(*A La Poncia.*) ¡Corre a enterarte [131] de lo que pasa! (*Las Mujeres corren para salir.*) ¿Dónde vais? Siempre os supe mujeres ventaneras y rompedoras de su luto. ¡Vosotras, al patio!

Salen y sale Bernarda. Se oyen rumores lejanos. Entran Martirio y Adela, que se quedan escuchando y sin atreverse a dar un paso más de la puerta de salida.

Martirio.	Agradece a la casualidad que no desaté mi lengua.
Adela.	También hubiera hablado yo.
Martirio.	¿Y qué ibas a decir? ¡Querer no es hacer!
Adela.	Hace la que puede y la que se adelanta. Tú querías, pero no has podido.
Martirio.	No seguirás mucho tiempo.
Adela.	¡Lo tendré todo!
Martirio.	Yo romperé tus abrazos.
Adela.	(*Suplicante.*) ¡Martirio, déjame!
Martirio.	¡De ninguna!
Adela.	¡Él me quiere para su casa!
Martirio.	¡He visto cómo te abrazaba!
Adela.	Yo no quería. He sido como arrastrada por una maroma. [132]
Martirio.	¡Primero muerta!

Se asoman Magdalena y Angustias. Se siente crecer el tumulto.

La Poncia.	(*Entrando con Bernarda.*) ¡Bernarda!
Bernarda.	¿Qué ocurre?
La Poncia.	La hija de la Librada, la soltera, tuvo un hijo no se sabe con quién.
Adela.	¿Un hijo?
La Poncia.	Y para ocultar su vergüenza lo mató y lo metió debajo de unas piedras, pero unos perros con más corazón que muchas criaturas lo sacaron, y como llevados por la mano de Dios lo han puesto en el tranco de su puerta. Ahora la quieren matar. La traen arrastrando por la calle abajo, y por las trochas y los te-

---

131 saber.   132 cuerda gruesa y fuerte.

rrenos del olivar vienen los hombres corriendo, dando unas voces que estremecen[133] los campos.

Bernarda. Sí, que vengan todos con varas de olivo y mangos de azadones,[134] que vengan todos para matarla.

Adela. No, no. Para matarla, no.

Martirio. Sí, y vamos a salir también nosotras.

Bernarda. Y que pague la que pisotea la decencia.

Fuera se oye un grito de mujer y un gran rumor.

Adela. ¡Que la dejen escapar! ¡No salgáis vosotras!

Martirio. (*Mirando a Adela.*) ¡Que pague lo que debe!

Bernarda. (*Bajo el arco.*) ¡Acabad con ella antes que lleguen los guardias! ¡Carbón ardiendo en el sitio de su pecado!

Adela. (*Cogiéndose el vientre.*) ¡No! ¡No!

Bernarda. ¡Matadla! ¡Matadla!

Telón.

ACTO TERCERO

Cuatro paredes blancas ligeramente azuladas del patio interior de la casa de Bernarda. Es de noche. El decorado ha de ser de una perfecta simplicidad. Las puertas iluminadas por la luz de los interiores dan un tenue[135] fulgor[136] a la escena. En el centro, una mesa con un quinqué,[137] donde están comiendo Bernarda y sus Hijas. La Poncia las sirve. Prudencia está sentada aparte. Al levantarse el telón hay un gran silencio, interrumpido por el ruido de platos y cubiertos.

Prudencia. Ya me voy. Os he hecho una visita larga. (*Se levanta.*)

Bernarda. Espérate, mujer. No nos vemos nunca.

Prudencia. ¿Han dado el último toque para el rosario?

La Poncia. Todavía no. (*Prudencia se sienta.*)

Bernarda. ¿Y tu marido cómo sigue?

Prudencia. Igual.

Bernarda. Tampoco lo vemos.

Prudencia. Ya sabes sus costumbres. Desde que se peleó con sus hermanos por la herencia no ha salido por la puerta de la calle. Pone una escalera y salta las tapias[138] y el corral.

Bernarda. Es un verdadero hombre. ¿Y con tu hija?

Prudencia. No la ha perdonado.

Bernarda. Hace bien.

Prudencia. No sé qué te diga. Yo sufro por esto.

---

[133] hacen temblar. [134] parte alargada por la que se agarran los azadores, que son utensillos para trabajar en el campo. [135] débil. [136] brillo. [137] lámpara de aceite. [138] paredes que dividen una propiedad de otra.

Bernarda.	Una hija que desobedece deja de ser hija para convertirse en una enemiga.
Prudencia.	Yo dejo que el agua corra. No me queda más consuelo que refugiarme en la iglesia, pero como me estoy quedando sin vista tendré que dejar de venir para que no jueguen con una los chiquillos. (*Se oye un gran golpe dado en los muros.*)
Bernarda.	El caballo garañón,[139] que está encerrado y da coces[140] contra el muro. (*A voces.*) ¡Trabadlo[141] y que salga al corral! (*En voz baja.*) Debe tener calor.
Prudencia.	¿Vais a echarle las potras nuevas?
Bernarda.	Al amanecer.
Prudencia.	Has sabido acrecentar[142] tu ganado.
Bernarda.	A fuerza de dinero y sinsabores.[143]
La Poncia.	(*Interrumpiendo.*) Pero tiene la mejor manada de estos contornos. Es una lástima que esté bajo de precio.
Bernarda.	¿Quieres un poco de queso y miel?
Prudencia.	Estoy desganada.

Se oye otra vez el golpe.

La Poncia.	¡Por Dios!
Prudencia.	Me ha retemblado dentro del pecho.
Bernarda.	(*Levantándose furiosa.*) ¿Hay que decir las cosas dos veces? ¡Echadlo que se revuelque[144] en los montones de paja! (*Pausa, y como hablando con los gañanes.*) Pues cerrad las potras en la cuadra, pero dejadlo libre, no sea que nos eche abajo las paredes. (*Se dirige a la mesa y se sienta otra vez.*) ¡Ay, qué vida!
Prudencia.	Bregando[145] como un hombre.
Bernarda.	Así es. (*Adela se levanta de la mesa.*) ¿Dónde vas?
Adela.	A beber agua.
Bernarda.	(*En voz alta.*) Trae un jarro de agua fresca. (*A Adela*) Puedes sentarte. (*Adela se sienta.*)
Prudencia.	Y Angustias, ¿cuándo se casa?
Bernarda.	Vienen a pedirla dentro de tres días.
Prudencia.	¡Estarás contenta!
Angustias.	¡Claro!
Amelia.	(*A Magdalena.*) Ya has derramado la sal.[146]
Magdalena.	Peor suerte que tienes no vas a tener.
Amelia.	Siempre trae mala sombra.

---

[139] caballo semental, usado para la reproducción. [140] patadas, golpes con las patas. [141] atadlo, sujetadlo. [142] aumentar. [143] disgustos. [144] echarse sobre algo y restregarse. [145] trabajando. [146] Tirar la sal es señal de mala suerte en ciertas culturas.

Bernarda.   ¡Vamos!

Prudencia.   (*A Angustias.*) ¿Te ha regalado ya el anillo?

Angustias.   Mírelo usted. (*Se lo alarga.*)

Prudencia.   Es precioso. Tres perlas. En mi tiempo las perlas significaban lágrimas.

Angustias.   Pero ya las cosas han cambiado.

Adela.   Yo creo que no. Las cosas significan siempre lo mismo. Los anillos de pedida[147] deben ser de diamantes.

Prudencia.   Es más propio.

Bernarda.   Con perlas o sin ellas, las cosas son como uno se las propone.

Martirio.   O como Dios dispone.

Prudencia.   Los muebles me han dicho que son preciosos.

Bernarda.   Dieciséis mil reales he gastado.

La Poncia.   (*Interviniendo.*) Lo mejor es el armario de luna.[148]

Prudencia.   Nunca vi un mueble de éstos.

Bernarda.   Nosotras tuvimos arca.

Prudencia.   Lo preciso es que todo sea para bien.

Adela.   Que nunca se sabe.

Bernarda.   No hay motivo para que no lo sea.

Se oyen lejanísimas unas campanas.

Prudencia.   El último toque. (*A Angustias.*) Ya vendré a que me enseñes la ropa.

Angustias.   Cuando usted quiera.

Prudencia.   Buenas noches nos dé Dios.

Bernarda.   Adiós, Prudencia.

Las Cinco a la Vez.   Vaya usted con Dios.

Pausa. Sale Prudencia.

Bernarda.   Ya hemos comido. (*Se levantan.*)

Adela.   Voy a llegarme hasta el portón para estirar las piernas y tomar un poco de fresco.

Magdalena se sienta en una silla baja retrepada contra la pared.

Amelia.   Yo voy contigo.

Martirio.   Y yo.

Adela.   (*Con odio contenido.*) No me voy a perder.

Amelia.   La noche quiere compañía. (*Salen.*)

Bernarda se sienta y Angustias está arreglando la mesa.

---

[147] compromiso.   [148] espejo de cuerpo entero.

Bernarda.	Ya te he dicho que quiero que hables con tu hermana Martirio. Lo que pasó del retrato fue una broma y lo debes olvidar.
Angustias.	Usted sabe que ella no me quiere.
Bernarda.	Cada uno sabe lo que piensa por dentro. Yo no me meto en los corazones, pero quiero buena fachada y armonía familiar. ¿Lo entiendes?
Angustias.	Sí.
Bernarda.	Pues ya está.
Magdalena.	(*Casi dormida.*) Además, ¡si te vas a ir antes de nada! (*Se duerme.*)
Angustias.	Tarde me parece.
Bernarda.	¿A qué hora terminaste anoche de hablar?
Angustias.	A las doce y media.
Bernarda.	¿Qué cuenta Pepe?
Angustias.	Yo lo encuentro distinto. Me habla siempre como pensando en otra cosa. Si le pregunto qué le pasa, me contesta: "Los hombres tenemos nuestras preocupaciones".
Bernarda.	No le debes preguntar. Y cuando te cases, menos. Habla si él habla y míralo cuando te mire. Así no tendrás disgustos.[149]
Angustias.	Yo creo, madre, que él me oculta muchas cosas.
Bernarda.	No procures descubrirlas, no le preguntes y, desde luego, que no te vea llorar jamás.
Angustias.	Debía estar contenta y no lo estoy.
Bernarda.	Eso es lo mismo.
Angustias.	Muchas veces miro a Pepe con mucha fijeza y se me borra[150] a través de los hierros, como si lo tapara una nube de polvo de las que levantan los rebaños.[151]
Bernarda.	Esas son cosas de debilidad.
Angustias.	¡Ojalá!
Bernarda.	¿Viene esta noche?
Angustias.	No. Fue con su madre a la capital.
Bernarda.	Así nos acostaremos antes. ¡Magdalena!
Angustias.	Está dormida.

    Entran Adela, Martirio y Amelia.

Amelia.	¡Qué noche más oscura!
Adela.	No se ve a dos pasos de distancia.
Martirio.	Una buena noche para ladrones, para el que necesita escondrijo.[152]

---

[149] preocupaciones, enfados. [150] desaparece.
[151] agrupación grande de ovejas. [152] escondite, lugar para esconderse.

Adela. El caballo garañón estaba en el centro del corral ¡blanco! Doble de grande, llenando todo lo oscuro.

Amelia. Es verdad. Daba miedo. Parecía una aparición.

Adela. Tiene el cielo unas estrellas como puños.

Martirio. Esta se puso a mirarlas de modo que se iba a tronchar el cuello.

Adela. ¿Es que no te gustan a ti?

Martirio. A mí las cosas de tejas arriba no me importan nada. Con lo que pasa dentro de las habitaciones tengo bastante.

Adela. Así te va a ti.

Bernarda. A ella le va en lo suyo como a ti en lo tuyo.

Angustias. Buenas noches.

Adela. ¿Ya te acuestas?

Angustias. Sí. Esta noche no viene Pepe. (*Sale.*)

Adela. Madre, ¿por qué cuando se corre una estrella o luce un relámpago se dice:

> Santa Bárbara bendita,
> que en el cielo estás escrita
> con papel y agua bendita?

Bernarda. Los antiguos sabían muchas cosas que hemos olvidado.

Amelia. Yo cierro los ojos para no verlas.

Adela. Yo, no. A mí me gusta ver correr lleno de lumbre[153] lo que está quieto y quieto años enteros.

Martirio. Pero estas cosas nada tienen que ver con nosotros.

Bernarda. Y es mejor no pensar en ellas.

Adela. ¡Qué noche más hermosa! Me gustaría quedarme hasta muy tarde para disfrutar el fresco del campo.

Bernarda. Pero hay que acostarse. ¡Magdalena!

Amelia. Está en el primer sueño.

Bernarda. ¡Magdalena!

Magdalena. (*Disgustada.*) ¡Déjame en paz!

Bernarda. ¡A la cama!

Magdalena. (*Levantándose malhumorada.*) ¡No la dejáis a una tranquila! (*Se va refunfuñando.*)[154]

Amelia. Buenas noches. (*Se va.*)

Bernarda. Andar vosotras también.

Martirio. ¿Cómo es que esta noche no viene el novio de Angustias?

Bernarda. Fue de viaje.

Martirio. (*Mirando a Adela.*) ¡Ah!

---

[153] fuego.   [154] protestando en voz baja.

Adela.   Hasta mañana. (*Sale.*)

Martirio bebe agua y sale lentamente, mirando hacia la puerta del corral.

La Poncia.   (*Saliendo.*) ¿Estás todavía aquí?

Bernarda.   Disfrutando este silencio y sin lograr ver por parte alguna "la cosa tan grande" que aquí pasa, según tú.

La Poncia.   Bernarda, dejemos esa conversación.

Bernarda.   En esta casa no hay ni un sí ni un no. Mi vigilancia lo puede todo.

La Poncia.   No pasa nada por fuera. Eso es verdad. Tus hijas están y viven como metidas en alacenas. Pero ni tú ni nadie puede vigilar por el interior de los pechos.

Bernarda.   Mis hijas tienen la respiración tranquila.

La Poncia.   Eso te importa a ti, que eres su madre. A mí, con servir tu casa tengo bastante.

Bernarda.   Ahora te has vuelto callada.

La Poncia.   Me estoy en mi sitio, y en paz.

Bernarda.   Lo que pasa es que no tienes nada que decir. Si en esta casa hubiera hierbas ya te encargarías de traer a pastar las ovejas del vecindario.[155]

La Poncia.   Yo tapo[156] más de lo que te figuras.

Bernarda.   ¿Sigue tu hijo viendo a Pepe a las cuatro de la mañana? ¿Siguen diciendo todavía la mala letanía de esta casa?

La Poncia.   No dicen nada.

Bernarda.   Porque no pueden. Porque no hay carne donde morder. A la vigilancia de mis ojos se debe esto.

La Poncia.   Bernarda, yo no quiero hablar porque temo tus intenciones. Pero no estés segura.

Bernarda.   ¡Segurísima!

La Poncia.   A lo mejor, de pronto, cae un rayo. A lo mejor, de pronto, un golpe te para el corazón.

Bernarda.   Aquí no pasa nada. Ya estoy alerta contra tus suposiciones.

La Poncia.   Pues mejor para ti.

Bernarda.   ¡No faltaba más!

Criada.   (*Entrando.*) Ya terminé de fregar los platos. ¿Manda usted algo, Bernarda?

Bernarda.   (*Levantándose.*) Nada. Voy a descansar.

La Poncia.   ¿A qué hora quieres que te llame?

---

[155] Si en esta casa estuviera pasando algo, tú te encargarías de comentarlo con los vecinos.
[156] cubro.

Bernarda.	A ninguna. Esta noche voy a dormir bien. (*Se va.*)
La Poncia.	Cuando una no puede con el mar lo más fácil es volver las espaldas para no verlo.
Criada.	Es tan orgullosa que ella misma se pone una venda en los ojos.[157]
La Poncia.	Yo no puedo hacer nada. Quise atajar las cosas, pero ya me asustan demasiado. ¿Tú ves este silencio? Pues hay una tormenta en cada cuarto. El día que estallen[158] nos barrerán a todos.[159] Yo he dicho lo que tenía que decir.
Criada.	Bernarda cree que nadie puede con ella y no sabe la fuerza que tiene un hombre entre mujeres solas.
La Poncia.	No es toda la culpa de Pepe el Romano. Es verdad que el año pasado anduvo detrás de Adela y ésta está loca por él, pero ella debió estarse en su sitio y no provocarlo. Un hombre es un hombre.
Criada.	Hay quien cree que habló muchas veces con Adela.
La Poncia.	Es verdad. (*En voz baja.*) Y otras cosas.
Criada.	No sé lo que va a pasar aquí.
La Poncia.	A mí me gustaría cruzar el mar y dejar esta casa de guerra.
Criada.	Bernarda está aligerando la boda y es posible que nada pase.
La Poncia.	Las cosas se han puesto ya demasiado maduras. Adela está decidida a lo que sea y las demás vigilan sin descanso.
Criada.	¿Y Martirio también?
La Poncia.	Esa es la peor. Es un pozo de veneno. Ve que el Romano no es para ella y hundiría el mundo si estuviera en su mano.
Criada.	¡Es que son malas!
La Poncia.	Son mujeres sin hombre, nada más. En estas cuestiones se olvida hasta la sangre. ¡Chisss! (*Escucha.*)
Criada.	¿Qué pasa?
La Poncia.	(*Se levanta.*) Están ladrando los perros.
Criada.	Debe haber pasado alguien por el portón.

Sale Adela en enaguas[160] *blancas y corpiño.*[161]

La Poncia.	¿No te habías acostado?
Adela.	Voy a beber agua. (*Bebe en un vaso de la mesa.*)
La Poncia.	Yo te suponía dormida.
Adela.	Me despertó la sed. Y vosotras, ¿no descansáis?
Criada.	Ahora.

---

[157] no quiere ver las cosas   [158] exploten.
[159] llevarán, afectarán.   [160] falda interior.
[161] camisa interior con escote.

Sale Adela.

La Poncia.	Vámonos.
Criada.	Ganado tenemos el sueño. Bernarda no me deja descansar en todo el día.
La Poncia.	Llévate la luz.
Criada.	Los perros están como locos.
La Poncia.	No nos van a dejar dormir. (*Salen.*)

La escena queda casi a oscuras. Sale María Josefa con una oveja en los brazos.

María Josefa.
Ovejita, niño mío,
vámonos a la orilla del mar.
La hormiguita [162] estará en su puerta,
yo te daré la teta [163] y el pan.

Bernarda,
cara de leoparda.
Magdalena,
cara de hiena.
¡Ovejita!
Meee, meeee.
Vamos a los ramos del portal de Belén.

Ni tú ni yo queremos dormir;
la puerta sola se abrirá
y en la playa nos meteremos
en una choza de coral.

Bernarda,
cara de leoparda.
Magdalena,
cara de hiena.
¡Ovejita!
Meee, meeee.
Vamos a los ramos del portal de Belén. (*Se va cantando.*)

Entra Adela. Mira a un lado y otro con sigilo [164] *y desaparece por la puerta del corral. Sale Martirio por otra puerta y queda en angustioso acecho* [165] *en el centro de la escena. También va en enaguas. Se cubre con un pequeño mantón* [166] *negro de talle. Sale por enfrente de ella María Josefa.*

Martirio.	Abuela, ¿dónde va usted?
María Josefa.	¿Vas a abrirme la puerta? ¿Quién eres tú?
Martirio.	¿Cómo está aquí?
María Josefa.	Me escapé. ¿Tú quién eres?
Martirio.	Vaya a acostarse.

---

[162] hormiga, insecto.   [163] pecho de mujer.
[164] en silencio.   [165] vigilancia.   [166] chal, tela
para cubrir las espaldas.

María Josefa.	Tú eres Martirio, ya te veo. Martirio, cara de Martirio. ¿Y cuándo vas a tener un niño? Yo he tenido éste.
Martirio.	¿Dónde cogió esa oveja?
María Josefa.	Ya sé que es una oveja. Pero ¿por qué una oveja no va a ser un niño? Mejor es tener una oveja que no tener nada. Bernarda, cara de leoparda. Magdalena, cara de hiena.
Martirio.	No dé voces.
María Josefa.	Es verdad. Está todo muy oscuro. Como tengo el pelo blanco crees que no puedo tener crías,[167] y sí, crías y crías y crías. Este niño tendrá el pelo blanco y tendrá otro niño y éste otro, y todos con el pelo de nieve, seremos como las olas, una y otra y otra. Luego nos sentaremos todos y todos tendremos el cabello blanco y seremos espuma. ¿Por qué aquí no hay espumas? Aquí no hay más que mantos de luto.
Martirio.	Calle, calle.
María Josefa.	Cuando mi vecina tenía un niño yo le llevaba chocolate y luego ella me lo traía a mí y así siempre, siempre, siempre. Tú tendrás el pelo blanco, pero no vendrán las vecinas. Yo tengo que marcharme, pero tengo miedo que los perros me muerdan. ¿Me acompañarás tú a salir al campo? Yo quiero campo. Yo quiero casas, pero casas abiertas y las vecinas acostadas en sus camas con sus niños chiquitos y los hombres fuera sentados en sus sillas. Pepe el Romano es un gigante. Todas lo queréis. Pero él os va a devorar porque vosotras sois granos de trigo. No granos de trigo. ¡Ranas sin lengua!
Martirio.	Vamos. Váyase a la cama. (*La empuja.*)
María Josefa.	Sí, pero luego tú me abrirás, ¿verdad?
Martirio.	De seguro.
María Josefa.	(*Llorando.*) Ovejita, niño mío, vámonos a la orilla del mar. La hormiguita estará en su puerta, yo te daré la teta y el pan.

Martirio cierra la puerta por donde ha salido María Josefa y se dirige a la puerta del corral. Allí vacila, pero avanza dos pasos más.

Martirio.	(*En voz baja.*) Adela. (*Pausa. Avanza hasta la misma puerta. En voz alta.*) ¡Adela!

Aparece Adela. Viene un poco despeinada.

Adela.	¿Por qué me buscas?
Martirio.	¡Deja a ese hombre!

---

[167] bebés.

Adela.	¿Quién eres tú para decírmelo?
Martirio.	No es ése el sitio de una mujer honrada.
Adela.	¿Con qué ganas te has quedado de ocuparlo!
Martirio.	(*En voz alta.*) Ha llegado el momento de que yo hable. Esto no puede seguir así.
Adela.	Esto no es más que el comienzo. He tenido fuerza para adelantarme. El brío[168] y el mérito que tú no tienes. He visto la muerte debajo de estos techos y he salido a buscar lo que era mío, lo que me pertenecía.
Martirio.	Ese hombre sin alma vino por otra. Tú te has atravesado.
Adela.	Vino por el dinero, pero sus ojos los puso siempre en mí.
Martirio.	Yo no permitiré que lo arrebates.[169] Él se casará con Angustias.
Adela.	Sabes mejor que yo que no la quiere.
Martirio.	Lo sé.
Adela.	Sabes, porque lo has visto, que me quiere a mí.
Martirio.	(*Despechada.*) Sí.
Adela.	(*Acercándose.*) Me quiere a mí. Me quiere a mí.
Martirio.	Clávame un cuchillo si es tu gusto, pero no me lo digas más.
Adela.	Por eso procuras que no vaya con él. No te importa que abrace a la que no quiere; a mí, tampoco. Ya puede estar cien años con Angustias, pero que me abrace a mí se te hace terrible, porque tú lo quieres también, lo quieres.
Martirio.	(*Dramática.*) ¡Sí! Déjame decirlo con la cabeza fuera de los embozos. ¡Sí! Déjame que el pecho se me rompa como una granada[170] de amargura.[171] ¡Le quiero!
Adela.	(*En un arranque[172] y abrazándola.*) Martirio, Martirio, yo no tengo la culpa.
Martirio.	¡No me abraces! No quieras ablandar mis ojos. Mi sangre ya no es tuya. Aunque quisiera verte como hermana, no te miro ya más que como mujer. (*La rechaza.*)
Adela.	Aquí no hay ningún remedio. La que tenga que ahogarse que se ahogue. Pepe el Romano es mío. Él me lleva a los juncos de la orilla.
Martirio.	¡No será!
Adela.	Ya no aguanto el horror de estos techos después de haber probado el sabor de su boca. Seré lo que él quiera que sea. Todo el pueblo contra mí, quemándome con sus dedos de lumbre, perseguida por los que dicen que son decentes, y me pondré la

---

[168] energía.   [169] lo lleves, quites.   [170] fruta con muchos granos rojos dentro.   [171] dolor.
[172] impulsivamente.

corona de espinas que tienen las que son queridas de algún hombre casado.

Martirio. ¡Calla!

Adela. Sí. Sí. (*En voz baja.*) Vamos a dormir, vamos a dejar que se case con Angustias, ya no me importa, pero yo me iré a una casita sola donde él me verá cuando quiera, cuando le venga en gana.

Martirio. Eso no pasará mientras yo tenga una gota de sangre en el cuerpo.

Adela. No a ti, que eres débil; a un caballo encabritado[173] soy capaz de poner de rodillas con la fuerza de mi dedo meñique.[174]

Martirio. No levantes esa voz que me irrita. Tengo el corazón lleno de una fuerza tan mala, que, sin quererlo yo, a mí misma me ahoga.

Adela. Nos enseñan a querer a las hermanas. Dios me ha debido dejar sola en medio de la oscuridad, porque te veo como si no te hubiera visto nunca.

Se oye un silbido[175] y Adela corre a la puerta, pero Martirio se le pone delante.

Martirio. ¿Dónde vas?

Adela. ¡Quítate de la puerta!

Martirio. ¡Pasa si puedes!

Adela. ¡Aparta! (*Lucha.*)

Martirio. (*A voces.*) ¡Madre, madre!

Aparece Bernarda. Sale en enaguas, con un mantón negro.

Bernarda. Quietas, quietas. ¡Qué pobreza la mía, no poder tener un rayo entre los dedos!

Martirio. (*Señalando a Adela.*) ¡Estaba con él! ¡Mira esas enaguas llenas de paja de trigo!

Bernarda. ¡Esa es la cama de las mal nacidas! (*Se dirige furiosa hacia Adela.*)

Adela. (*Haciéndole frente*)[176] ¡Aquí se acabaron las voces de presidio! (*Adela arrebata un bastón[177] a su madre y lo parte en dos.*) Esto hago yo con la vara[178] de la dominadora. No dé usted un paso más. En mí no manda nadie más que Pepe.

Magdalena. (*Saliendo.*) ¡Adela!

Salen La Poncia y Angustias.

---

[173] caballo que se levanta en las patas traseras. [174] dedo más pequeño de la mano. [175] ruido que se hace al juntar los labios y expulsar aire.

[176] enfrentándose a ella. [177] pedazo largo y delgado de madera que sirve para apoyarse y ayuda a caminar. [178] bastón.

Adela. Yo soy su mujer. (*A Angustias.*) Entérate tú y ve al corral a decírselo. Él dominará toda esta casa. Ahí fuera está, respirando como si fuera un león.

Angustias. ¡Dios mío!

Bernarda. ¡La escopeta![179] ¿Dónde está la escopeta? (*Sale corriendo.*)

Sale detrás Martirio. Aparece Amelia por el fondo, que mira aterrada con la cabeza sobre la pared.

Adela. ¡Nadie podrá conmigo! (*Va a salir.*)

Angustias. (*Sujetándola.*)[180] De aquí no sales tú con tu cuerpo en triunfo. ¡Ladrona! ¡Deshonra de nuestra casa!

Magdalena. ¡Déjala que se vaya donde no la veamos nunca más!

Suena un disparo.[181]

Bernarda. (*Entrando.*) Atrévete a buscarlo ahora.

Martirio. (*Entrando.*) Se acabó Pepe el Romano.

Adela. ¡Pepe! ¡Dios mío! ¡Pepe! (*Sale corriendo.*)

La Poncia. ¿Pero lo habéis matado?

Martirio. No. Salió corriendo en su jaca.

Bernarda. No fue culpa mía. Una mujer no sabe apuntar.[182]

Magdalena. ¿Por qué lo has dicho entonces?

Martirio. ¡Por ella! Hubiera volcado un río de sangre sobre su cabeza.

La Poncia. Maldita.

Magdalena. ¡Endemoniada![183]

Bernarda. Aunque es mejor así. (*Suena un golpe.*) ¡Adela, Adela!

La Poncia. (*En la puerta.*) ¡Abre!

Bernarda. Abre. No creas que los muros defienden de la vergüenza.

Criada. (*Entrando.*) ¡Se han levantado los vecinos!

Bernarda. (*En voz baja como un rugido.*)[184] ¡Abre, porque echaré abajo la puerta! (*Pausa. Todo queda en silencio.*) ¡Adela! (*Se retira de la puerta.*) ¡Trae un martillo! (*La Poncia da un empujón y entra. Al entrar da un grito y sale.*) ¿Qué?

La Poncia. (*Se lleva las manos al cuello.*) ¡Nunca tengamos ese fin!

Las Hermanas se echan hacia atrás. La Criada se santigua. Bernarda da un grito y avanza.

La Poncia. ¡No entres!

Bernarda. No. ¡Yo no! Pepe, tú irás corriendo vivo por lo oscuro de las alamedas, pero otro día caerás. ¡Descolgarla![185] ¡Mi hija ha

---

[179] arma de fuego de cañón largo.
[180] agarrándola, parándola. [181] acción y efecto de disparar un arma. [182] alcanzar el objetivo. [183] poseída por el demonio.
[184] sonido de las fieras: león y tigre.
[185] bajarla.

muerto virgen! Llevadla a su cuarto y vestirla como una doncella. ¡Nadie diga nada! Ella ha muerto virgen. Avisad que al amanecer den dos clamores las campanas.

Martirio. Dichosa ella mil veces que lo pudo tener.

Bernarda. Y no quiero llantos.[186] La muerte hay que mirarla cara a cara. ¡Silencio! (*A otra Hija.*) ¡A callar he dicho! (*A otra Hija.*) ¡Las lágrimas cuando estés sola! Nos hundiremos todas en un mar de luto. Ella, la hija menor de Bernarda Alba, ha muerto virgen. ¿Me habéis oído? ¡Silencio, silencio he dicho! ¡Silencio!

Telón.

■ Preguntas de comprensión

1. ¿Quiénes son los protagonistas de la obra? ¿Cuál es la relación entre ellos?
2. ¿Dónde ocurre la acción?
3. ¿Cuál es el conflicto central?
4. Si tuviera que seleccionar un objeto o un elemento que, dentro del texto, representa a cada personaje principal, ¿cuál sería y por qué?
5. ¿Qué tipo de imágenes usa el autor? ¿Qué imágenes se repiten para referirse a un mismo personaje o situación?
6. ¿Cómo entiende Bernarda el papel del hombre y el de la mujer? ¿Comparten esta visión sus hijas? ¿Y Poncia?
7. ¿En qué se parecen y en qué se diferencian Bernarda y Poncia?
8. ¿Qué fuerzas gobiernan las acciones de las protagonistas?
9. ¿Cómo describiría a cada personaje principal?
10. ¿Cuáles diría que son los personajes secundarios y cuál es su función?

■ Preguntas de análisis

1. ¿Cómo explica el uso de los nombres en la obra?
2. ¿Le parece viable la visión de la masculinidad y la feminidad que da la madre?
3. ¿Por qué cree que el autor hace uso tan frecuente de las metáforas?
4. ¿El tema de la obra es universal o específico al contexto español? ¿Por qué?
5. ¿Cómo encajan los personajes de Bernarda y Adela dentro de los modelos de feminidad de principios del siglo en España?
6. ¿Qué elementos de crítica social puede ver en la obra?
7. ¿Qué semejanzas ve entre los poemas y la obra de teatro?
8. ¿Puede comparar esta obra con otros textos ya estudiados?

---

[186] lloros.

Reyerta[187]

A Rafael Méndez

En la mitad del barranco[188]
las navajas de Albacete[189]
bellas de sangre contraria,
relucen[190] como los peces.
5 Una dura luz de naipe[191]
recorta en el agrio verde,
caballos enfurecidos
y perfiles de jinetes.
En la copa[192] de un olivo[193]
10 lloran dos viejas mujeres.
El toro de la reyerta
se sube por las paredes.
Ángeles negros traían
pañuelos y agua de nieve.
15 Ángeles con grandes alas
de navajas de Albacete.
Juan Antonio el de Montilla
rueda[194] muerto la pendiente
su cuerpo lleno de lirios[195]
20 y una granada en las sienes.

Ahora monta cruz de fuego
carretera de la muerte.

El juez, con guardia civil,[196]
por los olivares viene.
25 Sangre resbalada gime[197]
muda canción de serpiente.
Señores guardias civiles:
aquí pasó lo de siempre.
Han muerto cuatro romanos
30 y cinco cartagineses.

La tarde loca de higueras[198]
y de rumores calientes,
cae desmayada en los muslos
heridos de los jinetes.
35 Y ángeles negros volaban
por el aire del poniente.[199]
Ángeles de largas trenzas
y corazones de aceite.

La aurora[200]

La aurora de Nueva York tiene
cuatro columnas de cieno[201]
y un huracán de negras palomas
que chapotean[202] las aguas podridas.
5 La aurora de Nueva York gime
por las inmensas escaleras
buscando entre las aristas[203]
nardos[204] de angustia dibujada.
La aurora llega y nadie la recibe en su boca
10 porque allí no hay mañana ni esperanza posible:
A veces las monedas en enjambres[205] furiosos
taladran[206] y devoran abandonados niños.
Los primeros que salen comprenden con sus huesos
que no habrá paraíso ni amores deshojados:
saben que van al cieno de números y leyes,

---

[187] pelea. [188] precipicio. [189] Albacete es una provincia famosa por sus navajas y cuchillos. [190] brillan. [191] carta para jugar juegos como el póquer. [192] ramas. [193] árbol de aceitunas. [194] cae dando vueltas. [195] flor con pétalos de colores: azules, morados o blancos

[196] policía. [197] sonido que se hace al llorar. [198] árbol que da higos. [199] atardecer, oeste. [200] amanecer. [201] barro, lodo. [202] dan saltos. [203] borde donde se unen dos extremos. [204] flor blanca. [205] multitud de abejas. [206] perforan.

15 a los juegos sin arte, a sudores sin fruto.
La luz es sepultada[207] por cadenas y ruidos
en impúdico reto[208] de ciencia sin raíces.
Por los barrios hay gentes que vacilan insomnes
como recién salidas de un naufragio[209] de sangre.

20

■ Preguntas de comprensión

1. ¿Hay una anécdota en los poemas?
2. ¿Qué imágenes se usan en los poemas? ¿Son similares o hay diferencias entre ambos?
3. ¿Qué emociones provocan esas imágenes en el lector?
4. ¿Cuál diría que es el tema de esos dos poemas?

■ Preguntas de análisis

1. Piense en la definición de poesía simbolista. ¿Cómo entran estos poemas dentro de ésta?
2. ¿Qué semejanzas y qué diferencias ve entre estos poemas y los de Machado o Jiménez?
3. ¿Qué elementos surrealistas encuentra Ud. en los poemas?
4. Los poetas de la Generación del 27 buscaban renovar la poesía española. ¿Qué elementos innovadores le parece que están presentes en estos poemas?
5. ¿Hay algún elemento en los poemas que le recuerde a Góngora?
6. ¿Qué elementos de crítica social puede ver en los textos?

■ Temas para informes escritos

1. La combinación de tradición e innovación en la obra de García Lorca
2. Comparación entre la poesía de Juan Ramón Jiménez y la de García Lorca
3. Comparación entre la visión de los roles de género en Unamuno y García Lorca

■ Bibliografía mínima

Clementa Millán, María. Introducción. *Poeta en Nueva York*. Federico García Lorca. Madrid: Cátedra, 1988.
Cobb, Carl W. *Federico García Lorca*. New York: Twayne, 1967.
Colecchia, Francesca, ed. *García Lorca: An Annotated Primary Bibliography*. New York: Garland, 1982.
Durán, Manuel, ed. *Lorca: A Collection of Critical Essays*. Englewood Cliffs: Prentice-Hall, 1962.
Klein, Dennis A. *Blood Wedding, Yerma and The House of Bernarda Alba: García Lorca's Tragic Trilogy*. Boston: Twayne, 1991.
Ortega, Esperanza. Introducción. *Romancero gitano*. Federico García Lorca. Madrid: Espasa-Calpe, 1998.
Smith, Paul Julian. *The Theatre of García Lorca: Text, Performance, Psychoanalysis*. Cambridge: Cambridge UP, 1998.

---

[207] enterrada.   [208] desafío.   [209] hundimiento, desastre.

VICENTE ALEIXANDRE

1898–1984

Aleixandre, como el resto de los poetas del 27, nació en el seno de una familia acomodada. Cuando tenía dos años se mudó con su familia a Málaga, debido a exigencias del trabajo de su padre, que era ingeniero. Allí vivió durante nueve años, pasando los veranos en una casa en la playa, al lado del mar, que se convertiría en uno de los símbolos de su poesía. A los once años se mudó a Madrid donde, a los quince años, empezó a estudiar las carreras de derecho e intendencia mercantil, que terminó a los veintidós años. Empezó entonces a enseñar en la Escuela de Intendentes Mercantiles, también en la capital. Más tarde entró a la compañía de ferrocarriles, pero tuvo que abandonar ese puesto debido a una enfermedad que lo mantendría aislado en el campo. Ahí, por dos años, se dedicó a la redacción de poemas que saldrían en su primer libro, *Ámbito* (1928). Sus primeros poemas aparecieron publicados en la *Revista de Occidente* en 1926. A partir de ese momento empezó a colaborar con varias publicaciones.

Los tres libros más influyentes de Aleixandre son *Espadas como labios* (1932), *Pasión de la tierra* (1935) y *La destrucción del amor* (1935). Todos ellos pertenecen a la primera etapa creativa del autor, cuando se aleja del mundo histórico que lo rodea y crea un universo de pasiones elementales, un dominio de fuerzas cósmicas anteriores al propio hombre. Se observa en esta etapa, que algunos denominan neorromántica, una unión del poeta con los elementos naturales de su entorno. Crea un mundo panteísta que el hombre comparte con animales y plantas. A este período le siguió otro en el que estableció una íntima comunicación con el mundo histórico. Es su etapa de poesía social, después de la guerra civil. A esta época pertenece *Historia del corazón* (1954), obra en la que se busca la armonía entre el individuo y la sociedad.

Como el caso de *Poeta en Nueva York,* de García Lorca, las obras de la primera etapa de Aleixandre se caracterizan por el uso de elementos de tipo surrealista de influencia freudiana. Hay escenas fantásticas, como de pesadilla, figuras reales e inventadas, metáforas visionarias basadas en correspondencias subjetivas en lugar de objetivas. Las imágenes producen una visión consistente de la vida basada en la fusión de elementos múltiples. Usa símbolos como el mar o el bosque y metáforas que transmiten un sentimiento más que un significado concreto. Su poesía no tiene un mensaje específico. Aleixandre comunica basándose en palabras, movimientos, imágenes, connotaciones y no denotaciones. En estas obras, amor y muerte son las constantes que definen un universo compuesto de una materia común que hace que todas las cosas estén en comunión constante. El énfasis en la libertad de expresión lírica, la subjetividad absoluta y la oposición entre la naturaleza y la civilización hacen que se le conecte con el romanticismo.

Esta poesía denota un deseo de unión y armonía con el mundo, una búsqueda de esencias que va más allá de la poesía misma. Como *Poeta en Nueva York*, la obra de Aleixandre muestra el uso de la poesía como reflexión sobre la interacción entre el hombre y su mundo.

■ Preguntas de pre–lectura

1. ¿Qué tipo de imágenes usa Aleixandre en su poesía?
2. ¿Por qué se lo asocia con el surrealismo? ¿Qué tipo de imágenes asocia Ud. con el surrealismo? ¿Conoce algún pintor o cineasta surrealista? ¿Cómo son las imágenes en sus obras?
3. ¿En qué se parece y en qué se diferencia Aleixandre de Juan Ramón Jiménez y de García Lorca?
4. ¿Cómo se relaciona su poesía con el mundo en el que vive?
5. ¿Qué elementos o características del romanticismo encontramos en la obra de Aleixandre?

Toro

Esa mentira o casta.[1]
Aquí, mastines, pronto; paloma, vuela; salta, toro,
toro de luna o miel que no despega.
Aquí, pronto; escapad, escapad; solo quiero,
5 solo quiero los bordes[2] de la lucha.[3]

Oh tú, toro hermosísimo, piel sorprendida,
ciega suavidad como un mar hacia adentro,
quietud, caricia, toro, toro de cien poderes,
frente a un bosque parado de espanto al borde.

10 Toro o mundo que no,
que no muge.[4] Silencio;
vastedad[5] de esta hora. Cuerno o cielo ostentoso,
toro negro que aguanta[6] caricia, seda, mano.

Ternura[7] delicada sobre una piel de mar,
15 mar brillante y caliente, anca[8] pujante y dulce,
abandono asombroso del bulto[9] que deshace
sus fuerzas casi cósmicas como leche de estrellas.

Mano inmensa que cubre celeste toro en tierra.

La selva y el mar

Allá por las remotas
luces o aceros[10] aún no usados,
tigres del tamaño del odio,

---

[1] ascendencia, linaje. [2] extremos. [3] pelea. [5] gran extensión. [6] soporta. [7] cariño. [8] pata.
[4] sonido que hace una vaca o un toro. [9] cuerpo, volumen. [10] metal muy duro.

leones como un corazón hirsuto,[11]
5 sangre como la tristeza aplacada,[12]
se baten[13] como la hiena amarilla que toma la forma del poniente[14] insaciable.

Oh la blancura súbita,[15]
las ojeras violáceas[16] de unos ojos marchitos,[17]
cuando las fieras[18] muestran sus espadas o dientes
10 como latidos de un corazón que casi todo lo ignora,
menos el amor,
al descubierto[19] en los cuellos allá donde la arteria golpea,
donde no se sabe si es el amor o el odio
lo que reluce[20] en los blancos colmillos.

15 Acariciar[21] la fosca[22] melena
mientras se siente la poderosa garra[23] en la tierra,
mientras las raíces de los árboles, temblorosas,
sienten las uñas profundas
como un amor que así invade.

20 Mirar esos ojos que solo de noche fulgen,[24]
donde todavía un cervatillo[25] ya devorado
luce[26] su diminuta imagen de oro nocturno,
un adiós que centellea[27] de póstuma[28] ternura.

El tigre, el león cazador, el elefante que en sus colmillos,[29] lleva algún
25 suave collar,
la cobra que se parece al amor más ardiente
el águila que acaricia a la roca como los sesos[30] duros,
el pequeño escorpión que con sus pinzas solo aspira a oprimir un instante la vida,
la menguada[31] presencia de un cuerpo de hombre que jamás podrá ser
30 confundido con una selva,
ese piso feliz por el que viborillas[32] perspicaces[33] hacen su nido en la axila[34] del
musgo,
mientras la pulcra coccinela[35]
se evade[36] de una hoja de magnolia sedosa...
35 Todo suena cuando el rumor del bosque siempre virgen
se levanta como dos alas de oro,
élitros,[37] bronce o caracol rotundo,
frente a un mar que jamás confundirá sus espumas con las ramillas[38] tiernas.

La espera sosegada,[39]
40 esa esperanza siempre verde,
pájaro, paraíso, fasto[40] de plumas no tocadas.

---

[11] áspero, que no es suave.   [12] mitigada.
[13] luchan.   [14] oeste, por donde se pone el sol.
[15] repentina.   [16] círculos oscuros bajo los ojos.
[17] como las flores cuando no tienen agua.
[18] animales salvajes.   [19] que se puede ver.
[20] brilla.   [21] tocar suavemente.   [22] pelo
desordenado.   [23] mano o pie de animales como
el tigre o el león.   [24] brillan.   [25] cría de ciervo.

[26] exhibe.   [27] brilla.   [28] después de la muerte.
[29] dientes incisivos con los que los animales
carnívoros desgarran sus presas.   [30] cerebro.
[31] disminuida.   [32] serpientes venenosas.
[33] inteligentes.   [34] sobaco.   [35] insecto.
[36] se escapa.   [37] ala de insecto.   [38] ramas
pequeñas.   [39] tranquila.   [40] abundancia, lujo.

inventa los ramajes más altos,
donde los colmillos de música,
donde las garras poderosas el amor que se clava,
45 la sangre ardiente que brota[41] de la herida,
no alcanzará,[42] por más que el surtidor se prolongue,
por más que los pechos entreabiertos en tierra
proyecten su dolor o su avidez a los cielos azules.

      Pájaro de la dicha,[43]
50 azul pájaro o pluma,
sobre un sordo[44] rumor de fieras solitarias,
del amor o castigo contra los troncos estériles,
frente al mar remotísimo que como la luz se retira.

Unidad en ella

Cuerpo feliz que fluye entre mis manos,
rostro amado donde contemplo el mundo,
donde graciosos pájaros se copian fugitivos,
volando a la región donde nada se olvida.

5   Tu forma externa, diamante o rubí duro,
brillo de un sol que entre mis manos deslumbra,[45]
cráter que me convoca con su música íntima,
con esa indescifrable llamada de tus dientes.

      Muero porque me arrojo,[46] porque quiero morir,
10 porque quiero vivir en el fuego, porque este aire de fuera
no es mío, sino el caliente aliento
que si me acerco quema y dora[47] mis labios desde un fondo.

      Deja, deja que mire, teñido del amor,
enrojecido el rostro por tu purpúrea vida,
15 deja que mire el hondo clamor[48] de tus entrañas[49]
donde muero y renuncio a vivir para siempre.

      Quiero amor o la muerte, quiero morir del todo,
quiero ser tú, tu sangre, esa lava[50] rugiente[51]
que regando encerrada bellos miembros extremos
20 siente así los hermosos límites de la vida.

      Este beso en tus labios como una lenta espina,[52]
como un mar que voló hecho un espejo,
como el brillo de un ala,
es todavía unas manos, un repasar de tu crujiente[53] pelo,
25 un crepitar[54] de la luz vengadora,

---

[41] sale. [42] será suficiente. [43] felicidad. [44] no
muy alto. [45] produce una gran impresión por
su brillo o su luz. [46] me dejo ir con violencia.
[47] dar color de oro. [48] grito. [49] interior.
[50] líquido caliente que sale de un volcán.

[51] que ruge, hace un ruido como de león.
[52] parte punzante que nace en algunas plantas
como las rosas o algunos cactus. [53] ruido que
hace el pan recién horneado. [54] ruido que hace
el fuego.

luz o espada mortal que sobre mi cuello amenaza,
pero que nunca podrá destruir la unidad de este mundo.

En la plaza

Hermoso es, hermosamente humilde y confiante,[55] vivificador[56] y profundo,
sentirse bajo el sol, entre los demás, impelido,[57]
llevado, conducido, mezclado, rumorosamente arrastrado.[58]

      No es bueno
5 quedarse en la orilla[59]
como el malecón[60] o como el molusco[61] que quiere calcáreamente imitar a la roca.
Sino que es puro y sereno arrasarse[62] en la dicha
de fluir y perderse,
encontrándose en el movimiento con que el gran corazón de los hombres palpita
10   extendido.

      Como ese que vive ahí, ignoro en qué piso,
y le he visto bajar por unas escaleras
y adentrarse valientemente entre la multitud y perderse.
La gran masa pasaba. Pero era reconocible el diminuto corazón afluido.
15 Allí, ¿quién lo reconocería? Allí con esperanza, con resolución o con fe, con
      temeroso denuedo,[63]
con silenciosa humildad, allí él también
transcurría.[64]

      Era una gran plaza abierta, y había olor de existencia.
20 Un olor a gran sol descubierto, a viento rizándolo,
un gran viento que sobre las cabezas pasaba su mano,
su gran mano que rozaba[65] las frentes unidas y las reconfortaba.[66]

      Y era el serpear[67] que se movía
como un único ser, no sé si desvalido,[68] no sé si poderoso,
25 pero existente y perceptible, pero cubridor de la tierra.

      Allí cada uno puede mirarse y puede alegrarse y puede reconocerse.
Cuando, en la tarde caldeada,[69] solo en tu gabinete,[70]
con los ojos extraños y la interrogación en la boca,
quisieras algo preguntar a tu imagen,

30   no te busques en el espejo,
en un extinto diálogo en que no te oyes.
Baja, baja despacio y búscate entre los otros.
Allí están todos, y tú entre ellos.
Oh, desnúdate y fúndete,[71] y reconócete.

---

[55] que confía, que tiene fe en alguien. [56] que da vida. [57] impulsado. [58] cuando algo es llevado por el suelo. [59] al borde. [60] pared para defender de las aguas de mar. [61] tipo de animal marino con concha que se pega a las rocas. [62] aplanarse. [63] esfuerzo.

[64] pasaba (normalmente se usa en referencia al tiempo). [65] tocaba ligeramente. [66] consolaba. [67] movimiento que hace la serpiente. [68] desprotegido. [69] caliente. [70] estudio. [71] únete, disuélvete entre los demás.

35   Entra despacio, como el bañista que, temeroso, con mucho amor y recelo[72]
        al agua,
introduce primero sus pies en la espuma,
y siente el agua subirle, y ya se atreve, y casi ya se decide.
Y ahora con el agua en la cintura todavía no se confía.
40 Pero él extiende sus brazos, abre al fin sus dos brazos y se entrega[73] completo.
Y allí fuerte se reconoce, y crece y se lanza,
y avanza y levanta espumas, y salta y confía,
y hiende[74] y late en las aguas vivas, y canta, y es joven.

     Así, entra con pies desnudos. Entra en el hervor,[75] en la plaza.
45 Entra en el torrente que te reclama[76] y allí sé tú mismo.
¡Oh pequeño corazón diminuto, corazón que quiere latir
para ser él también el unánime corazón que le alcanza!

■ Preguntas de comprensión

1. ¿Cuál es la anécdota en cada uno de los poemas? ¿Cuál es el referente que sirve de "excusa" para comunicar el sentimiento/sensación?
2. ¿Qué elementos e imágenes aparecen asociados en los diferentes poemas? Por ejemplo, en "La selva y el mar" tenemos imágenes que asocian tigres, leones, sangre y hienas con sentimientos de odio y tristeza.
3. ¿Detecta alguna oposición, contraste o tensión? ¿Cuál?
4. ¿Qué efecto crea en el lector esa combinación de imágenes, tensiones y contrastes?
5. ¿Cuál es la sensación o sentimiento que se comunica? ¿Qué connotaciones tienen?
6. "En la plaza" pertence a la etapa de poesía social del escritor. ¿Qué diferencias encuentra entre este poema y los tres primeros? ¿Qué tipo de imágenes usa en "En la plaza"? ¿Son de tipo surrealista? ¿Por qué?

■ Preguntas de análisis

1. En su primera etapa, Aleixandre crea un universo en el que todos los elementos comulgan y son parte de una materia común. ¿Cómo ve Ud. esto en los tres primeros poemas?
2. De las imágenes detectadas, ¿cuáles consideraría como de tipo surrealista y por qué?
3. ¿Cómo compararía estos poemas con los de García Lorca? ¿En qué se parecen y en qué se diferencian?
4. ¿En qué se parece o se diferencia el mar de Juan Ramón Jiménez y el de Aleixandre?
5. ¿Qué relación existe entre amor y muerte en su poesía?
6. ¿Qué tipo de mundo crea Aleixandre en sus poesías?
7. ¿Qué asociación existe entre el mundo de los primeros poemas y el de los de su segunda etapa? ¿A qué se debe el cambio?
8. ¿Hay alguna semejanza entre los primeros poemas y "En la plaza"? ¿Cuáles?

---

[72] miedo.   [73] se da, se abandona, se rinde.
[74] corta.   [75] cuando algo hierve.   [76] te llama.

■ Temas para informes escritos

1. Una comparación entre Aleixandre y García Lorca
2. El mundo moderno en la poesía de Aleixandre
3. La poesía de Aleixandre antes y después de la guerra civil

■ Bibliografía mínima

Bousoño, Carlos. *La poesía de Vicente Aleixandre*. Madrid: Editorial Gredos, 1968.

Cano, José Luis. *Vicente Aleixandre*. Madrid: Taurus, 1981.

Daydí-Tolson, Santiago. *Vicente Aleixandre, a Critical Appraisal*. Ypsilanti: Bilingual Press/ Editorial Bilingüe, 1981.

García, Miguel Angel. *Vicente Aleixandre, la poesía y la historia*. Granada: Editorial Comares, 2001.

Granados, Vicente. *La poesía de Vicente Aleixandre: (formación y evolución)*. Madrid: Cupsa, 1977.

Jiménez, José Olivio y Vicente Aleixandre. *Vicente Aleixandre: una aventura hacia el conocimiento*. Madrid: Ediciones Júcar, 1982.

Novo Villaverde, Yolanda. *Vicente Aleixandre, poeta surrealista*. Santiago de Compostela: Universidad, Secretariado de Publicaciones, 1980.

Schwartz, Kessel. *Vicente Aleixandre*. New York: Twayne Publishers, 1970.

6

1939–1975

6.1 La guerra civil: 1936–1939

La inestabilidad política que había caracterizado los años de la República estalló finalmente en guerra en 1936. España quedó dividida en dos zonas, la republicana—el este de la Península más Madrid—y la nacional—las zonas del norte y noroeste más Andalucía. En una y otra reinaba el terror, llevándose a cabo represalias contra los sospechosos de apoyar al bando contrario, especialmente en los primeros meses de la guerra. La víctima más famosa que murió en manos de los nacionales fue, probablemente, Federico García Lorca, fusilado en agosto de 1936 en Andalucía. En el sector republicano, se fusiló en noviembre de ese mismo año a José Antonio Primo de Rivera, el fundador de la Falange. El bando republicano sufrió debido a las disidencias ideológicas entre comunistas, anarquistas y trotskistas. En el lado republicano se sucedieron, al menos, media docena de gobiernos a lo largo del tiempo que duró el conflicto. En parte, se puede relacionar su derrota con esta falta de unidad. El lado nacional, por otro lado, se unificó bajo un solo partido, la Falange Española Tradicionalista y de las JONS (Juntas de Ofensiva Nacional-Sindicalista). El 1º de octubre de 1936 el General Francisco Franco fue nombrado Generalísimo y asumió la jefatura del Estado.

Pronto el conflicto se internacionalizó. La Italia fascista, la Alemania nazi y el Portugal de Antonio de Oliveira de Salazar apoyaron a la España franquista con armas y hombres. Los republicanos acabaron dependiendo de la ayuda de la Unión Soviética. La opinión pública internacional tomó partido por uno u otro bando. Los comunistas formaron las brigadas internacionales en varios países, entre ellos Estados Unidos, Irlanda y Gran Bretaña, que ayudaron al bando republicano en la lucha. En general, los intelectuales apoyaron también esta causa.

6.2 La Posguerra: 1939–1959

6.2.1 La política Si el período previo a la guerra civil se había caracterizado por la tensión entre tradición y modernidad, el régimen de Franco estuvo marcado por el afán de erradicarla. El franquismo representó el intento de separar la modernización económica, que se consideraba indispensable, de la modernización cultural, que se estimaba amenazante para la identidad tradicional española. Ésta debía conservarse libre de las negativas influencias provenientes del extranjero.

La característica básica del régimen era la concentración y unificación de poderes. Francisco Franco ocupaba la posición de jefe del Estado y del gobierno. Nombraba a sus ministros y los reemplazaba cuando lo consideraba conveniente. Se rechazó la idea de la democracia representativa y se declaron ilegales todos los partidos políticos aparte de la Falange Española y de las JONS. Los esfuerzos del régimen se centraron en la eliminación del pluralismo. El lema que ejemplificaba los objetivos del régimen era el de "España: una, grande y libre". Los medios de comunicación, controlados por el Estado, a través de la censura, se esforzaban por comunicar esta imagen de unidad y grandeza libre de influencias extranjeras del exterior. Se intentaba reforzar la idea de homogeneidad a través de la educación, la censura y la represión de lo que quedaba de la facción republicana. En los años inmediatamente posteriores a la guerra civil, las represalias contra todos aquellos sospechosos de haber estado asociados con los republicanos crearon un ambiente de violencia, terror y silencio en la sociedad. Los tribunales militares condenaron a decenas de miles a muerte y en las cárceles los prisioneros políticos llegaban casi a 300.000. La sociedad quedó dividida entre vencedores y vencidos.

Durante la Segunda Guerra Mundial España se mantuvo, oficialmente, neutral. Las simpatías del régimen, sin embargo, estaban claramente con el eje Berlín-Roma. Con la victoria de las fuerzas aliadas, España fue sometida a un aislamiento internacional, como represalia por haberse asociado con el bando contrario. Éste terminó en 1950, cuando la ONU finalmente levantó el veto existente. Al año siguiente empezaron las relaciones diplomáticas con EE.UU., que se hicieron oficiales en 1953, cuando los dos países firmaron un acuerdo por el que España cedió bases militares a EE.UU. a cambio de ayuda económica y militar. Empezó así una lenta apertura del régimen, que perdió su retórica fascista.

6.2.2 La economía La situación económica del país inmediatamente después de la guerra civil era desastrosa. Los años cuarenta fueron conocidos como "los años del hambre". La sociedad sufrió no sólo de malnutrición sino también de epidemias que se extendieron por el campo y entre los más pobres.

En 1939 la producción agrícola e industrial había caído entre un veinte y un treinta por ciento con respecto a los años anteriores a la guerra. Esto era agravado por la política económica del gobierno, que pretendía crear un estado autosuficiente, cerrando el país a la inversión extranjera. Las empresas españolas no tenían competencia y tampoco posibilidades de adquirir capital, recursos o equipo del extranjero. Sus productos resultaban caros e ineficientes. La clase obrera resultó la más perjudicada. Los sindicatos estaban controlados por el gobierno y las leyes favorecían a los propietarios. En el campo, la situación era igualmente intolerable, puesto que el régimen intentaba beneficiar a la oligarquía propietaria que había sufrido bajo la República.

La dureza de las condiciones a las que fueron sometidas las clases bajas no afectó a la clase alta. Se estableció una burguesía cuya estabilidad propiciaría el "milagro económico" de los años sesenta. El objetivo del régimen era el de una industrialización que debía divorciarse de las amenazantes transformaciones sociales que la habían acompañado en otros países. Poco a poco, la economía española se fue recuperando, gracias al sacrificio desmedido de la clase trabajadora, el sector que había estado más contaminado por "ideas extranjerizantes" antes de la guerra civil y que ahora debía pagar y purgar. En la vida diaria, tenían que depender de un mercado negro que, de nuevo, beneficiaba a los privilegiados mientras imponía precios desorbitados para los que necesitaban productos básicos. A través de la distribución y supervisión de la comida y el trabajo, el régimen y las clases altas aseguraron el control social.

6.2.3 La cultura   Como ya hemos mencionado, el objetivo del régimen consistía en la modernización económica sin los efectos desestabilizadores de la modernidad. El objetivo era la erradicación de los movimientos que habían traído tensión a la sociedad española de las primeras décadas del siglo XX. El régimen deseaba la erradicación del feminismo, el sindicalismo, el socialismo, el comunismo, el anarquismo y el nacionalismo. Se pretendía la vuelta a una España "tradicional", es decir, definida por valores imperiales. La España de los Reyes Católicos se convirtió en modelo. Se buscaba una nación unida bajo una sola religión, una sola lengua y un gobierno centralizado.

Para llevar a cabo este objetivo, el régimen puso énfasis en los medios de educación y socialización de los ciudadanos. Quería reestablecer las jerarquías sociales, los papeles de género y las normas culturales tradicionales. Las agencias estatales suprimían cualquier expresión pública no autorizada y daban carácter de ley a la moralidad católica. Desarticulaban las manifestaciones, regulaban todo lo relacionado con la educación y censuraban libros, cine y prensa. Se promovía la superioridad de todo lo hispánico: el "culto a lo español". La institución social más preciada volvió a ser la familia, organizada en torno a una fuerte base patriarcal, reforzada a su vez por la Iglesia y la Sección Femenina.

6.2.3.1 La Sección Femenina   Esta formación política es quizás una de las más representativas del modo en que la dictadura buscó el control social de los ciudadanos. La Sección Femenina fue creada en 1934 bajo la dirección de Pilar Primo de Rivera, delegada nacional de la Sección Femenina y hermana de José Antonio Primo de Rivera, fundador de la Falange e ideólogo de la misma. La sección era el medio de socialización que aseguraba la regulación del comportamiento femenino dentro de los valores considerados apropiados para las mujeres de la nueva España. Toda mujer entre 17 y 35 años que fuera soltera y deseara encontrar trabajo tenía que pasar por el "Servicio Social", la forma más eficiente de ejercer influencia sobre la formación y educación de las ciudadanas.

La función primordial de la organización era "curar" a las mujeres de las ansias de libertad e independencia que habían manifestado en las primeras décadas del siglo. La intención era crear mujeres que fueran dulces, sumisas y serviles. El lema de la sección femenina era "No hay nada más bello que servir". La misión de la mujer era servir a la nación. Para ello, se entendía que debía cumplir con sus "funciones naturales", como esposa y madre. Su formación debía consistir en prepararla para hacerlo de la forma más eficiente posible. Se ofrecían clases de cocina, puericultura (cómo cuidar niños), costura, limpieza, etc. El ejercicio también era considerado importante, ya que aseguraba buena salud para las mujeres quienes, así, estarían en mejores condiciones de dar hijos a la patria.

La apariencia era fundamental. En contraste con las *vamps* y las feministas, las mujeres liberadas e independientes de los años anteriores a la guerra civil, se enfatizaba la modestia y la dulzura. La sonrisa era la prenda fundamental. Ésta debía ir siempre acompañada de ropas sin el menor vestigio de provocación. Las faldas debían usarse por debajo de la rodilla y los hombros cubiertos, de ser posible con mangas largas. Incluso a la hora de hacer ejercicio se requerían ropas que fueran "decentes" y "como Dios manda". Para ellas, "el pudor y la feminidad [eran] cualidades esenciales". Se hacía esta afirmación en uno de los libros de la Sección Femenina, publicado para las chicas que estudiaban bachillerato, comercio y magisterio. La Sección Femenina enfatizaba también los bailes regionales y el uso de los trajes típicos de cada región para bailarlos. Intentaba cultivar de esta forma la "verdadera españolidad", en contraste con las influencias extranjeras, específicamente americanas, que llegaban a través del cine.

6.3 1959–1975

6.3.1 La política La sociedad española sufrió una transformación radical en los años sesenta. En gran parte, sin embargo, la política del régimen se mantuvo al margen de la misma. Oficialmente, a nivel estatal se mantenía un inmovilismo que contrastaba con la vitalidad de la sociedad. A pesar de campañas que intentaban proyectar una imagen más amable, atractiva y aperturista de la dictadura, los cambios políticos fueron pocos y modestos. Los intentos de reforma por parte de los miembros más liberales del gabinete se encontraban, inevitablemente, con represalias. Así se hizo obvio con la Ley de Prensa de 1966, que ampliaba la libertad de expresión. La propuesta le costó su puesto al entonces ministro de Información Manuel Fraga Iribarne, quien fue sustituido por un tradicionalista. El lema de las autoridades en la última década de la dictadura era el continuismo, oponiéndose a cualquier aire de cambio. Así lo confirmó el almirante Luis Carrero Blanco, que fue nombrado sucesor de Franco en junio de 1973. Con el asesinato del almirante a manos de la organización terrorista vasca ETA, en diciembre de 1973, las esperanzas de continuación del régimen se apagaron. Sin un claro candidato para sustituir al ya enfermo Franco, el régimen perdió legitimidad y apoyo. Con la muerte de Franco, el 20 de noviembre de 1975, se inició el trayecto hacia la democratización del país. El artífice de la misma sería, en gran medida, el rey Juan Carlos I. Había sido educado por Franco como heredero de la corona y había jurado lealtad a Franco y al movimiento. Sin embargo, a la muerte del dictador, el rey inició un proceso de apertura democrática, con la ayuda de Adolfo Suárez, a quien eligió como su primer ministro.

6.3.2 La economía En la década de los sesenta, el panorama económico de España sufrió una transformación total. En 1957, Franco reorganizó su gabinete y le dio la cartera de economía a dos hombres: Alberto Ullastres Calvo y Mariano Navarro Rubio. Ambos eran representantes de una nueva clase política en el país, la de los tecnócratas, asociados con el Opus Dei, la "obra de Dios". El Opus Dei es una organización católica que funciona bajo el lema de la santificación por el trabajo. A pesar del funcionamiento más o menos cuestionable de la organización a la que pertenecían, lo cierto es que el efecto de los tecnócratas en la economía española fue beneficioso.

El principio bajo el que trabajaban asumía que el régimen se beneficiaría del crecimiento en el bienestar económico de sus ciudadanos, puesto que así disminuiría el descontento social. Para este fin, se implementó en 1959 el Plan de Estabilización, que optaba por una economía de mercado y por un fin del control estatal. Se liberalizó el comercio doméstico y exterior y se facilitó la inversión extranjera. Estas decisiones, ayudadas por el crecimiento económico mundial en ese tiempo, tuvieron un éxito sin precedentes y la economía española despegó. En quince años, España pasó de ser una economía atrasada y fundamentalmente rural a ser un miembro de pleno derecho entre los países industrializados. El sector de servicios creció enormemente también. Apareció una nueva clase burguesa y una nueva clase media compuesta por profesionales.

Como resultado de las reformas económicas, entre 1960 y 1974 la renta per cápita anual subió de 400 a 1.350 dólares. El PIB (Producto Interior Bruto) creció una media anual del 7,5% en la década de los sesenta, siendo superado solamente por Japón, mientras el crecimiento en la producción industrial fue el más rápido en el mundo, con un 10,5% por año. No todo fue positivo, sin embargo, y los cambios acentuaron la ya existente desigualdad.

6.3.3 La sociedad   A causa del "milagro económico", el nivel de vida de los españoles mejoró de forma generalizada. Seguía habiendo, sin embargo, grandes desigualdades entre provincias y también entre clases sociales. Mientras las clases altas gozaban de los impuestos más bajos de toda Europa, las clases trabajadoras seguían siendo explotadas. Al mismo tiempo, el auge económico dio lugar al nacimiento de una sociedad de consumo. Electrodomésticos como la televisión o la lavadora se hicieron comunes en los hogares españoles en los años setenta.

Desde un punto de vista social, quizás la característica más obvia de esta época fue la movilidad de la población, con migraciones masivas hacia las ciudades. El rápido crecimiento de la población en las zonas urbanas trajo consigo el nacimiento de guetos y suburbios en las afueras de las ciudades y puso en evidencia el mal estado de los servicios públicos, desde la educación hasta la salud pública. El analfabetismo era todavía muy común.

El auge en la economía tuvo en la sociedad el efecto opuesto al que habían buscado los tecnócratas. El acceso a nuevos productos y la mayor conciencia del mundo exterior hicieron que los españoles vieran de forma más clara el atraso al que estaban todavía sometidos en relación con el resto de los países europeos. Además, la Iglesia Católica, que tradicionalmente había funcionado como el bastión de control ideológico del régimen, empezó a perder influencia. Todos estos factores propiciaron una atmósfera de crítica y descontento social que se ve reflejado en la cultura de la época, desde la literatura hasta la música. Así se manifiesta en el movimiento de la *nova cançó* catalana. Cantautores como Lluís Llach y Joan Manuel Serrat ejemplificaban, con sus canciones, el movimiento de resistencia ideológica contra la opresión del estado. Muchos de ellos cantaban en catalán, una toma de posición ideológica en sí. Sus canciones, sin embargo, iban más allá, convirtiéndose en cantos de reivindicación de una identidad cultural individual y colectiva.

Nacieron en esta época productos culturales que anunciaban ya la liberalización que vendría con la democracia. A pesar del control oficial, aparecieron productos de protesta, sobre todo entre aquellos que eran destinados a las minorías. Tímidamente, surgió un teatro de protesta y también revistas como *Ajo blanco*, que buscaban la ruptura con la estancada cultura oficial de las universidades. El régimen, no interesado en controlar las manifestaciones minoritarias, propició con su falta de atención el desarrollo de impulsos creativos que crearon una fuerte base de disidencia intelectual.

En las universidades aparecieron movimientos de protesta contra el régimen, normalmente de ideología de izquierda. Surgió también un nuevo movimiento obrero que se basaba en demandas de mejores salarios y condiciones de trabajo. Salieron a la luz de nuevo las inquietudes nacionalistas en Cataluña y en el País Vasco. A pesar de las deficiencias de la oposición, se logró establecer una cultura de democracia, hasta el punto que se estimó imposible la continuación de la dictadura.

CAMILO JOSÉ CELA

1916–2002

© *Sophie Bassouls/CORBIS SYGMA*

Cela nació en Iria Flavia (A Coruña), Galicia, en una familia de padre gallego y madre inglesa, pero se trasladó con su familia a Madrid en 1925. En el momento en que estalló la guerra civil, Cela estudiaba en la Facultad de Medicina. Su familia, burguesa y conservadora, se alió con los franquistas. Más tarde, cambiaría su carrera y empezaría estudios de derecho, que no terminaría. Publicó su primera novela, *La familia de Pascual Duarte,* en 1942. La obra tuvo un gran éxito y, a partir de entonces, Cela se dedicó de forma exclusiva a la escritura. Su actividad literaria es innumerable, extendiéndose desde la poesía hasta la novela, pasando por colecciones de cuentos, novelas cortas, numerosísimos artículos periodísticos y otras obras de difícil definición que han sido denominadas notas, escenas, viñetas, etc. Cela recibió el Premio Nobel de Literatura en 1989. Su vida se caracterizó por una polémica continua, empezando por una temprana relación con la censura franquista. En general, su liberalismo de raíz conservadora provocaba desconfianza en la izquierda y hostilidad en la derecha más conservadora.

Con *La familia de Pascual Duarte,* el escritor empezó la primera corriente literaria posterior a la guerra civil, el tremendismo, un movimiento cuya existencia Cela negó siempre. Aseguraba el autor que esta forma de escritura era tan antigua como la literatura española. Se considera como una variante grotesca y expresionista del neonaturalismo, aunque algunos lo denominan también neorrealismo.

Muestra la sordidez, la enfermedad, la violencia, y personajes repulsivos y de la clase baja. Ello se combina con técnicas expresionistas, como la deformación, la caricatura y la exageración. El resultado es un efecto "tremendo" en los lectores. Se contempla una realidad terrible con frío alejamiento. Otra de las obras que habitualmente se relacionan con este movimiento es *Nada,* de Carmen Laforet, donde una niña narra las tragedias de la posguerra con impasible desapego.

A menudo se señala la fealdad y violencia del mundo pintado por Cela en sus obras más famosas. Lo cierto es que, escritas durante los años de mayor dureza para los españoles, no es de extrañar que se presente una realidad teñida de crueldad innecesaria. La negra realidad de las obras de Cela no puede más que evocar la terrible situación en que se encontraba la sociedad del momento.

Entre las colecciones de narraciones breves de Cela se destaca *El gallego y su cuadrilla y otros apuntes carpetovetónicos* (1949), de la cual se presenta aquí el cuento que da título al libro. Se trata de una serie de apuntes que ofrecen una ventana hacia la vida diaria, árida, violenta, amarga y monótona de los pequeños pueblos de Castilla. De nuevo, se presenta la dura realidad de la España de la posguerra. Sería en *La colmena* (1951) que Cela pasaría del contexto rural al urbano, en este caso Madrid. No hay estructura clara ni protagonistas, aparte de la ciudad misma. La obra presenta un mosaico de la vida urbana, con innumerables personajes que mueven sus vidas en torno a dos ejes principales: dinero y sexo. De nuevo, se destaca la sordidez de la existencia.

■ **Preguntas de pre-lectura**

1. ¿Qué es el tremendismo?
2. ¿Qué características comparte con otras corrientes literarias ya estudiadas? ¿Recuerda alguna manifestación cultural contemporánea que sea similar?
3. ¿Por qué cree que un movimiento semejante nacería en el contexto de la posguerra española?

El Gallego y su cuadrilla

Al doctor don Mariano Moreno, que me cosió el cuello.

En la provincia de Toledo, en el mes de agosto, se pueden asar las chuletas[1] sobre las piedras del campo o sobre las losas del empedrado, en los pueblos.

La plaza está en cuesta y en el medio tiene un árbol y un pilón.[2] Por un lado está cerrada con carros, y por el otro con talanqueras.[3] Hace calor y la gente se
5 agolpa donde puede; los guardias tienen que andar bajando mozos[4] del árbol y del pilón. Son las cinco y media de la tarde y la corrida va a empezar. *El Gallego* dará muerte a estoque[5] a un hermoso novillo-toro de don Luis González, de Ciudad Real.

El Gallego, que saldrá de un momento a otro por una puertecilla que hay al
10 lado de los chiqueros,[6] está blanco como la cal. Sus tres peones miran para el suelo,

---

[1] costilla de carne. [2] especie de fuente de donde beben los animales. [3] pared. [4] jóvenes. [5] espada que usan los toreros. [6] corrales donde están los toros antes de la corrida.

en silencio. Llega el alcalde al balcón del Ayuntamiento y el alguacil, al verle, se acerca a los toreros.

—Que salgáis.

En la plaza no hay música, los toreros, que no torean de luces, se estiran la
15 chaquetilla y salen. Delante van tres, *el Gallego, el Chicha* y *Cascorro.* Detrás va Jesús Martín, de Segovia.

Después del paseíllo,[7] *el Gallego* pide permiso y se queda en camiseta. En camiseta torea mejor, aunque la camiseta sea a franjas azules y blancas, de marinero.

El Chicha se llama Adolfo Dios, también le llaman Adolfito. Representa tener
20 unos cuarenta años y es algo bizco, grasiento y no muy largo. Lleva ya muchos años rodando por las plazuelas de los pueblos, y una vez, antes de la guerra, un toro le pegó semejante cornada, en Collado Mediano, que no le destripó[8] de milagro. Desde entonces, *el Chicha* se anduvo siempre con más ojo.[9]

Cascorro es natural de Chapinería, en la provincia de Madrid, y se llama Va-
25 lentín Cebolleda. Estuvo una temporada, por esas cosas que pasan, encerrado en Ceuta, y de allí volvió con un tatuaje que le ocupa todo el pecho y que representa una señorita peinándose su larga cabellera y debajo un letrero que dice: "Lolita García, la mujer más hermosa de Marruecos. ¡Viva España!". *Cascorro* es pequeño y duro y muy sabio en el oficio. Cuando el marrajo[10] de turno se pone a molestar
30 y a empujar más de lo debido, *Cascorro* lo encela[11] cambiándole los terrenos, y al final siempre se las arregla para que el toro acabe pegándose contra la pared o contra el pilón o contra algo.

—Así se ablanda[12]—dice.

Jesús Martín, de Segovia, es el puntillero.[13] Es largo y flaco y con cara de
35 pocos amigos. Tiene una cicatriz que le cruza la cara de lado a lado, y al hablar se ve que es algo tartamudo.

El Chicha, Cascorro y Jesús Martín andan siempre juntos, y cuando se enteraron de que al *Gallego* le había salido una corrida, se le fueron a ofrecer. *El Gallego* se llama Camilo, que es un nombre que abunda algo en su país. Los de la cuadrilla,
40 cuando lo fueron a ver, le decían:

—Usted no se preocupe, don Camilo, nosotros estaremos siempre a lo que usted mande.

El Chicha, Cascorro y Jesús Martín trataban de usted al matador y no le apeaban[14] el tratamiento: *el Gallego* andaba siempre de corbata y, de mozo, estuvo va-
45 rios años estudiando Farmacia.

Cuando los toreros terminaron el paseíllo, el alcalde miró para el alguacil y el alguacil le dijo al de los chiqueros:

—Que le abras.

Se hubiera podido oír el vuelo de un pájaro. La gente se calló y por la puerta
50 del chiquero salió un toro colorao,[15] viejo, escurrido,[16] corniveleto.[17] La gente, en cuanto el toro estuvo en la plaza, volvió de nuevo a los rugidos. El toro salió despacio, oliendo la tierra, como sin gana de pelea. Valentín lo espabiló[18] desde lejos y el toro dió dos vueltas a la plaza, trotando como un borrico.[19]

---

[7] desfile por la plaza.   [8] mató.   [9] con más cuidado.   [10] toro.   [11] molesta.   [12] pierde ferocidad.   [13] otro miembro de la cuadrilla.

[14] abandonaban.   [15] colorado.   [16] delgado.
[17] cuernos poco curvos, altos y derechos.
[18] estimuló.   [19] burro.

El Gallego desdobló la capa[20] y le dió tres o cuatro mantazos como pudo. Una
55 voz se levantó sobre el tendido:

—¡Que te arrimes[21] *esgraciao!*[22]

El Chicha se acercó al *Gallego* y le dijo:

—No haga usted caso, don Camilo, que se arrime su padre. ¡Qué sabrán!
Éste es el toreo antiguo, el que vale.

60 El toro se fué al pilón y se puso a beber. El alguacil llamó al *Gallego* al burla-
dero y le dijo:

—Que le pongáis las banderillas.[23]

El Chicha y *Cascorro* le pusieron al toro, a fuerza de sudores, dos pares cada
uno. El toro, al principio, daba un saltito y después se quedaba como si tal cosa.[24]
65 *El Gallego* se fué al alcalde y le dijo:

—Señor alcalde, el toro está muy entero, ¿le podemos poner dos pares más?

El alcalde vió que los que estaban con él en el balcón le decían que no con la
cabeza.

—Déjalo ya. Anda, coge el pincho y arrímate, que para eso te pago.

70 *El Gallego* se calló, porque para trabajar en público hay que ser muy humilde
y muy respetuoso. Cogió los trastos, brindó al respetable y dejó su gorra de visera
en medio del suelo, al lado del pilón.

Se fué hacia el toro con la muleta en la izquierda y el toro no se arrancó.[25] La
cambió de mano y el toro se arrancó antes de tiempo. *El Gallego* salió por el aire y,
75 antes de que lo recogieran, el toro volvió y le pinchó en el cuello. *El Gallego* se puso
de pie y quiso seguir. Dió tres muletazos más, y después, como echaba mucha sangre, el alguacil le dijo:

—Que te vayas.

Al alguacil se lo había dicho el alcalde, y al alcalde se lo había dicho el mé-
80 dico. Cuando el médico le hacía la cura, *el Gallego* le preguntaba:

—¿Quién cogió el estoque?

—*Cascorro.*

—¿Lo ha matado?

—Aún no.

85 Al cabo de un rato, el médico le dijo al *Gallego:*

—Has tenido suerte, un centímetro más y te descabella.[26]

El Gallego ni contestó. Fuera se oía un escándalo fenomenal. *Cascorro,* por lo
visto, no estaba muy afortunado.

—¿Lo ha matado ya?

90 —Aún no.

Pasó mucho tiempo, y *el Gallego,* con el cuello vendado, se asomó un poco a
la reja.[27] El toro estaba con los cuartos traseros apoyados en el pilón, inmóvil, con
la lengua fuera, con tres estoques clavados en el morrillo y en el lomo; un estoque
le salía un poco por debajo, por entre las patas. Alguien del público decía que a
95 eso no había derecho, que eso estaba prohibido. *Cascorro* estaba rojo y quería pin-

---

[20] capote de tela rojiza que usa el torero para incitar al toro. [21] te acerques. [22] desgraciado. [23] palos delgados con un extremo de metal que se clava en el toro; normalmente están adornadas con papeles de colores. [24] no se alteraba. [25] se movió. [26] mata. [27] pared o puerta hecha con barras de metal.

charle más veces. Media docena de guardias civiles estaban en el redondel,[28] para impedir que la gente bajara...

■ Preguntas de comprensión

1. ¿Quiénes son los protagonistas del relato?
2. ¿Dónde están?
3. ¿Cómo se describe el lugar?
4. ¿Cuál es el evento o anécdota que se narra?
5. ¿Qué le ocurre al torero?
6. ¿Qué detalles se resaltan del accidente?
7. ¿Qué le ocurre al toro?
8. ¿Cómo reacciona el público?

■ Preguntas de análisis

1. ¿Hay en el relato alguna característica del tremendismo?
2. ¿Cree que la corrida que se narra responde a las expectativas de la "fiesta nacional"? ¿Es el torero un héroe? ¿Es el toro un animal noble? ¿Es la interacción entre ambos un arte, un "baile con la muerte"?
3. ¿Por qué cree que el autor escogió precisamente este evento?
4. ¿Cuál cree que es el tema del cuento?
5. ¿Cómo se retrata la comunidad?
6. ¿Cómo se relaciona el relato con el contexto de la posguerra?
7. Cela afirmaba que el tremendismo no era una corriente literaria, sino que respondía a una forma de escritura que era tan antigua como la literatura española. En relación con los textos que ha estudiado hasta ahora, ¿qué elementos en este cuento diría Ud. que son típicos de la literatura española?

■ Temas para informes escritos

1. La relación entre la narración de la corrida y la recuperación de la España tradicional que pretendía el régimen franquista
2. La descripción del ambiente en relación al comentario social
3. La España rural y la pos-guerra

■ Bibliografía mínima

Blanco Vila, Luis. *Para leer a Camilo José Cela*. Madrid: Palas Atenea, 1991.
Charlebois, Lucile. *Understanding Camilo José Cela*. Columbia: U of South Carolina P, 1998.
Giménez-Frontín, José Luis. *Camilo José Cela. Texto y contexto*. Barcelona: Montesinos, 1985.
Ilie, Paul. *La novelística de Camilo José Cela*. Madrid: Gredos, 1971.
McPheeters, D. W. *Camilo José Cela*. New York: Twayne, 1969.
Zamora Vicente, Alonso. *Camilo José Cela*. Madrid: Gredos, 1962.

---

[28] plaza.

DÁMASO ALONSO

1898—1990

Dámaso Alonso nació en Madrid en una familia de clase media alta. Pasó su infancia en Ribadeo, un pueblo en la costa norte, y más tarde se mudó a Madrid. Allí asistió a la universidad. Empezó estudiando ciencias pero, finalmente, se licenció y doctoró en filosofía y letras. Antes de la guerra civil participó en las actividades de la Residencia de Estudiantes, donde coincidió con Federico García Lorca, Luis Buñuel y Salvador Dalí. Participó también en la *Revista de Occidente.* Sus actividades como poeta y como crítico empezaron simultáneamente. En 1927 se publicó la edición que hizo de *Soledades,* de Góngora, autor predilecto de los poetas de la Generación del 27, con la que se asocia a Alonso. Anteriormente, en 1922, había publicado la colección *Poemas puros.* Como el nombre lo indica, cultiva el tipo de poesía pura con el que se relaciona a Juan Ramón Jiménez y a Vicente Aleixandre en su época inicial.

La poesía de Alonso sufrió un cambio de trayectoria después de la guerra civil, como ocurrió también con la de Aleixandre. En 1944 publicó *Hijos de la ira,* obra de gran repercusión en la literatura española. En ésta, los poemas narran, en verso libre, anécdotas que delatan una búsqueda de significado existencial por parte del hablante. Éste se muestra consciente de su pertenencia a una comunidad y, junto a la angustia existencial, aparecen también las preocupaciones sociales. En este sentido, la obra de Alonso va más allá de las preocupaciones sociales relacionadas directamente con la guerra civil. Es un comentario sobre la realidad social en un mundo moderno presidido por la ruina, la decadencia y el sufrimiento. También está presente, sin embargo, una confianza en la posibilidad de salvación del arte y los valores del hombre. En esta misma vena publicó *Hombre y Dios* (1955).

De forma similar a la poesía anterior a la guerra, Alonso usa técnicas que recuerdan al surrealismo. Las metáforas oníricas, relacionadas con el mundo del subconsciente, de los sueños y las pesadillas son habituales y el vocabulario se vuelve más común. Aunque la crítica tiende a separar la poesía de Alonso entre pura y social, perteneciente a antes y a después de la guerra respectivamente, lo cierto es que tal división es forzada. En las obras publicadas después de la guerra civil, la poesía de Alonso se vuelve más emotiva y centrada en realidades humanas, pero no cambia fundamentalmente de estilo.

■ Preguntas de pre-lectura

1. ¿Qué temas cultiva Alonso en su poesía?
2. ¿Qué técnicas usa?
3. ¿Con qué otros poetas ya estudiados podría asociar a Alonso?

4. ¿Por qué cree que los poetas de esta época usan imágenes de pesadilla para representar la vivencia del mundo moderno?

Insomnio

Madrid es una ciudad de más de un millón de cadáveres (según las últimas estadísticas).

A veces en la noche yo me revuelvo[1] y me incorporo en este nicho[2] en el que hace 45 años que me pudro,[3]

5 y paso largas horas oyendo gemir[4] al huracán, o ladrar los perros, o fluir blandamente[5] la luz de la luna.

Y paso largas horas gimiendo como el huracán, ladrando como un perro enfurecido,[6] fluyendo como la leche de la ubre[7] caliente de una gran vaca amarilla.

10 Y paso largas horas preguntándole a Dios, preguntándole por qué se pudre lentamente mi alma,

por qué se pudren más de un millón de cadáveres en esta ciudad de Madrid,

por qué mil millones de cadáveres se pudren lentamente en el mundo.

Dime, ¿qué huerto[8] quieres abonar[9] con nuestra podredumbre?

15 ¿Temes que se te sequen[10] los grandes rosales del día,

las tristes azucenas[11] letales de tus noches?

Elegía[12] a un moscardón[13] azul

Sí, yo te asesiné estúpidamente. Me molestaba tu zumbido[14] mientras escribía un hermoso, un dulce soneto de amor. Y era un consonante en *-úcar*, para rimar con *azúcar*, lo que me faltaba. *Mais, qui dira les torts de la rime?*

Luego sentí congoja[15]
5 y me acerqué hasta ti: eras muy bello.[16]
Grandes ojos oblicuos[17]
te coronan[18] la frente,
como un turbante de oriental monarca.[19]
Ojos inmensos, bellos ojos pardos,
10 por donde entró la lanza[20] del deseo,

---

[1] agito. [2] concavidad en una estructura usada para poner algo, incluyendo los restos de un cadáver en un cementerio.   [3] me descompongo. [4] llorar. [5] suavemente. [6] enfadado. [7] teta de una vaca. [8] lugar donde se cultivan verduras. [9] fertilizar.   [10] de secarse. [11] flores blancas y olorosas.   [12] composición poética en la que se lamenta la muerte de una persona.   [13] especie de mosca de gran tamaño.   [14] ruido que hacen los moscardones. [15] pena. [16] hermoso, bonito. [17] sesgados, inclinados hacia arriba.   [18] están sobre la cabeza. [19] rey. [20] arma larga y delgada que termina en una punta de metal.

el bullir, los meneos[21] de la hembra,
su gran proximidad abrasadora,[22]
bajo la luz del mundo.
Tan grandes son tus ojos, que tu alma
15 era quizá como un enorme incendio,[23]
cual una lumbrarada[24] de colores,
como un fanal[25] de faro.[26] Asi, en la siesta,
el alto miradero[27] de cristales,
diáfano[28] y desnudo, sobre el mar,
20 en mi casa de niño.

Cuando yo te maté,
mirabas hacia fuera,
a mi jardín. Este diciembre claro
me empuja los colores y la luz,
25 como bloques de mármol, brutalmente,
cual[29] si el cristal del aire se me hundiera,
astillándome[30] el alma sus aristas.[31]
Eso que viste desde mi ventana,
eso es el mundo.
30 Siempre se agolpa[32] igual: luces y formas,
árbol, arbusto, flor, colina, cielo
con nubes o sin nubes,
y, ya rojos, ya grises, los tejados[33]
del hombre. Nada más: siempre es lo mismo.
35 Es una granazón,[34] una abundancia,
es un tierno pujar[35] de jugos hondos,
que levanta el amor y Dios ordena
en nódulos[36] y en haces,[37]
un dulce hervir no más.
40   Oh sí, me alegro
de que fuera lo último
que vieras tú, la imagen de color
que sordamente bullirá[38] tu nada.
Este paisaje, esas
45 rosas, esas moreras[39] ya desnudas,
ese tímido almendro que aún ofrece
sus tiernas hojas vivas al invierno,
ese verde cerrillo[40]
que en lenta curva corta mi ventana,
50 y esa ciudad al fondo,
serán también una presencia oscura
en mi nada, en mi noche.
¡Oh pobre ser, igual, igual tú y yo!

---

[21] movimientos. [22] que quema. [23] gran fuego.
[24] fuego. [25] aparato que da luz. [26] da luz para
guiar los barcos. [27] lugar para mirar. [28] claro.
[29] como. [30] rompiéndome, lastimándome.
[31] borde cortante. [32] acumula. [33] parte que
cubre una casa. [34] abundancia. [35] empujar,
presionar. [36] acumulación de poco tamaño.
[37] porción atada de trigo, maíz. [38] líquido que
hierve. [39] arbusto que da moras. [40] colina.

En tu noble cabeza
55 que ahora un hilo blancuzco[41]
apenas une al tronco,
tu enorme trompa[42]
se ha quedado extendida.
¿Qué zumos o qué azúcares
60 voluptuosamente
aspirabas, qué aroma tentador
te estaba dando
esos tirones sordos[43]
que hacen que el caminante siga y siga
65 (aun a pesar del frío del crepúsculo,
aun a pesar del sueño)
esos dulces clamores,[44]
esa necesidad de ser futuros
que llamamos la vida,
70 en aquel mismo instante
en que súbitamente[45] el mundo se te hundió
como un gran trasatlántico
que lleno de delicias[46] y colores
choca contra los hielos y se esfuma
75 en la sombra, en la nada?

¿Viste quizá por último
mis tres rosas postreras?[47]
                    Un zarpazo[48]
brutal, una terrible llama roja,
80 brasa que en un rclámpago violeta
se condensaba. Y frío. ¡Frío!: un hielo
como al fin del otoño
cuando la nube del granizo[49]
con brusco alón[50] de sombra nos emplomiza el aire.[51]
85 No viste ya. Y cesaron
los delicados vientos
de enhebrar los estigmas[52] de tu elegante abdomen
(como una góndola,
como una guzla[53] del azul más puro)
90 y el corazón elemental cesó
de latir. De costado[54]
caíste. Dos, tres veces
un obstinado artejo[55]
tembló en el aire, cual si condensara
95 en cifra los latidos

---

41 más o menos blanco.   42 prolongación nasal o
bucal de algunos animales, en forma de tubo,
como en los elefantes.   43 tirar repentinamente.
44 gritos.   45 de repente.   46 placeres.
47 últimas.   48 golpe dado con una zarpa,
una pata de félido.   49 pedazos de hielo que
caen del cielo.   50 impulso.   51 hace el aire más
pesado.   52 enlazar las marcas.   53 instrumento
musical.   54 de lado.   55 cada una de las partes
que forman las patas de un moscardón.

del mundo, su mensaje
final.

Y fuiste cosa: un muerto.
Sólo ya cosa, sólo ya materia
100 orgánica, que en un torrente[56] oscuro
volverá al mundo mineral. ¡Oh Dios,
oh misterioso Dios,
para empezar de nuevo por enésima vez[57]
tu enorme rueda!

105 Estabas en mi casa,
mirabas mi jardín, eras muy bello.
Yo te maté.
¡Oh si pudiera ahora
darte otra vez la vida,
110 yo que te di la muerte!

Monstruos

Todos los días rezo esta oración
al levantarme:

Oh Dios,
no me atormentes más.
5 Dime qué significan
estos espantos[58] que me rodean.
Cercado[59] estoy de monstruos
que mudamente[60] me preguntan,
igual, igual que yo les interrogo a ellos.
10 Que tal vez te preguntan,
lo mismo que yo en vano perturbo
el silencio[61] de tu invariable noche
con mi desgarradora[62] interrogación.
Bajo la penumbra[63] de las estrellas
15 y bajo la terrible tiniebla[64] de la luz solar,
me acechan[65] ojos enemigos,
formas grotescas me vigilan,
colores hirientes lazos[66] me están tendiendo:
¡son monstruos,
20 estoy cercado de monstruos!

No me devoran.
Devoran mi reposo anhelado,[67]

---

[56] río con mucha agua que corre violentamente.
[57] repetición indeterminada de algo.   [58] terrores.
[59] rodeado sin poder salir.   [60] sin decir palabra.
[61] rompo el silencio.   [62] que desgarra, que abre
heridas.   [63] sombra.   [64] oscuridad.   [65] vigilan.
[66] cuerda, algo de que agarrar.   [67] descanso
deseado.

me hacen ser una angustia[68] que se desarrolla a sí misma,
me hacen hombre,
25 monstruo entre monstruos.
No, ninguno tan horrible
como este Dámaso frenético,
como este amarillo ciempiés[69] que hacia ti clama[70] con todos sus tentáculos
enloquecidos,
30 como esta bestia inmediata
transfundida[71] en una angustia fluyente;
no, ninguno tan monstruoso
como esta alimaña[72] que brama hacia ti,
como esta desgarrada incógnita
35 que ahora te increpa[73] con gemidos articulados,
que ahora te dice:
"Oh Dios,
no me atormentes más,
dime qué significan
40 estos monstruos que me rodean
y este espanto íntimo que hacia ti gime en la noche."

■ Preguntas de comprensión

1. ¿Qué anécdota se narra en cada uno de los poemas?
2. ¿Cómo describe el hablante el mundo en el que vive? ¿Qué elementos destaca de ese mundo?
3. ¿Hay otros seres? ¿Cómo se los describe?
4. ¿Qué relación hay entre el hablante y el mundo que habita y los otros seres que hay en él?
5. ¿Qué metáforas usa el hablante que podríamos considerar de tipo surrealista?

■ Preguntas de análisis

1. ¿Cuál diría que es el sentimiento predominante en los poemas?
2. ¿Cuál es la función de las metáforas que usa el hablante?
3. ¿Qué preocupaciones manifiesta el hablante?
4. ¿Consideraría Ud. estos poemas ejemplos de poesía social? ¿Por qué?
5. ¿Puede asociarlos con otros poemas o relatos ya leídos? ¿Con cuáles y por qué?

■ Temas para informes escritos

1. La relación entre la poesía de Alonso y el contexto de la posguerra en España
2. Una comparación entre *Poeta en Nueva York* e *Hijos de la ira*
3. El uso de las metáforas de tipo surrealista en la poesía de Alonso

---

[68] ansiedad.   [69] animalito alargado con el cuerpo dividido en 21 partes y un par de patas en cada parte.   [70] grita.   [71] llena.   [72] animal dañino.   [73] reprender o reñir duramente.

▪ **Bibliografía mínima**

Alonso, Dámaso. *Reflexiones sobre mi poesía.* Madrid: Universidad Autónoma de Madrid, 1984.

Debicki, Andrew Peter. *Dámaso Alonso.* New York: Twayne , 1970.

Ferreres, Rafael. *Aproximación a la poesía de Dámaso Alonso.* Valencia: Editorial Bello, 1976.

Flys, Miguel J. *La poesía existencial de Dámaso Alonso.* Madrid: Gredos, 1968.

Huarte Morton, Fernando y Juan Antonio Ramírez Ovelar. *Bibliografía de Dámaso Alonso.* Madrid: Gredos, 1998.

Vázquez Fernández, Luis. *El humanismo religioso de Dámaso Alonso: estudios concéntricos.* Madrid: Revista "Estudios", 1999.

ANA MARÍA MATUTE

1926–

© Colita/CORBIS

Ana María Matute nació en Barcelona, pero pasó sus primeros diez años en esta ciudad, Madrid y Mansilla de la Sierra, en la frontera entre la Rioja y Navarra. Su familia pertenecía a la burguesía industrial catalana. Barcelona y la Castilla rural son los contextos habituales de su ficción. La guerra civil fue el acontecimiento histórico que más impactó la obra de Matute. En Barcelona, contempló las batallas entre las dos facciones, pero también la agresividad interna en cada una de ellas. Su obra constituye un empeño por llegar a entender las causas de un conflicto dominado por la violencia y la degradación. La guerra puso punto final a su infancia, marcando la pérdida de la inocencia, la seguridad y la confianza.

Esta pérdida del paraíso de la infancia es un tema recurrente en la obra de Matute. Tanto en sus novelas como en sus cuentos encontramos jóvenes protagonistas que padecen de soledad y alienación. Sus vivencias revelan la injusticia social y económica, así como la violencia personal y colectiva que fueron la raíz de la guerra y que continuaron marcando los años de la posguerra. En este contexto aparece el tema de Caín y Abel, que explora las causas de la crueldad entre los niños. A pesar de ser literatura de protesta, debido a una forma de expresión muy lírica y un desarrollo estructural en sus novelas que distrae del argumento principal, sus obras a menudo escapaban de la censura. A pesar de ello, tuvo que hacer cambios significativos en su novela *En esta tierra* (1955) para que se le permitiera su publicación.

El estilo de Matute se enmarcaría dentro del neorrealismo que impera en la literatura española de la posguerra. La autora da una visión de la realidad del momento. Combinada con un aparente desorden estructural, la narración de hechos cotidianos, normalmente caracterizados por la violencia, comunica la confusión y tensión de la vida después de la guerra.

Su labor como escritora comenzó en 1942, con una narración breve, "El chico de al lado". Su primera novela, *Los Abel* (1948), sería finalista para el premio Nadal, un galardón importante que había sido ganado en 1944 por Carmen Laforet, otra de las escritoras importantes de la posguerra. Más tarde aparecerían *Los hijos muertos* (1958), *Fiesta del noroeste* (1959) y *Primera memoria* (1960). En todas ellas, Matute lanza duras críticas a la sociedad de la época y, por lo tanto, al régimen que intentaba cultivar una imagen de estabilidad y contento social. El cuento que se presenta en esta antología pertenece a la obra *El arrepentido y otras narraciones* (1961) y trata de la historia de un niño que se enfrenta a sus primeros desengaños.

Matute ha continuado publicando activamente hasta nuestros días. Sus dos últimas obras, *Olvidado rey Gudú* (1996) y *Aranmanoth* (2000), están ambientadas en la Edad Media y caen dentro del género de la literatura fantástica.

■ Preguntas de pre-lectura

1. ¿Quiénes son los protagonistas habituales de las obras de Matute?
2. ¿Por qué cree que la escritora elige ese tipo de protagonistas?
3. ¿Qué temas trata?
4. ¿Puede ver alguna semejanza entre la obra de Cela y la de Matute?
5. ¿Cómo impactó la guerra civil la obra de la autora?

Los de la tienda

El aire del mar levantaba un polvo blanquecino de la planicie[1] donde se elevaban las chabolas.[2] A la derecha estaba la montaña rocosa y a la izquierda se iniciaba el suburbio[3] de la población, con los primeros faroles de gas y las tapias de los solares. Luego, las callejas oscuras, de piedras resbaladizas y húmedas; las ta-
5 bernas, las freidurías,[4] las casas de comidas. Allí empezaba el barrio marinero, con la capilla de San Miguel y San Pedro. Después el mar. Desde las chabolas, en las mañanas claras, se oía, a veces, la campana de la capilla.

La tienda de comestibles se abría justamente en el centro de aquel mundo. A medias en el camino de las chabolas y de las primeras casas de pescadores. Era
10 una tienda no muy grande, pero abarrotada.[5] Embutidos, latas de conservas, velas, jabón, cajas de galletas, queso, mantequilla, estropajos, escobas... Todo se apilaba[6] en orden, en estantes o pirámides, en torno al mostrador de madera abri-

---

[1] terreno llano de gran extensión.   [2] casa pequeña y pobre de mala construcción.
[3] barrio pobre en las afueras de una ciudad.

[4] lugares donde se sirve comida frita.   [5] llena de gente.   [6] las cosas están unas encima de otras.

llantada por el roce. Detrás del mostrador se abría la puerta de la vivienda de Ezequiel, de Mariana, su mujer, y del ahijado.

15 Al ahijado lo trajeron del pueblo de Mariana, cuando desesperaron de tener hijos propios. Se llamaba Dionisio y era hijo de una cuñada viuda y pobre, que aún tenía cuatro niños más pequeños. La madre se avino[7] desde el primer día a la adopción, y ahora, a veces, le escribía cartas breves, de letra ancha y palabras extrañamente partidas, donde le hablaba de la huerta, de sus hermanos y de la gran
20 calamidad de la vida. Seis años tenía Dionisio cuando dejó el pueblo, y otros seis llevaba de ahijado con Ezequiel y Mariana. De su madre tenía una idea triste y borrosa;[8] de su pueblo, el recuerdo de las casas con sus porches, de la plaza y de la huerta en primavera, con el olor ácido y hermoso de la tierra mojada. Ahora, en cambio, conocía bien el olor a pimentón, jabón y especias de la tienda; y el aire sa-
25 lado que subía de allá detrás, arrastrando el polvo blanco, reseco,[9] en la planicie de las chabolas.

Dionisio no recibía sueldo,[10] pero Ezequiel le decía siempre que el día de mañana, suya y de nadie más sería la tienda. Dionisio comía a dos carrillos,[11] como Ezequiel. Como él, al comer, se untaba de aceite la barbilla y el borde de los la-
30 bios. Y como él se preparaba, a media mañana y a media tarde, grandes bocadillos[12] de jamón, de sobreasada, de queso o de membrillo. Dionisio podía comer todo cuanto quisiera, a todas horas. Además, de siete a nueve, subía a peinarse con colonia de la de a granel,[13] que olía fuertemente a violetas. Se quitaba la bata, y, con las manos bien limpias, se iba a la Academia a estudiar Contabilidad.
35 Todo hubiera ido bien para Dionisio, que no deseaba nada, a no ser por Manolito y su pandilla.[14] Manolito y su pandilla vivían en las chabolas.

Eran una banda de muchachos tostados por el sol, delgados, duros y rientes,[15] que le subyugaban. Manolito y su pandilla se reunían en el descampado,[16] tras la planicie de las chabolas; y tenían secretos, y salvajes y fascinantes juegos.
40 Manolito y su pandilla hicieron pensar a Dionisio en los amigos. Amigos, juegos, aventuras. Todo aquello que aún desconocía.

Dionisio intentó muchas veces su amistad. Pero Manolito y su pandilla raramente le toleraban. Dionisio era "el de la tienda".

La tienda era un lugar codiciado[17] y aborrecido,[18] a un tiempo, por los de las
45 chabolas. Así lo comprendió Dionisio, poco a poco. En la tienda no se fiaba,[19] y la tienda era necesaria. En la tienda había todo lo que se necesitaba, pero de la tienda no se podían llevar nada que no fuese al contado.[20] (Al contado, naturalmente, para los de las chabolas.)

—Mira, Dionisio —decía Ezequiel en voz baja a su ahijado—. A don Marce-
50 lino y a doña Asunción, sí se les puede apuntar y fiar, porque son ricos. A los de las chabolas, no, porque son pobres. No olvides esto nunca.

Dionisio acabó comprendiéndolo, aunque a primera vista le pareciese una contradicción. También comprendió el despego[21] hacia él por parte de los de las

---

[7] estuvo de acuerdo.   [8] poco clara.   [9] muy seco.
[10] salario.   [11] con la boca llena.   [12] pan partido
en dos mitades entre las que se pone comida.
[13] vendida en grandes cantidades.   [14] grupo o
cuadrilla de amigos.   [15] que ríen.   [16] terreno
sin árboles o casas.   [17] deseado.   [18] odiado.
[19] no se vendía a crédito.   [20] pagado en efectivo
y en el momento de la compra.   [21] desinterés.

chabolas. Recordaba una tarde que entró Manolito por algo, mientras él se untaba
55 un panecillo con sobreasada. Para esparcirla más convenientemente, la aplastaba
con la ayuda de su dedo pulgar. El dedo lo llevaba envuelto en un esparadrapo
sucio, porque se dio un tajo[22] al cortar cien gramos de queso. Sintió en la frente
algo extraño, como un desazonado[23] cosquilleo. Levantó la cabeza y vio los ojos redondos y escudriñadores[24] de Manolito, fijos en él: en su dedo pulgar envuelto en
60 un esparadrapo sucio, en la sobreasada aplastada contra el pan. Y sintió algo que
le hizo volverse de espaldas. Ezequiel, entre tanto, preguntaba desabridamente[25]
a Manolito qué quería.

—Un paquete de sal... —dijo Manolito.

Y Ezequiel indagó, aún más seco:

65 —¿Traes el dinero?

No: no le querían los de las chabolas. No le querían, y por ello, quizá, deseaba aún más pertenecer a su banda. Sobre todo en el verano, cuando bajaban a
bañarse a la playa, dando gritos debajo del gran sol. Pero no le querían, estaba
visto. Por más que las pocas veces que le admitieron con ellos llegó a casa con la
70 cabeza llena de sabiduría, y casi no pudo dormir por la noche.

Un día Ezequiel le dio veinte duros.[26] Así: veinte duros, como veinte soles.
Cierto que él siempre le andaba pidiendo:

—Padrino, que no llevo nunca nada en el bolsillo... Padrino, déme usted
algo, aunque sea para no gastar. Mire que todos los chicos de la Academia llevan
75 siempre dinero...

Ezequiel movía negativamente la cabeza y respondía:

—Dinero, no, Dioni. Ya sabes que la tienda será tuya algún día. Comes hasta
reventar, y no te matas trabajando. ¿Qué más quieres?

Ante estas razones, Dionisio callaba, porque no sabía qué contestar. (Podía
80 haber dicho, quizá: "Para presumir." Pero, claro, no se atrevía.) Y de repente, una
mañana, mientras él barría[27] la tienda, Ezequiel le dijo:

—Anda, para que te calles de una vez: ahí va eso. ¡Pero pobre de ti si lo gastas![28] ¡Lo guardas bien guardado, donde ni lo veas!

Veinte duros. Así: de golpe, en un solo billete. Dionisio se quedó sin res-
85 piración.

—Gracias, padrino... ¡Qué bárbaro!

—Pero que no lo gastes, ¿eh? ¡Que no lo gastes...!

Dionisio, efectivamente, lo guardó. La verdad era que, excepto pertenecer a
la banda del Manolito, no deseaba nada.

90 Guardó el dinero en el armario, entre las camisas, y con saber que estaba allí
se contentaba. Los primeros días se acercaba a verlo, de cuando en cuando.
Recordaba entonces una historia que leyó, de un avaro[29] que guardaba su oro y lo
acariciaba. Pero sonreía y se sentía satisfecho.

Fue lo menos quince o veinte días más tarde cuando ocurrió lo imprevisto.
95 Era un lunes por la tarde. Salía de la tienda y decidió hacer novillos[30] y darse una
vuelta por la planicie. Ya estaba muy próximo el verano, y aún brillaba el sol, allá
lejos, sobre la superficie rizada del mar. Cuando llegó a la altura de las chabo-

---

[22] se cortó.   [23] nervioso.   [24] inquisitivos.   [25] de
mal humor.   [26] 100 pesetas; mucho dinero para
la época.   [27] limpiaba el suelo.   [28] ¡No lo gastes

o serás castigado!   [29] codicioso, egoísta.   [30] no
ir a clase.

las, oyó el griterío.[31] Se acercó corriendo, detrás de los muchachos que acudían en tropel.[32]

100 La desgracia había caído sobre la chabola del Manolito. Su padre, que era albañil, se cayó del andamio, partiéndose tres costillas y una pierna. Lo habían llevado al hospital, y su mujer salía dando gritos, acompañada por las vecinas. En una esquina, sentado en el suelo, con las manos en los bolsillos, lejano a todos, con su carita dura y pálida, estaba Manolito. Dionisio se sintió invadido de una gran

105 piedad. Corrió a él, y se le plantó delante, mirándole. Quería decir algo, pero no sabía. Al fin, Manolito levantó los ojos (como aquel día que le vio preparándose el bocadillo). Ante sus ojos negros, Dionisio se quedó sin habla.

—¡Lárgate,[33] cerdo! —escupió Manolito—. ¡Que te largues...!

Se fue despacio. Sentía en la espalda, en la nuca, el peso de una gran

110 desolación.

Aquella noche tomó su resolución. Casi no sentía sacrificio alguno. Se levantó más temprano que de costumbre, y, antes de bajar a la tienda, salió por la puerta trasera y corrió a las chabolas. Iba con la mano metida en el bolsillo y apretaba en el puño el billete de veinte duros.

115 Cuando llegó a la chabola de Manolito el corazón parecía latir en su misma garganta.

—¡Manolo! —llamó con voz trémula—. ¡Sal, Manolo, que tengo que darte un recado![34]

Manolo salió, medio desnudo, con los ojos entrecerrados. También la her-

120 mana menor, y otros dos más pequeños todavía, asomaron[35] la cabeza.

—¿Dónde está tu madre? —le preguntó Dionisio.

El Manolito se encogió de hombros, y sus labios se doblaron con desprecio:[36]

—Ande va a estar... ¡En el hospital!

Dionisio sintió que toda la sangre le subía a la cara:

125 —Oye, Manolo..., yo venía a decirte..., vamos, mira: esto he ahorrado yo, pero si tú quieres... yo te lo presto y cuando puedas, vamos, no me corre ninguna prisa... ni siquiera que me lo devuelvas...

Le tendía el billete de veinte duros. Manolo se había quedado quieto, abierta su pequeña boca, oscura y manchada. Miraba el dinero con ojos fijos, como de vi-

130 drio. Avanzó despacio una mano delgada, llena de tierra. Dionisio le puso el dinero en la palma y echó a correr.

El corazón le dolía al entrar en la tienda. Ezequiel le dio un pescozón:[37]

—¡Dónde habrás andado, golfante[38]...! ¡Hala, a barrer!

Estuvo toda la mañana como en sueños. Cada vez que sonaba la campanilla

135 de la puerta sentía flaquear[39] sus piernas.

Pero Manolito no empujó la puerta hasta mediada la tarde. Su figurilla se recortó contra la luz del sol, en el umbral. El corazón le dio un vuelco a Dionisio, y sólo acertó a pensar: "Qué piernas tan flacas tiene Manolito." No: no parecía el capitán de la banda. Era como un pájaro, un triste y oscuro pájaro perdido.

140 Ezequiel le miró con desconfianza. El Manolito, con su voz clara y despa-

---

[31] gritos, voces altas.   [32] en grupo, corriendo ruidosa y desordenadamente.   [33] vete, sal.
[34] mensaje.   [35] sacaron.   [36] falta de aprecio.

[37] golpe en el pescuezo.   [38] golfo, holgazán, deshonesto.   [39] temblar, sentir debilidad.

ciosa, pidió arroz, azúcar, aceite, velas... A media retahíla, Ezequiel le cortó, como siempre:

—Oye, tú, ¿traes dinero?

Para decir *dinero* Ezequiel se frotaba las yemas del índice y del pulgar, uno
145 contra el otro. Manolito asintió, con voz firme:

—Sí; lo traigo. Ponga usted, además...

Algo zumbaba en los oídos de Dionisio, y no podía escuhar más. Un ahogo, raro y dulce, le subía por la garganta. Quería esconderse, que no le vieran los ojos del Manolito. Las rodillas le temblaban y se sentó allí, detrás del mostrador, en un
150 cajón de *coca-colas* vacío. Sólo veía a Ezequiel, de pie, colocando las cosas, con aire aún receloso.[40]

Manolito pagó, alargando un billete de veinte duros. Dionisio vio las manos de Ezequiel: rojizas, de uñas rotas. Una mano de Ezequiel cogió el billete: "su" billete de veinte duros. Ezequiel lo palpó, lo alzó y lo miró al trasluz.
155 —¡Largo de ahí, golfo! —chilló—. ¡Largo de ahí, si no quieres que te eche de un puntapié![41]

Dionisio parpadeó, despacio. La luz del sol, en rayos finos, se filtraba a través de los rimeros de cajas de galletas. Una rata gorda, negra, corría por detrás de los montones de jabón.
160 —¡Que te largues, te digo! ¡Te creerás que me puedes engañar a mí! ¡Ya decía yo! ¡Ya me parecía a mí! Este billete es más falso que el alma de Judas...

Aún dijo Ezequiel muchas cosas más. Dionisio quiso levantarse, mirar por encima del mostrador. Pero algo había en el olor de la tienda—el pimentón, el jabón, las especias... —que aturdía, que se pegaba a la garganta, a los ojos, como
165 un humo. Las rodillas se le volvieron blandas, como de algodón.

Después oyó la campanilla de la puerta. Por fin, Manolito se había marchado.

■ Preguntas de comprensión

1. ¿Cómo se llama el protagonista?
2. ¿Cuántos años tiene?
3. ¿Cómo se describe el lugar donde vive?
4. ¿Cuál es su situación familiar?
5. ¿Tiene amigos?
6. ¿Por qué admira a Manolito? ¿Qué asocia con la vida de esa persona?
7. ¿Qué diferencias hay entre la vida del protagonista y la de Manolito?
8. ¿Qué piensa el padrino del protagonista sobre la gente como Manolito?
9. ¿Cambia en algún momento la perspectiva del protagonista con respecto a su "héroe"?

■ Preguntas de análisis

1. ¿Qué características tiene el cuento que son típicas de la narrativa de Matute?
2. ¿Cree que se trata de un relato realista? ¿Tiene rasgos similares a los del tremendismo?

---

[40] con desconfianza, sospecha.   [41] patada.

3. ¿Cuál es el tema del relato?
4. ¿Hay algún tipo de crítica social? ¿Cómo se expresa?
5. ¿Qué papel tiene la aparición de la rata en la tienda, al final del cuento?
6. ¿Qué valores gobiernan esta sociedad? ¿Cómo reflejan la sociedad de la dictadura?

■ Temas para informes escritos

1. La sociedad del cuento como un microcosmos de la sociedad española del momento
2. Aportaciones de la perspectiva infantil a la historia
3. Una comparación entre el cuento de Cela y el de Matute y un contraste entre sus perspectivas sobre las comunidades que presentan

■ Bibliografía mínima

Díaz, Janet. *Ana María Matute.* New York: Twayne, 1971.

El Saffar, Ruth. "En busca del Edén: Consideraciones sobre la obra de Ana María Matute". *Revista Iberoamericana* 116–117 (1981): 223–231.

Jones, Margaret E.W. *The Literary World of Ana María Matute.* Lexington: U of Kentucky P, 1970.

Pérez, Janet. "The Fictional World of Ana María Matute: Solitude, Injustice and Dreams". *Women Writers of Contemporary Spain: Exiles in the Homeland.* Ed. Joan L. Brown. Newark: U of Delaware P, 1991. 93–115.

Roy, Joaquín, Marie Lise Gazarian, Margaret E. W. Jones, and Janet Pérez. *The Literary World of Ana María Matute.* Coral Gables: Iberian Studies Institute, U of Miami, 1993.

ALFONSO SASTRE

1926–

Como Ana María Matute, Sastre es hijo de la España devastada por la guerra civil. Su infancia y adolescencia transcurrieron durante los años del hambre y como jóvenes adultos tuvieron que lidiar con la opresión del régimen militar. Así, el tema protagonista en la obra de este dramaturgo es la libertad como prerrequisito para la dignidad humana. Esta libertad debe ser preservada a través de la vigilancia de las instituciones que constituyen el contexto de la vida humana y que constantemente amenazan la independencia espiritual del hombre. Para Sastre, esta libertad social es un proceso dinámico que nace de la tensión entre el orden y la anarquía.

La vida de Alfonso Sastre ha estado marcada por el teatro como forma de activismo político, crítica y reforma social. Según Sastre, el teatro español de la posguerra, dominado por el provincialismo, el folclorismo y los valores de la inmóvil burguesía, necesitaba de revitalización y reforma. En este marco deben entenderse tanto sus múltiples obras de teatro como sus escritos de teoría dramática. La palabra clave que, según Sastre, debe presidir la obra teatral es "compromiso".

La primera prueba de los empeños de Sastre la encontramos durante sus años universitarios. En 1945 participó en la fundación del grupo Arte Nuevo, un grupo de teatro experimental compuesto principalmente por estudiantes universitarios. Se formó con la intención de ofrecer una alternativa a la trivialidad que dominaba el teatro español de los años cuarenta. El grupo se mantuvo vivo por dos años. No tuvo el impacto deseado por sus fundadores, pero sí fue una manifestación temprana del teatro social que cobraría fuerza años más tarde, teniendo a Sastre como su máximo exponente. En ésta su primera época escribió *Uranio 235* y *Cargamento de sueños*, obras de tipo vanguardista y simbolista.

A finales de los años cuarenta Sastre participó con numerosos artículos sobre cuestiones socio-políticas en la revista universitaria *La hora*. Sería el comienzo de una prolífica carrera como articulista y ensayista. En sus ensayos, teorizó sobre el teatro como instrumento de agitación y transformación de la sociedad. Muchas de estas ideas confluyeron más tarde en su obra crítica *Drama y sociedad* (1956). En 1950 formó un nuevo grupo teatral, T.A.S (Teatro de Agitación Social), cuyo manifiesto exhibía las ideas que había expuesto en *La hora* sobre la necesidad de reforma del teatro. Pretendía el fin del aislamiento cultural que el régimen estaba imponiendo sobre los españoles. El grupo deseaba introducir al público español a dramaturgos como Jean-Paul Sartre y Arthur Miller. Trabajaba bajo la convicción de que, con los estímulos adecuados, la conciencia social del público español podía ser reavivada. El propósito del nuevo grupo era el de hacer pensar al público sobre cuestiones socio-políticas, sin una afiliación política específica.

El manifiesto que marcó el nacimiento del grupo fue también su muerte. La censura oficial puso punto final a este intento de revitalizar la conciencia del público español.

En 1953 se estrenó una de las obras más importantes de Sastre, *Escuadra hacia la muerte.* La pieza fue cancelada después de tres funciones debido a protestas por parte de las autoridades militares. El tema central de la obra era el enfrentamiento entre el principio de libertad y el de autoridad, mostrando también la responsabilidad que inevitablemente acompaña a la primera. Los protagonistas son un grupo de cinco soldados que muestran lo absurdo de la guerra y la hipocresía de los discursos de poder. Al año siguiente se estrenó *La mordaza,* el primer éxito profesional de Sastre. En 1956, el autor fue arrestado por primera vez debido a sus actividades políticas. Fue puesto en libertad provisional poco tiempo después, pero se le retiró su pasaporte por cuatro años.

En 1960 Sastre intentó de nuevo formar un grupo teatral de protesta, el G.T.R. (Grupo de Teatro Realista). Según él, el teatro realista debe ser antipositivista, antipopulista, antiobjetivista, antinaturalista y anticonstructivista. Las preocupaciones fundamentales son la libertad, la responsabilidad, la culpabilidad, el arrepentimiento y la salvación. Se manifiestan éstas en un individuo que existe como parte de una red de relaciones sociales. De nuevo, la intención era la de traer teatro serio y vital a los escenarios madrileños. Este grupo tuvo más éxito que los anteriores y estrenó tres obras antes de desaparecer debido a problemas financieros y la censura. Sin embargo, este grupo probó finalmente la existencia de un tipo de público dispuesto a dialogar con un teatro diferente.

En la actualidad, Sastre sigue escribiendo obras. Su teatro, que en el momento de su creación debía ser estrenado en otros países, está siendo rescatado para el público español. De hecho, en la edición del 2003 de los Premios Max de las Artes Escénicas se le concedió por unanimidad el Premio de Honor, en reconocimiento a su vasta aportación al teatro español.

La obra a continuación fue publicada en 1966. Es la segunda de las dos partes que forman esta obra escrita para un público infantil. La primera parte se titula *El circulito de tiza.* Está ambientada en China y es la historia de cómo un emperador hace justicia entre dos mujeres que afirman ser madres de un mismo hijo. Para determinar quién es la verdadera, les pide que pongan al niño dentro de un círculo de tiza y tiren cada una por un lado. Quien logre sacar al niño del círculo será la madre. La madre real se niega a hacerlo por miedo a herir a su hijo. La segunda parte, *Pleito de la muñeca abandonada,* retoma el mismo motivo pero en el contexto español y con niñas como protagonistas.

■ Preguntas de pre-lectura

1. ¿Cuáles son las preocupaciones fundamentales del teatro de Sastre? ¿Cómo se relacionan estas con el contexto en que vive el autor?
2. ¿Recuerda otros dramaturgos ya estudiados que conciben el teatro de forma similar?
3. En la posguerra, tanto poetas como dramaturgos usan su arte como forma de protesta social. ¿Cree que hay un género más apropiado que otro para este tipo de empresa? Explique su respuesta.

4. ¿Por qué cree que obras como *Escuadra hacia la muerte* tuvieron problemas de censura?
5. ¿Por qué cree que Sastre y sus compañeros empezaban proyectos que sabían que iban a ser condenados por la censura?
6. ¿Recuerda alguna manifestación cultural que, hoy en día, sea de una u otra forma censurada debido al tipo de mensaje que intenta comunicar?

Pleito[1] de la muñeca abandonada

Al alzarse el telón, se ve uno corto con la siguiente leyenda:

Las cosas pertenecen a quienes las mejoran:
el niño, al corazon que lo ama, para que crezca bien;
el coche, al buen conductor
que procura[2] que no haya ningun accidente;
el valle pertenece a quien lo trabaja
para que nazcan de la tierra los mejores frutos.

(*El círculo de tiza caucasiano*, de Bertolt Brecht.)[3]

Este telón corto se alza a su vez.

ESCENA PRIMERA

La verja[4] de un jardín

Sale la Vendedora de globos y dice al público:

Vendedora.	¿Sabéis el cuento del círculo de tiza?
	(Puede que sí, puede que no.)
	que no me gustan nada.
	Voy a pincharte otro.
Vendedora.	Quita, desvergonzada.[5]
Lolita.	Pues márchate con ellos.
Vendedora.	Soy una ciudadana
	y paseo mis globos
	por las calles y plazas.
	Y si esa verja es tuya,
	los ato en esta rama.
	(*Los ata en la rama de un arbolito.*)
	Saca tu dinerito,
	y ahora vas y me pagas
	el globo que has pinchado,
	requeterrequemala.[6]

---

[1] conflicto, proceso judicial.   [2] intenta.   [3] Bertolt Brecht (1898–1956): dramaturgo alemán que desarrolló la teoría del "teatro épico". Rompe éste la teoría aristotélica de que el pueblo debe creer que lo que ocurre en el escenario es "real". El teatro épico busca evitar la identificación del público con los personajes. En su lugar, los espectadores deben ver lo que ocurre desde una perspectiva crítica. Se busca la alienación en lugar de la identificación.   [4] puerta de barras de metal.   [5] no tiene vergüenza.   [6] muy, muy mala.

Lolita.   No llevo suelto[7] encima.

Vendedora.   Pues vas a un banco y cambias.

Lolita.   ¿Cuánto cuesta el globito?

Vendedora.   Una peseta.

Lolita.   ¡Anda!
         ¡Y por una peseta
         qué jaleo[8] me armas![9]

Vendedora.   Una peseta, niña,
         es mi pan: una barra[10]
         que como en la taberna
         (que para mí es mi casa),
         con un cacho[11] de queso
         y una jarra de agua.
         O con sardina arenque
         y una media naranja.
         O con tomates buenos,
         si es que quiero ensalada.
         O con...

Lolita.   Cállate, vieja.
         Que yo no tengo ganas[12]
         de escuchar los "menús"
         con que tú te regalas.
         Ahora que ya te he echado,
         me vuelvo para casa.
         Mi madre está esperando
         y también las criadas.
         Tengo piscina nueva.
         Nado, nadamos, nadan.
         (*Va a salir. Se da cuenta de que lleva la muñeca.*)
         Esta muñeca fea
         la abandono. Está mala.
         Tiene roto un bracito.
         Toda rota la espalda.
         ¡Con muñecas tan feas
         no se puede hacer nada!
         A lo mejor, globera,
         aunque esté estropeada,[13]
         esta muñeca enferma
         te quiere y te acompaña.

Ríe, burlándose, y se va. La Vendedora se sienta junto a la muñeca y la mira.

Vendedora.   La muñeca está sucia,
         pero no es nada fea.

---

[7] monedas.   [8] confusión, desorden.   [9] me causas.   [10] pan de forma alargada.   [11] pedazo.   [12] no quiero, no me apetece.   [13] no están en buenas condiciones.

Es muy cierto que tiene
quebrada[14] la cabeza,
pero ¡qué rubias son
sus trenzas!
Es muy cierto que tiene
la espalda contrahecha,[15]
pero ¿qué importa eso,
muñeca?
Es muy cierto que tiene
un brazo que le cuelga,
mas con amor y maña[16]
se sujeta.[17]
(*Trata de hacerlo, pero no puede.*)
Pero ¡no puedo hacerlo,
porque yo soy muy vieja
y los ojos me fallan
y las manos me tiemblan!
(*Va a la rama y desata un globo.*)
Voy a hacerte un regalo
para que estés contenta,
aunque te duela algo
y estés un poco enferma.
(*Le ata el globo a la mano. La muñeca se eleva por los aires y desaparece. La Vendedora llora desconsolada.*)[18]
Lloro desconsolada
porque a mí me da pena
la ascensión a los cielos
de esta pobre muñeca.
¡Con la humedad que hace
entre las nubes negras!
¡Con el frío que hace
cerca de las estrellas!
¡Con el calor que hace
allá en la estratosfera!
¡Con lo oscuro que está
entre las nubes negras!
¡Sin niños ni hospitales,
cerca de las estrellas!
¡Ni un mal esparadrapo[19]
allá en la estratosfera!
¡Seguro que se muere!
¡Adiós, adiós, muñeca!
(*Está mirando hacia arriba. Se oye el ruido seco del globo que se
rompe.*)

---

[14] rota.   [15] torcida.   [16] habilidad manual.
[17] se pega.   [18] sin posibilidad de ser consolada.
[19] tira adhesiva para cubrir heridas.

¡Ahora sí que
la hicimos buena!
¡El globo, roto!
¡Y la muñeca
que, por su peso.
se cae a tierra!
(*Grita hacia arriba.*)
¡No tienes alas!
Pero ¡tú
vuela!
¡Vuela!
¡Vuela!
(*Cada vez ha dicho en voz más baja "vuela" y ha ido bajando la
cabeza, como si la muñeca estuviera cayendo, pero no cae a escena.*)
La muñeca ha caído
más allá de la verja.
(*Se asoma a la verja.*)
Una niña la coge,
¡mas no es aquella!
La tiene entre sus brazos.
¿Qué hará con ella?
Descansemos un poco.
Parte Primera.

Cantado o recitado

Salen los Niños del barrio y cantan o recitan

Niños. El juicio de Salomón[20]
era cosa parecida
a la prueba tan famosa
del circulito de tiza.
Las historias de los pueblos
son todas muy parecidas,
ya ocurran en las Américas
precolombinas
(antes de Colón, decimos),
o en la China,
o entre los indios auténticos
(que son, claro; de la India),
o entre las tribus hebreas
(queremos decir, judías),
o en las islas tan lejanas
de Oceanía.

---

[20] Dos prostitutas se presentaron ante el rey Salomón disputando la maternidad de un mismo bebé. Para decidir quién es la verdadera madre, el rey propone cortar al bebé en dos con una espada. Una de las mujeres renuncia al bebé para que viva. El rey la reconoce como la verdadera madre y le da el bebé.

Vamos a escuchar el cuento
del circulito de tiza.
Comparadlo con el juicio
de Salomón en la Biblia,
que es tan famoso en Europa
como este es famoso en China.

Evolucionan y se sientan a ambos lados de la escena. Aparece una niña—la Cocine-rita Paca—con la muñeca entre los brazos. Con el canto de la "nana"[21] *empieza la...*

ESCENA SEGUNDA

Nana de la muñeca rota

Cocinerita.   Muñeca rota,
duerme, mi amor.
No tienes ojos.
No ves el sol.
Tu cabecita
es de algodón.
Se sale todo.
Duerme, mi amor.
Culito roto
y el corazón
que se te sale.
Duerme, mi amor.
Que ya he llamado
al remendón.[22]
(Zapaterito,
cura a mi amor.)
El zapatero
en su rincón
es como un rey,
como un doctor.
Zapatos rotos,
por el tacón
todos gastados,[23]
van al doctor
y cuando salen
brillan al sol.
Yo le he llamado
(duerme, mi amor).
Y si te cura
(duerme, mi amor)
le daré un beso
(duerme, mi amor,

---

[21] canción de cuna, para poner a dormir a los bebés.   [22] zapatero que remienda o arregla zapatos.   [23] muy usados.

> duerme mi amor,
> duerme mi amor...)

Llega el Zapatero Remendón.

Zapatero. Paca, la cocinerita,
me ha dicho que venga aquí.
Soy zapatero y me llaman
Lorenzo el Zapaterí.
Traigo de todo: la lezna,[24]
el martillo, el berbiquí,[25]
esparadrapo, aspirina,
pegamento, pirulí,[26]
clavitos, vendas, colores;
todo lo mejor que vi.
Vamos a ver ese pulso.
Ya me parecía mí
que la enfermedad es grave,[27]
pero si yo estoy aquí,
no temas nada Paquita.
(*Ha puesto el pirulí debajo del brazo de la muñeca. Ahora lo mira como si fuera un termómetro.*)
¡Ay, menos mal que cogí
esta enfermedad a tiempo,
porque si no, tararí
que te vi[28]
y no te vi!
(*Se dispone a operar. Se ata un pañuelo en la cara y la Cocinerita se ata otro y se dispone a ayudar como enfermera.*)
Cloroformo. La anestesia.
Por favor, el bisturí.[29]
(*La Cocinerita le da una lezna. El Zapatero opera.*)
Transfusión, esparadrapo.
Algodón y berbiquí.
Clavitos. Lápiz. Martillo.
Pincel. Color carmesí
para las mejillas. Ojos
azules. El bisturí
pequeñito. La retina
es delicada. Ya. Sí.
Cordel. Y aquí, en el culito,
otro parche. El pirulí.
(*Le toma otra vez la temperatura.*)
Temperatura normal.

---

[24] instrumento que usan los zapateros para coser. [25] otro instrumento de zapatero. [26] caramelo, normalmente de forma cónica. [27] seria. [28] expresión infantil: no habría tenido remedio. [29] instrumento médico en forma de cuchillo pequeño.

> Pulso normal. Para mí,
> ya está como nueva.

Cocinerita.   ¿Y
> cuánto tengo que pagarle?

Zapatero.   Nada, por ser para ti.

Cocinerita.   Gracias, buen zapaterito.
> Gracias, buen Zapaterí.

Le da un beso, y el Zapatero se despide diciendo:

Zapatero.   Ahora estoy muy fatigado
> de hablar tanto con la I.
> Me voy a mi rincón, que es estupendo,[30]
> oscuro y silencioso;
> en él coso y remiendo,[31]
> en él remiendo y coso.
> Remendando y cosiendo,
> arrugadito, yo me voy quedando.
> cosiendo, como digo, y remendando.

Sale. La Cocinera tiene la muñeca en brazos y la mira con alegría.

Cocinerita.   Ahora, lo que quiero,
> y basta que lo quiera
> (porque tengo dinero
> que me dio la portera
> para que yo me fuera
> a decirle un recado[32] al cocinero),
> es que un buen carpintero
> me fabrique una cuna[33] de madera.
> Mas, mientras llega o no la cuna
> mis brazos serán una.

Queda quieta, con la muñeca en brazos, y entonces la Vendedora de globos, que había permanecido quieta mirando la escena, se dirige al público.

Vendedora.   Ya veis la diferencia
> de conciencia
> entre aquella Lolita
> y la Cocinerita.
> Pero ¿qué es lo que pasa?
> Oigo ruido en la casa.
> Regaña[34] una señora,
> y una niña que llora.
> Veréis que la comedia
> está a punto de hacerse una tragedia.
> (Esta segunda parte se termina
> y lo que va a pasar aquí no se adivina.)

---

[30] fabuloso.   [31] arreglo.   [32] mensaje.   [33] camita
donde duermen los bebés.   [34] riñe.

Segundo intermedio

Los niños del barrio juegan. Intermedio a montar por el Director

Escena tercera

La Vendedora se sienta a seguir viendo lo que pasa. Entra Lolita y dice al público

Lolita.　Mi mamá me ha regañado
por tirar esa muñeca,
y me ha dicho que o la encuentro
o que un azote me pega.
(*Se dirige a la Vendedora.*)
Te la di a ti, buena anciana,
preciosa anciana globera.
Devuévemela ahora mismo,
porque mi mamá me pega.

Vendedora.　Yo no la tengo, mi niña,
pero aunque yo la tuviera,
nunca la devolvería
a quien no sabe tenerla.

Lolita.　Dime ahora mismo, ¡ahora mismo!,
qué ha sido de mi muñeca.

Vendedora.　Se la ha llevado un globito
allá por la estratosfera.

Lolita.　Déjame un globo y veremos
si tiene fuerza y me lleva
por los cielos y las nubes
en busca de mi muñeca.

Vendedora.　Son pequeños y no pueden
subirte. No tienen fuerza.

Lolita.　(*Baja la voz y le dice casi al oído.*)
Te voy a decir, anciana,
una cosa muy secreta.
Los domingos mi mamá
me da catorce pesetas
para gastarlas en cosas
bonitas de la verbena:[35]
subir en los caballitos,
en fin, etcétera, etcétera.
¿Y sabes qué pasará
si no encuentro la muñeca?
Que mi mamá me retira
esa ayuda financiera.
Si me ayudas a la busca,
repartimos esa cuenta.

---

[35] fiesta popular al aire ibre.

El domingo yo te traigo
cinco y dos, siete pesetas.

Vendedora. Yo vendo globos, globitos;
mas no soy poli[36] secreta.

Lolita. (*Se fija en la Cocinerita.*)
¿Aquella niña quién es?
¡Ah, ya si es la Cocinera!
Es hija de la que hace
en mi casa la paella.
¿Cómo ha podido comprarse
esa muñeca de seda?
Andá, pero si es la mía.
Devuélveme mi muñeca.

Cocinerita. Esta muñeca es muy mía.

Lolita. Mentirosa y embustera.[37]

Trata de arrebatársela y se pelean. Interviene la Vendedora y las separa. Coge la muñeca.

Vendedora. Por lo que veo, aquí hay
un verdadero problema.
Solucionemos la cosa,
pero de buena manera,
mediante un juicio formal.

Entra el Trapero.

Trapero. Hola, señoras, muy buenas.
Yo soy trapero[38] buscón,
y busco en las carboneras[39]
carbonilla pa la lumbre,
y en la calle latas viejas
y papel que luego vendo
en casa de una trapera.
Pero sé un poco de leyes
y al escuchar la reyerta[40]
me he dicho: lo soluciono
de una manera perfecta.
(Para seguir, no me gusta
nada a mí la rima en "EA";
voy a cambiar a la "IA",
que me ayuda en mi tarea.)
Así, pues, amigos míos,
os digo lo que decía:
esto yo lo soluciono

---

[36] policía. [37] mentirosa. [38] persona que compra y vende objetos usados. [39] lugar donde se guarda carbón. [40] pelea, conflicto.

y se ha acabado la riña.
¿De quién es esta muñeca?

Lolita. ¡Mía!

Cocinerita. ¡Mía!

Lolita. ¡Mía!

Cocinerita. ¡Mía!

Trapero. (*Se rasca la cabeza.*)
No puede ser de las dos,
Reflexionad,[41] pues, chiquillas.
¿De quién es esta muñeca?

Cocinerita. ¡Mía!

Lolita. ¡Mía!

Cocinerita. ¡Mía!

Lolita. ¡Mía!

Trapero. (*Vuelve a rascarse la cabeza.*)
Pues sí que la hicimos buena.
Este problema de niñas
es un problema muy grande.
Veamos cómo lo explican.
(*A Lolita.*)
¿Tienes pruebas de que es tuya?
Muéstrame la facturita.

Lolita. Mi padre la compró en Roma
y le costó dos mil liras.
Tengo un testigo importante.

Trapero. Que venga y que me lo diga.

Sale el Portero, con uniforme de galones dorados. Es manco y cojo: tiene una pata de palo.

Portero. Yo soy un hombre importante.
Soy portero de la finca;[42]
en situación de reserva,
pero con categoría
de general de soldados
condecorado en Melilla,
después de haber recibido
cuatrocientas cinco heridas.
Declaro solemnemente,
por mi honor y por mi vida,
que he asistido al nacimiento
de la muñeca perdida.

Vendedora. ¡Abandonada, dirás!

---

[41] pensad.   [42] propiedad.

Portero.   (*Sin inmutarse, mira a la Vendedora altivamente.*)
Estoy diciendo perdida.
Recuerdo que fue en otoño;
el cuatro de octubre. Iba
yo a dar no sé qué recado
a la graciosa Lolita,
cuando escuché que gritaba.
Miré por una rendija,
Lolita abría la caja,
y es que se pinchó al abrirla.
Yo me acerqué, y vi que entonces
esa muñeca salía
de la caja y que las manos
de Lolita la cogían.
Así lo afirmo y reafirmo
y lo firmo con mi firma.

Trapero.   (*A la Cocinerita.*)
¿Y tú qué dices a eso?
Habla tú, cocinerita.

Cocinerita.   Digo que me pertenece.
Estaba toda rotita
y abandonada, y entonces,
yo la devolví a la vida.
La cuidé con mi cariño.
La defendí de la brisa[43]
y le curé los catarros
con un cuarto de aspirina.
Me he gastado mis ahorros
—casi siete pesetitas—
en irme al Rastro y comprarle
ropa interior amarilla
y zapatos de charol
y una flor y cuatro horquillas.
Si alguien quiere hacerle daño,
yo le pego. El otro día,
por defenderla, me dieron
—todavía tengo heridas—
una pedrada los chicos
traviesos de una pandilla.
Por eso digo, trapero,
que esa muñequita es mía.

Trapero.   (*Se levanta.*)
Entonces no queda más,
para resolver la riña,

---

[43] viento no muy fuerte.

"que hacer la famosa prueba
del circulito de tiza".

Vendedora. Hagamos un intermedio
con los niños y las niñas,
"antes de empezar la prueba
del circulito de tiza".

Los niños del barrio evolucionan y cantan o recitan.

Intermedio
que consiste en el siguiente coro

Niños del barrio. El circulito de tiza
era cosa semejante
al juicio de Salomón
sobre cuál era la madre
de un niño que dos mujeres
—las dos—querían llevarse.
Salomón dijo: "Partamos
este niño en dos mitades";
y a ser posible, que sean,
las dos, mitades iguales.
Que la partición se haga
en seguida, con un sable.[44]
Una dijo: Estoy de acuerdo.
¿Quién era, entonces, la madre?
(Es un deber para casa
este problema tan grande.)

Escena cuarta

El Trapero saca del zurrón[45] *un pedazo de yeso y se lo da a la Vendedora*

Trapero. Globera, te pido ayuda.
Dibuja con este yeso
(que he encontrado esta mañana
allá por los vertederos),[46]
con mucho cuidado y tino.[47]
un circulito en el suelo.
(*La Vendedora lo hace.*)
Poned ahí la muñeca,
exactamente en el centro.
(*Lo hacen.*)
Lolita, que coja un brazo.
(*Lolita coge el brazo derecho de la muñeca.*)

---

[44] espada. [45] bolsa grande de piel que usan los pastores. [46] basureros, lugar donde se echa la basura. [47] acierto.

Y tú, coges el izquierdo.
¡La verdadera dueña tendrá fuerza
de sacar de ese círculo el muñeco!

Interviene el Portero.

Portero. ¡Que se pare este juicio!
¡Yo digo que protesto!
Esa tiene costumbre
de fregarnos[48] los suelos
y tiene mucha fuerza
en los bracitos esos.

Vendedora. ¡Pero ésa hace gimnasia
y come carne y huevo!

Trapero. Cesen las discusiones.
Atención. Empecemos.
(*Lolita saca la muñeca del círculo. El Trapero se dirige a la
Cocinerita.*)
Tú no has tirado nada.
¿Por qué no haces esfuerzos?

Cocinerita. He cogido flojito.[49]
Pero en vista de eso,
no quiero hacer la prueba.
Renuncio a mis derechos.
(*A Lolita.*)
Si un día me la prestas,
¡qué ratitos más buenos!

Trapero. No vale. No ha valido.
A repetir el juego.

Vuelven a colocarse, y otra vez ocurre lo mismo.

Cocinerita. (*Llora.*)
Con lo que la he cuidado,
y con lo que la quiero,
¿como voy a tirar de su bracito
para romperlo?
(*Repite llorando estos dos últimos versos.*)

Trapero. (*Solemne.*)
La prueba ha terminado.
Yo, Julián el Trapero,
declaro a esa muñeca
y lo que tiene dentro
propiedad de esta niña

---

[48] limpiarnos con agua y jabón. [49] con poca
fuerza.

que la cogió del suelo
y no quiere romperla.
(*Por la Cocinerita, que coge la muñeca en sus brazos.*)

Cocinerita. Ven aquí, mi lucero.[50]
Duerme un poquito ahora,
después de todo esto;
después de estos disgustos
tan terribles y serios.

Trapero. (*A Lolita y el Portero.*)
Asunto terminado.
Ya me marcho.[51]
(*Vocea.*)
¡El Trapero!

Sale. La Vendedora de globos se dirige al público.

Vendedora. Termina aquí la historia
del círculo de yeso.
El escritor Bertoldo[52]
dice que lo primero
es cuidar de las cosas
y mejorarlas. Pienso
que tenía razón
cuando decía eso.

Seis niños del barrio se sitúan en fila frente al público y recitan:

Niño 1.º Las cosas pertenecen...,

Niño 2.º dice el señor Bertoldo...,

Niño 3.º ... a quien tiene cuidado
de ellas.

Niño 4.º Y es el colmo[53]
que quiera poseerlas
el que lo tiene todo
y no cuida de nada.

Niño 5.º Ni se gasta los codos
pensando y repensando
en los mejores modos
de mejorar la cosa.

Niño 6.º Ni se gasta los ojos
de mirarla y quererla...,

Niño 1.º ni la riega con todo
el sudor de su frente...,

---

[50] estrella. [51] me voy. [52] Bertolt Brecht.
[53] llegar a un punto que ya no se puede superar.

Niño 2.º   ni cava el surco hondo
para que crezca fuerte
y dé frutos muy gordos.

La Cocinerita tiene la muñeca en sus brazos. Se dirige al público y dice, guiñando un ojo:

Cocinerita.   Se ha dormido...

Cae el telón corto con la leyenda de Brecht. Ante ella, sale el Director y dice al público:

Director.   Seguro que vosotros, gente noble,
ya sabéis al dedillo[54]
si lo que habéis mirado en mi teatrillo
es un programa doble
o un programa sencillo.
Pensad lo que habéis visto
y comentadlo los unos con los otros.
¡Yo no insisto,
pero insistid vosotros!
(*Mira el reloj.*)
¡Mas cerremos el pico por ahora[55]
y vámonos a casa, que ya es hora!

Cae el telón.

■ Preguntas de comprensión

1. ¿Qué personajes hay en la obra?
2. ¿Cómo se caracteriza a cada uno?
3. ¿Qué hace Lolita? ¿Por qué?
4. ¿Cómo reacciona la vendedora?
5. ¿Qué diferencias hay entre la cocinerita y Lolita?
6. ¿Cuál es el conflicto con la muñeca? ¿Cómo se resuelve?
7. ¿Qué elementos formales encuadran la obra dentro de la literatura infantil?
8. ¿Cuál es el tema de la obra?

■ Preguntas de análisis

1. Se dice que para Sastre el teatro es un acto de justicia. ¿Cómo se ve esto en la obra?
2. ¿Es la pieza una obra de la que sólo un público infantil podría disfrutar? ¿Por qué?
3. ¿Cuál es la lección de la obra? ¿Cómo interpretarían la lección un público infantil y uno adulto?
4. ¿En qué sentido se puede aplicar la obra a un contexto histórico o social específicamente español? ¿Y a uno universal?

---

[54] sabéis muy bien.   [55] no digamos nada, cerremos la boca.

5. ¿Por qué cree que el autor escoge a niños como protagonistas? ¿Con qué otras obras ya estudiadas puede comparar esta obra?

■ Temas para informes escritos

1. El uso de personajes infantiles en la literatura de la posguerra
2. El teatro como forma de concienciación social
3. Una comparación entre el teatro de Lorca y el de Sastre

■ Bibliografía mínima

Anderson, Farris. *Alfonso Sastre.* New York: Twayne, 1971.

Bryan, T. Avril. *Censorship and Social Conflict in Spanish Theatre: The Case of Alfonso Sastre.* Washington, D.C.: UP of America, 1982.

Johnson, Anita. "Alfonso Sastre: Evolución y síntesis en el teatro español contemporáneo". *Anales de la Literatura Española Contemporánea* 17.1–2 (1992): 195–206.

Paco, Mariano de. "El teatro de Alfonso Sastre en la sociedad española". *Boletín de la Fundación Federico García Lorca* 19–20 (1996 Dec): 271–83.

Parker, Mary. *Modern Spanish Dramatists: A Bio-bibliographical Sourcebook.* Westport: Greenwood Press, 2002.

1975–actualidad

7.1 La política

En 1975 murió Francisco Franco y, con ello, se inició el camino hacia la democracia en España. Las raíces de este proceso deben buscarse en el año 1969, cuando Juan Carlos I fue nombrado heredero de la corona de España, después de jurar lealtad a los ideales del régimen. Con este nombramiento, Franco buscaba asegurar la pervivencia de su legado. Tras su muerte, España volvería a ser una monarquía, con Juan Carlos como rey y Luis Carrero Blanco como primer ministro. Con el asesinato de Carrero Blanco a manos de la ETA en 1973, el plan de Franco se encontró con el primero de muchos obstáculos.

Ya durante la vida de Franco, el futuro rey se había puesto en contacto con diversos políticos del país para conocer sus perspectivas sobre la futura transformación del país. Al parecer, uno de los diagnósticos más realistas vino de Adolfo Suárez, un joven que había ocupado varios cargos menores en el gobierno franquista. Este hombre sería el elegido por el monarca para iniciar la transformación de España en una monarquía parlamentaria.

Comenzó así una etapa de profunda transformación que afectaría todos los aspectos de la vida española. Se creó un parlamento con dos cámaras, el Congreso de los Diputados y el Senado, cuyos miembros serían elegidos por sufragio universal. A principios de 1977 se legalizaron los partidos políticos. En marzo de ese mismo año se reconoció el derecho a hacer huelga y manifestarse, se legalizaron los sindicatos y se fijó una fecha para las primeras elecciones democráticas, el 15 de junio de 1977. De éstas salió vencedor la UCD (Unión de Centro Democrático), el partido de Adolfo Suárez, quien ya había actuado como presidente desde 1976.

El 6 de diciembre de 1978 se aprobó una constitución en cuya creación habían participado todos los partidos políticos. La constitución definía el sistema político del país como una monarquía parlamentaria, abolía la pena de muerte, fijaba los 18 años como la edad para votar y no reconocía una religión oficial. El elemento que, sin embargo, más impactaría la vida política del país fue el establecimiento de las comunidades autónomas como unidad básica del estado. De esta forma se respondió al ansia de independencia que habían mostrado las diferentes regiones después de la muerte del dictador. Las comunidades se responsabilizarían por cuestiones de vivienda, educación, agricultura, deportes, turismo, salud y servicios sociales.

Al gobierno de la UCD siguió el del PSOE (Partido Socialista Obrero Español), que ocupó el poder de 1981 a 1996. En su momento, se describió la victoria de los socialistas como la de lo nuevo sobre lo viejo. Eran hombres y mujeres jóvenes que prometieron transformar el país. No iba a ser tarea fácil, sin embargo. El índice de desempleo era altísimo y la economía estaba en recesión. Implementaron medidas de austeridad económica y, al mismo tiempo, un enérgico programa de reforma social.

La situación económica mejoraría con la entrada de España en la Unión Europea en 1986. Entre 1986 y 1991, la economía española sería la de mayor crecimiento de los países de la Unión. Los ciudadanos, sin embargo, pronto perdieron fe en los principios del partido en el gobierno, que enseguida pareció olvidar sus orígenes izquierdistas. La política económica adoptada por los socialistas borró las fronteras tradicionales entre la izquierda y la derecha. Al mismo tiempo, el incumplimiento de promesas electorales manchó el idealismo y la esperanza que los votantes habían depositado en el PSOE. A pesar de todo, los socialistas impulsaron múltiples reformas que lanzaron al país hacia la modernidad. Sin embargo, las sospechas y el desencanto de los votantes cobraron vigencia con los múltiples escándalos de corrupción que se acumularon hacia el final de su mandato. Estos hicieron obvia la continuidad de los intereses de una oligarquía en la política del país.

En 1996, el PP (Partido Popular), un partido conservador liderado por José María Aznar, ganó las elecciones. Gracias a una economía en mejora y a su éxito en disminuir el índice de desempleo, volvieron a ganar las elecciones, esta vez con mayoría absoluta, en el 2000.

7.1.1 El golpe de estado del 23-F   La amenaza más seria que sufrió la transición hacia la democracia fue el golpe de estado del 23 de febrero de 1981. En este día, un teniente coronel de la Guardia Civil, Antonio Tejero, ocupó el Congreso de los Diputados y, a punta de pistola, mantuvo secuestrada a la élite política del país. Era esto reflejo del descontento del sector más reaccionario de las fuerzas armadas. El golpe fue apoyado por los generales Jaime Miláns de Bosch y Alfonso Armada. Su fracaso fue, de nuevo, confirmado por la intervención del Rey, autoridad suprema de las fuerzas armadas, quien hizo una aparición en la televisión nacional confirmando su apoyo a una España democrática.

7.1.2 El problema del terrorismo: ETA   Hoy en día, el terrorismo de la ETA es considerado por la mayoría de los españoles como el problema más grave en el país. El grupo terrorista vasco reclama la independencia del País Vasco del resto de la nación española. Había empezado sus actividades en los años sesenta y muchos de sus reclamos fueron cumplidos con la llegada de la democracia y el estado de las autonomías. A pesar de ello, la ETA niega la autoridad del gobierno central sobre el País Vasco y busca ahora independencia total.

7.2 La sociedad

En gran medida, la España de hoy en día es consecuencia directa de la opresión y falta de libertades impuestas por el franquismo. Algunos críticos la han definido como una sociedad esquizofrénica, en la que la tradición y el pasado conviven con la modernidad. La rapidez de los cambios sufridos por los ciudadanos sin duda ha impactado un panorama social determinado por la diversidad, la tolerancia y la exploración. Si la España franquista era definida por el régimen como diferente e independiente del resto del mundo, la moderna es caracterizada como parte de la cultura global. Económica y socialmente, la sociedad española participa en las tendencias del mundo occidental.

7.2.1 La inmigración   Además de la pluralidad inherente al mapa social español, encarnada en las diferentes comunidades autónomas, con sus idiomas y tradiciones distintivas, un nuevo elemento está incorporando diversidad al panorama cultural del país: los inmigrantes. Llegados en su mayoría de Latinoamérica y del norte de África, traen consigo nuevas lenguas, costumbres y religiones. Se trata ésta de una multiplicidad a la que los españoles están todavía intentado acostumbrarse.

7.2.2 Género y sexualidad   En parte como respuesta a las actitudes reaccionarias promovidas por el régimen, la España de hoy en día se caracteriza por un cambio profundo en los papeles que desempeñan el hombre y, sobre todo, la mujer. En contraste con los estrictos límites impuestos por la ideología del régimen franquista, las mujeres de hoy en día ocupan puestos importantes en todos los puestos de la vida pública española.

En la actualidad, no existe en España un movimiento feminista como tal. A pesar de que la primera protesta pública después de la muerte de Franco fue una manifestación feminista, lo cierto es que la agenda feminista fue adoptada como parte de los objetivos de la España democrática, haciendo innecesaria la organización en pos de la igualdad de derechos de la mujer. Así, el tiempo del franquismo, cuando una mujer no tenía derecho a comprar un coche, abrir una cuenta bancaria o abandonar la casa familiar, cualquiera que fuera la razón, es parte del pasado.

Con la constitución del 78 se aseguró la igualdad total de derechos entre hombres y mujeres. En 1981 se aprobó la ley del divorcio y en 1985 se legalizó el aborto en tres circunstancias: en caso de violación, de peligro para el feto y de peligro para la madre. En la actualidad, el porcentaje de mujeres en la universidad supera al de hombres. La incursión de las mujeres en el mundo del trabajo ha sido meteórica también y resulta especialmente obvia en el mundo de las publicaciones y de los medios de comunicación. Con todo esto, no se quiere decir que ya no exista sexismo en España; existe, pero no en mayor medida que en otros países de la Unión Europea.

No sólo se ha ganado terreno en el tema del sexismo, sino que existe en la sociedad de hoy en día considerable tolerancia hacia las formas de sexualidad alternativas. En las grandes ciudades, especialmente, los colectivos de gays, lesbianas y transexuales son comunes. El COGAM (Colectivo de Gays, Lesbianas, Transexuales y Bisexuales de Madrid) hace noticia de forma habitual en las páginas de los periódicos del país. La cada vez mayor presencia de este sector de la población en el ojo público se hace obvio al examinar los eventos en torno a las campañas electorales. Cada vez con más frecuencia, los políticos se esfuerzan por hacer actos de aparición que hagan obvio su interés por la población no heterosexual.

7.3 La cultura

En muchos sentidos, la cultura se convirtió en la palabra panacea con la llegada de la democracia, y cobró claro significado político. Para los políticos y los intelectuales, la cultura—las artes—tenían la capacidad de modificar la forma de pensar y sentir de la población, algo fundamental en el proceso de transformación social que debía acompañar a la transición política. La cultura se convertiría en un medio para crear un sentido de comunidad, de responsabilidad y de solidaridad. El gasto en cultura dejó de ser secundario y con el primer gobierno, de la UCD, se creó, en 1977, el Ministerio de Cultura y Bienestar Social. Tanto la UCD como, sobre todo, el PSOE emprendieron programas de difusión y fomento de las artes. El principio básico tras estos empeños era el de proveer a la gente un acceso a la cultura asociado con un nivel y una calidad de vida similares a los de los países ricos del resto de Europa.

7.3.1 La Movida   Éste fue un movimiento que surgió entre la juventud madrileña y que posteriormente se exportó a otras ciudades. Era definido por la rebeldía y un ansia de ruptura con la norma establecida, con lo viejo, con lo "carca". Se relaciona con el mundo de la música, así como con el contexto social en el que ésta surge: bares y clubes. En general, la música de la Movida se caracteriza por un espíritu irreverente y lúdico, con influencias del *punk* y la música Nueva Ola (*New Wave*). Grupos que habitualmente se relacionan con el movimiento son La Orquesta Mondragón, Radio Futura, Alaska y Dinarama, Golpes Bajos y Siniestro Total, entre otros. El fenómeno entró en decadencia al ser absorbidas las casas de discos independientes por las grandes multinacionales y por las instituciones contra las que luchaban. El gobierno usó la Movida como base de campañas publicitarias para atraer turismo al país, explotando la imagen de un Madrid en ebullición creativa y donde se estaban explorando todos los límites de la libertad.

Los excesos de los años ochenta serían objeto de reflexión en numerosas manifestaciones culturales de los años noventa. Así, el director Pedro Almodóvar, hijo favorito de la Movida madrileña, cultivó en los años ochenta un cine donde la sexualidad, el erotismo y el mundo de las drogas y los excesos eran protagonistas. A finales de la década de los noventa, sin embargo, Almodóvar contempla esos elementos desde la distancia que ofrece el tiempo y la experiencia acumulada. En su película "Todo sobre mi madre" (1999), por ejemplo, examina, entre otras cosas, las consecuencias de las relaciones sexuales sin protección y el uso de drogas, temas que de forma tan festiva había presentado en la década anterior.

7.3.2 La literatura   Con la llegada de la democracia, el mundo literario experimentó una explosión editorial. La novela de la transición y la democracia abandona la experimentación que se había impuesto en los años sesenta y regresa al modo narrativo. Se vuelve a enfatizar la historia. El género negro se convierte en uno de los más populares, con escritores como Manuel Vázquez Montalbán, Eduardo Mendoza y Antonio Muñoz Molina. La novela histórica adquiere también auge, con Arturo Pérez Reverte. Las mujeres entran a tropel en el mundo de la publicación, con nombres como Rosa Montero, Carmen Martín Gaite, Cristina

Fernández Cubas, Lourdes Ortiz, Soledad Puértolas, Paloma Díaz Mas y Carme Riera, entre otras. La novelística en gallego, catalán y vasco despega también, con nombres como Manuel Rivas, la misma Carme Riera y Xabier Mendiguren. Una de las tendencias que la novela de las últimas décadas aborda es el tema de la memoria. Autores como Muñoz Molina, en su obra *El jinete polaco,* o Manuel Rivas exploran el tema del recuerdo. El examen del pasado es una de las formas en que los autores parecen hacer un intento de procesar la velocidad del cambio que ha dado como resultado la sociedad española del presente.

Otros escritores, como Martín Gaite en *El cuarto de atrás,* se han dedicado a la exploración del proceso literario o a reflexiones de tipo filosófico sobre la naturaleza relativa de la realidad, como lo hizo Javier Marías en *Mañana en la batalla piensa en mí.* Otros se han adentrado en la novela histórica, como Díaz Mas y Miguel Delibes. Además, los temas de la homosexualidad y el lesbianismo, tabú durante el franquismo, son también motivo de exploración literaria. Eduardo Mendicutti y Lucía Etxebarría presentan estos temas en novelas como *Una mala noche la tiene cualquiera* (1986) y *Beatriz y los cuerpos celestes* (1998). Se explora también la situación de España y los españoles como parte del contexto internacional y la cultura global. En los cuentos de Fernández Cubas, por ejemplo, son frecuentes las protagonistas que viajan o viven en países que no son el propio.

Las nuevas tendencias deben ser estudiadas como tendencias importantes en el contexto en el que nacen. El género detectivesco cuestiona la veracidad de la historia oficial; el histórico explora y reescribe el pasado después de una dictadura que había manipulado la historia para servir sus propósitos de adoctrinamiento ideológico. El género de la metaficción examina la naturaleza construida de la realidad narrada. Los relatos escritos desde una perspectiva femenina manifiestan los derechos recién adquiridos por la mujer, el derecho a una identidad y una voz individual y única. Los relatos que ocurren en países diferentes o con protagonistas viajeros apuntan al carácter global de un mundo del que, finalmente, España forma parte de pleno derecho. Muchos de ellos tratan y narran, simplemente, la España de hoy en día, con su diversidad, su actividad, con ciudadanos que intentan lidiar con la rapidez del cambio sin perder la razón.

El mundo del teatro, que había sido uno de los puntos de resistencia y oposición al poder oficial de la dictadura, verá reflejada la desaparición de la censura. Aparecen obras teatrales como *¡Ay, Carmela!* (1986), de Sanchís Sinisterra, que revisan el pasado. Otras presentan la vivencia de las subculturas juveniles de la Movida, basadas en el sexo y la droga, al tiempo que critican ya la hipocresía del supuesto cambio radical de la España democrática. *Bajarse al moro* (1985), de José Luis Alonso de Santos, y *Caballito del diablo* (1983), de Fermín Cabal, entrarían dentro de esta categoría. *La llamada de Lauren* (1985), de Paloma Pedrero, reflexiona sobre las nuevas posibilidades de definición genérico-sexual y los conflictos internos que un nuevo mundo de opciones diversas puede crear. En Cataluña surgen grupos como Els Joglars, Els Comediants o Les Fura dels Baus, que presentan creaciones sumamente personales y experimentales que rompen las barreras de la jerarquía teatral, entre director, actor y técnico. Els Joglars es el único grupo de teatro independiente de los años sesenta que todavía sigue activo.

En la poesía se destaca, como en la ficción, el auge de la presencia de las mujeres. Como en el teatro, hay un énfasis en la experimentación, combinada en este caso con la influencia de la cultura popular.

ANTONIO MUÑOZ MOLINA

1956–

Muñoz Molina nació en una familia campesina en Jaén, pero se mudó a Madrid para empezar sus estudios de periodismo. Abandonó pronto esta carrera y decidió trasladarse a Granada y estudiar historia del arte. Su prolífica carrera está plagada de éxitos y premios. Su primera novela, *Beatus Ille,* publicada en 1986, ganó el Premio Ícaro de novela. La segunda, *El invierno en Lisboa,* obtuvo el Premio Nacional de Literatura de narrativa y el Premio de la Crítica. En 1989 publicó *Las otras vidas,* una colección de relatos, y *Beltenebros,* su tercera novela. En 1991 publicó *Córdoba de los Omeyas,* obra entre la ficción y el libro de viajes. Con *El jinete polaco* obtuvo el Premio Planeta y el Premio Nacional de Narrativa. Más tarde se publicaron *El dueño del secreto* (1994) y *Ardor guerrero* (1995). En 1997 se adentró en el género de la investigación policíaca con *Plenilunio,* mientras que con *Carlota Fainberg* (1999) exploró las posibilidades de una historia de amor y desamor con tintes irónicos. Su última novela hasta el momento, *Sefarad* (2001), ha tenido un muy buen recibimiento por parte de la crítica y el público. Es una novela que está compuesta de historias que se entrelazan. A lo largo de diecisiete capítulos en que está dividido el libro, sucede una serie de vidas para contarnos historias de desarraigo, de persecución o de exilio, resultando la movilidad que caracteriza la sociedad actual. Es también continuadora de la tradición de novelas contemporáneas que le dan más importancia al desarrollo de la historia que a la experimentación técnica.

El relato que se incluye en esta antología procede de *Nada del otro mundo* (1993), una colección de cuentos escritos entre 1983 ("El hombre sombra") y 1993 ("La gentileza de los desconocidos"). Incluye la obra ejemplos de literatura de misterio y relato erótico.

■ Preguntas de pre-lectura

1. ¿Qué elementos de las novelas policíacas o de misterio resultan atractivos para los lectores?
2. Cuando lee una novela o un cuento, ¿prefiere un texto que enfatice la historia o el estilo? ¿Por qué?
3. ¿Qué características cree que definen la sociedad contemporánea?
4. Si compara la sociedad actual con la medieval o la renacentista, ¿qué contrastes resultan más obvios?

El hombre sombra

Andaba Santiago Pardo mirándose el recién peinado perfil en los espejos de las tiendas, eligiendo, alternativamente, el lado derecho o el izquierdo, y de tanto mirarse y andar solo le acabó sucediendo, como ya era su costumbre, que se imaginaba vivir dentro de una película de intriga,[1] y que un espía o perseguidor del
5 enemigo lo estaba siguiendo por la ciudad. Una mujer de peluca rubia y labios muy pintados lo miró un instante desde la barra de una cafetería, y Santiago Pardo sospechó que era ella, con ese aire como casual y tan atento, uno de los eslabones que iban cerrando en torno suyo la trama[2] de la persecución.

Esa tarde, apenas media hora antes de la cita, había salido del cine dispuesto
10 a figurarse[3] que estaba en la ciudad con el propósito clandestino y heroico de volar la fortaleza de Navarone,[4] pero fue salir del cine y el olor del aire, que anunciaba la lluvia y la larga noche de septiembre, le trajo la memoria de Nélida, que ya estaría mirándose, como él, en los espejos de las calles, nerviosa, insatisfecha de su peinado o de su blusa, espiando en el reloj los minutos que transcurrían lenta
15 o vertiginosamente[5] hacia las ocho y media y el pedestal de la estatua donde al cabo de un cuarto de hora iban a encontrarse. Nélida, dijo, porque le gustaba su nombre, y quiso inútilmente recordar su voz y asignarle uno de los cuerpos que pasaban a su lado, el más hermoso y el más grácil, pero no había ninguno que mereciera[6] a Nélida, del mismo modo que ninguna de las voces que escuchaba podía
20 ser la suya. Con avaricia[7] de enamorado conservaba una cinta donde estaba su voz, lenta y cándida, la voz nasal que exigía o rogaba y se quedaba algunas veces en silencio dando paso a una oscura respiración próxima a las lágrimas, sobre todo al final, aquella misma tarde, cuando dijo que era la última vez y que podía tolerarlo todo menos la mentira. "Todo —repitió—, incluso que te vayas." Así que
25 ahora la aventura de los espías y el miedo a las patrullas[8] alemanas que rondaban[9] las calles de Navarone se extinguió en el recuerdo de Nélida, en las sílabas de su nombre, en su modo de andar o de quedarse quieta al pie de la estatua, mirando todas las esquinas mientras esperaba el instante en que tendrían fin la mentira y la simulación, pero no, y ella debiera saberlo, el larguísimo adiós que nunca ter-
30 mina cuando se dice adiós, pues es entonces cuando empieza su definitiva tiranía. Cuando ella se quedó en silencio, después de precisar la hora y el lugar de la cita, Santiago Pardo quiso decirle algo y entreabrió los labios, pero era inútil hablar, pues nada hubieran podido sus palabras contra el silencio y tal vez el llanto que se emboscaba[10] al otro lado del auricular[11] humedecido por el aliento de Nélida, tan
35 lejos, en el otro mundo, en una habitación y una casa que él no había visto nunca.

A Nélida algunas veces podía verla con absoluta claridad, sobre todo después de una noche que soñó con ella. No sus rasgos exactos y no siempre el color de su pelo o la forma de su peinado, pero sí el alto perfil, el paso rápido, sus delgados tacones, la manera lenta y tan dulce que tenía de echar a un lado la cabeza
40 y sujetarse el pelo con una mano mientras se inclinaba para encender un cigarrillo.

---

[1] misterio. [2] confabulación. [3] imaginar. [4] "Los cañones de Navarone" es una película con Anthony Quinn en la que un comando especializado es reunido para destruir una fortaleza alemana en el mar Egeo. Está ambientada durante la Segunda Guerra Mundial. [5] rápidamente. [6] fuera digno. [7] codicia, deseo. [8] grupos de soldados. [9] caminaban por. [10] escondía. [11] teléfono.

Lo encendió, contra un fondo de cortinas azules, con el mismo mechero[12] que a la mañana siguiente encontró Santiago Pardo sobre su mesa de noche, y que fue la súbita contraseña para el recuerdo del sueño. Aún en el despertar le había quedado un tenue rescoldo de la figura de Nélida, y para avivarlo le bastaba pronun-
45 ciar su nombre y recordarla a ella, desnuda, en una habitación de su infancia en la que nada sucedía sino la felicidad. "Aunque sólo sea eso —pensó, enfilando[13] la última calle que debía recorrer antes de llegar a la plaza donde la estatua, y tal vez Nélida, lo estaban esperando—, le debo al menos un sueño feliz."

También le debía tantas noches de espera junto al teléfono, la lealtad, casi la
50 vida a la que lentamente había regresado desde la primera o la segunda vez que oyó su voz. Recordaba ahora el insomnio de la primera noche, turbio de alcohol, envenenado[14] de pulpa, el desorden de las sábanas y la punta del cigarrillo que se movía ante sus ojos en la oscuridad, y luego, de pronto, el timbre del teléfono sobresaltándole[15] el corazón a las dos de la madrugada: uno espera siempre, a cual-
55 quier hora, que alguien llame, que suenen en la escalera unos pasos imposibles. Esa noche, al apagar la luz, Santiago Pardo se disolvió[16] en la sombra como si alguien hubiera dejado de pensar en él. Por eso cuando sonó el teléfono su cuerpo y su conciencia cobraron[17] forma otra vez, y buscó la luz y descolgó el auricular para descubrir en seguida que se trataba de un error. "¿Mario?", dijo una voz que
60 aún no era Nélida, y Santiago Pardo, sintiendo de un golpe toda la humillación de haber sido engañado, contestó agriamente y se dispuso a colgar, pero la mujer que hablaba no pareció escucharle. "Soy yo, Nélida", dijo, y hubo un breve silencio y acaso otra voz que Santiago Pardo no escuchaba. "Te he estado esperando hasta media noche. Imagino que se te olvidó que estábamos citados a las nueve." No pe-
65 día, y tampoco acusaba, sólo enunciaba las cosas con una especie de irónica serenidad. El otro, Mario, debió urdir[18] una disculpa inútil, una prolija coartada[19] que no alcanzaba siquiera la calidad de una mentira, porque Nélida decía sí una y otra vez como si únicamente el desdén pudiera defenderla, y luego, abruptamente, colgó el teléfono y dejó a Santiago Pardo mirando el suyo con el estupor de quien
70 descubre su mágico don de transmitir voces de fantasmas.

A la mañana siguiente ya había olvidado a Nélida del mismo modo irrevocable que se olvidan los sueños. Pero ella volvió a llamar dos noches después para repetir frente al mismo silencio impasible donde se alojaba Mario sus palabras de acusación o fervor,[20] su desvergonzada ternura, y Santiago Pardo, quieto y caute-
75 loso[21] en el dormitorio cuya luz no encendía para escuchar a Nélida, como un mirón tras una cerradura, oía la voz muy pronto reconocida y deseada imaginando que era a él a quien le hablaba para recordarle los pormenores[22] de una caricia o de una cita clandestina. La voz de Nélida le encendía el deseo de su cuerpo invisible, y poco a poco también, los celos y un crudo rencor contra el hombre llamado
80 Mario. Se complacía en adivinarlo insolente y turbio,[23] minuciosamente vulgar, con anchas corbatas de colores, con pulseras de plata en las muñecas velludas.[24] Le gustaban, sin duda, los coches extranjeros, y lucía a Nélida por los bares de los hoteles donde consumaban sus citas con la petulancia[25] de un viajante. "Ya sé que es una imprudencia —dijo ella una noche—, pero no podía estar más tiempo sin

---

[12] encendedor.   [13] caminando por.   [14] lleno de.   [21] cuidadoso.   [22] detalles.   [23] sucio.   [24] con
[15] asustándole.   [16] desapareció.   [17] ganaron.   pelo.   [25] arrogancia.
[18] pensar en.   [19] defensa, excusa.   [20] pasión.

85 saber nada de ti." Tenía los ojos verdes algunas veces y otras grises o azules, pero siempre grandes y tan claros que las cosas se volvían transparentes si ella las miraba. Más de una noche, cuando crecía el silencio en el auricular y se escuchaba sólo la respiración de Nélida, Santiago Pardo los imaginaba húmedos y fijos, y luego andaba por la ciudad buscando unos ojos como aquéllos en los rostros de
90 todas las mujeres, sin encontrarlos nunca, porque participaban de una calidad de indulgencia o ternura que sólo estaba en la voz de Nélida, y eran, como ella, irrepetibles.

Veía, sí, sus ojos, el pelo suelto y largo, acaso su boca y su sonrisa, una falda amarilla y una blusa blanca que ella dijo una vez que acababa de comprarse, unos
95 zapatos azules, cierto perfume cuyo nombre no alcanzó a escuchar. Buscaba en las calles a una mujer así, y una vez siguió durante toda una tarde a una muchacha porque vestía como Nélida, pero cuando vio su cara supo con absoluta certeza que no podía ser ella. Pronto renunció del todo a tales cacerías[26] imaginarias: prefería quedarse en casa y esperarla allí incansablemente hasta que a media tarde o a la
100 una de la madrugada. Nélida venía secreta y sola, como una amante cautiva[27] a la que Santiago Pardo escondiera para no compartir con nadie el don de su presencia. Hubo días en que no llamó, hubo una semana sin fin en la que Santiago Pardo temió que nunca volvería a escuchar la voz de Nélida. Sabía que el azar[28] puede ser generoso, pero no ignoraba su ilimitada crueldad. Quién sabe si alguien había
105 desbaratado para siempre el leve roce de líneas que unía al suyo el teléfono de Nélida, o si ella había resuelto no llamar nunca más a Mario.

La última vez no pudo hablarle: indudablemente, Mario la engañaba, nunca la había merecido. "Está Mario, por favor?", dijo, tras un instante de vacilación, como si hubiera estado a punto de colgar. Hubo un silencio corto, y luego Nélida
110 dijo gravemente que no, que llamaría más tarde, tal vez a las once. A esa hora, Santiago Pardo montaba guardia junto al teléfono esperando la voz de Nélida y deseando que tampoco esta vez pudiera hablar con el hombre que se había convertido en su rival. Nélida llamó por fin, pero la misma voz que le había contestado antes debió decirle que Mario seguía sin venir, y ella dio gracias y esperó un se-
115 gundo antes de colgar. "La rehúye, el cobarde. Está ahí y no quiere hablar con ella, y Nélida lo sabe." Santiago Pardo se entregaba al rencor y a los celos como si Nélida, cuando renegara[29] Mario, fuese a buscarlo a él. Y cuando al salir del cine olió el aire de septiembre y decidió que acudiría a la cita, imaginaba que era a él, y no a Mario, a quien Nélida estaba esperando al pie de la estatua. A medida que las
120 calles y los relojes lo aproximaban a ella, Santiago Pardo percibía el temblor de sus manos y el vértigo que le trepaba[30] del estómago al corazón, y no pudo apaciguarlo ni aun cuando se detuvo en un café y bebió de un trago una copa de coñac. Igual que en otro tiempo, el alcohol le encendía la imaginación y le otorgaba un brioso espejismo de voluntad, pero toda su audacia se deshizo en miedo cuando
125 llegó a la plaza donde iba a surgir[31] Nélida y vio a una mujer parada junto al pedestal de la estatua. Faltaban cinco minutos para las ocho y media y la mujer, que sólo se había detenido para mirar a las palomas, siguió caminando hacia Santiago Pardo, para convertirse en un muchacho con el pelo muy largo. "Quizá no venga

---

[26] persecuciones.   [27] aprisionada.
[28] casualidad.   [29] rechazara a.   [30] subía.
[31] aparecer.

—pensó—, quizá ha comprendido que Mario no va a venir o que es inútil ensa-
130 ñarse[32] en la despedida, pedir cuentas, rendirse a la súplica o al perdón."
    Entonces vio a Nélida. Eran las ocho y media y no había nadie junto al pe-
destal de la estatua, pero cuando Santiago Pardo apuró la segunda copa y levantó
los ojos, Nélida estaba allí, indudable, mirando su reloj y atenta a todas las esquinas donde Mario no iba a aparecer. No era alta, desde lejos, pero sí rubia y altiva
135 y a la vez dócil a la desdicha,[33] como a una antigua costumbre, de tal modo que
cuando Santiago Pardo salió del bar y caminó hacia ella no pudo advertir señales
de la inquietud y tal vez la desesperación que ya la dominaban, sólo el gesto repe-
tido de mirar el reloj o buscar en el bolso un cigarrillo y el mechero, sólo su forma
resuelta de cruzar los brazos y bajar la cabeza cuando se decidía a caminar, como
140 si fuera a irse, y únicamente daba unos pasos alrededor de la estatua y se quedaba
quieta tirando el cigarrillo y aplastándolo con la punta de su zapato azul. La falda
amarilla, sí, los ojos ocultos tras unas gafas de sol, la nariz y la boca que al principio lo desconcertaron porque eran exactamente la parte de Nélida que él no había
sabido imaginar.
145   La desconocía, la iba reconociendo despacio a medida que se acercaba a ella
y le añadía los pormenores delicados y precisos de la realidad. Cruzó la plaza entre las palomas y los veladores vacíos pensando, Nélida, murmurando su nombre
que había sido una voz y ahora se encarnaba, sin sorpresa, en un cuerpo infinitamente inaccesible y próximo, precisando sus rasgos, las manos sin anillos, pero no
150 los ojos ocultos que ya no miraban hacia las esquinas y que se detuvieron en él, el
impostor[34] Santiago Pardo, como si lo hubieran reconocido, cuando llegó junto a
ella, casi rozando su perfume, y le pidió fuego tratando de contener el temblor de
la mano que sostenía el cigarrillo. Nélida buscó el mechero, y al encenderlo miró
a Santiago Pardo con una leve sonrisa que pareció invitarlo a decir: "Nélida", no
155 el nombre, sino la confesión y la ternura, la mágica palabra para conjugar el des-
consuelo de las citas fracasadas y los teléfonos que suenan para nadie en habitaciones vacías. "Nélida", dijo, mientras caminaba solo por las aceras iluminadas,
mientras hendía[35] la noche roja y azul con la cabeza baja y subía en el ascensor y
se tapaba la cabeza con la almohada para no recordar su cobardía y su vergüenza,
160 para no oír el teléfono que siguió sonando hasta que adelantó la mano en la oscuridad y lo dejó descolgado y muerto sobre la mesa de noche.

■ Preguntas de comprensión

1. ¿Cuáles son los personajes del cuento? ¿Quién es el protagonista?
2. ¿Quién es Nélida? ¿Puede describirla?
3. ¿Cómo la conoce el protagonista? ¿Qué tipo de relación tienen?
4. ¿Cómo caracterizaría al protagonista? ¿Qué aficiones tiene?
5. ¿Cómo describiría el tipo de vida que tiene el protagonista?
6. ¿Cómo termina la relación entre Nélida y el protagonista?
7. ¿Qué elementos hay en el texto que lo sitúan en la época contemporánea?
8. ¿Cuál es el tema del cuento?

---

[32] enfadarse.   [33] desgracia, mala suerte.
[34] suplantador.   [35] cortaba.

■ Preguntas de análisis

1. ¿Qué elementos hay en el texto que pertenezcan a la literatura de intriga o la novela negra?
2. ¿Qué nos dice el final del cuento sobre el tipo de hombre que es el protagonista?
3. ¿Cómo explica Ud. el final?
4. ¿Cree que la vida del protagonista es representativa del hombre moderno? ¿Por qué?
5. ¿Qué tipo de mujer es Nélida?
6. ¿En qué sentido es universal el tema del relato? ¿Y en qué sentido es específicamente español?
7. ¿Qué visión da el cuento sobre las relaciones entre hombre y mujer?

■ Temas para informes escritos

1. Una comparación entre el mundo que presenta Muñoz Molina y el de Ana María Matute
2. La posición del individuo en el mundo moderno
3. La imagen de la mujer

■ Bibliografía mínima

Colmeiro, José F. "La crisis de la memoria". *Revista Anthropos: Huellas del Conocimiento*. 189–190 (2000): 221–27.

Encinar, Angeles. "La realidad de lo fantástico en la narrativa breve de Antonio Muñoz Molina". *Los presentes pasados de Antonio Muñoz Molina*. Ed. María Teresa Ibáñez Ehrlich. Vervuert: Frankfurt: Vervuert, 2000. 79–92.

Oropesa, Salvador A. *La novelística de Antonio Muñoz Molina: Sociedad civil y literatura lúdica*. Jaén: Universidad de Jaén, 1999.

Resina, Joan Ramon. "Short of Memory: The Reclamation of the Past since the Spanish Transition to Democracy". *Disremembering the Dictatorship: The Politics of Memory in the Spanish Transition to Democracy*. Ed. Joan Ramón Resina. Amsterdam: Rodopi, 2000. 83–126.

Spitzmesser, Ana María. *Narrativa posmoderna española: crónica de un desengaño*. New York: Peter Lang, 1999.

ANA ROSSETTI

1950—

© J. A. López Soto

Ana Rossetti es prueba viviente de la efervescencia del cambio entre los españoles de la transición, en general, y entre la población femenina en especial. Rossetti ha escrito poesía, teatro y novela. Sin embargo, es conocida fundamentalmente por su poesía, que empezó a publicar en la década de los 80.

En su poesía más temprana, Rossetti reclama el derecho de la mujer a mostrarse como un ser sensual y sexual, un aspecto que había sido severamente reprimido durante la dictadura. En muchos de sus poemas, Rossetti hace uso de un discurso de tipo falocéntrico en el que el patrón habitual es alterado. En mucha de la poesía tradicional, el sujeto que mira y desea es masculino y el objeto pasivo de esa mirada es femenino. En la poesía de esta nativa de Cádiz, los papeles son a menudo invertidos. La mujer es la que observa y considera un cuerpo masculino como mero objeto sexual. En otros poemas, sin embargo, el género del hablante es indeterminado o claramente masculino. Así se ve en sus obras *Indicios vehementes*, que contiene toda su poesía escrita entre 1979 y 1984, y en *Devocionario* (1985). En estos poemarios Rossetti se apropia del lenguaje de la tradición, como el discurso religioso, para expresar pasión o llevar a cabo una crítica social. Muestra una actitud irreverente y rebelde que puede inscribirse dentro del contexto general de los movimientos juveniles de los años ochenta. La sexualidad y la sensualidad se destacaban como una forma de reaccionar contra el puritanismo de la pasada época franquista. Otra característica de esta época era la comercialización y el consumismo, acompañados ambos por una apertura de los mercados españoles a influencias internacionales, en la moda, la música, el cine y las artes en general. En la poesía de Rossetti se manifiestan estas corrientes en la incorporación de elementos de la cultura popular de influencia americana.

En los años noventa, Rossetti asumió una posición más reflexiva, con su obra *Punto umbrío* (1995). Abandonó en ésta el tono erótico y emprendió una búsqueda de la esencia de la existencia. Esto entra dentro del amansamiento del juego de los años ochenta.

■ Preguntas de pre–lectura

1. ¿Qué temas trata Rossetti en su poesía temprana?
2. ¿Cómo refleja la poesía de Rossetti los cambios de la transición?
3. ¿Qué entiende Ud. por "mirada falocéntrica"?
4. ¿Qué significa para Ud. "poesía erótica"? ¿Y "poesía feminista"?
5. ¿Recuerda otros poemas en que se usara terminología religiosa para hablar del amor o terminología amorosa para hablar de temas espirituales?

Cibeles ante la ofrenda anual de tulipanes

Desprendida[1] su funda,[2] el capullo,[3]
tulipán sonrosado, apretado turbante,
enfureció mi sangre con brusca[4] primavera.
Inoculado el sensual delirio,
5 lubrica mi saliva tu pedúnculo;[5]
el tersísimo[6] tallo que mi mano entroniza.[7]
Alta flor tuya erguida[8] en los oscuros parques;
oh, lacérame[9] tú, vulnerada[10] derríbame[11]
con la boca repleta de tu húmeda seda.
10 Como anillo se cierran en tu redor mis pechos,
los junto, te me incrustas,[12] mis labios se entreabren
y una gota aparece en tu cúspide[13] malva.

Chico Wrangler

Dulce corazón mío de súbito asaltado.
Todo por adorar más de lo permisible.
Todo porque un cigarro se asienta en una boca
y en sus jogosas[14] sedas se humedece.
5 Porque una camiseta incitante[15] señala,
de su pecho, el escudo[16] durísimo,

---

[1] separada.   [2] cubierta, algo que cubre.
[3] Una flor a punto de florecer forma un capullo.
[4] repentina.   [5] base de la flor.   [6] liso.
[7] hace de trono.   [8] erecta.   [9] golpéame.

[10] violada, herida.   [11] tírame.   [12] clavas.
[13] parte más alta.   [14] jugosas.   [15] provocadora.
[16] arma defensiva para proteger el pecho.

y un vigoroso brazo de la mínima manga sobresale.
Todo porque unas piernas, unas perfectas piernas,
dentro del más ceñido[17] pantalón, frente a mí se separan.
10 Se separan.

Calvin Klein, Underdrawers

"Calvin Klein, Underdrawers"
Fuera yo como nevada arena
alrededor de un lirio[18]
hoja de acanto,[19] de tu vientre horma[20]
5 o flor de algodonero que en su nube ocultara
el más severo mármol Travertino.
Suave estuche[21] de tela, moldura de caricias,
fuera yo, y en tu joven turgencia[22]
me tensara.
10   Fuera yo tu cintura,
fuera el abismo oculto de tus ingles,[23]
redondos capiteles[24] para tus muslos fuera.
Fuera yo, Calvin Klein.

■ Preguntas de comprensión

1. ¿Cuál es la anécdota en cada uno de los poemas?
2. ¿Cuál es la circunstancia de la voz poética?
3. ¿Qué observa en cada caso?
4. ¿Qué atributos le da a lo observado?
5. ¿Qué connotaciones tienen los adjetivos usados?

■ Preguntas de análisis

1. En los poemas, ¿qué elementos son tradicionales y cuáles no lo son?
2. ¿Diría que estos poemas son representativos de la poética de Rossetti? ¿Por qué?
3. ¿Los describiría como feministas? ¿Por qué?
4. ¿Cómo son irreverentes y/o rebeldes?
5. ¿Cree que hay una reescritura de la tradición desde el punto de vista femenino?
6. ¿Le recuerdan los poemas a algún otro texto ya leído?
7. ¿Cuál es la relación de poder hombre-mujer en los poemas?
8. ¿Cómo reflejan los poemas la sociedad de la España posterior a Franco?

---

[17] ajustado.   [18] flor de pétalos alargados.
[19] Aparece normalmente cubriendo el cuerpo desnudo de Adán y el de Eva.   [20] molde.
[21] caja para guardar una joya.   [22] parte hinchada, firme.   [23] donde se junta el muslo con el vientre. [24] parte superior de una columna.

■ Temas para informes escritos

1. El uso subversivo de imágenes tradicionales de la poesía de amor en los poemas de Ana Rossetti
2. La poesía de Ana Rossetti como expresión de la nueva mujer de la democracia
3. La ruptura con la tradición y la nueva España democrática

■ Bibliografía mínima

Escaja, Tina F. "Liturgia del deseo en el Devocionario de Ana Rossetti". *Letras Peninsulares* 8.2–3 (Fall 1995–Winter 1996): 453–470.

Ríos Font, Wadda. "To Hold and Behold: Eroticism and Canonicity at the Spanish Fines de Siglo". *Anales de la Literatura Española Contemporánea* 23.1–2 (1998): 14–15, 355–378.

Robbins, Jill. "Seduction, Simulation, Transgression and Taboo: Eroticism in the Work of Ana Rossetti". *Hispanófila* 128 (January 2000): 49–65.

Ugalde, Sharon Keefe. "Erotismo y revisionismo en la poesía de Ana Rossetti". *Siglo XX/ 20th Century* 7 (1989–1990): 24–29.

LOURDES ORTIZ

1943–

Mujer polifacética, Lourdes Ortiz es profesora de historia del arte en la Escuela Real de Arte Dramático de la Universidad Complutense de Madrid. Con anterioridad, había enseñado teoría de la comunicación en esa misma universidad. Extremadamente productiva, tiene en su haber varias novelas, más de media docena de obras de teatro, numerosos cuentos y ensayos y artículos periodísticos.

En sus años universitarios en Madrid (1962–68), Ortiz participó intensamente en el movimiento de oposición al régimen franquista. Era miembro del Partido Comunista Español y se mantenía activa dentro del emergente movimiento feminista. Sus experiencias durante estos años fueron objeto de narración en una primera novela que no ha sido publicada. Abordaba en ella temas de lucha política, desencanto ideológico, represión y homosexualidad. Estos temas son retomados en su primera novela publicada, *Luz de la memoria* (1976). En su segunda novela, *Picadura mortal* (1979), Ortiz entra en la narrativa detectivesca que era tan popular en la época. Le da así a la literatura española su primera detective femenina, si bien sólo superficialmente feminista. En 1982 entra en el género de la novela histórica, con *Urraca*. Se trata ésta de una reescritura de la historia medieval desde un punto de vista de mujer. En *Arcángeles* (1986), explora el proceso de escribir y en *Los motivos de Circe* vuelve a retomar el tema de *Urraca* y da voz a diversas figuras femeninas de la historia antigua y moderna: Eva, Salomé y Mona Lisa, entre otras. En 1998 publica *Fátima de los naufragios,* una colección de historias cortas donde trata temas de ausencia, pasiones épicas y sobrehumanas, deseos insatisfechos y sentimientos insospechados. En general, la obra de Ortiz explora la mayoría de los aspectos y temas que han marcado la narrativa española desde finales de la década de los setenta.

■ Preguntas de pre–lectura

1. ¿De qué temas hablaría Ud. si fuera un escritor cuyo país acaba de salir de un régimen opresivo?
2. ¿Qué significa para Ud. ser una persona políticamente activa? ¿Cree que Lourdes Ortiz entra dentro de esa definición? ¿Por qué?
3. ¿Qué temas trata en su narrativa?
4. ¿Cómo se relacionan esos temas con la España de la posguerra?

Fátima de los naufragios

Fátima de los naufragios[1] la llamaban. Se pasaba las horas junto a la orilla[2] oyendo los sonidos del mar. Unos decían que era vieja y otros joven, pero era imposible percibir la edad tras aquel rostro convertido en máscara que guardaba señales de lágrimas, surcos ovalados bajo las cuencas de los ojos.[3] Las gentes de la
5 aldea de pescadores se habían acostumbrado a su presencia y a su silencio. La muda,[4] la llamaban los niños y los "maderos"[5] pasaban a su lado sin pedirle papeles,[6] como si, viéndola a ella, de pie, inmóvil sobre la playa, transformada en estatua de dolor, ellos pudieran pagar su culpa. "Tiene la mismita cara de la Macarena,[7] una Macarena tostada por el sol", decía la Angustias, sentada ante la puerta
10 de su casa en su sillita de anea. "Es —repetía a quien quisiera oírla— la Macarena de los Moros; es la madre que perdió a su hijo y aún le espera y reza[8] por él, con las manos cubiertas por el manto[9] y estática, como si oyera los mensajes del mar, dialogase con él y aguardase[10] a que el mar escuchara algún día su plegaria."[11] La loca de la playa para los turistas, la mendiga[12] africana. Hubo quien le ofreció tra-
15 bajar en los invernaderos,[13] y una señora de postín[14] se acercó un día a brindarle[15] un trabajo por horas; "parece buena gente y me da lástima",[16] comentó. Los municipales[17] hablaron del asilo y una concejala[18] emprendedora se acercó una vez a proponerle asistencia social y la sopa del pobre. Pero ella siempre bajaba la cabeza en un gesto de humildad o desentendimiento y ambas, la mujer de postín y la con-
20 cejala, creyeron percibir un gorgoteo, un sollozo que no parecía humano, y entendieron el silencio, tan impasible y quieto, como una negativa que imponía respeto. Eso fue al comienzo, pero ahora ya, pasados los años, todos se habían habituado a la presencia callada y sepulcral de la mora, allí quieta día y noche, sobre la playa. De noche, acurrucada[19] junto a las barcas, cubierta por un manto cada vez más
25 opaco y raído; de día, convertida en vigía,[20] alerta a cualquier movimiento de las aguas, con los ojos perdidos, fijos en un punto distante, escuchando los rumores del viento, imperturbable ante las olas crespas[21] o calmas. Allí quieta, expectante, con los ojos clavados en una distancia que ya no era de este mundo. "Está pa' allá",[22] decía Antonio, el pescador. "A mí al principio me daba casi miedo. Pero
30 ahora sé que es sólo una pobre mujer, una chiflada[23] que no hace daño a nadie." Y la mujer de Antonio ponía ración[24] doble en la tartera[25] le hacía un guiño cómplice que él sin comentarios entendía. Antonio se acercaba entonces a la mora y, como quien deposita una ofrenda,[26] dejaba el plato de aluminio con las lentejas todavía calientes o las patatas guisadas. "Sin cerdo; no le pongas cerdo, que su dios
35 no aprueba el cerdo. Si le pones costillas, no las prueba", recomendaba Antonio a la mujer, y ella asentía y echaba a la olla espaldilla de cordero para conseguir la

---

[1] cuando un barco se hunde en el mar.   [2] donde termina la arena y empieza el agua.   [3] ojeras, círculos oscuros bajo los ojos.   [4] no puede hablar.   [5] coloquial: policías.   [6] documentos.
[7] imagen de la virgen muy popular en Sevilla.
[8] dice oraciones.   [9] tela que cubre normalmente las imágenes de la Virgen.   [10] esperara.
[11] súplica, petición humilde y ferviente.
[12] persona que vive en la calle.   [13] lugar en el que se mantienen constantes la temperatura, la humedad y otros factores ambientales para favorecer el cultivo de plantas.   [14] de clase alta.   [15] darle.   [16] pena.   [17] policía local.
[18] miembro del gobierno municipal del pueblo.
[19] encogida.   [20] que vigila.   [21] altas.   [22] está allá.
[23] loca.   [24] porción de comida.   [25] recipiente para poner comida.   [26] da un ofrecimiento, normalmente ante una figura religiosa.

sustancia.[27] Cuando llegue el invierno morirá de frío, decían al principio. Pero el invierno benigno del sur la protegía. Fue entonces, un día de diciembre, cuando el cura[28] del pueblo se acercó hasta la barca y depositó a sus pies la manta[29] casi
40 nueva —que una buena vecina había llevado a la parroquia— y algunos cuentan que esa mañana, al despertarse, los ojos de la mujer se abrieron más, hincó[30] las rodillas en tierra y su frente tocó la arena; permaneció así durante mucho rato y luego tomó la manta y la dejó caer sobre sus hombros, cubriendo el manto que ya comenzaba a clarear,[31] y Lucas, el hijo de Antonio, afirma que cuando se cubrió
45 con aquella manta de franjas rojas y moradas hubo una luz, un aura que la encendía toda, y Lucas niño, asustado, se echó la mano a la boca por el espanto[32] y fue corriendo a su madre gritando que la mujer no era mujer sino fantasma, aparición o sueño, y que desprendía el fulgor[33] de los peces sin desescamar. Felisa, la panadera, oyó comentar a una de sus clientas que la mujer tenía dotes taumaturgas,[34]
50 dotes milagreras y que probablemente con su roce[35] podía curar a los enfermos. Pero nadie se atrevía[36] a acercarse y menos a palparla.[37] La santa mora silenciosa miraba al mar y lo escuchaba, y los pescadores se aproximaban a ella sin turbar[38] su silencio o su recogimiento[39] y desde lejos entonaban plegarias a la Virgen del Carmen, a la que, sin atreverse a formularlo, creían reconocer bajo el manto man-
55 chado de la mora, a la que ya decían la "moreneta".[40]

Tres inviernos habían pasado desde su llegada y sólo a los turistas o a los veraneantes parecía turbarlos la presencia de aquella estatua hecha de arena y sufrimiento que de algún modo perturbaba el paisaje y ponía una nota oscura en el horizonte. "No es mala, ¿sabe usted? —se encargaba de explicarles Paquito, el hijo
60 de la Toña—. Es del otro lado del mar. Llegó aquí un día y se quedó. No es mendiga tampoco. Vive como viven los peces, casi del aire. No pide, no. Ni molesta. Sólo está ahí fija y mira al mar. Hay quien dice que, bueno, no van a creerme, pero es milagrera y al pueblo le trae suerte. Ahí está y nadie se mete con ella."[41] Porque el pueblo entero la había hecho suya y los rumores con el tiempo se habían ido
65 acallando,[42] aquellos que cundieron[43] al principio: "¡Que si está loca, pobre mujer, mejor si la volvieran a su tierra! Allí probablemente tendrá padres o gente que la acoja,[44] familia como cualquier humano." La mujer de la ciudad, la de la casa grande sobre el acantilado, se había interesado por ella aquel primer verano y quiso saber detalles. Y la Encarna explicó lo del marido y lo del hijo, que Moha-
70 med había contado antes de marcharse definitivamente a los invernaderos. Mohamed era un chaval[45] despierto que dijo conocerla, porque venía con ella en la patera[46] y tuvo suerte y pudo llegar a tierra, como pudo llegar la mujer, tras una noche horrible de lucha contra las olas. Fátima se llamaba, aseguró el muchacho, y el marido, dijo, era recio[47] como un roble;[48] incomprensible que se ahogara, aun-
75 que tal vez intentó rescatar al hijo —no más de diez años, quizá nueve—, un niño de cabellos[49] rizados que durante gran parte de la travesía había descansado la

---

[27] salsa y sabor.   [28] sacerdote.   [29] prenda de lana o algodón en forma rectangular usada para cubrir la cama en invierno.   [30] puso.   [31] perder color.   [32] miedo.   [33] brillo.   [34] mágicas.   [35] toque ligero.   [36] tenía el valor.   [37] tocarla.   [38] molestar.   [39] aislamiento.   [40] nombre usado para designar a la Virgen Negra del Monasterio de Montserrat en Barcelona.   [41] nadie la molesta.   [42] habían ido desapareciendo.   [43] abundaron.   [44] le dé casa y la cuide.   [45] niño, chico.   [46] embarcación pequeña de fondo plano usada por inmigrantes para cruzar de África a España.   [47] fuerte.   [48] árbol.   [49] pelo.

cabeza en el regazo de la madre. Hasam el hombre, Hasam el niño. Mala suerte los dos, mala suerte, como tuvieron mala suerte los otros veinticuatro: "Pequeña patera, pequeña, no mucho espacio. Mujeres, niños... Mala cosa traer mujer; mejor
80 dejar mujer cuando uno se lanza a la aventura." Mohamed era un muchacho magrebi[50] que permaneció varios días perdido por los montes y que acabó encontrando trabajo sin que nadie preguntara después ni cuándo ni con qué papeles había llegado. Sabía trabajar. Tenía una risa blanca de resucitado y daba confianza a los patrones[51] y a los mozos. La primera vez que se cruzó con ella, una mañana
85 en que con otros se acercó hasta el pueblo, tuvo él también un escalofrío,[52] un estremecimiento, como si viera la imagen de la muerte, el cuerpo de una sirena que hubiera salido de las aguas. Fátima es, dijo a los otros, Fátima es, repetía y entonces ellos le dijeron que se acercara a ella y que le hablase, que tal vez si a él le reconocía pudiera al fin salir de su mutismo, de aquel extraño ensimismamiento en
90 el que permanecía desde que un día la habían descubierto allí de pie, en la playa. "Mujer salvada, raro, difícil salvarse. Él, sólo él, Mohamed, tuvo suerte. Alá fue bueno con él —contaba— porque él buen nadador, él preparado durante meses, durante años, nadando como un pez allá, cerca de Alhozaima, en un mar hermano, muy parecido, mar como éste azul, con olas suaves, bonitas playas también
95 allá. Pero mujer no fuerte, mujer no dura, mujer no posible salvarse, como no pudieron salvarse los otros veinticuatro. Fue viento malo, terrible mar, olas inmensas que primero abrazaban la patera y al final acabaron volcándola.[53] A muchas millas de la costa. Lejos, muy lejos." Mohamed ponía los ojos en blanco cuando recordaba aquella noche, ojos de pescado recién sacado del mar, ojos de incertidum-
100 bre,[54] y repetía la plegaria, Alá es grande; él, niño nacido de nuevo de las aguas, rescatado por un dios benigno, que le llevó, moviendo sin cesar[55] los brazos, hasta la arena húmeda de una playa vacía, una playita salvaje sin casas, ni personas, una playa diminuta pero que resultó cuna donde pudo permanecer casi sin aliento, casi sin fuerzas durante dos largos días y dos noches hasta que el hambre y el des-
105 fallecimiento[56] le obligaron a moverse, le hicieron andar y andar hasta llegar por fin a aquella casa, una casa de adobe[57] donde la mujer, una mujer de edad, al verle semidesnudo y con aquella barba crecida, se santiguó[58] y le ofreció pan y habas[59] frescas. Todavía lo recuerda Mohamed, recuerda perfectamente y puede describir con detalle la mano regordeta de la vieja que le dio de beber aquellas primeras go-
110 tas de agua dulce, gotas que, al roce de los labios, parecían quemar. Habas frescas y agua caliente que luego fermentaron en su estómago produciéndole aquellos desacostumbrados retortijones[60] de vida, aquella virulencia[61] del aire encerrado en sus tripas que luchaba por escapar y que provocó las risas de la vieja y la sonrisa blanca de Mohamed, el resucitado, esa sonrisa extraña de anuncio de dentífrico[62]
115 que ya no habría de apagarse. Vieja generosa y hombre bueno que le proporcionaron cama y comida aquella noche y que dos semanas más tarde le conectaron con el capataz[63] que le dio buen trabajo en el invernadero. Gente de bien, humilde, con la que pudo compartir el pescado salado y las sabrosas *migas*,[64] migas seme-

---

[50] del Magreb (Marruecos, Argelia y Túnez).
[51] jefes. [52] sensación de frío. [53] desestabilizándola, dándole la vuelta. [54] inseguridad.
[55] parar. [56] cansancio, agotamiento. [57] barro.
[58] hizo la señal de la cruz. [59] tipo de legumbre.

[60] dolor en el estómago. [61] violencia. [62] pasta para limpiar los dientes. [63] persona que dirige el invernadero. [64] plato muy típico del sur hecho con pan picado y frito, con sal, ajo y pimentón.

jantes al cuscús, con sardinas y olivas y uvas. Migas que le devolvieron las fuerzas
120 y le permitieron volver a ser aquel Mohamed que durante tanto tiempo se había
entrenado en su tierra para la travesía. "Yo hablar español, poquito español, yo entenderme. Amigo español Alhozaima enseñó a mí. Yo ver televisión española. Yo
amar España. Yo querer también Almería.[65] Amigo mío, amigo que también venía,
también entrenado, no pudo llegar. Raro. Raro que mujer se salve, mujer más dé-
125 bil, mujer bruja o fantasma."

      Pero ellos le animaron[66] y Mohamed se acercó al fin y, cuando estuvo cerca,
le habló en su lengua y ella movió la cabeza. Desde lejos los hombres contemplaban la escena y Paquito comentaba en voz alta: "Seguro que le reconoce, seguro
que le gusta escuchar una voz que al fin entiende." Pero Mohamed se quedó allí
130 parado, como si una barrera[67] le separara de la mujer que mantenía ahora los ojos
bajos y que se había cubierto todo el rostro con la manta del cura, avergonzada o
púdica[68] ante la presencia del muchacho. Los hombres desde lejos percibían el
azoramiento[69] de Mohamed. "¡Qué va a reconocerle —decía Antonio— si está pa'
allá! El mar le ha vaciado el cerebro. El chico afirma que ella es Fátima, pero ella,
135 si fue Fátima, ya no sabe ni quién es. Ella, os lo digo, ya no es de este mundo." El
viejo Antonio, sabio y cabezón, decía que no con la cabeza: "Si lo sabré yo." Virgen o santa, salida de las aguas como una premonición, como una advertencia.[70]
"Demasiados muertos, muchos muertos; el mar se los traga, pero el mar nos la ha
devuelto a ella, para que sepamos que las cosas no están bien, que no es bueno
140 que...", rezongaba[71] el Antonio, y los demás asentían mientras veían cómo Mohamed se apartaba de la mora y se dirigía de nuevo hacia ellos caminando cabizbajo[72] con las manos metidas en los bolsillos de la chupa[73] vaquera. "Se quedó
muda con el mar —decía Paquito—, muda y tal vez sorda. ¿Cómo no va a conocer
a su paisano?"[74] Y cuando Mohamed llegó hasta ellos todos querían saber. "¿Es la
145 Fátima que decías o no es la Fátima?", inquiría nervioso el Constantino, hombre
de mucho navegar, hombre de pocas palabras, provocando con su curiosidad la
sorpresa del grupo, ya que el Constantino apenas demostraba interés por nada
que no fueran sus redes;[75] sólo alguna vez le venían como recuerdos de parajes[76]
lejanos, de puertos con mujeres de caderas anchas y labios generosos, sólo de vez
150 en cuando, cuando el coñac desataba su lengua y los recuerdos y mezclaba parajes fabulosos, barcos enormes de gran calado. Constantino había sido marinero en
un barco mercante durante casi veinte años, olvidando el oficio de pescador que
sólo había recuperado a su regreso a la aldea. Fijo siempre en las redes, Constantino, experto en repararlas y callado, ajeno[77] a toda la vida del pueblo, a los ru-
155 mores y a las cosas. Sólo de vez en cuando, pero esa noche no era el coñac sino el
anhelo de una respuesta, que todos esperaban, el que le impulsaba a preguntar,
también él, ¿por qué no?, intrigado por la mora, también pendiente de las palabras
entrecortadas y mal dichas de Mohamed. "Sí que es la Fátima. Lo juraría con permiso de Alá. Pero es una Fátima cambiada. La Fátima que yo vi era más joven,
160 más..." Dejó la frase sin acabar y todos completaron las caderas más firmes de la
mujer, la piel más tibia;[78] quitaron las arrugas de los ojos y las huellas de lágrimas
en las mejillas: una mujer hermosa y cálida, erguida, con los pechos firmes y las

---

[65] provincia del sur de España. [66] dar energía.
[67] pared. [68] casta. [69] susto, vergüenza.
[70] aviso. [71] gruñir, decir como protestando.
[72] con la cabeza baja. [73] chaqueta corta.

[74] del mismo país, ciudad. [75] aparejo de pescar.
[76] lugares. [77] no consciente. [78] entre caliente
y frío.

manos diestras.[79] "Era joven y bien puesta[80] la Fátima que yo vi. Y cha... cha... cha... charlatana.[81] No paraba de hablar. Nosotros mareados de tanta charla y el
165 marido desconfiado. Mujer que habla mucho, mujer que hay que vigilar. Pero ella, la Fátima que vi, estaba contenta, emocionada con el viaje, animada y animaba. Ella decía: 'Todo bien, bonito viaje, buena noche, buena luna.' Cantaba canciones para el niño, para que se durmiera y no tuviera miedo. Ella bonita voz. Esperábamos y todos nervios, muchos nervios. Ella tranquila. Ella hermosa y joven. La
170 mujer —y señalaba Mohamed hacia la sombra— arrugas, la mujer edad, mucha edad, no sé cuánta. Distinta. No parecida, no igual a la Fátima que yo vi." Y los hombres asentían y se cruzaban miradas de "¿ves?, ya te lo he dicho", una Fátima maga,[82] una mujer de ninguna parte, salida de las aguas. "Mucho sufrir —dijo el Antonio— seca la piel y pone canas",[83] y Mohamed encogió los hombros, dando
175 a entender que podía ser, pero que él no habría asegurado, que su reconocimiento ya había concluido y que no decía ni que sí ni que no, que de lejos parecía la Fátima, pero de cerca podía no serlo.

La sombra de la mujer allá lejos, inmóvil, recortada contra el azul oscuro del horizonte, ligeramente iluminada por la luna. "Hay algunos que vuelven —dijo
180 Paquito—, vuelven del más allá",[84] y el Constantino, que esa noche estaba extrañamente animado, dijo: "Yo sé que vuelven. ¿No han de volver?", y todos sabían que pensaba en aquel marinero errante que visita puertos y se pasea sobre las aguas, aquel espíritu o espectro que él llegó a conocer en un puerto del norte, allá por los años cuarenta. Pero ninguno quería volver a oír de labios de Constantino
185 la historia del marinero que salió de las aguas, de ese muerto viviente que no se permitía descanso y que podía confundir al marinero en tierra y quitar la razón al marinero que dormía plácidamente[85] sobre la cubierta, dejándose mecer[86] por el mar.

Pero de aquel reconocimiento y de aquellos temores hacía mucho tiempo, y
190 la mujer permanecía allí sin que nadie se inquietara[87] ya por su presencia. De vez en cuando en la Fonda María, la mujer del cartero dejaba correr los rumores o se ponía patética y decía: "Si a mí la mar se me llevara un hijo y un esposo que tenía la fuerza de un roble, ¡quieta iba a estarme yo! ¡Bastante hace ella con soportar lo que tiene que soportar! Yo no sé si está loca o está cuerda.[88] Pero a veces, cuando
195 la veo allí fija, me dan ganas de ponerme a su lado y... no sé, quedarme allí quieta a su vera,[89] porque yo sé bien lo que es perder a un padre y a un abuelo, ¡que el mar es muy suyo[90] y muy traicionero!, y no sabe el que no lo ha pasado lo que es el dolor, lo que es la desesperación, lo que es..." Y las mujeres se distraían por un momento de sus tareas y pensaban en el hijo que salió a la mar, en el marido que
200 aquella noche, ¡Dios mío, qué angustia!, volvió tarde, o aquella vez en que la barca del Felipe vagó a la deriva[91] para acabar estrellándose contra el acantilado[92] y los hombres llegaron a la playa ateridos de frío y agotados de tanta lucha con el mar, o aquella otra en que tuvieron que rescatar a Blas o cuando el Marcelino perdió su barca y perdió su pierna, enredada en la hélice.[93] Pasaba un ángel sobre el grupo
205 y entonces todas comprendían a la mora y se ponían en su lugar y la mora era

---

[79] hábiles.   [80] guapa.   [81] que habla mucho.
[82] que hace magia.   [83] pelo blanco.   [84] lugar
más allá de la muerte.   [85] tranquilamente.
[86] mover.   [87] se pusiera nervioso.   [88] con todas
sus capacidades mentales.   [89] lado.

[90] imprevisible, tiene sus propias reglas.
[91] perdió la dirección.   [92] costa cortada
verticalmente.   [93] parte de un barco de motor
que gira e impulsa el barco.

como una proyección de sus miedos y una especie de garantía de pacto con las aguas. Fantasma, aparición o santa o virgen morena, contagiaba su añoranza,[94] y los muertos familiares, los náufragos, presas no devueltas de las aguas tantas veces inclementes, revoloteaban con sus murmullos, asentándose en la cabeza de las
210 mujeres que creían oír, como tal vez escuchaba la mora, los lamentos de todos los desaparecidos en esa aldea que desde siempre vivía del mar y para el mar.

Aquella mañana, una mañana de junio de esas de mar revuelto[95] y fuertes vientos de poniente, el Lucas, que había madrugado para esperar el regreso de la barca que salió a la sardina, vio a la mujer doblada sobre el cuerpo y corrió al pue-
215 blo a avisar del portento: "Que el hijo de la mora ha regresado —gritó—, y que ella le tiene en su regazo y que le acuna[96] y parece que le canta, que yo lo he visto, que es verdad lo que digo: un niño grande de cabello rizado, que le tiene tumbado sobre las piernas y que le mece." El revuelo de las mujeres y de los hombres, y la palabra "milagro" entre los dientes. Uno tras otro y con respeto se fueron lle-
220 gando a la playa que estaba naranja y plata con la luz del amanecer, y allí permanecía la mujer crecida[97] sobre la arena, hecha Piedad que sostenía el cuerpo bruno[98] del muchacho sobre sus sólidas piernas abiertas como cuna y con sus manos limpiaba la sal y quitaba las algas prendidas del cabello. Un cuerpo de hombre joven medio desnudo, miguelangelesco[99] y bien torneado que recibía los pri-
225 meros rayos del sol y resultaba hermoso, desplomado[100] sobre las rodillas de la madre. El Antonio, desde lejos, movió la cabeza y dijo: "Ése no es su hijo. El Mohamed contó que tendría unos nueve años y ése es un mozo hecho y derecho. El marido tal vez. ¿Pero cómo va a regresar el marido después de casi cuatro años?"

El sol se alzaba sobre la playa y envolvía con su luz más dorada al grupo de
230 la mujer, que sostenía el cuerpo yerto[101] sentada sobre la arena. El cuerpo vomitado por las aguas era oscuro, del color del ébano, y relucía, limpio y suave, una mancha negra y brillante, espléndida sobre el manto de franjas rojas y moradas de la mujer. "Te digo que está muerto, que es otro más de los muchos que escupen las aguas últimamente, que no tiene nada que ver con la mora, que ése es de tie-
235 rra más adentro, del Senegal o del Congo o de sabe Dios dónde", explicaba cauto Marcelino, mientras los demás se iban acercando sin atreverse del todo a interrumpir el canto de la mora, que dejaba caer sus lágrimas sobre el rostro tan redondo y perfecto del Cristo africano. La mujer tenía enredados los dedos en los bucles,[102] tan negros y prietos,[103] y se mecía hacia adelante y atrás. "A lo mejor no
240 está muerto todavía; alguien debería acercarse y hacerle el boca a boca", sugería Felipe, que había presenciado ya el rescate con vida de muchos otros que en un primer momento parecían perdidos. "Te digo que es fiambre[104] —repetía el Antonio—, y habría que quitárselo a la loca para proceder como hay que proceder, y alguien debería llamar a la autoridad para que se hicieran cargo." La mujer, ajena
245 al corro de curiosos que se iba formando a sólo pocos metros de distancia, besaba ahora las mejillas del muchacho tan oscuro de piel, y todos pudieron ver su sonrisa, la sonrisa de una madre que acaba de escuchar las primeras palabras balbucidas por su hijo: ta, ta, pa, pa, ma, ma; una sonrisa suave, complacida. "Nuestra señora de los naufragios, virgen de las pateras, madre amantísima, ruega por no-

---

[94] nostalgia. [95] con muchas olas. [96] mover a un niño en brazos para que se duerma. [97] más grande. [98] oscuro. [99] propio de Miguel Ángel, el artista renacentista. [100] caído. [101] rígido. [102] rizos. [103] densos. [104] cadáver.

250 sotros",[105] comenzó a murmurar la mujer de Antonio, cayendo de rodillas en la arena, y una a una todas las mujeres fueron postrándose, mientras los hombres inclinaban la cabeza. Y se hizo un silencio de misa de domingo, y la mora cubría el cuerpo del hijo con el manto de franjas rojas y moradas, y sólo se escuchaba el sonido del mar, un aleteo rítmico del ir y venir de las olas que convertía a la playa

255 en catedral, encendida por los rayos del sol cada vez más poderosos. Y entonces la mujer depositó con cuidado el cuerpo en el suelo, se puso de pie, ya sin su manto, y todos pudieron ver la delgadez de sus caderas, sus escuálidos[106] brazos y la silueta doblada de su cuerpo famélico.[107] Y la mujer de Antonio fue hasta su casa y cuando regresó se acercó hasta la orilla y dejó caer junto al cuerpo del joven el ge-

260 ranio recién cortado, ese geranio amoratado que cultivaba en una gran lata a la puerta de su casa, y poco a poco una a una se fueron acercando las mujeres del pueblo con su ofrenda de flores amarillas y rojas y violetas y una de ellas, la Clara, se atrevió más y cerró los ojos del muchacho, tan blancos y desorbitados en medio de aquella piel tan negra. Y el rezo de las mujeres se unió al bramido[108] terco del

265 mar y sobre el cuerpo del muchacho, que yacía en tierra, una gaviota blanca y negra volaba haciendo círculos, paloma marina, soplo del amor, y alguien creyó escuchar una voz que decía: "Éste es mi hijo muy amado."[109] Fue tal vez la voz rotunda[110] de la mujer que brotaba ronca desde las entrañas tan frágiles de aquel cuerpo desmadejado, una voz ancestral que más bien —así lo comentaban des-

270 pués las mujeres con una mezcla de arrobo[111] y temor— parecía proceder de las nubes y repicar entre la espuma, creando eco, reverberando contra las casas blancas. Y entonces ella, la mujer, sin que nadie hiciera nada por detenerla, comenzó a caminar hacia las aguas y se adentró despacio en el mar. Y su túnica de algodón dejaba traslucir su cuerpo de espina, una línea vertical y limpia sobre el azul que

275 cada vez se iba acortando más hasta llegar a ser un punto oscuro sobre la tranquila superficie de las aguas, una cabeza morena diminuta y despeinada que al instante dejó de verse. En la playa todos permanecían quietos, sin hacer un solo gesto para detenerla, como había estado la mujer quieta y fija durante tantos meses: era como si una mano invisible los detuviera, un cristal transparente les impidiera el paso

280 o un gas, diluido en el aire, los hubiera convertido en estatuas, impidiendo cualquier movimiento. Las mujeres velaron[112] al cuerpo del ahogado durante todo el día y toda la noche y, cuando las autoridades se llevaron el cuerpo, metiéndole sin ninguna consideración en aquella bolsa de plástico negra, hicieron un pequeño túmulo[113] con los guijarros[114] de la orilla en el lugar exacto donde la mujer había ve-

285 lado durante tanto tiempo y donde después había descansado el cuerpo inerte del joven africano.

Desde entonces todo el que pasa añade un guijarro al modesto túmulo y algunos dicen que, si uno se detiene un momento y mira hacia el mar, puede escuchar el lamento o la plegaria o la canción de cuna de aquella a la que ya todos

290 llaman la Virgen de las pateras, nuestra señora de los naufragios.

---

[105] secuencia similar a la dicha en el rezo del rosario. [106] muy delgados. [107] que pasa hambre. [108] ruido, grito. [109] palabras que dijo Dios sobre Jesús. [110] fuerte. [111] éxtasis. [112] pasaron la noche cuidando el difunto. [113] montañita. [114] piedras.

■ Preguntas de comprensión

1. ¿Cómo llaman a la protagonista del cuento? ¿Por qué la llaman así?
2. ¿En qué parte de España está? ¿Cómo ha llegado ahí?
3. ¿Qué hace en la playa?
4. ¿Qué piensan de ella los habitantes del pueblo?
5. ¿Qué atributos le dan? ¿Con qué tradiciones la asocian?
6. ¿Qué le regala el cura? ¿Cómo la ven las personas del pueblo después de ese regalo?
7. ¿Quién es Mohamed?
8. ¿Cómo habla? ¿Por qué?
9. ¿Qué milagro ocurre al final del cuento?
10. ¿Qué hace la mujer?
11. ¿Cómo reacciona el pueblo?

■ Preguntas de análisis

1. El texto describe a Fátima con diferentes términos, entre ellos "santa mora". ¿Cuáles son las dos tradiciones que se unen en esa expresión?
2. ¿Cuál es la relevancia de esas dos tradiciones en la historia y la cultura de España?
3. ¿Hay otros elementos en el texto que pertenezcan a esas tradiciones? ¿Cuáles son?
4. ¿Cómo se reescribe la historia desde una nueva perspectiva a través de este relato? ¿En qué sentido supone una rebelión contra la tradición o la norma?
5. ¿Qué función tiene la reproducción de la forma de hablar de los emigrantes magrebíes en España?
6. Después de que Fátima muere, los del pueblo la llaman "Virgen de las pateras, nuestra señora de los naufragios". ¿Qué puede significar ese nombre?
7. ¿Cómo se explica el título?
8. ¿Cómo se relaciona el cuento con la España contemporánea?

■ Temas para informes escritos

1. La relevancia de la reescritura de la tradición religiosa en el relato
2. La sociedad del relato como eco de la nueva sociedad global en España
3. Una comparación entre las imágenes de mujer que presentan Rossetti y Ortiz

■ Bibliografía mínima

Hart, Patricia. "The Picadura and Picardía of Lourdes Ortiz". *The Spanish Sleuth.* Rutherford: Fairleigh Dickinson UP, 1987. 172–181.
Ordóñez, Elizabeth. "Rewriting Myth and History: Three Recent Novels by Women". *Feminine Concerns in Contemporary Spanish Fiction by Women.* Ed. Roberto Manteiga, Carolyn Galerstein, and Kathleen McNerney. Potomac: Scripta Humanistica, 1988. 6–28.
Spires, Robert C. "Lourdes Ortiz: Mapping the Course of Postfrancoist Fiction". *Women Writers of Contemporary Spain.* Newark: U of Delaware P, 1991. 198–216.

MANUEL RIVAS

1957—

Escritor y periodista, Manuel Rivas inició su carrera muy joven, colaborando con diversos medios de comunicación. Su obra se compone de poesía, novela, relatos cortos y ensayos. Escribe originalmente en gallego, si bien su obra ha sido traducida a diversos idiomas y es bien conocida y leída en toda España. Su primera obra publicada fue de poesía, en 1979: *Libro do Entroido* (*Libro del Carnaval*). A continuación vendrían muchas otras obras, tanto de poesía—*Balada nas praias do norte* (*Baladas en las playas del norte*, 1985), *Ningún cisne* (1989)—como de ficción—*Un millón de vacas* (1990), *Os comedores de patacas* (*Los comedores de patatas*, 1992), *Toxos e flores* (*Toxos y flores*), *En salvaxe compañía* (*En salvaje compañía*, 1994), *¿Qué me queres amor?* (*¿Qué me quieres amor?*, 1996), *O lapis do carpinteiro* (*El lápiz del carpintero*, 1998), y *As chamadas perdidas* (*Las llamadas perdidas*, 2003), entre otras.

Uno de los temas de la narrativa de Rivas es el recuerdo y la reflexión sobre la guerra civil española, obvio en obras como *¿Qué me queres amor?* y *O lapis do carpinteiro*. Se llena así, según el autor, un cierto vacío que reclama una necesidad de decir y hablar sobre la época. Afirma que existe una falta de diálogo sobre la época franquista. Alega también que el hablar de la guerra civil española sirve como una metáfora para hablar "de todas las guerras, de los mecanismos de producción de odio, de suspensión de las conciencias". Para Rivas, hablar de la guerra es lidiar con la historia actual. Según el autor, se nota en su narrativa la influencia de la tradición oral. De pequeño, en la casa de su abuelo, solía escuchar a escondidas las historias que los adultos se contaban alrededor del fuego. Asegura que en ese tipo de tradición está el germen de todos los géneros modernos: literatura romántica, erótica, de aventuras, de misterio, de miedo, etc.

En la actualidad, es colaborador habitual de varios periódicos en gallego y en español: *El País, El Ideal Gallego* y *La Voz de Galicia*, entre otros.

■ Preguntas de pre-lectura

1. ¿Cree que recordar el pasado es importante para una sociedad? ¿Por qué?
2. ¿Por qué sería importante recordar la guerra civil?
3. ¿Qué características cree que tienen las narraciones orales en contraste con los relatos escritos?
4. ¿Recuerda alguna manifestación cultural que emprenda una exploración del pasado?

La lengua de las mariposas

A Chabela

"¿Qué hay, Pardal?[1] Espero que por fin este año podamos ver la lengua de las mariposas."

El maestro[2] aguardaba desde hacía tiempo que les enviasen un microscopio a los de la Instrucción Pública. Tanto nos hablaba de cómo se agrandaban[3] las co-
5 sas menudas[4] e invisibles por aquel aparato que los niños llegábamos a verlas de verdad, como si sus palabras entusiastas tuviesen el efecto de poderosas lentes.

"La lengua de la mariposa es una trompa enroscada como un muelle[5] de reloj. Si hay una flor que la atrae, la desenrolla[6] y la mete en el cáliz[7] para chupar.[8] Cuando lleváis el dedo humedecido a un tarro[9] de azúcar, ¿a que sentís ya el dulce
10 en la boca como si la yema[10] fuese la punta de la lengua? Pues así es la lengua de la mariposa."

Y entonces todos teníamos envidia de las mariposas. Qué maravilla. Ir por el mundo volando, con esos trajes[11] de fiesta, y parar en flores como tabernas con ba-
rriles llenos de almíbar.[12]

15 Yo quería mucho a aquel maestro. Al principio, mis padres no podían creerlo. Quiero decir que no podían entender cómo yo quería a mi maestro. Cuando era un pequeñajo,[13] la escuela era una amenaza terrible. Una palabra que se blandía[14] en el aire como una vara de mimbre.[15]

"¡Ya verás cuando vayas a la escuela!"[16]

20 Dos de mis tíos, como muchos otros jóvenes, habían emigrado a América para no ir de quintos[17] a la guerra de Marruecos. Pues bien, yo también soñaba con ir a América para no ir a la escuela. De hecho, había historias de niños que huían[18] al monte para evitar aquel suplicio.[19] Aparecían a los dos o tres días, ateridos[20] y sin habla, como desertores[21] del Barranco del Lobo.

25 Yo iba para seis años y todos me llamaban Pardal. Otros niños de mi edad ya trabajaban. Pero mi padre era sastre y no tenía tierras ni ganado. Prefería verme lejos que no enredando[22] en el pequeño taller de costura. Así pasaba gran parte del día correteando por la Alameda, y fue Cordeiro, el recogedor de basura y hojas secas, el que me puso el apodo: "Pareces un pardal".

30 Creo que nunca he corrido tanto como aquel verano anterior a mi ingreso[23] en la escuela. Corría como un loco y a veces sobrepasaba[24] el límite de la Ala-
meda[25] y seguía lejos, con la mirada puesta en la cima[26] del monte[27] Sinaí, con la ilusión[28] de que algún día me saldrían alas y podría llegar a Buenos Aires. Pero jamás sobrepasé aquella montaña mágica.

35 "¡Ya verás cuando vayas a la escuela!"

Mi padre contaba como un tormento, como si le arrancaran[29] las amígdalas[30]

---

[1] palabra en gallego para "gorrión", un tipo de pájaro. [2] profesor. [3] se hacían más grandes. [4] pequeñas. [5] pieza de metal moldeada de modo que tiende a recuperar su forma original. [6] extiende. [7] copa que forman los pétalos de las flores. [8] beber. [9] recipiente. [10] punta del dedo. [11] ropa. [12] jugo azucarado. [13] muy pequeño. [14] movía. [15] palo largo, delgado y flexible. [16] (amenaza). [17] soldados de poca categoría. [18] escapaban. [19] castigo. [20] con mucho frío. [21] los que abandonan sus tropas. [22] molestando. [23] entrada. [24] iba más allá. [25] parque. [26] punto más alto. [27] montaña. [28] el deseo. [29] sacar violentamente. [30] órgano formado por la reunión de numerosos nódulos linfáticos.

con la mano, la forma en que el maestro les arrancaba la jeada[31] del habla, para que no dijesen *ajua* ni *jato* ni *jracias.* "Todas las mañanas teníamos que decir la frase *Los pájaros de Guadalajara tienen la garganta llena de trigo.* ¡Muchos palos[32] llevamos por
40 culpa de Juadalagara!" Si de verdad me quería meter[33] miedo, lo consiguió. La noche de la víspera[34] no dormí. Encogido en la cama, escuchaba el reloj de pared en la sala con la angustia de un condenado. El día llegó con una claridad de delantal[35] de carnicero. No mentiría si les hubiese dicho a mis padres que estaba enfermo.

El miedo, como un ratón, me roía las entrañas.

45 Y me meé. No me meé en la cama, sino en la escuela.

Lo recuerdo muy bien. Han pasado tantos años y aún siento una humedad cálida y vergonzosa resbalando[36] por las piernas. Estaba sentado en el último pupitre,[37] medio agachado[38] con la esperanza de que nadie reparase en mi presencia, hasta que pudiese salir y echar a volar por la Alameda.

50 "A ver, usted, ¡póngase de pie!"

El destino siempre avisa. Levanté los ojos y vi con espanto que aquella orden iba por mí. Aquel maestro feo como un bicho[39] me señalaba con la regla.[40] Era pequeña, de madera, pero a mí me pareció la lanza de Abd el Krim.

"¿Cuál es su nombre?"

55 "Pardal".

Todos los niños rieron a carcajadas.[41] Sentí como si me golpeasen con latas[42] en las orejas.

"¿Pardal?"

No me acordaba de nada. Ni de mi nombre. Todo lo que yo había sido hasta
60 entonces había desaparecido de mi cabeza. Mis padres eran dos figuras borrosas[43] que se desvanecían[44] en la memoria. Miré hacia el ventanal, buscando con angustia los árboles de la Alameda.

Y fue entonces cuando me meé.

Cuando los otros chavales se dieron cuenta, las carcajadas aumentaron y re-
65 sonaban como latigazos.[45]

Huí.[46] Eché a correr como un locuelo[47] con alas. Corría, corría como sólo se corre en sueños cuando viene detrás de uno el Hombre del Saco.[48] Yo estaba convencido de que eso era lo que hacía el maestro. Venir tras de mí. Podía sentir su aliento[49] en el cuello, y el de todos los niños, como jauría[50] de perros a la caza de
70 un zorro. Pero cuando llegué a la altura del palco de la música[51] y miré hacia atrás, vi que nadie me había seguido, que estaba a solas con mi miedo, empapado[52] de sudor y meos. El palco estaba vacío. Nadie parecía fijarse en mí, pero yo tenía la sensación de que todo el pueblo disimulaba, de que docenas de ojos censuradores me espiaban tras las ventanas y de que las lenguas murmuradoras no tardarían en
75 llevarles la noticia a mis padres. Mis piernas decidieron por mí. Caminaron hacia

---

[31] característica dialectal de ciertas partes de Galicia; consiste en pronunciar la "g" de "gato" como "j" (jota).   [32] golpes.   [33] causar.
[34] anterior.   [35] pieza de tela que usan cocineros o carniceros para no manchar su ropa.
[36] bajando.   [37] mesa y silla en la clase.
[38] con la cabeza inclinada.   [39] animal.
[40] utensilio de madera usado para medir.

[41] mucho.   [42] recipientes de metal para poner comida o bebida.   [43] poco definidas.
[44] desaparecían.   [45] golpe dado con un látigo.
[46] escapé.   [47] loco.   [48] figura con la que se asusta a los niños.   [49] respiración.   [50] grupo.
[51] plataforma donde se toca música en un parque o plaza.   [52] mojado.

el Sinaí con una determinación desconocida hasta entonces. Esta vez llegaría hasta Coruña y embarcaría de polizón[53] en uno de esos barcos que van a Buenos Aires.

Desde la cima del Sinaí no se veía el mar, sino otro monte aún más grande, con peñascos[54] recortados como torres de una fortaleza inaccesible. Ahora re-
80 cuerdo con una mezcla de asombro[55] y melancolía lo que logré hacer aquel día. Yo solo, en la cima, sentado en la silla de piedra, bajo las estrellas, mientras que en el valle se movían como luciernagas[56] los que con candil[57] andaban en mi busca. Mi nombre cruzaba la noche a lomos de los aullidos[58] de los perros. No estaba impresionado. Era como si hubiese cruzado la línea del miedo. Por eso no lloré ni me
85 resistí cuando apareció junto a mí la sombra recia[59] de Cordeiro. Me envolvió con su chaquetón y me cogió en brazos. "Tranquilo, Pardal, ya pasó todo".

Aquella noche dormí como un santo, bien arrimado a[60] mi madre. Nadie me había reñido. Mi padre se había quedado en la cocina, fumando en silencio, con los codos sobre el mantel de hule,[61] las colillas amontonadas en el cenicero de con-
90 cha de vieira,[62] tal como había sucedido cuando se murió la abuela.

Tenía la sensación de que mi madre no me había soltado la mano durante toda la noche. Así me llevó, cogido como quien lleva un serón, en mi regreso a la escuela. Y en esta ocasión, con el corazón sereno,[63] pude fijarme por vez primera en el maestro. Tenía la cara de un sapo.[64]
95 El sapo sonreía. Me pellizcó[65] la mejilla con cariño. "Me gusta ese nombre, Pardal". Y aquel pellizco me hirió como un dulce de café. Pero lo más increíble fue cuando, en medio de un silencio absoluto, me llevó de la mano hacia su mesa y me senté en su silla. Él permaneció de pie, cogió un libro y dijo:

"Tenemos un nuevo compañero. Es una alegría para todos y vamos a reci-
100 birlo con un aplauso." Pensé que me iba a mear de nuevo por los pantalones, pero sólo noté una humedad en los ojos. "Bien, y ahora vamos a empezar un poema. ¿A quién le toca? ¿Romualdo? Venga, Romualdo, acércate. Ya sabes, despacito[66] y en voz bien alta."

A Romualdo los pantalones cortos le quedaban ridículos. Tenía las piernas
105 muy largas y oscuras, con las rodillas llenas de heridas.

Una tarde parda y fría...

"Un momento, Romualdo, ¿qué es lo que vas a leer?"

"Una poesía, señor."

"¿Y cómo se titula?"
110 "*Recuerdo infantil*. Su autor es don Antonio Machado."

"Muy bien, Romualdo, adelante. Con calma y en voz alta. Fíjate en la puntuación."

El llamado Romualdo, a quien yo conocía de acarrear[67] sacos de piñas[68] como niño que era de Altamira, carraspeó[69] como un viejo fumador de picadura[70]
115 y leyó con una voz increíble, espléndida, que parecía salida de la radio de Manolo Suárez, el indiano[71] de Montevideo.

---

[53] pasajero que no ha pagado el boleto en un barco. [54] rocas. [55] sorpresa. [56] insectos que dan luz. [57] lámpara de aceite. [58] ladridos. [59] sólida. [60] cerca de, pegado a. [61] plástico duro. [62] tipo de marisco. [63] tranquilo.

[64] anfibio de cuerpo gordo, robusto y ojos saltones. [65] agarró. [66] despacio. [67] llevar. [68] fruto del pino. [69] aclaró la garganta. [70] tabaco picado. [71] persona que emigró a América.

Una tarde parda y fría
de invierno. Los colegiales
estudian. Monotonía
120   de lluvia tras los cristales.
Es la clase. En un cartel
se representa a Caín
fugitivo y muerto Abel,
junto a una mancha carmín...[72]

125   "Muy bien. ¿Qué significa *monotonía de lluvia*, Romualdo?", preguntó el maestro.

"Que llueve sobre mojado, don Gregorio".

"¿Rezaste?", me preguntó mamá, mientras planchaba la ropa que papá había cosido durante el día. En la cocina, la olla[73] de la cena despedía un aroma
130 amargo de nabiza.[74]

"Pues sí", dije yo no muy seguro. "Una cosa que hablaba de Caín y Abel".

"Eso está bien", dijo mamá, "no sé por qué dicen que el nuevo maestro es un ateo".

"¿Qué es un ateo?"

135   "Alguien que dice que Dios no existe". Mamá hizo un gesto de desagrado[75] y pasó la plancha con energía por las arrugas de un pantalón.

"¿Papá es un ateo?"

Mamá apoyó la plancha y me miró fijamente.

"¿Cómo va a ser papá un ateo? ¿Cómo se te ocurre preguntar esa bobada?"[76]

140   Yo había oído muchas veces a mi padre blasfemar contra Dios. Lo hacían todos los hombres. Cuando algo iba mal, escupían en el suelo y decían esa cosa tremenda contra Dios. Decían las dos cosas: me cago[77] en Dios, me cago en el demonio. Me parecía que sólo las mujeres creían realmente en Dios.

"¿Y el demonio? ¿Existe el demonio?"

145   "¡Por supuesto!"

El hervor hacía bailar la tapa[78] de la cacerola. De aquella boca mutante salían vaharadas de vapor y gargajos de espuma y verdura. Una mariposa nocturna revoloteaba[79] por el techo alrededor de la bombilla que colgaba del cable trenzado. Mamá estaba enfurruñada[80] como cada vez que tenía que planchar. La cara se le
150 tensaba cuando marcaba la raya de las perneras.[81] Pero ahora hablaba en un tono suave y algo triste, como si se refiriese a un desvalido.[82]

"El demonio era un ángel, pero se hizo malo".

La mariposa chocó con la bombilla, que se bamboleó[83] ligeramente y desordenó las sombras.

155   "Hoy el maestro ha dicho que las mariposas también tienen lengua, una lengua finita[84] y muy larga, que llevan enrollada como el muelle de un reloj. Nos la va a enseñar con un aparato que le tienen que enviar de Madrid. ¿A que parece mentira eso de que las mariposas tengan lengua?"

---

[72] maquillaje para los labios. [73] pote. [74] tipo de verdura. [75] disgusto. [76] tontería. [77] de cagarse (vulgar de "defecar"). [78] parte que cubre el pote. [79] volaba. [80] un poco enfadada. [81] parte para las piernas en un pantalón. [82] desprotegido. [83] movió. [84] delgada y delicada.

"Si él lo dice, es cierto. Hay muchas cosas que parecen mentira y son verdad.
160 ¿Te ha gustado la escuela?"

"Mucho. Y no pega.[85] El maestro no pega."

No, el maestro don Gregorio no pegaba. Al contrario, casi siempre sonreía
con su cara de sapo. Cuando dos se peleaban durante el recreo,[86] él los llamaba,
"parecéis carneros", y hacía que se estrecharan la mano. Después los sentaba en el
165 mismo pupitre. Así fue como conocí a mi mejor amigo, Dombodán, grande, bondadoso y torpe.[87] Había otro chaval, Eladio, que tenía un lunar en la mejilla, al que
le hubiera zurrado[88] con gusto, pero nunca lo hice por miedo a que el maestro me
mandase darle la mano y que me cambiase del lado de Dombodán. La forma que
don Gregorio tenía de mostrarse muy enfadado era el silencio.
170 "Si vosotros no os calláis, tendré que callarme yo".

Y se dirigía hacia el ventanal, con la mirada ausente, perdida en el Sinaí. Era
un silencio prolongado, descorazonador, como si nos hubiese dejado abandonados en un extraño país. Pronto me di cuenta de que el silencio del maestro era el
peor castigo imaginable. Porque todo lo que él tocaba era un cuento fascinante. El
175 cuento podía comenzar con una hoja de papel, después de pasar por el Amazonas
y la sístole y diástole del corazón. Todo conectaba, todo tenía sentido. La hierba,
la lana, la oveja, mi frío. Cuando el maestro se dirigía hacia el mapamundi,[89] nos
quedábamos atentos como si se iluminase la pantalla[90] del cine Rex. Sentíamos el
miedo de los indios cuando escucharon por vez primera el relinchar[91] de los ca-
180 ballos y el estampido del arcabuz.[92] Íbamos a lomos[93] de los elefantes de Aníbal
de Cartago por las nieves de los Alpes, camino de Roma. Luchábamos con palos
y piedras en Ponte Sampaio contra las tropas de Napoleón. Pero no todo eran guerras. Fabricábamos hoces y rejas de arado[94] en las herrerías del Incio. Escribíamos
cancioneros de amor en la Provenza y en el mar de Vigo. Construíamos el Pórtico
185 de la Gloria.[95] Plantábamos las patatas que habían venido de América. Y a América emigramos cuando llegó la peste[96] de la patata.

"Las patatas vinieron de América", le dije a mi madre a la hora de comer,
cuando me puso el plato delante.

"¡Qué iban a venir de América! Siempre ha habido patatas", sentenció ella.
190 "No, antes se comían castañas. Y también vino de América el maíz." Era la
primera vez que tenía clara la sensación de que gracias al maestro yo sabía cosas
importantes de nuestro mundo que ellos, mis padres, desconocían.[97]

Pero los momentos más fascinantes de la escuela eran cuando el maestro
hablaba de los bichos. Las arañas de agua inventaban el submarino. Las hormigas
195 cuidaban de un ganado que daba leche y azúcar y cultivaban setas. Había un pájaro en Australia que pintaba su nido de colores con una especie de óleo que fabri-
caba con pigmentos vegetales. Nunca me olvidaré. Se llamaba el tilonorrinco. El
macho colocaba una orquídea en el nuevo nido para atraer a la hembra.

Tal era mi interés que me convertí en el suministrador[98] de bichos de don
200 Gregorio y él me acogió como el mejor discípulo. Había sábados y festivos[99] que
pasaba por mi casa e íbamos juntos de excursión. Recorríamos las orillas del río,

---

[85] golpea.   [86] tiempo para jugar.   [87] poco hábil.
[88] pegado.   [89] mapa del mundo.   [90] superficie
blanca donde se proyecta una película.
[91] sonido que producen los caballos.   [92] arma de

fuego.   [93] espaldas.   [94] utensilios para trabajar
en el campo.   [95] fachada original de la catedral
de Santiago de Compostela.   [96] epidemia.
[97] no sabían.   [98] proveedor.   [99] días de fiesta.

las gándaras, el bosque y subíamos al monte Sinaí. Cada uno de esos viajes era para mí como una ruta del descubrimiento. Volvíamos siempre con un tesoro. Una mantis. Un caballito del diablo. Un ciervo volante.[100] Y cada vez una mari-
205 posa distinta, aunque yo sólo recuerdo el nombre de una a la que el maestro llamó Iris, y que brillaba hermosísima posada en el barro o el estiércol.[101]

Al regreso, cantábamos por los caminos como dos viejos compañeros. Los lunes, en la escuela, el maestro decía: "Y ahora vamos a hablar de los bichos de Pardal".

210 Para mis padres, estas atenciones del maestro eran un honor. Aquellos días de excursión, mi madre preparaba la merienda[102] para los dos: "No hace falta, se-ñora, yo ya voy comido",[103] insistía don Gregorio. Pero a la vuelta decía: "Gracias, señora, exquisita la merienda".

"Estoy segura de que pasa necesidades", decía mi madre por la noche.

215 "Los maestros no ganan lo que tendrían que ganar", sentenciaba, con sen-tida solemnidad, mi padre. "Ellos son las luces de la República".

"¡La República, la República! ¡Ya veremos adónde va a parar la República!"

Mi padre era republicano. Mi madre, no. Quiero decir que mi madre era de misa diaria[104] y los republicanos aparecían como enemigos de la Iglesia. Procura-
220 ban[105] no discutir cuando yo estaba delante, pero a veces los sorprendía.

"¿Qué tienes tú contra Azaña? Eso es cosa del cura, que os anda calentando la cabeza."[106]

"Yo voy a misa a rezar", decía mi madre.

"Tú sí, pero el cura no".

225 Un día que don Gregorio vino a recogerme para ir a buscar mariposas, mi padre le dijo que, si no tenía inconveniente, le gustaría tomarle las medidas para un traje.

"¿Un traje?"

"Don Gregorio, no lo tome a mal. Quisiera tener una atención con usted. Y
230 yo lo que sé hacer son trajes."

El maestro miró alrededor con desconcierto.

"Es mi oficio",[107] dijo mi padre con una sonrisa.

"Respeto mucho los oficios", dijo por fin el maestro.

Don Gregorio llevó puesto aquel traje durante un año, y lo llevaba también
235 aquel día de julio de 1936, cuando se cruzó conmigo en la Alameda, camino del ayuntamiento.

"¿Qué hay, Pardal? A ver si este año por fin podemos verle la lengua a las mariposas."

Algo extraño estaba sucediendo. Todo el mundo parecía tener prisa, pero
240 no se movía. Los que miraban hacia delante, se daban la vuelta. Los que miraban para la derecha, giraban hacia la izquierda. Cordeiro, el recogedor de basura y ho-jas secas, estaba sentado en un banco, cerca del palco de la música. Yo nunca había visto a Cordeiro sentado en un banco. Miró hacia arriba, con la mano de visera.[108] Cuando Cordeiro miraba así y callaban los pájaros, era que se avecinaba[109] una
245 tormenta.

---

[100] insectos. [101] excremento de cualquier animal. [107] trabajo, ocupación. [108] protegiendo los ojos del sol. [109] se acercaba.
[102] comida ligera. [103] ya comí. [104] todos los días. [105] intentaban. [106] os está incitando.

Oí el estruendo[110] de una moto solitaria. Era un guardia con una bandera sujeta en el asiento de atrás. Pasó delante del ayuntamiento y miró para los hombres que conversaban inquietos[111] en el porche. Gritó: "¡Arriba España!" Y arrancó de nuevo la moto dejando atrás una estela[112] de explosiones.

250 　　Las madres empezaron a llamar a sus hijos. En casa, parecía que la abuela se hubiese muerto otra vez. Mi padre amontonaba colillas en el cenicero y mi madre lloraba y hacía cosas sin sentido, como abrir el grifo de agua y lavar los platos limpios y guardar los sucios.

　　Llamaron a la puerta y mis padres miraron el pomo con desazón.[113] Era
255 Amelia, la vecina, que trabajaba en casa de Suárez, el indiano.

　　"¿Sabéis lo que está pasando? En Coruña, los militares han declarado el estado de guerra. Están disparando contra el Gobierno Civil."

　　"¡Santo Cielo!", se persignó mi madre.

　　"Y aquí", continuó Amelia en voz baja, como si las paredes oyesen, "dicen
260 que el alcalde llamó al capitán de carabineros,[114] pero que éste mandó decir que estaba enfermo".

　　Al día siguiente no me dejaron salir a la calle. Yo miraba por la ventana y todos los que pasaban me parecían sombras encogidas, como si de repente hubiese llegado el invierno y el viento arrastrase[115] a los gorriones de la Alameda como
265 hojas secas.

　　Llegaron tropas de la capital y ocuparon el ayuntamiento. Mamá salió para ir a misa, y volvió pálida y entristecida, como si hubiese envejecido[116] en media hora.

　　"Están pasando cosas terribles, Ramón", oí que le decía, entre sollozos,[117] a
270 mi padre. También él había envejecido. Peor aún. Parecía que hubiese perdido toda voluntad. Se había desfondado en un sillón y no se movía. No hablaba. No quería comer.

　　"Hay que quemar las cosas que te comprometan, Ramón. Los periódicos, los libros. Todo."

275 　　Fue mi madre la que tomó la iniciativa durante aquellos días. Una mañana hizo que mi padre se arreglara bien y lo llevó con ella a misa. Cuando regresaron, me dijo: "Venga, Moncho, vas a venir con nosotros a la Alameda". Me trajo la ropa de fiesta y mientras me ayudaba a anudar la corbata, me dijo con voz muy grave: "Recuerda esto, Moncho. Papá no era republicano. Papá no era amigo del alcalde.
280 Papá no hablaba mal de los curas. Y otra cosa muy importante, Moncho. Papá no le regaló un traje al maestro."

　　"Sí que se lo regaló".

　　"No, Moncho. No se lo regaló. ¿Has entendido bien? ¿No se lo regaló!"

　　"No, mamá, no se lo regaló".

285 　　Había mucha gente en la Alameda, toda con ropa de domingo. También habían bajado algunos grupos de las aldeas, mujeres enlutadas,[118] paisanos[119] viejos con chaleco y sombrero, niños con aire asustado, precedidos por algunos hombres con camisa azul y pistola al cinto. Dos filas de soldados abrían un pasillo desde la escalinata del ayuntamiento hasta unos camiones con remolque entoldado,[120]

---

[110] ruido. 　[111] nerviosos. 　[112] una huella.
[113] nerviosismo. 　[114] soldados. 　[115] llevara.
[116] como si se hubiera hecho vieja. 　[117] lloros.

[118] vestidas de luto, de negro. 　[119] hombres que viven en el campo. 　[120] con la parte de atrás cubierta con un plástico.

290 como los que se usaban para transportar el ganado en la feria grande. Pero en la Alameda no había el bullicio[121] de las ferias, sino un silencio grave, de Semana Santa. La gente no se saludaba. Ni siquiera parecían reconocerse los unos a los otros. Toda la atención estaba puesta en la fachada del ayuntamiento.

Un guardia entreabrió la puerta y recorrió el gentío con la mirada. Luego
295 abrió del todo e hizo un gesto con el brazo. De la boca oscura del edificio, escoltados por otros guardias, salieron los detenidos. Iban atados de pies y manos, en silente cordada.[122] De algunos no sabía el nombre, pero conocía todos aquellos rostros. El alcalde, los de los sindicatos, el bibliotecario del ateneo[123] Resplandor Obrero, Charli, el vocalista de la Orquesta Sol y Vida, el cantero[124] al que llama-
300 ban Hércules, padre de Dombodán... Y al final de la cordada, chepudo[125] y feo como un sapo, el maestro.

Se escucharon algunas órdenes y gritos aislados que resonaron en la Alameda como petardos. Poco a poco, de la multitud fue saliendo un murmullo que acabó imitando aquellos insultos.

305 "¡Traidores! ¡Criminales! ¡Rojos!"

"Grita tú también, Ramón, por lo que más quieras, ¡grita!" Mi madre llevaba a papá cogido del brazo, como si lo sujetase con todas sus fuerzas para que no desfalleciera.[126] "¡Que vean que gritas, Ramón, que vean que gritas!"

Y entonces oí cómo mi padre decía: "¡Traidores!" con un hilo de voz. Y luego,
310 cada vez más fuerte, "¡Criminales! ¡Rojos!". Soltó del brazo a mi madre y se acercó más a la fila de los soldados, con la mirada enfurecida hacia el maestro. "¡Asesino! ¡Anarquista! ¡Comeniños!"

Ahora mamá trataba de retenerlo y le tiró de la chaqueta discretamente. Pero él estaba fuera de sí. "¡Cabrón! ¡Hijo de mala madre!" Nunca le había oído llamar
315 eso a nadie, ni siquiera al árbitro[127] en el campo de fútbol. "Su madre no tiene la culpa, ¿eh, Moncho?, recuerda eso". Pero ahora se volvía hacia mí enloquecido y me empujaba con la mirada, los ojos llenos de lágrimas y sangre. "¡Grítale tú también, Monchiño, grítale tú también!"

Cuando los camiones arrancaron, cargados de presos, yo fui uno de los ni-
320 ños que corrieron detrás, tirando piedras. Buscaba con desesperación el rostro del maestro para llamarle traidor y criminal. Pero el convoy era ya una nube de polvo a lo lejos y yo, en el medio de la Alameda, con los puños cerrados, sólo fui capaz de murmurar con rabia:[128] "¡Sapo! ¡Tilonorrinco! ¡Iris!"

■ **Preguntas de comprensión**

1. ¿Cómo llaman al protagonista? ¿Por qué lo llaman así?
2. ¿Cuántos años tiene?
3. ¿Por qué tenía miedo de ir a la escuela? ¿Qué ocurre su primer día en la escuela?
4. ¿Qué hace el maestro al día siguiente? ¿Cómo describe el niño al maestro? ¿Qué tipo de persona cree Ud. que es éste?
5. ¿Cuáles son los temas favoritos del niño en la escuela?

---

[121] ruido animado. [122] grupo sujeto por una misma cuerda. [123] asociación cultural (científica o literaria). [124] trabaja con la piedra. [125] jorobado. [126] se desmayara. [127] el que juzga en un partido. [128] ira, enfado.

6. ¿Qué le pregunta su madre al protagonista después del primer día de clase?
7. ¿Qué hacen el niño y el maestro los fines de semana?
8. ¿A qué se refiere el título del cuento?
9. ¿Qué ocurre en julio de 1936?
10. ¿Cómo reacciona el padre del protagonista? ¿Y la madre?
11. ¿Por qué se reúne la gente en la plaza?
12. ¿Qué hace el padre? ¿Y el protagonista?

■ Preguntas de análisis

1. ¿Qué circunstancia histórica narra el cuento?
2. ¿Qué representa el profesor dentro de ese contexto? ¿Y los padres de Pardal? ¿Y Pardal?
3. ¿Por qué se pone tanto énfasis en los animales?
4. ¿Por qué se pone énfasis en la religión?
5. ¿Cómo comenta el final del cuento la situación social en España al principio de la guerra civil?
6. ¿Cree que hay "buenos" y "malos" en el cuento? ¿Por qué?
7. ¿A qué otros textos ya estudiados le recuerda este cuento? ¿Por qué?
8. ¿Es relevante la historia de los protagonistas en el contexto de la sociedad actual?

■ Temas para informes escritos

1. La función de la historia en términos de la necesidad de recordar el pasado, concretamente la guerra civil
2. El papel de la visión infantil en relación con la función del recuerdo
3. Semejanzas y diferencias entre este cuento y "Los de la tienda", de Ana María Matute

■ Bibliografía mínima

Fruns Giménez, Javier. "Memory in the Spanish Novel of the 1980's and the 1990's: Julio Llamazares, Javier Marías, Antonio Muñoz Molina and Manuel Rivas". Ph.D. diss., U of Massachusetts, 2001.
www.geocities.com/galiciaespallada/bolboreta_castelan.htm

CRONOLOGÍA

Para que la cronología le sea útil a los lectores de *Voces*, hemos incluido información histórica y cultural esencial, y seleccionado entre las principales obras literarias de cada escritor.

CAPÍTULO 1: INICIOS HISTÓRICOS Y CULTURALES (SIGLO IX–SIGLO XIV)

Mundo exterior: historia y cultura	España: historia y política	España: literatura
	1000–197 a.C. Fenicios, griegos, cartagineses y romanos; conquistas cartaginesas	
500–31 a.C. Platón, Academia (387 a.C.); Aristóteles, Liceo (385 a.C.)		
	197 a.C.–409 d.C. Conquista romana; el cristianismo se convierte en religión del Estado (379 d.C.)	
31 a.C.–400 d.C. Predominio de Roma, a partir del s. I a.C.; muere Jesús de Nazaret (c. 28 d.C.)		
	Siglo V Invasión de los bárbaros; c. 416 visigodos; Recaredo, rey de la España visigoda, impone la religión católica como religión del Estado	
	711 Rodrigo, último rey godo, derrotado por la invasión árabe	
	718 Comienza la reconquista española en Covadonga	
	Siglos VIII–XIII Formación de reinos cristianos	
	946 Fernán González, conde independiente de Castilla	**Siglos X–XII** Las jarchas
1088 Universidad de Bologna **1095–1099** Primera Cruzada	**1094** El Cid conquista Valencia	

Mundo exterior: historia y cultura	España: historia y política	España: literatura
1215 *Carta Magna,* Inglaterra **1304–1374** Francisco Petrarca **1348** Peste bubónica	**1252–1284** Reinado de Alfonso X "el Sabio"	**Siglo XIII** *El cantar de mío Cid* *Los milagros de Nuestra Señora* de Gonzalo de Berceo *El libro de buen amor* de Juan Ruiz, Arcipreste de Hita
Siglo XIV Hallazgo de mapas portolanos **1456** Juan Gutenberg imprime la Biblia en latín usando tipos móviles	**Siglo XIV** Fin de últimas ofensivas musulmanas en la Península **1469** Conquista española de las Islas Canarias; matrimonio de Isabel de Castilla y Fernando de Aragón **1473** Primera imprenta en España **1476–1517** Reinado de Fernando de Aragón e Isabel de Castilla **1478** Creación de la Inquisición Española	**Siglo XIV** *El conde Lucanor* de Juan Manuel **Siglo XV** *El Abencerraje,* novela morisca anónima; Los cancioneros; *Coplas por la muerte de su padre* de Jorge Manrique

CAPÍTULO 2: ESPAÑA IMPERIAL (1492–1700)

Mundo exterior: historia y cultura	España: historia y política	España: literatura
	1492 Conquista de Granada; primer viaje de Cristóbal Colón a América; expulsión de los judíos	**Siglo XV** *Arte de la lengua castellana* de Antonio de Nebrija *La Celestina* de Fernando de Rojas Los romances
1513 Publicación de *El príncipe* de Nicolás Maquiavelo		
1517 Tesis de Lutero	**1519** Carlos I de España asume el título de emperador del Sacro Imperio Romano como Carlos V	
	1519–1533 Conquistas de México, Perú y los territorios que posteriomente formarían el virreinato del Río de la Plata	
	1545–1636 El Concilio de Trento regula y define el dogma católico	**1554** *La vida de Lazarillo de Tormes, y de sus fortunas y adversidades*
	1555–1598 Reinado de Felipe II	**1559** *Los siete libros de la Diana* de Jorge Montemayor
	1568 Creación de la Armada invencible; rebelión de los moriscos en Alpujarras	
	1569 Conquista de las Filipinas	
	1571 Victoria española en la batalla de Lepanto	
	1580–1640 Portugal y España se unen	
	1588 Los ingleses derrotan a la Armada invencible	
	Siglo XVI América aparece en un mapa por primera vez	**Siglo XVI** *Amadís de Gaula* de Garci Rodríguez de Montalvo; poesía de Garcilaso de la Vega; obras espirituales de Fray Luis de León, San Juan de la Cruz y Santa Teresa de Ávila
	1598–1621 Reinado de Felipe III; expulsión de los moriscos; declive imperial	
1605 *Macbeth* de Shakespeare		**1605, 1615** *El ingenioso hidalgo Don Quijote de la Mancha* de Miguel de Cervantes Saavedra (1ª y 2ª partes)
1610 *El movimiento de las estrellas* de Galileo Galilei		

Mundo exterior: historia y cultura	España: historia y política	España: literatura
		1612 *Polifemo* de Luis de Góngora y Argote
		1613 *Novelas ejemplares: El celoso extremeño* de Miguel de Cervantes Saavedra
1618–1648 Guerra de los Treinta Años	**1621–1665** Reinado de Felipe IV	**1614** *Fuenteovejuna* de Lope de Vega
	1626 Rendición de Breda	**1626** *Historia de la vida del Buscón* de Francisco de Quevedo y Villegas
		1637 *Novelas amorosas* de María de Zayas y Sotomayor
		1645 *El gran teatro del mundo* de Pedro Calderón de la Barca
	1648 Independencia de Portugal y Cataluña; independencia de Holanda	

CAPÍTULO 3: EL SIGLO XVIII

Mundo exterior: historia y cultura	España: historia y política	España: literatura
	1700–1746 Reinado de Felipe V	**1726** "Defensa de las mujeres" de Fray Benito Jerónimo Feijoo
	1702–1714 Guerra de Sucesión; el Tratado de Utrecht le otorga a Inglaterra Gibraltar	**1727–1739** *Teatro crítico universal* de Fray Benito Jerónimo Feijoo
	1746–1759 Reinado de Fernando VI	
	1759–1788 Reinado de Carlos III	
1762 *El contrato social* de Juan Jacobo Rousseau		
1776–1783 La Revolución norteamericana		**1782** *Fábulas literarias* de Tomás de Iriarte
1789 La Revolución francesa	**1788–1808** Reinado de Carlos IV	**1789** *Noches lúgubres* y *Cartas marruecas* de José Cadalso

CAPÍTULO 4: EL SIGLO XIX

Mundo exterior: historia y cultura	España: historia y política	España: literatura
1799 Napoleón Bonaparte toma el poder en Francia		
1800–1875 El realismo florece en Europa	**1805** Derrota de España en la Batalla de Trafalgar	**1806** *El sí de las niñas* de Leandro Fernández de Moratín
	1808–1813 Ocupación francesa bajo José I, hermano de Napoleón Bonaparte	
	1808–1814 Guerra de Independencia	
	1814–1833 Absolutismo de Fernando VII	
1820 Declaraciónes de independencia de México, Perú y América Central	**1820–1823** Trienio liberal en que la Constitución de 1812 es vigente	
1820–1845 El romanticismo y el costumbrismo florecen en España		
1823 Proclamación de la doctrina Monroe en Estados Unidos		
1827–1880 El romanticismo florece en Hispanoamérica	**1833–1839** Primera guerra carlista	**1834** Mariano José de Larra publica su drama *Macías* y su novela histórica *El doncel de don Enrique el doliente;* durante esta década publica también numerosos artículos de costumbres
	1833–1843 Regencia de María Cristina	
	1835 Desamortización de Juan Álvaro Mendizábal	
	1837 Se aprueba una nueva constitución	**1837** José Zorrilla gana fama como escritor con la lectura de sus versos en el funeral de Mariano José de Larra
	1843–1868 Reinado de Isabel II	
1846–1848 Guerra entre Estados Unidos y México; se firma el Tratado de Guadalupe-Hidalgo, que otorga Arizona, California y Nuevo México a Estados Unidos	**1845** Una nueva constitución suprime muchos de los derechos de la constitución de 1837	**1844** *Don Juan Tenorio* de José Zorrilla
	1847–1849 Segunda guerra carlista	**1849** *La gaviota* de Cecilia Böhl de Faber

Mundo exterior: historia y cultura	España: historia y política	España: literatura
		1863 *Cantares gallegos* de Rosalía de Castro
1868–1898 El realismo y el naturalismo florecen	**1868** La Revolución Gloriosa; Isabel II se exilia en Francia	
	1868–1870 Gobierno provisional	
	1869 Se aprueba una constitución liberal	
	1870–1875 Tercera guerra carlista	
	1871–1873 Reinado de Amadeo de Saboya	**1871** Se publican póstumamente los poemas escritos durante la década de los sesenta por Gustavo Adolfo Bécquer
	1873 Se declara la Primera República	
	1874–1885 Reinado de Alfonso XII	**1874** *Pepita Jiménez* de Juan Valera
	1875 Se restaura la monarquía borbónica	
1876 Alexander Graham Bell inventa el teléfono	**1876** Francisco Giner de los Ríos funda la Institución Libre de Enseñanza	**1876** *Doña Perfecta* de Benito Pérez Galdós
		1881 Benito Pérez Galdós publica *La desheredada*, primera de sus *Novelas contemporáneas*
		1883 Emilia Pardo Bazán defiende el naturalismo en *La cuestión palpitante*
		1884 *A las orillas del Sar* de Rosalía de Castro
		1884–1885 *La Regenta* de Leopoldo Alas, "Clarín"
	1885–1923 Reinado de Alfonso XIII	**1886** *Los pazos de Ulloa* de Emilia Pardo Bazán
		1889 *Torquemada en la hoguera* de Benito Pérez Galdós

Mundo exterior: historia y cultura	España: historia y política	España: literatura
		1890 "En tranvía" de Emilia Pardo Bazán
1893 Nueva Zelanda se convierte en el primer país que da el voto a la mujer; anexión de Hawai a los Estados Unidos		**1893** "Cambio de luz" de Leopoldo Alas, "Clarín"
1895 Se realiza la primera proyección cinematográfica	**1895–1898** Guerra por la independencia de Cuba	

CAPÍTULO 5: 1898–1939

Mundo exterior: historia y cultura	España: historia y política	España: literatura
1899–1902 Guerra de los Mil Días en Colombia **1900** *La interpretación de los sueños* de Sigmund Freud	**1898** Pérdida de las últimas colonias en la guerra contra Estados Unidos; la derrota pasa a simbolizar el "problema nacional" **1902** Ascensión de Alfonso XIII al trono	**1895** *En torno al casticismo* de Miguel de Unamuno **1902** *Arias tristes* de Juan Ramón Jiménez; *Amor y pedagogía* de Miguel de Unamuno; *La voluntad* de José Martínez Ruiz "Azorín"; *Sonata de otoño* de Ramón María del Valle-Inclán; *Camino de perfección* de Pío Baroja
1903 Los hermanos Wilbur y Orville Wright realizan los primeros vuelos aéreos; Panamá se independiza de Colombia y firma un tratado con EE.UU. para la construcción de un canal interoceánico **1907** Exposición de pintura cubista en París; *El inconsciente* de Carl Gustav Jung **1908** Henry Ford produce el modelo de auto "T" **1905–1924** Movimientos artísticos revolucionarios (fauvismo, cubismo, futurismo, expresionismo, dadaísmo); teoría de la relatividad de Albert Einstein **1909–1913** EE.UU. ocupa Nicaragua **1914–1918** Primera Guerra Mundial	**1906** Alfonso XIII se casa con la reina Victoria Eugenia; atentado fallido contra la pareja real por parte de activistas anarquistas **1907** Picasso pinta *Las señoritas de Aviñón,* lo que inicia la revolución cubista en el mundo de las artes plásticas **1914** Antonio Gaudí crea el Parque Güell en Barcelona, joya del modernismo **1914–1918** España se mantiene oficialmente neutral durante la Primera	**1903** *Soledades* de Antonio Machado **1916** *Diario de un poeta recién casado* de Juan Ramón Jiménez

Mundo exterior: historia y cultura	España: historia y política	España: literatura
	Guerra Mundial, pero la sociedad se divide entre partidarios de uno y otro bando	
1917 Revolución rusa; el primer disco de jazz	**1917** Crisis política provocada por las huelgas generales contra el gobierno	**1917** *Campos de Castilla* de Antonio Machado **1920** *Luces de bohemia* de Ramón María del Valle-Inclán **1921** *La España invertebrada* de José Ortega y Gasset; *Libro de poemas* de Federico García Lorca **1925** *La deshumanización del arte* de José Ortega y Gasset
1922 Constitución de la URSS **1924** Surrealismo, *Manifiesto* de André Breton **1929** Colapso de la bolsa en Nueva York, con grandes repercusiones internacionales	**1923** Golpe de estado liderado por el General José Miguel Primo de Rivera; se inicia una dictadura que durará siete años	
1930 El Mahatma Gandhi, movimiento de desobediencia civil	**1930** Levantamientos civiles llevan a la caída del General José Miguel Primo de Rivera **1931** Se celebran elecciones generales que conducen a la abdicación de Alfonso XIII y la proclamación de la Segunda República	**1933** Se estrena *Bodas de sangre* de Federico García Lorca
1934 Franklin D. Roosevelt inicia la política del "buen vecino" hacia América Latina	**1934** Levantamientos revolucionarios en Asturias y Cataluña; se crea la Sección Femenina bajo la dirección de Pilar Primo de Rivera **1936** Comienza en Marruecos una insurrección contra el gobierno de la República; comienza la guerra civil; el General Francisco Franco es nombrado Jefe de Estado de la zona bajo control de los nacionales; en el lado republicano, los conflictos entre los diferentes bandos impiden la creación de un ejército fuerte y unido	

CAPÍTULO 6: 1939–1975

Mundo exterior: historia y cultura	España: historia y política	España: literatura
1937 Charles Lindbergh, primer vuelo trasatlántico sin escala		
1939 Inicio de la televisión en los Estados Unidos	**1939** Fin de la guerra civil con el triunfo de los nacionales; comienza la dictadura del General Francisco Franco	
1939–1945 Segunda Guerra Mundial	**1939–1950** Los años del hambre; aislamiento internacional	
		1942 *La familia de Pascual Duarte* de Camilo José Cela
		1944 *Nada* de Carmen Laforet; *Hijos de la ira* de Dámaso Alonso; *Sombras del paraíso* de Vicente Aleixandre
1945 Bombas atómicas sobre Hiroshima y Nagasaki; formación de la ONU		
1947 Guerra de la Indochina; aprobación del Plan Marshall; la ONU aprueba el plan de reparto de Palestina		
1948 Fundación de Israel; asesinato del Mahatma Gandhi		
1949 Proclamación de la República Popular China		**1949** Estreno de la obra *Historia de una escalera* de Antonio Buero Vallejo
1950 *Las estructuras elementales del parentesco* de Claude Lévi-Strauss		**1951** *La colmena* de Camilo José Cela
	1953 Se firma un acuerdo con el Vaticano; se firma un pacto bilateral con los Estados Unidos; fin del aislamiento internacional	**1953** Estreno de *Escuadra hacia la muerte* de Alfonso Sastre
1956 Martín Luther King encabeza la lucha por los derechos civiles de los afroamericanos		**1956** *El Jarama* de Rafael Sánchez Ferlosio
1957 Rusia lanza los primeros satélites, Sputnik I y II		
1959 Triunfo de la Revolución cubana bajo el liderazgo	**1959** Se funda la ETA (Euskadi ta Askatasuna); se anuncia	

Mundo exterior: historia y cultura	España: historia y política	España: literatura
de Fidel Castro; El papa Juan XXIII convoca al primer Concilio Ecuménico desde 1879	el Plan de Estabilización Económica; los tecnócratas del Opus Dei cobran protagonismo; inicio del "milagro económico"	
1961 Se construye el Muro de Berlín, el cual separa a la Alemania comunista del Este de la Alemania Occidental; Yuri Gargarin realiza el primer viaje espacial; el presidente John F. Kennedy anuncia la "Alianza para el progreso"; Estados Unidos rompe relaciones con Cuba		**1961** *Tiempo de silencio* de Luis Martín Santos
1961–1975 Guerra de Vietnam		
1962 Crisis de los mísiles entre Estados Unidos, Rusia y Cuba; Rusia retira los mísiles de Cuba	**1962** Se funda el grupo de teatro Els Joglars	**1962** *La plaça del diamant* de Mercè Rodoreda
1963 Primer álbum de los Beatles; el presidente John F. Kennedy es asesinado		
1964 Declaración de los Derechos Civiles en Estados Unidos		
	1966 Se relajan las leyes de censura y hay mayor libertad de prensa	
1968 Revueltas estudiantiles en Europa; Martin Luther King es asesinado	**1968** La Academia Vasca desarrolla el "Euskera Batua", el primer estándar unificado para la lengua vasca	
1969 Primer viaje a la Luna	**1969** Se designa a Juan Carlos I de Borbón como sucesor del General Francisco Franco	
1970–1973 Gobierno socialista de Salvador Allende en Chile; derrota y muerte de Allende; comienza la dictadura de Augusto Pinochet	**1973** La ETA asesina al almirante Luis Carrero Blanco	**1970** *Reivindicación del conde don Julián* de Juan Goytisolo; José María Castellet publica la colección de poesía *Nueve novísimos poetas españoles*
1974 Watergate y renuncia de Richard Nixon		

CAPÍTULO 7: 1975–ACTUALIDAD

Mundo exterior: historia y cultura	*España: historia y política*	*España: literatura*
	1975 El 20 de noviembre muere el General Francisco Franco; el 22 de noviembre, Juan Carlos es coronado Rey de España	
1976 Una junta militar ocupa el poder en Argentina; se inicia la "guerra sucia", oficialmente dirigida contra los guerrilleros de izquierda	**1976** Adolfo Suárez es nombrado presidente; sale a la luz un nuevo periódico, *El País*	
	1977 Se celebran las primeras elecciones generales desde 1936; Vicente Aleixandre gana el Premio Nobel de literatura; se legaliza el Partido Comunista; se elimina la ley que protegía la censura	
1978 Panamá y Estados Unidos firman un tratado según el cual Panamá recuperará el control de la Zona del Canal en 1999	**1978** Se aprueba, por abrumadora mayoría en un referéndum popular, la Constitución	**1978** *El cuarto de atrás* de Carmen Martín Gaite
1979 Revolución sandinista en Nicaragua	**1979** El País Vasco recibe su estatuto de autonomía; España inicia las negociaciones para ser admitida a la Comunidad Económica Europea	
1979–1992 Guerra civil en El Salvador		
	1980 "La Movida" domina la vida social y cultural de Madrid y se extiende por el resto de la Península	
	1981 Adolfo Suárez dimite como presidente; golpe de estado liderado por Antonio Tejero	
1982 Argentina invade las islas Malvinas (Falkland Islands), lo que provoca una guerra con Gran Bretaña en la que es derrotada	**1982** El Partido Socialista Obrero Español (PSOE) gana las elecciones generales; Felipe González es nombrado presidente	
1983 Retorno a la democracia en Argentina	**1983** Se crea la televisión autonómica en el País Vasco	**1983** *Caballito del diablo* de Fernán Cabal

Mundo exterior: historia y cultura	España: historia y política	España: literatura
	1984 Se crea la televisión autonómica en Cataluña	
1985 Retorno a la democracia en Uruguay		**1985** *Bajarse al moro* de José Luis Alonso de Santos; *La llamada de Lauren* de Paloma Pedrero
	1986 España se incorpora a la Organización del Tratado del Atlántico Norte (OTAN) después de someter la decisión a un referéndum popular	**1986** Se publica la antología de poesía *Posnovísimos;* se publica la colección *Las diosas blancas: Antología de la joven poesía española escrita por mujeres; Beatus Ille* de Antonio Muñoz Molina; *Una mala noche la tiene cualquiera* de Eduardo Mendicutti; *¡Ay, Carmela!* de Sanchís Sinisterra
	1988 Tres nuevos canales privados compiten con la televisión estatal	
1989 Caída de los regímenes comunistas del este de Europa; el Muro de Berlín es derribado	**1989** Camilo José Cela gana el Premio Nobel de Literatura	
1990 Reunificación de Alemania; elecciones democráticas en Nicaragua		
1994 Nelson Mandela es elegido presidente en Sudáfrica. Es el primer presidente negro de ese país	**1992** Juegos Olímpicos en Barcelona; Exposición Universal en Sevilla; Madrid es capital europea de la cultura	
1995 Rebelión zapatista en Chiapas, México		
1996 Los talibán, grupo islámico ultraconservador, toman el poder en Afganistán	**1996** El Partido Popular (PP) gana las elecciones generales, aunque no por mayoría absoluta; José María Aznar es nombrado presidente	
1997 Gran Bretaña devuelve Hong Kong a China	**1997** Inauguración en Bilbao del Museo Guggenheim	**1998** *Fátima de los naufragios* de Lourdes Ortiz *Beatriz y los cuerpos celestes* de Lucía Etxebarría
	2000 El Partido Popular (PP) gana las elecciones, esta vez por mayoría absoluta; Aznar sigue como presidente	

Mundo exterior: historia y cultura	España: historia y política	España: literatura
2001 Las Torres Gemelas son derrumbadas por miembros del grupo integrista islámico Al Qaeda, liderado por Osama Bin Laden; Estados Unidos manda tropas a Afganistán, país en el que se refugia Bin Laden		
2002 Invasión de Irak a cargo de tropas de Estados Unidos, Gran Bretaña y España	**2003** El gobierno español manda tropas a Irak, en contra de la voluntad de la mayoría de la población	
	2004 El 11 de marzo, varias bombas explotan en trenes en las cercanías de Madrid; una célula de Al Qaeda se hace responsable; el 15 de marzo el Partido Popular (PP) pierde las elecciones; el Partido Socialista Obrero Español (PSOE) sale ganador y José Luis Rodríguez Zapatero es nombrado presidente	

GUÍA DE MATERIAL VISUAL ADICIONAL

FILMS FOR THE HUMANITIES AND SCIENCES, P.O. Box 2053, Princeton, N.J. 08543; 1-800-257-5126 or 609-671-1000; www.films.com.

Calderón de la Barca, Pedro: *La vida es sueño* (Spanish, 74 minutes, color).

Clarín, Leopoldo Alas y Ureña: *La Regenta* (Spanish, with English subtitles, 5 hours, color).

García Lorca, Federico: *The House of Bernarda Alba* (Highly recommended. English, 1 hour 40 minutes, color).

Generación del 98: *The Generation of '98* (Spanish, 50 minutes, color). The program seeks to understand the readings from Antonio Machado's *El mañana efímero* and *Campos de Castilla,* Miguel de Unamuno's *La soledad de la España castellana* and *El sepulcro de Don Quijote,* Pío Baroja's *El árbol de la ciencia,* Azorín's *Castilla,* and other works.

Generación del 27: *The Generation of '27* (Spanish, 50 minutes, color). In this program, well known experts profile key members of this post-World War I group. Dramatic readings include excerpts from Luis Cernuda's *Donde habite el olvido,* Rafael Alberti's "Cita triste de Charlot," and Federico García Lorca's *Romancero gitano, Bodas de sangre y Poeta en Nueva York.*

Lope de Vega, Félix: *Fuenteovejuna* (Spanish, 2 hours 22 minutes, color).

Matute, Ana María: *Ana María Matute: Dreams into Words* (Spanish, 30 minutes, color). The program features an interview with Matute and readings from her work.

Ortega y Gasset, José: *José Ortega y Gasset* (Spanish, 50 minutes, color).

Pardo Bazán, Emilia: *Los pazos de Ulloa* (Spanish, 4 hours, color).

Pérez Galdós, Benito: *La fontana de oro* (Spanish, 60 minutes, color).

Tirso de Molina: *El Burlador de Sevilla* (Spanish, 2 hours, color).

Unamuno, Miguel de: *Niebla* (Spanish, 60 minutes, color).

Zorrilla, José: *Don Juan Tenorio* (Spanish, 2 hours 17 minutes, color).

XIXth Century: *The Nineteenth Century: Romanticism and Realism* (Spanish, 50 minutes, color). Includes excerpts from José de Espronceda's "Canción del pirata," José Zorrilla's *Romances históricos* and Gustavo Adolfo Bécquer's *Rimas.* Also includes writings of El Duque de Rivas, Rosalía de Castro, Leopoldo Alas "Clarín," and Benito Pérez Galdós.

INSIGHT MEDIA, 2162 Broadway, New York, NY 10024-0621; 212-721-6316; www.insight-media.com.

Cid, Cantar de Mío: *El poema del Mío Cid* (Spanish, 87 minutes, color).

Cela, Camilo José: *Camilo José Cela* (Spanish, 39 minutes, color). This video presents the Nobel laureate as he discusses his work and life and revisits areas of Spain.

Federico García Lorca: *Bodas de Sangre* (Spanish, 106 minutes, color).

INSTITUTO CERVANTES DE NUEVA YORK, 211-215 East 49th Street, New York, NY, 10017; 212-308-7722.

Alonso de Santos, José Luis: *Bajarse al moro* (Spanish, 93 minutes, color).

Rivas, Manuel: *La lengua de las mariposas* (Spanish, 96 minutes, color).

Cervantes Saavedra, Miguel de: *Charlando con Cervantes.* Interviews with writers and artists from the Hispanic world.

———: *Lost In La Mancha* (English 93 minutes, color). This documentary exposes director Terry Gilliam's quixotic attempt at making a movie about Don Quixote in 2000.

GLOSARIO DE TÉRMINOS LITERARIOS Y CULTURALES*

acento fuerza de la pronunciación que recae sobre una determinada sílaba de una palabra o de un verso. El verso castellano lleva el acento en la penúltima sílaba. Si el verso termina en palabra esdrújula, se le quita una sílaba; si el verso termina en palabra aguda, se le añade una sílaba.

acto cada una de las partes de una obra teatral entre dos descansos largos. El acto está dividido en cuadros y se compone de escenas.

agudeza exagerada sutileza del ingenio propia del conceptismo, y cultivada por los escritores barrocos españoles del siglo XVII.

alegoría o **metáfora continuada** es el procedimiento retórico empleado para expresar un pensamiento, traduciéndolo a imágenes poéticas que se repiten para lograr una correspondencia entre los elementos "reales" y los imaginativos. El sentido aparente o literal se borra y da lugar a otro más profundo que es el alegórico.

alejandrino verso de catorce sílabas dividido en dos partes, o hemistiquios, de siete. El alejandrino francés tiene solamente doce sílabas.

aliteración repetición del mismo sonido o grupo de sonidos en distintas palabras. Por ej.: "Ya se oyen los claros clarines" (Darío).

amor cortés código de comportamiento desarrollado y popularizado en Provenza entre los siglos XI y XIV que prescribía las reglas de conducta entre los enamorados. Pasó a la literatura durante la época medieval como una fórmula para describir el amor idealizado entre el trovador-amante y su señora-amada.

anáfora repetición de la misma palabra o frase al principio de dos o más versos u oraciones. Por ej.: "bien, el luciente topacio;/bien, el hermoso zafiro;/bien, el crisólito ardiente; ..." (Sor Juana).

antítesis contraposición de unas ideas a otras a través de términos abstractos que ofrecen un elemento en común. Por ejemplo: "Ayer naciste y morirás mañana" (Góngora).

aparte técnica utilizada en el teatro mediante la cual un actor o actriz se aparta para dirigirse al público y proporcionarle información que los otros personajes no deben saber.

argumento narración de los acontecimientos según el orden en que ocurren en la obra narrativa.

arquetipo modelo original o símbolo universal. Según el psicólogo Carl Jung, los arquetipos forman parte del inconsciente colectivo.

arte mayor versos de nueve o más sílabas.

arte menor versos de ocho o menos sílabas.

asíndeton supresión de conjunciones. Por ejemplo: "otra cruza, otra vuelve, otra se enraiza" (Balbuena).

asonante, rima ocurre cuando las palabras finales de dos o más versos tienen sonidos vocálicos iguales a partir de la última vocal tónica. Por ejemplo: "pena/deja".

auto composición dramática en la cual intervienen personajes bíblicos y alegóricos. Se distinguen el *auto sacramental,* escrito en loor de la Eucaristía, y el *auto de Navidad,* de tema relacionado con esta celebración.

barroco corriente cultural que en España (1580–1700) se identifica con la Contrarreforma. Las obras literarias del barroco tienden a ser moralizantes. En general, tanto en arte como en literatura el barroco se caracteriza por la profusión de adornos y la complejidad. El barroco literario español tiene su expresión máxima en el culteranismo y el conceptismo.

---

*En la preparación de este glosario se han consultado los siguientes libros: Tomás Navarro Tomás, *Arte del verso,* 3a ed. (México: Cía. General de Ediciones, 1965), E. Correa Calderón y Fernando Lázaro Carreter, *Cómo se comenta un texto literario* (Madrid: Cátedra, 1980), Fernando Lázaro Carreter, *Diccionario de términos filológicos,* 3a ed. corregida (Madrid: Gredos, 1984),

Helena Beristáin, *Diccionario de retórica y poética* (México: Porrúa, 1985) y Michael Groden y Martin Kreiswirth, *The Johns Hopkins Guide to Literary Theory & Criticism* (Baltimore: The Johns Hopkins UP, 1994). Joseph Childers y Gary Hentzi, eds., *The Columbia Dictionary of Modern Literary and Cultural Criticism* (New York: Columbia UP, 1995).

blancos, versos están sujetos a las leyes rítmicas (acentos, pausas, número de sílabas), pero carecen de rima.

bildungsroman tipo de novela cultivado en el siglo XIX, también llamado "Novela de formación" o "Novela de aprendizaje para la vida". En su forma tradicional tiene siempre por protagonista a un hombre adolescente. *Wilhelm Meister* (1796; 1822), de Goethe, y *La educación sentimental* (1869), de Gustave Flaubert, son obras representativas de esta modalidad.

bucólica, poesía canta las bellezas y los encantos de la naturaleza y de la vida campestre; el poeta pone sus sentimientos en labios de pastores.

caballería, novela de tipo de narración que cuenta las aventuras de un caballero. Surgió en el siglo XIV como versiones anónimas de antiguos cantares de gesta. Tuvo su auge en el Renacimiento y comemzó a desaparecer a fines de los siglos XVI y XVII. Estas novelas tenían como tema las leyendas de la corte del rey Arturo, de Carlomagno, y las Cruzadas. Sentimentalizaban a los héroes e introducían motivos amorosos y elementos sobrenaturales en el mundo bélico provenientes de la épica y los cantares de gesta.

cacique (ver **caciquismo**)

caciquismo dominio abusivo de líderes políticos en distintas provincias españolas. Durante la Restauración, los caciques usaban el fraude y otras medidas corruptas para asegurar la elección de ciertos candidatos.

caligrama versos agrupados con una disposición especial para representar ciertas formas o lograr un efecto específico. Aunque el empleo del caligrama es muy antiguo, en la poesía vanguardista está asociado con el poeta francés Apollinaire, quien, influido por el cubismo, logró subrayar el significado lingüístico del texto mediante la disposición, la forma y las dimensiones de letras, palabras, versos y signos de puntuación.

canción composición poética que se deriva de la "canzone" italiana, por lo general de temática amorosa.

canto las diferentes partes en que puede dividirse los poemas largos, especialmente los épicos.

caudillismo proviene de la palabra caudillo, que se usa para definir al individuo que se impone por su poder político y habilidad de mando, y la tendencia a seguir lealmente a ese líder cuya personalidad se admira.

cesura pausa que se introduce en muchos versos de arte mayor, los cuales quedan divididos en dos partes iguales. "Los suspiros se escapan/de su boca de fresa" (Darío).

circunloquio rodeo de palabras para exponer de modo indirecto una idea.

clímax punto culminante de la acción en una obra literaria.

coloquio composición literaria en prosa o verso que se desarrolla en forma de diálogo.

comedia obra dramática de ambiente divertido y desenlace feliz. También se usa este término para designar cualquier obra dramática en general.

cómplice (lector) lector creativo que genera, en colaboración con el autor, el significado del texto. La teoría de la recepción analiza esta función activa del lector en la producción literaria.

conceptismo tendencia del barroco caracterizada por el desarrollo de ideas ingeniosas mayormente en prosa; para expresar estas ideas se emplean metáforas atrevidas, hipérbatos incomprensibles, y retruécanos extraños. El término se deriva de concepto o chispa de ingenio expresado de modo conciso. El iniciador del conceptismo fue el poeta Alonso de Ledesma (1552–1623), cuya obra *Conceptos espirituales* (1600 y siguientes) desarrolla la idea del término, tal y como se ha definido aquí. El conceptista más destacado fue Baltasar Gracián (1601–58), quien elaboró sus teorías en *Agudeza y arte de ingenio* (1648).

conceptista (ver **conceptismo**) persona o tendencia literaria que se identifica con el conceptismo.

conotación cuando una misma palabra sugiere dos o más significados más allá del denotativo o referencial (el explicado por el diccionario).

consonante rima entre dos o más palabras cuyos últimos sonidos tanto vocales como consonantes son iguales a partir de la última vocal tónica.

copla breve composición lírica de cuatro versos de arte mayor o menor; hay muchas variedades de coplas.

corrales en España, a partir de la segunda mitad del siglo XVI, se le llamó así al espacio de representación teatral construido en un patio rodeado por casas en tres de sus lados.

cosmovisión actitud del autor ante la vida tal y como se ha dado a conocer a través de su obra. Con frecuencia se emplea la palabra alemana *Weltanschaung* para referirse a este concepto.

costumbrismo tendencia o género literario que se caracteriza por el retrato e interpretación de las costumbres y tipos de un país. La descripción que resulta es conocida como "cuadro de costumbres" si retrata una escena típica, o "artículo de costumbres" si describe con tono humorístico y satírico algún aspecto de la vida.

costumbrista (ver **costumbrismo**)

creacionismo movimiento literario y estético de vanguardia iniciado por el poeta chileno Vicente Huidobro (1893–1948). El principio fundamental del movimiento consistía en que el poeta debía crear con la palabra, y no limitarse a describir el mundo que lo rodeaba. Los creacionistas desecharon la anécdota y la descripción y prefirieron el subconsciente como fuente de inspiración.

cromáticas, imágenes (ver **cromatismo**)

cromatismo uso de colores para caracterizar sentimientos e ideas.

crónicas relatos históricos que cubrían diversos períodos. Mezclaban hechos reales y ficticios y, en contraste con los cronicones escritos en latín, se escribían en castellano.

crónicas modernistas relatos breves, popularizados a fines del siglo XIX y comienzos del XX por los escritores modernistas. Se concentraban en describir un acontecimiento de modo elegante y con detalles que sugerían el ambiente.

cuarteta estrofa de cuatro versos de arte menor con rima consonante en ABAB.

cuarteto estrofa de cuatro versos de arte mayor con rima consonante en ABBA.

cubismo escuela artística de comienzos del siglo XX que ponía énfasis en las figuras geométricas (el triángulo, el cubo).

cuento relato breve con pocos personajes donde la intriga gira en torno a un tema o a un suceso. La narración predomina sobre otras estrategias del discurso, por ejemplo, la descripción o el diálogo. Con frecuencia tiene un final sorpresivo.

culterana (ver **culteranismo**)

culteranismo estilo afectado que se cultivó mayormente en el período barroco. Los escritores culteranos alteraban la sintaxis y empleaban cultismos y palabras rebuscadas. Uno de los ejemplos más sobresalientes de esta corriente es *Soledades* (c. 1613), del poeta cordobés Góngora.

cultismo palabra que procede mayormente del latín y que por razones culturales se ha introducido en el idioma sin sufrir las transformaciones que han experimentado otros vocablos. Por ejemplo: fructífero, benévolo, colocar.

dadaísmo movimiento vanguardista en la literatura y las artes que surge durante la Primera Guerra Mundial. Se caracteriza por la negación de los cánones estéticos establecidos. El dadaísmo abrió camino a formas de expresión de la irracionalidad.

décima o espinela estrofa de diez octosílabos consonantes con rima abbaaccddde.

denotación cuando la palabra indica únicamente el objeto o concepto que nombra; tiene un valor inmediatamente referencial.

determinismo doctrina según la cual los hechos del mundo físico y humano son efecto de causas o condiciones que los producen necesariamente.

diéresis licencia poética empleada para separar en dos sílabas las vocales que forman un diptongo. Por ejemplo: rü-ido; crü-el; sü-aves.

discurso ejercicio del habla o enunciación en cuyo sentido interactúan la sintáxis y la sonoridad del lenguaje con los elementos no verbales (el emisor, el receptor y el contexto).

dodecasílabo verso de doce sílabas.

drama género donde se cuenta un suceso por medio de la representación. El dramaturgo comunica su mensaje al público a través del diálogo y la interacción de los actores en el escenario. Ese mensaje se complementa con efectos de iluminación, sonido, vestuario, maquillaje, escenografía.

Edad Media período de la historia europea entre la antigüedad clásica y el Renacimiento italiano; se inició con la caída del Imperio Romano de Occidente (c. 476). La cultura estaba en manos de la Iglesia y quienes escribían eran generalmente clérigos; como la mayoría era analfabeta, las obras se leían en voz alta o se representaban. La literatura, con algunas excepciones, tenía un propósito moralizante.

égloga poema bucólico de forma dialogada.

elegía originalmente era una composición fúnebre; después pasó a ser un poema triste o melancólico donde frecuentemente el poeta se lamentaba por algo que le causaba dolor.

emisor el que envía un mensaje.

elipsis omisión de elementos de una oración. Por ejemplo: ¿Qué tal? por ¿Qué tal estás?

encabalgamiento ocurre en poesía cuando, para completar el significado, el final de un verso tiene que enlazarse al verso siguiente. Por ejemplo: "Y el espanto seguro de estar mañana muerto, / y sufrir por la vida y por la sombra y por / lo que no conocemos y apenas sospechamos" (Darío).

enciclopedismo género que tenía como fin categorizar información sobre una variedad de temas. Florece en el siglo XVIII en España con autores como Fray Benito Jerónimo de Feijoo.

enciclopedistas autores de la gran Enciclopedia francesa del siglo XVIII, así como los seguidores de las ideas divulgadas en ella.

endecasílabo verso de once sílabas.

endecha poema constituido por estrofas de cuatro versos, tres heptasílabos y el último endecasílabo, con rima asonante del segundo y el cuarto verso.

eneasílabo verso de nueve sílabas.

ensayo escrito en prosa, a veces de carácter didáctico, cuyos temas pueden ser literarios, sociales, históricos, filosóficos o artísticos, según las preocupaciones e intereses de cada autor.

entremés pieza breve de carácter humorístico o satírico que se representaba acompañada de cantos y bailes entre los actos de una obra más larga.

épico, poema composición generalmente asociada con la historia de un pueblo que relata un suceso importante o canta las hazañas de un héroe. En la épica popular que recoge los antiguos cantares de gesta, el autor es anónimo; en la épica culta, impulsada por los escritores italianos del Renacimiento y centrada en la octava real, se conoce el nombre de los autores. El poema heroico narra hazañas gloriosas y relata hechos memorables, pero de menos importancia.

epigrama poema breve que expresa con agudeza un pensamiento festivo o satírico.

epístola carta en prosa o verso.

epíteto adjetivo que se añade con un propósito estético o convencional, ya que su presencia no es necesaria. Por ejemplo: la blanca nieve.

erasmismo durante el Renacimiento, corriente de pensamiento influida por las ideas de Erasmo de Rotterdam (1466–1536), cuya obra *Enquiridión o Manual del caballero cristiano* se tradujo al español en 1521. Los erasmistas abogaban por la reforma religiosa, y proponían una relación más directa entre Dios y el creyente. Debido a la influencia de la Contrarreforma, en España las obras de Erasmo fueron prohibidas y se incluyeron en el *Índice.*

escena en una obra parte de un acto en que participan los mismos personajes; si se ausenta un personaje o entra uno diferente, comienza una nueva escena.

escepticismo doctrina filosófica que cuestiona la posibilidad del conocimiento porque, debido a sus imperfecciones, ni la mente ni los sentidos pueden entender la verdad.

escolasticismo corriente filosófica predominante en la Edad Media y fundamentada en las ideas de Aristóteles. Intentaba acercarse a los problemas por medio de la discusión y resolverlos a través de disputas donde se contestaban las preguntas propuestas.

estribillo un verso que se repite a intervalos o después de cada estrofa en un poema.

estrofa grupo de versos sometidos a un régimen mediante el cual se configura la unidad estructural del poema.

estructura plan de una obra literaria.

estructuralismo movimiento de crítica literaria desarrollado a partir de los conceptos lingüísticos propuestos por Ferdinand de Saussure (1857–1913); según éste el lenguaje es un conjunto de elementos solidarios que constituyen entre si una estructura. Para la crítica estructuralista, la obra literaria es también un sistema cuyo sentido no requiere la referencia a una realidad exterior, sino que reside enteramente en la organización de sus elementos y en las estructuras que los articulan.

existencialismo tendencia filosófica, inspirada en las ideas del filósofo danés Sören Kierkegaard (1813–55), que afirma la primacía de la existencia individual concreta sobre las abstracciones de la metafísica racionalista tradicional. Dentro de esta corriente se desarrollaron una doctrina atea (Martin Heidegger, Jean Paul Sartre, Albert Camus) y una religiosa (Gabriel Marcel, Martín Buber, Paul Tillich) desde los años veinte hasta mediados del siglo XX. Miguel de Unamuno introdujo y reelaboró las ideas de Kierkegaard en el mundo hispánico, donde el existencialismo de Heidegger y de Sartre tuvo, posteriormente, una influencia temprana e importante. En literatura algunos temas existencialistas son: la libertad y la responsabilidad del individuo en un mundo al que sólo él mismo puede dar sentido, la vida como proyecto, la incomunicación entre los seres humanos y el sentimiento de alienación que resulta de ella, la falta de autenticidad y la ambigüedad moral de los actos humanos.

existencialista persona, idea o expresión literaria vinculada al existencialismo.

exordium (latín) o **exordio** prólogo o introducción que precede a una obra para presentar el tema o hacer aclaraciones necesarias.

exposición parte de la trama de una obra narrativa en que se le informa al lector sobre los personajes y el ambiente.

fábula tradicionalmente una historia en verso o prosa que ofrece una lección moral o moraleja y en la que los personajes son animales. En el estudio de la narrativa, se le llama fábula a las deducciones que saca el lector para entender y completar el argumento de la novela.

figura retórica expresión apartada de la norma o adorno del estilo. El adorno puede afectar a las palabras con que se expresa el pensamiento para constituir figuras de palabras o tropos y figuras de construcción, como por ejemplo la anáfora; también puede afectar al pensamiento mismo para dar lugar a figuras de pensamiento, por ejemplo, la interrogación retórica.

fluir de la conciencia o **corriente de conciencia** técnica empleada para presentor la actividad mental de un personaje, abarcando el consciente y el subconsciente.

fondo asunto, tema, mensaje, contenido, pensamientos y sentimientos en una obra. El fondo complementa la forma.

forma manera de combinar los diferentes elementos de una obra literaria. El fondo corresponde a la estructura interna de la obra, mientras la forma corresponde a la estructura externa.

futurismo movimiento impulsado al comienzo del siglo XX por el poeta italiano Fillipo Tommaso Marinetti, que buscaba adaptar el arte al dinamismo de los avances de la técnica.

Generación del 98 grupo literario integrado por Miguel de Unamuno, Antonio Machado, Gregorio Marañón, José Ortega y Gasset y Ramón Pérez de Ayala, entre otros. Recibe su nombre de la crisis de identidad nacional que culmina en España con la pérdida de las últimas colonias en 1898, y que es examinada por estos autores en sus escritos. En numerosos ensayos, estudios y artículos criticaban a los ciudadanos de la nación por ser perezosos, indolentes y pasivos, y expresaban la necesidad de promover un nuevo tipo de españolidad.

Generación del 27 grupo integrado por Rafael Alberti, Jorge Guillén, Pedro Salinas, Gerardo Diego, Dámaso Alonso, Luis Cernuda y Vicente Aleixandre, junto con artistas como el pintor Salvador Dalí y el cineasta Luis Buñuel. La actitud del grupo se caracteriza por la rebelión artística y las ansias de ruptura. Desde el punto de vista de su poética, llevan un paso más allá la ruta simbolista iniciada por Antonio Machado y continuada por Juan Ramón Jiménez. Los críticos han denominado la poesía del 27 "poesía pura". Estos poetas veneraban a Luis de Góngora y recurrían a la metáfora como instrumento fundamental. Buscaban usar el lenguaje de forma innovadora y revelar a través de él realidades y significados inaccesibles por medio de la lógica o el conocimiento empírico o científico. Creían en la trascendencia y universalidad del arte.

gongorismo lo relativo al estilo asociado con Luis de Góngora y Argote (1561–1627), caracterizado por el excesivo adorno y la dificultad de comprensión.

hemistiquio cada una de las dos mitades del verso, separada de la otra por la cesura, o cada una de las dos partes desiguales de un mismo verso.

heptasílabo verso de siete sílabas.

hermetismo estilo difícil de comprender; se lo asocia con los escritos inspirados por Hermes, el dios de la elocuencia.

hexadecasílabo verso de diecisiete sílabas.

hexámetro verso de medida clásica que consta de seis pies.

hexasílabo verso de seis sílabas.

hiato pronunciación separada de dos vocales que deberían pronunciarse juntas, por ejemplo: "tu escuela". Si las vocales forman un diptongo y se separan, a esto se le llama diéresis, por ejemplo: "armoníosa".

hipérbaton alteración del orden normal de las palabras en la oración. Es más frecuente en poesía que en prosa. Por ejemplo: "que del arte ostentando los primores" (Sor Juana).

hipérbole exageración de la expresion. Por ejemplo: "se roía los codos de hambre"; "iba más despacio que una tortuga".

historicismo tendencia a interpretar todo tipo de conocimiento o experiencia dentro de un contexto de cambio histórico. El uso de este término se generalizó después de la Primera Guerra Mundial en Alemania, cuya derrota llevó a sus pensadores a intentar una revaloración de las tradiciones políticas y culturales.

humanismo corriente de pensamiento que durante el Renacimiento impulsó el estudio de las culturas clásicas de Grecia y Roma. El humanismo valorizaba al individuo ante todo.

idealismo corriente de pensamiento que subraya la importancia de lo imaginativo, lo espiritual y lo intelectual; es la antítesis del materialismo.

Ilustración movimiento filosófico del siglo XVIII surgido en Francia; se destacó por tener extrema confianza en el poder de la razón y en la bondad del ser humano. Los pensadores ilustrados (Voltaire, Rousseau, Locke, Hume) creían que si toda persona utilizaba la razón al máximo, se podían mejorar las condiciones de vida.

ilustrado, despotismo forma de gobierno surgida del ideario del mismo nombre por la cual el soberano imponía arbitrariamente las reformas que creía más adecuadas para el progreso del pueblo.

imagen representación de un objeto o una experiencia sensorial con detalles fieles y evocativos.

impresionismo estilo literario y musical que recrea una determinada experiencia mediante la selección subjetiva de algunos de sus componentes.

intrahistoria voz introducida por el escritor español Miguel de Unamuno para designar la vida tradicional, que sirve de fondo permanente a la historia cambiante y visible.

ironía figura que consiste en oponer, para burlarse, el significado a la forma de las palabras, para expresar una idea de tal manera que, por el tono, se entienda lo contrario.

krausista (ver **krausismo**)

krausismo movimiento filosófico y pedagógico iniciado en la Universidad de Madrid por Julián Sanz del Río (1814–69), quien en Alemania se adhirió a las doctrinas neokantianas propuestas por Karl Friedrich Krause (1781–1832). Esta filosofía intentaba reconciliar el teísmo y el panteísmo, y proponía el desarrollo del individuo como parte de la esencia divina del universo. Los krausistas tuvieron una gran influencia en España en el siglo XIX.

leitmotiv cuando una obra literaria repite una palabra, frase, situación o idea para caracterizarla.

letrilla poema de origen popular y versos cortos, cada una de cuyas estrofas termina con uno o varios versos que forman el estribillo.

libres, versos no se sujetan a las reglas métricas normales; su medida y rima quedan al arbitrio del poeta.

lira estrofa de cinco versos, tres heptasílabos y dos endecasílabos con el siguiente esquema de rima consonante: ABABB. Fue inventada por Bernado de Tasso (1493–1569) y llevada a España por Garcilaso de la Vega.

literatura de tesis propone y defiende ideas políticas o morales.

loa composición en que se alaban virtudes individuales o colectivas.

locus amoenus lugar ideal o paisaje embellecido que se describe siguiendo ciertas pautas de la literatura greco-latina y especialmente de la estilística virgiliana. Está caracterizado por tener un prado florido, un árbol frondoso, un arroyo cristalino y una fuente; era el sitio de reunión de los enamorados.

Luces, Siglo de las (ver **Ilustración**)

madrigal poema breve generalmente amoroso.

marxismo doctrina basada en las ideas del economista y filósofo Karl Marx (1813–83), según la cual las masas han sido explotadas por las clases que monopolizan la riqueza y el poder político. Para cambiar esta situación y lograr una sociedad equitativa propone la lucha de clases y la revolución.

medieval (ver **Edad Media**)

metáfora tropo a través del cual se identifican objetos diferentes. Su fórmula más simple es A es B: sus dientes son perlas. B se conoce como el término metafórico (perlas), y A como el metaforizado (dientes).

metonimia figura retórica que consiste en expresar el efecto por la causa, el todo por la parte, el contenido por el continente, etc.

métrica conjunto de reglas relativas al metro de los versos y a las estrofas.

metro medida de un verso. Cuando se dice que dos versos tienen distinto metro, se indica que tienen distinta medida.

misticismo doctrina de mediados del siglo XVI manifestada en poesía y prosa. El autor describe un estado extraordinario, de unión del alma con Dios por medio del amor.

modernidad condiciones económicas y culturales de una sociedad industrializada.

modernismo movimiento literario de renovación en todos los géneros que se originó en Hispanoamérica a fines del siglo XIX e inició el período contemporáneo de la literatura. El romanticismo, así como varias corrientes literarias francesas, tales como el parnasianismo y el simbolismo, influyeron en el modernismo. En Brasil, este término designa el movimiento vanguardista, y en el ambiente anglosajón se usa para caracterizar la literatura de la primera mitad del siglo XX.

monorrimo el empleo de varios versos de una sola rima consonante o asonante.

Movida (la) movimiento cultural surgido en Madrid en los años ochenta y exportado a otras ciudades. Se caracterizaba por la rebeldía y el ansia de ruptura con las normas artísticas establecidas, con lo viejo, con lo "carca". Se relaciona con el mundo de la música y el contexto social en el que ésta surge: bares y clubes.

muwassaha el nombre árabe de una estrofa de cinco o seis versos escritos en árabe o en hebreo clásico. La muwassaha terminaba con una jarcha, estrofa de tres o cuatro versos escritos en árabe, hebreo popular o mozárabe, cuya función era similar a la del estribillo.

naturalismo corriente literaria que en las últimas décadas del siglo XIX en España buscó una representación científica de la persona. Los naturalistas creían que la herencia biológica y el medio ambiente determinaban el desarrollo de cada individuo. En sus escritos se destacaba lo feo y lo sórdido para mostrar la lucha por la existencia. El naturalismo tuvo un gran auge en Francia con Émile Zola y en España con Emilia Pardo Bazán.

naturalista (ver **naturalismo**)

neoclasicismo corriente literaria del siglo XVIII que proponía la imitación del mundo clásico. Los escritores neoclásicos creían en el predominio de la razón y en el fin didáctico de la obra de arte. Sus obras eran claras y equilibradas, y representaban un rechazo del barroco; aceptaban que el arte estuviera sometido a reglas.

neoplatonismo corriente filosófica basada en las ideas de Platón, tal y como fueron interpretadas por Plotino (205–270). Estas ideas fueron cristianizadas por la Iglesia y se aprovecharon durante la Edad Media y el Renacimiento. En lo que se refiere a la poesía española, las fuentes principales de las ideas neoplatónicas fueron Dante Alighieri (1265–1321) y Francesco Petrarca, así como *Diálogos de amor*, la obra de León Hebreo, cuya primera traducción al español apareció en 1582. En España las ideas neoplatónicas se manifestaron principalmente en referencias al ideal de la belleza y del amor espiritual, tal como se observa en la poesía de Boscán y Santillana, y en la literatura mística.

nihilismo deriva del latín *nihil* (nada) y alude a una forma extrema de escepticismo o pesimismo.

novela relato extenso donde el narrador cuenta una historia. Debido a su amplitud, puede incluir más de una intriga, varios temas y numerosos personajes cuyo carácter se desarrolla en el proceso de la narración.

novela monológica relato en que predomina la voz del narrador; en general se ha caracterizado así a la novela realista del siglo XIX.

novela dialógica narración donde varias voces expresan diferentes puntos de vista; la voz del narrador no es la predominante. En general, la producción literaria de la segunda parte del siglo XX se ha caracterizado por ofrecer esta multitud de voces.

octava real estrofa de ocho versos endecasílabos con rima consonante ABABABCC. También se conoce como octava rima. Era la estrofa preferida en la poesía épica del Renacimiento.

octosílabo verso de ocho sílabas. Es el más empleado en poesía popular.

oda composición larga del género lírico, cuya división en estrofas o partes iguales está regida por reglas complejas; generalmente la oda canta con entusiasmo un suceso grandioso o notable.

omnisciente (narrador) voz narrativa, por lo general de una tercera persona anónima, que comunica el conocimiento de todos los hechos narrados y de la interioridad de los personajes, sin limitación de tiempo o de lugar.

onomatopeya palabra cuyo sonido imita el de la realidad que designa. Por ejemplo: chisporrotear, bombardear.

oxímoron unión sintáctica de conceptos que se contradicen. Se asemeja a la antítesis por la oposición del significado de los términos, y a la paradoja por lo absurdo de la proximidad sintáctica de ideas irreconciliables. Por ejemplo: "bella ilusión por quien alegre muero, / dulce ficción por quien penosa vivo" (Sor Juana).

paradoja empleo de expresiones o frases contradictorias que alteran la lógica de la expresión al aproximar dos ideas opuestas y aparentemente irreconciliables.

paráfrasis interpretación o traducción libre de un texto literario.

paralelismo repetición de una misma idea o de dos conceptos opuestos en dos o más versos, o en dos estrofas. Por ejemplo: "Aquí Marte rindió la fuerte espada, / aquí Apolo rompió la dulce lira" (Sor Juana).

pareado estrofa de dos versos, de arte mayor o menor, con rima consonante o asonante.

parisiense, prosa estilo narrativo de gran elegancia cultivado por los escritores franceses a mediados del siglo XIX. Una de las características más sobresalientes de este estilo es la descripción detallada de ambientes lujosos y exóticos.

parnasianismo corriente poética del siglo XIX de origen francés que proponía el cuidado de la forma, "el arte por el arte". Los temas preferidos de los parnasianos provenían de las culturas greco-latinas y de paisajes y objetos exóticos. El cisne y las estatuas de mármol aparecían con frecuencia en la poesía parnasiana.

parodia imitación burlesca de una obra seria.

paronomasia colocación próxima en una frase de dos vocablos de forma parecida bien por parentesco etimológico ("quien reparte se lleva la major parte"), o por semejanza casual ("compañía de dos, compañía de Dios").

pastoril, novela también conocida como novela bucólica, es un tipo de narración en la cual los personajes aparecen como pastores que han encontrado refugio en el ambiente campestre, y allí dialogan sobre sus cuitas amorosas. La novela pastoril tiene su origen en las églogas clásicas. *La Arcadia* (1504) de Sannazaro fue la novela pastoril italiana de más influencia en Europa. En España la novela pastoril tuvo su apogeo en los siglos XVI y XVII, después del auge de la novela de caballería. Jorge de Montemayor fue el iniciador del género con su *Diana* (c. 1595), considerada como la mejor del género en ese país.

pentasílabo verso de cinco sílabas.

perífrasis rodeo de palabras empleado para comunicar una idea o como alarde de ingenio.

peripecia momento decisivo en la obra dramática, cambio repentino de una situación a otra.

personificación atribución de cualidades o actos propios de las personas a otros seres u objetos.

petrarquismo el estilo del humanista y poeta florentino Francesco Petrarca (1304–74) caracterizado por la expresión de los sentimientos de una manera culta. La influencia de Petrarca alcanzó gran auge en España a partir del siglo XVI. En cuanto a los temas, los petrarquistas hacían hincapié en la pasión amorosa violenta y desgraciada; en cuanto a la forma, preferían tanto el verso endecasílabo, al cual le otorgaron musicalidad y dulzura, como el soneto, el terceto y la canción.

picaresca, novela narración episódica de carácter realista donde un pícaro cuenta su vida. Generalmente el pícaro, muchacho de pocos escrúpulos, le sirve a varios amos, representativos de diferentes profesiones y estratos sociales, a los cuales critica. Se originó en España durante el siglo XVI como una reacción contra las novelas de caballería y las fabulosas hazañas allí contadas. Entre las novelas picarescas famosas se encuentra el *Lazarillo de Tormes* (1554).

picaresco relativo a la novela picaresca, su ambiente y su protagonista.

pie quebrado combinación de versos octosílabos con versos de cuatro sílabas.

plástica, descripción representación de un objeto o una persona con rasgos casi tangibles.

platonismo (ver **neoplatonismo**)

pleonasmo repetición de palabras o ideas, bien por torpeza (enterrar en la tierra), o para enfatizar (lo vi con mis propios ojos).

poema composición literaria generalmente escrita en verso y cuya elaborada estructura está regulada por el ritmo y el metro. El poema puede ser de carácter épico, lírico, dramático, satírico o didáctico. Generalmente, el poema en prosa desarrolla asuntos líricos combinando frases y ritmos subordinados a su estructura gramatical.

polimetría variedad de metros en un poema.

polisíndeton repetición de conjunciones.

positivismo filosofía del francés Augusto Comte (1798–1857) que propone la renuncia al conocimiento de la esencia misma de las cosas, y dirige la atención al conocimiento obtenido mediante la observación y la experiencia.

positivistas seguidores del positivismo.

posmodernismo o **postmodernismo** este término comprende la literatura que, a partir de los años sesenta del siglo XX, tiene estas características: una actitud desmitificadora, que pone en evidencia los condicionamientos sociales del conocimiento pretendidamente objetivo y de los valores consagrados; la incorporación, sin distinciones jerárquicas, de la cultura popular a la expresión literaria; el revisionismo histórico; el uso de la fantasía, el humor y la parodia para confrontar, desde los sectores sociales marginados y reprimidos, a la cultura dominante.

posmodernidad o **postmodernidad** condiciones económicas y culturales de la segunda mitad del siglo XX, que están vinculadas a los grandes avances de la tecnología, la internacionalización de las grandes empresas, la influencia de los medios masivos de comunicación y los cambios políticos e ideológicos.

prefiguración representación anticipada de una cosa o indicio de lo que sucederá más tarde.

prosa, poema en, o **prosa poética** composición escrita en una prosa que, por su preocupación estética, ritmo y valor metafórico, tiene las características del lenguaje poético.

prosopopeya figura retórica que consiste en atribuir sentimientos, palabras y acciones a objetos inanimados, a los muertos y a los animales.

quintilla combinación de cinco versos octosílabos aconsonantados, con dos rimas.

racionalismo doctrina filosófica que pretende explicar todo fenómeno o suceso por medio de la razón.

realismo movimiento literario que predominó en Espanña entre la Revolución Gloriosa de 1868 y 1898. Los escritores realistas buscaban lograr en su obra un retrato fiel de los diversos aspectos de la existencia humana, y solían retratar la vida de la clase media.

realista (ver **realismo**)

recepción actividad mediante la cual el lector recibe y descodifica un mensaje literario. En nuestra época, las teorías de la recepción consideran que el significado del mensaje no existe fuera de la interacción entre el lector y el texto. Esto implica que el significado se enriquece y cambia a través de las diversas lecturas.

redondilla estrofa formada por cuatro versos octosílabos de rima consonante en ABBA.

relación en los siglos XVI y XVII, informe más breve que la historia y la crónica, en el que el narrador cuenta su participacion en una hazaña, o describe un acontecimiento particular o una región.

renacimiento período histórico que siguió a la Edad Media y antecedió al barroco. En España el Renacimiento correspondió al siglo XVI, la primera centuria que integra el llamado Siglo de Oro (siglos XVI y XVII). En contraste con la época medieval, que consideraba al mundo como un "valle de lágrimas" en el cual estamos de paso hacia la vida eterna, en el Renacimiento se ve la vida como algo valioso otorgado por Dios. Durante el Renacimiento las ideas seculares se convierten en un importante factor cultural.

retruécano contraposición de dos frases que contienen expresiones idénticas, parecidas o antitéticas, pero con distinto orden, régimen y significado. Por ejemplo: "queremos ver, y para siempre, la cara de la dicha, por cara que nos cueste dicha cara" (Roa Bastos).

rima semejanza o igualdad entre los sonidos finales de las palabras en que acaban dos o más versos, a partir de la última vocal acentuada. Puede ser consonante o asonante.

ritmo repetición de un fenómeno en intervalos regulares. En poesía, se produce por la repetición de versos de igual metro, por las pausas al final de cada verso, a veces por la cesura, por la rima o por la repetición del acento en la penúltima sílaba.

rococó estilo arquitectónico con excesivo decorado y amaneramiento que surgió en Francia a fines del reinado de Luis XV (1715–74).

romance composición poética de versos octosílabos con rima asonante en los versos pares; los impares quedan sueltos.

romancillo composición poética de versos de menos de ocho sílabas con rima asonante en los versos pares.

romanticismo corriente literaria prevaleciente en España durante la primera mitad del siglo XIX. Se distinguió por el predominio de la imaginación y los sentimientos sobre la razón. El escritor romántico es sumamente individualista, y por tanto la visión que predomina en sus escritos es subjetiva.

romanticismo social tendencia dentro del romanticismo que influyó sobre las ideas acerca de la sociedad y la historia. Se manifestó como un movimiento hacia una sociedad más libre e igualitaria. Una de sus figuras representativas fue el historiador francés Jules Michelet (1798–1874).

sacramentales, autos (ver **auto**)

sainete obra teatral generalmente de carácter cómico y que recoge las costumbres populares.

sátira composición cuyo objetivo es criticar, censurar y ridiculizar.

seguidilla estrofa irregular de cuatro versos que apareció en el siglo XV. Más tarde se fijó el esquema actual: dos heptasílabos sueltos y dos pentasílabos consonantes o asonantes para la seguidilla simple; cuando los dos primeros versos son hexasílabos, el tercero de once o diez sílabas y el cuarto hexasílabo, recibe el nombre de seguidilla gitana.

semiótica teoría general de los signos y símbolos. Análisis de la naturaleza y las relaciones de los signos en el lenguaje.

serventesio estrofa de cuatro versos endecasílabos de rima alterna ABAB.

sextina estrofa de seis versos endecasílabos. La sextina modernista combinaba seis versos de cualquier medida con rima consonante de AABCCB.

Siglo de Oro período de gran auge en la literatura española que abarca los siglos XVI y XVII. Generalmente se distinguen tres etapas de desarrollo comprendidas, de manera aproximada, entre los siguientes años: (1) 1500–1550, los comienzos del Renacimiento y la etapa italianizante; (2) 1550–1580, la etapa del Renacimiento tardío; y(3) 1580–1700, la etapa barroca. Históricamente el Siglo de Oro coincide con los reinados de Fernando e Isabel (1474–1504), Carlos V (1516–56), Felipe II (1556–98), Felipe III (1598–1621) y Felipe IV (1605–65), en los cuales España cobró gran poderío para después, a fines del reinado de Felipe II, comenzar una etapa de decadencia.

silogismo fórmula empleada para presentar lógicamente un argumento. De las tres proposiciones que integran el silogismo, la última se deduce de las dos anteriores.

silva composición poética formada por versos endecasílabos o por la combinación de versos endecasílabos y heptasílabos; los versos no están sujetos a orden de rima o de estrofas.

simbolismo corriente poética prevaleciente en Francia a fines del siglo XIX. Entre los simbolistas sobresalieron Mallarmé, Rimbaud, Verlaine; su poesía se caracterizó por el verso libre, el empleo de la sinestesia, y, sobre todo, por el deseo de lograr efectos musicales.

símbolo relación entre dos elementos, uno concreto y otro abstracto, en la cual lo concreto explica lo abstracto. Por ejemplo: la balanza como símbolo de la justicia.

símil comparación explícita de una cosa con otra para dar una idea más viva de una de ellas. Por ejemplo: "a dónde se fue su gracia, / a dónde se fue su dulzura, / porque se cae su cuerpo / como la fruta madura" (Violeta Parra).

sinalefa pronunciación en una sola sílaba métrica de la última vocal de una palabra y la primera de la siguiente. Cuando hay sinalefa las dos sílabas así unidas tienen el valor de una en el cómputo silábico. Por ejemplo: "Sobre pupila azul con sueño leve / tu párpado cayendo amortecido..." (Arolas).

sinécdoque figura que corresponde a la fórmula lógica de "la parte por el todo" o "el todo por la parte". La encontramos cuando se emplea una palabra que designa el género para significar la especie, o viceversa: los mortales por los hombres; y cuando la palabra que alude al todo pasa a designar la parte, o vice-versa: diez cabezas por diez reses.

sinéresis cuando en un verso se unen dos vocales contiguas o separadas por h, que generalmente se pronuncian separadas para no formar diptongo. Por ejemplo: "O en el lazo fatal cae de la muerte" (Meléndez).

sinestesia cuando una sensación se describe en términos de otra.

socialismo utópico conjunto de doctrinas que proponían, durante el siglo XIX, formas de establecer una nueva sociedad. Sus ideólogos más importantes fueron Robert Owen (1771–1858) en Inglaterra, Charles Fourier (1772–1837) y Pierre-Joseph Proudhon (1809–65) en Francia. Claude-Henri de Rouvroy, conde de Saint-Simon (1760–1825), se distinguió de ellos por su orientación científica. Sin embargo, todo este movimiento fue considerado "utópico" por el socialismo marxista.

soneto composición poética de catorce versos distribuidos en dos cuartetos y dos tercetos. En español suele tener rima consonante, y generalmente los versos son endecasílabos. A partir del modernismo aparecen sonetos en los que se encuentran nuevas combinaciones métricas.

sonetillo versos de arte menor que se combinan en forma de soneto.

sturm und drang corriente literaria alemana que floreció entre 1770 y 1784. Toma este nombre de una obra de F. M. von Klinger, *Die Wirrwarr; oder, Sturm und Drang* (1776). Influidos por Rousseau, Herder y Lessing entre otros, sus seguidores recalcaron la importancia de la subjetividad, así como del lugar precario del hombre en la sociedad de entonces. También mostraron gran entusiasmo por la naturaleza. El movimiento representó una rebelión contra las reglas del estilo neoclásico.

surrealismo movimiento literario y artístico iniciado en 1924 por el escritor francés André Breton. Aspiró a sobrepasar la realidad impulsando lo imaginario y lo irracional mediante un automatismo psíquico.

teatro del absurdo en la década de 1950, teatro que presenta un mundo caótico en el que los personajes se encuentran perdidos ante la ausencia de orden y normas a las que aferrarse para crear una estructura vital.

tema idea central del texto.

terceto estrofa de versos endecasílabos con rima consonante.

tetrasílabo verso de cuatro sílabas.

tono actitud del autor hacia lo narrado en el texto.

tragedia obra dramática con fin catastrófico, cuyos personajes muestran grandes pasiones.

transculturación difusión o influencia recíproca de los rasgos culturales de una sociedad cuando entra en contacto con otra.

tremendismo corriente estética impulsada en España durante el siglo XX por escritores y artistas plásticos que exageran la expresión de los aspectos más crudos de la vida real.

trisílabo verso de tres sílabas.

tropo empleo de las palabras en sentido diferente al que habitualmente les corresponde, o sea, en sentido figurado.

ultraísmo uno de los movimientos estéticos y literarios de vanguardia con orígenes en Francia e Italia que floreció en España e Hispanoamérica de 1920 en adelante. En España su principal teórico fue Guillermo de Torre, a quien se le atribuye la creación de los términos ultraísmo y ultraísta. En Hispanoamérica el representante más conocido de esta tendencia fue Jorge Luis Borges. Los ultraístas proponían una regeneración literaria, particularmente en poesía, dejando de lado lo anecdótico y lo romántico para resaltar el valor de la metáfora.

vanguardismo proviene de "vanguardia", que literalmente significa el punto más avanzado de una fuerza armada. En literatura se aplica a los movimientos surgidos alrededor de la Primera Guerra Mundial que experimentaron con nuevas técnicas y temas para renovar la expresión literaria.

verosimilitud carácter de lo que parece verdadero y creíble.

verso unidad de la versificación, o sea, cada una de las líneas que componen un poema. Palabra o conjunto de palabras sometidas a medida y cadencia, según ciertas reglas.

villancico composición poética de arte menor y de asunto religioso con un estribillo. Con frecuencia el tema del villancico era navideño. Proviene del zéjel, y fue adoptado por los poetas españoles de la corte a fines de la Edad Media. Más tarde el villancico se convirtió en una obra más compleja representada en las iglesias en honor de santos y para conmemorar festividades religiosas.

volkgeist del alemán, el espíritu de un pueblo. Herder, el teórico más importante del romanticismo alemán, explicó en sus escritos cómo el espíritu de cada pueblo marcaba peculiarmente su cultura y su literatura.

voz (narrativa o poética) el narrador o poeta en la instancia literaria.

zéjel estrofa antigua española derivada de la muwassaha, compuesta de un estribillo sin estructura fija que cantaba el coro, y de cuatro versos que cantaba el solista. De estos cuatro versos los tres primeros forman la mudanza, y son asonantes y monorrimos; el cuarto rima con el estribillo.

ÍNDICE

TEXT CREDITS

Chapter 1

pp. 9–11: Emilio García Gómez, *Las jarchas romances de la serie árabe en su marco; edición en caracteres latinos verisión española en calco rítmico y estudio de 43 moaxajas andaluzas* (Madrid: Gredos, 1965), 74–75, 119, 213, 294, 320, 358, 386, 391, 392.

pp. 13–20: Anónimo, *Poema del Mío Cid: según el texto antiguo preparado,* ed. Ramón Menéndez Pidal, vigésima edición (Madrid: Espasa-Calpe, 1963), 14, 16, 18, 20, 54, 58,140, 142, 144, 206, 208, 210.

pp. 24–25: Gonzalo de Berceo, *Berceo I. Milagros de Nuestra Señora,* ed. A. G. Solalinde, segunda edición (Madrid: Espasa Calpe, 1934), 101–104.

pp. 29–35: Arcipreste de Hita, *Libro de buen amor,* ed. Nicasio Salvador Miguel, vigésima primera edición (Madrid: Espasa Calpe, 1988), 45, 46, 53, 91–93, 224–228.

pp. 38–39: Infante don Juan Manuel, *Libro de Patronio e por otro nombre el conde Lucanor,* vigésima cuarta edición (Madrid: Espasa Calpe, 1978), 15–17.

pp. 42–45: *Poesía de Cancionero,* ed. Alvaro Alonso (Madrid: Cátedra, 1986), 84–85, 136–137, 144–145, 378–379, 214–215.

pp. 48–54: Jorge Manrique, "[Coplas] De don Jorge Manrique por la muerte de su padre", *Poesía de Cancionero,* ed. Alvaro Alonso (Madrid: Cátedra, 1986), 253–268.

Chapter 2

pp. 66–68: Ramón Menendez Pidal, *Flor nueva de Romances Viejos* (México: Espasa Calpe, 1990), 43–44, 50–51, 230–231.

pp. 72–89: Fernando de Rojas, *La Celestina,* ed. Dorothy S. Severin (Madrid: Espasa Calpe, 1991), 85–104, 108–113, 330–335.

pp. 93–94: *Poesía Lírica del Siglo de Oro, Garcilaso de La Vega,* ed. Elías L Rivers (Madrid: Cátedra, 1999), 60–61, 62, 63–64.

pp. 98–105: Anónimo, *La vida de Lazarillo de Tormes,* ed. Alberto Blecua (Madrid: Castalia, 1984), 91–103, 106–112.

pp. 109–113: Fray Luis de León, *Renaissance and Baroque Poetry of Spain,* ed. Elias Rivers (Prospect Heights, Ill.: Waveland, 1988), 91–101.

pp. 116–121: Santa Teresa de Jesús, *Libro de vida,* ed. Otger Steggink (Madrid: Castalia, 1991), 95–108.

pp. 123–125: San Juan de la Cruz, *Poesías completas,* ed. Cristobal Cuevas (Barcelona: Bruguera, 1981), 12–14, 15, 25–27.

pp. 129–137: Lope de Vega, *Fuente ovejuna* (Buenos Aires: Espasa-Calpe, 1968), 126–128, 130–133, 135–136, 150–152.

pp. 141–165: Miguel de Cervantes, "El celoso extremeño," in *Novelas ejemplares,* ed. Harry Seiber (Madrid: Cátedra, 1995), 99–135.

pp. 169–170: María de Zayas, *Novelas amorosas y ejemplares* (Madrid: Aldus, 1948), 21–23.

p. 174: Luis de Góngora, *Antología* (Buenos Aires: Espasa-Calpe, 1943), 114–116.

pp. 175–177: Luis de Góngora, *Renaissance and Baroque Poetry of Spain,* ed. Elias Rivers (Prospect Heights, Ill.: Waveland, 1988), 160–161, 163, 165–167.

pp. 182–183: Francisco de Quevedo, *Renaissance and Baroque Poetry of Spain,* ed. Elias Rivers (Prospect Heights, Ill.: Waveland, 1988), 264–265, 286–287, 292–294.

pp. 188–194: Pedro Calderón de la Barca, "La casa de los linajes," in *Entremeses, Jácaras y Mojiganga,* eds. Evangelina Rodríguez y Antonio Tordera (Madrid: Castalia, 1982), 280–289.

Chapter 3

pp. 204–210: Benito Jerónimo Feijoo, *Obras (Selección),* ed. Ivy L. McClelland (Madrid: Taurus, 1985), 133–41.

pp. 213–216: José Cadalso, *Cartas marruecas,* ed. José Ibáñez Campos (Barcelona: Edicomunicación, 1992), 147, 176–78.

pp. 219–225: Gaspar Melchor de Jovellanos, *Poesía, Teatro, Prosa,* ed. José Luis Abellán (Madrid: Taurus, 1979), 173–89.

pp. 228–230: Tomás de Iriarte, *Fábulas literarias,* ed. Ángel L. Prieto de Paula (Madrid: Cátedra, 1992), 123–24, 191–92, 208–09.

pp. 233–285: Leandro Fernández de Moratín. *El sí de las niñas,* in *Nineteenth-Century Spanish Plays,* ed. Lewis E. Brett (New York: Appleton Century Crofts, 1935), 17–55.

Chapter 4

pp. 295–298: José de Espronceda, *Poesías líricas y fragmentos épicas,* ed. Robert Marrast (Madrid: Castalia, 1970), 142–45, 225–28.

pp. 300–307: Mariano José de Larra, *Artículos*, ed. Joaquín Álvarez Barrientos (Barcelona: Clásicos Castellanos, 1997), 75–87.

pp. 310–421: José Zorrilla, *Don Juan Tenorio*, in *Nineteenth-Century Spanish Plays*, ed. Lewis E. Brett (New York: Appleton Century Crofts, 1935), 287–368.

pp. 425–430: Gustavo Adolfo Bécquer, *Leyendas*, ed. Pascual Izquierdo (Madrid: Cátedra, 1998), 207–15.

pp. 430–432: Gustavo Adolfo Bécquer, *Antología*, ed. Aurelio Labajo et al. (Madrid: Coculsa, n.d.), 17–18, 21, 24, 35.

pp. 435–439: Rosalía de Castro, *Obras completas: Verso*, eds. Victoriano García Martí and Arturo del Hoyo (Madrid: Aguilar, 1977), 563–68, 668.

pp. 443–478: Benito Pérez Galdós, *Torquemada en la hoguera*, ed. Ángel del Río (New York: Instituto de las Españas, 1932).

pp. 482–486: Emilia Pardo Bazán, *Cuentos*, ed. Juan Paredes Núñez (Madrid: Taurus, 1984), 121–28.

pp. 488–497: Leopoldo Alas, "Clarín", *Relatos breves*, ed. Rafael Rodríguez Marín (Madrid: Castalia, 1987), 159–76.

Chapter 5

pp. 508–516: Miguel de Unamuno, *Tres novelas ejemplares y un prólogo*, ed. Ciriaco Morón Arroyo (Madrid: Espasa-Calpe, 2000), 105–123.

pp. 520–531: Ramón María del Valle-Inclán, *Jardín umbrío*, ed. Miguel Díez R. (Madrid: Espasa-Calpe, 2002), 153–171.

pp. 534–536: Antonio Machado, *Poesías completas* (Madrid: Espasa-Calpe, 1965), 24, 143–44, 194–195, 401–405.

pp. 540–542: Juan Ramón Jiménez, *Antología poética*, ed. Javier Blasco (Madrid: Cátedra, 1987), 255–256, 258, 287–288 and 393–394.

pp. 546–549: José Ortega y Gasset, *Obras completas* (Madrid: Revista de Occidente, 1967), 271–75.

pp. 553–566: Carmen de Burgos, *La Flor de la Playa y otras novelas cortas* (Madrid: Castalia, 1989), 311–363.

pp. 571–613: Federico García Lorca, *La casa de Bernarda Alba*, ed. Allen Josephs and Juan Caballero (Madrid: Cátedra, 1989).

p. 614: Federico García Lorca, "Reyerta," in *Romancero gitano*, ed. Christian de Paepe (Madrid: Ed. Espasa-Calpe, 1998), 107–111.

pp. 614–615: Federico García Lorca, "La aurora," in *Poeta en Nueva York*, ed. María Clementa Millán (Madrid: Cátedra, 2002), 161.

pp. 617–621: Vicente Aleixandre, *Mis poemas mejores* (Madrid: Gredos, 1978), 63, 73, 77, 209.

Chapter 6

pp. 630–633: Camilo José Cela, *El gallego y su cuadrilla* (Alcalá de Henares: Ed. de la Universidad, 1996), 59–62.

pp. 635–639: Dámaso Alonso, *Hijos de la ira* (Madrid: Espasa-Calpe, 1946), 81, 113–118.

pp. 642–646: Ana María Matute, *El arrepentido y otros relatos* (Barcelona: Destino, 1976), 21–28.

pp. 650–664: Alfonso Sastre, *Obras completas* (México D.F.: Aguilar, 1967), 1024–1052.

Chapter 7

pp. 673–676: Antonio Muñoz Molina, *Nada del otro mundo* (Madrid: Espasa-Calpe, 1995), 105-113.

pp. 679–680: Ana Rossetti, *Las diosas blancas*, ed. Ramón Buenaventura (Madrid: Hiperión, 1985), 62, 67–68.

pp. 683–689: Lourdes Ortiz, *Fátima de los Naufragios* (Barcelona: Planeta, 1998), 7–22.

pp. 692–699: Manuel Rivas, *¿Qué me quieres, amor?* (Madrid: Grupo Santillana, 2000), 23–39.

The authors wish to thank the following parties for their permission to reprint the selections that appear in this book:

Carmen Hernández-Pinzón Moreno, on behalf of the Juan Ramón and Zenobia Foundation, for "El viaje definitivo," "Soledad," "Mar," "Intelijencia dame," and "El nombre conseguido de los nombres," by Juan Ramón Jiménez. Reprinted by permission.
Herederos de Ortega y Gasset for "La España oficial y la España vital," by José Ortega y Gasset. Reprinted by permission.
Editorial Castalia for "La flor de la playa," by Carmén de Burgos. Reprinted by permission.
William Peter Kosmas, on behalf of Herederos de Federico García Lorca, for *Reyerta, La aurora* (section 3, *Calles y sueños, Poeta en Nueva York*), and *La casa de Bernarda Alba*, by Federico García Lorca. © Herederos de Federico García Lorca, from *Obras Completas* (Galaxia Gutenberg, 1996 edition). All

rights reserved. For information regarding rights and permissions, please contact lorca@artslaw.co.uk or William Peter Kosmas, Esq., 8 Franklin Square, London W14 9UU. Reprinted by permission.
Agencia Literaria Carmen Balcells for "Toro," from *Espadas como labios;* "La selva y el mar" and "Unidad en ella," from *La destrucción del amor;* and "En la plaza," from *Historia del corazón*, by Vicente Aleixandre. For "El gallego y su cuadrilla," from *El gallego y su cuadrilla y otros apuntes carpetovetónicos*, by Camilo José Cela. For "Los de la tienda," from *El arrepentido y otros relatos*, by Ana María Matute. Reprinted by permission.
Editorial Espasa Calpe for "Insomnio," "Elegía a un moscardón azul," and "Monstruos," from *Hijos de la ira*, by Dámaso Alonso.